跨文化传播学

Intercultural Communication: Global and Indigenous Perspectives

孙英春 著

图书在版编目(CIP)数据

跨文化传播学/孙英春著. —北京:北京大学出版社,2015.2
(21世纪新闻与传播学规划教材·传播学系列)
ISBN 978-7-301-25526-1

Ⅰ. ①跨… Ⅱ. ①孙… Ⅲ. ①文化传播—高等学校—教材 Ⅳ. ①G206

中国版本图书馆CIP数据核字(2015)第031743号

书　　名	跨文化传播学 KUA WENHUA CHUANBOXUE
著作责任者	孙英春　著
责任编辑	周丽锦
标准书号	ISBN 978-7-301-25526-1
出版发行	北京大学出版社
地　　址	北京市海淀区成府路205号　100871
网　　址	http://www.pup.cn
新浪微博	@北京大学出版社　@未名社科-北大图书
微信公众号	北京大学出版社　北大出版社社科图书
电子邮箱	编辑部 ss@pup.cn　总编室 zpup@pup.cn
电　　话	邮购部 010-62752015　发行部 010-62750672　编辑部 010-62765016
印刷者	北京虎彩文化传播有限公司
经销者	新华书店
	730毫米×980毫米　16开本　29.5印张　530千字 2015年2月第1版　2025年7月第16次印刷
定　　价	79.00元

未经许可,不得以任何方式复制或抄袭本书之部分或全部内容。
版权所有,侵权必究
举报电话:010-62752024　电子邮箱:fd@pup.cn
图书如有印装质量问题,请与出版部联系,电话:010-62756370

目 录

绪论 跨文化传播研究的"本土追问" ··· 1

第一章 跨文化传播学的学科基础与研究视域 ································ 12
  第一节 跨文化传播的定义与学科诞生 ·································· 13
    一、跨文化传播的历史脉络 ·· 14
    二、跨文化传播学的发展历程 ·· 18
  第二节 跨文化传播研究的学科基础 ····································· 23
    一、人类学的影响 ··· 24
    二、社会学与历史学的启示 ·· 27
    三、符号学、语言学与心理学的贡献 ·································· 32
    四、哲学与文化研究的经验 ·· 36
  第三节 跨文化传播研究的"问题视域" ································· 41
    一、文化的特征与体系 ·· 41
    二、传播的特征与功能 ·· 46
    三、文化、传播与文化变迁 ·· 49
    四、社会关系与社会交往的"全球场域" ····························· 54

第二章 跨文化传播研究的理论、方法与方法论 ······························ 61
  第一节 西方跨文化传播研究领域的理论 ······························ 62
    一、文化传播与文化差异理论 ·· 63
    二、有关有效传播及认同的协商与管理理论 ························· 66
    三、聚焦于传播网络的跨群体、跨文化传播理论 ··················· 70
    四、跨文化调整与适应理论 ·· 72
  第二节 跨文化传播研究的方法举例 ····································· 78
    一、民族志:田野工作与文本写作 ······································ 79
    二、跨文化比较 ·· 85
    三、话语分析 ··· 88
    四、扎根理论 ··· 94

第三节　跨文化传播研究的方法论取向…………………………… 98
　　　一、实证主义与人文主义的分野………………………………… 99
　　　二、量化研究与质性研究之辨…………………………………… 103

第三章　传播中的语言与非语言符号………………………………… 108
　第一节　符号学研究的思想基础………………………………………… 109
　　　一、符号与符号学………………………………………………… 110
　　　二、索绪尔、皮尔斯、巴特、卡西尔的符号思想……………… 114
　第二节　传播中的语言符号……………………………………………… 120
　　　一、语言与文化…………………………………………………… 120
　　　二、语言与传播…………………………………………………… 127
　第三节　传播中的非语言符号…………………………………………… 133
　　　一、非语言符号的功能…………………………………………… 134
　　　二、身体语的组成………………………………………………… 136
　　　三、沉默的意义…………………………………………………… 141
　　　四、文化中的时间………………………………………………… 144
　　　五、文化中的空间………………………………………………… 149
　　　六、服饰与颜色…………………………………………………… 153

第四章　差异与冲突：基于文化的观念与规范体系………………… 158
　第一节　文化差异与文化冲突…………………………………………… 160
　　　一、针对文化差异的理论主张…………………………………… 160
　　　二、文化差异与文化误读………………………………………… 164
　　　三、人际冲突与文化冲突………………………………………… 168
　第二节　文化的观念体系………………………………………………… 172
　　　一、世界观的差异………………………………………………… 173
　　　二、价值观的中西差异…………………………………………… 177
　　　　价值观差异的四个维度………………………………………… 178
　　　　个人主义在西方的演进………………………………………… 181
　　　　东西传统中的集体主义………………………………………… 183
　　　　价值观的变动…………………………………………………… 186
　第三节　文化的规范体系………………………………………………… 188
　　　一、习俗与禁忌…………………………………………………… 189
　　　二、礼仪与道德…………………………………………………… 192

三、宗教 199
　　　四、制度与法律 206

第五章　社会互动与认同的建构 211
　第一节　社会互动与人际关系的文化差异 213
　　　一、社会互动、社会化与符号互动主义 213
　　　二、文化群体与社会分层 217
　　　三、群体对个体行为的影响 222
　　　　　参考群体与意见领袖 225
　　　　　创新的扩散 226
　　　四、人际关系理论与中西传统 228
　　　　　人际需要 VS. 社会交换 228
　　　　　个人本位 VS. 群体取向 231
　第二节　认同的定义与建构 235
　　　一、认同：自我认同与社会认同 235
　　　　　认同的特征 236
　　　　　自我认同与社会认同 237
　　　二、社会性别的角色与认同 241
　第三节　文化认同、民族认同与国家认同 245
　　　一、文化认同的稳定与流变 246
　　　二、民族、族群及其认同建构 250
　　　　　民族认同、民族文化与民族主义 254
　　　　　族群认同与认同发展研究 259
　　　　　移民、族裔散居与跨界族群 262
　　　三、国家认同的定位 266
　　　　　从民族认同到国家认同 268
　　　　　国家认同的危机与思路 270

第六章　文化的认知体系与文化心理研究"路线图" 274
　第一节　认知的基础：感知与思维方式 276
　　　一、影响感知的文化因素 276
　　　二、思维方式的中西差异 280
　　　三、国民性格：文化群体的"平均人格" 286

第二节 态度的两种类型 …………………………………………… 290
　一、态度的定义与功能 ………………………………………… 291
　二、定势与偏见 ………………………………………………… 293
　　定势 …………………………………………………………… 294
　　偏见 …………………………………………………………… 296
　　归因理论 ……………………………………………………… 300

第三节 面对本土场域的文化心理研究知识谱系 ………………… 302
　一、文化人类学与心理学的互动 ……………………………… 303
　二、从跨文化心理学到文化心理学 …………………………… 306
　三、本土心理学的兴起 ………………………………………… 310

第七章 文化适应、传播能力与技术的影响 …………………… 314

第一节 文化休克与文化适应 ……………………………………… 315
　一、文化休克与"返回本文化休克" …………………………… 316
　二、文化适应、文化涵化与文化同化 …………………………… 319
　　个体与群体的文化适应 ……………………………………… 321
　　文化涵化与文化同化 ………………………………………… 323

第二节 传播能力与组织的实践 …………………………………… 327
　一、传播能力与跨文化传播能力 ……………………………… 327
　二、对话与倾听：一种理想模式 ………………………………… 334
　三、组织的跨文化传播 ………………………………………… 341
　　组织与组织传播研究 ………………………………………… 342
　　跨文化培训 …………………………………………………… 345
　　跨文化谈判 …………………………………………………… 347
　　跨文化广告 …………………………………………………… 349

第三节 跨文化传播的技术空间 …………………………………… 350
　一、技术的社会影响与文化本质 ……………………………… 351
　　关于技术发展的文化差异 …………………………………… 354
　　跨国传媒的文化影响 ………………………………………… 356
　二、新媒体传播与虚拟社会 …………………………………… 357
　三、"数字鸿沟"与网络伦理 …………………………………… 360

第八章 文化多样性、文化对话与文化现代化的当代选择 …… 366

第一节 文化多样性与文化相对主义 ……………………………… 367
　一、文化多样性、多元文化主义与文化政策 …………………… 367

二、文化相对主义:从学术话语到共有观念 ………………………… 374
　　　　文化中心主义与民族中心主义 …………………………………… 376
　　　　对文化相对主义的"反思" ………………………………………… 379
第二节　文化对话、文化合作与"文化共同体" ………………………… 381
　　一、文化对话、文化合作与文化遗产保护 ………………………… 382
　　二、中韩日文化传统的同质性 ……………………………………… 386
　　三、面向未来的"东北亚文化共同体" ……………………………… 393
第三节　文化传统与现代化:本土的"焦虑"与选择 …………………… 398
　　一、传统与现代性 …………………………………………………… 399
　　　　现代化理论的转向 ……………………………………………… 399
　　　　传统与中国 ……………………………………………………… 402
　　二、本土与全球社会 ………………………………………………… 407
　　　　文化"同质化"? ………………………………………………… 408
　　　　文化现代化的观念与制度安排 ………………………………… 411

第九章　文化权力、国家形象与全球伦理 ………………………… 414
第一节　文化的权力关系与后殖民主义话语 …………………………… 416
　　一、文化的权力关系与秩序 ………………………………………… 416
　　　　文化帝国主义话语的当代意义 ………………………………… 418
　　　　文化霸权与"世界信息和传播新秩序" ………………………… 421
　　　　文化外交及对软实力理论的"反思" …………………………… 424
　　二、后殖民主义的"话语场" ………………………………………… 429
　　　　从萨义德到霍米·巴巴 ………………………………………… 431
　　　　对后殖民主义的"批判" ………………………………………… 435
第二节　国家形象的文化建构 …………………………………………… 439
　　一、中国形象的衍变 ………………………………………………… 439
　　二、文化形象的定位 ………………………………………………… 444
　　三、文化形象的对外传播 …………………………………………… 447
第三节　跨文化传播的伦理空间 ………………………………………… 451
　　一、走向全球伦理 …………………………………………………… 451
　　二、全球伦理的三个层次 …………………………………………… 455
　　三、本土文化的伦理主张 …………………………………………… 458

后记 …………………………………………………………………………… 463

绪论
跨文化传播研究的"本土追问"

一

人文社会科学解决现实问题的思路与能力，离不开特定的社会和时代。

在迅速变迁的全球社会中，任何一种学术研究都不孤立，观察世界、分析问题离不开对全球与本地语境的比照，需要立足于时代和现实关怀，培育开阔、综合的视域，去理解居于本土的自身和所处的世界。对置身于不同文化和国家的跨文化传播研究而言，为了应对人类全球化交往积累的种种压力，把握本土和外部文化的复杂构造与彼此交结，呼应本土及全球社会的变迁，自应在学术理念、研究方法、理论范式等方面做出具有实质性的努力，以激发在本土被忽略的种种话语、被压抑的种种期待。

学术研究的"本土化"（indigenization），通常是指以西方人文社会科学体系为参照，从本土的视角修正其局限，为寻求科学解释本土现实和解决本土问题，走向一种具备"本土契合性"的学术范式的努力。[①] 自近代至今，人文社会科学不同领域的理论、方法乃至认识论大都建立在西方知识系统之上，非西方的自我表达被长期压抑、排斥，有关非西方社会文化的知识生产及其在世界范围内的传播，也由西方经验全面掌控。站在非西方的立场，要超越这一局面，必须重新思考"平移"西方学术的"不得已"抑或"时髦"的做法，加强差异性研究，突出研究者所居本土的独特性、民族性和地域性。基于这一认识，一个时期以来，作为后发展国家知识界为改变学术话语与知识生产机制不平衡状态的集体反思，学术研究的"本土化"逐步成为一种世界性运动，相关的讨论也日渐深入。

---

① 根据杨国枢的观点，"本土契合性"是指研究者的思想观点、知识体系和研究行为与被研究者的心理和行为之间达到一种"契合"状态，这也是衡量学术研究本土化的标准之一。参见杨国枢：《中国人的心理与行为》，北京：中国人民大学出版社2004年版，第28页。

跨文化传播研究领域有关"本土化"的思考,有必要体会爱德华·霍尔(Edward Hall)的提示,"我们必须认识和理解文化过程","我们需要更多的有关文化参与者自身的具体知识"①,也需要借鉴克利福德·格尔茨(Clifford Geertz)所说的"地方性知识"(local knowledge)这一概念和相关主张。这里的"地方性知识",是一种区别于所谓西方"普遍知识"的知识形态,并不特指具有地方特征的知识,也不否定具有普遍性的科学知识,而是意味着一种新的知识观念:知识的效力与地域有关,与知识生成的情境有关,与由特定文化、亚文化群体的价值观以及利益关系决定的立场和视域有关。近年来,"地方性知识"在后发展国家知识界引发的广泛讨论,也反映了不同领域对于看待世界的认识论和方法论的集体反思:对知识的考察不仅应关注普遍准则,还应着眼于知识生成的具体情境。正如格尔茨所说,生活本身"只是一种人类活动,你应该去做出一种人性的判断并接受人本身的局限性"②。世界原本丰富与多元,亦有大量稳定、历史悠久的"地方性知识"。它们各以不同方式影响着不同社会文化的历史过程。即使是在近百年来由西方知识体系主导的现代化进程中,这些知识对本土的各种实践也在发挥效力,同时也证明在其天然具备的"本土契合性"中,内含着外来的"普遍知识"无法替代的解释、调节等种种潜在的能量。

适时展开跨文化传播的本土研究,是跨文化传播学的学科性质及其存在与发展的要求决定的。跨文化传播学是一门从整体上关涉人类文化与传播的知识系统,自始以现实的文化世界和对人类生活的观察为基础,其学术旨趣就在于:揭示各种地方性的、独特的、微妙的文化现象或机制,理解不同文化背景下的社会行动、行动者所处情境及行动与情境之间的意义关联。在不同文化中检验理论和获取新鲜的经验,原是这一学科的基本特点和优长所在。更重要的是,全球化的兴起已深刻影响了跨文化传播研究的理论传统,各个文化、族群、本土社区和国家社会的本质属性都在发生变动,不同的人文社会学科都必须重新反思传统的研究范式和理论形态,以扩展各自的知识边界,在整合已有研究范式的基础上,实现观念、理论、方法乃至研究框架的重建。关于这一点,庄孔韶的观点值得深思:人文社会学科的研究都有一个积累性的发展过程,这主要是指通向内容更为丰富、广博的人类认知,"是对地球上人类各族群与区域社会文化的一览无余,以对人类心物构成之深掘为目的,为此,对人类自身的综观需要无尽的面与

---

① 〔美〕爱德华·霍尔:《无声的语言》,刘建荣译,上海人民出版社1991年版,第205页。
② 〔美〕克利福德·格尔茨:《地方性知识》,王海龙等译,北京:中央编译出版社2000年版,第22页。

点的考察积累与良好整合"①。

20世纪90年代前后,跨文化传播学开始进入中国知识界的视野,教学与研究工作陆续在外语教学、新闻传播、国际关系、经济管理等领域展开。不过,虽经历二十多年的努力,中国的跨文化传播研究仍处于起步阶段,主要表现为:对西方跨文化传播理论前沿的跟踪与研究不够,与其他人文社会科学的融合与相互借鉴不够,学术旨趣、研究目标多样而不稳定,观念和方法歧异甚多,学科理论框架乃至实践途径等方面亦在探索之中。此外,与国内其他人文社会学科相仿,因受学术"行政化"趋势的影响,整体研究呈"碎片化"状态,多数研究缺乏彼此间对话的基础,更无在重大问题上与其他人文社会学科"争鸣"的能力。特别是,缺乏科学的、富有成效的本土研究,照搬西方理论而忽视其本土适用性的现象大量存在,进而也就导致了具有批判意识和实践指向的系统性研究成果的缺乏。甚至如刘阳所说:"为数甚少的理论研究,大都为介绍国外研究范式或是直接将欧美理论本地化移植的生硬之作,鲜见聚焦于本土文化实际的跨文化传播研究。"②如此种种,不止影响了这一学科在中国的学术自治地位,也难为当下中国社会日益复杂的文化与传播实践提供有价值的指导。总之,面对全球场域和复杂的本土现实,中国的跨文化传播研究亟待学术自主性的觉醒,我们期待着这一领域的研究者把中国的社会文化语境和现实需要反映在研究活动中,提升学术研究的实践价值。

根据米歇尔·福柯(Michel Foucault)的权力理论,权力是多形态的,渗透到社会的不同领域,重要的是,知识是获取权力的一种手段,而"所有门类的知识的发展都与权力的实施密不可分"③。进一步说,知识和权力之间是密不可分的共生关系,权力产生知识,没有相关联的知识领域的建立,就没有权力关系。针对文化与传播相关领域中西方学术话语的"绝对权威",一些后发展国家的研究者已经体认到,这些话语以某种难以觉察的方式掩盖既存的东西方权力关系,被支配者亦在不知不觉中接受了不平等、不均衡的话语权力结构,以及这些话语预设的"陷阱"。更重要的是,这些学术话语的"权威"往往是以压抑和忽略后发展国家的文化经验和理论传统为代价的,非西方国家的

---

① 庄孔韶:《"蝗虫"法与"鼹鼠"法》,《开放时代》2007年第3期。
② 刘阳运用内容分析法考察了2000—2009年国内学者发表的1070篇跨文化传播领域的论文。其中,依循欧美理论/范式研究的论文为103篇(引用传播学理论的35篇、语言学理论29篇、心理学理论17篇、文化研究学派理论22篇),运用本土化理论的论文只有3篇,余者皆为一般性研究与思辨文章。参见刘阳:《我国本土化跨文化传播研究现状分析》,《西南民族大学学报·人文社科版》2010年第7期。
③ 〔法〕米歇尔·福柯:《权力的眼睛》,严锋译,上海人民出版社1997年版,第158页。

知识精英被长期压抑而处于无言或失语的困境,他们无法表述自己,必须被别人表述。自然而然地,本土学术传承中关于本土社会的研究积累,也被长期排斥在自己的视野之外。其后果就是:既没有理解西方社会的能力,也缺失理解本土社会的能力。正如李金铨所说,西方知识"由中心扩散到边陲,由已发展国家扩散到发展中国家,从西方扩散到东方",通过制约"从者"的核心信念及预设使之心悦诚服地接受或视之为当然,"一旦'从者'把信念或预设内化甚至制度化以后,则强化了知识上的依赖,再也无法产生有意识的反省、抵抗或挑战"①。在严重失衡的国际学术格局中,后发展国家的研究者不得不接受西方知识系统设置的种种标准和学术门槛,这极大地抑制了他们自身进行学术生产、创新和确信的能力,即便努力勤勉,也难有提供独特学术贡献的可能。

当前,传播全球化深入扩展了中外知识系统广泛交流的空间,也向中国知识界提出了新的要求:在"学术自觉"的基础上,走向国际学术话语格局的中心位置。对中国的跨文化传播研究而言,这一要求涉及一系列自立和寻求学术话语权的问题,包括:如何进行学术活动中的概念与命题陈述、理论阐述,话语和文本等能否被认可、接受,以及如何适应"国际学术共同体"的规则、体制等。这一领域自身建设的脆弱,还使跨文化传播研究者不得不同时面对两个尖锐的问题:如何从国内学术格局的边陲走向中心?如何从国际学术格局的边陲走向中心?

今天的中国已走上了全新的和平发展道路,对内、对外的跨文化传播都在日益广泛和深入。中国作为一个负有历史使命的文化大国,无疑应在跨文化传播研究的国际学术舞台上据有相应的重要位置;中国与外部世界进行文化交往、文明对话以及寻求国际话语权的现实需要,更突出了建设具有本土特色、本土适用性的中国跨文化传播学科体系的重要性。尤其是,近年来围绕中国社会发展和对外交往的实践,出现了许多需要由这一领域直接做出回答的重大议题,而针对这些议题发出的学术话语,既关系到中国的现代化进程,也与中国社会寻求国际话语权的努力直接相关。

二

跨文化传播研究所涉的议题已在中国文化和社会的各个领域延伸,对外传播和对外交往的外部实践也为本土意识的培育提供了绝好的场地,并使之具有了前所未有的意义。由此而言,跨文化传播研究的"本土追问"必须呼应文化和

---

① 李金铨:《在地经验,全球视野》,《开放时代》2014年第2期。

社会的复杂事实与变动,通过对本土问题的关注和思考,逐步完成全球视域与本土场景的融合,逐步建立与本土和时代特征相适应的、具有更新能力的思考框架和知识系统。①

这些努力应当包含以下四个方面的侧重。

第一,坚持跨文化传播学"先天"具有的多学科对话的特点和开放视域,对相邻学科的知识和新成果继续做出有价值的"知识整合",立足于中国文化的特质和社会发展的知识需求,逐步完善一种观察、理解和表述本土、西方及其他文化的知识框架。

在半个多世纪以来全球化日益深入的背景下,跨文化传播研究一直汇聚着各个人文社会科学领域的知识、思考和经验,夯实了成为21世纪人文社会科学领域一门重要"显学"的基础。文化人类学、社会学、心理学、哲学等不同人文社会学科构成了跨文化传播学的学科基础,对跨文化传播学的研究方法和研究取向也持续做出独特的贡献。跨文化传播理论范式的最终形成,也有赖于对这些学科中不同的观念、理论和方法进行重塑和形构的"知识整合"活动。这就意味着要把一个个零散的"飞地"汇聚成内容相对连贯、交融的"科学共同体",以多元、多维的学术话语归纳、阐释相关学科有关跨文化传播研究的成果,做到系统了解、批判吸收、兼收并蓄。

开展与其他学科的对话,还有一个益处:通过参照而非互斥,持续更新研究者的知识结构和思想,发展心智和学术眼光,从而较为清醒地面对种种不成熟的、轻率的理论主张。事实上,其他人文社会学科也面临同样的努力,即强化彼此之间包括与跨文化传播研究之间话语和经验的共享。譬如,跨文化传播研究的视域,有助于不同文化中的历史研究拓宽理解历史的文化视野,阻止人们先入为主地接纳"文化中心主义"的历史解释——这些解释往往影响着人们的认知,不间断地制造着误读与偏见。

第二,鉴于西方学界为跨文化传播研究的起步和发展做出了主导性贡献,应对西方学术经验给予充分的尊重,在审慎考察西方理论和方法在本土场景中的适用性和局限性的同时,继续做好移植、引介这些学术成就的工作。

通过一个多世纪的努力,中国人文社科不同领域涌现出的一些有价值的知识成果,主要是通过应用西方理论的假定、假设、概念来分析中国的事实、研究中国的问题,既验证了西方理论的效度和信度,也为各自领域本土知识体系的形成积累了弥足珍贵的经验。由此看待跨文化传播领域的本土研究取向,首先要尊

---

① 孙英春:《跨文化传播研究的全球场域与本土追问》,《浙江学刊》2010年第3期。

重学术传统,而不是追求"知识革命";要尊重学科本源和研究规范,而不是闭门造车、坐井观天。更何况,与其他相对成熟的学科相比,中国跨文化传播研究在理论上和经验上的基础工作还未完成,创建本土理论乃至理论体系的时机也远未成熟。这也意味着,在未来的一个时期内,仍需要继续深化对西方知识系统相关理论主张的认识,学术研究中使用的概念、范畴、理论、研究方法直至成果表述仍要充分借鉴西方经验和规范。当然,面对全球社会的万千变相,西方的知识系统也正面临诸多无力解释的"异状"(anamoly),各种理论主张也面临着如何在变动不居的场景中发挥效用的问题。故此,移植、引进的工作,离不开对西方历史、社会、文化背景以及理论自身的逻辑保持"自觉",应尽可能考虑不同社会和文化的事实和差异,进行恰当的调整、改造和补充。

针对西方理论与本土事实的关系,中根千枝曾做出重要的思考:社会科学是在西欧发展起来的学术,引进它是很自然的,"但是把这些理论运用到历史和民族与西欧的情况显著不同的其他社会时,它和在西欧社会运用的情况不同,很自然地会出现二者不能充分符合的问题。当然,在经过抽象化得出的理论和现实社会的各种现象之间是会看到不少差异。这些理论不会像在西欧社会那样照旧适用。更何况社会本身是动态的,一时确定的模型,不用说也肯定要经常加以修改"。至于解决这个问题的思路,中根千枝认为,关键在于关注理论和现实的差异,"问题是这种差异的实际状况,也即两者的差异有质的不同,其差异本身是表现在远离问题核心的边缘部分呢,还是表现在问题的实质部分",最终,需要验证它对本土现实社会的现象、本土民众"所具有的形形色色的行动方式、想法和价值观等是否正确和有效(validity)"[①]。这也是一种为西方知识的对象化"确定语境"的工作,意味着对西方相关理论学说的阐释、评估和检验,应充分考虑其文化限定性,以及本土社会、文化和历史的语境。事实上,作为一个面向社会实践的研究领域,在不同文化中建构和检验理论,原本就是跨文化传播学在全球社会的发展过程中不可或缺的环节。为做好这项工作,首先要对这些理论的性质、功能和意义做出更为系统、深入的阐述。同时应强调,在引介和借鉴外部学术资源的过程中,要注意保持某种"平衡"——既关注美国,也要关注其他西方国家的跨文化传播研究成果,还要关注和借鉴非西方国家学术传统和当代实践中产生的观念与知识,包括新的范畴和术语,以及对新的文化现象和经验的解释,等等。

第三,"问题意识"是跨文化传播学在不同文化中得到发展的内在动力,通

---

① 〔日〕中根千枝:《纵向社会的人际关系》,陈成译,北京:商务印书馆1994年版,第3、4、11页。

过本土"问题"来结合本土社会文化的特质、现实和选择,是对西方理论进行验证、调整和补充的主要途径,也是发展本土理论的必要前提。

知识总是在一定的历史、社会语境中对某些特定问题提供的解释。针对不同问题的学术努力,会产生不同的知识形式;对问题本身的体察,也意味着对自身知识来源和状态的反思,包括对自身知识特质和局限的觉悟。基于这一理解,本书关于跨文化传播本土研究的理论与框架的探讨,必然要围绕这一领域的基本问题而展开——这些问题是跨文化传播学的基本假设或范式所指涉的,针对这些问题的解释也构成了跨文化传播研究的基本格局和走向。正如单波对跨文化传播研究的建言:研究者应面对跨文化传播的难题和可质疑的问题,提出可讨论、争辩的对象性问题,这些讨论可围绕"文化与传播、人与人的传播关系、他者的意义"等基本理论命题展开,"只有在实践中辨析这些问题,才能发现跨文化传播的可能路径"①。

学术研究的问题由社会和文化的历史、现实和变动趋势具体地决定,通过基于社会文化的实践和学术系统的过滤,逐步产生意义并汇入不同的知识系统。关于问题的意义,卡尔·波普尔(Karl Popper)指出,理论发展和新理论的产生源自问题,科学只能从问题开始;催生原创理论的问题必然处于特定的环境,即所谓的"问题情境"(problem situation);问题之所以出现,主要是因为原有理论和客观现实之间出现不吻合状态——任何理论都有无法解决的问题,一旦发现这些无法解决的问题,新的理论就可能产生。

在跨文化传播研究领域,西方学术面对的问题大都根植于西方的社会状况、文化传统甚至于利益需求,其中有些在中国同样是重要问题,有些则必然不是。就此而言,中国历史、社会和文化的异质特征,以及本土的政治、经济和文化的发展需求,恰恰是能够用以丰富、完善跨文化传播知识系统的重要资源。尤其是,中国在对外交往、文化变迁和社会发展的进程中,正不断遭遇许多新的问题,这些问题根植于中国独特的文化传统和社会结构,西方学术既有的知识系统并不能提供较为充分的解释和合理的策略。从这些问题出发展开探寻,意味着新的学术进步和创新的契机,也意味着研究者应立足于更为扎实的工作,有勇气进行细致的、微观层次的、体现跨文化传播差异的各项"基因"研究。②

第四,基于本土经验和资料的独特性,努力还原和验证被淡化、边缘化的本土知识及其价值,寻求一种有益于解释本土问题的知识生产方式的转换。

---

① 单波:《跨文化传播的基本理论命题》,《华中师范大学学报·人文社科版》2011年第1期。
② 关世杰:《中国跨文化传播研究十年回顾与反思》,《对外大传播》2006年第12期。

知识作为文化的产物,与特定的社会结构有关,并受特定社会结构的影响而表现出相对性。数十年前,布罗尼斯拉夫·马林诺夫斯基(Bronislaw Malinowski)曾提醒西方学界,运用在"简单社会"中发展的理论去面对中国时应十分谨慎,因为中国社会是"复杂的文明社会"。他还指出,西方文化不能简单地将自己当成唯一具有实际意义的文化形态,学术研究应当指向非西方文化中"当地的生活中陶冶出来的合理做法"。事实上,马林诺夫斯基本人的学术研究也体现了那个时代西方学者中鲜见的"对非西方人文世界的历史和现实作用的尊重"。费孝通对此深有体会,并就此指出:"文化自觉是一个艰巨的过程,首先要认识自己的文化,理解所接触到的多种文化,才有条件在当今多元文化的世界里确立自己的位置。"①他还向中国知识界发出呼吁:不仅要开展科学研究,也要开展价值评价,不仅要研究客观性,也要研究主观性,特别是要研究中国社会特有的精神世界、交往方式,研究中国文化传统对当代中国社会生活的深刻影响。

　　中国历史、文化和社会转型的独特性,使本土经验资料不仅有可能成为检验既有理论解释力的"试金石",也可能成为新理论的学术源泉。分析中国这样一个内涵广博、历史悠久、地域差异极大的社会,如果简单导入西方的观念和框架来寻求科学解释,必易导致错误结论。这也是不同人文社科领域共同面临的难题:复杂的中国社会、文化和多样的生活方式与价值选择,可否用西方的学术范式来解说?中国文化的独特性到底有何理论升华的意义?对于基于中国本土的学术研究来说,这种知识需求及其呼唤的知识生产方式的转换,决定了当下及未来相当长的时期内的努力方向。根据其他学科"本土化"的既有经验,要展开跨文化传播本土研究,需要具备一种从本土生活出发的学术态度,包括注意发现不同领域的中国学者用植根于中国社会现实、渊源于学术传统的非西方概念对中国问题的提问与回答,在与本土文化传统、学术传统以及社会现实关联的议题讨论中,捕捉、厘清和吸收那些在西方知识体系中不曾出现的中国思想,将之"填充"到本土研究的学术框架之中。借用霍米·巴巴(Homi Bhabha)等后殖民主义理论家的主张来说,这种"填充"是对西方知识系统进行"改写"的题中应有之义,可作为一种争取话语权力的文化策略,也是在政治、经济、文化和价值批判方面获取合法性的必要努力。

　　当然,对各种本土学术思想和成果的甄别、选择十分重要。在跨文化传播研究所涉的许多议题上,不同时代、不同立场的话语和取向差异甚多,研究者需要本着科学精神,以及时代赋予的文化解释的多元观念,对这些话语给予同等的尊

---

① 费孝通:《对文化的历史性和社会性的思考》,《思想战线》2004年第2期。

重,同时,应有能力进行审慎的鉴别,敢于破除和修正其中的偏见和谬误。

三

任何一个学科的思考、言说和行动,都离不开研究者对本土和世界的关怀。

跨文化传播本土研究的理论与框架,不仅是跨文化传播这一"问题领域"的思想属性的样式、精神能力的表现,还是一种自我意识,意指研究者在学习和思考中的警觉和体悟,即既要以本土视域去看待世界的构成以及本土与之的互动,还要把诸多思潮和流派整合到相对统一的研究框架中,使不同的立场和观念在科学、理性的界面上交流、碰撞。换言之,既要立足于中国地方性的文化经验,也要体现人类知识系统对跨文化传播基本命题的多种解释。对于这一努力的途径,李金铨的思考颇为深刻:由分疏本土经验的内在理路开始,"不断上升抽象阶梯,以至于与相关文献互动,或参考之,或诘难之,最后既要充分诠释层层在地经验的复杂性与丰富性,更要辩证地建立既具有文化特色,又具有普遍意义的'全球视野'",也即是说,要"以世界主义的开放心灵,与西方文献平等对话,彼此渗透,相互滋长"①。

作为呈现人类传播活动的一个重要的知识系统,跨文化传播学理论研究的核心和学科构建的基础,跨文化传播的主题、话语、概念、理论乃至范式,都离不开对人类社会关系与社会交往活动的考察。② 只有把跨文化传播置于人们的社会关系及社会交往活动的相互作用中去分析、研究,才能把握它的规律与变化。跨文化传播研究的知识框架,也必然是以不同的形式,从不同的侧面,直接或间接地对不同文化、人群、个体等不同主体之间的关系的反映、陈述或阐释。本着这一理解,本书立足于中国社会、文化的语境,从跨文化传播涉及的社会关系与社会交往的总体图景出发,按照系统的整体性原则做出研究框架的设计,围绕跨文化传播学的基础概念、基本命题、主要理论、研究方法等,努力展现一种理解跨文化传播实践、开展跨文化传播研究的知识系统。其中最为重要的,就是尝试对跨文化传播的性质、功能和意义做出基于本土视角的定位,为开拓中国跨文化传播理论研究和实践应用的广度和深度提供一种相对完整的知识框架。

跨文化传播研究尚未形成成熟、完整的学科体系,是国际学术界的共识。因这一事实,该领域仍保有理论开放和思想灵活的巨大空间,需要大力鼓励自由、

---

① 李金铨:《在地经验,全球视野》,《开放时代》2014年第2期。
② 详见本书第一章第三节的讨论。

开放的学术对话,理性、客观的学理探讨,广泛、深入的问题分析,以及多元、多维的学术话语。承前所述,这些努力的要旨在于:梳理跨文化传播研究相关理论主张的知识谱系和学术脉络,特别是围绕核心议题,揭示种种知识线索。进一步地,审思西方知识体系构造的观念世界与"中国想象",在理论与实践的双重探索中,重新界定一系列的概念、理论、方法,以及一种有利于本土反思、再现和解释的学科框架。

"本土化"不等于"中国化"。关于学术研究中的"中国化"倾向,李亦园曾做出重要的思考:社会科学研究的中国化,其最终目的并非只是中国化而已,即"中国化研究重要的目的"是不被西方牵着鼻子走,从而"发展我们自己的方法、观念与理论,使能更容易而清楚地了解我们自己的文化的真相,而提出与西方不同的看法与理论,说明西方观念所开展出来的理论并非唯一的认知自然真实的方法。但是,科学研究,即使是'另类科学',其最终的目的仍是在建构可以适合全人类不同的文化、不同民族的行为与文化的理论,否则故步自封于中国文化的理论,也就与西方文化理论自以为是唯一的研究途径没有什么不一样了"[①]。进一步说,立足中国社会、文化的语境,对跨文化传播本土研究的理论与框架做出思考,并非专一迎合"本土化"的学术运动,更不为否定"异文化"视角在学术研究中的作用,而是更为开放地面对文化的自我和他者,更为准确地把握社会与文化对人本身生活的限定,更为妥善地处理本土现实、学术传统与西方跨文化传播研究和相邻学科之间的关系,由此出发,切实开拓这一学科的生存空间并提升其超越本土的能力。

这也意味着,跨文化传播本土研究要避免本土文化意识形态和"文化中心主义"的制约。开展跨文化传播本土研究的必要前提是自身的科学化。这种科学化本身,包括以西方社会科学体系为参照对象,完善这一学科的科学形态,而不是狭隘的关门主义。既有的一些研究实践表明,在有关文化与传播的议题的研究中,对本土视角的坚持常会受到某种放大的"民族主义情感"的驱动,而持一种"颠倒的东方主义"(Orientalism in reverse)立场。如此一来,学术研究极易陷入偏见,更有可能成为制造文化冲突和社会分裂的工具。同样不能忽视的是,本土研究者的价值偏好、认识旨趣、文化认同、教育背景甚至生活方式都会制约自身的视域和朝向科学化的努力,研究者需要时刻警醒,不断修正自己的位置。

跨文化传播学不可能离开外部社会,也不可能离开中国社会而单独发展,需要在不同立场的检讨与对话中确定自身的路向。承上所论,需要认真探讨西方

---

① 李亦园:《人类学中国化之我见》,《广西民族学院学报》1998年第3期。

跨文化传播理论在中国社会、文化环境中的适用性和局限性,开展细致的、体现本土文化差异的研究,既要接近中国人的文化和心理世界,也要契合中国社会发展的现实和需要,既要准确阐述相关理论与方法的本质特征、特定假设、遵循的特定逻辑、能够回答的问题类型,更要以本土应用的视角来确定其内涵、价值、功能和意义。就整体而言,这一知识体系需要容纳尤尔根·哈贝马斯(Jürgen Habermas)在有关"认知兴趣"(cognitive interest)的认识论思考中所指的三种知识类型:经验分析知识、历史—阐释知识、批判—反思知识。

哈贝马斯认为,这三种知识分别对应技术的认识兴趣(technical interest)、实践的认识兴趣(practical interest)和解放的认识兴趣(emancipatory interest)。经验分析知识是以普遍命题推演出经验命题,做到对现实事物的解释、预测和工具性控制。作为技术的认识兴趣,这些知识试图解决的是自然界的不可认识和不可理解性问题。历史—阐释知识是通过与历史传统、与他人的对话和相互沟通,就社会历史现象达成主体间的共识。作为实践的认识兴趣,这些知识旨在维护自我与其他个人和集团的相互理解。批判—反思知识来源于人们对行为的理性自主及对摆脱支配的关切。作为解放的认识兴趣,这些知识侧重于对社会现实和各种意识形态理论的反思与批判,目的是"在人与人之间建立一种没有统治的交往关系和取得一种普遍的、没有压制的共识",同时,帮助研究者成为治疗"社会疾病"的医生。哈贝马斯还指出,认识离不开与社会历史的联系,认识与兴趣的融合也只能发生在自我反思的领域,即"发生在理论认识和追求独立判断或追求解放结合在一起的领域"[①]。

跨文化传播本土研究的展开,是一种基于中国历史、文化与现实,观察、表述社会现实的知识需求,也是中国知识界面向全球社会的一种学术情怀的表达。笔者确信,通过相应的点滴积累,跨文化传播研究的知识基础必将渐臻完备,有能力汇聚和表征中国文化与传播领域的诸多问题和期待,有能力为改善中国社会对外、对内跨文化传播的途径和策略提供知识支撑,有能力在相关机构和领域的行为和决策中发挥积极的效力。总之,中国要在跨文化传播研究的"国际学术共同体"中据有自身的位置,这是无可置疑的目标;中国本土思想的历史深度,以及传统和社会现实的复杂多元,则标定了这种本土研究的价值和意义所在。无论如何,在全球知识界重新构造这一知识系统的过程中,中国的思考不应再度缺席。

---

① 郭官义、李黎:《译者前言》,〔德〕尤尔根·哈贝马斯:《认识与兴趣》,郭官义等译,上海:学林出版社1999年版,第11—13页。

第一章
跨文化传播学的学科基础与研究视域

跨文化传播学是由文化人类学、语言学、社会学、心理学等不同学科的学者共同开拓的。这些学科构成了跨文化传播学最直接的理论来源,对跨文化传播研究的研究方法和研究旨趣都有独特的贡献;这些学科在不同议题乃至"问题领域"的前沿进展,也为跨文化传播学与更为广阔的知识系统的交汇提供了无限的空间。

结合不同文化的实践和时代特征,对跨文化传播研究的学科基础继续进行具有科学意义的"知识整合",以求把握和运用各种既有的学术资源,是跨文化传播本土研究持续面对的工作。这里要强调的是,就把握人类心智与社会文化结构的构想和旨趣而言,不同人文社会学科原本彼此相通,相互分隔、孤立的种种知识都有可能走出学科之壁垒,融汇到种种新的知识系统之中。1923年,梁启超曾提出"治学"的三个要旨:"求真""求博""求通"。这里的"求通"是指:"我们虽然专门一种学问,却切不要忘记别门学问和这门学问的关系。在本门中,也常要注意各方面相互之关系",用"锐利眼光"去注意这些"关系",才可能避免判断错误。[①]

面对急剧变迁的全球社会中社会关系和社会交往的复杂现实,跨文化传播研究也正临着如何"充分而恰当地描述社会现实"的迷惑。特别是,由于还缺乏把跨文化传播涉及的众多变量和现象乃至零星事实关联在一起的知识系统,或者说,缺乏一种能够为这一学术共同体的成员一致遵循的研究范式(research paradigm),故而难以厘清这一研究领域的基本概念、价值标准、理论框架和研究方法,亦无从整合不同认知群体的差异。跨文化传播研究正面临诸多困境而发展乏力。一方面,跨文化传播学科建设在发展"高峰期"过后,进入了后劲不足的"低谷",这一学科的学术地位、应用价值和发展前景处于某种"含混不清"的状态。另一方面,由于观念、语境和立场不同,不同文化的研究者对跨文化传播

---

① 梁启超:《治国学的两条大道》,《梁启超文选》,上海远东出版社1995年版,第303页。

学作为一个学科的基础和本质的看法不尽相同,而相比其他较为成熟的学科,这一领域的研究队伍和"问题视域"也相对离散。面对这些状况,研究者必得对跨文化传播学的种种知识做出新的思考,特别是在托马斯·库恩(Thomas Kuhn)所说的"象征性的概括、形而上的假定、价值观的表达和可以仿效的研究成果"等涉及学科范式的价值、信念和方法论上达成共识,以重新标定跨文化传播研究的科学性和实践性。当然,也需要进一步厘清跨文化传播研究的局限——即使是面对文化与传播领域的议题,跨文化传播学也只是众多知识中的一种,不可取代其他知识门类的贡献。

跨文化传播学是一个阐释全球社会中不同文化之间社会关系与社会交往活动的知识系统。研究跨文化传播,不能不去研究人与人之间,以及个体、群体、组织、社会和国家之间纷繁复杂的社会关系和社会交往,不能偏离对人类的社会系统和传播活动的关注,而应从把握人类社会系统和社会关系的全面图景这一角度出发展开分析和综合。这就意味着,研究者只有具备一种面向全球社会的"问题视域",才能深入探讨跨文化传播涉及的各种相互关联、依存甚至是重叠的关系,归纳、阐释相关社会学科及不同学派有关跨文化传播的理论成果。这也预示了一种与社会现实和文化实践同步的学术努力,其目的在于:不仅能解读各种形态迥异的文化和行为体的整体性调适与变迁,还要对各个文化和行为体的现实生活及其变动、更新的过程提供说明,进一步地,在历史和现实的变动中探究跨文化传播活动的基本方式和普遍本质。总之,人类社会关系与社会交往的"全球场域"预示了跨文化传播研究"路线图"的多元、多维和复杂性,跨文化传播学的学科范式、研究意义乃至理解现实的努力,恰恰寄寓其中。

第一节　跨文化传播的定义与学科诞生

作为人类传播活动的重要组成部分,跨文化传播是人与人、族群与族群、国家与国家之间必不可少的活动。跨文化传播维系了社会结构和社会系统的动态平衡,把不同地域、族群、国家的人群"联结"在一起,推动了人类文化的发展和变迁。没有跨越文化的传播活动,就没有人类的进化和文明。

跨文化传播研究为全球化趋势直接推动,并与殖民、世界大战及战后改制、后殖民、现代化等深刻和广泛的变迁密切联系。跨文化传播研究对人类交往的多方面关注,对不同文化的精神面相及深层特质的呈现,显示了这一学科对全球社会与文化的事实与变迁的认识的深化过程,也展示了这一学科的理论和现实价值——作为一种文化观念与策略复合的知识系统,跨文化传播学对于观察和指导不同文化与社会各个层面的文化实践都有不可替代的学术意义,有益于不同文化间的相互理解和宽容,也决定了人类在 21 世纪的集体命运。

一、跨文化传播的历史脉络

知识界对跨文化传播的定义多种多样,侧重的角度各有不同,大致可概括为三种类型。① 第一,来自不同文化背景的人们之间的交往与互动行为。在跨越文化的人际传播中,传播双方的文化背景可能大致相似,也可能相去甚远,存在观念、思维方式、生活方式乃至国民性格等方面的不同程度的差异,这造成了程度不同的传播难度。在这一理解的基础上,一些研究还认为,跨文化传播是来自不同文化背景的人们之间通过合作和协商建构意义的象征性过程,参与者能够通过合作来生产彼此都可接受的意义。第二,信息的编码、解码由来自不同语境(context)的个体或群体进行的传播。依据这一定义,双方信息编码比较一致的传播可被称为同文化传播,双方信息编码基本不同的传播可被称为跨文化传播。在现实世界中,传播双方编码完全相同的情况是不存在的,完全不同的情况也是不存在的,故此,人际传播是否是跨文化传播,要视双方信息编码的重叠情况来确定。有学者提出,双方信息重叠量达到 70% 可算同文化传播,低于 70% 则是跨文化传播。第三,由于参与传播的双方的符号系统存在差异,传播因而成为一种符号的交换过程。② 这一定义强调了不同文化交往中文化差异的影响,所谓有效传播,即能在来自不同文化的传播者之间创造一种共享意义(shared meanings)。

基于人类历史中文化交往、变迁的特质和全球社会的变动轨迹,本书视域下的跨文化传播,既指代来自不同文化背景的社会成员之间的交往与信息传播活动,也涉及各种文化要素在全球社会中迁移、扩散、变动的过程,及其对不同群体、文化、国家乃至人类共同体的影响。这一定义主要关联到两个层次的传播:第一,日常生活层面的跨文化传播,主要指来自不同文化背景的社会成员在日常交往和互动中的融合、矛盾、冲突等;第二,人类文化交往层面的跨文化传播,主要指基于文化系统的差异,不同文化之间进行交往与互动的过程与产生的影响,以及由跨越文化的传播过程所决定的文化融合、发展与变迁。

---

① 西方学界对跨文化传播主要有三种彼此相通的表述:Intercultural Communication, Cross-cultural Communication, Trans-cultural Communication。三种表述略有差异,第一种使用范围最为广泛。中文多见的"跨文化传播""跨文化交际"和"跨文化交流"三种译法大致相通,其中"跨文化传播"应用范围较广泛,也更符合国内传播学科不同分支的划分惯例。

② Stella Ting-Toomey, *Communicating across Culture*, New York, NY: The Guilford Press, 1998, p.21.

这一理解涵盖广泛,亦与如下几种类型的传播类型有重叠、交叉之处。第一,跨种族传播(interracial communication),即传播者与受众分属不同种族的传播。通常不同人种之间的传播就是跨文化传播,但如果是完全同化于美国文化的非洲裔黑人与美国白人之间的传播,不算是跨文化传播。第二,跨族群传播(interethnic communication),即虽属同一人种但分属不同族群的人们之间的传播。这类传播通常发生在多族群国家之内。第三,跨群体传播(intergroup communication)。在单一文化的内部,与主导文化(dominant culture)并存的还有种种群体文化或亚文化(co-culture),这些文化往往表现出与主导文化有所区别的观念、生活方式和传播特征等,彼此之间的差异也较为显著。在这个意义上,不同群体之间的交往可算是一种跨文化传播。譬如残障人群体、同性恋群体、移民群体等,各有不同于其他群体乃至主流文化的独特观念和生活方式。这些群体与其他群体的传播,就属于跨文化传播。第四,国际传播(international communication),即信息发出者主要是国家、政府组织、非政府组织,以及以赢利为主要目的的跨国传媒等。这类传播是与国家的政治、经济、文化发展密切相关的传播,也有跨族群、跨种族、跨文化传播的特点。哈米德·莫拉纳(Hamid Mowlana)对国际传播的定义就是从跨文化的视角做出的:通过个人、群体、政府和技术,在不同国家和文化之间传递价值观、态度、观点和信息的研究领域。考量国际传播与跨文化传播之异同,还须留意一点:对跨文化传播的分析倘不考虑政治、经济和技术因素是天真的,也是不现实的;国际传播研究如果不考虑文化和语言的背景与差异,也是难以深入的。①

针对近年来全球社会中跨文化传播样式面临的剧烈变动,一些研究者注意到一个趋势:"国内差异变大,国际差异变小",结果是无法辨别什么是"跨"文化传播,什么是"文化内"传播,跨文化传播研究与一般传播研究的界限也愈趋模糊。为此,马成龙认为,跨文化传播研究应注意两点:一是在分析传播行为时,对文化差异的诠释不应只限于国界,对意识形态、价值观不同的族群也须多加考虑;二是避免在量化研究中只把文化当成一个自变量,即假设来自同一地区的人都属于同一文化,而不经测验就将他们放入同一组中。②

人类跨文化传播活动的历史项背相望、气脉连贯。在公元前18世纪古巴比伦王国的《汉谟拉比法典》中,就有针对在国外购买奴婢的规定;公元前1750年,

---

① 参阅关世杰:《国际传播学》,北京大学出版社2004年版,第4页。
② 马成龙:《全球化现象对跨文化传播的启示》,关世杰主编:《世界文化的东亚视角》,北京大学出版社2007年版,第334—336页。

古埃及就有埃及人与亚洲人交往的记载;距今2000多年前,古希腊悲剧家埃斯库罗斯就表达了人类易于对异族产生恶意倾向的评价:"人们总是急于责怪异族。"中国历史上的周穆王西征、徐福东渡、张骞西域凿空、甘英出使大秦等,均是跨文化传播活动的表现,丝绸之路、法显西行、玄奘取经、遣隋使、遣唐使、鉴真东渡等,都堪称人类历史上跨文化传播的典型范例。距今600年前,郑和船队七次跨越南中国海和印度洋,远达阿拉伯半岛和非洲东海岸;接下来的一个世纪,迪亚士、达·伽马、哥伦布等的足迹从欧洲延伸到世界各地,开启了地理大发现的伟大时代,伴随而来的海外贸易与殖民活动开启了全球化的帷幕,人类的跨文化传播活动也开始了新的历史过程。

人类历史中的跨文化传播活动,折射出人类信息系统不断发达、渐趋复杂化的过程。根据传播媒介的发展与技术变革,知识界习惯上把迄今为止的人类传播活动划分为如下四个历史阶段。

第一,口语时代。人类最原始的传播方式是猿人进化时期使用的声音和身体语,他们用与其他哺乳动物大致相同的呼唤、尖叫及身体动作,示意危险的出现、食物的存在,表明情感意图、协调活动等。距今约10万年前,口语的出现意味着人类进入了语言传播的时代。不过,此时的口语传播存在着明显的局限,即"声不能传于异地,留于异时":由于发声功能的限制,口语传播只能在近距离进行;口语转瞬即逝,对信息的保存和积累只能依靠人脑的记忆。

第二,文字时代。文字的发明与使用是人类文明进程中最具意义的成就之一,传播的时间和空间维度得以拓展,人类跨文化传播的时代也真正到来了。梅尔文·德弗勒(Melvin Defleur)即指出:"与工具、火、语言本身一样,文字是人类古今意义最重大的成就之一,没有它,世界上多数人仍将是文盲。"①文字的使用使语言具备了规范、便携和能被长期保存等特点,承载的信息也由简单、容易变得复杂和繁多。更重要的是,以文字为核心的信息系统的形成和扩展,反映了人类接触的频繁程度,验证了各个文化的产生、发展与延续,促进了地球各个角落的人群之间经济、政治和文化的融合。

第三,印刷时代。印刷术的发明给整个人类文化带来了新的曙光,亦使跨文化传播步入了崭新的时代。就欧洲而言,印刷品的大量出现推动了教育发展、文化普及,以及科学的启蒙和社会的进步,加速了欧洲封建社会的解体和资本主义的诞生。伯特兰·罗素(Bertrand Russell)指出,印刷术的出现"大大扩展了新思

---

① 〔美〕梅尔文·德弗勒等:《大众传播学诸论》,杜力平等译,北京:新华出版社1990年版,第11页。

想的传播范围,有助于去挖传统权威的墙脚。因为用方言翻译出来的《圣经》印刷成书,很容易到手,教会不能再用花言巧语来继续维持它在信仰事务上的监护人身份。至于一般学术,也出于同样原因的促动而回到现世主义。印刷术不仅给批评旧秩序的新政治理论提供了传播工具,还使人文主义学者得以重新出版古代人的著作,随之促进了对经典原著的广泛研究,有助于教育水平的普遍提高"①。弗朗西斯·培根(Francis Bacon)认为,罗盘、印刷术、火药的出现是西方现代文明的起点,这三大发明改变了整个世界许多事物的面貌和状态,由此产生无数变化,"似乎没有任何帝国、任何派别、任何星球,能比这些技术发明对人类事务产生更大的影响"②。威尔伯·施拉姆(Wilbur Schramm)也说过:"书籍和报刊同18世纪欧洲的启蒙运动是联系在一起的。报纸和政治小册子参与了17世纪和18世纪所有的政治运动和人民革命。正当人们越来越渴求知识的时候,教科书使得举办大规模的公共教育成为可能。正当人们对权力分配感到不满的时候,先是报纸,后来是电子媒介使普通平民有可能了解政治和参与政府。"③

第四,电子时代与数字时代。电子传播实现了信息的远距离快速传输,推动了人类的知识和经验的加速积累,也使人类跨文化传播的质量和效率获得空前的提升,传播范围获得空前的扩大。以电报、电话、广播和电视为主要媒介的电子传播,突破了时空的限制,使人类跨文化传播的内容更丰富,感觉更直观,依据更可靠。20世纪90年代以来全球范围内互联网和新媒体技术的普遍运用,则是人类传播方式的重大革命,传统的传播观念及传播方式被改变,跨文化传播也从电子时代迅速过渡到一个全新的"数字时代"。其特征正如戴维·莫利(David Morley)描述的:"出现了全球性网络和国际信息流动空间;国家这个范畴面临着愈演愈烈的危机;出现了一些新形式的区域性与地方性活动。我们正在大大改变空间与地域的概念。人口、文化、货物、信息的迁移和流动方式表明,现在并不主要靠诸如地理位置间隔、海洋、山脉等自然分界来划分社会或国家的'自然边界'。我们越来越需要根据传播和运输网络及语言文化这样的象征性边界——由卫星轨道或无线电信号决定的'传播空间'——来划定在这个时代里具有决定性意义、呈现渗透性的边界。"④

---

① [英]伯特兰·罗素:《西方的智慧》,马家驹等译,北京:世界知识出版社1992年版,第222—223页。
② [英]弗朗西斯·培根:《新工具》,许宝骙译,北京:商务印书馆1986年版,第103页。
③ [美]威尔伯·施拉姆、[美]威廉·波特:《传播学概论》,陈亮等译,北京:新华出版社1984年版,第18页。
④ [英]戴维·莫利、[英]凯文·罗宾斯:《认同的空间》,司艳译,南京大学出版社2001年版,第1页。

跨文化传播的历史脉络表明,跨文化传播伴随人类社会的产生与发展,促进了世界文化的交流和进步。自人类早期社会之始,不同文化就走上了一个传播、交融的聚合历程,经由跨文化传播的滋养,世界文化史成为不同文化之间传播、碰撞、融合的历史。罗素就指出:"不同文明的接触,以往常常是人类进步的里程碑。希腊学习埃及,罗马学习希腊,阿拉伯学习罗马,中世纪的欧洲学习阿拉伯,文艺复兴时期的欧洲学习东罗马帝国。"①考古研究证明,古埃及文化与两河流域的古巴比伦文化在农业、畜牧业、手工业技术以及天文、历法、语言文字、算术和服饰等方面有许多相同和相似之处;由于埃及文化和巴比伦文化之间存在大量融合与交流,一些学者将其合称为"东地中海文明"或"西亚文明"。再如,当代阿拉伯文化与中近东文化都在不同程度上受到了来自古希腊与罗马的文化、拜占庭与波斯萨珊王朝的文化、中世纪以及现代欧洲文化和当代美国文化的影响。

中国文化的历史发展过程也是如此。中国自汉代起就保持着与印度、阿拉伯乃至欧洲文化的频繁对话,尤其是中印之间的佛教文化交流,深刻影响了中国文化的深层结构和文化传统的演进。杜维明就此指出:"如果没有印度文化和中国文化的沟通,儒学就不可能发展成宋明理学。没有希腊文明和印度文明的沟通,也不会发展出多元多样的中世纪文明。没有阿拉伯世界保存了很多希腊哲学的理念和价值并带到欧洲,文艺复兴也没有可能性。"②钱钟书也有一个观点:"中西交往,人我关系,如鸟之双翼,剪之双刃,缺一不可。"③

二、跨文化传播学的发展历程

20世纪40年代后期跨文化传播学在美国的兴起,是"第二次世界大战"后全球格局变动和美国等西方国家持续全球扩张的结果。此后半个多世纪,跨文化传播研究主要在西方国家得到发展,通过聚合各个人文社会学科的经验和知识,成为一门有独特理论体系和研究旨趣的学科,不仅指向不同文化背景中的个人、群体、组织、国家之间的交往特点和规律,不同文化之间的意义阐释和理解,人类文化产生、变迁和分野的进程,还涉及文化与民族心理的差异、跨文化语用研究、文化冲突与解决途径、技术发展对文化的影响、文化的延续和变迁、对传播的控制和管理、文化自立与发展等方面。这些议题的存在和延伸,标明了跨文化

---

① 〔英〕伯特兰·罗素:《中国问题》,秦悦译,上海:学林出版社1996年版,第114页。
② 〔美〕杜维明:《新轴心时代的对话文明》,关世杰主编:《世界文化的东亚视角》,北京大学出版社2007年版,第5页。
③ 转引自赵一凡:《欧美新学赏析》,北京:中央编译出版社1996年版,第230页。

传播学的科学性和实践性,也将跨文化传播学的应用空间推进到人类生活的更多领域。①

从19世纪中后期开始,以英国、美国的文化人类学家为先导,西方知识界对人类不同文化的差异及跨文化传播活动的学术研究日益深入。"第二次世界大战"进入后期阶段之后,美国面临着一个现实的问题:如何确保美军能在新近占领的岛屿上与土著居民沟通与合作?由于对这些土著居民的语言和文化一无所知,美国政府邀请了一批以文化人类学家为主力的优秀学者,专门研究这些地区的文化。鲁思·本尼迪克特(Ruth Benedict)的《菊与刀》(*Chrysanthemum and the Sword*)一书,就是美国政府在1944年委托研究的成果之一。② 当时,美国政府和军方迫切需要两个问题的答案:第一,日本政府会不会投降?盟军是否要进攻日本本土并采用对付德国的办法?第二,如果日本投降,美国是否应当利用日本政府机构以至保存天皇?本尼迪克特的研究报告推断:日本政府会投降;美国不能直接统治日本;要保存并利用日本的原有行政机构——因为日本与德国有诸多不同,不能用对付德国的办法对付日本。随后的发展确如本尼迪克特所料,美国政府的一系列决策也与她的意见大体一致。

第二次世界大战之后,美国在世界许多地区建立了海外基地,急需了解各个国家的政治、经济和文化情况。1946年,美国国会通过了《外交法令》("Foreign Service Act"),决定在国务院下设外事学院(Foreign Service Institute),为美国援外技术人员和外交官提供语言和人类学意义的文化培训。③ 一些学者认为,此举意味着跨文化传播研究的正式开始。④ 1958年,尤金·伯迪克(Eugene Burdick)等出版了《丑陋的美国人》(*The Ugly American*),直指50年代美国驻东南亚的外交官和经援人员漠视当地文化的令人反感的形象。美国国务院向驻外人员

---

① 关于跨文化传播学的学科特质,国际传播学会(International Communication Association, ICA)的解释是:一门致力于研究不同文化之间的传播的理论与实践的学科,关注不同文化、国家和族群之间的传播系统的差异比较,并与国际传播的许多方面,以及传播与国家发展的研究密切相关。根据该学会的分类,传播学研究的学术分支主要包括:信息系统、人际传播、大众传播、组织传播、跨文化传播、政治传播、教育/发展传播、健康传播、传播哲学、传播与技术、流行传播、公共关系、女性与传播、传播法律与政策、语言与社会互动、图像传播、新闻学研究、全球传播与社会变迁等。

② 当时,对日战争正在进行,本尼迪克特无法使用文化人类学常用的田野工作等方法,只能通过对日裔美国人的访谈、观看日本影片和戏剧、查阅日本研究文献等方式展开研究。不过,这一成果仍为美国在第二次世界大战后制定对日政策提供了不可或缺的学术指导,对战后至今的日本研究乃至日本国内的相关研究也产生了重要影响。

③ 至目前,美国外事学院开设了涉及70多门语言的600多门课程,每年为美国国务院和其他40多个政府部门和军事机构培训超过10万名雇员,并为这些雇员的家属提供有关国外生活的课程和服务。

④ Fred Jandt, *Intercultural Communication*, London: Sage, 1998, p.36.

明确提出,应以该书为镜子来对照各自的行为。

爱德华·霍尔是当时美国外事学院聘请的学者之一,他的主要工作是为即将到国外工作的美国人进行跨文化培训。霍尔通过调查发现,美国人与他国人民相处时的许多困难,是因美国人"以我们自己的标准与他人交往"引起的,美国形象的不堪也与培训不足以及缺乏了解其他文化的涉外人员有关,为此,应致力于考察那些对不同文化成员的交往产生影响的文化因素。1959年,他在发表了一系列有关跨文化培训的论文之后,出版了《无声的语言》(*The Silent Language*)一书,具体勾勒了跨文化传播研究的若干原则:对跨文化传播训练的参与和体验;从对单一文化社会层面的研究转向对跨文化人际交往的研究;重视非语言传播;强调文化无意识(unconsciousness);坚持非评判性的族群相对主义(non-judgemental ethnorelativism);关注传播与文化的关系。由于《无声的语言》影响广泛,且首次使用了"intercultural communication"一词,多数学者认为,此书标志着跨文化传播学在美国的正式诞生。

20世纪60年代,美国总统肯尼迪创立的"和平队"(Peace Corps)①,让美国学术界对不同文化间的有效传播产生了更大兴趣。在这一时期,美国国内少数族群争取民权的斗争和不断深入的关于文化多样性的争论,也使美国政府认识到不同族群、文化群体之间的传播的重要性。以1964年美国国会通过的《民权法案》("Civil Rights Act")为标志,美国政府开始正视少数族群文化的合法权利,同时,以文化人类学家和语言学家为主力,不同学术领域都加强了对文化与传播的综合性研究。在这一时期,跨文化传播研究逐步从人类学中分离出来,成为传播学研究的重要组成部分,主旨是对造成文化差异的文化、语言、非语言要素进行探讨,尤其是聚焦于理解人际层面的跨文化传播,以及实现有效传播的相关技巧。1966年,霍尔出版了他的另一力作《隐藏的维度》(*The Hidden Dimension*),把"空间"(space)作为人类传播系统的组织框架,探讨了不同文化对空间的感觉和使用方式,提出了"空间关系学"(proxemics)、"人际距离"(interpersonal distance)等概念,受到了世界各地知识界和普通读者的关注。同年,阿尔弗雷德·史密斯(Alfred Smith)主编了论文集《传播与文化》(*Communication and Culture*),收入了当时美国知识界以人际互动视角考察跨文化传播现象的集体思考。

---

① "和平队"是根据肯尼迪政府1961年出台的《和平队法案》("Peace Corps Act"),由教育、农业、保健、贸易、技术以及社区发展等领域的志愿人员组成的美国政府代表机构。传播美国文化及价值观、服务于美国外交战略和国家利益,是和平队的主要使命。仅在1963年,美国就派出7000名队员到世界46个国家志愿服务。

20 世纪 70 年代,交通和通信技术迅速发展,世界各国之间的往来日渐密切,这也促进了文化人类学、语言学、传播学、心理学等学科与跨文化传播研究的理论汇聚,跨文化传播学逐步发展为传播学研究领域的一门独立学科。在这一时期,全美传播协会(National Communication Association)与国际传播协会均成立了跨文化传播分会。1972 年,第一届跨文化传播国际会议在日本东京举行。1974 年,《国际与跨文化传播年刊》(The International and Intercultural Communication Annual)创刊。1977 年,《跨文化关系国际杂志》(The International Journal of Intercultural Relations)创刊。跨文化传播专业出版社也在这一时期开始出现,包括影响至今不衰的 Intercultural Press、Sage Publications 等。大批有关跨文化传播的研究和教学著述陆续问世,最有影响的是拉里·萨默瓦(Larry Samovar)等主编的《跨文化传播》(Intercultural Communication),1972 年首版后每隔三年就重新修订,成为长期通行的专业教材。也是从这一时期开始,美国高等院校广泛设立跨文化传播相关课程,至 1977 年,全美有 450 所教育机构开设了相关课程,部分院校开始授予跨文化传播专业的硕士和博士学位。①

20 世纪 80 年代,跨文化传播学迎来了快速发展的时期,学术研究更为独立,理论范畴和研究方法逐步明晰、系统化。1989 年,莫利菲·阿森特(Molefi Asante)与威廉·古迪孔斯特(William Gudykunst)主编的《国际与跨文化传播手册》(Handbook of International and Intercultural Communication),集中了这一时期的主要研究成果。跨文化传播学在实践领域的重要性也得到了西方知识界的普遍认可,其研究成果进一步被应用到外交、国际贸易和经济管理等机构,美国和一些欧洲国家纷纷成立进行跨文化传播培训的专业机构。此外,由于跨文化传播学自身的发展,跨文化话语分析学、跨文化语用学、跨文化心理学等分支科学应运而生,研究领域日益宽广,服务领域也在不断拓展。

20 世纪 90 年代之后,"冷战"的结束使人类各个文化之间的交融和冲突日益频繁,不同层次的摩擦、矛盾和冲突也愈加显著,这些使跨文化传播学开启了一个新的转向,即由服务于西方社会的对外扩张和控制,转向探寻文化之间的理解和共存之道,正如萨默瓦所说,"生产的流动性、不断增多的文化交流、全球化市场以及具有多元文化色彩的组织和劳动力的出现——这些都要求我们掌握适应多元文化社会和全球村生活的技能"②。由这一时期开始,跨文化传播学的研

---

① 关世杰:《跨文化交流学》,北京大学出版社 1995 年版,第 11 页。
② 〔美〕拉里·萨默瓦、〔美〕理查德·波特:《文化模式与传播方式》,麻争旗等译,北京广播学院出版社 2003 年版,第 1 页。

究议题也变得更为多样,全球化与本土化、文化多样性与文化霸权等成为探讨的焦点,现代性、反思性和文化认同危机等问题也被广泛关注。研究者认识到,跨文化传播不仅仅是"纯文化"问题,背后还有纷繁复杂的政治、经济和意识形态的对话和冲突。一些学者还借助后殖民主义、文化帝国主义、女性主义、话语权、全球伦理等理论话语,对引发跨文化矛盾和冲突的根源进行了更为深入的探讨。

吴予敏较全面地概括了这一时期西方跨文化传播研究的变动趋:第一,从爱德华·霍尔的跨文化传播训练发展为量化训练,在跨文化传播中引入人际传播、心理控制的技术;第二,延续古迪孔斯特等人的文化适应研究,提出普遍性理论,忽略移民或其他新来者的行为动机,着眼于人们对于共同的适应经验的分享,集中研究如何适应;第三,以玛格丽特·安德森(Margaret Andersen)等人为代表的一种多元文化和文化播散的观念,关注的中心是种族主义、性别主义、偏见、自我观念、权利等如何在人的内在传播中发生影响;第四,发展传播与跨文化传播研究相结合,集中考察政府和各类组织在经济、政治、道德或意识形态等方面存在的诸多差异,也包括研究"创新—扩散"模式,探究新的观念和方法如何得到有效的推广;第五,分析全球化趋势与本土化的矛盾,如媒介网络、意识形态、语言符号的本土化,以及全球媒介环境对国家政治稳定、社会改革的影响;第六,提出多元化还是单极化的争论——政治传播层面是人权与国家主权孰先孰后,文化层面是文化多元还是文化霸权,以及民族语言具有独立性、纯洁性和实现国际化的可能;第七,左翼传播学者对于文化帝国主义的批判、对西方文化和价值观念的全球扩张的警觉,以及对后殖民时代的文化的分析;第八,关注现代性、反思性和文化认同危机问题。①

从20世纪80年代初开始,跨文化传播学逐步进入中国学术界的视野,以外语教学和国际关系学领域的学者为主力的中国学者,做出了有重大价值的实践探索和学科建设工作。在引介西方著述之外,中国学者有本土特点的专著也不断出现,包括段连城的《对外传播学初探》(1988年)、胡文仲主编的《跨文化交际与英语学习》(1990年)、关世杰的《跨文化交流学》(1995年)、贾玉新主编的《跨文化交际学》(1997年)、孙英春的《跨文化传播学导论》(2008年)等。陆续开展的相关研究涉及跨文化传播与外语教学、跨文化传播与对外汉语教学、跨文化传播能力的培养、跨文化传播与翻译、跨文化传播的语用失误、非语言传播、跨文化传

---

① 吴予敏:《跨文化传播的研究领域与现实关切》,《深圳大学学报·人文社科版》2000年第1期。

播与修辞、经贸领域的跨文化传播，等等。①但总的来看，国内对跨文化传播的研究仍处于"起步"阶段，主要表现为：对这一学科的基本特征和实践指向缺乏统一的认识，在理论基础、研究目标和方法论等方面仍处于探索之中，对西方跨文化传播研究及相关领域的前沿进展仍缺乏有深度的研究，研究水平更是亟待提高。刘阳还指出，当前中国的跨文化传播研究主要以实用型议题的微观研究为主，理论研究较为匮乏。由于这些学术努力不能从跨文化传播理论的概念、视角和预设出发去深究学理内涵，不免失之杂乱浮泛。相比之下，国际范围内的跨文化传播研究则有两个显著变化：一是从实用问题研究转向理论问题研究，二是从微观问题研究转向宏观问题研究。②

有必要强调的是，虽然中国知识界对跨文化传播学的学术边界还没有统一的定论，但这并没有妨碍跨文化传播研究的理论与话语在中国学术和社会实践中的渗透及体现其重要的参考价值。当前，中国对外、对内的跨文化传播实践日益广泛深入，中国社会文化迅速发展变迁的现实，为跨文化传播学在中国的拓展提供了绝好的"问题场域"与实践途径。通过与全球社会的现实和学术实践同步的努力，建立系统、科学的本土研究范式，回应中国和全球社会的文化变迁与转型，积累和增进有关中国社会、文化的理性认识，必会使这一学科在中国的发展获得新的意义。

第二节　跨文化传播研究的学科基础

跨文化传播学是各个人文社会学科的汇合之处。对跨文化传播学的发展影响较大的学科主要有人类学、社会学、历史学、语言学、符号学、心理学、哲学、文化研究等。自跨文化传播学诞生以来，这些学科既深且广的知识系统一直充任了最为重要的概念、理论和方法来源。跨文化传播学要形成自己完善的研究范式，必得继续汲取这些学科的知识和经验，并接入这些学科中不断涌现的新的观

---

① 依据20世纪90年代以来中国学者的研究进展，单波概括了跨文化传播研究的十大议题：翻译中的跨文化问题、商业与跨文化问题、跨文化交际、文学作品中的跨文化问题、旅游与体育活动中的跨文化现象、教育与跨文化、跨文化心理、不同文化间的比较、跨文化传播理论、艺术表现形式与跨文化传播。在该分类基础上，刘阳重新做了概括：跨文化传播理论、跨文化交际、语言与跨文化传播、新闻学与跨文化传播（新闻报道与跨文化传播、大众传媒与跨文化传播、媒介经营管理与跨文化传播、广告与跨文化传播、海外华文媒体与跨文化传播）、对外宣传、国际传播、新媒体与跨文化传播、传媒教育中的跨文化传播、传播技术与跨文化传播、商业与跨文化传播。参见刘阳：《中国跨文化传播研究述评》，《当代传播》2010年第1期。

② 刘阳：《中国跨文化传播研究述评》，《当代传播》2010年第1期。

念和思想。

针对跨文化传播研究的"知识整合",威廉·古迪孔斯特有一个提示:跨文化传播研究是一个跨学科的领域,不仅需要从已有的跨文化传播的论著中寻找资料,还要从文化人类学、比较社会学、跨文化心理学、跨文化培训、群体关系(心理学和社会学)、国际事务、国际关系、语言学、宗教研究、社会心理学等领域去获得帮助。关于这一点,埃米尔·涂尔干(Emile Durkheim)的观点也值得深刻体会:"当一门学科正在产生的时候,要想取得进步,必须借鉴所有现成的学科,将这些学科中的宝贵经验弃之不用,显然是很不明智的。"①

一、人类学的影响

20世纪初期至今,研究人类社会中的行为、信仰、习惯和社会组织的起源与发展的人类学,逐渐发展成为不同学科之间理论和方法的桥梁,"把不同种族、不同社会形态、不同文化的人群在认知上联结起来,构成一个具体多样的人文世界"②,也与跨文化传播研究建立了直接的、密切的联系。

人类学的核心使命之一是,在广泛进行实地调查的基础上论述社会人的各种制度、思想和行为模式,揭示社会发展和文化变迁的规律及动力。人类学的理想之一是,探寻人类文化的本质,揭示人类在形成语言、掌握知识、取得共识时表现出的同一心智,如李亦园所说:"人类学家执着于人性普同本质与文化歧异的追寻,就像瑶民的千家峒寻根,或是基督教徒找寻天国复临的运动一样忍受寂寞与困难,锲而不舍去追求他的理想。"③威廉·哈维兰(William Haviland)还指出,"由于人类学长期致力于研究全世界各民族,而且在研究方法上采用整体的观点,因此,它比其他学科更有办法解决20世纪最近一些年来全人类所面临的一些重大问题。当代世界已经成为一个全球性的社区,在这个社区中,所有的人们互相依赖,所以,生活于世界某一地区的人们的所作所为往往对生活于其他地区的人产生重要的影响。由于人类互相之间都有这种依赖性而且在技术上都有能力给别人造成许多伤害,因此,了解别人成了一件最重要的事情。人类学对当代生活所作的贡献是理解其他民族并引导人们正确看待其他民族,而这正是我们生活于当今世界所必需的基本技能。"④

---

① 〔法〕埃米尔·涂尔干:《社会学研究方法论》,胡伟译,北京:华夏出版社1988年版,第118页。
② 高丙中:"总序",〔美〕罗伯特·墨菲:《文化与社会人类学引论》,王卓君译,北京:商务印书馆2009年版,第1页。
③ 李亦园:《人类的视野》,上海文艺出版社1996年版,第47页。
④ 〔美〕威廉·哈维兰:《当代人类学》,王铭铭等译,上海人民出版社1987年版,第1页。

第一章 跨文化传播学的学科基础与研究视域

人类学为跨文化传播研究提供了不同社会、文化背景下政治、经济、法律、教育、语言、心理等方面的研究范例,以异域社会为调查对象的知识传统,以"人类的整体性"、文化相对主义(cultural relativism)等认识论为支撑的学术伦理。在人类学的驱动下,跨文化传播学一直在持续关注各个文化的深层结构,以培育自身对人类历史、文化的使命感,努力与人类学同步展现对世界文化逐步深入的认识。自古典人类学开始,人类学家就把人类的心智发展和特质作为影响文化进化的因素来考察。语言人类学提出了语言深层结构影响人类思维和认知的假想;符号人类学通过对符号的形成、意义和关系的研究来理解人类的认知;解释人类学将文化视为一个有系统的意义网络,认为文化系统的意义建立在人与人互动过程中的象征性行动上,强调针对行动的象征意义解读文化的深层结构和内涵。可以说,人类学知识系统提供的这些观念和经验,无一不为跨文化传播研究的发展提供了具有根本意义的启示,也使跨文化传播学与人类学的研究思路呈现出一种"叠压"而又"分疏"的特征。

文化人类学是人类学的重要分支,与跨文化传播学有着最为密切的天然联系。文化人类学的主旨是研究与人的生物特性相区别的人类社会及其文化,侧重于描述、分析、解释人们的思想与行为方式,以及社会和文化的异同,包括不同文化在习俗、家庭、宗教、制度等方面存在的共性与差异。跨文化传播研究的旨趣之一,也是通过探寻"异文化"获得对"本文化"以至全人类文化的理解,从中寻找文化反省、文化对话和文化并存的可能。这一努力,离不开文化人类学在语言与非语言符号、经济政治组织、亲属与家庭结构、性别关系、儿童抚养与社会化、宗教与仪式、神话与象征等方面的学术积累。此外,相比其他领域的学者,文化人类学研究者更易于深入被研究者,体会和理解他们的日常生活,相对开放地对待"本文化"之外的现象和事物。① 文化人类学的先驱者如詹姆斯·弗雷泽(James Frazer)、路易斯·摩尔根(Lewis Morgan)等,都致力于比较人类社会发展过程中的演化阶段,探究现代社会的制度、仪式、风俗习惯以及思维习惯的起源。本尼迪克特的《菊与刀》在开创文化人类学"民族与国民性研究"新纪元的同时,也对跨文化传播学的诞生产生了极为重要的影响。20世纪后期以来,包括非西方国家的研究者在内,文化人类学侧重于社会组织、经济观念和过程、政治制度和行为、宗教信仰、意识形态等方面的研究,致力于为解决人类社会的现实问题服务,在一些国家的社会与公共政策领域展示了不可忽视的使用价值,亦为其他学科深入解剖人类本身、向人类自我复归开拓了新的方向。尤为重要的是,当代

---

① 王铭铭:《社会人类学的中国研究》,《中国社会科学》1997年第5期。

文化人类学的学术努力中渗透着对于人类存在与境遇的关怀和"批判与自省"的反思精神,其中也包括对西方知识体系的彻底反思,帮助现代学术研究觉察和摆脱现代性的支配话语,亦为未来人文社会科学的发展开辟了新的思路。

这里需要注意的是,西方早期人类学研究主要关注非西方的"原始社会或文化"在制度、仪式、风俗习惯和思维方式等方面的起源,带有显著的殖民主义色彩。当时,在西方国家武力征服世界的时候,西方人类学也在知识关系上以"自我—他者"的模式建立起研究者与被研究者的格局,参与到世界秩序的建构中,客观上造就了以西方为中心的政治经济和文化价值的"僵硬"知识框架。不过,20世纪中期世界格局的变动,已促使西方人类学家将视线转入本土"文明社会",寻找摆脱殖民关系和西方政治话语的方式,号召进行"回归本土"的集体反思,力图在自己的社会世界中发掘文化差异,找到对自身的新的理解。由西方学者开展的本土人类学田野研究,也产生了一些重要的本土文化研究成果,包括格尔茨的《尼加拉》(*Negara*)、马歇尔·萨林斯(Marshall Sahlins)的《文化与实践理性》(*Culture and Practical Reason*)等。

20世纪七八十年代后,后现代理论思潮对殖民主义、后殖民主义、西方中心主义的批判,以及女性主义对男权社会的批判,成为人类学展开学术反思和继续本文化研究的新的理论依据,人类学研究越来越呈现出敏锐的政治和历史感,"回归本土"的学术潮流开始出现,这也是跨文化传播本土研究需要关注和审思之处。特别是从这一时期开始,一些西方人类学家开始用民族志方法和文化理论观察和评论西方社会科学概念、内部文化互动以及社会分化的途径,反思学术研究是否、如何和在多大程度上制造着非西方社会以及是否通过"再造"异文化在继续维持西方文化的利益?如乔治·马尔库斯(George Marcus)所言:为了使人类学从殖民关系中和西方政治话语中逃脱出来,人类学者必须自觉地尊重异文化并从异文化中找到可用来批评西方文化霸权的"材料",使自身成为西方文化的"批评家",而"描写异文化的传统惯例在现代经历的变化,是人类学之当代策略性功能与运作效用之所在"[①]。无疑,跨文化传播本土研究在寻求突破西方学术话语屏障的策略时,离不开人类学在"回归本土"的努力中积累的这一经验。

[①] 〔美〕乔治·马尔库斯等:《作为文化批评的人类学》,王铭铭等译,北京:生活·读书·新知三联书店1998年版,第35页。

二、社会学与历史学的启示

作为一门关注社会结构与社会变迁、面向社会现实问题的应用性极强的社会学科,社会学的主要任务在于,运用考察和批判分析的方法,从社会整体出发,通过社会关系和社会行为来研究社会的结构、功能以及发生、发展规律,研究对象涉及历史、政治、经济、社会结构、人口变动、民族、城市、乡村、社区、婚姻、信仰与宗教、现代化等诸多方面。

由于社会学研究长期以客观性为知识判准,摒弃常识经验中的个人"偏见",追究经验现象背后具有普遍性的社会因素,以"社会学的想象"建构"普遍性"知识,对其他社会学科也产生了深远的影响。传播学在不同领域的发生发展过程中,大量吸取、借用了社会学的观念、知识和方法,西方学界曾因此把传播学看作是社会学的分支,许多影响重大的传播学者本身就是社会学家。跨文化传播研究也从社会学中获益甚多,社会学关于角色和角色关系、社会化、符号互动、社会组织、社会冲突、社会分层等理论,为跨文化传播的研究框架提供了根基。社会学的学术观念还为跨文化传播研究提供了一个重要启示:社会因素是传播语境的重要组成,只有把跨文化传播置于一定的社会过程之中,即置于人们的社会关系、社会交往活动的相互作用中去分析、研究,才能在现实中把握它的发展、变化。在这里,社会过程主要见诸人们的互动,涉及传播过程、冲突过程、社会群体形成过程、变迁过程等。在社会过程中,人们一方面通过文化进行社会交往活动、相互发生作用并形成社会结构,另一方面又对各种文化现象给予认知、理解和界定。

在社会学的视域中,社会秩序和社会变迁是恒久不变的命题,与跨文化传播学的旨趣非常相似。这是因为,作为人类传播活动的重要组成,跨文化传播促进了人类的社会化进程,在维系社会发展系统的动态平衡的同时,也具有重要的维护社会秩序、推进社会变迁的作用。跨文化传播也在不断地改变着社会成员的社会角色、文化认同、社会规范和观念体系,为人类建立了共同的社会规范和交往机制。特别是在全球化的推动下,不同区域的本土社会都处在结构性的变迁中,人类日常生活必须面对的跨文化传播现实也越来越复杂,相比昔日封闭的结构蕴含着更多的跨文化矛盾与冲突。这里也标明了跨文化传播研究的两个基础概念,同样来自社会学的思考:一是规范,即历史地形成和固定的人们参与社会活动的共同标准。规范作为维护社会基本秩序的"文化模式"的构成要素,限定了人与人的关系,也决定着社会成员的共有信念和价值标准。二是认同。认同指导着人们的行动,也影响着人们对他人的期望和对他人行动的预测——跨文化传播过程本身,就是在创造、维持或改变认同的过程。在全球社会多元文化并存的情况下,人们的生活选择和价值判断往往是由认同决定的。

20世纪中后期以来,社会学领域出现了"向文化开放"(opening to culture)的运动。例如,在针对族群性、地方人口与文化偏好的研究中,一些研究效仿人类学的做法,把量化研究与质性研究结合起来,结合不同民族和地域在文化和历史上的连续性和特殊性,去理解不同社会的结构及其变迁的规律。安东尼·吉登斯(Anthony Giddens)还强调:对社会研究的实践来说,"对文化环境的调适"(mediation of cultural settings)至少和理论概括的努力同等重要,"对文化环境的调适旨在通过社会研究,使生活在一种文化环境中的人与生活在另一种文化环境中的人产生沟通"。吉登斯认为,社会研究的这种"人类学方法"在实践中的意义应当受到重视。[1]

对跨文化传播研究而言,还需特别关注文化社会学(cultural sociology)的发展脉络。文化社会学的思想基础,是马克思、韦伯和涂尔干等人的社会学思考,以及英美文化人类学的研究积累。它致力于以特定的社会学眼光去关注文化的、人为的各种形式和实践,研究视域关联到文化的起源、积累、发展,文化传播、控制的方式及手段,文化的冲突、分化、调适与整合,以及文化变迁、文化与现代化等。就其主旨而言,文化社会学也可说是对现代社会中出现的"文化化"(culturized)这一社会现象的一种回应。由于格奥尔格·齐美尔(Georg Simmel)最先根据社会学理论阐述现代性文化,通常被视为文化社会学的主要开拓者。他于1900年出版的《货币哲学》(The Philosophy of Money)便是一部杰出的文化社会学著作。该书分析了以货币交换形式取代实物交换形式对人类文化的影响,认为货币使社会交往更频繁,帮助人类获得了相当的独立性和自由,但也使文化与人之间以及人与人之间的关系愈来愈淡漠、疏远乃至异化。

1908年,齐美尔从自己的文化体验出发,提出了与"熟人"对立的"陌生人"(stranger)概念——"陌生人"是带着不确定性的人群;人们用怀疑的眼光审视"陌生人",并与之保持一定的"社会距离"(social distance)。齐美尔将"陌生人"定义为群体的构成要素和环节。在他看来,"陌生人"是在群体的外部定义群体的实质,其通过"叛逆"与"疏离",与群体构成"统一体"。"天狼星的居民对我们来说并非是真正陌生的",因为他(它)们根本不是为了地球人而存在的,因而

---

[1] 〔英〕安东尼·吉登斯:《社会理论与现代社会学》,文军等译,北京:社会科学文献出版社2003年版,第51页。

第一章 跨文化传播学的学科基础与研究视域

与我们之间"无所谓远近"。① 齐美尔之后,罗伯特·帕克(Robert Park)通过对芝加哥移民劳工的考察,把"陌生人"发展为"边缘人"(marginal man),既包括初次进入"熟人"生活场域的"新人"(the newcomer),也包括因异文化背景而生活在社会边缘的"局外人"(outsider)。帕克之后,保罗·萧(Paul Siu)通过对一个中国洗衣工的经验观察,把"边缘人"发展为"旅居者"(sojourner),用以指代移居国外但保留原有文化传统和族群认同、难以融入当地文化的人。围绕着对这些概念的研究,以芝加哥学派为代表的社会学研究涉及传播双方的差异性、人群间的社会距离,以及由传播而带来的世界主义的开放视域。这些研究与相关的经验研究一起,为跨文化传播研究做出了重要的知识贡献。

20世纪80年代以来,文化社会学主动运用文化语境方面的研究参与研讨主流社会学问题,文化社会学的研究对象,也从人格、宗教、艺术、流行文化、仪式、文化变迁等文化现象,发展到阶级分层、流动、性别和组织等社会问题——文化社会学在这些议题上发出的声音,已使主流社会学无法忽视。此外,种族与族群社会学(Sociology of Race and Ethnicity)也是社会学的重要分支。20世纪五六十年代以来,西方社会种族、族群问题日益严重,成为社会内部和社会之间冲突的主要根源,种族和族群研究因之成为西方高校社会学系的专业方向,专门以社会学的视角和方法来观察、研究种族和族群问题的研究领域也得以形成。社会学内部发生的这些变化,不仅为传统的社会学研究增加了重要的质性思考,还为跨文化传播研究开启了新的思想资源。

作为一门记载和解释人类社会活动进程中的历史事件的学科,历史学对跨文化传播研究最重要的启示,就是历史研究的实证精神,即科学研究的展开必须服膺于证据的指导。罗宾·柯林伍德(Robin Collingwood)指出:历史是历史学家思想的反映;由于人的主观局限性,对客观的历史事件的认识是有限的,主观的认识不能完全符合客观的历史,因此只有通过不断改进去接近事实;这一过程同自然科学的过程一致,即历史学在任何特殊的意义上,都不是与自然世界相对立的人类世界的知识。② 借鉴历史研究的经验得失,跨文化传播研究在不同文化中的发展和发挥效用的前提之一,就在于对历史学提供的历史叙述方法的重视,以及对支配历史叙述的意识形态的反思,使意志服从于事实,判断服从于材料,价值取向服从于历史根据。

---

① 〔德〕格奥尔格·齐美尔:《社会是如何可能的》,林荣远编译,桂林:广西师范大学出版社2002年版,第342页。
② 〔英〕罗宾·柯林伍德:《历史的观念》,何兆武等译,北京大学出版社2010年版,第273页。

历史是人类不同社会对过往经历的选择性记忆,也是对未来图景的一种"限制性展开"。从文化中获取意义,离不开对历史的观念和相关问题的探询,也唯有通过历史解释的帮助,才可能把生活中的互动行为纳入理性的思考。历史能够为耕耘当下和未来的生活提供各式各样的工具,如罗宾·柯林伍德指出的,历史学是企图回答人类在过去所作所为的学问——"历史学的价值就在于,它告诉我们人已经做过什么,因此就告诉我们人是什么"①。关于历史学的目的,贝奈戴托·柯罗齐(Benedetto Croce)还提出了"一切真历史都是当代史"的命题,即往事只有在当代人的生活中发挥作用才成为历史。钱穆也有相同的观点:"历史上之过去非过去,而历史上之未来非未来,历史学者当凝合过去、未来为一大现在,而后始克当历史研究之任务。"②基于这一立场,钱穆高度重视那些藏于历史现象之中的文化血脉,即"历史背后所蕴藏而完成之文化,历史乃其外表,文化则是其内容"。这些观念对跨文化传播研究的启发在于:要理解任何一种文化现象,不仅要关注其内容,还要理解它形成的历史过程,包括从历史文献的考证中寻找文化传承的线索,以及基于现实问题做跨越时空的意义与影响观察,这些都有益于发现文化传播、习俗变迁、族群移动的规律和动向。譬如,要理解当代犹太文化,就须了解犹太人"满篇皆血泪"的历史;当前日本社会文化的诸多形态,也反映了历史、文化和行为之间的关联,萨默瓦就注意到,日本历史表现出的隔离特征使日本人"有一种强烈的自我认同感以及一种在别人面前几乎是痛苦的自我意识",还使"日本人能敏锐地意识到来自外部的任何刺激"③。

在文化与传播研究领域,"文化"与"历史"两词常常是可以互换的。阿诺德·汤因比(Arnold Toynbee)说过,世界历史表现为文化发展史,研究历史的线索主要是不同形态的文化史。鉴于历史学与跨文化传播学之间存在的诸多天然联系,萨默瓦曾建言:历史研究应当成为跨文化传播研究的一部分。④ 在跨文化传播研究有关文化差异、文化冲突、社会运动、技术影响等命题的思考上,以及深入把握不同社会与文化的变迁历史以及与其他文化互动的过程与内容等方面,都需要借鉴历史学理论与方法。

重要的是,历史是思想的源泉,对现实的观察和对历史的思考的局限,都必

---

① 〔英〕罗宾·柯林伍德:《历史的观念》,何兆武等译,北京大学出版社2010年版,"导论"第11页。
② 钱穆:《世界局势与中国文化》,台北:东大图书公司1977年版,第234页。
③ 〔美〕拉里·萨默瓦、〔美〕理查德·波特:《文化模式与传播方式》,麻争旗等译,北京广播学院出版社2003年版,第16页。
④ Larry Samovar and Richard Porter, *Communication between Cultures*, Belmont, CA: Wadsworth, 2004, p. 123.

然导致思想的浅薄与贫乏,如梁启超指出的:"史者何?记述人类社会赓续活动之体相,校其总成绩,求得其因果关系,以为现代一般人活动之资鉴也。"由此看本土研究的展开,研究者对本土历史和世界历史的解读能力和阐释能力,必定是提升研究品质的重要基础。这里需要注意两个提示:一是马林诺夫斯基所说的,"研究历史可以把遥远过去的考古遗迹和最早的记载作为起点,推向后世;同样,亦可把现状作为活的历史,来追溯过去。两种方法互为补充,且须同时使用"①。二是杜赞奇(Prasenjit Duara)的观点,不能"天真"地看待历史,还必须关注叙事的政治,"不论是我们在理解中所运用的修辞手段的政治,还是向我们呈现他们的世界观的历史演员所运用的修辞手段的政治"②。

历史学对跨文化传播研究的另一个启示在于:整体性和全球视角。埃里克·霍布斯鲍姆(Eric Hobsbawm)认为,历史学家都有推广共同价值的义务,这是理解人类局部乃至全部历史的必要条件,因为"无论现在还是过去,任何一个人类群体都是更为广阔、复杂的世界的组成部分"③。莱夫滕·斯塔夫里阿诺斯(Leften Stavrianos)也主张从世界历史的整体发展和统一性角度考察历史进程,他的《全球通史》(A Global History)面对的就是整个人类和全球整体的发展进程,并不局限于西方或非西方世界。杰弗里·巴勒克拉夫(Geoffrey Barraclough)也提出,历史学家应超越"欧洲中心主义",以"全球性"和"整体性"的观点去研究和编纂世界历史——只有一种在精神本质上是全球性的历史,才能满足人们探寻历史学实质性意义的愿望。

在1978年出版的《历史学主要趋势》(Main Trends in History)一书中,巴勒克拉夫把这一观点阐明为"全球史观"(universal view of history),即超越民族和地区界限去理解整个世界的历史观,公正地评价各个时代和世界各地区一切民族的建树。"全球史观"所昭示的历史学方法论变动,还提醒跨文化传播研究者去关注世界不同文化由彼此隔绝、交汇融合到整体发展的历史过程,总体把握全球社会的各种基本结构及其变化,并注重政治、经济、国际关系等诸多因素在社会变迁中发挥的综合影响。

20世纪90年代,通过引入结构主义符号学和后现代社会理论等理论视角,西方史学界逐步完成了对历史解释框架的重构,使突出文化能动性的"新文化史"成为显学,即把文化视为理解一切社会事物的意义的基础,社会也成为历史

---

① 马林诺夫斯基为费孝通的《江村经济》所作序言,费孝通:《江村经济》,戴可景译,北京:商务印书馆2001年版,第16页。
② [美]杜赞奇:《从民族国家拯救历史》,王宪明等译,南京:江苏人民出版社2009年版,第27页。
③ Eric Hobsbawm, *On History*, New York, NY: The New Press, 1997, p.277.

行动者依据具体文化情境建构意义网络的过程,即"社会的意义是在文化和语言中被表达和建构的","经济和社会关系并不先于并且决定文化关系,相反,它们却是文化实践和文化所生产的领域。正因为此,社会本身就是一种集体的象征,它们只能在文化的实践中才能得到理解"①。这也意味着,历史研究不再是寻求表象之下的客观规律,而是探究人们在日常生活的实践中如何生产、表达、阅读、体验和重构这些"象征"及其意义。

三、符号学、语言学与心理学的贡献

符号学是研究符号的本质及其运作规律的科学。对于跨文化传播学面对的广阔视域而言,与符号学的结合不但必要,也是必然的。这是因为,作为一种基本的人类现象,符号现象与社会历史和文化的发展变化直接相关,呈现了人的活动所产生的与世界融为一体的统一图像,体现了文化的本质——一种由象征符号构成的共享系统。在符号学的视域下,跨文化传播研究所关注的人类在社会生活中的关系与交往,实质就是符号意义的生成与传递——符号的介入使人际交往和社会交往变成了现实,如果没有符号形式的支配,人际和社会交往就不可能发生。

关于符号与文化的关系,李幼蒸有一句精到的评论:"各种符号形式的生成,构成了人类精神成长的历史。"②文化就是一种包含在符号之中的历史遗传的意义模式,一套以符号形式表达的、传承下来的概念系统。正是通过符号,人们得以交流、巩固和发展他们关于生活的知识以及对于生活的态度。朱莉娅·伍德(Julia Wood)这样概括了符号对人类生活的影响:符号能定义自我,评价他人、事物、事件、现状、感知和运动等;符号能够帮助人们组织经验、描述关系、表达情感和思想;符号允许人们提出思想假设,人们可以通过语言符号来设定目标,制订计划;符号帮助人们进行自我思考、自我评价,进行沉思、反省等,甚至管理人们在他人眼中的形象;符号能创造关系和互动的意义。③ 进一步说,文化之所以是世代相传的,是因为人有创造符号的能力,能够在个体与个体、群体与群体以及一代一代的人们之间学习并传递文化。由此也可以说,人类创造符号以及符号互动的能力和范围,呈现了人类社会和文化的本质特征。

20世纪四五十年代以来不断深入的当代符号学运动,是西方社会人文学术

---

① 李宏图:《表象的历史》,李宏图等选编:《表象的叙述》,上海三联书店2003年版,第4—5页。
② 李幼蒸:《理论符号学导论》,北京:社会科学文献出版社1999年版,第574页。
③ Julia Wood, *Communication Mosaics*, Belmont, CA: Wadsworth, 2001, pp.91-98.

沿着跨学科方向发展的结果之一,符号学方法论的生命力和解释力也充分显现在语言学、文学、社会心理学等领域。受到这一潮流的影响,跨文化传播研究一直注重运用符号学的视角去看待和分析诸如语言、非语言符号、历史、宗教、艺术和科学等人类文化现象。与跨文化传播研究相似的是,符号学方法的立足点也在于,通过符号强调和表达人与世界的关系,关注的基本问题如符号的性质、符号的功能、意义理论、人类思维的符号化特征、符号与思维的关系、符号与人本身的关系、人类符号互动的能力,等等,都与跨文化传播研究有着直接关联。可以确信,对符号的深入研究将进一步增强人们针对文化、世界乃至人自身的认识,符号学领域中文化符号学和跨文化符号学等新的分支学科的陆续兴起,也将为跨文化传播研究的基本路径、方法论革新等提供新的经验。

语言学是一门研究人类语言的本质、结构和发展规律的科学领域,其探索范围包括:语言的起源、语言的变化、语言变化与社会结构、语言的表述与运作、话语分析、语言与传播能力等方面。在文化与传播研究的视域下,语言是人类特有的交往方式,语言能力反映了不同文化的心智能力,在某些方面,语言研究往往能够比其他学科更接近人类的本质。在 21 世纪多中心、多元化的世界格局中,语言学仍将是多中心、多元化的。将语言事实与民族文化、思维方式等联系起来进行整体考察,是各个语言学分支的共同需要和共同发展趋势。就语言学自身发展的现状而言,语言与文化的结合,也将使语言学获得新的社会价值,有可能伴随世界性的文化变动而成为一门"显学"。

文化的各个要素都在语言中烙下了痕迹,语言差异本身就反映了不同文化乃至社会之间差异的本质。在考察汉语和梵语体系的不同时,威廉·冯·洪堡特(Wilhelm Von Humboldt)指出:"从汉语到梵语,我们似乎可以认为二者之间是一个逐渐发展的过程。但如果我们真实地感受到人类语言的本质,以及这两种语言的特质,并深入考察它们二者中思想与声音相结合的方式,那么我们就会发现,它们具有不同的有机体,具有不同的从内部进行创造的原则。因此,我们可以排除从其中一种语言逐渐发展出另一种语言的可能性,而到相应的民族精神中寻找汉语和梵语各自的发生原因;只是从人类语言的一般发展运动的角度,即从语言接近理想化目标的角度,我们才把这两种语言看作成功与否的不同发展阶段。"①

语言学为跨文化传播研究提供的重要启示之一,就是重视语言与社会人的

---

① 〔德〕威廉·洪堡特:《论人类语言结构的差异及其对人类精神发展的影响》,姚小平译,北京:商务印书馆 1997 年版,第 32—33 页。

关系,强调语言是一种社会现象,人们创造和运用语言的行为是一种社会行为,并对人们的社会关系不断产生着重要影响。费尔迪南·德·索绪尔(Ferdinand de Saussure)即指出,语言是一种社会事实,语言学的材料由人类语言活动的一切表现构成,在个人生活和社会生活中,语言活动比其他任何因素都重要。进一步地,语言学的任务之一就是:"寻求在一切语言中永恒地普遍地起作用的力量,整理出能够概括一切历史特殊现象的一般规律。"① 关于人与语言的关系,爱德华·萨丕尔(Edward Sapir)也有一个重要观点:语言不仅是人表达思想的再生工具,也是思想的塑造者、程序的制定者。因为语言左右个人的心理活动、印象分析,所以,人对世界的理解受到语言环境的影响,在语言塑造人的同时,人也通过对语言的运用和理解不断地创造出新的意义。萨丕尔强调说:人的独特性正在于,人能通过语言的传播建构自己与世界的一体化关系——人类不只是生活在客观世界之中,也不仅仅是生活在社会行为的世界之中,还受制于特定的语言环境。在这个意义上,语言就成为人们在社会生活中表达自己的媒介。②

关于语言所决定的社会关系,特别是个体与共同体的关系,彼得·伯克(Peter Burke)还有一段重要的阐述:"个人能够而且通常属于不同的共同体;例如某个人既是地方共同体的成员,同时又是民族共同体的成员;既是某个宗教共同体的成员,同时又是某个职业共同体的成员。这些共同体有些是相互对立,甚至相互冲突的,从而给语言使用者个人的忠诚造成了对立和冲突,例如,对地区的忠诚与对国家的忠诚之间的对立和冲突。社会语言学家经常指出,人们之所以使用不同的语言形式或语言变体,无论是有意识地还是无意识地,是为了表达他们与这些不同共同体的团结。"③

心理学研究的是心理事实、规律和机制,主要目标是通过心理分析来解释和预测人的行为和活动。在心理学的视域下,文化是个体具有某种共性的一种心理程序,决定了个体的认知、情感、需要与态度,进而决定了人们的行为模式。由此而言,离开对心理因素的分析,对跨文化传播这一动态多变过程的研究必然是不完整的。关世杰即指出:为探索文化与感知形成、文化与选择信息、文化与理解信息、文化与不同文化群体的人的思维特点的关系、跨文化传播对个人和群体

---

① 〔瑞士〕费尔迪南·索绪尔:《普通语言学教程》,高名凯译,北京:商务印书馆1980年版,第26页。
② Benjamin Whorf, "Language, Mind and Reality," in John Carroll, ed., *Language, Thought and Reality*, New York, NY: Wiley, 1956, p.134.
③ 〔英〕彼得·伯克:《语言的文化史》,李霄翔等译,北京大学出版社2007年版,第9页。

心理的影响等问题,离不开心理学的方法。①

自科学心理学创立以降,心理学家的工作就集中于确立个体心理与个体行为的因果关系,揭露心理现象遵循的规律,确定心理活动的机制和人类心理活动的共性,特别是探索对个体行为的心理分析以及个体与整个社会环境的关系。心理学的这些成果和经验,为跨文化传播研究在相关议题上的思考提供了必要的检验机制。此外,普通心理学对于跨文化传播中文化和认知之间的关系及其在传播中的作用,社会心理学所展示的关于信息破译过程,文化与语言、思维方式的关系,行为的知觉过程等问题的看法,都对跨文化传播学产生了基础性的影响。

必须强调的是,由于传统心理学的概念和理论主要产生于欧美文化背景,在应用于不同种族和文化的人口时有着极大的局限性,必须经过检验和修正才可能适用于跨文化传播研究关注的多元文化的特征。不过,20 世纪后期,跨文化心理学和文化心理学陆续兴起,预示了西方主流心理学发生的一次重要转折:心理研究不能忽视不同文化条件下心理与行为的差异,必须面对文化的特殊性和多样性的事实。近年来兴起的本土心理学还有一个核心主张:以本土的研究者来研究本土的人民,并努力避免权力与知识的支配关系所导致的认知方式和意识形态的偏见,逐步发展一种对本土民众的心理活动更有解释力的理论。

本土心理学的主要目标,是获得一种可解释本土民众的心理与行为的"本土性契合"理论,如杨国枢所说:"特定社会或国家的特定社会、文化、历史、哲学及其成员的遗传因素,一方面影响或决定当地心理学者(被研究者)的心理与行为,同时又影响或决定当地心理学者(研究者)的问题、理论与方法。也就是经由这样一套共同的因素的机制,才可保证当地心理学者所研究的问题、所建构的理论、所采用的方法,能够高度适合当地民众的需要。由于受到同一组文化性与生物性因素的影响,研究者的研究活动及知识体系与被研究者的心理及行为之间,便易于形成一种契合状态。这样一种当地之研究者的思想观念与当地之被研究者的心理行为之间的密切配合、贴合、接合或契合,可被称为'本土性契合'。"②

在本土心理学看来,仅是套用西方心理学的理论方法,并不能充分解释和理解非西方文化中民众的心理与行为。从 20 世纪 70 年代起,杨国枢、杨鑫辉等就从社会生活实际与文化传统入手,分析中国人特有的心理与行为,同时着意进行

---

① 关世杰:《跨文化交流学》,北京大学出版社 1995 年版,第 68 页。
② 杨国枢主编:《本土心理学的开展》,台北:桂冠图书公司 1993 年版,第 24 页。

对西方心理学的"本土化改造"。① 具体做法是,把"社会文化历史"放进研究框架,采用注重以本地人、本地社会及本地文化为主体的主位研究策略(emic approach),诸如中国人的"面子""人情""缘""孝""耻""报"等是主要研究对象,追溯其产生的社会文化历史背景,再进行概念分析,提出理论模式或理论假设,然后,通过问卷调查等方式开展实证研究。基于本土心理学既有的经验,当前跨文化传播本土研究的目标之一,也在于探究出一种贴近"本土性契合"目标的问题视域、研究框架和学术观念,在不断的反思和解构中,寻求接近不同文化本土实际的科学判断。

四、哲学与文化研究的经验

哲学的研究对象,是包括文化现象在内的整个自然界、人类社会及思维活动的最一般的规律。作为"最普遍和最广泛的形式中对知识的追求",哲学对各个知识领域都具有理性指导和知识组织的作用,跨文化传播学的许多理论主张,都体现出哲学认识论和方法论的深层影响。哲学研究的视域也覆盖了所有的文化学科,以其构建的终极关怀作为"经纬线"或"意义纽带",把文化的各个门类"编织"为一个统一的整体,并因"照亮人类的前程"而蕴含着一种终极价值,能够把文化现象放到历史哲学和思辨哲学的高度来思考,同时,哲学也为人类传播提供了"含蓄的条件",因为"传播依赖于预先建立起来的哲学思维"②。

不同文化的哲学不是孤立存在的,而是各个文化的重要组成。将跨文化传播学与哲学研究结合起来,有益于深层分析不同文化群体的价值系统、文化与社会变迁的关系、文化的人类通性与差异性、跨文化交往规范等重要议题。尤其是,作为一个涉及人类基本信仰和基本价值取向的学术体系,哲学所提供的整体性意义上的文化观念,构成了理解跨文化传播研究领域诸多核心命题的思想基础。在面对不同文化的交往方式、技术发展、文化的价值、文化危机与文化复兴、文化冲突与文化融合、全球文化的可能性等论题时,跨文化传播研究还需要借助哲学研究的一种学术观念:文化交往与文化变迁是各种过程叠加的结果,涉及政治、经济、文化等各个方面,相关研究亦必得具备综合考量的视野。更重要的是,作为爱智慧并产生智慧的学科,哲学的最终目的是追求"善的智慧",折射了人类追求知识和理性的根本精神。李鹏程指出,"哲学家们都相信,思路的打通对

---

① 详见本书第五章第三节。
② 〔美〕史蒂夫·莫滕森编选:《跨文化传播学》,关世杰等译,北京:中国社会科学出版社1999年版,第50—51页。

于缔造一个美好世界的前景来说,犹如大船刺破坚冰后的起航,是一个有意义的开端"①。这也意味着,在任何学科的研究中,如果只单纯研究事物的知识本质,而远离了人类的根本精神,并与全球社会的共有伦理之间产生了疏离,这种知识将不具有任何精神意义。

作为哲学研究的重要门类,文化哲学以文化的经验描述和科学分析为基础,把人类文化作为哲学反思的对象,力求在广阔的文化视野中审视当代人类社会的各种文化矛盾,揭示特定文化的可能性及其限度,如恩斯特·卡西尔(Ernst Cassirer)所说,针对文化的哲学思考,"必须努力获得一种更大的凝聚力和向心力。在神话想象、宗教信条、语言形式、艺术作品的无限复杂化和多样化现象之中,揭示出所有这些创造物据以联结在一起的一种具有普遍功能的统一性"②。在当前全球交往的场域下,不同文化的相遇开启了新的认知领域,也推动了来自不同文化的哲学立场的相遇,并使文化哲学通过对不同文化经验视界的整合,具备了独特的理解人类文化世界的整体性框架,以及对文化进行普遍性解释的功能和意义。

对跨文化传播本土研究的路径而言,文化哲学领域的一些研究也提供了不少重要的启示。譬如,李鹏程指出,尽管欧洲哲学传播甚广,但仍然是一种欧洲文化中心论思路上的"地方之学",对欧洲文化具有全部的"精神有效性",其"在欧洲"的合法性可通过欧洲文化的事实和思想成果予以"证实"。同样,中国哲学作为中国文化抚育起来的哲学,对中国文化也具有全部的"精神有效性",中国哲学"在中国"的合法性完全可以以中国文化的全部事实和思想成果予以"证实"。问题在于,如果中国人要完全按照欧洲哲学的结构和功能来"炮制"中国哲学,其所作所为,只能是以中国语言和中国本地思想资料来为欧洲哲学在中国的传播和扩展"服务"。基于这一理解,为了对全球多样文化进行"基本一致"的文化哲学分析和研究,李鹏程提出了以文化圈为单元来探索一些实际效用的思路,其中包括:探讨各个文化圈中关于生命本体的学说;探讨本体在本文化圈的生活世界内的形态化过程中"文化形态样式"的产生以及诸样式形成为生活世界的框架构造的情况;对本文化圈生活世界的诸样式的生命意义的研究,以及生命意义在诸样式中具体生发为"本体—文化生命"的过程;从对本文化圈的样式的研究,再延伸到对本文化圈的生命的具体文化形态的研究。他认为,这一思路"是以欧洲哲学为模仿对象、在全球不同文化圈寻求'哲学'的'东施效颦'式的

---

① 李鹏程:《我的文化哲学观》,《华中科技大学学报·社会科学版》2011年第1期。
② 〔德〕恩斯特·卡西尔:《人论》,甘阳译,上海译文出版社1985年版,第90—91页。

建构所不能达到的"①。

近年来,文化哲学领域还兴起了一个新的分支:跨文化哲学,主要目标是对不同文化的哲学传统进行"对比"——并非纯粹的比较,而是"差异和互补、连续和非连续之间的有节奏的、辩证的互动,这最终会产生哲学不同传统间的真正的相互丰富",同时,基于世界文明的宏观视野,研究人类文明的历史哲学以及跨文化理解与交往的伦理之道等议题。关于这一领域的重要性,沈青松认为,"在多元文化背景下,对自我认同、相互尊重以及相互丰富的寻求只有通过跨文化哲学这一新视角和新实践才能达到"②。汲取跨文化哲学的知识和经验,对跨文化传播学思考文化变迁、全球伦理等问题,探究不同文化的"共处之道",也必有重要的价值。

文化研究(Cultural Studies)是20世纪60年代以来在西方文化理论界兴起的学术话语和理论思潮,学术旨趣主要在于:考察文化活动以及文化活动与权力的关系,把握文化所有的复杂样貌,以及分析社会与政治脉络中的文化展现。雷蒙德·威廉斯(Raymond Williams)还指出,文化研究的目的是阐明文化作为一种特殊生活方式的或隐或显的意义和价值,"它研究特殊意义和价值,目的不在于对它们进行比较以确立一种标准,而是通过研究它们的变化方式,去发现从总体上更好地理解社会和文化一般发展的某些一般'规律'或'趋向'"③。经过近半个世纪的发展,文化研究的学术努力涉及关于后殖民写作与话语的种族研究,关于女性批评和写作话语的性别研究,指向东方与第三世界的政治、经济、历史等区域研究,以及考察大众文化生产和消费的研究等,并具有"去边缘化"(demarginalization)、"去地域化"(deterritorialization)和"去中心化"(decentralization)等特征。④

文化研究可以提供给跨文化传播研究的经验有很多。首先,文化研究致力于突破精英文化与大众文化、东方文化与西方文化间的屏障,其理论话语具有鲜明的意识形态特征和"去中心"特征,主张文化多样性,强调文化互动、互补而非对立和冲突。其次,文化研究开创了社会与文化研究的一整套方法,包括文化的生产与政治经济学分析、文化的文本分析、文化的受众与接受分析等,能够从生

---

① 李鹏程:《我的文化哲学观》,《华中科技大学学报·社会科学版》2011年第1期。
② 〔加〕沈青松:《跨文化哲学和中国哲学》,《国外社会科学》2004年第3期。
③ 〔英〕雷蒙·威廉斯:《文化分析》,罗钢、刘象愚主编:《文化研究读本》,北京:中国社会科学出版社2000年版,第126页。
④ 王宁:《全球化时代的文化论争和文化对话》,《东方文化》1999年第4期。

产、阶级、民族、种族、性别、国籍与意识形态等维度,研究受众所接受的文化影响、媒体文化效应的多样性,以及媒体景观提供的象征、神话和权力以及建构的共同文化等议题。特别是,文化研究一直在努力弥合"内隐知识"(tacit knowledge)与"客观知识"(objective knowledge)之间的裂隙,帮助人们学会阅读、批判和抵抗社会文化的"操控",增强个体面对外部文化影响时的自主权,以及应付不同文化环境的能力。①

文化研究领域形成了很多理论和学派,彼此在学科定位、研究范围、方法论等方面多有差异,大致可分为两种立场:植根于精英阵营的"批判主义"(criticism)立场,立足于平等和参与的"平民主义"(populism)立场。②

"批判主义"立场以法兰克福学派为核心,代表学者包括西奥多·阿多诺(Theodor Adorno)、哈贝马斯、皮埃尔·布迪厄(Pierre Bourdieu)等,这一学派的理论也被称为"批判理论"(critical theory)。"平民主义"立场以伯明翰学派为代表,该学派指涉面广、涵盖学科众多且以理性、乐观的受众视角为特征,成员包括雷蒙德·威廉斯、斯图亚特·霍尔(Stuart Hall)、让·波德里亚(Jean Baudrillard)、约翰·费斯克(John Fiske)等。20世纪80年代,法兰克福学派的批判理论开始进入中国,对国内学术界影响极为广泛。在"平民主义"立场的学者中,理查德·霍加特(Richard Hoggart)、威廉斯等人创建的伯明翰学派,主要兴趣是研究文化形式、文化实践和文化机构及其与社会和社会变迁的关系,其影响扩展到了西方其他国家尤其是澳大利亚和美国,为许多新兴研究尤其是为当代生活及文化现象研究提供了新概念、新方法以及新的理论思路。霍加特首倡跨学科的多维视野——同时采用社会学、政治学与文学批评的视角,对文化与传播研究有重大的方法论意义。威廉斯还强调,文化研究的目的不仅仅是阐释某些伟大的思想和艺术作品,还要阐明生活方式的意义和价值,理解文化中"共同的重要因素"。对他而言,文化分析就是对整体生活方式中各种因素之间关系的研究,"就是去发现作为这些关系的复合体的组织的本质"③。为达到这一目的,威廉斯要求把文化过程看作一个整体,将对思想和艺术作品的文本分析同对社会制度和结构的分析结合起来。

---

① 参阅〔美〕道格拉斯·凯尔纳:《文化研究、多元文化主义与媒体文化》,赵士发译,《国外社会科学》2011年第5期。
② 详见孙英春:《大众文化:全球传播的范式》,北京:中国传媒大学出版社2005年版,第32—46页。
③ 〔英〕雷蒙德·威廉斯:《文化分析》,罗钢、刘象愚主编:《文化研究读本》,北京:中国社会科学出版社2000年版,第125页。

伯明翰学派的早期研究主要关注工人阶级的社会和文化境况、教育问题,关注包括大众性的通俗文化在内的"公共文化"(common culture)等问题。20世纪70年代以后,伯明翰学派吸收了结构主义和后结构主义的观念,特别是罗兰·巴特(Roland Barthes)、福柯等人的理论,把研究重点转向了种族和性别研究。到了20世纪80年代,电视、流行音乐、时尚杂志等大众文化成为伯明翰学派的研究重点,学者们开始关注各种各样的受众如何解释和使用不同的媒体文化,分析那些导致不同受众对多样媒体文本做出不同反应的原因。由于伯明翰学派"矫正了法兰克福学派过于强烈的批判精神,为文化研究提供了新的研究思路",直接促使大众文化研究开始出现学科化的趋势。近二十多年来,伯明翰学派中担纲中坚的学者包括斯图亚特·霍尔、戴维·莫利(David Morley)、安吉拉·默克罗比(Angela McRobbie)等,其理论主张被称为"文化主义":通过分析一个社会的文化、一个文化的文本形式和被文献记录下来的实践,重构这一社会中人们共有的模式化行为和思想。这些学者中,影响最大的是斯图亚特·霍尔,他提出了著名的"编码/解码理论"(encoding/decoding),即认为"整个社会的、伦理的、精神的和道德的生活,主动适应着生产系统的需要",对当代文化、传播乃至社会研究都具有重要的影响。

跨文化传播学还需从文化研究中汲取一个经验:必须在社会关系和制度中通过文化生产和消费来研究文化。这也是跨文化传播本土研究增强自身阐释力和批判性的必修课程。文化研究对文化进程与种族、性别和阶级关系的关注,以及对导致各种形式的压迫的意识形态和权力的批判,也为跨文化传播研究考察整个文化领域的变动提供了广阔、综合的框架,有益于把握全球社会中动态的、变化莫测的文化活动,以及全球市场中控制文化与传播的逻辑与力量——这其中隐藏了本土乃至世界文化的各种"秘密"、复杂权力关系乃至变动趋势。正如道格拉斯·凯尔纳(Douglas Kellner)所说:"文化研究为我们没有偏见地对待一种或另一种文化文本、制度或实践提供了可能,让我们有可能从整体上对文化进行批判的考察。"[①] 倘若回避这些问题,跨文化传播学也就丧失了应对鲜活的社会与文化现实的能力。也是在这个意义上,与文化研究的结合,可被视为跨文化传播研究的一种"学术自救"。

---

① [美]道格拉斯·凯尔纳:《文化研究、多元文化主义与媒体文化》,赵士发译,《国外社会科学》2011年第5期。

第三节 跨文化传播研究的"问题视域"

关于跨文化传播学的研究对象,古迪孔斯特有句名言:跨文化传播涉及有关文化与传播研究的方方面面。① 马成龙也指出:跨文化传播学者真正的兴趣是文化与传播的关系,"文化与传播实为一体之两面,文化为体,传播为用。没有传播行为,文化无法得以延续,而我们的传播行为又是文化的写照。因此,要深入研究传播,必须深入研究文化。……应该回归到文化本身,深入研究文化的内涵,以及社会文化与传播形态的关联"②。

置身于全球社会的语境,跨文化传播学的"问题视域"涉及文化之间和文化内部的各种社会关系与社会交往的复杂现实,以及不同文化的社会结构、社会规范、价值观、思维方式以及生活方式等方面的调适与变迁。这一视域意味着,研究者应从不同视角去筛选和研究跨文化传播所涉及的有关社会关系与社会交往事实的变量,对其进行确认、分析和分类,在历史和现实的变动中探求跨文化传播活动的基本方式和普遍本质。

一、文化的特征与体系

文化是一个易于感知却难以把握的概念。在中西思想史上,对文化的理解并没有本质区别,都涉及人与社会的关系以及人的存在方式。

英语中的"文化"(culture)源于拉丁文"cultura",有"耕种""培养""驯化"之义。18世纪后期,这个术语广泛进入欧洲的日常生活,启蒙思想家将之解释为"与野蛮相抗衡的一种理智",时人也开始用科学和艺术领域的成就以及社会制度和政权机构的公平程度去衡量文化的优劣。在中国典籍中,"文"的本义是指各色交错的纹理,如《易经》云:"物相交,故曰文。""化"的本义是指事物动态的变化过程,如《易经》云:"男女构精,万物化生。""文""化"并用也见于《易经》:"观乎天文,以察时变;观乎人文,以化成天下。"汉代《说苑》中还有:"圣人之治天下也,先文德而后武功。凡武之兴为不服也,文化不改,然后加诛。"至近代,梁启超较早提出了有现代意义的解释:"文化者,人类心能所开释出来之有

---

① William Gudykunst, ed., *Cross-cultural and Intercultural Communication*, Thousand Oaks, CA: Sage, 2003, Forward, p.1.
② 马成龙:《全球化现象对跨文化传播的启示》,关世杰:《世界文化的东亚视角》,北京大学出版社2007年版,第336页。

价值的共业也。"①

较早出现的具有科学意义的文化定义,公认是爱德华·泰勒(Edward Tylor)在1871年提出的:"文化或文明,就其广泛的民族学意义来讲,是一复合整体,包括知识、信仰、艺术、道德、法律、习俗以及作为一个社会成员的人所习得的其他一切能力和习惯。"②阿尔弗雷德·克洛依伯(Alfred Kroeber)在1963年提出的定义也影响广泛:"文化由外层和内隐的行为模式构成;这种行为模式通过象征符号而获致和传递;文化代表了人类群体的显著成就,包括它们在人造器物中的体现;文化的核心部分是传统的(历史地获得和选择的)观念,尤其是它们所带的价值。文化体系一方面可以被看作是行为的产物,另一方面则是进一步的行为的决定因素。"③这个定义确认了文化的符号传播方式,强调文化既是人类行为的产物,又是决定人类行为的某种因素,还指明了文化作为价值观的重要性,可算是对泰勒定义的创造性发展。

20世纪80年代以来,不同领域对文化的解释大致可分为两种:一是针对社会结构意义上的文化,二是针对个体行为意义上的文化。前者指的是一个社会中长期、普遍起作用的行为模式和人们行动的实际准则;后者是个体习得的产物,包括群体成员为了在其参与活动的群体中被相互接受而必须具备的文化要素。这一时期有关文化定义的争论虽多,但都在强调:文化不是简单的、个别的具体事物和现象,也不仅仅是对社会存在的反映,而是对人类一切行为的技术方式、社会方式和价值取向的解释、规范和综合,是人与自然、人与社会以及人与自身关系的体现。2001年,联合国教科文组织集合了不同国家、领域学者的思考,在《世界文化多样性宣言》("Universal Declaration on Cultural Diversity")中提出了一种针对文化的综合定义:文化是某个社会或社会群体特有的精神、物质、智力与情感等方面的一系列特质之总和;除了艺术和文学之外,还包括生活方式、共同生活规范、价值观体系、传统和信仰。

文化是人类进化过程中衍生和创造的一种代代相传的习得行为,能够促动个体和社会的生存、适应和发展。换言之,文化是人们在社会化过程中习得的知识和经验,每一个社会人都在依靠文化的力量而得以生存和发展,人的存在本身就是文化的存在,文化承担着个人和群体生活的基本职能。从某种意义上说,文

---

① 梁启超:《什么是文化》,《学灯》1922年12月9日。
② [英]爱德华·泰勒:《原始文化》,连树声译,上海文艺出版社1992年版,第1页。
③ 转引自傅铿:《文化》,上海人民出版社1990年版,第12页。

化也是为人类的生命过程提供一种解释系统、帮助人们对付生存困境的集体努力。①马林诺夫斯基指出：人必须首先满足有机体的全部需求，各种生存困境，需要由个体"通过组成合作群体，通过发展知识、价值和道德意识来求得解决"②。也就是说，人类对自身生存行为的解释需要，催生了共同价值体系，这种共同价值体系的制度化又反过来规范着人们的生存行为，决定他们与自然界进行物质交换的方式，调整他们在此生存活动中的相互关系。

文化是特定群体和社会的所有成员共同接受和共享的，往往以民族的形式出现：一个民族的成员使用共同的语言，遵守共同的风俗习惯，所有成员都具有共同的心理素质和性格。这便是文化无可辩驳的民族性，关于它的作用，格尔茨曾生动地指出，"我们的观念、价值、行动甚至我们的感情，如同我们的神经系统本身，都是文化的产物——确实是由我们与生俱来的嗜好、能力和脾性加工制造的产品"③。特里·伊格尔顿(Terry Eagleton)也有相似的说法："文化不仅是我们赖以生活的一切：在很大程度上，它还是我们为之生活的一切：感情、关系、记忆、亲情、地位、社群、情感满足、智力享乐、一种终极意义感。"④一些自然科学领域的研究者还在猜想：不同文化中是否具有类似生物基因(gene)的某种基本、齐一的"文化基因"？1976年，理查德·道金斯(Richard Dawkins)在《自私的基因》(The Selfish Gene)一书中提出了"文化基因"的"拟子"(meme)概念，把生物世界中的基因复制应用到对人类文化演进机制的分析中，"拟子"就是"文化传播的基本单元"或是人类行为"模仿"的"基本单位"。道金斯指出，虽然生物基因的复制具有高保真度(copying-fidelity)，但必须通过生物体的遗传关系来进行，与之相比，由于在文化的传播过程中会出现许多变化和混合，"拟子"的传播虽然没有高保真度，但可在不同地区、民族和社会中的毫无干系的任何人之间进行，它们均会像生物基因一样地丰盛繁衍和忠实地自我复制。道金斯的结论是：正是"拟子"的复制和传播，使得不同文化模式得以保存、维系和传承，确定了人们认知世界、观察社会的共有观念。

文化是稳定的，也是发展变化的。在一般意义上，人类各个文化都具有稳定的文化结构，包括规范和观念，如习俗、道德、世界观、价值观等，它们在面临外部

---

① 〔美〕丹尼尔·贝尔：《资本主义文化矛盾》，赵一凡等译，北京：生活·读书·新知三联书店1989年版，"1978年再版前言"，第24页。
② 〔英〕布罗尼斯拉夫·马林诺夫斯基：《科学的文化理论》，黄建波等译，北京：中央民族大学出版社1999年版，第54页。
③ 〔美〕克利福德·格尔茨：《文化的解释》，纳日碧力戈等译，上海人民出版社1999年版，第58页。
④ 〔英〕特里·伊格尔顿：《文化的观念》，方杰译，南京大学出版社2003年版，第131页。

文化冲击时可以通过吸收、变动等机制来保持自身结构的稳定和平衡。譬如，《利玛窦中国札记》(*China in the Sixteen Century*)的英译者路易斯·加莱格尔(Louis Gallagher)有个观点："古老的文明可能走到一定的尽头,但是无论在中国建立什么样的政体,或者强加给它什么样的政体,这个民族的基本特征是不会改变的。"①文化的稳定性是相对的,文化的变迁却是绵延不绝的。生产力的发展,新的发明、观念的散播,政治生活的风云突变,全球化的各种新走向,都是文化变迁的推动力。譬如,中国在文化的发展进程中,从没有中断过吸收其他文化之精粹化为自身"血肉",同时,中国传统中既有的一些内容也可能在变迁中被其他文化消解、同化甚至逐渐丧失,或为别国移植,成为它们极富特色的东西而得以保存。当然,文化表层结构的变化,无论在速度还是质的方面,都远远超过深层结构的变化。譬如,衣、食、住、行乃至语言等方面的变化要比宗教、价值观、世界观等层面的变化明显得多。萨默瓦就此提醒人们:在评估特定文化的变迁程度时,必须深思熟虑:究竟是什么发生了变化——"不要因为东京的市区与巴黎或纽约越来越像,就把自己弄得昏头昏脑。"②

文化是由各种要素组成的一个整合体系(integrated system),组成这一体系的各个部分在结构上互相联结,功能上互相依存。爱德华·霍尔说过,"文化不是一种事物,而是多种事物"③。他借用信息论和系统论的基本思想把文化分成了十大"信息系统"——互动、联合、生存、两性、领土、时间、学习、消遣、防卫和利用,每个系统既为其他文化系统所反映,自身也反映其他系统。他还指出,由于这些系统是交织在一起的,文化研究者可以将任意一个信息系统作为起点,最终都会展示出一幅完整的文化图景。针对文化系统中各个要素之间相互依存的关系,萨默瓦也曾以美国妇女运动为例做了说明:妇女运动仅由两个词(women movement)组成,但这一社会现象会引起连锁反应,会涉及性别角色、性别文化、教育机会、职业机会、法律系统等方面;这即是说,文化体系中任何一个部分的变动,都会影响到其他部分。总之,文化就像是一座大厦,由各种各样的材料构成。如果不了解这些材料的性能、作用、特点以及它们相互之间的关系,就不能了解这座大厦的构成、规模、质量,更无从了解它与其他建筑的差异或共同之处。就文化本身而言,构筑大厦的"材料"就是文化的要素。在本书的视域中,文化的要素主要涉及如下几个方面。

---

① 〔意〕利玛窦、〔法〕金尼阁：《利玛窦中国札记》,何高济等译,北京:中华书局1983年版,第35页。
② Larry Samovar and Richard Porter, *Communication between Cultures*, Belmont, CA: Wadsworth, 2004, p.44.
③ 〔美〕爱德华·霍尔：《无声的语言》,刘建荣译,上海人民出版社1991年版,第206页。

第一章 跨文化传播学的学科基础与研究视域

第一,语言和非语言符号系统。在人类的社会生活中,人们只有借助语言和非语言符号才能交往和沟通,进而创造文化本身。语言和非语言符号还是文化积淀和储存的手段,各个文化要素只有通过语言和非语言符号才能被反映和传授。此外,不同文化群体常有自己独特的语言和非语言符号系统,这也往往是跨文化交往中最为显著的障碍。

第二,观念、规范与认知体系。文化的观念体系,指的是有关自我、他人、外部世界的全部思想和信念,也是渗透在人们的社会行为中的具有普遍意义和系统性的观点之总和。世界观、人生观和价值观构成了观念体系的主要内容。这里的规范(norms)即社会规范,包括两种:一是明文规定的准则,如法律和制度等;二是约定俗成的准则,如习俗、道德等。规范确定了不同文化群体的成员的活动方向、方法和式样,不仅如此,各种规范之间也是互相联系、渗透和彼此补充的,共同调整着人们的社会关系和社会交往活动。文化的认知体系,是人类个体内在心理活动的产物,主要由感知、思维方式、态度等构成,关涉到不同文化获取知识和解决问题的实践和能力——不同文化中的人们都要依靠认知来认识客观世界,并对客观世界中的各种刺激做出不同的反应。

第三,社会组织与家庭。社会组织是人们针对共同活动和特定的目标而有意识地组合起来的社会群体,人的社会需要大部分是通过社会组织满足的,不同的社会组织也以不同的目标和规范协调着人的活动,大小不同、功能各异的社会组织构成了社会的基础。任何一个文化都要建立诸多社会组织来保证各种社会关系的建立和运行,家庭、生产组织、教育组织、宗教组织、政治组织、娱乐组织,等等,都是保证各种社会关系运行的实体。其中,家庭是基于婚姻、血缘关系或收养关系而形成的亲属间的社会组织——在所有的社会组织中,家庭是最古老、最基本的一种,家庭的差异通常也反映了社会和文化的差异。

第四,历史。历史是理解文化的中介,任何文化的历史都可作为文化价值、文化理想及文化行为的起源;历史也是隐藏在文化深层结构中的要素,每一文化都有自己特殊和独享的历史。许多史家甚至认为:历史就是文化史,就是文化发展的历史,从历史事实中可以得到有关文化特性的每一种解释。奥斯瓦尔德·施本格勒(Oswald Spengler)就指出:文化是通贯于过去与未来的世界历史的基本现象,世界历史就是各种文化的"集体传记"。进一步说,文化的现实是历史的延续,现实中的很多文化现象都能在历史中寻找到其存在和嬗变的痕迹。

第五,物质产品。这里的物质产品,指的是经过人类干涉或改造的自然环境,以及创造出来的一切物品。作为文化的具体有形部分,这些物品体现了文化的价值观、世界观以及需要和目标等内涵。可以概括地说,物质产品与其他文化要素之间有着密切的关联。物质产品中凝聚着人们的观念、智慧、需求和能力,物质产品也为人们建立和开展各种社会文化交往,维系各种社会关系的结构、功能和秩序提供了基本的物质依托。当然,文化的价值并不只依赖于物质产品,或者说,物质产品并不能代表文化的"高度"。

第六,追溯文化的本源,谁也无法忽略自然地理环境之于文化的影响——环境给了人类生活极大的限制,也赋予其至为深刻的影响,"任何一种环境在一定程度上总要迫使人们接受一种生活方式"①。就处于西方文化源头的古希腊、罗马而言,由于濒临开放的海洋,土地相对贫瘠和稀少,物种单调,生活资料在相当大的程度上需要从海外换取,所以,这里的航海事业很早就比较发达,并成为商业文化的策源地。尤其是,由于这种生产方式需要冒险精神和掠夺欲望,促使人们进行独立思考,追求个性,崇尚变化和斗争。相比之下,中国的地理环境是封闭的大陆,大部分地处温带,气候适宜,因此很早就形成了相对稳定的农业社会结构,以及与农业文明相适应的国民性格。正如弗兰克·古德诺(Frank Goodnow)所说,"地形与气候条件使得地球上没有别的地方能在自然条件上比中国更适合于从事农业,这一事实对中国的文明起了决定性的作用,同时也说明为什么这种文明能够长期稳固地存在"。他认为,田园生活同时也塑造了中国人安详知足的性格,"如果不遭到外来的破坏,一种已达到的稳固的平衡可以保证他们以在过去多少个世纪的历史中形成的生活方式一直生活到无限久远的将来"②。总之,中国农业社会的发展缓慢而富于自信,虽偶有外来文化由西北、西南或海上传入,皆能雍容消纳。在马克思看来,这是一种"渐进性"的文明发生类型,相比之下,西方文化则是一种"突发性"的文明发生类型。两者的个性大相径庭,各自在后世的命运也因此差异巨大,即"农民的民族从属于资产阶级的民族""东方从属于西方"③。

二、传播的特征与功能

传播是人类生活中最具普遍性、最为重要和复杂的方面,人的日常生活总是受到与他人的交流行为以及各种各样的人传递的信息的影响。④ 传播可以包括人们相互影响的一切过程,可以是偶发的、无计划的互动,也可以是有目的、有计

---

① [英]雷蒙德·弗思:《人文类型》,费孝通译,北京:华夏出版社2002年版,第33页。
② [美]弗兰克·古德诺:《解析中国》,蔡向阳等译,北京:国际文化出版公司1998年版,第7—20页。
③ 《马克思恩格斯选集》第1卷,北京:人民出版社1995年版,第277页。
④ [美]斯蒂芬·李特约翰:《人类传播理论》,史安斌译,北京:清华大学出版社2004年版,第4页。

划的,"在我们的生活中,两种传播都扮演常规的角色"①。

传播具有社会性,传播是人类特有的活动,社会人是传播的主体——社会人既是信息的传播者,又是信息的接收者,既是产生传播的原因,又是导致传播的结果。传播与社区(community)、公社(commune)有着共同的词根,也从侧面说明了传播的社会性:人类能够运用符号系统沟通彼此的思想、调节各自的行为,而通过结成一个有机整体去从事社会活动,也是人类社会与动物社会的主要区别。查尔斯·库利(Charles Cooley)还指出,传播是人类关系赖以存在和发展的机制,是一切智能的象征;社会则是人与人之间相互发生影响的系统——由于这种影响是由传播促成的,所以说,传播的历史是所有历史的基础。此外,在诺伯特·维纳(Norbert Wiener)看来,信息和传播作为一种组织化机制,不仅存在于每个个体之中,而且是任何团体组织赖以存在的条件,"传播是帮助社会这个建筑物黏合在一起的混凝土"②。

传播是不同信息的交流、沟通与共享的过程,传播者不是简单地输出信息,接收者也不是被动地接受信息,两者是动态的和互动的——传播者和接收者之间是相互影响、交互作用的。对于传播的过程,过去有两种认识是不准确的。其一,把传播过程视为一条直线,即认为信息传播在一个线性的、单向的交流过程中完成。这种观点容易使人产生一种判断——传播不需要他人的回应和协商,同时也极大地掩盖了传播过程的开放性与复杂性。其二,把传播过程看作一个"圆圈",即认为信息传播是一个没有停顿、周而复始的"循环"过程。虽然这种观点注意到传播过程不断运动的一面,但也忽略了一个事实:传播过程中一切都可能发生变化,同时也总会有新的东西出现。无论如何,传播是复杂的、多向的、有目标和需求的信息交流与共享过程。当然,信息共享是有条件的,在某些特定的环境和条件下,传播双方很难实现信息共享。受到符号学的影响,一些传播学者还指出,"意义"比"信息"更适合描述传播的过程,即传播作为符号的活动,是一个持续不断地合作建构意义的过程——意义是主客观相结合的产物,是客观事物在主观意识中的反映,也是符号所包含的精神内容。经由传播的过程,人们使用符号交换信息,不断生产共享意义,同时运用意义来阐释世界和周围的事物。约翰·斯图尔特(John Stewart)还提出,人类生存于"意义的世界"中,这个世界至少有六种成分,分别是空间、时间、自然规律、关系、文化和工作,它们都是

---

① 〔美〕迈克尔·普罗瑟:《文化对话》,何道宽译,北京大学出版社2013年版,第3—4页。
② 〔美〕诺伯特·维纳:《人有人的用处》,陈步译,北京:商务印书馆1978年版,第17页。

经由传播而得到,经由传播而建构,经由传播而修改,经由传播而成形。①

传播系统主要包括以下几个方面的要素,这些要素相互勾连、彼此影响,使传播本身具备了显著的动态性和结构性特征。第一,信息。信息与语境(context)密切相关,对信息的意义建构和理解离不开语境。跨文化传播研究尤其关注的,就是语境对信息的影响——在一种语境中形成和发出的信息,往往与其他语境中接收者领会的意义有所差异。第二,编码与解码。一般来说,编码与解码是约定俗成的,主要在特定的群体、特定的文化中流通,一旦跨越文化的边界,就会形成跨文化传播——在同文化传播中,信息的发送者与接收者在编码和解码过程中使用的是同一个"编码本";在跨文化传播中,传播双方使用的是不同的"编码本"。第三,媒介。媒介是传播方式、传播手段或传播工具的具体化。传播过程中的各种信息必须通过一种或一种以上的媒介进行传递。在跨文化人际传播中,传播媒介往往就是人本身——人可以通过自身,接通与他人之间的情感、思想,确立人与世界的关系本质。随着科学技术的发展,人类用以传播信息的媒介日益增多,跨文化传播研究所关注的,主要是不同文化传播媒介的差异及文化特色,以及不同文化、国家对媒介的运用方式和偏好。

作为检验传播效果、修正传播行为的重要尺度,反馈也是传播系统中不可或缺的要素。根据控制论原理,反馈是指把信息作用于被控对象后所产生的结果再传输回去,对信息的再输出产生一定影响的过程。正如维纳指出的,反馈是"一种你用过去的操作来调节未来的行为的功能"②。如果新的数据库在肯定的意义上转化和简化了最初的数据,导致整个系统的增长,这就是正反馈;如果新的数据库推翻原有的数据,导致系统的调整,这属于负反馈。在维持系统的平衡和稳定方面,负反馈具有最为重要的作用。在面对面的人际传播中,如果信息接收者不了解发来的信息,可以立刻把不理解的结果返给发送者,发送者可以即时修正传播中的不足,这是人际传播效率较高的原因之一。不过,在跨文化传播中,由于彼此间的文化差异较大,人们对周围的环境也不熟悉,负反馈功能往往难以正常发挥。

何谓传播的功能?简单地说,就是传播活动对人类社会所产生的影响、作用和后果。1948年,哈罗德·拉斯韦尔(Harold Lasswell)较早对传播的功能进行了概括。拉斯韦尔指出,传播主要有三个方面的功能:第一,监视或提供与环境有关的信息,即准确、客观地反映现实社会的真实情况,再现周围世界的原貌及

---

① John Stewart, ed., *Bridges not Walls*, New York, NY: McGraw-Hill Companies, 1999, p.21.
② [美]诺伯特·维纳:《人有人的用处》,陈步译,北京:商务印书馆1978年版,第15页。

其重要发展;第二,协调社会各部分的关系,把社会的各个部分、环节、因素整合为一个有机的整体,以应付环境的变化和挑战;第三,传递社会遗产,使社会文化世代相传。1975年,在拉斯韦尔观点的基础上,查尔斯·莱特(Charles Wright)补充了传播的第四个功能,即提供娱乐的功能。1982年,施拉姆等在《传播学概论》(Men, Women, Messages, and Media)一书中对传播的功能做了新的概括:传播的功能包括一般功能、政治功能和经济功能,具体功能为雷达功能、控制功能、教育功能和娱乐功能。

1981年,联合国教科文组织在名为《多种声音,一个世界》("Many Voices, One World")的报告中,对人类传播的功能做了较为全面的描述。第一,获得消息情报,即帮助人们收集、储存、整理和传播必要的新闻、数据、图片、意见和评论等信息。第二,社会化,即为人们提供从事社会活动的知识,增强人的社会联系和社会意识,促进各个社会的当前目标和最终目标的发展。第三,辩论和讨论,即为便于达成一致意见或澄清不同观点而提供和传播必要的事实,目的是促进人们关心和参与本国和国际事务。第四,教育,即传播知识以促进智力的发展,培养人的品格,使人们在人生的各个阶段获得各种技能和能力。第五,发展文化,传播文化、艺术作品,保护历史文化遗产,激起人对美学的需要与创造力,发展文化事业等。第六,娱乐,即传播戏剧、舞蹈、艺术、文学、音乐、喜剧、体育、游戏等,使个人和集体得到娱乐和享受。第七,一体化(integration),即使所有的个人、群体和国家得到各种信息,便于彼此了解并借鉴别人的生活、观点和愿望。

三、文化、传播与文化变迁

文化是人类互动行为发生的大环境,影响人类传播的最大系统就是文化本身。进一步说,文化与传播互动一体,传播是一种文化共享的过程,每一种文化形式都会明晰或含糊地涉及传播,正像萨默瓦所说,文化和传播协同工作,两者不可分离,"要判别哪个是声音、哪个是回音往往是困难的"①。

运用"传播"的概念研究文化现象,较早见于爱德华·泰勒的《原始文化》(Primitive Culture)一书,该书主要用以指涉文化迁徙、采借、暗示以及分布等现象。泰勒之后,"传播"渐为社会学家、文化人类学家普遍使用。在他们看来,传播是推动文化发展的主要因素,传播构成了文化和社会生活的核心,文化变迁的过程也是一种传播过程。许多传播学者还认为,文化的传播功能是文化的首要

---

① 〔美〕拉里·萨默瓦、〔美〕理查德·波特:《文化模式与传播方式》,麻争旗等译,北京广播学院出版社2003年版,第6页。

和基本的功能,文化的其他功能都是在这一功能的基础上展开的。弗雷德·詹德特(Fred Jandt)即指出:人们如何看待传播——传播是什么？如何进行传播？进行传播的理由？——本身就是文化的组成部分。①

文化是世代相传的,传播使文化成为连续的过程。一切文化都是在传播的过程中得以生成、发展和变迁的,传播是形成、保存和发展人类文化的必由之路。考古研究表明,从人类早期社会开始,地域文化和相邻部落的联系就已存在,并通过传播不断扩大到更大的空间。譬如,中国殷墟考古发现,在公元前12世纪前半叶的商代女将军妇好墓葬中,存有玉凤等大量玉器,所用玉材除了岫玉和独山玉,亦有相当部分是存于万里之遥的和田玉。无数的历史事实表明,文化依赖于传播的建构活动,文化的形成和发展始终受到传播的天然影响。在传播的过程中,文化中的经验、知识、技术、思想等也会得到不断的补充、发展和丰富,并启动新的文化创造和积累。王铭铭就此指出,传播行为是社会结构和认识—象征体系与人的中介,通过不断地对自然加以适应和认识的实践,人类形成了一系列对他们的生活有益的"惯习",久而久之这些惯习导致制度的起源,形成一个传统或象征体系,并反过来在社会生活中被积累和利用。②

20世纪初期出现的文化社会学理论还认为,文化最初都是在一个地方产生的,经过传播才在其他各地发展起来。弗里茨·格雷布内尔(Fritz Grabner)等学者就把人类形形色色的文化归结为单一的、一次性的现象,用"形式标准"和"数量标准"把相同的文化现象划入某一文化圈。在他们看来,任何文化现象在历史上都只是一次性出现的,其他地方相同的文化现象都是由此地传播的结果。受这一思路的影响,罗伯特·路威(Robert Lowie)认为,欧洲文明完全是受到埃及、希腊、印度和中国文化的影响发展起来的,"现代文明更是从四面八方东拼西凑起来的百衲衣。……因为任何民族的聪明才智毕竟有限,所以与外界隔绝的民族之所以停滞不前只是因为十个脑袋比一个强"③。

把文化视作传播,也是爱德华·霍尔的学术贡献之一。在霍尔看来,人类的任何传播都离不开文化,没有传播就没有文化,"我们会选择什么样的传播行为在很大程度上取决于我们生长的文化环境。记住,我们并非生来就知如何着装、玩什么玩具、吃什么食物、崇拜什么神明、怎么花钱,或怎么用时间。文化既做先生又当课本。从应该有多少目光接触,到怎么讲清生病的原因,文化在生活中占

---

① Fred Jandt, *Intercultural Communication*, London, UK: Sage, 1998, p.37.
② 王铭铭:《西方人类学十讲》,桂林:广西师范大学出版社2005年版,第60页。
③ 〔美〕罗伯特·路威:《文明与野蛮》,吕叔湘译,北京:生活·读书·新知三联书店1984年版,第13—14页。

第一章 跨文化传播学的学科基础与研究视域

据主导地位。文化是传播的基础,文化是多样的,传播亦有差异"[①]。霍尔还论述了文化与人的传播行为之间的重要关系,阐明了文化如何在人与外部世界之间设置"屏障",为人们提供了关于外部世界的结构的信息,以多种形态决定人们该注意什么、不注意什么,并对人们的选择发挥着决定性的作用。

传播促进了文化的变迁和整合。文化与传播之间兼容互渗的关系表明,文化是传播的结果,一切文化都是你中有我,我中有你,没有任何一种文化是独立、单纯的,所有文化都是杂交的、混成的,谁也不能夸口是"独家制造"。在这里,文化变迁是指世界上任何一种文化都处在动态的发展和变化之中,都不同程度地经历着产生、发展、变化、衰退和再生的过程。决定文化变迁的因素很多,传播则是推动文化变迁最普遍、最根本的原因。不同文化内容的融合与随之发生的变迁,"是所有人类文化在前进中的状况,它不包含任何纯洁的地带,因为它们经历着持续不断的、跨文化的进程",以此视角观之,真正"纯洁的、内在同质性的、真实的、本土的"文化并不存在。[②] 例如,古代中国灿烂的汉唐文化中,包含着丰富的中亚文化成分;近代西方工业文明的建立,得益于包括印度和阿拉伯数学以及中国四大发明在内的东方文化的推动。而人类历史上的许多文化,比如印度河流域产生的哈拉本文化(Charappan Culture),之所以兴起很快,消失也很快,主要原因就在于内在的同质性太强,无法适应变化和挑战。威廉·麦克尼尔(William McNeill)就此指明了世界历史的两个基本事实:一是"当代文明总是互相作用,即使跨越重洋";二是随着时间的流逝,各个文明的相遇促进着相互的借鉴和适应,这在人类财富和力量的增长中日益无处不在,日益重要。[③]

文化变迁是恒久的现象,包括文化内部发展的结果,也包括不同文化接触之后发生的任何改变。内部发展的变迁通常源自发现或发明,而外部发展或接触的变迁,一般都源自借用或传播。透视人类历史,文化边界总是模糊的,处于不断的变动之中——只要存在人类生活,就会不可避免地发生变迁,没有变迁的文化是不可想象的。文化的稳定平衡是相对的,发展变化则是绝对的,因为文化变迁与社会变迁密切相关,一旦社会制度的结构或功能发生改变,文化变迁总是如影随形。特别是在近代以来的全球社会,文化的边界已经日渐模糊,"你中有我,我中有你"是当前不同社会和文化的基本现状。克莱德·伍兹(Clyde

---

① 〔美〕拉里·萨默瓦、〔美〕理查德·波特:《文化模式与传播方式》,麻争旗等译,北京广播学院出版社2003年版,第6页。
② 〔英〕约翰·汤林森:《全球化与文化》,郭英剑译,南京大学出版社2002年版,第208页。
③ 〔美〕乔万尼·阿瑞吉等:《现代世界体系的混沌与治理》,王宇洁译,北京:生活·读书·新知三联书店2003年版,第23页。

Woods)还把文化变迁和社会变迁合称为"社会文化变迁"(sociocultural change)。在他看来,社会变迁主要是指社会制度的结构或功能的改变,包括种族关系结构、阶级差别,以及家庭结构或功能的变化等,但这些社会变迁都伴随着文化的变迁,或者说,两者都会明显地影响对方,"任何一方在变迁速度上的迟滞,都能产生破坏性后果"①。

  针对文化变迁的研究,一直是人类学等学科的重点所在。19世纪中期,赫伯特·斯宾塞(Herbert Spencer)、摩尔根等早期进化论派学者主要关注历史上的文化变迁,以进化理论说明文化发展的普遍性,认为不同文化基本上经历了相同的变迁趋势:从简单文化向复杂文化发展。此后,以罗伯特·格雷布纳(Robert Graebner)、威廉·佩里(William Perry)等为代表的"传播学派"主要从宏观角度研究历史上不同地区存在相似或相同文化因素的原因,并以传播的视角来解释世界各地文化的相似性。以弗朗兹·博厄斯(Franz Boas)为代表的"文化历史学派"则以实地调查为基础,研究不同文化的独特历史,并强调人类学的主要目标之一,就是研究不同文化的接触所产生的影响,尤其是通过细致的调查,取得关于现存社会的研究资料,以观察文化变迁的过程:"不仅要知道现存社会的动力,还要知道它们如何变成这样。"从20世纪30年代起,美国人类学家着重研究印第安人与白人文化接触所引起的变迁,英国人类学家则着重研究殖民地土著居民与白人文化接触所引起的变迁,其后的研究均力求深入人类日常生活寻求文化发展和变化的迹象,在表述和对空间结构的把握中避免宏大叙事模式,而更倾向于生活的本质,不再将文化意义剥离于生活真实。霍默·巴尼特(Homer Barnett)在1953年出版的《创新》(Innovation)被认为是文化变迁研究领域的基本著作,核心观点是:创新是文化变迁的基础,创新应被界定为任何在实质上不同于固有形式的新思想、新行为和新事物。

  受到这些学者的影响,知识界逐渐接受了一个观点:传播是文化变迁的重要原因和内容。克莱德·伍兹(Clyde Wodds)在1975年出版的《文化变迁》(Cultural Change)中指出,在所有的社会和文化系统中,变迁是一个常数,而文化变迁事实上是以四种方式发生的:长时期的变异;发现;发明;传播或借用。这里的"长时期的变异",是指"固有的思想和行为模式经长时期微弱变化的逐渐积累,最终成为本质上全新的东西。变迁的个别增长也许是轻微的,但经过一个长时期的积累,所产生的影响将是不可忽视的"。因此,必须较为系统地、多学科地研究各种不同的环境,来进一步加深我们自己对变迁的实际过程的理解,只有这

---

① 〔美〕克莱德·伍兹:《文化变迁》,何瑞福译,石家庄:河北人民出版社1989年版,第6页。

样,"有用的、有预见性的理论才能逐渐形成,才能指导易于向新的技术、生活方式和观念形态转变的变迁项目"①。

文化整合(cultural integration)与文化变迁相互关联,涉及不同文化的兼容和重组,是不同文化之间彼此吸收、认同并趋于一体化的过程。这里的文化整合,来自卡罗尔·恩伯(Carol Ember)的解释:"我们说文化是整合的,指的是构成文化的诸要素或特质不是习俗的随意拼凑,而是在大多数情况下相互适应或和谐一致的。"②根据历史经验、渊源、价值取向、目标定位各异的不同文化的整合过程,是一种不断适应、共同发展、逐渐融合为新的文化体系的过程。拉尔夫·林顿(Ralph Lindon)曾描述了20世纪30年代美国社会的文化整合"景象":在一个美国人的日常生活中,不仅有来自近东的床、印度的棉花、中国的丝绸、印度的睡袍等用品,还要遵从源于埃及的剃须传统,以及17世纪克罗地亚人打领带的风俗。用餐时,他会用到中国的碟子、意大利的叉子,吃的是波斯密瓜和小亚细亚的小麦做成的面饼,餐后的香烟来自墨西哥,读的报纸由德国人发明的技术印刷而成。③ 在考察英属北美殖民地时期英国文化的地位时,研究者注意到:尽管英国文化在殖民地占主导地位,但因为这里的移民群体还来自西欧其他国家,殖民地的文化实质上是多元的,其中也包括印第安人的文化——不仅吸收印第安人的农业技术、军事经验和生产知识,甚至包括美国宪法的制定都参考过易洛魁人(Iroquois)的政治经验。路易斯·斯宾德勒(Louis Spindeler)还指出,印第安文化对美国的影响,不仅反映在美国文化的不同方面,甚至也反映在美国人的性格之中。④

文化变迁是一种结果,也是一种过程。对广大的非西方国家来说,近代以来的各种变迁是由西方殖民主义和现代性的强大力量所强加的,由于传统社会旧有的文化传统难以应对,因此出现了诸多社会、文化和政治问题,以及延续至今的集体焦虑。20世纪中期以来,中国学者对文化变迁的专题研究主要以实证研究为主,集中考察了不同地域和族群的居住格局与人口迁移、族际交往和族际通婚、语言变迁、宗教信仰等,以林耀华的《金翼》和《凉山彝家的巨变》、庄孔韶的《银翅》、周大鸣的《凤凰村的变迁》、王铭铭的《村落视野中的文化与权力》、阎云翔的《礼物的流动》等为代表。2005年,陈国贲等以西方人和中国人的价值观冲突为主题,考察了中国部分"三资"企业中的文化变迁。研究发现,在中国"三

---

① [美]克莱德·伍兹:《文化变迁》,何瑞福译,石家庄:河北人民出版社1989年版,第23、1页。
② [美]卡罗尔·恩伯等:《文化的变异》,杜杉杉译,沈阳:辽宁人民出版社1988年版,第47页。
③ [美]史蒂文·瓦戈:《社会变迁》,王晓黎等译,北京大学出版社2007年版,第69—70页。
④ Louis Spindeler, *Culture Change and Modernization*, Prospect Heights, IL: Waveland, 1984, p.23.

资"企业的中西文化互动过程中,中方员工在不同程度上被西方观念所改造,西方管理者也同时受到了中国文化的影响。研究还发现,强化、共存、变异、混合和创新等不同文化变迁形式交替出现或同时出现于不同企业,而不是表现为冲突同化的直线性形式。陈国贲就此指出,在全球化进程中,本土文化会因外来文化的影响而改变,外来文化也会因地方文化的影响而改变,由于中国迅速变成"世界工厂",数以千万计的"三资"企业雇员通过各种方式学习西方制度、规范和观念,同时也在某种程度上改变着外来文化,总之,"一种重要的文化变迁不是局部地,而是大规模地正在中国大地发生"①。

四、社会关系与社会交往的"全球场域"

科学意义上的社会关系,指的是根据行为的意向内容,若干人之间相互调整并因此而相互指向的行动。② 社会作为一个体系,就是各种社会关系的总和——无论是大社会,还是小社会,都表现为各种人与人、群体与群体关系的集合。作为社会关系的呈现,社会交往既是人的社会存在的基本方式,也是社会结构形成的基础。可以概括地说,社会关系和社会交往是人类社会得以产生、存在和发展的基本前提,社会本身就是人们通过交往形成的"人的真正的共同体",即"人们不是作为孤立的个体而生存着,而是作为家庭中的成员、团体中的同人、具有众所周知历史渊源的各种'人群'中的组成部分而生存着"③。

跨文化传播作为人的社会活动,体现了社会关系与社会交往的本质。人类历史发展的线索表明,正是人类社会关系与社会交往的不断延伸,把不同文化、地区、族群、国家的人群"联结"在一起,促进了人类文化的发展和社会变迁。不同文化的习俗、道德、价值观和生活方式等,无不通过这种延伸渗入其他文化,确立着不同文化群体的认知、观念和规范体系,维持了人类社会系统的动态平衡、稳定和发展。施拉姆曾说,研究传播现象离不开"研究人与人的关系以及他们所属的集团、组织和社会的关系;研究他们怎样相互影响和受影响、告知他人和被他人告知、教别人和受别人教、娱乐别人和受到娱乐",总之,要理解人类的传播互动,必须了解人是怎样相互建立起联系的。④ 在跨文化传播研究的视角下,社会关系表现为个体之间、个体与群体之间以及群体之间普遍的相互沟通、影响

---

① 〔新加坡〕陈国贲等:《中国"三资"企业中的文化冲突与文化创新》,《社会》2005年第3期。
② 〔德〕马克斯·韦伯:《社会学的基本概念》,胡景北译,上海人民出版社2000年版,第35页。
③ 〔德〕卡尔·雅斯贝斯:《现时代的人》,周晓亮译,北京:社会科学文献出版社1992年版,第7页。
④ 〔美〕威尔伯·施拉姆、〔美〕威廉·波特:《传播学概论》,陈亮等译,北京:新华出版社1984年版,第4页。

和制约;社会交往则是人与人之间发生社会关系的中介和现实体现,必须在人们结成一定的社会关系并进行有效互动的前提下才能实现。在这里,跨文化传播是社会交往得以展开的重要的"黏合力",同时也决定了社会关系更为密切和复杂。基于社会关系与社会交往的视域去研究跨文化传播的过程与影响,可以对人类跨文化交往活动进行相对准确的解读,还可以依据不同的社会结构与社会秩序的变动,更好地解释人类社会与文化的发展流变。

社会关系与社会交往构成了文化的内在源泉,也构成了人们对各种文化现象进行认知、理解和界定的空间。汤因比对文明社会的考察就是从个人与社会的关系入手的。正如他所说,"社会正是人与人之间关系的产物,人们之间的关系源于个人活动范围的'偶合'。这种'偶合关系'使诸多的个体结成了一个整体,即所谓社会",社会是一个"行为的场所",而一切行为的动机则来自组成这个社会的个人。① 在20世纪得到迅速发展的西方各个现代文化社会学派,比如符号互动主义、现象主义、存在主义、结构主义等,无不是将文化置入社会关系与社会交往的整体性框架中进行考察,研究文化的传播如何受到社会心理等诸要素的制约和影响,如何在社会影响中产生、发展和变化。其中,乔治·米德(George Mead)以个体心理学为理论基础,把社会结构看成个人交往过程的结晶,把社会发展看成人类交往形式的进化过程。查尔斯·库利也指出,社会是由无数个人之间的相互作用并借助某种符号系统组成的整体,文化交往则是人类社会关系赖以存在和发展的机制,或者说是联结社会秩序的工具和手段。

全球化是全球场域下人类社会关系与社会交往的"延伸",为跨文化的传播与融会提供了条件,也在重绘着当今世界的"文化地图"。作为一个漫长历史过程的全球化,意味着人类从不同地域、民族和国家彼此分隔的状态走向全球社会的整体变迁过程,源头可以追溯到15世纪美洲新大陆的发现;作为一种客观趋势和经验事实的全球化,意味着世界上各种社会、文化、机构以及个人之间交往关系快速发展的过程,涉及时间与空间的压缩,也关联到人类各种社会关系的扩展——全球化突出了人的存在方式的社会性,不同文化中固有的各种社会关系持续不断地拓展,制约和影响人们日常生活的各种关系已经从本土扩展到全球社会,实现了世界范围内历史性的"普遍交往"。

针对全球社会中社会关系与社会交往的丰富性和复杂性,跨文化传播研究需要一种"视域转型",即从基于狭隘的国民性、民族性和地方性来理解人类的生存状况,转入到在全球社会的场域内展开思考。在乌尔里希·贝克(Ulrich

---

① 转引自张志刚:《宗教文化学导论》,北京:人民出版社1993年版,第158页。

Beck)看来,这是一种全球关怀的内在化,也即"世界化"(cosmopolitanization)。如他所说:"'全球化'是一种非线性的、辩证的过程。在这一过程中,全球的与地方的不再是作为文化的两极而存在,而是作为并联在一起的、相互关联的原则而存在。这些过程不仅仅包括跨边界的相互联系,而且还要将内在于民族国家社会的社会与政治属性加以转化。这就是我所界定的'世界化':世界化意味着内在的全球化,意味着发自民族社会内部的全球化。"①

全球化与一系列的文化影响相连,大致可归结为三个命题:"同质化"(homogenization)、"分极化"(polarization)和"混杂化"(hybridization)。"同质化"命题关注的是全球文化正在依据西方和美国文化的模式经历着一种标准化的过程,这是因为西方文化"为了扩大全球市场,增加消费者,为了确保他们购买产品,培育他们与生产相吻合的需要和对消费主义的热衷,必须在培育某些价值观念、行为模式,铸造某些幸福观与成功观,提供对性和爱的态度等这一切中发挥作用。文化必须塑造出一种全球消费者"②。与之相较,"分极化"命题提供了一种关于全球文化发展的更为可信的图景。毕竟,全球社会中不断增强的相互关联与相互依赖,并不必然地意味着文化的一致性,相比经济组织和技术而言,文化更难于标准化。"混杂化"命题关注的是当下的另一种趋势:不同文化之间互相借用、合并彼此的要素,从而创造各种混杂的、融合的文化模式。为这种论断提供支撑的,主要是对流行音乐和宗教生活的研究。③ 无论是"同质化""分极化",还是"混杂化",都呈现了无可辩驳的文化"全球化"趋势,即全球社会中的不同文化逐步突破地域和文化模式的局限,人类跨文化传播活动向更高、更深层次发展,也意味着不同文化之间越来越密切的文化联系、越来越频繁的交往。

与经济全球化一样,文化"全球化"作为整体的全球化进程的组成部分,不可避免地赋予了全人类一种全新的、共有的"全球意识"(global awareness),使跨文化传播成为全球文化生态的表征,改变着人类生存于其中的社会、文化环境乃至整个"生活世界",并深刻地影响和动摇着不同文化的深层结构。在传统社会中,人的社会化主要是在家庭、邻里、村落和社区等社会群体中完成的。由于人们生活在松散的社会结构和社会关系中,人们之间主要通过面对面的交往来自觉或不自觉地接受相互间的文化意义和价值。进入全球社会之后,各种跨越时

---

① 转引自赵旭东:《本土异域间》,北京大学出版社2011年版,第345页。
② 参见〔美〕弗雷德雷克·杰姆逊等编:《全球化的文化》,马丁译,南京大学出版社2002年版,第229页。
③ Robert Holton, "Globalization's Cultural Consequence," *Annals of the American Academy of Political and Social Science*, Vol.570, 2000, p.140.

第一章　跨文化传播学的学科基础与研究视域

空的信息成为交往的主要媒介,牵引和指导人的社会关系与社会交往,也在重新形塑不同文化复杂的内在构造。特别是进入21世纪以来,不同文化之间的区域互补性、关联性和依赖性进一步增强,人与人之间的相互依存关系变得更加紧密,而人类社会进化的方向,则如乔治·米德描述的:"构成人类社会的、存在于有关个体间的一切相互依存的社会联系越来越统一、越来越复杂、越来越紧密地交织在一起,以致达到完全的统一。"①

萨默瓦曾提醒研究者,要注意三个方面的使跨文化传播愈加广泛和频繁的因素:新技术与信息系统;世界人口的变化;向全球经济的迅速发展趋势。② 因为这些变化正在迅速地改变着世界的面貌,也必会对跨文化传播的理论思考乃至研究方法的选择产生影响。就新技术与信息系统而言,这一方面的持续革新不仅影响了全球范围内信息流动的方向、数量和结构,也在推动着全球社会中的社会关系与社会交往现实的结构性转变。特别是各种新型社交媒体的广泛使用,对不同文化乃至个体的生活观念与交往方式产生了深刻影响,使网络社会的交往方式反映出现实社会中各种关系的特征,呈现了一种"数字化"的社会关系结构。这种关系与现实的社会关系彼此交错,成为推动人类社会发展与文化变迁的动力。

任何一种传播现象和传播行为都无法脱离具体的社会环境,也没有一种信息能够脱离传播者和接收者共处的社会现实。承前所论,社会交往的全球化使得人类的交往方式面临变迁的压力,因此不可避免地要求出现一种新的认识框架,以重新界定全球社会中个体之间、个体与群体之间以及文化、民族和国家之间的各种关系与交往的复杂现实,帮助人们理解文化变迁和社会现实的复杂性。跨文化传播研究则需要体现出其本身的学术活力及对社会发展的适应性,发挥理论开放性和思想灵活性的学术传统,特别是要求研究者带着自己的"问题视域"进入生活实践,在与现实问题的对话中实现"视域融合"——在视域的遭遇、交融与沟通中发现并揭示新的意义,从而建构与时代特征相适应的学科体系。③

对这一"视域"构成启发的,还有哈贝马斯用以阐释交往行动理论(theory of communicative action)的"主体间性"(intersubjectivity)和"生活世界"(life world)的概念。

"主体间性"指的是作为社会主体的个体与个体、个体与群体、个体与社

---

① 转引自张国良:《20世纪传播学经典文本》,上海:复旦大学出版社2003年版,第196页。
② Larry Samovar and Richard Porter, *Communication between Cultures*, Belmont, CA: Wadsworth, 2004, p.5.
③ 孙英春:《全球社会中的社会关系与社会交往》,《国际关系学院学报》2007年第5期。

会之间的关系,不是主客对立的关系,而是主体与主体之间的交往、理解关系。根据哈贝马斯的解释,现实社会中的人际关系分为工具行为和交往行为,工具行为是主客体关系,交往行为则是"主体间性"行为。他的交往行动理论就是运用了"主体间性"的概念,提倡交往行动,以建立互相理解、沟通的交往理性,最终实现社会的和谐。在这里,交往行动理论把人与人的交往看作现代人的基本存在方式和社会发展的基本动力——经济、政治和文化等各种社会行动的根基在于日常交往,其主要内容也是以语言交流、寻求理解为核心的人际交往。

"生活世界"的概念较早由埃德蒙德·胡塞尔(Edmund Husserl)提出,指的是某一生活主体从自身角度体验的世界。"生活世界"是多样的,每一个都有其特有的结构或风格。用胡塞尔的话说,"生活世界"即是"自然态度中的世界",是"唯一实在的、通过知觉实际地被给予的、被经验到并且能够被经验到的世界"①。胡塞尔反对把"生活世界"视为一种单纯的日常生活态度,拒绝将其理解成客观意义上的永恒实体——"生活世界"是"第一世界",但并非是"真实的世界",从根本上说,"生活世界"是"我们之中与我们的历史生活之中的一种精神结构"②。哈贝马斯的"生活世界"源于胡塞尔的"生活世界"概念,但与之又有本质区别。胡塞尔的"生活世界"体现为一种先验的意识结构,这种意识结构为认识和理解活动提供了前提条件,但缺少一种"主体间性"的维度。哈贝马斯则认为,"文化""社会"和"个性"构成了"生活世界"的基本结构,"文化"是以符号形式体现出来的知识储备,"社会"体现为制度化的秩序、法律规范或规范调整的实践活动的"交织物","个性"则是人的组织基础。进一步地,在"文化""社会"和"个性"相互联结的复杂关系中,由于自我与他人的互动的介入,"生活世界"成为错综复杂的意义关系网络——人类的交往在这三者的相互交融与彼此分殊中发挥了中介的作用。

根据哈贝马斯的交往行动理论,交往行动是一个与语言、文化的符号世界互动的过程,语言和文化是构成"生活世界"的基本因素③,也就是说,"生活世界"作为一种由"文化传播和语言组织起来的解释性范式的贮存",是交往行动落实的基础,也是交往行动继续的"界面",而社会科学的存在条件和研究对象就是

---

① 〔德〕埃德蒙德·胡塞尔:《欧洲科学危机和超验现象学》,张庆熊译,上海译文出版社1988年版,第58页。
② 〔德〕埃德蒙德·胡塞尔:《现象学与哲学的危机》,吕祥译,北京:国际文化出版公司1988年版,第138页。
③ 〔德〕尤尔根·哈贝马斯:《交往行动理论》第2卷,洪佩郁译,重庆出版社1996年版,第175页。

"生活世界"。哈贝马斯认为,"生活世界"的结构和语言世界的结构之间是有千丝万缕的联系的,交往行动的参与者总是在"生活世界"之内行动,"交往行动者不可能走出其生活世界境域。他们本身作为阐述者凭借言语行为属于生活世界。生活世界似乎是言语者和听者相遇的先验场所;在其中,他们能够交互地提出要求,以致他们的表达与社会主客观世界相协调;在其中,他们能够批判和证实这些有效性要求,排除他们的不一致并取得认同"①。就此而言,交往行动合理化的最终目标,就是实现"生活世界"的正常再生产,具体表现为构成"生活世界"的文化层面的有效沟通、社会层面的有效整合,以及人格方面的自我认同的建构。总之,"生活世界"构成了交往与理解的结构、背景和前提。更重要的是,通过交往理性达成的理解具备了协调、互动并实现社会整合和社会合理化的功能,同时也具备了重要的传播、保存和重构文化的功能,而对"主体间性"的研究能够为人类的"生活世界"提供本质意义上的说明。

对于"全球场域"中的跨文化传播研究和实践而言,"主体间性""生活世界"以及哈贝马斯关于交往行动的理论主张有着重要的启示意义。

第一,"主体间性"作为一种现代人类社会生活的基本特征,是全球化和人类跨文化交往的产物。与之相应,跨文化传播研究要关注不同文化、共同体之间的交往变迁以及"主体间性"的复杂趋向,特别是不能忽视社会体系设置的语境,应当重建一种从社会关系出发、在不同行为体的交往互动中探究问题的研究范式。这主要是因为,用"主体间性"的概念反映和诠释跨文化传播活动,强调了由主体间交往构成的社会关系鲜活而具体,以差异、多样性为前提。再者,主体之间在观念、规范、认知及利益等方面的差异,也构成了主体间交往互动的条件。进一步地,主体必须接受交往所需的规范和秩序,必须明确全球社会中主体间的权利、义务关系,在协商、平等对话的基础上展开合作。这无疑对整个人类社会的和解与沟通都有积极意义,亦使一种从"全球史观"出发的、东西方交融互补的人类交往观念的建立成为可能。

第二,要回归"生活世界",即回到日常生活、意识生活或语言世界之中,从现实生活出发进行思考,解构旧有观念,建立一种奠基于全球社会中不同文化的现实生活的认识论。哈贝马斯认为,人与人的交往是在"生活世界"中发生的,"生活世界"就是人们要在交往中达到相互理解所必需的共同背景知识。为应对"生活世界"的"殖民化"及其带来的社会危机和生活方式的剧烈变迁,以及"支离破碎的日常意识形态形式",人们应该增强道德和政治上的独立意识,"要

---

① 〔德〕尤尔根·哈贝马斯:《交往行动理论》第 2 卷,洪佩郁译,重庆出版社 1996 年版,第 194 页。

自己来决定我们共同生活的规范","凝聚在话语当中的传统和自我生成的规范,迫使形成一种可以改变社会模式,并受原则指导的道德意识。我们越来越少地把自我认同限制为我们作为家庭、地域和民族的成员所获得的固定角色。在复杂不定的角色期待中,能够使我们保持不变的是规划个体生活的抽象能力"①。在哈贝马斯这里,使"生活世界"合理化的要点可以概括为:第一,不断修正变动不居的传统;第二,把制度所要求的合法性转变为用话语来制定和论证规范;第三,对于社会化的个人来讲,"只有通过高度抽象的自我认同,才能把握住自我,而且还充满风险"②。

第三,交往行动理论倡导的交往理性,有助于推动人类社会的跨文化交往行为从无序走向有序,形成自由的交往模式和有"德性"的社会秩序。哈贝马斯所说的"交往行动",指的是人与人之间通过社会关系和社会交往发生的相互作用,与"工具行为"相对,大致包括以下几层含义:一是主体之间的涉及人与人的关系的行为;二是以符号或语言为媒介的相互沟通的行为;三是以社会规范作为准则的行为。哈贝马斯倡导的交往行动以"理解"为目的,意味着人类社会交往的目标不是工具理性支配的"工具行为",而是交往理性支配的合理化"交往行为"——"交往行为"合理化的社会才是人人相互理解、平等、和睦相处的社会,人才能实现"人"的意义,符合"生活世界"全球化的趋势和要求。总之,面对跨文化传播的"全球场域",哈贝马斯的交往行动理论具有推动人类解放和社会发展的性质,为人与人之间的相互对话,不同文化、民族之间的相互理解,以及不同国家之间关系的协调提供了基本前提。基于这一观念,可以建构一种走向"人类文化共同体"的基本规范。

---

① 〔德〕尤尔根·哈贝马斯:《生产力与交往》,曹卫东等译,《天津社会科学》2001年第5期。
② 同上。

第二章
跨文化传播研究的理论、方法与方法论

所谓理论,提供的是相互间有逻辑联系的概念和命题,是具备一定"普遍性"的解释机制,帮助研究者预测、解释和控制相关的现象和行为。现有的跨文化传播理论主要是基于西方文化所面对的事实和问题获得的,且多是在全球化尚不明朗的时期独立发展出来的,必定有其时效性、或然性和局限性——这些理论在揭示问题的同时,也会遮蔽一些问题,况且,每一种理论都无法从整体上解释差异甚多且快速变化的社会现实。正如古迪孔斯特一再强调的,西方文化环境中产生的许多新理论、新学说鲜有研究支持,需要提出适当的文化尺度对这些理论加以检验,去确定其在美国以外的地区的适用程度,以发展出更具"普遍性"的理论,并带动这些地区的理论发展工作。

构建、充实跨文化传播本土研究的理论与方法体系,无疑将是一个繁复、漫长的过程。虽然从20世纪80年代后期至今,中国的跨文化传播理论引介工作取得了一些进展,但研究者主要来自语言教学、文化研究、国际关系等不同领域,视域相对分散,学术旨趣各有不同,无法合力开展艰难繁复的理论验证与发展工作,甚至在一定程度上导致了跨文化传播研究在中国知识界的身份危机。承前所论,跨文化传播研究在本土的深入开展,自当以继续学习西方跨文化传播理论为重,并特别留意针对不同研究的基本价值前提、用以描述和分析的概念和命题选择,以及在分析过程中运用的策略,等等。这一工作的基本途径,是把西方理论和方法与本土问题和语境相结合,逐步提炼出融入本土知识和思想的、有能力表达本土话语和现实的知识系统。毕竟,学术"本土化"的诉求不能等同于断然否定西方知识、经验和观念的合法性,跨文化传播研究的任一本土取向,仍应遵循相对成熟的普遍性原理和现代学术规范化的要求。

在一个多世纪人文社会科学的发展过程中,始终存在实证主义、人文主义两种不同的方法论取向。跨文化传播学自诞生以来,也一直面对着这两种取向之间的张力,一方面努力成为一种具有"科学"意义的实证科学,另一方面,因人类文化和社会行为的主观与能动特征,无法脱离人文主义的影响。毕竟,跨文化传播的世界是一个文化世界、精神世界,与人的观念、动机、思维、情感、需要等存在着千丝万缕的联系,并不存在自然世界中强烈和普遍的因果关系,也不可能单独通过经验观察来客观描述和解释。正如李金铨指出的:"人间事物不止因果关系,还牵涉意义的问题;而文化的意义千头万绪,复杂万端,不但不能简单化约,还应该用浓彩重墨,细致地刻画并剥解其层层的意义,使这些丰富的意义结构井然有序地呈现出来。"①也是在这个意义上,虽然量化研究方法为跨文化传播研究检验理论提供了很多工具,但即使是在西方知识界,使用者也相对有限。

无论如何,在研究方法及方法论方面的努力与成效,决定了一门学科是否有能力以更专业的姿态介入社会现实。就中国跨文化传播研究目前的实际来看,整体上对量化和质性研究方法都比较陌生,已有的引介工作并没有改善研究者对这两种研究范式的认识,并因照搬、模仿而导致了不同程度的观察偏差和认识错误等现象。依据其他学科的经验与得失,尽管量化与质性研究的矛盾仍未完全解决,但固执一端的做法确已过时,研究者需要针对今天中国的语境和各种必须考虑的主客观研究条件做出务实的抉择。或许,在相当长的时期内,研究者仍需接受一种多元、实用的"折中主义",即把实证主义与人文主义、量化研究与质性研究结合起来,为走向研究工具及方法的"本土化"逐步积累必要的经验。

第一节　西方跨文化传播研究领域的理论

20世纪50年代至今,跨文化传播研究使用的理论颇为庞杂,大致有三个来源:第一,把传播学的理论加以扩展,形成跨文化传播理论,这是比较多见的;第二,直接援引其他学科的理论作为跨文化传播理论;第三,在对跨文化传播现象进行专门研究的基础上单独发展的理论,主要是在20世纪80年代前后陆续出现并逐步得到应用。为讨论的便利,本节在威廉·古迪孔斯特所做分类的基础上②,将第三种理论大致分为如下四个方面:文化传播与文化差异理论;有关有效传播及认同的协商与管理理论;聚焦于传播网络的跨群体、跨文化传播理论;跨文化调整与适应理论。

这些理论的出现,表明西方跨文化传播研究正在通过拓展其关注的核心议题而走向成熟,但就目前来看,这些理论仍各自处于相对"孤立"的状态,并未在

---

① 李金铨:《在地经验,全球视野》,《开放时代》2014年第2期。
② William Gudykunst, ed., *Theorizing about Intercultural Communication*, Thousand Oaks, CA: Sage, 2005, pp.5-25.

第二章 跨文化传播研究的理论、方法与方法论

知识界获得较普遍的学术认可,也有待于非西方国家的研究者结合本土的事实和问题,在应用中体察其内在与外在效度。

一、文化传播与文化差异理论

关于文化与传播的关系的理论,较有代表性的有传播与文化的建构理论(constructivist theory of communication and culture)、意义的协同管理理论(coordinated management of meaning)等。有关解释传播过程中文化差异的理论,主要包括面子—协商理论(face-negotiation theory)、会话制约理论(conversational constraints theory)和预期违背理论(expectancy violation theory)等。

1988年,詹姆斯·阿普尔盖特(James Applegate)等把传播与文化的概念引入建构主义理论,发展出了传播与文化的建构理论,研究核心是文化与传播的关系。建构主义理论的核心假设包括:理论应当具备解释力;必须对日常互动进行密集、详细的考察;必须做出价值判断;应当在理论与针对实践的培训之间建立密切的关系;等等。基于这些假设,阿普尔盖特指出,传播就是"一种通过分享、交换信息进行相互识别的互动过程",这一过程是目标驱动的,个体会根据其所思所想来完成他们的目标。进一步说,复杂的信息行为(信息中包含着许多目标和情境因素)会导致"个人中心"型的传播——这还取决于个人对互动对象的适应程度。重要的是,个体间的"观念"(constructs)差异,会影响个体对目标和情境的定义,同时指导他们的"策略行为"。①

1988年,通过考察文化在意义的协同管理中扮演的角色,巴尼特·皮尔斯(Barnett Pearce)等提出了意义的协同管理理论。这一理论主要有三个目标。第一,尝试去理解:我们是谁?生活的意义是什么?当这些问题关乎特定的传播事例时,情况又该如何?第二,在承认文化异质性的同时,寻求不同文化的可比性。第三,寻求对包括研究者自身在内的各种文化实践的启发性评论。这一理论的核心观点在于:所有的传播都是各不相同的,也是社会的;人类传播天生就是不完美的,道德秩序是传播的组成部分;对于传播过程中信息的传递与对信息的解释而言,多样性(diversity)至关重要。就实质而言,意义的协同管理理论也是一种规则理论——阐明了人们如何以规则为基础来进行阐释和活动,即"处于某种社会条件下的个人首先想要理解所发生的事情。他们会运用规则来进行阐

---

① Young Yun Kim and William Gudykunst, eds., *Theories in Intercultural Communication*, Beverly Hills, CA:Sage, 1988, pp.41-65.

释。然后,他们会在理解的基础上采取行动,运用规则来确定哪种行动是合适的"①。根据这一理论,所有规则都是在一定的语境内发生作用的——语境是阐释和行动的参考框架,一个语境通常嵌入另一个语境,每一个语境都是更大的语境的组成部分。总之,要理解传播活动,必须要把握个体以规则为基础对其传播活动的阐释,这一阐释与语境本身密不可分。

意义的协同管理理论还提供了一个重要的认识:人们可以在互不了解的情况下取得令各方满意的、近乎完美的协同。换言之,传播各方可以运用对各方都合乎逻辑的方式来组织他们的行为,与此同时,传播各方对意义可以有不同的理解。譬如,演讲者和听众之间可以达到很好的协同,演讲者热情洋溢,听众反响热烈,双方都感到满意——演讲者认为自己影响和说服了听众,听众也感到愉悦。不过,用不了几个小时,听众就会把演说的内容忘个干净。

面子—协商理论对由东西方文化造成的传播差异提供了独特的解释,核心观点是:文化的规范和价值观影响并改变着文化成员如何管理自己的面子以及如何面对冲突的情境。这里的"面子"(face),是指在他人在场的情况下一个人的自我形象(self-image),意味着个体在自身文化许可的范围内以任何方式获得的良好的自我感觉。1955 年,欧文·戈夫曼(Erving Goffman)提出了面子行为理论(the theory of facework),认为人际交往涉及面子,一个人要想自己不丢面子,最好的办法就是不去伤害他人的面子,当面子受到威胁,人们也会采取"面子行为"(facework)以求保全——这里的面子行为,是指人们用来构建和保护自己的面子,以及用来保护、构建或者威胁别人的面子的传播行为。② 1985 年,在面子行为理论的基础上,丁允珠(Stella Ting-Toomey)通过冲突研究提出了面子—协商理论,对个人主义和集体主义文化造成的传播差异做出了解释,核心观点是:价值观影响了不同文化成员对面子和冲突情景的处置方式。

在丁允珠看来,面子是由参与传播的双方共同决定的,在发生冲突的情境中,个人主义成员与集体主义成员不同:前者更关心的是保全自我的面子,后者更关心的是保全双方或他人的面子。在面临可能发生冲突的传播情境时,个人主义者会更多地进行直接的个人攻击,也会通过向个人表示尊敬来保住或者重建自己或者别人的面子,关注的是解决问题或平息冲突。相比之下,集体主义者较少进行个人攻击,更为关注的是回避矛盾和巩固关系。总之,个人主义者倾向

---

① 〔美〕斯蒂芬·李特约翰:《人类传播理论》,史安斌译,北京:清华大学出版社 2004 年版,第 203 页。
② Erving Goffman, "On Face-Work," in Erving Goffman, ed., *Social Theory*, Philadelphia, PA: Westview Press, 1955, pp. 338–343.

第二章 跨文化传播研究的理论、方法与方法论

于将协商作为解决问题的手段,而集体主义者更乐于以协商作为建立和维护关系的手段。① 总之,根据这一理论,冲突的实质,就是个体原有的认同或面子受到威胁或质疑时的一种"面子—协商"过程,涉及一整套操作程序,包括面子策略的实施、语言和非语言的动作、自我表现行为、印象管理互动,等等。

丁允珠的理论思考,还受到了爱德华·霍尔在1976年出版的《超越文化》(Beyond Culture)中提出的"高—低语境"理论(high/low context theory)的影响。在霍尔所说的高语境文化中,言语的意义与语境关联密切,或者说,意义多隐含在语境和关系当中。相较而言,低语境文化更重视言语本身既定的含义。重要的是,高语境文化的成员崇尚集体需求和目标,将之置于个体需求和目标之上,是"我们"而不是"我"才代表最高的认同;在低语境文化中,个体的价值、需求、目标均高于群体,"我"自身的认同才是最高的认同。基于这些理解,丁允珠把面子分为消极、积极两种,认为低语境文化追求的是"消极面子"(negative face),高语境文化追求的是"积极面子"(positive face)。"消极面子"包括:"挽回面子"(face-restoration)——要求自我的自由、空间,避免他人影响自我的独立;"留面子"(face-saving)——表现出对他人的自由、空间和某种孤僻的尊重。"挽回面子"和"留面子"的主要作用是维护自我最起码的尊严,但不具有对他人的控制和支配作用。"积极面子"包括:"要面子"(face-assertion)——认为面子有极高的价值,因为人们生活在群体当中,有被接纳、保护和包容的要求;"给面子"(face-giving)——鼓励、支持并满足人们对被包容、接纳和承认的需要。

会话制约理论的核心假设是:人际会话是目标导向的,需要传播者之间的相互协作。在1993年提出这一理论之初,金明善(Ming Sun Kim)把会话受到的"制约"分为两种情况:社会关系(social-relational)、任务导向(task-oriented)。所谓社会关系"制约",是把对话的重点落实在关心他人上,避免伤害听者的感情,同时尽量避免把意见强加给听者;所谓任务导向"制约",就是强调透明度(clarity),也即信息被清晰传播的程度。会话制约理论还解释了不同文化在传播策略选择上的差异:在追求目标的过程中,集体主义文化的成员常常认为维护面子的行为(比如避免伤及听者感情、避免强加于人、避免听者的负面评价等)更为重要;相比之下,个体主义文化的成员更加重视透明度。

20世纪70年代后期至90年代,朱迪·伯贡(Judee Burgoon)等人在互动适应理论(interaction adaptation theory)的框架下提出和完善了预期违背理论。这是一种有关人际互动中预期与回应关系的理论,试图解释人们对他人的无法预

---

① Stella Ting-Toomey, *Communicating across Culture*, New York, NY: The Guilford Press, 1998, p.216.

期的行为的反应,以及人们对他人侵犯自己个人空间的行为所赋予的意义。在预期违背理论看来,传播是一种有着丰富的关系内容(relational content)的信息交换过程,可以让人们获得对他人的行为积极或消极的预期(expectancy)。[①] 通常,违背预期的行为会引起不安与警觉,而违背预期的行为会导致什么后果,则由传播者的特征以及传播者之间的关系所决定。

预期违背理论主要关注的是传播过程中信息接受与处理的冲突。信息的接受和处理往往是一个将外部信息内化的过程,经常会导致各种各样的冲突出现。预期以及对预期的违背,就是一种常见的冲突。预期违背理论所要面对的,就是互动适应过程中,传播双方对违背预期的认定、解释、价值判断,以及据此对双方的行为的调整。这一过程涉及几个方面:第一,对预期的界定,即它由哪些内容组成,受何种因素影响;第二,对违背预期的认定,即何种行为会被认为是违背预期的,并提出认定的依据;第三,对被认定的违背预期的行为进行解释,同时做出相应的价值判断;第四,基于对违背预期的行为的价值判断,调整互动中的行为以达到适应。

二、有关有效传播及认同的协商与管理理论

针对研究者聚焦于跨群体/跨文化有效传播的理论建构努力,古迪孔斯特有过评价:发展理论的目的之一,就是去解释具体的"结果"(outcomes);对于跨文化传播理论研究者来说,在发展理论时要面对的"结果"之一,就是有效传播和有效的群体决策。[②] 相关的理论主要有文化趋同理论(cultural convergence theory)、有效决策理论(effective decision-making theory)等。有关认同的协商与管理理论也来自聚焦于人际交往和跨文化人际交往中的传播能力的研究,较有代表性的有认同协商理论(identity negotiation theory)、认同管理理论(identity management theory)、认同的传播理论(communication theory of identity)等。

文化趋同理论是劳伦斯·金凯德(Lawrence Kincaid)在20世纪80年代初提出的,这一理论的基础就是金凯德本人提出的传播趋同模式(convergence model of communication)。根据文化趋同理论,传播是两个或两个以上的个体或群体通过分享信息来理解各自的意义及各自所属的文化的过程。重要的是,人们可以逐步走向相互理解——通过若干回合的信息交换,两个或多个个体将逐

[①] Judee Burgoon, "Nonverbal Violations of Expectations," in John Wiemann and Randall Harrison, eds., *Nonverbal Interaction*, Beverly Hills, CA: Sage, 1983, pp.11-77.

[②] William Gudykunst, ed., *Theorizing about Intercultural Communication*, Thousand Oaks, CA: Sage, 2005, p.11.

渐趋同,对各自的意义实现进一步的相互理解。文化趋同理论还从热力学规律中得到启发,提出了一个重要假设:假定传播是无休止地进行的,在一个封闭的系统中,随着时间的推移,所有的参与者将会向着"平均的集体模式"会聚——当然,系统之外被引入的信息会延缓或改变这一趋同的过程。1988年,金凯德还把文化趋同理论概括为两个假设:第一,在一个相对封闭的社会系统中,倘若社会成员之间的传播不受限制,那么,随着时间的推移,整个系统会发生趋同,进入一种更为明显的文化一致性(uniformity)状态;第二,当传播受到限制时,这一系统将会发生分化,进入一种更为明显的多样性(diversity)状态。

1995年,在警惕性互动理论(vigilant interaction theory)等理论模式的基础上,约翰·奥特泽尔(John Oetzel)提出了适用于跨文化群体的有效决策理论。根据警惕性互动理论,群体成员谈论与群体决策相关的事宜的方式,影响着他们对那些与决策相关的事宜的思考,并影响着所做决策的质量。此外,群体做出的最终决策,是由"一系列相互关联的副决策(subdecisions)"组成的。不过,奥特泽尔认为,警惕性互动理论只限于解释美国社会中的单一文化群体。毕竟,个人主义文化和集体主义文化各自重视的"结果"(outcomes)有着显著的差异。

基于对有效决策的质量和适用性的考量,奥特泽尔的有效决策理论纳入了14个命题,大部分命题关注的是同质群体(homogeneous group)和异质群体(heterogeneous group)的差异,其中包括:当同质群体的成员进行独立的自我阐释(self construals)时,较为注重任务结果(task outcomes);当他们进行相互依赖的自我阐释时,更为重视关系结果(relational outcomes);与进行相互依赖的自我阐释的同质群体成员相比,进行独立的自我阐释的同质群体成员并不追求相互间的一致,他们会有更多的冲突。此外,与异质群体的成员相比,同质群体的成员对群体的贡献更为均衡,对群体也更忠诚;群体成员对群体的贡献越是均衡,以及对群体和群体的决策越是忠诚,决策的有效性就越强。奥特泽尔还认为,相比大多数成员的决策和妥协性决策来说,一致性决策(consensus decisions)更为有效。最后,对于跨文化群体而言,如果群体成员能够理解存在的问题,为之建立"适当的"标准,提出一些备选的决策,并分析这些备选决策的正/负效果,那么,这些群体做出的决策就会更为有效。

1993年,丁允珠通过借鉴社会认同理论、符号互动主义等理论工具,提出了聚焦于跨文化传播能力的认同协商理论。根据这一理论,跨文化传播能力的实质,就是互动各方在传播中进行的认同协商的有效性,原因在于:自我认同的形成与个体的安全感或脆弱性直接相关。在自我认同的形成过程中,个体的安全感越强,就会有更具连续性的认同与自尊感,在与陌生人互动的过程中就会有更好的应变能力。根据认同协商理论,认同还被看作是人们对自我形象进行解释的机制,即在某种特殊的互动状况下,某一文化中的个体所构建、经历、传播的自我形象。借助认同协商的作用,处在跨文化状况中的个人能够尝试断定、界定、修改、挑战、支持他们自己以及他人期望的自我形象。在这里,"协商"是一个相互影响、相互作用的过程,"认同协商"就是一种交互式的传播行为。通过互动,传播者尝试唤起自己所期望的认同,同时也尝试挑战或支持他人的认同。①

探究其实质,认同协商理论关注的是如何加强传播者对于各自认同的理解、尊重,认为各个文化群体的成员都期待获得积极的群体认同和个体认同。相关的核心假设包括:第一,人们的群体认同(譬如文化认同和族群认同)和个人认同的核心动力是在同他人之间进行的符号性传播中形成的;第二,无论是在基于群体的认同层面,还是在基于个人的认同层面,所有文化或族群都对与认同相关的安全感(security)、被接纳感(inclusion)、可预见性(predictability)、关联性(connection)、连续性(consistency)等有着基本的动机需要;第三,当人们期待的群体认同得到积极认可时,譬如处于积极的内群体接触时,就容易产生被接纳的感觉;第四,当人们在同文化上相似的"他者"交往的时候,互动过程是可预见的,当人们在同文化上不相似的"他者"交往时,互动过程是不可预见的——可预见性会带来信任,不可预见性则会引起怀疑、猜忌或是偏见;第五,面对有意义的亲密关系时,人们倾向于期待人际的关联性,面临疏离的关系时,则容易体验认同的自主性(identity autonomy)——有意义的跨文化人际关系能够为彼此陌生的人提供额外的安全感和信任;第六,在相似的文化环境中,人们容易感受到认同的连续性,而一旦进入全新、陌生的文化环境,人们将会感觉到认同的变化甚至混乱。

基于这些假设,丁允珠指出,为了获得出色的认同协商能力,人们必须要整合那些与建立跨文化认同相关的知识、心智(mindfulness),并学习与文化的"他者"进行有效传播的互动技巧。所谓令人满意的认同协商结果,就是一种认同满足感,包括被理解、被尊重以及被肯定等各种感觉。在这个意义上,认同满足感的构建,就成为检验认同协商能力的本质标准。丁允珠还指出,人们在认知、情感和行为方面的能力越强,达致认同的效率就越高;人们掌握的传播资源越多样化,在认同的确定、协调与协同方面的效率就越高。总之,一个有能力的传播者,就像是一个充满活力的溜冰者,既可在认同混乱的"迷宫"中优雅前行,也能

---

① William Gudykunst, ed., *Theorizing about Intercultural Communication*, Thousand Oaks, CA: Sage, 2005, pp.173-189.

第二章 跨文化传播研究的理论、方法与方法论

在寻找认同的过程中保持最佳的平衡。①

认同管理理论是威廉·库帕克（William Cupach）等人在1993年提出的，以人际传播能力为研究对象，核心观点有二：认同为"经验"（experience）提供了一种解释框架；认同提供了对行为的预期，并激励着个体的行为。此外，虽然个体具有多种认同，但文化认同（cultural identity）和关系认同（relational identity）在认同管理中占据着中心的位置。

受自我展示（self-presentation）和面子行为（facework）概念的启发，库帕克指出，"保全面子是人类互动中的一种自然且不可避免的现象"，既是人际传播能力的一个方面，也是跨文化传播能力的重要组成部分。他还强调，传播能力的一个重要成分，就是人们在互动中协商双方都能接受的认同的能力，而认同的各个方面都会在面子的展示过程中展露无遗。在这个意义上，要培养跨文化传播能力，需要经历三个阶段：第一，反复试验（trial and error）。这是一个反复实践、探索的过程，目的是寻找传播双方的认同中相似的方面。第二，融合（mixing up），即把传播双方的认同融为一种互相接受的、趋同的关系认同，尽管各自的文化认同仍存在差异。第三，运用第二阶段中创造的关系认同，重新协商各自的文化认同。库帕克认为，这三个阶段是不断循环的，处在跨文化交往中的人们都要经历这三个阶段。②

1993年，迈克尔·赫克特（Michael Hecht）在概括不同领域的认同研究的基础上，提出了认同的传播理论（communication theory of identity），核心主张是：认同是一个传播过程（communicative process），是在传播的过程中被建构、维持和调整的；认同在传播中得以实现和交换，在这个意义上，传播是认同的具体化（externalization）。进一步说，对认同的研究必须在信息交换的语境中展开。③赫克特认为，人们参与传播活动的行为本身，就是一种特殊、重要的认同行动。就个体而言，在传播的过程中，人与人是相互关联的，这时的自我不仅是关系和社会的产物，也来自与他人交往的经验，即"传播帮助我们定义和评价我们自己"④。就社会群体而言，人们需要通过传播去解释自己所处的社会环境，获得关于我们是什么人、是什么东西的知识。

---

① William Gudykunst, ed., *Theorizing about Intercultural Communication*, Thousand Oaks, CA: Sage, 2005, pp. 218-230.

② William Cupach and Tadasu Imahori, "Identity Management Theory," in Richard Wiseman and Jolene Koester, eds., *Intercultural Communication Competence*, Newbury Park, CA: Sage, 1993, pp. 112-131.

③ William Gudykunst, ed., *Theorizing about Intercultural Communication*, Thousand Oaks, CA: Sage, 2005, p. 19, pp. 262-263.

④ Kathleen Galvin and Pamela Cooper, *Making Connections*, Los Angeles, CA: Roxbury, 1996, p. 27.

赫克特提出的假设包括:认同具有个体、社会和共有的属性;认同是持久的,也是变化的;认同是情感的、认知的、行为的和精神的;认同涉及主观的和归属的(ascribed)意义;认同是一种通过会话而呈现的代码(code),表明了共同体中的成员身份;认同具有语义属性,通过核心符号、意义和标签而呈现;认同规定了适当的、有效的传播方式。基于对这些假设的讨论,赫克特认为,个体和社会互动均为认同的"焦点"(loci),并据此提出了认同的四个层次(layer):个人的(personal)、表现的(enacted)、关系的(relational)和共有的(communal),即认同存在于某一个体之中,存在于传播之中,存在于某种关系之中,亦存在于某个群体之中。

赫克特认为,这四个层次上存在的四种认同,反映了个体认同四个不同的方面,相互影响、彼此贯通。第一,在个人的层次上,个体是认同的"焦点",个人层次的认同主要表现为自我概念、自我形象、自我认知、自我感觉等,总之,个人层次的认同提供了个体在不同场景中进行自我定义的基础。第二,在表现的层次上,认同是通过信息的传播得以确立的。由于自我就像在表演中一样进行展示,在这个层次,传播是认同的焦点。第三,在关系的层次上,关系是认同的焦点。也就是说,认同是合作、协商和传播共同建构的结果。第四,在共有的层次上,群体是认同的焦点。群体成员通常分享共同的特征和集体记忆,容易产生相同的认知倾向和价值取向,进而形成群体成员共有的认同——群体认同。

三、聚焦于传播网络的跨群体、跨文化传播理论

各种聚焦于传播网络的跨群体、跨文化传播理论有一个共同的假设:个体的行为更多地受到个体之间的关系,而不是个体的特征的影响。所以,这些理论关注的是人们在群体/社会中所处的位置及相互间的社会关系,而不是信仰或规范,也不是静止的、与外界壁垒分明的群体本身。相关理论有:网络与外群体传播能力理论(network and outgroup communication competence theory)、文化内与跨文化网络理论(intracultural versus intercultural networks theory)、跨文化工作组有效传播理论(effective intercultural workgroup communication theory)等。

网络与外群体传播能力理论是金英润(Young Yun Kim)在1986年提出的,这一理论的目标在于:运用个人网络(personal network)的概念来解释外群体传播能力。金英润指出,个人网络反映了个体之间的诸多关联,其重要特点之一,就是自我(ego)会有意或无意地依赖这一网络的其他成员去感知和解释他人的特征与行为。金英润提出的核心假设是:在个体的个人网络中,影响外群体传播能力的因素有两个方面,一是外群体成员的存在,二是个体与这些外群体之间的

关系的特质。基于对这一假设的论证,她提出了三个命题。第一,个人网络的异质性(heterogeneity)程度越强,进行外群体传播的整体能力就越强。也就是说,在个人网络中存在外群体成员,有利于提高外群体传播能力。第二,个人网络中外群体成员的向心性(centrality)程度越高,个人网络进行外群体传播的能力就越强。换言之,在个人网络的中心位置存在外群体成员,有利于提高外群体传播能力。第三,自我与外群体成员的关系越密切,进行群体传播的能力越强。由此也表明:与外群体成员保持频繁的接触和密切关系,有利于提高外群体传播能力。

文化内与跨文化网络理论是廉俊玉(June Ock Yum)在1988年提出的,用于分析个体的文化内网络与跨文化网络的异同。为发展这一理论,廉俊玉提出了一个核心假设:相比文化内部的行为,不同文化之间的行为具有更多的变化。通过对这一假设的论证,她提出了六个命题。第一,跨文化网络是放射状的,个体与他人连接,但他人之间并不互相关联;文化内网络是相互连接的,个体联系着他人,他人之间也相互关联。第二,与跨文化网络相比,文化内网络更为稠密。第三,与跨文化网络相比,文化内网络是一种复合的、信息多重传输的网络。第四,跨文化网络中的各种人际关联,是弱关联而非强关联。第五,与文化内网络相比,联络人(liaison)与"桥梁"(bridge)的角色在跨文化网络中更为显著,在保持网络畅通方面也具有更重要的地位。在这里,联络人与"桥梁"都是"中间人"(intermediary),能够在不同群体的成员之间建立间接的联系。第六,在跨文化网络中,"传递性"(transivity)的作用要比在文化内网络中小得多——什么是"传递性"?当"我朋友的朋友是我的朋友"时,它就产生了。

从20世纪80年代后期开始,由全球化和市场经济推动的人口结构和工作环境的变化,推动了跨文化工作组有效传播理论的提出和发展。这一理论主要针对的是跨国公司、全球性商业组织以及合资企业等内部文化多元的工作团队的内部互动与合作,目的是揭示文化和文化多样性如何影响组织内传播过程,以及这一过程如何对工作效率产生影响。该理论的主要假设包括:第一,跨文化工作组是一个包含投入、过程、产出的系统,该系统受到工作组所处的特定背景——客观环境、组织结构、文化状况和既定任务等因素的影响,每个因素都会引导和制约组织成员之间的互动行为;第二,文化影响传播行为,组织成员的文化价值观、自我建构、多元文化背景不仅影响个体成员的行为,同时也会影响整个工作组的集体行为;第三,个体成员积极参与组织互动,了解更多的决策共识,以及与其他成员相互尊重的沟通,均为良好的组织内传播行为,与此同时,个体成员的行为亦会受到生产效率和组织凝聚力两方面的影响。玛莎·玛兹奈芙斯基(Martha Maznevski)在1994年的研究还表明,内部多元的团队在解决困难等方面要比单一群体更具有创造力。她指出,对于跨文化工作组而言,要使内部互动与合作效率得到提高,必须通过"整合"的过程,即将"不同元素统一起来,形成一个整体的结果"。"整合"的关键就是有效传播,需要组织成员共同面对社会现实,展现客观判断能力,同时具备传播的动机和信心,能够彼此协商和认可一系列有关传播的规范,在面对困难时能够进行适当的归因,等等。[1]

近一个时期,跨文化工作组有效传播理论将关注点放在提高工作效率和改善组织内部关系方面,同时也拥有了更为广泛的应用空间。这一理论还有一个提示:传播是工作组效率得以提升的重要原因,为组织成员提供相关的传播培训势在必行。同时,跨文化工作组的领导者应帮助组织成员通过对话建立相互间的协作和共识,并对组织内传播的过程进行跟踪,对有效和无效的传播行为及时做出反应。

四、跨文化调整与适应理论

针对跨文化调整或适应的理论,侧重于传播活动的参与者彼此之间的相互调整或适应,主要有跨文化适应理论(intercultural adaptation theory)、传播调整理论(communication accommodation theory)、群体文化理论(co-cultural theory)等。这些理论在20世纪80年代的陆续出现,表明在全球化逐步深入的情势下,差异与调整仍是跨文化传播理论的核心议题。有关移民对主导文化的适应,以及旅居者在异文化环境中调整的跨文化传播理论,也是在20世纪80年代前后逐渐建立并陆续得到验证的,较有代表性的有如下六种:传播适应理论(communication acculturation theory),互动适应模式(interactive acculturation model),焦虑—不确定性管理理论(anxiety-uncertainty management theory),同化、偏离和疏远理论(assimilation, deviance, and alienation theory),网络与适应理论(networks and acculturation theory),文化图式理论(cultural schema theory)等。

跨文化适应理论是休伯·埃林斯沃斯(Huber Ellingsworth)在1983年提出的,主要目标是解释传播者在"与目标相关的相遇"中是如何相互适应的。埃林斯沃斯认为,所有的传播活动都会涉及不同程度的文化差异,为此,对跨文化传播活动的解释应从人际传播入手,同时要纳入相关的文化要素来进行考察。基于这一理解,跨文化适应理论提出了若干假设,包括:对于传播风格的不同适应

---

[1] William Gudykunst, ed., *Theorizing about Intercultural Communication*, Thousand Oaks, CA: Sage, 2005, p.355.

情况,导致了以文化为基础的信仰差异;适应行为给传播参与者带来的压力,取决于既定场景对传播各方的有利程度;等等。通过对这些假设的论证,埃林斯沃斯指出,功能性的适应传播(adaptating communication)以及适应过程中的公平(equity),有利于传播过程的完成;非功能性的适应传播,则会激发文化差异并延缓任务的完成时间;在适应传播的过程中,当传播者之间不得不相互合作时,公平就实现了。他还指出,适当地运用一些说服策略有利于适应传播,再者,传播者的适应性行为越多,其文化信仰的变化也就越大。

传播调整理论所关注的,是特定社会语境中人们传播行为的变化及变化的心理动机。20世纪70年代,为揭示社会语境中语言的变化特别是口音易变性(accent mobility),霍华德·贾尔斯(Howard Giles)等提出了会话调整理论(speech accommodation theory),用于考察人们在交往过程中使用"趋同"(convergence)、"分化"(divergence)等会话策略的心理动机。根据这一理论,在与他人进行互动的过程中,说话者会运用"趋同"或"分化"的语言策略,用以缩小或拉大传播的距离。1987年,在会话调整理论的基础上,贾尔斯提出了传播调整理论,立足于语言、认同和语境之间的关系,通过评价语言、非语言等行为来理解不同群体和人之间的互动。核心观点是:互动中的人们通过使用不同的会话和行为策略来显示自己的态度,还会运用这些策略来获取听话人的赞同、好感,或用以彰显认同的独特性。此外,这些会话和行为策略的使用与变化,不仅与传播者的动机有关,还会受到传播者的认同以及传播所处的社会历史语境(sociohistorical context)的影响。

传播调整理论运用了三个基本假设:第一,传播互动深嵌于既定的社会历史语境之中;第二,传播不止涉及相关意义的交换,还是个人和社会认同的协商过程;第三,根据可感知的个人和群体特征,传播双方得以利用语言、非语言等调整手段实现传播的信息功能和关系功能。通过对这些假设的检验,传播调整理论认为:第一,传播活动在宏观上受社会历史语境的影响,在微观上则受到参与者的初始取向(initial orientations)的影响,而后者的影响更为直接;第二,传播策略始终受到初始取向和人际互动的具体特征的影响,其中包括:被接纳和彼此熟悉的需要,被他人理解和理解他人的需要,以及保持面子、维持关系、保持人际控制的需要等。第三,传播调整是语境、社会规范和特定行为的综合作用的结果,随着语境和行为的变化,人们的动机和调整策略也会处于动态变化之中。[①]

[①] Cindy Gallois, et al., "Communication Accommodation Theory," in William Gudykunst, ed., *Theorizing about Intercultural Communication*, Thousand Oaks, CA:Sage,2005, pp. 136-138.

传播适应理论来自金英润在20世纪70年代对朝鲜半岛移民在美国芝加哥地区文化适应情况的研究,运用了开放系统(open-systems)的视角,把影响文化适应的诸多因素有机地组合在一起,涵盖了与文化适应这一命题相关联的许多学科,譬如文化人类学、社会心理学、语言学、传播学、社会学等。20世纪80年代以来,金英润对传播适应理论进行了完善,特别是补充了移民必然面对的"压力—适应—成长"(stress-adaptation-growth)的动态过程,将这一理论的注意力放在移民的跨文化转变上。目前,这一理论新的努力目标在于:把跨文化适应的实现描述为"陌生人与接受陌生人的环境共同努力的结果"。

传播适应理论提出的有关文化适应的若干假设,可作为理解跨文化适应的广义原则,包括:第一,适应与"去文化化"(deculturation)都是跨文化适应过程的组成部分;第二,"压力—适应—成长"的动态过程是跨文化适应的基础;第三,跨文化转型(transformations)是"压力—适应—成长"这一过程的功能之一;第四,在陌生人逐渐完成跨文化转变的过程中,"压力—适应—成长"过程的难度也在不断降低;第五,通过跨文化转型,陌生人能够收获身体上的强健和心理上的健康。在金英润描述的"压力—适应—成长"的动态过程中,"压力"意味着个体在跨文化传播中必然要经历的诸多困难和"文化休克",表明的是个体的固有能力无法适应环境需要的事实,即为了面对新环境的挑战,个体必须通过努力,满足那些实现"适应"所需的条件。在经历不断的"压力"进而"适应"的过程中,个体也会不断地获得一定程度的"成长",即得到解决困难的新方法、提升满足新环境要求的能力、达到人格的完善与成熟等。金英润还指出,"压力—适应—成长"的动态过程是一个辩证、循环、持续的过程,表现为一种像车轮运动一样的"退却—前进"(draw-back-to-leap)的过程:每一次面对"压力"都会导致"退却"(draw back),同时积蓄"适应"的能量,进而导致"前进"(leap forward)并获得某种程度的"成长"。①

互动适应模式是理查德·伯希斯(Richard Bourhis)等人在1997年提出的,致力于在公共政策、东道国多数成员以及移民群体对族群文化多样性的各种反应之间建立一种概念性联系。这一模式的核心主张是:东道国与移民群体之间的关系,是在国家整合政策影响下双方的适应取向共同作用的结果之一。②

互动适应模式的"前身",是20世纪80年代由约翰·贝里(John Berry)等针

---

① Young Yun Kim, "Adapting to A New Culture,"in William Gudykunst, ed., *Theorizing about Intercultural Communication*, Thousand Oaks, CA:Sage, 2005, pp. 383-384.
② Richard Bourhis, et al., "Towards an Interactive Acculturation," *International Journal of Psychology*, Vol. 32, No. 6, 1997, pp. 369-386.

第二章 跨文化传播研究的理论、方法与方法论

对移民文化适应提出的二维适应模式(bidimensional model of acculturation)。该模式的提出,取决于移民群体对两个问题的回答:第一,你是否想保持原有的文化认同?第二,你是否想与东道国文化成员保持良好的关系?如果对两个问题都回答"是",说明移民对东道国文化有"整合"的倾向。如果移民只想与东道国文化保持良好关系,但不想保持原有的文化认同,则说明这些移民已有被东道国文化"同化"的倾向。如果移民想保持原来的文化认同,不想与东道国文化建立良好的关系,则说明他们有"分离"的倾向。如果移民对这两个问题都持否定意见,就说明他们已处于东道国文化的边缘。根据东道国的适应趋向,伯希斯建立了一种与二维适应模式相似的模式,该模式建立在东道国居民对两个问题的回答之上:第一,你是否接受移民保留他们的文化传统?你是否接受移民适应你所在的东道国文化?如果对两个问题都回答"是",说明东道国居民对移民具备了"整合"倾向。如果第一个问题回答"否"、第二个问题回答"是",说明东道国居民对移民具有"同化"的倾向。如果第一个问题回答"是"、第二个问题回答"否",说明东道国居民对移民有"隔离"的倾向。如果两个答案皆为"否",则说明东道国居民具有"排斥"移民的倾向。

互动适应模式是上述两种模式合并的结果。在跨文化传播研究中,互动适应模式可以用来预测东道国居民与移民之间的关系是和谐的、存在问题的还是互相冲突的。该模式也表明,当东道国的共同体成员与移民群体具有共同的整合或同化倾向时,相互关系最为和谐。

焦虑—不确定性管理理论的"前身",是 1975 年查尔斯·伯杰(Charles Berger)等人提出的不确定性削减理论(uncertainty reduction theory),核心假设是:人们有一种在交往中减少不确定性的愿望,特别是在陌生人相遇时,首先关注的就是减少不确定性或是增强各方行为的可预测性(predictability)。经过数年努力,1988 年,古迪孔斯特等聚焦于跨文化场景中人际与群体之间的有效传播,提出了焦虑—不确定性管理理论,为不确定性削减理论融入了跨文化变量,因为"相比于我们的内群体交往,与陌生人最初的互动有更多的不确定性",特别是在与来自不同文化的人们交往时,不确定性会被放大。古迪孔斯特从对"陌生人"(侨民、新到者、新成员、暂时逗留者、闯入者、边缘人、新移民、旅居者等)传播困境的考察出发开展了这一研究,提出了一套对"陌生人"进行描述的技术,集中研究他们的认同建构、交游类型、话语类型、感知习惯、自我意识和自我训诫。古迪孔斯特认为,对陌生人传播困境的研究,不只是为解决具体的社会问题,而是要发现跨文化传播过程中有效传播的实现过程。他还指出,有三组表面性因素的交互作用造成了陌生人的焦虑和不确定性,分别是:动机因素、知识因素、技能

因素。这些因素的非平衡交互作用,导致陌生人面对传播情境时产生焦虑或不确定性。进一步说,有效传播即是对焦虑和不确定性的管理的结果。①

经过十数年的改进和完善,焦虑—不确定性管理理论已近成熟并得到广泛应用。这一理论的主要贡献在于两个方面。第一,把回避不确定性(uncertainty avoidance)、权力距离(power distance)等概念与诸多变量联系起来,比如对陌生人的反应、社会类型、社会过程,等等。在古迪孔斯特看来,回避不确定性程度高的文化成员对陌生人态度僵硬,对陌生人的行为有一种负面期待,缺乏宽容,与陌生人交往的场合也较为正式。同样,权力距离大的文化成员在与陌生人的交往过程中,往往难以处理复杂的信息,也很少表现出合作行为。第二,提出了影响有效传播的基本原因。在古迪孔斯特看来,对于焦虑与不确定性的管理是影响有效传播的基本原因。譬如,当陌生人进入异文化时,总会感受到不确定性与焦虑感,这往往是消极预期的结果。但要适应新的文化,陌生人并不能完全舍弃焦虑与不确定性:如果不确定性与焦虑感过强或过弱,就不能与当地人进行有效传播。不确定性过强,就无法准确地理解当地人的信息,也就无法对当地人的行为进行准确预测;焦虑感过强,陌生人就会以自己原有的文化作为参照来解释当地人的行为,并限制自己预测对方行为的能力。同理,不确定性过弱,陌生人会过分自信,不会质疑自己的预测是否准确;焦虑感过弱,陌生人会觉得无动力与兴趣跟当地人交流,就无法有效地进行传播并适应当地文化。总之,在跨文化场景中,焦虑和不确定性是传播失效和适应性缺乏的重要原因,所以,对焦虑和不确定性的削减和管理就显得尤为重要了。

同化、偏离和疏远理论是1988年由迈克尔·麦圭尔(Michael McGuire)等提出的,核心观点在于:同化与适应并非适应过程的最终结果,而是传播过程的暂时结果。原因很简单,无论是谁,无论他与某种文化的整合程度如何,总会在某种程度上偏离社会规范的要求。麦圭尔还指出,当个人(或群体)的感知在与他人之间进行的传播中得到正面强化时,就达到同化的状态,而当个体成员遵守所期望的规范时,群体就达到了同化的状态。

根据同化、偏离和疏远理论,当移民不曾偏离文化规范或处在同化状态的传播中时,比如,积极与东道国居民互动、使用东道国语言越来越流畅,东道国居民就会做出"同化传播"(assimilative communication)的反应,会称赞移民的行为、乐于与移民交往等。当移民处于偏离东道国文化规范的状态时,就会感受到自己与异文化之间的紧张关系,东道国成员也会对之采取"疏远传播"(neglectful

---

① 吴予敏:《跨文化传播的研究领域与现实关切》,《深圳大学学报·人文社科版》2000年第1期。

communication)的态度,造成信息的缺失或负面信息的泛滥。重要的是,东道国成员的"疏远传播",往往会使移民疏远东道国文化,产生不同程度的社会孤立感。如果东道国成员加强了这种疏远感,比如拒绝与移民交往、使用肮脏的语言去嘲笑移民等,移民很可能会选择退出,或对东道国文化产生敌意,或拒绝使用东道国的语言。

1999年,里普利·史密斯(Ripley Smith)提出了网络与适应理论,把社会网络(social networks)与移民适应命题联系起来。针对社会网络的特质,网络与适应理论提出了七项假设和命题:第一,移民更容易与那些清楚了解移民自身认同的人建立联系,这些人有来自本文化的其他移民,也有东道国的居民;第二,移民体验新的社会网络的方式,仍会受到原有文化的影响;第三,在移民的社会网络中,东道国的人越多,移民就越容易做到文化适应;第四,随着移民逐渐融入新的社会,移民的社会网络也会逐渐发生变化;第五,移民的生活环境以及所处的社会阶层等因素,会影响他们建立跨文化传播网络的能力以及适应的过程;第六,倘若社会网络密集,就会削弱移民获得适应所需资源的能力;第七,跨文化社会网络有两种情形,一是基于语境关系规范(contextual-based relationship norm)的网络,二是基于个人关系规范(person-based relationship norm)的网络,相比之下,前者不如后者密集,但会有更多放射状的联系。

1999年,西田宏子(Hiroko Nishida)运用图式概念提出了针对旅居者适应新文化环境的理论——文化图式理论。这里的图式(schema),指的是将在以往经验中获得的知识整合到相关的知识体系中,用于指导人们在熟悉场景中的行为。在现代认知心理学的视野中,图式还被认为是一种心理结构,是指知识在大脑中的储存单位,图式的总和就是一个人的全部知识。人们在相互交流时,只有当接收的信息与大脑中储存的图式相吻合,才能理解其内容,对未输入内容进行预测,进而做出合理的回答。在西田宏子看来,旅居者之所以不能理解东道国成员的行为,是因为旅居者缺乏运用于居住国文化的图式。当旅居者不具备东道国的文化图式时,就会将注意力放在劳神费力的"数据驱动的处理过程"(data-driven processing)上。数据驱动的处理过程又会受到旅居者自身图式(self-schemas)的影响,换句话说,旅居者往往只关注自己认为重要的东西,而不是东道国成员认为重要的东西。不过,根据文化图式理论,旅居者为了适应新的文化环境,会积极地尝试重构本文化图式,或是建立针对新文化的图式。

根据文化图式理论,当人们在某种场景下与同一文化的成员互动时,或者当人们多次谈论某种信息时,文化图式就会产生并存储在他们的长期记忆里。当人们在类似的场景里发生更多的互动,或是交换的信息更多,文化图式就会变得更为系统化,也更为抽象和缜密。进一步地,当个体的行为支持这些文化图式时,这些图式就会得到加强。西田宏子还运用文化图式理论概括了跨文化交往的若干原则,这些原则可被用来设计和执行跨文化培训项目,以促进人们对东道国文化环境的适应。第一,个体在本文化中越多地重复那些基于文化图式的行为,文化图式越有可能保存在个体的记忆里。第二,在东道国文化中,旅居者之所以无法识别有意义的互动活动和行为,是因为他们缺乏针对东道国文化的图式。第三,获得东道国文化的图式,是旅居者适应东道国文化的一个必要条件。第四,在东道国文化里的经验,会导致个体的母文化图式的改变。第五,在东道国文化中,旅居者将经历自我约束(self-regulation)和自我指导(self-direction)两个阶段:在自我约束阶段,人们会利用并逐步修正母文化图式,以解决模糊性问题和整合信息;在自我指导阶段,为适应东道国文化环境,旅居者会主动地重构母文化图式,或是建立针对东道国的文化图式。[1]

第二节 跨文化传播研究的方法举例

科学研究的价值不取决于研究对象,而取决于研究方法。在科研实践中,研究方法往往比结论更重要,结论是对多种可能的一种选择,方法则是创造不同选择的途径。研究方法本身也无优劣高下之分,关键在于,能否恰当捕捉特定时空下研究对象的样貌乃至"本相"。

本节列举了跨文化传播研究常用的几种研究方法。对跨文化传播研究而言,民族志不仅是一种搜集资料的途径,还是一种观察和理解文化与人的现实生活的视野。[2] 由于跨文化传播研究者总要面对自我与他者、本文化与异文化等问题,跨文化比较也不只是研究方法,而是一种潜在的学术观念,始终存在于跨文化传播研究的发展过程中。话语分析是质性研究的一种新思维,作为社会情境中的语言应用研究方法,在接近历史和社会语境方面有独特优势,可帮助跨文化传播研究更好地揭示人类交往的功能和机制、话语在文化和社会变化中的作用,以及其他研究手段不能触及的微妙之处。扎根理论是一种旨在建立理论的方法,有益于研究者从微观的现象及其意义着手,与宏观的社会结构、社会制度、社会文化建立联系,相对全面地把握文化与传播现象的意义。

---

[1] William Gudykunst, ed., *Theorizing about Intercultural Communication*, Thousand Oaks, CA: Sage, 2005, pp.409-412.

[2] 2014年1月,笔者与罗红光就人类学与传播学的融合对谈时,罗提出一个观点:民族志是人类学家必须经历的"自我修行"。笔者也有同感;这种"自我修行"对跨文化传播研究者同样重要。

第二章 跨文化传播研究的理论、方法与方法论

一、民族志:田野工作与文本写作

民族志也被称为"文化阐释",是对某一文化群体进行的观察和描述,通常包括两个紧密相关的过程:一是实地的田野工作(field work),二是经验材料的表述,即民族志文本的书写。跨文化传播总是发生在特定的社会、文化及相关的语境中,发现、描述文化的事实与传播特征是相关研究的核心工作,而民族志方法的田野工作和文本书写,能够以具体、鲜活、整体的方式呈现文化的事实,也利于描述、说明、诠释传播实践。

民族志的发展阶段大致有三:古典民族志时期、科学民族志时期和反思民族志时期。[①]

所谓古典民族志,指的是人类历史上一些自发、随意和业余的有关异文化的见闻著述,作者多为旅行家、僧侣、传教士、殖民地官员等,写作风格庞杂而散漫。中国史籍中的"蛮夷"传、《山海经》中描写远方异族的文字可归入此类。西方历史上,希罗多德堪称最早的民族志作者,他的巨著《历史》(*The History*)生动叙述了西亚、北非以及希腊等近二十个国家和地区的地理环境、经济生活、政治制度、历史人文、宗教信仰等,写作此书的资料,也多是希罗多德通过亲身游历和实地调查获得的。中世纪西方商人和朝觐者在东方旅行的见闻如《马可·波罗行记》,则是地理大发现之前民族志的代表。

第一部以田野工作为基础完成的科学民族志,是威廉·理福斯(William Rivers)在1906年发表的《托达人》(*The Todas*),此书对印度托达人的生产活动、社会生活、信仰、亲属关系等进行了具有科学研究特点的细致描述。科学民族志时期的经典研究,还包括马林诺夫斯基的《西太平洋的航海者》(*Argonauts of the Western Pacific*)、格雷戈里·贝特森(Gregory Bateson)的《纳文》(*Naven*)。这些研究的共同特征,是把民族志文体与经过专门训练的、严谨的田野工作捆绑在一起,一切都基于"我"在现场的"目睹"(I witness)。

20世纪六七十年代之后,受到现象学哲学、解释学、后现代主义等思潮的影响,西方人类学家开始承认民族志研究的实际与理想间的距离,反思人类学学术活动的主体(自我)及其依赖的价值和假设,反思人类学与殖民主义、帝国主义和西方中心主义之间密切却被忽视的联系,推动民族志研究进入了一个集体"反思"的时期。兼因受到"写文化"争论的影响,田野工作的研究对象更多地向哲学、政治、历史、艺术和主流社会的公共议题开放,民族志写作在文体和风格上

[①] 高丙中:《民族志发展的三个时代》,《广西民族大学学报·哲学社会科学版》2006年第3期。

更开放,对话体受到青睐,修辞也具有了正当的地位。反思民族志时期的代表著作,首推保罗·拉比诺(Paul Rabinow)在1977年出版的《摩洛哥田野工作反思》(*Reflections on Fieldwork in Morocco*)。

田野工作是人类学家获取研究资料和建立通则的基本途径,也是人类学不同领域彼此认同的标志。田野工作发源于西方学者对世界其他区域残存的"原始"文化的兴趣,通常是由经过专门训练的研究者亲自进入某一社区,通过参与观察、个别访谈、住居体验、文物文献搜集等方式获得第一手研究资料。田野工作方法的较早倡导者包括马林诺夫斯基和博厄斯等,目标是进入异域,持续观察不同文化的日常生活,去寻求对他者的文化理解,同时,修正西方学界有关人类社会的知识框架。马林诺夫斯基提出的田野工作三原则是:必须树立真正的科学目标,了解各种评价当代民族志的标准;必须单独生活在本地人当中,以创造良好的工作条件;必须运用各种收集资料、利用资料和关注物证的特殊方法。[①] 20世纪初期,田野工作渐为其他众多学科借用,诸如社会学、历史学、政治学等,罗伯特·帕克等社会学家将此方法用于美国都市社会研究,奠定了芝加哥学派在国际学术界的地位;田野工作被引入历史学领域,则促动了社会史学的兴起与发展。

田野工作秉承了实证主义精神,也蕴含着人文主义的内在诉求。田野工作中的实证主义精神,体现为强调研究者的现场观察,依赖自我与他者的距离来追求客观、准确的观察,从个案本身的独特性出发获得对多样性本身及其存在逻辑的追求,但通常不受样本规模等的限制。研究工作通常要选取具有文化反差意义的田野工作点,将观察者和被观察者的文化场景分离,以实现对遥远的"他者"的关注,同时,有意识地避免偏见和自身认识的局限性,尽量获取全面、真实的情况。田野工作的人文精神则表现为,以富有人文色彩的研究问题引导田野工作,重视研究者与被研究者之间对文化互动与意义互构的内省和反思,其中也包括重视研究者描述性的叙述和个人体验。为做到这一点,研究者通常要与调查对象共同生活一年以上,学会并运用当地的语言。庄孔韶就此指出:"人类学家不希望仅仅是旁观的记录者,而是长时间和地方人民生活在一起,参加田野点上的所有日常生活和社会活动。其目的是以人类学家头脑中的理论同他的田野工作现场呈现知识性贯通。人类学家长住田野地点,或者分阶段往来于田野点和书斋之间,以便更好地整理自己的思路,从而产生新鲜的文化观察与诠释。"[②]

---

① [美]罗伯特·尤林:《理解文化》,何国强译,北京大学出版社2005年版,第46页。
② 庄孔韶:《"蝗虫"法与"鼹鼠"法》,《开放时代》2007年第3期。

第二章　跨文化传播研究的理论、方法与方法论

民族志文本的书写,是建立在田野工作基础上的对特定族群及其文化的描述,用以理解和解释研究对象。通常,民族志文本需要描述族群的历史和地理环境、亲属制度模式、象征、政治、经济、教育或社会体系,以及目标文化和主流文化之间的连接程度等。一些民族志还需使用一系列图表,去记录部落组织及其文化构成的全貌,记录"实际生活的不可测度的方面以及行为类型"①,提供对民族志叙事、特殊叙事、典型说法、风俗项目等的说明。有必要强调的是,民族志的方法论基础是整体论,是不可化约的、有独立自主性的社会事实,把微小而全面的小范围人群研究作为研究大范围人群的参照。对民族志的描述,既要体现出文本从资料搜集至结构成章的基本过程与思路,更要体现出研究对象是"如何成形的"这一整体过程。也就是说,民族志写作力求做到详细、动态和情境化描绘,能够准确反映特定族群、文化的日常生活、态度和行为模式。马林诺夫斯基曾强调,民族志笔记(field notes)应贯穿于考察的全过程,要记录"土著"的行动、观点、常态和特例,以及模式化的思想、行为和图表、纲目等。格尔茨也指出,只有通过对细节的观察才能形成对特定文化的认识,所谓"细小的行为之处具有一片文化的土壤"②。1958年,格尔茨在印尼巴厘岛进行的田野工作,就是从细节处考察"斗鸡"习俗的地方文化构成,从群体心态、气质、本性等方面阐释"斗鸡"在巴厘人心中的意义。

对研究对象所处的社会整体和文化全貌做出细部刻画并搜集尽可能多的相关资料,包括其背后的背景知识,是民族志工作的本质,也是研究者"看家本领"的体现。关于这一点,费孝通的话意味深长:"普通我们读的书,都是成品,从成品看不到制造的过程,而一项手艺的巧妙之处就在制造过程里。成品可以欣赏,却难于学习。"③重视细节,就是将现场素材切分到最小单位,从杂乱无章的,甚至是毫无逻辑的行为中,挑选出一幅可表述的场景,去真真切切地理解研究对象。埃德蒙·利奇(Edmund Leach)还有一个观点:"被孤立考虑的细节就像字母表中的字母一样毫无意义。因此,民族志已不再是一张习俗的清单,它已经变成一门注重描写的艺术,就像小说大师们的作品那样,各种情节错综复杂地编织在一起。倘若我们认可这点,那么显然,人类学家从田野工作中所获得的细节就不会是枯燥无味的。细节就是精粹。"④

---

① 〔英〕布罗尼斯拉夫·马林诺夫斯基:《西太平洋的航海者》,梁永佳等译,北京:华夏出版社2002年版,第18页。
② 〔美〕克利福德·格尔茨:《深描》,释然译,《国外社会学》1996年第1期。
③ 费孝通:《师承·补课·治学》,北京:生活·读书·新知三联书店2002年版,第35页。
④ 〔英〕埃德蒙·利奇:《文化与交流》,郭凡等译,上海人民出版社2000年版,"导言"第1页。

对细节的关注，往往也是评估田野工作质量的重要标准，许多没有被记录、未被充分意识到的事件对于理解文化往往有着至为关键的意义。关于这一点，阎云翔在《私人生活的变革》一书中提供了自己的经验："重视生活细节的民族志方法又使许多与我最初的理论假设相冲突的生活故事和人物闯入我的写作。本书中有不少个案和人物都是在我写作过程中违背我的写作提纲而自己冒出来的，这里的关键在于细节，在于十几年田野工作中收集到的大量细节。这些细节单独看起来往往显得琐碎，一旦放在一起常常可以展示出重要的变化趋势。"①

格尔茨提出的"深描"（thick description）对田野工作与民族志写作也具有重要的启示。他所说的"深描"，可理解为对研究对象进行细致的观察和阐释，以揭示其行动的意义，往往是以一种可追溯的话语形式加以表现，以便在必要的情况下原汁原味地复原人物或场景，避免曲解、误解、歪解。格尔茨认为，描写越有深度，人们的头脑中越会"浮现"出更多概念，生成众多意义链接，最终形成文化"意义之网"。格尔茨本人曾通过对印尼、北非社会的田野调查，做出了记述式的"深描"，探索人们在生活情景中的行为的意义以及整体文化系统的特征。在他看来，"深描"是从简单的动作、话语或事件入手理解地方性的文化，"既揭示他们的通常性，又不淡化他们的特殊性。……使他们变得可以理解，将他们置于他们自身的日常状态之中，使他们不再晦涩难解"，"如果我们想要直面人性的话，我们就必须关注细节，抛弃误导的标签、形而上学的类型和空洞的相似性，紧紧把握各种文化以及每个文化中不同种类的个人"②。

20世纪80年代后期以来，因受到后现代主义思潮的影响，人类学领域出现了影响深远的"写文化"论争，核心问题是民族志写作中的修辞、叙事的政治和策略等，对传统民族志提出了挑战，代表论著包括《写文化》（Writing Culture）与《作为文化批评的人类学》（Anthropology as Cultural Critique）。"写文化"论争是人类学思潮的一个分水岭，使人类学学者更深刻地认识到了文化表述的场景性和虚构性，从对所谓客观的、神圣的民族志文本的批判和反思，延伸到对民族志文本的作者、研究对象和读者的角色、地位等的剖析，把传统人类学通过田野工作建构的权威放在了被质疑的位置上：质疑权威尤其是西方白种男性的权威，质疑宣称能得到完全代表真理的知识的科学主义，质疑集体意识的存在。

"写文化"争论的影响遍及人文社会学科，引起了对现代西方知识生产过程

---

① 阎云翔：《私人生活的变革》，龚小夏译，上海书店出版社2006年版，第5页。
② 〔美〕克利福德·格尔茨：《文化的解释》，纳日碧力戈等译，上海人民出版社1999年版，第16、61页。

第二章 跨文化传播研究的理论、方法与方法论

的全面批评,特别是世界权力格局对学术研究和写作的影响——民族志并不是超然的科学,而是深深地嵌入现实政治,是西方殖民统治体系的一个部分。民族志学者不可避免地处于一个个权力场中,而权力的不平等直接导致西方学者在文化表述中缺乏对被研究者应有的尊重。针对这一时期学界的反思,乔治·马尔库斯(George Marcus)做出了重要的总结:"正如我们已经看到的,深入描述异文化经验的实验,核心在于对现代人类学知识的基础进行认识和政治批评。这就鼓励了民族志向自身发难,去创造一种关于民族志作者自身的社会和文化基础的民族志知识,并使之与以往的异文化民族志具有相同的地位。另一方面,所有的当代民族志研究工作都是在一个互相依赖和相互叙事的世界中展开的。……这便促使人类学家在将其研究旨趣带回本土之时,也带回了被研究者的观点。民族志写作中的实验已经激发人类学者去追寻种种创造性的方法,使自己在国内进行民族志研究时,将异文化民族志研究的认识论教训和实质性研究结果,应用到人类学的批评功能中去,为更新这种批评提供必要的素材和路径。"①

由于"写文化"论争重新审视了早期田野工作的开展、学术文本的建构以及研究者的政治角色等问题,在人类学的内外都产生了相当大的影响,亦使民族志研究的重点从外显的文化实践转向内隐的文化阐释,或者说,从客观的行动转向主观的意义,从"客位"(etic)的民族志描述转向"主位"(emic)的文化体验与情感。用格尔茨的说法,在社会这样"一个符号意义体系"中,"经验背后具有多级的意义结构,它才是民族志的对象"。只有把握了这种意义结构,才能更好地把握研究对象整体。路易·杜蒙(Louis Dumont)还有一个建议:在田野工作中,"观察者所扮演的角色在观察之过程里,成为一个不可或缺的部分。他所送达的图像并非是没有了主体之属的客观描述,而是某个人对某样事的一种看法"②。

从20世纪30年代至今,中国人类学、社会学学者进行的民族志实践积累了丰富的成果,在社会发展、族群关系、移民与文化保护等领域做出了重要的贡献。这些成绩中极具启示意义的,是中国学者将田野工作的重点转向"本文化"(my culture)的努力,费孝通、吴文藻、林耀华、阎云翔、罗红光、王铭铭、蔡华等在不同时期开展的研究,既验证了用西方理论解释中国现实的效用程度,也为植根本土的理论建构提供了重要样本。其中,费孝通的《江村经济》被马林诺夫斯基评价

---

① 〔美〕乔治·马尔库斯等:《作为文化批评的人类学》,王铭铭等译,北京:生活·读书·新知三联书店1998年版,第158页。
② 〔法〕路易·杜蒙:《个人主义论集》,黄柏棋译,台北:联经出版公司2003年版,第4页。

为"人类学实地调查和理论工作发展中的一个里程碑";林耀华的《金翼》呈现了20世纪初期中国南方汉族农村宗族与家族生活的传统及其变迁;阎云翔的《私人生活的变革》以中国乡村家庭生活中的个人与情感问题为研究对象,呈现了一个鲜活的生活世界,也提供了文化与社会变迁研究的新模式。

进入21世纪以来,一些中国学者倡导进行系统、有规律的海外民族志(overseas ethnography)研究,即不局限于本国,而是以整个世界为实地调查对象的田野工作,由此生产关于他人世界与自身社会的新知识,寻找一种观察、理解和表述西方社会的思路。这一努力,既是中国与世界的关系进入一种新格局的反映,也标志着中国知识界开始从中国社会的知识需求出发,立足于自己的社会与文化视野,开展作为独立的学术主体的知识生产。正如张金岭所说:中国知识界需要关注西方理论,但更需要关注西方的现实生活,了解它得以孕育滋长的社会与文化基础,这不仅仅是一个对象转换的问题,更是学术主体意识的问题,其中最关键的是如何定位、如何田野和如何表述的问题,"应当立足于当下中国社会发展的知识需求,以人类学民族志的方式展现出其'制造'过程。在田野工作的方法上,应当把握好'宏观的历史结构、微观的社会情境'这样一种观察与思考问题的基点,突出民族志研究的整体感"①。可以确信,海外民族志积极探索的"表述外部社会"的知识生产方式,及其积累的有关外部世界的事实和知识,必定有助于跨文化传播本土研究的学理进步。

20世纪90年代以来,针对互联网及相关社会文化现象,一些研究者在对传统的民族志方法予以调整和改进的基础上,利用互联网作为新的研究田野和工具,提出了一种致力于理解互联网及相关现象的方法:虚拟民族志(virtual ethnography)②,即以网络虚拟环境作为主要的研究背景和环境,研究者积极参与到网络空间的群体中,利用互联网的表达平台和互动工具来收集资料,以探究和阐释互联网及相关的社会文化现象,也使田野工作从地理意义上的空间发展到网络虚拟空间。③ 相关著作包括丹尼尔·米勒(Daniel Miller)等的《互联网》(*The Internet*)、克里斯廷·海因(Christine Hine)的《虚拟民族志》(*Virtual Ethnography*)等,它们系统地阐述了对互联网进行民族志研究的可能性、方法论及整体图

---

① 张金岭:《中国文化视野下的人类学海外民族志研究》,《云南社会科学》2011年第1期。
② 相似说法有网络民族志(internet ethnography)、赛博民族志(cyber-ethnography)、网络志(netnography)等。
③ 卜玉梅:《虚拟民族志》,《社会学研究》2012年第6期。

景。① 与传统的民族志不同,网络环境使研究者主要采用在线访谈(online interview)和"潜伏"(lurking)等方式来开展调查。重要的是,研究者并不局限于网上的观察和互动,还需返回到现实生活,或联络到现实中的个人进行面对面的深入访谈,或在虚拟社区赖以存在的地理意义上的社区进行田野工作。综合来看,相对于传统民族志,虚拟民族志呈现出更强的复杂性,也面临学术伦理等层面的讨论和修正。

二、跨文化比较

跨文化比较(cross-cultural comparison)作为文化人类学的基本研究方法,被广泛应用于社会学、心理学、民俗学、语言学、文学等领域,也是跨文化传播学术领域常用的研究方法之一。当然,在不同领域的实际操作中,跨文化比较的运用策略有所不同,在比较对象的规模、内容及目的等方面存在不同程度的差异:有宏观的比较,如社会结构、经济制度、宗教信仰、思维方式、法律规范等;也有微观的比较,如具体生活方式中的婚丧嫁娶、色彩服饰、礼仪习俗等。

跨文化比较作为研究方法的主要特征,是通过对在不同文化中获得的资料进行比较分析、验证假设,从文化现象的差异和独特性中,找出不同文化所具有的共同要素,以及文化中内含的某种规律或通则。进一步说,跨文化比较并不单独观照单一的社会或文化的某一方面,而是力求避免单一环境狭窄范围的界限,在更广阔的视野中寻找社会文化变迁的由来及科学解说,为研究者深刻把握人类行为提供可能。李亦园认为,比较不同社会的信仰及行为,尤其是把全人类许许多多发展程度不同的文化都放在一起作比较,可以很容易地发现人类行为的"基本雷同之处与其歧异之点",而且可以清楚地分析出不同信仰及行为"与其他社会文化因素相伴出现的情形"②。周大鸣还指出:"通过跨文化比较研究,可以认识到文化的差异性、普遍性和复杂性,同时也可以认识到各种文化是怎样变迁、怎样适应变迁的,甚至有可能为预测文化变迁的方向提供线索。跨文化比较研究还可以使我们获得正确的文化观,避免文化中心主义和文化自卑感。"③

在古希腊时代,一些学者就运用比较方法展开对希腊与波斯的社会与文化研究。19世纪的孟德斯鸠、孔德等也通过比较来确定和解释社会间的差异和共

---

① 刘华芹曾运用民族志方法对"天涯社区"的网民基于文本的社会互动进行了考察,其研究成果被认为是中国互联网研究领域的第一本人类学专著。详见刘华芹:《天涯虚拟社区》,北京:民族出版社2005年版。
② 李亦园:《宗教与神话》,桂林:广西师范大学出版社2004年版,第3页。
③ 周大鸣:《现代都市人类学》,广州:中山大学出版社1997年版,第4页。

性。孔德还指出,比较方法作为实证科学的基础工具,可用来发现人类最基本的法则——进化法则。洪堡特在1836年出版的《论语言结构的差异对人类精神发展的影响》(*The Heterogeneity of Language and Its Influence on the Intellectual Development of Mankind*),通过对人类语言结构的比较去探究不同的语言对人类精神发展的影响,不仅对后来的语言学研究有深远影响,也是了解早期人类学及其比较研究的历史的重要典籍。① 摩尔根在1871年出版的《人类家庭的血亲和姻亲制度》(*Systems of Consanguinity and Affinity of the Human Family*),是第一部用比较方法研究人类亲属制度的论著,通过对世界诸民族的亲属分类和亲属称谓的考察,提出了进化主义的亲属体系的发展阶段说。爱德华·泰勒在1888年发表的《制度发展的一种调查方法》("On A Method of Investigating the Development of Institutions")一文,以多达350个民族单位的资料为基础,对社会制度各要素之间的相关关系进行了分析,被认为是运用跨文化比较方法的早期代表。弗雷泽出版于1910年的《金枝》(*Golden Bough*)也是在全球范围内进行比较研究的重要成果,在比较世界诸民族资料的基础上,论述了宗教、礼仪和王权的发展过程。也是在这一时期,涂尔干、韦伯等将比较研究运用在对经济、宗教、社会结构和社会变迁等的研究之中。涂尔干还指出,社会学的比较研究并不在于描述一个民族的每一项特征,而是在解释这些特征存在的原因及其对文化的贡献和功能,进而发现两个或两个以上社会的共同特性。

博厄斯在1928年出版的《人类学与现代生活》(*Anthropology and Modern Life*)中指出,比较研究不能局限于仅仅比较发展的结果,还必须比较发展的过程,即"对在历史的独立体系上发展起来的,或因发展而成为本质上不同的文化类型的客观研究,使人类学家能清楚地区分对全人类都有效的和由文化决定的生活状态。具备了这些知识,一个人就可以做到以批评的眼光来审视自己的文明,并且以相对不受自己社会自发的行为规范所引发的情绪影响的心理对各种价值进行比较研究"②。在他的影响下,鲁思·本尼迪克特在1934年完成的《文化模式》(*Patterns of Culture*),就是通过对不同族群习俗的比较研究,尝试理解人类文化的不同表现和意义;玛格丽特·米德在1935年出版的《三个原始部落的性别与气质》(*Sex and Temperament in Three Primitive Societies*),对新几内亚三个不同部落的社会结构、生活方式和性别角色等方面进行了比较研究。

在20世纪四五十年代,运用跨文化比较方法的其他研究还有:凯瑟琳·福

---

① 周晓红:《人类学跨文化比较研究与方法》,昆明:云南大学出版社2009年版,第1页。
② [美]弗朗兹·博厄斯:《人类学与现代生活》,刘莎等译,北京:华夏出版社1999年版,第132页。

第二章 跨文化传播研究的理论、方法与方法论

特(Kathleen Ford)对美国移民的性与生育行为的研究、许烺光的家庭亲属体系主轴研究、梅尔文·恩伯(Melvin Ember)的家族形态与社会条件研究等。1949年,乔治·默多克(George Murdock)出版的《社会结构》(*Social Structure*)是跨文化比较研究领域的经典著作。这一研究收集了全世界250个地方群体中关于结婚、家庭、亲属称谓及性禁忌方面的资料,采用统计分析的手段,进行世界规模的量化分析,考察了亲属制度及其观念体系,由这项研究建立的"人类关系区域档案库"(Human Relation Area Files)至今仍在为不同领域开展的跨文化比较研究提供重要资料。① 与默多克的跨文化比较研究相比,阿尔弗雷德·拉德克利夫-布朗(Alfred Radcliffe-Brown)等合编的《非洲亲属和婚姻体系》(*African System of Kinship and Marriage*)和迈耶·福蒂斯(Meyer Fortes)等合编的《非洲政治体系》(*African Political Systems*)进行比较的资料主要来自执笔者的实地调查,比较范围只限定在特定区域的若干民族社会——由于研究者通过实地调查亲自收集资料,避免了样本选取的片面性等问题。

半个多世纪以来,中国学者的一些研究实践证明了针对中国与其他文化的比较研究,有助于深度探寻中国与西方等不同文化之间互动、参照与发展的历程。20世纪40年代,许烺光出版的《中国人与美国人》在婚姻、政治、宗教、经济体制及观念等几个方面进行中美比较,并提出一个重要的观点:美国人看重自我依赖的"个体中心"(individual-centeredness),中国人的生活方式则看重相互依赖的"情境中心"(situation-centeredness)。同期,费孝通出版的《被土地束缚的中国》(*Earthbound China*)选择了地处中国沿海地区的江村和云南内地的禄村、易村和玉村进行比较,通过社区调查逐步接近、认识社会的全貌,最终提出了有关中国土地制度的理论,并形成了有关中国社会结构的基本框架。从40年代开始,凌纯声针对中国文化与环太平洋土著文化的一系列"边疆"研究,也是借助比较方法,提出了"太平洋文化源自中国"这一观点,并指出:所谓"夷汉"是同源同宗的兄弟,至少是同干异枝的文化,进一步说,中华民族的形成并不只是汉族的独自发展,实是由边疆各族的"涵化"加入,才能有后世的大观。

麻国庆以中日家族主义与家族结构为主题展开比较研究,基于家、亲戚、同族的概念进行剖析,就中日两国的家、宗族、村落及社会结构进行比较,继而指出:中日社会结构的这种构成差异,使两国的现代化道路各不相同——中国

---

① 该档案库设在耶鲁大学,目前是国际知名的文化人类学数据库,汇集了不同族群、文化和国家的文化、建筑、亲属、政治结构和生活方式等方面的教学与研究资料,网址为http://hraf.yale.edu。

的传统社会结构中相比日本有更多的不利于现代化的因素。① 王崧兴通过对中日祖先崇拜内容的比较,认为两者存在差异的原因在于中日亲族结构不同,中国是以血缘关系为原则,而日本是以居住关系为原则。② 李卓对中日两国家族制度的比较,从中日两国自古以来的婚姻形态、家族制度的演变和特点、家族制与社会伦理道德等方面展开,指出"两国在家的发展史、结构、伦理、功能等方面存在着明显差异,在此基础上形成的国家伦理体系与国民道德准则也相去甚远"③。

跨文化研究方法也有一些局限和不足。比如,容易把文化要素和本文化割裂开来,把一些表面相像但背景截然不同的文化要素放在一起;研究者只能验证从民族志中得到解释的资料,当他们要解释那些没有被描述过的资料时,只好另辟蹊径,采取别的手段来收集资料。还有观点认为:跨文化比较只能被视为准实验研究,其内在效度低于严格的实验研究,难以有力地论证文化与效应之间的因果关系。针对这些不足,今天的研究者仍需要重视马林诺夫斯基的提示:比较方法的使用,需要列出真正可比的现象的详尽无遗的"清单",而且不为表面的相似之处或虚构的类推所欺骗,否则,大量工作却会导致错误结论。④ 为解决比较研究方法精确性不足的问题,拉德克利夫–布朗还提出,要区分两种研究途径:共时性研究和历时性研究。共时性研究关注的是历史上某个特定时期的文化,力图发现的是在资料所呈现的许多特殊性之下起作用的普遍性,因此需要尽可能多地比较各种文化类型;历时性研究注意的是文化变迁的过程,力图发现的是这种变迁过程的一般规律,"在某种程度上,共时性问题的研究必须要优先于历时性问题的研究,只有当我们认识了一个民族的制度的功能时,这个民族的制度中所发生的变迁才能真正被理解"⑤。

三、话语分析

作为质性研究的一种,话语分析(discourse analysis)来自20世纪中后期西方语言学界面向符号和言语活动的研究,主要特点在于:探究话语和语境的关系,把握话语中隐含的观念结构、意义、认知和记忆,发掘其背后的价值立场、意

---

① 麻国庆:《家与中国社会结构》,北京:文物出版社1999年版,第178—206页。
② 周晓红:《人类学跨文化比较研究与方法》,昆明:云南大学出版社2009年版,第41页。
③ 李卓:《中日家族制度比较研究》,南开大学出版社2004年版,"自序"第3页。
④ 〔英〕布罗尼斯拉夫·马林诺夫斯基:《科学的文化理论》,黄建波等译,北京:中央民族大学出版社1999年版,第39页。
⑤ 〔英〕阿尔弗雷德·拉德克利夫–布朗:《社会人类学方法》,夏建中译,北京:华夏出版社2002年版,第72页。

第二章　跨文化传播研究的理论、方法与方法论

识形态、权力关系以及思维方式,同时,考察参与话语活动的主体与社会事实之间的互动关系。

因来自不同理论和学科立场,有关话语的定义差异甚多。在语言学的视域下,话语主要是指社会互动过程中呈现的丰富和复杂的语言和言语方式,包括口头语言、书面语言及两者的延伸部分。话语的物化形态,通常是大于句子的、连续的语言交际单位,"文本"是话语的一个向度,也是关于事物、事件或现象的叙事(narrative)——叙事是基本单位,对话是根本条件。在语言学研究看来,话语构成了社会生活的主要甚至是核心部分,日常生活多是通过语言生活实现的,日常会话、大众传媒、商务谈判、法律文件、文学作品、宗教布道等,都在话语的范畴之内——具有特定的意图、主观意向或特定的目标,反映着人们对世界的理解和表达方式,并受到传者、受众、文本、语境、传播方式等诸多要素的制约。语言心理学家詹姆斯·吉(James Gee)还使用了大写"D"的"Discourse",强调话语是一种"文化模式"(cultural model),是"一种将语言、行为、价值观、信仰、态度和社会身份融为一体的存在方式或者生活方式"①。

1952年,泽利格·哈里斯(Zellig Harris)发表《话语分析》("Discourse Analysis")一文时,对话语分析的重心还放在语言文本上。其后,话语分析持续受到理论语言学、结构主义语言学、语用学等语言学分支的影响,还从社会学、人类学、心理学、哲学、人类学等学科吸收了经验,不再把语言仅看作是研究者反映客观世界、表达思想的中介或工具,而是把语言当作研究对象本身;不是假设研究对象的叙事反映了什么事实,而是分析在不同的语境中为什么会有不同的叙事,以及这些叙事被建构的过程和效果。

在语言学话语分析的实践中,主要秉持三个基本观念:第一,说话者会受到特定语境的影响;第二,说话者会有策略地运用语言以达到自身的目的;第三,有策略地生成或理解语言活动,受到特定文化的一定影响。② 与之相应,话语分析的着力点包括:话语与语境之间的关系;句子之间的语义联系;语篇的衔接与连贯;会话原则;话语的语义结构与意识形态之间的关系;话语的体裁结构与社会文化传统之间的关系;话语活动与思维模式之间的关系;等等。其中最为基本的问题,就是话语和语境的关系——话语是语言在某一语境中的运用,语境则是话语得以产生的环境条件。在语言研究领域,对于话语和语境关系的研究大致关涉三个方面:第一,局部的上下文环境,限于同分析对象前后毗连的语句;第二,

---

① James Gee, *Social Linguistics and Literacies*, London, UK: Taylor and Francis, 1996, p.127.
② 施旭:《文化话语研究》,北京大学出版社2010年版,第3页。

话语的微观使用环境,包括话语的主题和目的、当时当地的情景、对话双方的关系等;第三,话语的宏观使用环境,即广泛的社会和文化背景。这三方面的语境因素都会影响话语的生成以及对话语的组织和理解。① 事实上,在其他领域针对话语的研究中,话语和语境都是不可分割的,两者相互作用、相互预测,脱离语境也就谈不上话语分析。话语分析对话语与语境关系的重视,也体现了质性研究重视语言的理念:语言不只是反映世界事物与表达主观认识的媒介,也是构成社会活动或社会现象的主要因素;话语的意义是在历史和文化中生成的,并随着历史的变化而改变。

从20世纪60年代后期开始,建构主义思潮兴起,主张解构传统的经验研究模式,提倡新的、多元的方法论或认识论,认为人们获取的一切知识并不是对客观"实在"的反映,而是与社会和文化因素密切相关的建构之物——人们对社会事物的认识,不是取决于经验有效性,而是取决于社会行动过程,如沟通、磋商、话语等。在建构主义的影响下,话语分析开始强调把语言过程和社会现实联系起来,将话语置于特定的社会关系中,考察语言含义、认同建构和权力之间的关联。也是从这一时期开始,福柯着重研究了话语的建构功能,以及作为实践的话语与社会和组织之间的相互依赖。不过,在福柯这里,话语不再是单纯的语言学概念,他关注的是如何通过话语进行知识、意义或权力的生产,因而话语具有了实践的意涵。

关于话语,福柯在不同时期提出了两种定义。第一,话语是"人们所能听到的、在它们的本文的形式中读到的"东西,即包括言说的或书写的两种形态。② 换言之,符号是话语的特性之一,话语是由符号序列的整体构成的,包括词和句子,也包括统计数据。第二,话语是一种"特殊的实践","涉及用来建构知识领域和社会实践领域的不同方式"③,不仅创造了一系列的观念和信念,还建构了主客体的认同,进一步地,话语因实践而涉及权力,是与知识、权力联系着的社会实践,即"话语是一种以特有方式构成的知识和社会实践,不同的话语以不同的方式构成社会存在,在具体的社会环境中相互结合,产生新的、具有复杂含义的话语"④。福柯还有一个观点:人类的一切知识都是通过"话语"而获得的,任何脱离"话语"的事物都不存在,人与世界的关系就是一种话语关系,"话语意味着

---

① 陈平:《现代语言学研究》,重庆出版社1991年版,第64—65页。
② [法]米歇尔·福柯:《知识考古学》,谢强等译,北京:生活·读书·新知三联书店2007年版,第53页。
③ [英]诺曼·费尔克拉夫:《话语与社会变迁》,殷晓蓉译,北京:华夏出版社2003年版,第3页。
④ Norman Fairclough, *Discourse and Social Change*, Cambridge, MA: Polity, 1992, pp.3-4.

一个社会团体依据某些成规将其意义传播于社会之中,以此确立其社会地位,并为其他团体所认识的过程"①。

缘于对话语的不同理解,福柯的话语分析与语言学的取向大有不同。他的研究对象是话语的"社会作用"和"历史变化"——在福柯看来,除了接近于"语言形式"的狭义的话语,"文化生活的所有形式和范畴"都是"话语"。福柯也不赞成索绪尔关于语言(Langue,语言的形式)和言语(Parole,语言的具体运用)的区分②,认为它忽视了一个第三者的存在,即语言形成过程中的另一个重要因素——话语。话语不同于语言,也不同于言语,既不是简单的、个别的字词的结合,也不是仅仅被限定在规则中的意义,因为话语涉及主体间的关系,话语的意义更无法被语言学的规则所穷尽。总之,在福柯看来,"话语不仅反映和描述社会实体与社会关系,还建造或'构成'社会实体与社会关系;不同的话语以不同的方式构建各种至关重要的实体,并以不同的方式将人们置于社会主体的地位",这就是话语分析所关注的"社会作用";另一个重要的关注是"历史变化":不同的话语如何在不同的社会条件下结合起来,以建造一个新的、复杂的话语。③

根据福柯不断发展的"话语观",在任何社会中,话语始终受到若干程序的控制、筛选、组织和再分配,没有纯粹的话语。在某些条件下,话语本身可以转化为权力。进一步说,话语渗透到社会生活的各个方面,包括有声的、无声的和有意识的、无意识的方面,既是观念的反映,也是权力运作的结果——权力通过话语发挥作用,话语实践是权力运作或意识形态的体现;社会权力结构中的强者往往拥有话语权,决定了话语的内容和影响。与之相应的话语分析,则须致力于揭示话语含义、认同建构和权力行使是如何相互作用和转化的,又是在怎样的社会和政治环境下相互牵制和影响。福柯还认为,话语意味着知识,人类的一切知识都是通过"话语"而获得的,因为知识的载体是话语,权力和知识之间是一种相互建构的关系,即权力制造知识,权力与知识相互包含——如果没有知识领域的相关建构,权力关系就不存在;如果不同时预设和构成权力关系,知识也不复存在。

---

① 王治河:《福柯》,长沙:湖南教育出版社1999年版,第159页。
② 以索绪尔为代表的结构主义语言学认为,语言由"语言"和"言语"组成。语言包括语法、句法和词汇,以及社会的法典、规范、标准等约定俗成的内容;"言语"是指特定情况下个人说话的个别行为,包括说话者可能说的或理解的全部内容。依据这一理解,语言学的研究对象应是语言现象之间的关系及其规则,即语言系统本身,言语只有被纳入某个语言系统才有意义和被研究的价值。
③ 〔英〕诺曼·费尔克拉夫:《话语与社会变迁》,殷晓蓉译,北京:华夏出版社2003年版,第3页。

进入20世纪90年代之后,不同领域的研究者进一步认识到:语言使用中发生的变化是与广泛的社会文化过程联系在一起的,社会的一切运作都离不开话语及由话语形成的文本。诺曼·费尔克拉夫(Norman Fairclough)还指出,"理想的话语分析应该是在跨学科意义上来进行的",包括语言学、心理学、社会学、历史学和政治学在内,这种努力"涉及文本属性的兴趣,涉及文本的生产、分配和消费,涉及生产文本和解释文本的社会认识过程,涉及各种机构中的社会实践,涉及社会实践与权力关系之间的联系,也涉及社会层面上的霸权方案"①。如他所说,在经历了跨学科发展之后,话语分析已从语言学进入关注文化与社会现实的不同学科,社会学、人类学、文化研究、传播学、政治学等诸多学科都在积极尝试这一方法,把话语分析应用于社会、文化乃至制度过程等领域,研究主题越来越丰富,呈现出跨学科和多样化的特点。知识界对话语分析的实践优长也达成了一些共识,包括:话语分析具备微观技术分析的科学性,也具备宏观社会文化剖析的人文特点,有可能对以往的许多研究做出补充,揭示这些研究中被遮蔽和忽略的层面。当然,一些研究者也指出了话语分析的缺失所在。譬如,话语分析的研究方式过于琐碎,模糊了分析主体和客体之间的界限,研究者之间缺乏共通的分析逻辑和标准,尤其是,由于话语解释者的差异,使话语分析本身具有很强的语境性和主观性,等等。

2002年,巴巴拉·约翰斯通(Barbara Johnstone)提出了一种话语分析的"探究式"(heuristic)研究策略:不必有序地遵循整套程序,而是根据需要选择任何问题,通过话语分析提供的开放的话题和角度,对具体的话语进行思考和分析。约翰斯通还把话语分析的主题(themes)分为如下六个方面,在她看来,由于这些主题为话语的产生提供了限制和自由发挥的条件,对话语的分析也可由此入手。② 第一,话语与世界的关系。话语依赖于世界,但又创造了作为现象的、人们所认识的世界。话语的释义和语言范畴反映了其所根植于其中的文化的状态和世界观。第二,话语与各种结构性惯例(structural conventions)的关系。语言为话语提供规则和限制,使话语成为可能,这些惯例能够真实地反映信息处理和人们的社会互动的情况。研究者在关注话语如何被各种结构性惯例塑造的同时,也关注言说者的目标对这些惯例产生的影响。第三,话语言说者或参与者的社会关系。这里的社会关系包括权力、社会距离、在共同体中的彼此关联等。言

---

① 〔英〕诺曼·费尔克拉夫:《话语与社会变迁》,殷晓蓉译,北京:华夏出版社2003年版,第209页。费尔克拉夫的话语分析超越了语言学,致力于搭建话语分析与社会文化研究的通道,理论性和技术性兼备。对有意展开话语分析的跨文化传播研究者来说,有必要特别注意费尔克拉夫的观点与分析框架。

② Barbara Johnstone, *Discourse Analysis*, Malden, MA: Blackwell, 2002, pp.15,269.

说者使用语言的姿态(stances)和风格(styles)都表明了社会意义,并影响着参与者彼此间的表现。第四,话语与话语之间的"互文性"(intertextuality)。任何话语的文本都像是其他许多文本的"镶嵌品",或者说,任何文本都是对其他文本的吸收和转化,是对过去的文本的重新组织,由此也显示出话语丰富而又复杂的文化和社会历史内涵。这就是话语的"互文性"——"所有的话语都有着相似的格式和文本、曾经使用的风格和行为方式,以及相似的结构(plots)"[1]。第五,话语与话语媒介的关系。话语的媒介通常有两种:口语(orality)与书面语(literacy)。不同的媒介会造就不同的话语结构、互动风格、会话内容,甚至不同的会话方式。第六,解读和设计话语的策略(strategy)与动机(intentionality)。说话者的策略和动机会影响到对话语的解读和设计,通过对这些策略和动机的分析,可以把握话语的形成过程与特点。

对跨文化传播研究而言,由于不同的话语对应不同的族群、知识、权力关系和意识形态,不同的文化、族群及其成员也都是由话语建构并受话语约束的。借由话语的生产、诠释机制及其与社会的关系,可以解释跨文化传播研究所涉的诸多议题,包括不同文化内部的社会关系、社会认同的建构机制等。承前所述,话语并非来自真空,是通过它所嵌入的文化群体和复杂的社会结构之间的相互作用而产生的。处于跨文化交往中的种种话语,都是分析文化与社会现实的构建和变动趋势的重要途径。研究者需要在互动中探索话语的本质,特别是考察话语在各种交往语境和场域中的意义表达,及其如何建构社会现实、社会关系、社会地位,等等。

近年来,中国学者在话语分析的应用方面展开了积极探索,积累的经验有待跨文化传播本土研究的关注。其中,施旭提出了建立"当代中国话语研究范式"的构想,即将中华文化话语作为东方话语中有个性的一部分,考察其与西方话语的复杂联系和本质区别,以厘清各自特殊的世界观和思维模式,及特有的意义生成和解析的策略。施旭还建议,要建立一种"当代中国话语研究范式",即借助语料库语言学或者系统功能语言学的研究方法,找出所分析文本的语言学特征,亦可遵循认知语言学的理论过滤,找到话语的隐含意义,其中最重要的,是对这些语言学特征和话语意义进行反思性解释。[2]

---

[1] Barbara Johnstone, *Discourse Analysis*, Malden, MA: Blackwell, 2002, p.191.
[2] 施旭:《话语分析的文化转向》,《浙江大学学报·人文社科版》2008年第1期。

四、扎根理论

扎根理论(grounded theory)是质性研究的一种重要途径,其主要策略是:利用开放性访谈、文献分析、参与式观察等方法,广泛系统地收集资料,然后对资料进行分类、编码,在此基础上概括出理论命题,再回到资料或类似情景中进行检验,以修正与发展理论。作为一种建立理论的方法,扎根理论旨在"填平理论研究与经验研究之间尴尬的鸿沟"[①],其基本原则和操作程序对质性研究的影响颇为深远,甚至被认为是"最有影响的研究方式"及"质性研究革命的最前沿"。

1967 年,作为对当时社会学研究中盛行的抽象和概念化的"宏大理论"(grand theory)的回应,巴尼·格拉泽(Barney Glaser)等最早提出了扎根理论研究方法,随后陆续得到了不同时期学者的完善和发展。扎根理论为质性研究提供了一整套从原始资料中归纳、建构理论的方法和步骤,使研究人员可以通过对实证资料的分析、归纳来发展概念和建构理论,在 20 世纪 70 年代引发了一场革命。至 1987 年,安塞尔姆·斯特劳斯(Anselm Strauss)出版了《社会科学家的质性分析》(Qualitative Analysis for Social Scientists),对扎根理论做出了系统的阐述;1990 年,斯特劳斯又在《质性研究概要》(Basics of Qualitative Research)中,对扎根理论的应用步骤、策略和技巧再次做出了细致的说明。

20 世纪 90 年代,凯西·卡麦兹(Kathy Charmaz)在格拉泽和斯特劳斯思考的基础上,为扎根理论融入了建构主义的观念和问题,使之成为一种更细致、更具反思性的实践。卡麦兹认为,扎根理论是一套原则和实践,而不是"处方或程序包"(prescriptions or packages),应着重强化研究者对资料提问的能力,使之能够与被研究者发生互动,并对被研究者的行为的意义进行解释。卡麦兹还强调了实用主义(pragmatism)哲学传统对扎根理论的影响:以实用主义的观点来看,理论永远是暂时的,没有什么神秘或神圣可言,会一直受到下一个理论的挑战或修正;大部分扎根理论解决的是"在具体的实质领域中被限定的问题";在实用主义的影响下,扎根理论的研究题目多来自日常生活,研究成果也回归日常生活。更重要的是,实用主义有助于研究者保持对扎根理论中语言、意义和行动的重视,鼓励研究者建构对所研究的世界的解释性呈现,避免把扎根理论研究降格为只有表面价值的对于外在行为或访谈陈述的研究。[②]

---

① 胡幼慧:《质性研究》,台北:巨流图书公司 2002 年版,第 129 页。
② 〔英〕凯西·卡麦兹:《建构扎根理论》,边国英等译,重庆大学出版社 2009 年版,第 10、232—233 页。

第二章 跨文化传播研究的理论、方法与方法论

扎根理论是一个不断比较、思考、分析、转化资料为概念以建立理论的过程。在研究者心中,并不存在预先构想好的理论,而是允许理论逐渐从资料中浮现出来——在资料中寻找反映社会现象的核心概念,然后,通过在这些概念之间建立联系而形成理论。扎根理论严格遵循归纳与演绎并用的推理、比较、假设检验与理论建立等科学原则,在此基础上,研究者亦视环境做出适宜决策。为了把隐藏在资料中的理论挖掘出来,研究者一方面要借助与研究对象的连续互动和抵近观察来搜集和浓缩资料,一方面要基于研究主题对资料进行思考、比较、分析、归类、概念化,不断把来自现实世界的资料转化成抽象层次的范畴、维度与概念,并建构概念之间的关系,直到理论性饱和为止。

在研究设计与资料搜集方面,扎根理论主要采用质性手段,但在资料分解、分析的阶段,主要吸纳了量化分析的技术手段。根据陈向明等的梳理,扎根理论的程序可分为五个步骤:第一,收集资料并从资料中产生概念,对资料进行逐级编码;第二,对资料和概念进行比较,系统地询问与概念有关的生成性理论问题;第三,发展理论性概念,建立概念和概念之间的联系;第四,理论性抽样,系统地对资料进行编码;第五,建构理论,力求获得理论概念的密度、变异度和高度的整合性。[①] 这其中,收集资料并进行逐级编码,是扎根理论中至为重要的部分。

扎根理论收集资料的形式多种多样,有文字资料如田野工作笔记、个案记录、历史资料、组织报告等,也有口头资料如访谈录音等,以及研究者用于自我反思的备忘录、既有文献、参与者的反馈等。与其他质性研究方法相仿,深度访谈是扎根理论常用的资料收集手段。通过对有限的几个访谈对象进行深度访谈,能帮助研究者用相对较短的时间进入个体或群体的精神世界,理解其日常生活的内容和模式,把握有关社会现象、社会问题和社会群体诉求的文本性资料,便于抽象出概念、范畴。此外,深度访谈也便于研究者在调研过程中通过与被访谈者的多次反馈达到充分沟通的目的,从而保证了获取的资料的真实性和有效性。扎根理论还强调资料搜索的"弹性",即从被研究者的视角观察、搜集"过程性"的资料等,如果在搜集资料的过程中,发现某些方面的资料已达到"理论性饱和",可以中止搜集该方面的资料。重要的是,在扎根理论研究中,资料收集与资料分析过程同步进行。这意味着最初收集到的资料会影响分析结果,而分析结果又会影响对后续资料的收集。

扎根理论的编码,是指用简短的名称对资料片段进行归类,同时也对各部分

---

① 陈向明:《扎根理论的思路和方法》,《教育研究与实验》1999 年第 4 期。

数据进行概括和说明。① 这既是思考资料的意义的过程,也是不断追问、指导后续资料的收集及形成"范畴"(category)②的过程,要求研究者以开放的心态,对所有资料按其本身呈现的状态进行编码。编码的目的,是基于对资料的忠实态度,对文字进行逐字逐句的分解,以指认研究者感兴趣且在研究情境中重要、突出的社会现象。这些经命名的现象,可以被锁定代表某一方面的社会现象。关于编码,卡麦兹还有一段形象的说明:"编码产生了分析的骨头。理论整合会把这些骨头组合成一套可用的骨架。这样,编码就不只是一个开始了;它形成了一个分析框架,你可以用这个框架进行分析。"③

　　根据对资料的抽象程度,卡麦兹把编码过程分为四种类型,可按顺序,也可交错反复进行——随着资料整理的推进,编码表需要被不断地综合分类,每一次都需用新的编码表对所有的访谈资料进行归纳分类。④ 第一,初始编码(initial coding),即通过挖掘早期的数据,寻找能够进一步指引数据搜集和分析的分析性观念。在进行编码时,可以逐字进行编码,也可逐句、逐个事件地进行编码,努力在每个资料片段中看到行动,而不是把已有的"范畴"应用到资料上。同时,尽量用能够反映行动的词语来编码。第二,聚焦编码(focused coding)。这一过程比初始编码更有指向性、选择性和概念性,是运用大量数据筛选出最重要、最频繁的初始编码,以确定哪些编码充分反映了数据。第三,轴心编码(axial coding),即把"主范畴"和"次范畴"联系起来,使范畴的属性和维度具体化,可以被看作是范畴的精细化。通过轴心编码,可以分类、综合和重新排列初始编码中分裂了的资料,使生成的分析具有连贯性。第四,理论编码(theory coding)。这是对聚焦编码过程中所选择的编码进行的复杂水平上的编码——在聚焦编码的过程中形成了范畴,理论编码就是让这些范畴之间可能的关系具体化。理论编码是整合型的,可以把支离破碎的"故事"重新聚拢在一起,使之具有连贯性,也便于理解。通过理论编码,也可以挑选出核心范畴——通过不断比较和抽象,如果一个范畴与许多资料关联或包含其他的范畴,就成为核心范畴,或者说是扎根理论的核心概念——这个核心概念便成为未来研究报告的主题。

　　关于理论的建构,扎根理论秉持开放的态度,即认为建构理论只是一个过

---

① 〔英〕凯西·卡麦兹:《建构扎根理论》,边国英等译,重庆大学出版社2009年版,第56页。
② 在这里,范畴是一种工具,便于研究者处理复杂的资料并使之与其他社会现象相区别;这些范畴也是暂时的,会被以后观察到的新的范畴所修正,而范畴是否能在后续资料中与其他社会现象构成理论关系,有待于未来资料的检验。
③ 〔英〕凯西·卡麦兹:《建构扎根理论》,边国英等译,重庆大学出版社2009年版,第58—59页。
④ 同上书,第61—85页。

第二章　跨文化传播研究的理论、方法与方法论

程,理论都是暂时的、有待修正的。面对纷繁复杂、不断萌生的社会事实,扎根理论建构理论的主旨,是把社会现象或人类行为纳入一个多组、多变量、彼此互相影响的分析框架,力图呈现研究对象复杂、多面和不可预设的特点。通过扎根理论的研究过程而最后形成的理论,可被称为实质理论(substantive theory),它不完全等同于通过量化研究形成的形式理论(formal theory)。实质理论是对特定现象及其内在联系的揭示,强调了理论的特殊性和情景性,只可应用于特定的领域。相比之下,形式理论是一种系统化的、超越具体情景的、能够普遍适用的理论,强调事实性描述,但相对空洞、抽象。也就是说,当研究者初步建立起范畴之间的关系,并初步提出相关假设或理论时,扎根理论并没有结束,因为研究者所得到的仅是结论的雏形,"理论的扎根"还有待于运用更多的资料来验证范畴和关系。①

总体看来,扎根理论在一定程度上弥补了量化研究过于程式化、难以发挥研究者的主观性的不足,也弥补了质性研究易于过度发挥研究者主观性的缺陷。特别是,扎根理论在理论研究与经验之间架起了一道桥梁,能够帮助质性研究脱离难以建立理论的窘境,其相对开放的理论思考、对多变量复杂关系的研究过程,都为理论建构提供了新的空间。卡麦兹即有评价说,"扎根理论不仅由于其精确和有用而闻名,而且由于其实证主义假设而为人所知。量化研究者接受了扎根理论,有时在需要复杂方法的项目中也用到这种方法",自然,扎根理论方法的灵活性和合法性,也在继续吸引有着不同理论兴趣的质性研究者。②

扎根理论也面临着来自不同领域研究者的质疑和批评,包括:扎根理论强调资料的重要性,但大量的资料分析和处理费时费力,且由于需要进行大量的抽样,而能使用的样本较少,因而在实践中难度较大;为避免研究者的主观偏见或前设性观念对资料收集和分析的影响,扎根理论限制开展研究之前的文献阅读和相关理论准备,这对处于起步阶段的研究人员来说并不适宜,可能使他们迷失在对原始资料的收集和分析之中;等等。不过,很多研究者也指出,在质性研究的众多方法中,扎根理论仍是一种重要的研究方法,有益于研究者舍弃文献演绎模式,利用归纳方法从现象中提炼基本理论,并在逐渐创建和完善该理论的过程中实现与既有理论的有效对接。

特别是,针对既有理论不足或理论解释力不够的一些本土研究领域,扎根理论研究方法作为理论创新乃至本土化途径的重要性尤为突出——这一方法脱离

---

① 陈向明:《扎根理论的思路和方法》,《教育研究与实验》1999年第4期。
② 〔英〕凯西·卡麦兹:《建构扎根理论》,边国英等译,重庆大学出版社2009年版,第11页。

了既有知识体系的影响和理论束缚,可凭靠个人经验直接进入本土社会,通过阅历、磨炼和感悟来建构理论。王锡苓就此总结了扎根理论对传播研究的启示,值得深思:量化研究过于拘泥于传播的几个变量间的关系而置整体社会情境于不顾,质性研究则缺乏基于现实的资料,致使宏大的传播研究题目不能与现实情境建立联系,扎根理论的提出为弥补两者的裂隙提供了可能,即"借助于研究者从微观的传播现象及其意义着手,逐渐与宏观的社会结构、社会制度、社会文化联系,力图对传播现象的意义与社会情境的关系进行整体思考与把握,以更加全面地了解传播现象的意义"①。

必须强调的是,扎根理论的"灵魂"是研究者要具备一种理论的"触角",或说是一种理论敏感性(theoretical sensitivity),即研究活动的正式开展并非始于研究人员系统的观察或访问,而是平时生活中就已完成的某些学术积累等,正如胡幼慧所说:研究者的理论训练、实际经验和个人背景,都成为运用扎根理论的一部分,"如果缺少了这一灵魂,那么无论设计得多么完美的抽样,对复杂的社会现实来讲,也只是隔靴搔痒,挠不着痒处",为此,扎根理论中最关键的是"对人的训练",因为研究者本人才是"对研究过程中各种暧昧状况的最后评判者"②。

第三节 跨文化传播研究的方法论取向

积极而有价值的学术思考,需要遵循方法论的意义论定和研究方法的功能规定。跨文化传播研究的目标,是探究不同文化交往的行动和行动者所处情境之间的意义关联,从中寻求值得信赖的科学解释。针对这一目标,研究者要适应现代人文社会学科的发展要求,具备开阔的学术视野,也要配合客观和严谨的研究手段。

马丁·海德格尔(Martin Heidegger)曾指出,"一切精神科学,甚至一切关于生命的科学,恰恰为了保持严格性才必然成为非精确的科学","认为现代科学比古代科学更精确的看法,根本就是无意义的看法"③。突破单纯技术化抑或经验化的倾向,将科学实证与人文反思相结合,是跨文化传播研究范式面临的一个选择。尤其是对中国学者来说,不能轻易忽略本土学术传统中特有的思辨特点和整体把握的优势,应有意识地适度回归陈力丹所说的"人文—历史—哲学的

---

① 王锡苓:《质性研究如何建构理论?》,《兰州大学学报·社会科学版》2004年第3期。
② 胡幼慧:《质性研究》,台北:巨流图书公司2002年版,第48、66页。
③ 转引自张世英:《现实、真实、虚拟》,《江海学刊》2003年第1期。

思维方式"与"科学方法论"思维方式的结合。① 为提升研究者整体的心智水平和理性能力,这可能是一个必由路径。

一、实证主义与人文主义的分野

作为各种量化研究方法的方法论,实证主义(positivism)长期占据西方社会科学研究的主流。依据实证主义的主张,社会事实存在于人的心智之外,为永恒的自然规律与机制所控制,研究者与研究对象是独立的,应排除研究者的价值观或偏见,严格忠实于观察和经验去掌握事实及其规律。在实证主义的认识论假设中,有几个核心的主张:第一,只有通过被观察的经验获得的知识才值得被认真考虑;第二,构成事物的基础是不能再切分的原子,这些原子构成了科学研究的基础;第三,研究者对事物的观察要追求客观性,应避免来自观察者的主观因素的影响;第四,科学的目的在于发现普遍规律,即从寻找特殊目标的规律开始,去验证科学发现能否被应用于更广泛的对象。

19世纪中期,孔德、斯宾塞等受到近代自然科学发展的影响,认为社会现象和自然现象并无本质区别,社会科学应以自然科学为参照,建立统一的、实证的知识体系,因为只有通过"观察、实验获得的经验性知识才是真正的科学知识"。1895年,涂尔干在《社会学方法的准则》(Sociological Methods Criteria)中较早论述了实证主义的方法论原则,并提出了一个著名观点:作为物的社会事实外在于人的意识,具有"外在性""强制性"和"普遍性"等特征,观察社会事实的基本原则就是把社会事实作为物来考察,故此,要摆脱一切"预断",科学地研究社会事实,即"一种社会事实的决定性原因,应该到先于它存在的社会事实之中去寻找,而不应到个人意识的状态之中去寻找"②。至20世纪四五十年代,通过大批研究者特别是美国学者的改造,西方学界出现了一种操作性的实证主义(instrumental positivism),实证主义进入兴旺发展的时期。兼因统计科学的发展、抽样理论的创立,尤其是乔治·盖洛普(George Gallup)创立的美国舆论研究所(The American Institute of Public Opinion)在民意调查方面的成功,抽样问卷调查、多变量统计分析及检验技术逐渐成为社会科学研究方法的主要工具。20世纪80年代之后,各种辅助性的研究工具包括电脑迅速普及,加上各种统计软件大量涌现,实证主义继续大行其道,主导着不同领域学术实践的技术操作。

依据实证主义,科学是最高形式的,也是唯一真正形式的知识,所有知识都

---

① 陈力丹:《新传播技术条件下我国新闻传播学的视野》,《新闻战线》2011年第1期。
② 〔法〕爱米尔·涂尔干:《社会学方法的准则》,狄玉明译,北京:商务印书馆1995年版,第125页。

必须有经验基础,凡是不能用实证方法加以检验的问题都是"形而上学"的问题,应摒诸科学研究范围之外。进一步说,科学应以中立的方式来运行,不能受到私人的、伦理的、道德的、社会的或文化价值的影响,并避免"印象主义的臆想和未经证实的见解"①。以实证主义为指导的量化研究,即是模仿自然科学,倡导精确定量,注重数据分析,研究结果要求可重复、可检验,力图"将复杂的社会现象化约成少数变项,建立其间的因果关系,组成精简的结构,企图以最少的因素解释最多的现象"②。基本步骤大致包括:通过假设性演绎,建立理论假说;收集数据;用统计模型测试自变量与因变量之间的相关性;得出自变量与因变量是否相关、在多大程度上相关的结论,并确立和描述因果关系。在长期的研究应用中,量化研究也形成了一整套操作技术,包括抽样技术(如随机抽样、分层抽样、系统抽样、整群抽样)、量化资料收集技术(如问卷法、实验法)、以数理统计为基础的资料分析技术,等等。

由于实证主义排斥了人类社会的观念和社会事实的复杂性来体现科学性、客观性,自然而然地受到了人文主义学者的长期抵抗,后者认为:量化研究方法对技术的过度依赖及价值中立的研究原则等影响了科学研究的整体性、意义性与动态性,不能在微观层面对社会现象进行观察分析,亦无法对未定的、难以验证的社会发展趋势展开研究。在19世纪后期,威廉·狄尔泰(Wilhelm Dilthey)和马克斯·韦伯等就强调社会历史过程及其认识方法的特殊性,反对实证主义力图揭示社会历史发展一般规律的做法,强调对社会历史过程中的个别人物和个别时期的认识,反对实证主义将本质上形形色色的现象归结为简单的要素和规律。

狄尔泰认为,人类生活是具有价值和意义的追求过程,人文科学的研究对象处于具体的、充满意义的社会情景中,"法则、价值和规则情感的特殊独立性,在自然科学中是不存在的。这种独立性只能通过自我反省得以认识"③。对于实证主义和人文主义这两种方法论,狄尔泰在《人文科学导论》(Introduction of Human Sciences)中将之归为自然科学的"理解"和人文科学的"解释"这两种认识方法。他认为,自然现象和过程是外在的和纯粹客观的,具有确定性、普遍性和可量化性,可对其加以实证的解析和解释,因而"解释"是自然科学最本质的方法论基础;人文科学指向人自身,尤其是人的思维、情感、意志与行动等,具有非

---

① 〔英〕迈克尔·哈拉兰伯斯:《社会学基础》,孟还译,上海社会科学院出版社1986年版,第60—61页。
② 李金铨:《在地经验,全球视野》,《开放时代》2014年第2期。
③ 〔德〕韦尔海姆·狄尔泰:《人文科学导论》,赵稀方译,北京:华夏出版社2004年版,第109页。

第二章 跨文化传播研究的理论、方法与方法论

确定性、个别性和非量化性,只能通过理解才能把握,因此"理解"是最本质的方法论基础,毕竟,"人类精神世界中的关系,表明它们自身与自然过程的一致性是不可类比的,人类世界的事实并不服从于自然的机械概念"①。马克斯·韦伯也指出,社会现象与自然现象不同,前者的实质是社会行动的表现,而社会行动的本质属性是行动者在意义上的关联性,必须把主观性作为一个根本问题去对待;社会科学研究的目的是理解人的行为,不是对该行为作价值判断;社会科学的研究与行为者的目的、意义和价值观密切相关,这就是"价值无涉"——不是取消价值立场,而是要求对他者观点的理解,强调不同的价值判断必须接受自己以及对手的反思和挑战,去考察他人的行为和动机,以发现真正的不同的立场,这是一切有意义的学术对话和论辩的前提。

马克斯·韦伯还提供了一种服务于理论建设的理论模式——"理想类型"(ideal type),主要用以反映社会现象的实质和根本,使观察对象抽象化、简单化,帮助研究者厘清理论的概念结构,确立理论研究的前提,因为"关于社会生活的各门科学的历史就是并且依然是借助概念的过程"②。在韦伯看来,任何科学系统都不可能纳入现实中的所有个别现象,科学研究中惯常使用的概念工具常常面临两种困境:或是由于概念过于宽泛,失掉现象的某种具体特征;或是由于概念过于狭窄,无法包容相关的现象。"理想类型"正是要摆脱这些困境:具有高度的概括性、抽象性,因而不同于经验事实,同时也是在对繁多的经验进行整理后,突出经验事实中的共性或规律。

一个多世纪以来人文主义的方法论主张,可概括为两个方面:第一,所谓"现实"是历史的产物,是在历史发展的过程中被社会、政治、文化、经济、种族和性别等因素塑造而成的,并非是实证主义意义的"纯"客观现实;第二,人类的行为是一种有意义的行为,它通过人的意义及情感作用来完成所有认知及有关的价值活动,因此,应该站在相互主体的立场,交换彼此的观点,诠释行为的意义,进而建立日常生活中共同认可的规则或知识。波普尔曾指出:人类社会生活是互动的过程及结果,任何对"社会真实"的研究,必须基于生活于其间的人们的主观经验;科学方法是由科学目标决定的,研究方法和手段只相对于具体目的才有意义。胡塞尔认为:个人的主观经验不知不觉地经过过滤,研究者必须意识到这层"滤网"的存在,且设法将之剥除,方能真正了解纯粹的主观经验。马林诺

---

① 〔德〕韦尔海姆·狄尔泰:《人文科学导论》,赵稀方译,北京:华夏出版社2004年版,第11页。
② 〔德〕马克斯·韦伯:《社会科学方法论》,韩水法等译,北京:中央编译出版社1999年版,第43页。

夫斯基也做出过深刻的思考,"科学方法明显不是人文学科领域中唯一的关注点和灵感源泉",道德或哲学的观点,美学的、人道的或神学的热忱或灵感等"是所有人文学科的合法动机","但科学至少作为一种工具,一种达到目的的手段,还是必不可少的"。总之,研究者亟须在科学和人文之间建立某种平衡,"人文学科永远不会没有艺术的、情感的、道德的因素。但伦理原则的内在精髓正是中肯确切,这一特质只有在伦理像依赖情感一样地忠实于事实的时候才能获得"①。

20世纪60年代之后,来自不同理论传统的人文主义思考汇聚为一种新的研究范式——质性研究(qualitative research),即以研究者本人作为研究工具,在自然情境下采用多种资料收集方法,对社会现象进行整体性探究,主要使用归纳法分析资料和形成理论,通过与研究对象互动获得对其行为和意义建构的解释性理解的一种活动。质性研究强调,研究者与被研究者之间是一种"主体间性"的关系,研究不再只是对一个固定不变的"客观事实"的了解,还是研究双方彼此互动、共同理解的过程,因此具备了更多富有弹性的、创造的、反思的、过程的、参与的特质,与量化研究的差异不仅表现在收集资料的方法与技巧,整理、统计资料的程序或者分析资料获得结论的模式上,更表现在各自认识世界的观念层面上。由于受到现象学、诠释学、批判理论、符号互动主义、女性主义等不同学说和知识的影响,质性研究强调主体性在认知过程中的重要性,期望把握"更真且具人味的真理"。

陈向明指出,由于发端于不同的理论和学科传统,质性研究仍处于不同传统的张力之中,"一方面,它注重对研究现象做后实证的、经验主义的考察和分析,强调的是自然主义的传统,注重对研究结果的'真实性'和'可靠性'进行探究。另一方面,它要求研究者对研究现象进行'解释性理解',强调的是阐释主义的传统,关注研究者与被研究者之间的主体间性和'视域融合'。而与此同时,它又意识到任何研究都受到一定政治、文化、性别和社会阶层的影响,注意研究中的权力关系,注重研究对知识建构和社会改革的重要作用,因此它又同时具有一种后现代的批判意识"②。譬如,在现象学的影响下,质性研究注重整体性、情景性和关联性,对现象进行具体的、原汁原味的描述;在阐释学的影响下,质性研究把理解视为研究的主要目的,认可研究者的"偏见"(bias),强调通过研究者与被

---

① 〔英〕布罗尼斯拉夫·马林诺夫斯基:《科学的文化理论》,黄建波等译,北京:中央民族大学出版社1999年版,第31、35—36页。
② 陈向明:《在参与和对话中理解和解释》,〔英〕安·格雷:《文化研究》,许梦云译,重庆大学出版社2009年版,"总序"第6页。

研究者的共同努力来实现对研究对象的理解;在批判理论的影响下,质性研究不为求证真伪,而是把能否消除参与者的无知和误解视为衡量研究价值的标准。

在具体的研究策略上,质性研究着重于描述和归纳,为避免将既定的价值加诸被研究者身上,在研究起始一般不预设理论架构或假设,主张以长期、第一手观察的形式,近距离观察社会及文化现象,放弃数字,搜集的资料是故事,不是数据,观察记录则是笔记式的描述。① 通常采用观察(observations)、访谈(interviews)、档案分析(documents)等手段,在自然条件下收集资料,以不破坏被研究者的生活环境为前提,以求完整地把握被研究者的世界。在这里,质性研究的观察不同于量化研究的客观观察(objective observation),一般采取参与观察或半参与观察,即观察者与被观察者在一起活动、生活,在相互接触中倾听、观察其言行方式和内容。质性研究的访谈,一般是无结构的开放式深度访谈,多采用一对一的面对面访谈(face to face/one on one)、电话访谈和焦点访谈(focus interview)等方式,要求访谈者了解被访者对研究问题的理解、思维方式,给被访者留有充分的思考和语言表达余地,并按照被访者的思路、交往方式、语言表达习惯来讨论问题。

基于这些理念和种种不同的做法,质性研究在探究社会现象、阐释意义,以及发掘深层社会文化结构方面逐步体现出一些独特优势,方法体系也渐次多样化,包括参与与非参与观察、个案研究、深度访谈、行动研究、焦点(主题)小组法、民族志、扎根理论、叙事研究(内容分析、话语分析、口述史、音像资料)等多种形式,被广泛运用于人类学、社会学、历史学、心理学、政治学等领域。

二、量化研究与质性研究之辨

20 世纪下半叶,世界政治和文化格局中都出现了"去中心""边缘与中心互换"的后现代趋势,解释学、现象学、批判理论等各种思潮相继兴起,社会与文化研究领域的学者进一步认识到:学术研究不可能做到全面的客观、中立,知识不是普遍真理的化身,而是话语霸权的结果,总会不同程度地受到政治、文化、性别和社会阶层等因素的影响。与此同时,人类追求知识的努力也显现出一种日益鲜明的态势:从传统到现代、后现代,从封闭到开放,从一元到多元,从事实描述到意义解释,从论证理论到建构"现实",从追求"科学"到重视人文,从"客观性"到"主体间性",从写语言到"写文化",从宏大理论到地域性知识,从价值无

---

① 王锡苓:《质性研究如何建构理论?》,《兰州大学学报·社会科学版》2004 年第 3 期。

涉到价值有涉,从学术研究到实践行动。①

由这一时期开始,量化和质性研究的争论更为激烈,且超越了单纯的哲学认识论和方法论的分歧,"产生了不同的研究期刊,不同的研究基金来源,不同的专家,不同的具体方法,甚至是不同的科学语言"②。针对不同领域学术实践中量化研究的盛行,一些研究者还认为,由于量化方法要求依据固定的标准和程序进行理智运作,而不必有效指涉整体现实,科学对象因此被简化而维持学术运作,研究者似乎成了控制和摆弄数学公式和模型的专业技术人员,而将科学研究的主体性、人文性和思想性抛置脑后,由此也就导致了思想的"贫瘠",并使人类面临的重大社会、文化问题被束之高阁。胡幼慧曾反省了自己使用多年的量化方法:量化研究的泛滥"已使得大部分研究缺乏社会洞识力,对社会的改革更显得万般无力",因此,必得引进不同的研究典范,打破这个僵局。③

量化研究面对的质疑还在于其认识论假设,即人类行为像自然现象一样具有秩序、普遍性和可预测性,但是,"我们所要面对的文化世界却更像云一样,难以预测"④。文化现象总是发生在一定的社会情境、社会关系、制度结构和历史背景中,多是不确定、不可重复、不可预测的,从来没有哪种测量工具能可靠、有效地度量人类的文化行为,研究者也不可能把人们请进实验室去创造理想的文化生活,更不可能在某个族群中反复进行完全相同的文化试验。拉尔夫·林顿就此指出:"直到最近,科学的倾向仍是日益朝向关于形态的精确分析,即针对部分的研究而不是整体性的研究。直至今日,虽然关于形态的重要性已经被普遍意识到,但是缺乏处理此问题的方法。最后,一个严重的障碍还在于,对于大多数社会与文化现象,缺乏精确的和可证明的衡量标准。除非这种标准能够建立起来,否则在其他科学领域中已经被证明是相当有效的数学方法将无法得到应用。"⑤

在一些研究者看来,拘泥于实证主义的学术研究,往往只能局促地观察和描述个别事实,难以达到对复杂事件的全面认识。相比之下,质性研究更适用于在

---

① 陈向明:《在参与和对话中理解和解释》,〔英〕安·格雷:《文化研究》,许梦云译,重庆大学出版社 2009 年版,"总序"第 8 页。

② Joanna Sale, Lynne Lohfeld and Kevin Brazil, "Revisiting the Quantitative-Qualitative Debate," *Quality & Quantity*, Vol. 36, No. 1, 2002, p. 45.

③ 胡幼慧:《质性研究》,台北:巨流图书公司 2002 年版,第 2 页。

④ Dennis Kavanagh, *Political Science and Political Behavior*, London, UK: George Allen & Unwin, 1983, p. 196.

⑤ 〔美〕拉尔夫·林顿:《人格的文化背景》,于闽梅等译,桂林:广西师范大学出版社 2007 年版,第 7 页。

第二章　跨文化传播研究的理论、方法与方法论

具体的文化、历史背景和具体的情境中把握现象和事件的意义,也往往能比量化方法提供更多、更有用的信息,如康斯坦斯·费舍尔(Constance Fischer)所说,质性研究能够使科学研究更加适合个体的意义追寻,"使我们更加全面、更为深入地理解生活世界的意义"①。胡幼慧也指出,质性范式提倡多元的、创新的以及互动的研究方法,令人耳目一新。

还应注意的是,与量化研究主张"价值中立"不同,质性研究并不回避价值判断,同时,质性研究更有利于揭示研究设计中隐含的、通常被认为是理所当然的价值观念。在质性研究之初,研究者应明确告知被访谈者自己的态度和价值观;进入资料分析阶段后,研究者不需要排除自己的主观性,而要充分利用自己的理性判断能力;在研究报告撰写之时,研究者也可把自己的态度和信念包括可能产生的偏见,体现在报告的文字中,并分析自己受到何种价值的影响才得出当前的结论,同报告的读者"一起反思研究过程,让读者详细了解获得结论的方法",以避免研究者和读者共同陷入单一或武断的结论。总之,在质性研究看来,主观性不只是偏见和扭曲的来源,其本身也是一个有规律可循的领域,"对客观对象的研究需要客观的方法,对主观意义的探讨需要主观的方法"②。

为寻求值得信赖的研究结果,1978年,诺曼·登金(Norman Denzin)提出了一种将量化研究与质性研究整合在同一研究中的多元方法——"三角测量法"(triangulation)③,即以"三角测量法"的思考逻辑代替线性的思考逻辑,通过合并不同的方法来导出"策略"。这一"多元方法"的目标,不在于验证假设,而在于寻找值得信赖的资料和可以互相呼应的最佳诠释,因为任何一种资料、方法都有其偏差,必须纳入多种资料和研究手段,才能提升学术研究的可信度。登金还确定了四种类型的"三角测量法":数据三角测量(data triangulation),涉及时间、空间和人;调查者三角测量(investigator triangulation),关联到一项研究所涉的若干研究者;理论三角测量(theory triangulation),在解释现象时,使用超过一种的理论框架;方法三角测量(methodological triangulation),使用访谈、观察、调查问卷和档案等一种以上的方法收集数据。④ 经过不同领域研究者的验证,已证明这种方法能在一定程度上兼容量化与质性研究的优势,可帮助研究者以不同方法

---

① Constance Fischer, "Humanistic Psychology and Qualitative Research," *The Humanistic Psychologist*, Vol. 34, No. 1, 2006, p. 5.
② Larry Davidson and Priscilla Ridgway, "Using Qualitative Research to Inform Mental Health Policy," *Canadian Journal of Psychiatry*, Vol. 53, No. 3, 2008, p. 139.
③ 这一术语来自导航和工程领域。作为一种测量技术,"三角测量法"选择若干控制点形成互相连接的三角形,测定其中一边的水平距离和每个三角形的三个顶角,根据起始数据可算出各控制点的坐标。
④ Norman Denzin, *Sociological Methods*, New York, NY: McGraw-Hill, 1978, p. 28.

收集、分析不同资料,并予以相互检视、补充。从其根本特性来说,这种方法亦有质性研究的特色,知识建构更为多元、透彻,能够为理解研究对象提供更多的思路和多样化的语境。可以说,"三角测量法"的效用提供了一个积极的启示:只有把量化研究与质性研究两者的优势、不足以及适用条件等问题进行有机的组合,才能发挥最大的功用。

跨文化传播学从诞生伊始就处在实证与人文的张力之中。如陈国明指出的,主导跨文化传播研究的三大范式是:实证主义、解释范式和批判范式。[1] 虽然这一学科首先继承的是人类学、语言学的传统,但在20世纪80年代之后,跨文化传播学的发展已由传播学出身的研究者所主导,在理论与研究方法上大致承袭了既有传播理论与实证研究方法,也因此形成了实证主义、解释范式与批判范式"三足鼎立"的局面,其中,解释范式与批判范式均可归入质性研究范式,实证主义则成为研究的主流。研究者曾针对跨文化传播研究领域的国际知名期刊《跨文化关系国际杂志》(International Journal of Intercultural Relations)进行统计,在1999年至2002年该刊发表的151篇文章中,采用量化方法的实证研究文章为110篇,占总数的72.85%。[2] 这些实证研究主要是强调把各种文化现象的指标量化,研究对象主要是可观察和实验的文化现象与事件,通过诸如观察法、实验法、计量法、问卷法等收集数据资料。不过,由于这些研究局限于计算手段和数据分析,多数更像是统计技术和数量分析的展示,不免陷入烦琐和以偏概全的境地,客观上造成了研究成果与现实生活脱节的局面。更为重要的是,由于"极端化约"的实证研究漠视跨文化差异,容易导致产生"以西方为全球标准"的理论,把"文化特殊性"(specificity)扭曲为抽象的"普遍性"(generality)。[3]

就中国跨文化传播研究的实际而言,由于各种主客观条件的限制——量化研究对辅助性学科(如统计学)知识的依赖程度很高,且需要较长时间和较多经费,因此量化方法长期缺位,多数研究者对量化方法的研究手段、研究设计和研究程序等环节缺乏基本了解。在这个意义上,提倡实证主义、注重对量化研究方法的训练和规范,可被视为一种纠偏。还应看到,同样是由于许多主客观条件的限制,目前中国的跨文化传播研究中也缺乏真正意义上的质性研究,许多成果只是把质性研究作为文本的"点缀"或"修饰",而不是来自研究本身的需要,更难做到量化和质性两种方法的彼此参照与结合。

---

[1] 陈国明:《"跨文化传播"术语与学科的生成与发展》,《学术研究》2010年第11期。
[2] 胡文仲:《论跨文化交际的实证研究》,《外语教学与研究》2005年第5期。
[3] 李金铨:《在地经验,全球视野》,《开放时代》2014年第2期。

第二章　跨文化传播研究的理论、方法与方法论

对于中国跨文化传播研究的现状及未来一个时期的任务而言,积极开展有科学价值的量化研究,或是主张深入到位的质性研究,都有重要的理论和现实意义。毕竟,研究方法的效力决定于它与研究对象的适用关系,而量化和质性研究虽有差异,亦有一些共同特征,比如,两者的操作对象都是可观察的现实,两者都为建立或检验理论提供经验证据。最重要的是,两者都致力于系统性地收集资料,以避免个人观察中易于出现的错误,例如过度概括、选择性观察等。孙五三就此指出,某些特定的研究问题既可以采用量化方法,也可以采用质性方法,只要是恰当有效地运用,都是科学研究合乎逻辑的做法,针对同一个问题综合使用量化和质性方法,往往能改善研究结果的效度。[①] 总之,过多强调研究方法和方法论的对立与优劣,终究徒劳无益,且会造成具体的研究程序乃至研究者之间更多的分歧,不如在实践中充分研习各种研究工具,通过研究本身进行方法的比较和对话,并尝试与复杂的本土语境和现实更好地融合,以此为基础,探索量化与质性研究结合的路径。

无疑,这将是一个综合的、全方位的努力,关联着研究者个体的研究能力、学术理想,其结果取决于这一领域共同面对的社会期待,也决定了跨文化传播研究将以何种姿态介入社会现实。

[①] 孙五三、刘晓红:《量化 VS. 质化》,《新闻与传播研究》2012 年第 4 期。

第三章
传播中的语言与非语言符号

符号学(Semiotics)与人类传播有着密切的关联。符号学在20世纪的快速发展,本身就是传播施加的无孔不入的时代压力的结果。正如罗兰·巴特指出的,大众传播的发展使人们空前地关注着有关符号的广泛领域,"语言学、信息学、形式逻辑以及结构人类学等学科所取得的成就,又为语义分析提供了新的手段。符号学在这种情势下呼之欲出,就不再是几个学者的异想天开,而是现代社会的历史要求"①。特伦斯·霍克斯(Terence Hawkes)甚至认为,符号学应包括在容量更大的传播学科之内。② 知识界也达成一种共识:对跨文化传播研究这一领域而言,符号学是一种跨学科的方法论,两者的结合不但是必要的,而且是必然的,借助符号学的理论、方法和解释力,跨文化传播研究也将进一步认识到人类社会与文化现象的符号本质。

人是通过符号与客观世界发生联系的,人也需要通过符号去认识世界。借由符号的视角来看,文化即是通过符号传达意义的人类行为。由于符号与特定语境中的创造、理解和解释相关,所以,符号体系往往具有鲜明的本土特点,既是不同文化中的人们认识世界的起点,也是人们各自进行传播活动的前提。由此来理解跨文化传播学与符号学的结合目标,即在于考察符号在不同文化中的意义、对符号意义的解构与建构,以及穿越文化边界的符号互动、符号传播的复杂性与不确定性等议题。20世纪90年代以来,中国人文社科各个领域对符号学的兴趣日趋浓厚,符号学向不同学科的渗透也在加强。就跨文化传播研究在本土的开展而言,则应继续借助符号学理论和方法,去把握本土乃至全球社会中复杂多样的语言和非语言符号的特点、功能,挖掘和比较中外文化传统、历史典籍中的符号思想,更为恰当地借助符号学的视域去阐释当下形形色色的文化现象。

---

① [法]罗兰·巴特:《符号学原理》,王东亮等译,北京:生活·读书·新知三联书店1999年版,第1—2页。

② Terence Hawkes, *Structuralism and Semiotics*, London, UK: Methuen, 1977, p.154.

跨文化传播研究的核心之一,是自我如何与他者交流,以及来自不同文化背景的人们之间如何相互理解,语言符号、非语言符号便是这种交流和理解的中介。在跨文化传播学的视域中,人类在人际交往中使用的符号系统,大致可分为两类。一是语言符号,包括口语和文字在内,这是人类创造出的最为先进、完善的符号体系,在一切符号形式中占据着基础地位。由于文化的各个要素都在语言之中烙下了痕迹,语言差异往往能反映不同文化之间差异的本质。二是非语言符号,包括表情、手势、姿态、沉默、时间、空间、颜色等,呈现了不同文化的经验,亦能帮助人们共建交往的内容和意义。在跨文化交往的场景中,人们对语言与非语言符号的理解常会出现分歧和误会,这就需要传播双方能恰当地选择语言和非语言符号,以展现文化的意义并分享社会关系。

符号是人类"交往的中介",个体、自我、社会均产生于持续不断的符号互动。从符号的视角看,跨文化传播过程本身,就是不同文化中的人们凭借各种符号行为所发生的自我与他者的交互影响。莱斯利·怀特还指出:"全部文化(文明)依赖于符号。正是由于符号能力的产生和运用才使得文化得以产生和存在;正是由于符号的使用,才使得文化有可能永存不朽。没有符号,就没有文化,人也就仅仅是动物而不会成其为人类。"[①]从符号入手,把握不同文化有关世界的知识、面对生活的态度和能力,走出符号在其所属人群周围设下的"樊篱",突破符号对人类自由和交往的束缚,也是跨文化传播研究最有生命力的议题之一。

第一节 符号学研究的思想基础

人类所处的是一个符号的世界,人类的思维、语言和传播都离不开符号。符号体现的是人与世界的关系,人通过符号创造了文化,符号使自然世界成为文化世界。这里也标明了符号的两种功能:认知功能和传播功能。一方面,符号可以帮助人们进行理性思考,把握事物的本质;另一方面,在社会公共约定的基础上,符号可以作为信息的载体,实现人与人之间的思想沟通和情感交流。

在20世纪的符号学发展历程中,影响较大的学者有索绪尔、查尔斯·皮尔斯(Charles Peirce)、罗兰·巴特、恩斯特·卡西尔等人,他们的符号思想构成了符号学研究的重要基础。索绪尔和皮尔斯几乎在同一时期提出了"符号的科学"的概念,并被称为现代符号学的"奠基人"。索绪尔的思考偏重符号的社会功能和语言功能,皮尔斯则着重于符号的逻辑功能。罗兰·巴特将结构主义与

---

① 〔美〕莱斯利·怀特:《文化科学》,曹锦清等译,杭州:浙江人民出版社1988年版,第31—32页。

符号相结合,重点分析了隐藏于符号背后的文化意蕴,深入探究了文化中的意义是如何被制造与再制造的,并由此揭示社会的真实面目。卡西尔则是从探讨人和人类文化的本质的视角展开符号思考,以"人是创造符号的动物"为出发点,勾勒了人性发展及人类文化的所有创造物——语言、历史、艺术、宗教和神话的整体构架。

一、符号与符号学

符号(symbol)通常是指能够用来在某些方面代表其他东西的任何物象,是常用的一种传达或负载信息的基元,能够被使用者赋予意义或价值,用以表示人、物、集团或概念等复杂事物。

符号可以是图案,譬如基督教的十字架、卫生机构的红十字;符号可以是描述性的,比如"约翰牛"(John Bull)、"山姆大叔"(Uncle Sam)分别代表英国和美国;符号也可以是字母,比如 K 表示化学元素钾;符号也可以是任意规定的,比如"$"表示美元;符号也可能具有各种物质形式,物体、颜色、声音、气味和物体的运动等,都可充当符号的形式。不仅如此,在一些符号学家看来,整个世界就是一个符号系统,正如路德维希·冯·贝塔朗菲(Ludwig von Bertalanffy)所说,"包围人的是符号的世界","从作为文化的前提的语言开始,到他与同伴的符号的关系、社会地位、法律、科学、艺术、道德、宗教与无数其他事物,人的行为除了饥饿与性的生物需要等基本方面之外,都由符号的实体支配"[1]。早川一荣也指出:"无论朝哪边看,都能发现符号过程在运行。帽子上的羽毛、衣袖上的花纹代表军阶,贝壳、铜、纸币是财富的象征。十字架代表宗教信仰,纽扣、麋鹿的牙齿、绶带、特殊的发型、文身,代表社会关系。符号过程贯穿于人类生活最原始的层次到最开放的层次。军人、医生、警察、门卫、护士、牧师、帝王,都穿着标有他们职务记号的服装。美国印第安人收集颅骨,大学生收集有入会限制的俱乐部的会员用的钥匙,并把这些当作各自领域的胜利记号。凡大家做或想做的事、拥有或想拥有的东西,几乎都兼有物质价值和符号价值。"[2]

符号是人类进行传播的重要手段,传播的最小单元是符号——信息是传播的材料,信息也总是表现为某种符号。有的符号比较简单,例如中国古代的烽火狼烟,抗战时期的"鸡毛信""消息树";有的符号则形成了复杂的系统,比如语

---

[1] 〔美〕路德维希·冯·贝塔朗菲:《一般系统论》,秋同等译,北京:社会科学文献出版社1987年版,第165页。

[2] 转引自张国良主编:《20世纪传播学经典文本》,上海:复旦大学出版社2003年版,第250—251页。

言、文字、计算机软件,其中语言是最为完善的符号系统,"在实际行为环境中与行为密切关联,可以承载无限有细微情感差别的意义"①;有的符号使用者很少,比如某些少数族群或部落的语言;有的符号使用者很多,汉字这种语言符号的使用者多达十数亿。关于符号的传播功能,施拉姆还提供了一个较为浅显的说明:"符号是人类传播的要素,单独存在于传播关系的参加者之间——这些要素在一方的思想中代表某个意思,如果被另一方接受,也就在另一方的思想中代表了这个意思。"②

自现代符号理论诞生以来,人类对符号的认识不断增加,总结出符号具有的任意性、模糊性、多变性等特点。这些特点也提醒人们,由于符号的任意、模糊、多变而带来的意义和价值差别,容易造成交往中的误解或对立。

第一,任意性(arbitrary)指的是符号与指涉对象之间并不存在必然的"再现"式的关系,或者说,符号本身并没有含义,虽然能够统摄某些复杂的感知、体验和行为,但只有用来描述世界的时候,相对准确的意义才得以产生。这也表明,符号具有人为的、约定俗成的甚至是武断的多种解释的可能性,研究者必须从具有连带关系的整体出发,才可能获得恰当的符号意义。语言之所以被视作符号学中的典范,也是由于它的任意性程度较高,而按索绪尔的观点,完全任意的符号比其他符号更能实现符号方式的理想。

第二,模糊性(ambiguous)主要指符号自身的模糊性,以及人们易于对符号做出多种不同的解释。符号表达的观念和意义往往是内涵模糊、界限不清的,符号使用者也会有意、无意地把原本精确的"符号所指对象"模糊化,从而造成符号的模糊性。此外,一些符号受传播环境变化和个人经历的影响,会积累不同的含义。与符号的模糊性对应的,还有符号的精确性(accurate)——符号的能指与所指之间具有某种程度上的准确对应关系。符号的模糊性和精确性都是相对的,在一些文化中看似精确的符号,在其他文化中并非如此。

第三,抽象性(abstract)主要指符号让人不能具体经验的、笼统甚至空洞的特点。根据施拉姆的解释,由于符号必须是从个人的经验中抽象出来的,所以"任何一套符号都不能把一个人的全部感觉和内部的所有活动表达出来"③。根据符号学理论,符号作为表意的工具,必须是在语义明确并与解释者的理解相对

---

① 〔美〕爱德华·萨丕尔:《萨丕尔论语言、文化和人格》,高一虹等译,北京:商务印书馆2011年版,第7页。
② 〔美〕威尔伯·施拉姆、〔美〕威廉·波特:《传播学概论》,陈亮等译,北京:新华出版社1984年版,第67页。
③ 同上书,第72页。

应的时候,或者在一定的传播语境中,才能实现其语用效果。这说明对符号的解释具有语境依赖性(context-dependence),同时也表明,符号不是孤立的,它的意义是社会赋予的,在复杂的社会和文化背景中孕育和产生。

第四,多变性(changeable)意味着符号的意义既是稳定的,也往往处于变动的状态之中。卡西尔就说:"真正的人类符号并不体现在它的一律性上,而是体现在它的多面性上。它不是僵硬呆板而是灵活多变的。"①符号的多变性还表现为,即使在同一文化中,同一符号也往往有着不同的含义,正如施拉姆指出的,"共有的是符号,而不是含义。含义始终是属于个人的,是个人根据自己的经验得来的,是反应的总和。任何两个人都肯定不会一样","符号的含义对不同的人、不同的背景,甚至是同一个人在不同的时候,都有某种程度的不同"②。

20世纪30年代,莱斯利·怀特提出了一个影响深远的文化概念:全部人类行为起源于符号的使用——仅仅是由于符号的使用,人类的全部文化才得以产生并流传不绝,"全部人类行为由符号的使用所组成,或依赖于符号的使用。人类行为是符号行为;反之,符号行为是人类行为。符号乃是人类特有的领域"③。卡西尔在1944年出版的《人论》(An Essay on Man)中进一步指出,文化是人类创造的符号表意系统,人类也是唯一能够创造和利用符号创造自己历史的动物,一切人类的文化现象和精神活动,如语言、神话、宗教、艺术和科学,等等,都是在运用符号方式表达人类的种种经验,并趋向一个共同的目标——塑造"文化人"。格尔茨对文化的定义,也来自他对符号的深刻理解:文化是"从历史上沿袭下来的体现为象征符号的意义模式,人们通过象征符号沟通、延存和发展他们对生活的知识和态度"④。

东西方文化对符号现象的关注和研究源远流长,主要发端于早期社会的语言学、修辞学和逻辑学思想中。关于中国传统中的符号思考,一些研究者认为,《周易》中的"言""书""象""卦""辞"等概念,都包含着符号的观念;战国时期公孙龙的《指物论》,被认为是中国最早的符号论文,其中的"指也者天下之所无也;物也者天下之所有也",区分了实物世界和符号世界。此外,先秦名家是一个以"名"的符号性为研究对象的学派,东汉时期《说文解字》的语言学研究则具

---

① 〔德〕恩斯特·卡西尔:《人论》,甘阳译,上海译文出版社1985年版,第47页。
② 〔美〕威尔伯·施拉姆、〔美〕威廉·波特:《传播学概论》,陈亮等译,北京:新华出版社1984年版,第72页。
③ 〔美〕莱斯利·怀特:《文化科学》,曹锦清等译,杭州:浙江人民出版社1988年版,第21页。
④ 〔美〕克利福德·格尔茨:《文化的解释》,纳日碧力戈等译,上海人民出版社1999年版,第103页。

备了现代符号学认可的符号学思想:把语言作为一个符号系统进行理解和阐释。西方社会的符号思考是从古希腊时期的哲学家开始的。亚里士多德的著述就在多方面涉及符号,并最早提出了"语言是观念的符号"的观点。在《工具论》中,他研究了科学语言的语义学和句法学;在《修辞学》中,他研究了语用学的一些问题。在亚里士多德身后,斯多葛学派(Stoicism)、伊壁鸠鲁学派(Epicureanism)等都对符号问题做出了描述性的研究。斯多葛学派明确指出,要区分对象、符号和意义的不同,主张对象和符号都是可感知的具体存在物,而意义是纯粹主观的东西。在西方近代思想史中,约翰·洛克(John Locke)、戈特弗里德·莱布尼茨(Gottfriend Leibniz)、伊曼努尔·康德(Immanuel Kant)等都曾论及符号问题。洛克在《人类理解论》(*An Essay Concerning Human Understanding*)中把人类知识分为三类:一是物理学,它是关于事物的知识;二是实践之学,主要是伦理学;三是符号学或关于符号的学说。洛克还专门对语言符号的类型及其与不同类型观念的关系问题进行了阐发。莱布尼茨将其对符号问题的关注投入对数理逻辑的开创性研究,力图创造一种比自然语言更精确、更合理的通用语言,以消除自然语言的局限性和不规则性。康德在《实用人类学》(*Anthropology from A Pragmatic Point of View*)中提出了符号分类的命题,把符号划分为艺术符号、自然符号和奇迹符号,并进行了深入的探讨。

进入20世纪之后,符号学(semiology)发展成为一门研究符号的本质及其运作规律的独立学科,以所有符号系统为研究对象,包括文字、图像、动作、音乐、物品,日常生活中的礼仪、仪式或表演,几乎涉及意义表达的一切领域。根据查尔斯·莫里斯(Charles Morris)的概括,现代符号学研究主要有三个分支。第一,语义学,关注的是符号世界与物质世界的关系,主要研究符号与符号所指的事物之间的关系,或者说研究符号与其意义之间的关系——在语义的层面上,符号把思想、感觉或概念带入了人们的脑海。第二,句法学,研究符号如何与其他符号发生关系,重点在于语法和句法结构,关注的是符号以何种方式被组织成为更高一层的符号系统。句法学的核心特征在于抓住了符号的差异性特点——差异性使符号的组合成为可能,并使不同的语法结构产生出完全不同的意义。第三,语用学,研究符号如何在日常生活中得以运用,特别是符号对人类行为所产生的影响,以及人们以何种方式在互动过程中塑造符号及其意义。①

符号学研究已经成为一门有着全球影响的"显学",同时作为一种重要的跨

---

① [美]斯蒂芬·李特约翰:《人类传播理论》,史安斌译,北京:清华大学出版社2004年版,第68—69页。

学科、跨领域的方法论,正在以强劲的发展势头向各个人文社会学科渗透。符号学的迅速发展,得益于语言学、人类学和哲学等领域在20世纪的重大进步。现代语言学是符号学获得理论构架和研究方法的主要依据。文化人类学为符号学提供了部分研究对象——文化人类学和符号学都关心影响个体言语行为的文化诸因素,在对符号与文化关系的研究上彼此多有重叠。哲学领域的现象学研究则为符号学提供了有关意指等概念的重要启发——对符号学影响较大的现象学著作,包括胡塞尔的《现象学的主导观念》(*The Idea of Phenomenology*)和莫里斯·梅尔洛-庞蒂(Maurice Merleau-Ponty)的《感知现象学》(*Phenomenology of Perception*)。

二、索绪尔、皮尔斯、巴特、卡西尔的符号思想

瑞士语言学家索绪尔是现代语言学理论的奠基者,也为现代符号学的诞生做出了基础性贡献。索绪尔的符号学思想集中体现在他身后出版的《普通语言学教程》(*Course in General Linguistics*)中,书中最早提出了有关符号科学的预言:将有一门专门研究"社会生活中符号生命"的科学出现,"将告诉我们符号是由什么构成的,受什么规律支配。因为这门科学还不存在,我们说不出它将会是什么样子,但是它有存在的权利,它的地位是预先确定的。语言学不过是这门一般科学的一部分,将来符号学发现的规律也可以应用于语言学,所以后者将属于全部人文事实中一个非常确定的领域"[①]。

索绪尔对符号学的理论贡献之一,是把不同的语言形式分为语言(langue)和言语(parole)。他认为,语言是一个独立的、自足的整体,遵循一定的分类原则;言语则是对语言进行的有目的的实际运用,作为语言的实现形式,言语是个人的、临时的、多变的。语言和言语之间的区别在于稳定性不同:语言以共时性为特征,较为稳定;言语以历时性为特征,随着时间和情境的变化而变化。重要的是,语言和言语是紧密相连、互为前提的,"要言语为人所理解并产生它的一切效果,必须有语言;但是要使语言能够建立,也必须有言语"。总之,促使语言演变的是言语,语言和言语是互相依存的,"语言是言语的工具,又是言语的产物"[②]。

索绪尔的贡献之二,是把语言作为一种表达观念的符号系统来看待,"语言

---

① 〔瑞士〕费尔迪南·索绪尔:《普通语言学教程》,高名凯译,北京:商务印书馆1980年版,第38页。
② 同上书,第41页。

学家的任务是要确定究竟是什么使得语言在全部符号事实中成为一个特殊的系统"①。他还指出,"语言的问题主要是符号学的问题,我们的全部论证都从这一重要的事实获得意义。要发现语言的真正本质,首先必须知道它跟其他一切同类的符号系统有什么共同点"②。在索绪尔眼中,符号的存在取决于它与其他符号的对立和差别,因此,任何符号都不是独立存在的,都从属于受一定惯例支配的符号系统。这就是说,语言符号的意义不是绝对的,而是一个系统的作用。要寻找使语言得以运作的基本规则与惯例,离不开千差万别的语言本身——要分析语言的社会和集体层面,而不是单独的语言;要研究语法而不是用法,要研究规则而不是表达方式,要研究模式而不是材料;要找出所有说话者在潜意识层次上所共有的语言"深层结构";等等。进一步地,索绪尔把语言研究分为"共时"和"历时"两个部分。共时语言学研究的是同时存在并构成体系的语言要素的关系,注重对时空关系中横剖面的分析;历时语言学研究的是历史上相连续的语言要素的关系,侧重对时空关系中纵断面的研究。

　　索绪尔对符号学的贡献之三,是把语言符号分为能指(signifiant)和所指(signifie)两个部分,即语言是所指和能指的统一。在索绪尔看来,能指是用来表达意思的字、词、句,是符号中具有物质形式的部分;所指则是这些语言要素被分配指向的意义、概念和思想,基本是较为固定和约定俗成的,在使用者之间能够引发对某种概念的联想。重要的是,能指和所指的联结是通过意指完成的——意指是一个过程,是将能指与所指连接在一起的行动,其产物就是符号。索绪尔强调,能指与所指之间的联系是由传统约定俗成的,也是任意的,即一种语言不是简单地将任意的名称分配给一组独立存在的概念,而是在其自选的能指与所指之间建立一种任意的联系——每一种语言都用一种独特的、任意的方法将世界构建成不同的概念和类别。

　　活跃于19世纪后期的皮尔斯是现代符号学的创立者之一,也是影响深远的逻辑学家。与索绪尔在语言学领域为符号学做出贡献不同,皮尔斯对符号学的贡献,主要是把符号学范畴建立在思维和判断的关系逻辑上,注重对符号自身的逻辑结构的研究——在皮尔斯看来,符号学是一种"扩展了的逻辑学"。

　　皮尔斯对符号的定义是:"任何一种真实的或复制的东西","可以具有一种感性的形式,可以应用于它之外的另一个已知的东西,并且它可以用另一个我称

---

①〔瑞士〕费尔迪南·索绪尔:《普通语言学教程》,高名凯译,北京:商务印书馆1980年版,第37—38页。
② 同上书,第39页。

为解释者的符号去加以解释,以传达可能在此之前尚未知道的关于其对象的某种信息。"① 根据符号与所指对象的关系,皮尔斯把符号分为三种类型。第一,表征符号(index)。这是与指涉对象有着某种直接联系或内在关系的符号,如烟之于火、闪电之于雷鸣。其特点在于:它与指涉对象之间并无明显相似之处,而在涉及具体、单独的对象时,会以出人意料的方式吸引人们的注意力。譬如,打哈欠是困倦的表征;旗帜摇动是起风的表征。第二,类像符号(icon)。这是一种与指涉对象之间存在相似、类比关系的符号,譬如地图、壁画、照片、雕塑、口技或模拟的声音,它们也是生活中无所不在的信息符号。这些符号载体所拥有的色彩、线条、形状,与其表现的人、物体、景观等的物质特征之间存在着明显的相似、类比的关系。皮尔斯还使用"iconicity"(类像性)指代符号的能指和所指之间存在的相似和类比关系。第三,象征符号(symbol)。它与指涉对象之间没有必然、内在的联系,完全是依据某种规则或惯例而成为某种对象的再现。通常,象征符号需要使用者进行创造性的解释,才能生成其意指的事物或概念,譬如道路交通标志。可以说,象征符号是针对真实事物的话语,是符号的符号,也是完成意义表达的主要符号。在人类的符号活动中,应用最多、最具代表性的就是象征符号。

通过这种划分方法,皮尔斯打破了索绪尔的"符号(能指)—意义(所指)"的二元符号模式,把符号表现为一种符号自身(representamen)、对象(object)和阐释(interpretant)三者之间合作的符号化过程(semiosis),使符号的丰富性显示为表征、类像、象征成分的有机结合,强调符号只能通过阐释来传达意义,阐释则必须把符号同世界的某些相关方面联系起来。这里也为理解符号提供了一个启示:任何符号的意义都不可避免地为某些环境条件所限制,符号发送者的意图、释义者的心理,以及符号的历史、文化语境等,都会对符号的意义产生限定作用。

与索绪尔相比,皮尔斯更为关注符号产生意义的社会背景,重视认知主体与客体世界的交互作用。皮尔斯认为,符号之所以成为符号,之所以能通过一定的形式系统代替或代表不同于符号自身的其他事物、现象、过程,是由于符号的解释者依据一定的共同体或社会的规范所作的解释或认知。符号自身无所谓指称和表达,而是人做出理解和规定的结果——符号代表着它的对象,这个对象是现实生活中的客观存在,是人赋予符号以生命,并以符号为工具发展了人自身。

整体来看,皮尔斯的符号学思考补充了关于符号的三个重要认识:第一,同一对象可以对应不同的再现和符号,这完全取决于主体的符号环境,比如语言环境。符号的使用者在将符号与现实事物或其他意义相联系的过程中,赋予了符

---

① 转引自中国符号学研究会:《逻辑符号学论集》,上海:百家出版社1991年版,第2页。

号一定的意义。第二,不同的主体对同一符号可以有不同的理解和解释,这取决于主体对符号的经验和解释水平。第三,在符号传播过程中,不能离开阐释这一中介要素。这也进一步说明,符号是不断发展变化的,其能指和所指不可能呈现严格的一一对应关系,所以,对符号的研究也应具备开放性。

罗兰·巴特的符号学思考,集中体现在《符号学原理》(Elements of Semiology)和《神话》(Mythologies)两书中,前者针对的是符号理论的建构,后者聚焦于符号理论的应用。在《符号学原理》中,巴特挑战了索绪尔关于语言学从属于符号学的观点,主张符号学是语言学的一部分,即"符号学知识实际上只可能是对语言学知识的一种模仿",同时,提出了符号学的四对基本范畴:语言与言语;所指与能指;组合与系统(横组合与纵组合);外延与内涵。在《神话》中,巴特运用了索绪尔的符号概念,发展出一种独特的符号学架构,以之分析20世纪50年代法国社会中大量涌现的大众文化现象,探究日常世界中流行的种种"神话"观念以及这些观念制造者的企图,率先将大众文化纳入了符号学研究和批判的视野。"解神话"则成为这一时期巴特思想中的关键词——所谓"解神话"(demythologize),本质上是"从意义构成程序的角度来看待神话和其运作方式的(神话化程序)"①,而一旦涉及意义的生产、流通和消费的过程,必然是一个符号运作过程。

针对索绪尔用以分析语言符号的能指与所指的概念,巴特提出,能指和所指之间的关系不是"相等"而是"对等"的,即两者形成相互联合的关系。具体地说,在语言符号中,能指与所指之间是一种"结构性关系";在非语言符号中,能指与所指是"联想式整体",通过行为者的意图与社会惯例的本质之间的结合而构成符号。比如,用一束玫瑰花表示"热情","玫瑰花"是能指,"热情"是所指,两者之间通过"联想"而成为一个整体的符号。② 针对索绪尔提出的语言和言语这对概念,巴特提出了更具科学意义的论断:人只有从语言中吸收言语,才能运用言语——只有从言语出发,语言才能存在。也就是说,语言是言语的产物,同时又是言语的工具。

巴特的研究还努力表明,符号不是一种简单的意义传递形式,更多的是一种参与意义生产的工具;人类置身其中的世界不是由纯粹事实组成的经验世界,而是由符号形成的意义世界;人们从一个符号系统进入另一个符号系统,不停地对符号进行编码和解码,而人类的全部事务中都渗透着这些行为。巴特对大量社

---

① 〔法〕罗兰·巴特:《神话》,许蔷蔷等译,上海人民出版社1999年版,第2页。
② 〔英〕特伦斯·霍克斯:《结构主义和符号学》,瞿铁鹏译,上海译文出版社1987年版,第134—135页。

会现象做出的符号解析告诉人们：社会的华丽外衣、社会新闻、图片、广告、日常生活等都是符号，它们背后都存在隐而不彰的内涵意义，"符号学也许注定要深入到跨语言领域。其研究材料将时而是神话、叙事、报刊文章，总之是所有以分节语言为第一实体的意指集成；时而是我们的文明的产物，只要它们被言说出来，如新闻报道、说明书、采访、谈话，也许还包括属于幻想类的内心语言"①。巴特对服装、饮食、广告等所做的符号学分析，也使读者第一次真切地发现，人类的确是生活在卡西尔所说的"符号世界"之中。

巴特还有一个影响深远的符号学观点：要了解主体间的互动，首先需要了解"主体间性"的特征。他所说的"主体间性"，是指在心灵的"共同性和共享性"中，隐含着不同心灵和主体之间的互动和传播。巴特认为，不论编码者还是解码者，对符号意义的感知并不是因人而异。他们首先是从属于一个文化群体，共同的文化背景为他们提供了互相影响的意识。所谓心灵的"共同性和共享性"，是指同一文化背景中的所有成员共同感受的知识与经验，是在大家共同遵守的契约中得到认可的。进一步地，不论编码还是解码，都可以运用意识彼此传达信息，而解读就是两个或者两个以上的心灵彼此进入，然后获得"共享世界"。就跨文化传播研究乃至实践而言，这显然是有重要价值的一个认识。

与前述几位学者不同，卡西尔的符号学思考主要从探讨人和人类文化的本质入手，致力于阐明符号在人类生活中的作用，以及人与文化的内在联系和本质特征。卡西尔的思考深化了对人、符号和文化的认识，从人类文化诸形态之总和与人的符号活动的内在联系，延伸到它们与人的本质的内在联系，从而把对人的本质的研究置于宏大的"文化世界"之中，也为文化哲学研究开拓了新的视野。此外，卡西尔关于文化具体符号特征的分析，尤其是对宗教、神话、艺术和科学的内在关系的论述，也以新的视角厘清了文化发展的历史脉络及未来趋势，为不同学科开启了走向"文化世界"的通道。

卡西尔对符号的解释是：人们共同约定用来指称一定对象的标志物，包括以任何形式通过感觉来显示意义的全部现象。这里的符号有两种内涵：一是意义的载体，是精神外化的呈现；二是具有能被感知的客观形式。在符号中，既有感觉材料，又有精神意义，二者是统一不可分的。在卡西尔看来，复杂、矛盾的符号形式背后蕴含着一个最根本、核心的问题，就是人的问题，而人、符号、文化是三位一体的。卡西尔还有一个著名的观点：人是符号动物，即"对于理解人类文化

---

① 〔法〕罗兰·巴特：《符号学原理》，王东亮等译，北京：生活·读书·新知三联书店1999年版，第3页。

生活形式的丰富性和多样性来说,理性是个很不充分的名称。但是,所有这些文化形式都是符号形式。因此,我们应当把人定义为符号的动物(animal symbolicum)来取代把人定义为理性的动物。只有这样,我们才能指明人的独特之处,也才能理解对人开放的新路——通向文化之路"①。

卡西尔符号思想的内在理路,可用一个公式来简要概括:人→运用符号→形成文化。卡西尔认为,符号是观念性的或意义性的存在,能够帮助人们对世界做出主动的创造与解释,"符号化的思维和符号化的行为是人类生活中最富于代表性的特征,并且人类文化的全部发展都依赖于这些条件"②。符号建立了人之为人的主体性,使人从动物的纯粹的自然世界升华到"文化世界"——人不是生活在一个纯粹自然的世界里,而是生活在一个文化的世界之中。在卡西尔看来,符号在人与文化之间架起了桥梁,没有符号,人的生活会像柏拉图"洞穴寓言"(the Allegory of the Cave)中的"囚徒"一样,没有真正的自由,"如果没有符号系统,人的生活就被限定在他的生物需要和实际利益的范围内,就会找不到通向理想世界的道路"③。进一步说,符号哲学研究的对象既不是抽象的文化,也不是抽象的人,而是要研究具体的、能动的符号活动本身,包括语言、神话、艺术、宗教等,"它们是组成符号之网的不同丝线,是人类经验的交织之网。人类在思想和经验之中取得的一切进步都使这符号之网更为精巧和牢固"④。卡西尔强调说,正是这些符号活动产生了一切文化,同时又使人成为人,总之,符号活动"这种自觉性和创造性是一切人类活动的核心所在。在语言、宗教、艺术、科学之中,人所能做的不过是建设他自己的宇宙——一个符号的宇宙"⑤。

卡西尔对符号的"文化世界"的发现,修正了知识界对人、世界乃至自身的认识:人面对的不是一个客观世界,而是一个符号世界,客观世界只有通过符号才能为人所认识;一切符号世界都是建立在客观世界之上的,正因为有客观世界的存在,人才能创造自己的符号世界,并根据客观世界修正自己的符号世界。更为重要的是,人是通过符号来认识世界的,任何一个行之有效的符号体系都是在人类实践中通过以特定方式向世界提问而积累和定型的。正如卡西尔所说,符号思维赋予人一种新的能力,"一种善于不断更新人类世界的能力",进一步地,"作为一个整体的人类文化,可以被称为人不断自我解放的历程。语言、艺术、

---

① 〔德〕恩斯特·卡西尔:《人论》,甘阳译,上海译文出版社1985年版,第34页。
② 同上书,第35页。
③ 同上书,第53页。
④ 同上书,第33页。
⑤ 同上书,第48页。

宗教、科学,是这一历程中的不同阶段。在所有这些阶段中,人都发现并且证实了一种新的力量——建设一个人自己的世界、一个'理想'世界的力量"①。

第二节　传播中的语言符号

　　语言是社会群体约定俗成的,由语音、词汇、语法构成的符号系统,代表了某一社会之内的经验,也反映了一个文化的精神和全部历史。罗伯特·墨菲(Robert Murphy)还指出,在同一语言共同体内部,语言符号是最主要的中介,帮助共同体成员交换信息、请求、知识和价值,并将之传给下一代,可以说,"语言是社会生活的主要运载工具,也是所有文化进化和社会的关键"②。

　　语言与文化相互依存、相互影响。一方面,语言来自特定的文化,语言只有置于其所属的文化和社会的语境中,才具有全面的意义;只有诉诸语言,其他一切文化形式的生成和发展才有可能。另一方面,文化在语言中存在,语言负载着历史与传统,也是文化核心特征的标志。进一步说,每一个人都生活在语言中,语言构成了人的世界,而真实世界(real world)在很大程度上是被无意识地建构于特定文化群体的语言习惯之上的。

一、语言与文化

　　对语言的定义是很困难的。索绪尔的定义是:"语言是一种表达观念的符号系统,因此,可以比之于文字、聋哑人的字母、象征礼仪、军用信号等等。"③萨丕尔的定义是:"纯粹人为的,非本能的,凭借自觉地制造出来的符号系统来传达观念、情绪和欲望的方法。"④

　　语言有狭义与广义之分。狭义的语言是指具有自身独特结构、功能和规则的日常语言,通常包括对话语言(dialogue language)、独白语言(monologue language)、书面语言(writing language)、内部语言(inner language)等,提供了一切文化形式所必需的表达手段和意义载体。广义的语言甚至可以指代人类文化,每一种文化形式,如神话、宗教、艺术、科学等,都是一种语言。正如卡西尔指出的,

---

① 〔德〕恩斯特·卡西尔:《人论》,甘阳译,上海译文出版社1985年版,第78、288页。
② 〔美〕罗伯特·墨菲:《文化与社会人类学引论》,王卓君译,北京:商务印书馆2009年版,第40页。
③ 〔瑞士〕费尔迪南·索绪尔:《普通语言学教程》,高名凯译,北京:商务印书馆1980年版,第37页。
④ 〔美〕爱德华·萨丕尔:《语言论》,陆卓元译,北京:商务印书馆1985年版,第7页。

"不仅存在着由声音、词汇、词语、句子构成的语言,还存在着由艺术、宗教、科学符号建构起来的更为广博的语言。这类语言的每一种都有其相应的用法和相应的规则;每一种都具有其自身的语法"①。詹姆斯·吉还有一个观点,语言是作为思维的、社会的、文化的、制度的和政治的现象而工作的,主要有两种相互联系的功能:第一,作为社会活动的基础;第二,作为文化、社会群体和社会机构中人类关系的基础。②

语言是人类认识、构造经验世界的工具和途径。正是语言的出现,把人类从生物本能的幽闭状态中解放出来——倘没有语言,人类对环境的知识就会局限于自己的感官所见,无法完成对社会的解释和表现。萨丕尔就此认为,"语言和文化的历史成长相平行","语言是人类精神所创化的最有意义、最伟大的事业——一个完成的形式,能表达一切可以交流的经验"。他甚至提出了一个假定:"我倒是相信,语言甚至比物质文化的最低级发展还早;在语言这种表达意义的工具形成之前,那些文化发展事实上不见得是一定可能的。"③

关于语言与文化的关系,马林诺夫斯基有一个意味深长的提示:语言深深地扎根于文化现实和该民族人民的习俗之中,语言研究也必须植根于这一宽泛的语言行为环境。人类区别于动物的关键就在于,动物只有一个现实世界,人类拥有两个世界:现实世界和语言世界——语言介于人与世界之间,人通过语言认识世界,语言记录了人对世界的看法和人存在于世的经验。针对语言的功用,海德格尔有句名言:语言是存在的家,人就住在这家中;路德维希·维特根斯坦(Ludwig Wittgenstein)指出:我的语言的限度,意味着我的世界的限度。罗伯特·墨菲还有一个观点:语言为它所经验的世界提供了组织、分类和排列的现成方法,作为符号系统的语言构成了意义的网络,使人们可以明白周围世界的意义并利用它,"随同文化的其余部分一道,语言成为一种屏幕或一个过滤器,通过它我们来观察世界。正是经由语言的转译,我们形成对现实世界的解释"④。

语言是一个民族的文化得以发展延续的直接载体,也是民族共同体的重要标志。正如洪堡特所说:民族的语言即民族的精神,民族的精神即民族的语言,"不论我们将什么样的形象赋予语言,它始终是一个民族富有个性的生活的精

---

① 〔德〕恩斯特·卡西尔:《符号·神话·文化》,李小兵译,北京:东方出版社1988年版,第26页。
② James Gee, *An Introduction to Discourse Analysis*, Beijing, CHN: Foreign Language Teaching and Research Press, 2000, p.1.
③ 〔美〕爱德华·萨丕尔:《语言论》,陆卓元译,北京:商务印书馆1985年版,第19、197、20页。
④ 〔美〕罗伯特·墨菲:《文化与社会人类学引论》,王卓君译,北京:商务印书馆2009年版,第42页。

神表现"①。20世纪20年代,吴宓在《论新文化运动》中提出中西文化会通的主张时,特别强调:会通的前提是保存中国文化传统中的"精典",尤其是保护汉字的体系。他认为,对中国原有文字、文体的解放必须行之有度,因为中国古典文化大部分寄意于汉字之中,中国的文字不但是中国文化的载体,还是东方诸多民族或国家文字的来源,"苟去中国文字,则中国每一个人皆丧其所有之意识;苟去中国文字,吾直不能想象尚有我身尚有世界;苟去中国文字,则中华民族固将渐灭沦之"②。不过也要看到,由于人是按照语言来解剖自然,一切观点都受其语言形式的支配,事实上并没有观察世界的自由,人与语言形式之间的这种协议是隐含的,也是具有强制性的。或者说,语言给人提供了便利,也为不同的人群乃至民族的文化设下了"樊篱"——语言是人与外在世界之间的一个中间世界,它不是对客观现实的反映,而是人对客观现实的主观态度,人从自身中创造语言,但同时也成为语言的"囚徒"。关于语言对文化的这一影响,李约瑟(Joseph Needham)有个著名的观点:中国人的思维和文化模式可能与汉字有关,至少,语言帮助塑造了中国文化。

  语言是作为一个整体与文化发生关系的。构成一种语言,必须具备的基本要素有语音、词汇/词义和语言规则等。无论是文化对语言的影响,还是语言对文化的承载,两者之间的相互作用都主要发生在语音、词汇/词义、语言规则这些方面。由于语义始终伴随着语音、词汇/词义和语言规则,所以,对语言系统的分析,也可归结到对语音、词汇/词义和语言规则三个子系统的分析。

  语音来自人类的发音器官,负载并传达着特定的语义信息;语音也是构成语言的主要材料,是基于影响听者的行为这一目的发出的声音。每个语音都处于一系列相互独立而又紧密联系的语音当中,是人类语言这一符号系统的载体。关于语音的重要性,索绪尔有个生动的比喻:"语言就像一张纸。声音是纸的这一面,观念、思想是纸的另一面。我们不能只拿起纸的这一面,而不要另一面。"③语音具有自然特性,也具有社会特性。与自然界的其他声音一样,语音具有音高、音强、音长和音质等物理性质。语音的社会特性则表现为音义结合的任意性,以及语音对其表达的意义、语言表达的风格等具有的重要影响。

  语音系统可以划分为音素(phone)、音位(phoneme)、音节(syllable)等若干不同的子系统。其中,音素是人类语言在一次发音中从音质角度切分出来的最

---

① 〔德〕威廉·洪堡特:《论人类语言结构的差异及其对人类精神发展的影响》,姚小平译,北京:商务印书馆1997年版,第57页。
② 吴宓:《论新文化运动》,《学衡》1922年第4期。
③ John Stewart, ed., *Bridges not Walls*, New York, NY: McGraw-Hill Companies, 1999, p.68.

小的语音单位,可分为两大类:元音音素和辅音音素。记录音素的书写单位是音标,目前国际上最为通行的是国际音标;音位是具体语言或方言在一类发音中从能否区别词或语素的角度划分出来的最小的语音形式;音节是由具体语言或方言的音位与音位组合起来的、从自然发音和听感的角度得到的最小的语言结构单位,可看作不同的元辅音序列。音节的类型大致包括这样几种:以元音收尾的开音节、以辅音收尾的闭音节,以及以元音开头的元音首音节、以辅音开头的辅音首音节。要明确的是,音位和音素是截然不同的两个概念。音素可以超越具体的语言或方言,主要表明了语音的自然属性;音位则落实到特定的语言和方言中,表明了语音的社会属性。或者说,音素就像人类制造语音外壳的原材料,使用不同语言或方言的人们取走不同的音素组成各自的音位系统,所以,汉语有汉语的音位系统,法语有法语的音位系统,俄语有俄语的音位系统。譬如,对于汉语而言,[r]和[R]可能是奇怪的声音,但[r]之于俄语、[R]之于法语,则是不可缺少的。

在不同文化的交往过程中,一种语言的语音也会对另一种语言产生影响。譬如,在清朝统治期间,由于受到汉语的影响,满语的辅音系统发生了重大变化,形成了一种与汉语北方方言比较接近的新音系。一些研究还注意到,人们生活节奏的快慢,与发音时舌部和口腔肌肉的张弛度、开口度以及发音时间的长短密切相关。近二三十年来,英语元音的舌部位置发生了一些变化,一些单元音发生了向舌中位置滑动的变化,其音质也随之变异。这是因为,适应快速的生活节奏和发音时的流畅、方便,已成为语音发展的一种趋势。总之,语言是不断发展演化的,语音同样处于变动当中。国内一些研究就注意到,从中古时期至今,汉语中的语音发生了许多方面的变化,主要体现为:浊音清化、新音位的出现、旧音位的消失,等等。

词汇是语言中全部词和固定词组的总和,在语言系统中,词汇相当于构筑语言的建筑材料。由于词汇是语言的基本要素,文化差异在词汇层面上必有体现。尤金·奈达(Eugene Nida)指出,词汇能反映文化,因为词汇反映了人们对世界的了解和分类方式,"某一种语言在某些领域具有较高比例的词汇体现了该文化的着重点所在。某些词汇知识常常说明人们在特定领域的能力,某些词汇的消失表明这一文化所关注的东西发生了变化"[1]。词义是指词汇的意义,既可以指词的内容,也可以指某一固定词组包含的意义。词义大致分为两类:字面意义

---

[1] Eugene Nida, *Language, Culture and Translating*, Shanghai, CHN: Shanghai Foreign Language Teaching Press, 1994, p.107.

(denotation)和引申意义(connotation)。字面意义也称本义,是字面上直接所指的事物或概念,引申意义是指字面意义之外的意义。如前所述,符号与指涉对象之间的关系是人们在社会生活中约定俗成的,针对同一对象,各种文化各有不同的名称,甚至同一文化内对同一对象也有不同的名称,因此词汇与词义的问题成为跨文化传播研究的重要领域。爱德华·伊文斯-普里查德(Edward Evans-Prichard)甚至认为:如果研究者弄懂了某种语言中全部词汇的意义(在各种相关情景中的运用),也就完成了对一个社会的研究。①

词义是语义系统中最基本的语义单位,传统语义学的主要研究对象就是词义。在不同的文化和不同的时期,同一词会产生不同的词义,不了解这种变动,就不能完全接受一个词承载的全部信息。这里涉及词义的两个特征:稳定性和多变性。词义必须具备相对的稳定性,否则难以进行正常的传播。例如,水、火、太阳、月亮等词的词义都有相对的稳定性。不过,词义的稳定性是相对的,多变性则是绝对的。只要词汇被使用,词义就可能发生演变,词义变化也始终是语言变革中最为敏感和活跃的因素。就语言的发展史来看,在早期社会中,人们要沟通和表达的意念相对单纯,需要和使用的词汇自然就比较简单。随着文化的积累和社会的演进,人类的思想渐趋复杂,原有的词汇不敷使用,词义便不可避免地随之演变。有语言学家分析说,由于汉语是一种象形文字,英语是一种拼音文字,因而英语词义的变化速度要比汉语快得多。据统计,英语中500个最常用的词汇可产生出1.4万多种意义。

由于文化差异,不同语言中的词汇数量是不等的,一种语言中的词汇在另一种语言中往往可能找不到对等或契合的词汇,这种普遍存在的情况可以被称为词汇空缺(lexical gap)。所以,本着社会发展和交往的需要,必须不断产生新词,包括借词和译词。中文的"咖啡""沙发""克隆""拷贝"就是借词——根据外来语的语音用汉语表达的词。当代汉语词汇还有个特点,就是用译词代替借词,比如"火车""轮船""飞机""计算机"便是译词。借词和译词的大量出现,是词汇演变中颇为显著的现象。近代以来,汉语从日语中吸收了大量的译词,而在日语的借词和译词中占绝对优势的则是英语——约占外来语总数的80%。② 借词和译词也告诉人们:一个文化从另一个文化中学习到了什么——对一个民族的词汇表中借词与译词数量的比较,可以从一个侧面表明该文化同化力的强弱。同

---

① 〔美〕罗伯特·尤林:《理解文化》,何国强译,北京大学出版社2005年版,第48页。
② 江户时代以前,日语词汇以引进汉语、汉字为主,并由汉字演变出平假名和片假名,使汉语的影响全面渗透到日语当中,所以,汉语在日本至今并不被当作外来语看待——日本语言学界通常把外来语的概念限定在西方语言的范围之内。

化力强,则译词多于借词;反之,借词多于译词。英语也是如此,据统计,在大约两万左右的英语常用词汇中,约有75%是外来词——意义和声音的形式都来自外语的词汇。① 萨丕尔还有一个看法:借词的产生与文化扩散关联密切,对特定语言词汇来源的分析,也往往是展现文化影响方向的重要指标。譬如,英语的词汇中有丰富的借词,分别来自早期拉丁语、中世纪法语、文艺复兴时期的拉丁语和希腊语、现代法语等,这相当精确地表现了各种外国文化对英国文化的影响及其时间、程度和性质,"留意各个民族的词汇渗入别的民族的词汇的程度,就差不多可以估计它们在发展和传播文化思想方面所起的作用"②。

人类跨文化传播的历史让任何一门语言都无法保持静态,在面对其他文化中新生的事物、新的观念以及新的技术时,都需要语言做出相应的调整。一些历史语言学家甚至根据语言的相似与差异,提出了一些方法,去估算某些人口迁徙、入侵、接触发生的时间,譬如莫里斯·斯沃德什(Morris Swadesh)等在20世纪50年代提出了词源统计分析法(glottochronology),试图推测拉丁语和希腊语等从某种较早的共同语言中分离出来的时期。进一步说,虽然语言反映的是它的使用者的文化,但不同的文化也可能附着在同一种语言上。在人类历史上,有五种主要语言曾在传播文化方面有过"压倒势力",包括古典汉语、梵语、阿拉伯语、希腊语和拉丁语,这些语言彼此之间的相互影响就不可忽视,各自的演化也折射了人类跨文化传播的历史。针对外来文化对汉语的影响,王力指出:"中国语言学曾经受过两次外来的影响:第一次是印度的影响,第二次是西洋的影响。前者是局部的,只影响到音韵学方面;后者是全面的,影响到语言学的各个方面。"③

语言规则(linguistic rules)大致包括两方面的内容:一是语法规则,二是语用规则。

语法规则针对的是语言系统的结构规律,是构词规则和造句规则的综合。相比上述的语音、词汇,语法规则是语言系统中最为稳定的部分。根据诺姆·乔姆斯基(Noam Chomsky)的观点:惯用语法的表面结构之下深藏着某种深层结构,那是潜藏的语法组建者,即语法并非完全是学习得来的,人们接受它只是因为对它已有先定倾向——不同文化中的人们各自具备深层的心智结构,故可选择语言的形式规则,而不管怎样变化多端,语法总是要符合深层结构。譬如,早

---

① 英语外来词的比例呈逐年上升趋势,大量日文和中文词汇也被吸纳进英语。截至2013年11月,已经有诸如"土豪"(Tuhao)和"大妈"(Dama)等120多个中文新词被收入牛津词典。
② 〔美〕爱德华·萨丕尔:《语言论》,陆卓元译,北京:商务印书馆1985年版,第174页。
③ 王力:《中国语言学史》,上海:复旦大学出版社2006年版,第142页。

在甲骨文时期,现代汉语中最为基本的语序"主语+动词+宾语"的排列顺序就已存在了。

语用规则指的是决定使用语言是否得体的文化、社会等因素。由于语言是社会行为,必须遵循其社会或群体所共享的使用规则,这就涉及语用学(pragmatics)以及跨文化语用学的研究。语用学又称语言实用学,是20世纪70年代以来在语言学研究中产生和发展起来的语言学分支学科,以语言意义为研究对象,主要研究特定情景中的特定话语,以及如何通过语境来理解和使用语言。跨文化语用学针对的是使用第二语言进行人际交往时出现的语用问题。由于此类交往中使用的第二语言总是或多或少地带有母语的特征或影响,跨文化语用学的研究内容就包括:如何准确地使用第二语言进行人际交往;来自不同文化背景的人们在人际交往中语言行为的差异和语用策略;母语文化对特定场合中语用行为的影响;等等。语用学和跨文化语用学领域的大量研究还表明,不同文化在语言使用规则方面存在着很大差异,或者说,语用差异之所以存在,很大程度上是由于深层文化差异造成的。基于此,不同语言之间交流的核心任务就是寻求语言对等(linguistic equivalence),涉及词汇对等、习语与俚语对等、语法—句法对等、经验—文化对等、概念对等,而这些无一不与文化差异密切相关。

语用规则不仅因文化而异,而且具有无意识的特点——人们常常是无意识地习得语用规则,也同样是无意识地运用这些规则去判断别人的语言行为。正是这种无意识,使人们在与来自不同文化背景的人交往时容易出现传播失误,因为人们会不自觉地进行语用迁移(pragmatic transfer),即以自己的语言使用规则为标准,去解释和评价别人的语言行为。语用规则的差异是普遍存在的,特定文化、社会或群体中的语用规则往往只能在其自身的语境中被理解,不能使用不同文化中的语用规则来描述某种特定文化中的语言行为,否则因此造成的语用失败(pragmatic failure)会表现在语言使用的各个方面。比如,在跨文化交往中,一个文化中人们习惯讨论的话题,可能是另一文化设法回避的话题;一个文化中人们常常涉及的内容,可能构成另一文化中对隐私的侵犯。需要注意的是,违背语用规则的后果往往比违背语法规则的后果严重——语法错误是语言本身的错误,有时并不会影响传播,而不符合语用规则的"问候""致谢"或"恭维""道歉"等语言行为,则可能被误认为不友好的表现或触及隐私的行为等,会直接导致传播的失效。

针对语用规则在交往中的重要性,1975年,保罗·格赖斯(Paul Grice)提出了会话的合作原则(cooperative principle),认为会话必须遵守一些基本原则:数量准则(maxim of quantity)——提供交换所需的信息,但不必超过所需信息;质量准则(maxim of quality)——应当说真话,不要说缺乏足够证据的话;关联准则(maxim of relation)——说话要贴切,有关联;方式准则(maxim of manner)——避免模糊和模棱两可的表达,尽量做到简洁、有条理。① 在合作原则的基础上,1983年,杰弗里·利奇(Geoffrey Leech)在《语用学的原则》(Principles of Pragmatics)一书中提出了会话的礼貌原则(politeness principle)。其中包括:得体准则(tact maxim)——减少表达有损他人的观点,尽量使别人得益;慷慨准则(generosity maxim)——减少利己观点的表达,尽量少使自己得益;赞誉准则(approbation maxim)——减少对他人的贬损,尽量多赞誉别人;谦虚准则(modesty maxim)——减少对自己的过誉之词;一致准则(agreement maxim)——减少与他人在观点上的分歧;同情准则(sympathy maxim)——减少与他人在情感上的对立。利奇的礼貌原则强调了礼貌在交往中不能被忽视的影响,不过,不同文化会有不同的礼貌原则,对礼貌的重视和理解也各不相同,这也是交往中需要把握的方面。有研究注意到:在菲律宾工作的美国"和平队"队员中,许多人是因为"谈吐坦率"而破坏了与当地人的关系。

合作原则和礼貌原则都是语用规则的重要组成部分,体现了语用规则与文化和语境的关联。1992年,在礼貌原则的基础上,顾曰国针对汉语中的礼貌现象,提出了汉语文化的"礼貌准则",包括:贬己尊人准则,即指谓自己或与自己相关的事物时要"贬",要"谦",指谓听者或与听者相关联的事物时要"抬",要"尊";称呼准则,即人们出于礼貌在互相称呼时仍应按"上下、贵贱、长幼有别"的传统来体现人际交往中的社会关系;文雅准则,即选用雅言,少用直言;求同准则,即交际双方在诸多方面应力求和谐一致;德、言、行准则,即在行为动机上,尽量减少他人付出的代价,尽量增大他人的益处。②

二、语言与传播

西方社会的语言研究始于古希腊时代。在古希腊,人们不仅对语言在交往中的作用推崇备至,也把语言作为探索和表述真理的工具,以及延伸自我和影响他人的工具——"雄辩就是力量,因为雄辩好比深谋远虑",由此开创了修辞(rhetoric)教育的传统。

在古希腊教育的"七艺"——修辞、语法、逻辑、几何、算术、音乐、天文中,占据首位的就是修辞,主要是指演说与说服的艺术,涉及立论和修饰语句的技巧和

---

① Paul Grice, *Studies in the Way of Words*, Cambridge, MA: Harvard University Press, 1989, pp.26-27.
② 顾曰国:《礼貌、语用与文化》,《外语教学与研究》1992年第4期。

能力,甚至包括讲演者的姿态、表情和嗓音等。亚里士多德还认为,修辞学作为一门通过吸引和保持注意力来改变某种意向的学问,具备了"能在任何一个问题上找出可能的说服方式的功能"①,为此他主张:修辞学不是为某一特定阶层的臣民专有的学问,而是人人应该掌握的学问。此后的西方历史中,对上帝的崇拜也影响了人们的语言观,人们开始视语言为神圣、崇高的东西——上帝用语言的神奇力量于混沌之中造出了天地和万物,如《新约》所载:"泰初有言。语言与上帝同在,语言就是上帝。"受宗教传统的影响,犹太教和基督教都自认是"言语的宗教":上帝以语言创造世界,人与宇宙、上帝之间的关系要靠语言来维系和沟通,掌握在上帝那里的真理也需用语言去探索。

与西方把语言作为延伸自我和影响他人的工具不同,中国早期教育中的"六艺"是"礼、乐、射、御、书、数",没有专门针对演说或修辞的内容,但更强调人格的力量,如《论语》所说:"其身正,不令而行;其身不正,虽令不从","君子不以言举人。"龚文庠就此指出,修辞在中西方传统教育中的不同地位,是"中西文化传统的一个有趣的差异"②。当然,中国典籍中也不乏有关修辞的内容,如《周易》中有"修辞立其诚"——"rhetoric"被译为"修辞"即由来于此,《尚书》中有"政贵有恒,辞尚体要,不惟好异",《礼记》中有"言语之美穆穆皇皇"。还有关注论辩这一修辞方法的《鬼谷子》、概括修辞现象的韩非子的《说难》,以及中国古代修辞学的集大成之作《文心雕龙》,等等。需要注意的是:中国古代的修辞思想始终以伦理为其特征,而非功利,"不以文害辞,不以辞害志"是中国古代修辞思想的基本要求。孔子说:"巧言令色,鲜仁矣""巧言乱德",孟子有"言不离道"的说法:"言近而指远者,善言也;守约而博施者,善道也。君子之言也,不下带而道存焉",荀子也说:"不好言,不乐言,则必非诚士也。故君子之于言也,志好之,行安之,乐言之,故君子必辩。"顾仁就此指出,中国"古人对修辞的理解和阐发,的确不如古希腊人系统,但在立意之正和思想深度上,比之古希腊哲人,不遑多让"③。

传播是从语言开始的。作为人类最基本的活动,语言遍及人类生活各个重要的领域,参与并构成了人类的各种传播行为,人类的语言也无不是在传播过程中被创造和表现出来的。在日常生活中,没人能把传播同语言分离开来,也没有人能割断人与语言的密切联系。人们通过语言制订计划,运用语言去梦想、沉

---

① 亚里士多德:《修辞学》,罗念生译,北京:生活·读书·新知三联书店1991年版,第24页。
② 龚文庠:《说服学》,北京:人民出版社1998年版,第7页。
③ 顾仁:《古代中国没有修辞学?》,《东方早报》2010年7月11日。

思、评价和记忆,也通过语言向他人表现自我,与他人沟通情感和思想,完成人类的传播需要。耐人寻味的是,迄今为止世界上所发现的任何一种人类语言,都是可以互相翻译的。这也可以说明,人一方面很难超越自己生活的界限,另一方面却可以通过学习各种语言来拓宽自己的世界。这似乎也印证了福柯的一个观点:语言塑造了人所理解的事物,只要文化认为是重要的,语言符号就会赋予它们社会意义。当然,这个过程是通过传播得以确立的。总之,语言必须被放入人类的传播活动中来观察。20世纪70年代以来,语言学研究的一个新领域就是:考察语言的传播功能,揭示语言传播的基本规律、技巧和类型等,让人所创造的语言符号体系满足社会人的传播需要。

正是通过对语言与文化、语言与传播的关系的考察,爱德华·霍尔提出了影响深远的"高—低语境"理论。该理论把人类行为划分为高语境与低语境两种传播系统,同时指出,世界上没有一种文化能够游离于两种体系之外,而是均可被划分到高语境文化和低语境文化之中。[①] "高—低语境"理论隐含的假设是:文化提供了一面"屏障",它位于人与外部世界之间,决定着人们应当关注什么、忽视什么。在爱德华·霍尔看来,低语境文化中的大多数信息存在于传播过程中,用以补充语境中缺少的信息,所以传播者主要依靠逻辑、推理、思维和语言进行表达,从而呈现出一种直接的、外在的语言交流。与之相比,在高语境文化中,语言和符号的既定意义不是意义的最重要来源,意义多是隐含在语境和关系之中的,传播各方通常不直接表达自己的想法,而是借助各种不成文的规范、价值观、仪式、非语言符号等信息,语言中包含的实际意义较少。霍尔还以日本人和美国人的差异为例,指出高语境文化更多依靠非语言符号传递信息,更习惯于将人群区分为"我们"或"他们",更关心外来者进入"我们"的圈子时,是否能举止恰当,并不关心外来者究竟如何想、真实的态度或感情如何。

针对语言在跨文化传播中的意义的描述、理解和反思,是跨文化传播研究的传统议题。单波还指出,语言作为跨文化传播的必备要件,是文化旅行的载体,在构建、传达话语体系的同时,自身也成为维持、复制和巩固跨文化传播体系的主体。对于跨文化传播研究而言,必须面对与语言的跨文化理解和跨文化叙事相关的诸多问题,包括:讲不同语言的人们能够互相理解吗?当他人的文化思想被用不同的语言表达时,我们是否还能再现他者的思想?词汇量、词汇分类和语

[①] 〔美〕史蒂夫·莫滕森编选:《跨文化传播学》,关世杰等译,北京:中国社会科学出版社1999年版,第36—45页。

法结构迥异的语言之间是否能相互翻译?① 一些学者认为,跨文化叙事是不可能的,因为不同的符号系统会导致对世界的不同认知,单一的叙事永远是单一文化的,只能在单一的文化语境下行使其功能。也有一些研究认为,语言的差异并不影响人们通过翻译实现沟通和理解,因为人类的思维认知存在共性,否则跨文化传播会是一项"不可能完成的任务"。

在跨文化传播研究的视域下考察语言与传播的关系,不能忽视语言多样性(linguistic diversity)和语言霸权(linguistic hegemony)这两个彼此相关的命题。

语言多样性命题与语言消亡、语言权利、语言平等等话题直接相关,也构成了关于文化多样性的讨论的主要内容。1955 年,哈罗德·康克林(Harold Conklin)在菲律宾的哈努诺部落通过调研完成的博士论文《哈努诺农业与植物世界的关系》("The Relationship of Hanunoo Agriculture to the Plant World")指出:哈努诺语言中描述植物各个部位和特性的词汇多达 150 种,有关植物分类的单位有 1800 种之多,比当时西方现代植物学的分类多出 500 项。由此可知,即使是罕为人知的极少数人使用的语言,也可能在某个方面比西方文化中的任一语言都要丰富。

目前世界上大约有 7000 种语言,有 8 个国家的语言数量占到了语言总数的一半以上,这些国家分别是:巴布亚新几内亚、印度尼西亚、尼日利亚、印度、墨西哥、喀麦隆、澳大利亚和巴西。根据联合国教科文组织 2009 年发布的《世界濒危语言图谱》(UNESCO Map of the World's Languages in Danger),全球有 2511 种语言处于脆弱、危险或非常危险的境地,199 种语言的使用人数不足 12 人。图谱还显示,共有 178 种语言的使用人数在 10 人至 50 人之间。仅就语言消亡来论,在一般意义上,如果一种语言要从一代传到下一代,其使用者至少要有 10 万人。按照这个估计,到 21 世纪末,约有 50%—90% 的语言会消亡。研究者的共识是:语言多样性的减弱,会造成思维和表达的单一化或者枯竭,进而扼杀对人类发展、进步极具重要意义的多元模式探索,导致人类的知识环境及其生命受到威胁。布托·布托-加利(Boutros Boutros-Ghali)曾指明这一事实:"当今世界,每两个星期就会有一种语言消失,随之,与之相关的传统、创造、思想、历史和文化也都不复存在。"加利同时强调,保护语言多样性是促成一种真正的和平文化的途径,"如果我们听凭语言的单一化,那将会导致一种新型的特权群体,即'话语'

---

① 单波、熊伟:《跨文化传播的语言问题》,《国外社会科学》2009 年第 4 期。

的特权群体的出现"①。

语言的流向、流量不仅是全球化的必然结果,也是国际格局中权力博弈、话语霸权的社会基础。西方国家的语言传播和推广与其殖民和全球扩张的历史紧密相连。"语言素来是帝国之伴侣,并将永远成为帝国之伙伴",这是西方帝国在殖民时代的语言观,至今仍对世界语言生态的恶化负有重要责任。其直接后果包括:后发展国家在制定教育规划时不注重本土语言,直接套用殖民地模式——青睐欧洲语言而不重视本土语言,脱离了本地民众所面对的语言文化的独特性。西方社会数百年的殖民历史表明,一个社会对另一个社会的征服或许是语言趋同、分化甚至绝迹的最强大的驱动力。据统计,从16世纪到20世纪,战争、流行病、殖民政权以及其他入侵者强制推行同化政策等原因,直接导致全世界约10000种语言中的3000多种消失。有研究就此指出:"对一种西方语言和西方教育原理的依赖与经济、军事和文化方面的依赖密切相关,这种不平等的关系导致富裕的西方国家势力的加强,也同样会带来贫穷国家经济、文化甚至语言上的落后,西方依然处在决定原料价格以及语言规范性的大国地位。"②

近代以来英美两国在全球范围的强大影响力,使英语成为在全球被广泛使用的强势语言。正如塞缪尔·亨廷顿(Samuel Huntington)所说,"历史上,语言在世界上的分布反映了世界权力的分配"③。从18世纪中叶起,英国就把掌握英语看作是"教化属地内有色人种最重要的方式",对英属殖民地普遍实行种族隔离的教育政策,使殖民地人民成为"具有英国式旨趣、看法、道德及智能的阶层"。据1994年的统计,全世界10000家日报中约有一半使用英文,电视节目绝大多数使用英语,80%的学术研究成果首先以英文发表。另据联合国教科文组织的估计,当今世界2/3以上的印刷材料是以英语、俄语、西班牙语、德语以及法语出版的。这些数字和事实,足以证明某些文化的语言已制造了某种"霸权",

---

① 〔埃及〕布托·布托-加利:《多语化与文化的多样性》,张晓明译,《南京大学学报·哲学人文社科版》2002年第3期。
② 中国社会科学院民族所编:《国外语言政策与语言规划进程》,北京:语文出版社2001年版,第715页。根据联合国《世界濒危语言图谱》的数据,全世界97%的人口使用的语言仅占世界语言种类的4%,使用其他96%的语言种类的3%的人口中的大部分都生活在贫困线上下。一些语言学家就此认为,发达地区频繁的交往需要导致语言多样性减弱,而在极端不发达地区,由于与外界交流不畅,众多语言得以存在——这些语言也是这些地区孤立于外部世界的主要原因。譬如,刚果与巴布亚新几内亚是世界上最具语言多样性的国家,仅巴布亚新几内亚的语言种类就达到了830种。
③ 〔美〕塞缪尔·亨廷顿:《文明的冲突与世界秩序的重建》,周琪等译,北京:新华出版社1998年版,第51页。

其他语言面临的被削弱乃至消亡的危险正在不断逼近。① 有必要强调的是，从17世纪开始，法国就高度重视法语的对外传播，把维持法语"具有国际影响的语言"的地位视为法语推广目标，努力与英语扩张的趋势相抗衡。第二次世界大战后至今，法国持续宣传法语在获取文化知识、进行职业活动以及国际或地区性组织中的作用，使法语成为英语之外的重要的"国际语言"。法国还设立了法语学会（Academie Francaise）来监察作为国际语言的法语，定期从法语中清除外来语，避免受到其他语言特别是英语的污染和侵蚀，以维护法兰西文化的"纯正"。

研究语言霸权的议题，离不开语言与跨文化理解、语言与文化认同建构、语言与意识形态以及语言与权力的关系等论题。对于跨文化传播的本土研究而言，这显然也是一个不可忽视的研究领域，涉及语言对个体、族群、民族、社会及国家的意义，国家统一使用的语言和各族群语言的关系，有关语言的规划和政策等重大而影响深远的议题。由于语言与文化认同及国家认同之间具有象征性联系，在全球范围内使用某种语言，就意味着推广该语言所承载的文化—意识形态，这被称为"语言主义"（linguicism）。罗伯特·菲力普森（Robert Phillipson）指出，英语和其他语言之间结构和文化上的不平等，是英美国家的"语言帝国主义"（linguistic imperialism）的表现——通过推广使用语言，使群体之间存在的物质权利、非物质权利和资源上的不平等关系合法化、现实化，并且使之在意识形态、语言结构和文化实践中得到复制和维持。菲力普森认为，鉴于历史上形成的政治和经济格局关系，英语占有了更多的物质资源和象征资源，这就使那些英语熟练的人得益，也进一步增强了英语的地位，间接地反映了一种"盎格鲁中心观"（anglocentricity）——用盎格鲁文化的标准去评判其他文化。② 20世纪后期在世界各地兴起的语言民族主义（linguistic nationalism）运动，即是对"语言主义"乃至"语言帝国主义"的一种拒绝和反抗，是发展中国家、弱势族群对自身权利和文化认同的诉求。

不同语言的不同地位，反映了不平等的全球秩序，也反过来建构了这一秩序。詹姆斯·罗尔（James Lull）指出："对一种语言的全球性提升代表着对一种文化的全球性提升，它暗示了文化的等级。如果你的本族语不是英语，那就表明

---

① 不过，亨廷顿认为，正如公历是世界的计时方式，阿拉伯数字是世界的计数方式一样，使用英语是在进行文化间的知识交流，前提是存在着相互分离的文化，"通用语言是处理语言差异和文化差异的方式，而不是消灭它们的方式。它是交流的工具，而不是认同和社会群体产生的根源"。参见〔美〕塞缪尔·亨廷顿：《文明的冲突与世界秩序的重建》，周琪等译，北京：新华出版社1998年版，第49页。

② Robert Phillipson, *Linguistic Imperialism*, Oxford, UK: Oxford University Press, 1992, p.47.

你的文化在世界范围内不是最优秀的文化。"①研究者还根据不同语言的影响和地位,把世界上的主要语言划分为三个层次:中心语言(英语、法语、德语、俄语);半边缘语言(西班牙语、意大利语、丹麦语、瑞典语、波兰语和捷克语);边缘语言(汉语、日语、阿拉伯语、葡萄牙语)。② 这里要注意的是,在不同文化、国家的内部,一种语言对其他语言的特权,往往是一种政治行为而不是语言行为,一些所谓的"优越"语言在维持和传播主导文化方面起着非常重要的作用,而在"优越"语言被推广的过程中,被支配者会被不知不觉地纳入不平等的权力秩序。关于这一点,杜维明的观点意味深长:"一种文化政策若不承认语言是个人和群体关于自我身份的表达,则可能会导致灾难性后果。"③

与语言霸权和语言多样性的议题相关,当前正在兴起的网络语言也是跨文化传播研究不能忽视的方面。一方面,经由互联网流通的强势语言加速了弱势或濒危语言边缘化的趋势。另一方面,网络技术极大地改变了全球语言的格局,特别是基于本地社区的虚拟交往增强了本地语言的共享性。在新媒体传播的语境中,大量的符号被引用、转借和移用,加上移民、技术发展、接触交流等因素的影响,语言分化(language divergence)的趋势愈加明显,这在一定程度上或会部分消解语言趋同对人类语言多样性的危害,并与语言趋同共同影响人类语言的发展变化。

第三节 传播中的非语言符号

非语言符号可以指代人类传播中使用的语言符号之外的所有符号,功用在于重复、补充、调整、替代或强调语言符号传递的信息,主要包括身体语、时间语、空间语、沉默、服饰、副语言(paralanguage),等等。萨丕尔称之为一种不见诸文字、无人知晓但人们都能理解的"微妙代码"(elaborate code)。

需要注意的是,研究者不能过分夸大不同文化中的非语言符号的差异,还应认识到非语言符号在不同文化中的相同之处和普遍意义。况且,文化是发展变化的,非语言符号也处在不断变动乃至趋同的过程之中,特别是在跨文化传播如此频繁、复杂的今天。

---

① 〔美〕詹姆斯·罗尔:《媒介、传播、文化》,董洪川译,北京:商务印书馆2012年版,第164页。
② Johan Heilbron, "Towards a Sociology of Translation," *European Journal of Social Theory*, Vol. 2, No. 4, 1999, pp. 429–444.
③ 〔美〕杜维明:《文化多元、文化间对话与和谐》,《中外法学》2010年第3期。

一、非语言符号的功能

非语言符号主要有两大特点:一是生物性,二是社会性。生物性是指任何一个文化、民族都具有共同的传递信息的生物性特征,比如恐惧时的颤抖、寒冷时的哆嗦。社会性是指人类使用的部分非语言符号是后天学得、世代相传的,常为某一群体的成员共同拥有,也构成了该群体文化的一部分。如埃德蒙·利奇所说:众多的非语言的文化形式,诸如衣着、村落位置、建筑、家具、食物、烹调、音乐、身体动作、姿势等,都以模式系统的形式来组织,就像自然语言中的语音、词汇和句子一样体现代码信息(coded information)。[1]

1872年,查尔斯·达尔文(Charles Darwin)出版了《人类和动物的情感表达》(The Expression of Emotions in Man and Animals),开创了一种至今仍被广泛应用的研究方法,即把人类的非语言符号传播与动物的表达方式联系起来进行研究,探索生物进化的发展进程。非语言符号具有强烈而丰富的文化色彩,因此成为跨文化传播学自诞生起就重点关注的研究对象。从20世纪50年代起,爱德华·霍尔的《无声的语言》和雷·伯德惠斯特(Ray Birdwistle)的《身体语与语境》(Kinesics and Context)等著作的出版,把针对非语言符号的研究推进了一大步,也吸引了心理学、社会学、语言学等学科对非语言符号的关注。

在《无声的语言》中,霍尔一再强调,非语言符号如时间、空间、表情、肢体动作等细小的因素都属于文化的一部分,值得细致观察与分析。霍尔还指出:针对他国的语言、历史、体制、习俗方面的培训是驻外人员培训的第一步,对世界各国不同群体的非语言符号的介绍、推广也同样重要。20世纪50年代,伯德惠斯特开始研究身体语与传播的关系,特别是提出了"kinesics"的概念,指出人的身体各部位的动作、器官等都可以表达和传播信息、感情和态度,认为所有的身体行为在传播的语境中都有潜在的意义。他还提出了针对身体语与传播的若干假设,包括:第一,在传播的语境中,所有的身体活动都有潜在的意义,人们会赋予这些活动一定的意义;第二,行为的组织过程能够被分析,也需要研究者做出系统分析;第三,传播中的身体活动是社会系统的一部分,不同群体以不同方式使用身体语;第四,人们会受到他人较为明显的行为和动作的影响;第五,身体语的使用与个人癖好有关,也是个人与他人共享的社会系统的一部分。

非语言符号构成了人际传播的主要信息源,特别是人们之间表达情感的信息,主要是经由非语言符号传播的,其中大部分通过身体语传递。此外,虽然语

---

[1] 〔英〕埃德蒙·利奇:《文化与交流》,郭凡等译,上海人民出版社2000年版,第8页。

言符号明显地起支配作用并被认为是占支配地位的传播手段,但任何语言行为都需要通过非语言符号来完成传播。毕竟,人类丰富的思想和情感并不能通过语言符号得到充分的表达,或者说,任何一种语言都不可能全面表达和负载人类传递的丰富信息。罗伯特·墨菲还指出:"思想不能被简单地分解成语言,意义还可以通过语言背景、特定情境和对这个世界的非语言性理解来表达和传递。人们的交流可用者远不止于语词。表达发生的社会背景、对话者的社会身份以及句子结构的策略性,传递和改变了意义。关键时刻的信息也因声调、眼色、微笑、耸肩、快速一瞥而发生变换。"①

语境决定了人们对非语言符号的解释并设定其传播的意义。非语言符号是一个复杂的系统,与之关联的文化差异也极其复杂,难以准确厘定。正如埃德蒙·利奇所说,"当与朋友和邻居在一起时,我们会毫无例外地认为交流是包括许多言语和非言语的复杂的持续过程。只是当遇见非本民族的陌生人时,我们才会突然意识到,由于传达信息有各种习惯行为(不仅仅是语言行为),我们只有懂得其中的奥秘,才可能知道发生的是什么事情"②。这就要求在跨文化传播实践中,既要对非语言符号的多义性高度敏感,也要努力把握非语言符号与语境的关联。关于这一点,利奇还有一个说法:"非言语表达的交流一般是以乐队指挥把音乐信息传达给听众的方式进行,而不是以书的作者把非言语信息传达给读者的方式进行的",所以,"在我们开始破译信息之前,我们必须懂得许多有关文化场合和背景的知识"③。

非语言符号也是语言反应连续发生的必要条件,对于传播双方都具有潜在的意义。萨默瓦即提出,在人际传播的场景中,来自传播双方以及环境的非语言"刺激"(stimuli)对传播双方都有潜在的信息价值。④ 尤其是在面对面的交流中,人们往往会倾向于通过非语言符号来发送和获得自身所需要的信息及其意义,并据此判断、认识和描述自己与他人的关系。而在社会心理学的视角下,非语言行为能够反映并表明关系的发展——人际关系的形成过程是一个交往过

---

① 〔美〕罗伯特·墨菲:《文化与社会人类学引论》,王卓君译,北京:商务印书馆2009年版,第45页。
② 〔英〕埃德蒙·利奇:《文化与交流》,郭凡等译,上海人民出版社2000年版,第7页。在国内语言学和跨文化传播学等领域,"nonverbal"主要有两种译法,一是"非语言",二是"非言语"。本书主要使用"非语言"的译法,意在强调非语言符号在不同文化中相对稳定的社会性、整体性特征。关于语言和言语的含义差别,详见本书第三章第一节。
③ 同上书,第98页。
④ Larry Samovar and Richard Porter, *Communication between Cultures*, Belmont, CA: Wadsworth, 2004, p.169.

程,别人的内在状态或态度是无法直接观察的,所以,人们只能从其非语言和语言行为上加以推测——"非语言行为的紧密配合,不仅在推测过程中极其重要,而且在熟识过程中也非常重要"①。

比较而言,语言符号长于逻辑思维、抽象分析和理论探索,非语言符号则能够表达复杂的、无法言表的感情和信息,主要用来补充、强化、重复、强调、调整语言符号中的信息,或者用来产生与语言符号中的信息相反的效果等。对于非语言符号传递的信息要置于特定的情境中去理解,不能简单化。在很多情况下,非语言符号传递的信息往往是与语言符号相矛盾的。当然,这也是非语言符号的重要功能之一。萨丕尔还指出,虽然手势与语言不断相互作用,但不少事实却显示两者之间存在微妙但严格的区分。相对于手势,语言往往比较正式且为社会普遍认可。手势来自人们的直觉,比实际使用的词语具有更重要的心理意义。譬如,不论是口头的还是书面的语言符号,都可能与伴随的手势(包括双手与头部的活动、声音的抑扬和气息音的象征性)传达完全相反的信息——前者可能完全是有意识的,后者可能完全是无意识的。②

爱德华·霍尔的"高—低语境"理论还指出,意义并不必然为语言所蕴涵,相比低语境文化,高语境文化往往更依赖非语言符号传播,许多信息是通过手势语甚至沉默来表达的。这里要补充一点:西格蒙德·弗洛伊德(Sigmund Freud)的潜意识理论对霍尔的思考影响很大,如霍尔所说,"弗洛伊德最有影响的也是最富革命性的成就之一,就是对潜意识作用的详细分析。……弗洛伊德非常依赖于人的行为的传播意义,而不是人的言语。他不相信口头的言语,许多思考都基于一个判断:言语隐匿的东西远远超出它所揭示的"③。

二、身体语的组成

身体是重要的承载观念和意义的象征符号系统。不同文化中的人们在象征思维的导向下,得以将身体与自身文化的观念联系起来,为其赋予各种相应的意义,使之成为表达思想和反映社会结构的符号,这就是身体语。如玛丽·道格拉斯(Mary Douglas)所说:"身体是一个模式,它可以代表任何有限的系统。它的边界可以代表任何有威胁和不牢靠的边界。身体是个复杂的结构。它的不同部

---

① 〔美〕史蒂文·达克:《日常关系的社会心理学》,姜学清等译,上海三联书店2005年版,第77页。
② 〔美〕爱德华·萨丕尔:《萨丕尔论语言、文化和人格》,高一虹等译,北京:商务印书馆2011年版,第64—65页。
③ Perri Klass, *A Not Entirely Benign Procedure*, New York, NY: Signet, 1987, p.64.

分的功能及其相互联系,为其他复杂的系统提供了象征的源泉。"①

身体语包括表情、目光、手势、姿势、副语言、身体接触,甚至气味等,常常与语言符号同时参与传播,二者相互支持、相互制约。在传播过程中,身体语能够与语言融为一体,共同传递思想和意义,特别是能够把内在的心理活动转化为外在的视觉信息,实现语言符号难以达到的效果。伯德惠斯特还指出:身体语与语言在结构上是平行的关系,身体语系统中的许多"词汇"与语言中的词汇有着惊人的相似之处,甚至可以说,"简单的身体语会构成更为复杂,更具持续性和具有一定结构的行为体系"②。关于身体语在传播中的作用,有统计研究发现:身体语带有的"词汇"多达27万种;在意义和情感的表达手段中,有65%以上靠表情、手势、姿势、副语言等身体语完成,通过语言符号传递的信息则只占35%;在课堂教学中,82%的教学效果是通过教师的表情、副语言等非语言行为达成的,只有18%的信息通过语言行为传递。

表情(facial expression)是身体语的重要组成部分。一般来说,表情是人类社会交往的调节装置,往往是人的内在精神和心理的直观表现,易于展现出柔情、胆怯、微笑、憎恨等诸多感情谱系,也是艺术意义上最具审美特质的人体部分。通过表情,人类可以显示各种情感,阐释话语、调节对话、塑造社交形象,从而使之成为一种最具体、最确切的非语言符号——虽然人类传播中存在固有的文化差异,但世界各地的人都使用近乎相同的表情来表达人类的主要情感,比如喜悦、幸福、悲伤、惊奇、恐惧、气愤等。亚当·肯顿(Adam Kendon)还有一个观点:表情能以极快的速度建立或确认共同的期望,"如果没有表情这样的手段,互动中行动的协调远不会这么灵巧、快捷。如果没有表情,误解他人行为的可能性就会大得多"③。

不同文化中的人类表情,既是普遍一致的,也是各具特色的。由于生理原因,不同文化中的人处于喜怒哀乐的心理状态时,大致都有类似的表情,这是共性;有些表情则因文化不同而不同,这是个性。再者,尽管人类的表情大都相似,但不同的文化会对人在何种场合表达何种情感、如何抑制或修正自己的表情,做出不同的"规定"。在地中海地区,悲伤的情感表达往往比在其他地区更为强烈,男人在公共场所哭泣的场面并不会令人惊讶。此外,某些表情在孤立状态下的意义具有相似性,但在受到环境因素的干扰时,就会显示出某些文化乃至性别

---

① 〔英〕菲奥纳·鲍伊:《宗教人类学导论》,金泽等译,北京:中国人民大学出版社2004年版,第51页。
② Ray Birdwistle, *Kinesics and Context*, Philadelphia, PA: University of Pennsylvania Press, 1970, p.80.
③ 〔英〕亚当·肯顿:《行为互动》,张凯译,北京:社会科学文献出版社2001年版,第160页。

方面的差异。在美国,家长鼓励孩子表现自己,使他们逐步形成表情丰富、活泼开朗的特点;相比之下,东亚人在儿童时代就被家长告知不宜情感外露,因而大都具有内向、含蓄的性格。此外,很多社会的文化规范会抑制男性的悲伤或哭泣等负面情绪的表达,但女性若要表达这些情绪则是可以被接受的。

与其他文化相比,日本人倾向于以笑容来掩饰负面情绪,通常也不会在公开场合用表情来表达任何重要情感,最容易看到的是平静的、难以捉摸的平淡微笑,其确切意图总是让外人难以猜测——微笑是日本社会礼仪的一部分,主要用以维持和谐的人际氛围,避免负面感情的外露,有时则是为了避开令人尴尬的问题,给自己留下思考的时间或转圜的余地。小泉八云是这样描述的:"日本人即使临死时也能莞尔一笑。平时,他们的脸上总是挂着笑容,这种微笑,没有伪善,没有反抗,同人们经常联想到的那种性格软弱的病态微笑也没有关系。它是一种竭尽心力,是长时间培养成的一种品质,是一种无声的语言,如果用西方式的脸部表情来解释这种微笑,不管作何努力,都不会得出正确的结论。"[1]

目光语(eye contact/gaze)是运用目光的接触与回避、眼睛睁开的大小、目光接触时间的长短、视线的抬高和低垂等方式传递信息。根据戴尔·莱瑟斯(Dale Leathers)的研究,目光语至少发挥了六种传播功能:表明专注、感兴趣或兴奋的程度;影响态度的变化与说服;调节人际互动;传递情感;确定权力和身份关系;为"印象管理"(impression management)确定一个核心角色。[2] 顾恺之有句名言,"四体妍蚩本无关于妙处,传神写照正在阿堵中"("阿堵"即是眼睛),生动地说明了眼睛对于表达内在情感和精神世界的作用。很多中外文学作品都形容某个美丽的女子"眼睛会说话",这一方面是在强调目光语传播信息的能力,同时也表明,不同个体运用目光语的能力与方式是不同的。譬如,非洲祖鲁人认为,"眼睛是用来挑衅的器官";在美国黑人文化中,直视对方的眼睛也被当作一种敌视的行为;东方人不喜欢直盯着一个人看,并把这种行为视为粗野的表现;英美人有句格言,"不要相信不敢直视你的人",即将不能直视或躲躲闪闪的目光语视为掩饰、不真诚或是缺少自信的表现;阿拉伯人也认为,只有凝视对方的眼睛,才能领会对方的心灵。

一些研究还注意到,相比欧洲其他地方,地中海地区的人们更擅长用目光来表达信息,这里的人们还比欧洲北部国家的人更多地扬起或降低眉毛,表达惊

---

[1] 浚洋:《日本人的微笑》,《世界博览》1984年第4期。这里还有一个案例:1941年12月,日本特使来栖和野村与美国国务卿就日美关系问题举行多次会谈,会谈中两位日本特使始终笑容满面,美方就此认为美日关系会维持乐观局面。不过,事隔数日,日本不宣而战,偷袭了珍珠港。

[2] Dale Leathers, *Successful Nonverbal Communication*, New York, NY: Macmillan, 1986, p.42.

奇、不赞成、进攻和无所畏惧等意思。此外，阿拉伯人和拉美人的目光接触要多于西欧和北美人；北欧人、印度人、中国人、日本人、朝鲜人、韩国人、印度尼西亚人和墨西哥的乡下人的目光接触少于西欧和北美人。日本人认为，眼对眼谈话是一种失礼行为，过长时间的目光接触被认为是粗鲁、威胁和不尊重对方。在尼日利亚、波多黎各和泰国，人们甚至教导儿童不要与师长或成年人做直接的目光接触。

手是身体中最具表现力的部位，康德称之为"可以看见的头脑"。使用手臂与手指活动传递的信息就是手势语（gesture），它是人类最早使用的非语言符号。由于手势语不能表示更多、更精细复杂的内容，才发展到有声语言阶段。直到今天，美国西部草原上的喀罗人（Crows）仍在大量使用手势语来进行复杂的信息交流。手势语大致可分三类：一是模仿型，即用手势模仿一种物体或动作；二是代表型，即用一个姿势代表一个含义；三是指挥型，例如合唱队指挥用手势打拍子。聋哑人日常交往中使用的"手语"也被看成是手势语，或是一种"视觉身体语"，因为这种运用手势传达信息的方式可以"充分表达人类的所有行为。不管是解答疑难问题、处理社会关系还是详细讲述美丽动人的故事，这些符号都能做到"[1]。

早在罗马帝国时期，昆蒂利安在他的《修辞原理》（*Institution Oratoria*）中就研究了修辞话语中手势的使用。1644 年，约翰·布尔沃（John Bulwer）在《手之研究》（*Chirologia*）一书中专门分析了数十种手势，并提供了一份如何通过手势增强公共演讲说服力的指南。在 1996 年出版的《手势与思想》（*Hand and Mind*）和其他著述中，戴维·麦克尼尔（David McNeill）指出，手势语是话语活动的一个重要组成部分，手势与语言是同一心理过程的两个方面，属于同一系统。他还阐述了手势、语言和思想三者之间的关系：首先，手势与语言密切联系——手势在说话过程中出现，与语言行为同步进行，共同行使语义和语用功能；其次，手势有极大的自由度，能够灵活地补充语言符号难以传递的信息，包括微妙的思想和情感；再次，手势与语言共同构成思想——手势和语言符号的结合，是传播者思想过程的组成部分。手势提供整体的综合形象，语言提供切分的层次结构，这样一来，"思想的表述既包含语言的普遍社会成分，又具有手势的独特个人成分"，相同的意义就成为将语言与手势融合为具体语言行为的共同基础了。[2]

---

[1] Paul Higgins and Jeffrey Nash, *Understanding Deafness Socially*, Springfield, IL: Charles Thomas, 1987, p.4.

[2] 转引自程同春：《非语言交际与身势语》，《外语学刊》2005 年第 2 期。

在不同文化中,手势语的使用频率和传递的信息区别甚多。在手势的使用频率方面,美国人和北欧人对手势的使用较为节制,认为使用手势频率高的人过于感情用事、不成熟、性情粗鲁。中东人、南欧人较为喜欢手势,有阿拉伯学者曾把阿拉伯人交谈时使用的手势划分为247种;欧洲有句谚语说,"意大利人的双臂若被截去,那就宁愿以哑巴自居"。相比之下,玻利维亚的印第安人很少使用手势,据说这与当地的寒冷气候有关,他们常把手放在披肩或裹身的毡子里,主要用表情和眼神传递信息。在用手势表达信息方面,美国人的手势大部分用来表示动作,犹太人的手势大部分用作强调,德国人常用手势来表示态度和评价,法国人的手势常用来表示一种风度和克制,意大利人则常用手势来帮助描述复杂的空间概念。不同的文化用手势所传递的信息内涵也有不同。比如,用食指和拇指做出"O"的形状。美国人表示的是"OK",日本人表示的是"钱",突尼斯人表示的是"我杀了你",法国人表示的是"零"或"无价值",在埃塞俄比亚,它表示的是同性恋。

姿势语(posture)主要是指人们生活中的坐、走、蹲、卧等身体姿态。中国传统社会对姿势的要求非常严格,认为人应该坐有坐相,站有站相,即"站如松,坐如钟,走如风,卧如弓"。直到今天,多数中国人仍认为,女子跷起"二郎腿"是举止轻浮、缺乏教养的表现,走路时臀部摆动过大也会被视为有失端庄。欧洲国家对姿势语的要求也比较严格,认为懒散的姿态是无理和粗俗的。美国人和加拿大人坐姿和站立都比较放松,这在德国、瑞典等国家会被视为粗鲁、不礼貌。比利时人甚至认为,双手插兜是不尊重他人的表现。在不同的文化中走路的姿势也有一定差异。日本妇女的步子碎而小,被认为谦恭;美国女性走路时步子迈得大,腰挺得直,在东方人看来,她们胆大而泼辣。蹲的姿势也反映出文化上的不同。美国人认为,在公共场所蹲着是有失文雅的;在中国北方农村,蹲(圪蹴)曾是一种常见的姿势,人们在聊天、吃饭时,习惯的动作就是蹲着。

身体接触(touch)是一种基本的身体语,也是人与人之间建立关系的一种较为直接的方式,包括拥抱、亲吻、握手、拍肩膀,等等。身体接触可以满足人们相互交往中的诸多控制需要和情感需要,比如,用拍肩膀的方式表示安慰,用拥抱或亲吻的方式表达友情和爱意,用握手的方式表示祝贺。从身体接触的方式中,人们可以获得对相互关系的一些理解,并感觉出双方的态度或关系的强度。不过,在什么时候触摸、在什么地方触摸,受到不同文化的影响,由此也可以区分出"低接触文化"(low-contact culture)和"高接触文化"(high-contact culture)两种类型。在"低接触文化"中,主动触摸甚至是近距离交往往往是危险的。传统社会的中国人从小就生长在"低接触文化"里,随便触摸被认为是一种不体面的

"非礼"之事,异性之间更是如此,如《礼记》所说:"男女不杂坐,不同施枷,不同巾栉,不亲授。"《孟子》更是强调:"男女授受不亲,礼也。"即使到了当代社会,父母也被要求不要在孩子面前相互触摸,以免丧失家长的尊严。日本、韩国、美国、英国、加拿大等国家也属于"低接触文化",譬如在日本,接触他人的身体常常被认为是失礼的,日本人之间打招呼主要是以鞠躬表示,一般不接触身体,传统上也没有握手的习惯。相比之下,阿拉伯、拉美、南欧、犹太和一些非洲文化属于"高接触文化"。

三、沉默的意义

作为人际交往中重要的非语言符号,沉默(silence)通常作为语言符号的补充,特别是能够反映出语言符号隐蔽的信息。在不同文化中,沉默分别表示正在思考、压抑、蔑视、否定、责备、赞成、原谅、谦恭、沉着、允诺、悲伤等不同的意义,并由此成为跨文化传播研究较为关注的一个命题。

沉默的文化差异,缘起于不同的语言观。承前所述,东西方对语言的理解各有不同,东方的高语境文化给予沉默更多的积极意义,也使沉默成为颇具研究价值的文化现象。东方传统重视维护群体和谐的社会关系,较少注重个人内心情感的表达,说服和影响他人往往依靠社会地位、权力、辈分等非语言因素。萧兵和叶舒宪由此解读了中西语言观差异的缘由:"西方文化的语言观源自希伯来的言辞信仰和希腊的逻各斯哲学,强调语言符号本身的价值;中国文化的语言观源于儒道两家思想,它从一开始就表现出对语言作为交际工具的轻视、不信任和对语言作为政治、伦理编码符号的片面强调。"[1]中国古训中的"非淡泊无以明志,非宁静难以致远",表明了中国传统社会对沉默的依赖和向往。中国人也深谙沉默的避祸作用,格言警句中常有"讷言""慎言""寡言""多闻"等提示。汉语中的一些成语如"伶牙俐齿""巧舌如簧""油嘴滑舌"也多含贬义,而"病从口入、祸从口出""言多必失"则告诫人们多言的不利之处。

东亚其他国家对沉默有相似的理解。在日本传统社会,沉默甚至被视为美德,人们享受交流中的沉默,"言者无知,知者不言"是受人尊重和值得信赖的象征。日本茶道的根本精神是"和敬清寂",最高境界在于"寂"。值得注意的是,除了受到来自中国的儒家等观念的影响,日本传统社会对沉默的理解还受到"言灵信仰"的影响——自古代社会,敬畏神灵的日本人就坚信,语言中蕴涵着某种灵性或不可轻视的力量,如果胡乱说话或者是无意中说了不该说的话,就会

---

[1] 萧兵、叶舒宪:《老子的文化解读》,武汉:湖北人民出版社1993年版,第208页。

亵渎神灵、招致灾难,这即是"言灵信仰",对应的神祇通常是指《古事记》中出现的"一言主"大神。日语中的"口は禍の本"(祸从口出)便反映了日本人对语言的这种畏惧心理。

根据不同的情景,日本人的沉默有时表示肯定,有时又相当于不同意、不接受或左右为难,还可以用于斟酌合适的反应或思考某种观点。即使到了当代,日本家庭中的问题也很少通过父母与子女的公开讨论得以解决,谈话多是父母单方面的发话,子女则要保持沉默。庄孔韶还指出:日本人在长期相对单纯的环境和固定居所的生活中培育出了彼此依赖"黙然了解"的文化风格,沉默以共同的文化体认为前提,不单纯是一种非语言交流的手段,也是集团意识、耻感文化等社会文化主题的反映,理解、解释沉默必须依靠对日本社会综合整体的体认,"日本人群体关系的习性创造了所谓内外之分的社会语境,这一语境也可被视作内集团(拥有成员身份)和外集团(相互毫无涉及关系)。如果安全地居于其各自的内集团中,日本人就能充分表现并且能够展现与其他成员的大量的非语言关系,而在外集团的情况下,互动则很少发生"[1]。

关于沉默在东方文化中的意义,金英润还提供了一种解释:"在表达强烈的恭维或爱慕时,沉默有时甚至比动人的语言更受欢迎。东方人不太相信过度的语言赞美或恭维,因为他们认为,最真切的感情必须是一种直觉的外露,因此不需要,也不可能用语言清晰地表达出来。"[2]印度教中也有相似的观点:力量来自"沉默"(mouna)和"平静"(shanti)。晚年的圣雄甘地每周有一天不说话,只是在纸上写字来交流,相比言语,他更相信沉默能带来内心的平静。相比之下,阿拉伯文化和西方文化给予沉默更多的消极意义。在这些文化中,沉默往往意味着无所事事、无话可说,是交往中最不理想的状态,所以,人们不能容忍沉默的出现,往往喜欢通过提问来迫使对方说话。譬如,阿拉伯人和希腊人强调朋友之间、家庭成员之间积极的语言传播;对于意大利人来说,与朋友交谈是能带来乐趣的重要消遣方式,也是美好生活的标志。自然而然地,许多西方学者将沉默视为传播的对立面,排斥沉默在传播中的积极作用。他们认为,语言的功能之一就是要打破沉默,因为沉默带有太多晦暗无声的秘密。

在一些西方文化中,沉默也可能意味着高度的相互理解和信任。芬兰人对沉默的看法就与东亚国家相仿——沉默不等于没有交流,而是社交活动的组成,

---

[1] 庄孔韶:《银翅》,北京:生活·读书·新知三联书店2000年版,第320页。
[2] 〔美〕拉里·萨默瓦、〔美〕理查德·波特:《文化模式与传播方式》,麻争旗等译,北京广播学院出版社2003年版,第484页。

重要的是,"懂得什么时候应该缄口是一种美德"。此外,西方的宗教仪式等社会活动也期望人们保持沉默,否则会被认为是无礼或亵渎神灵。通过对美国印第安阿帕奇(Apache)和纳瓦霍(Navajo)部落的研究,基思·巴苏(Keith Basso)还发现,口头表达与社会境遇相关,即在一定场合下,当相互间的社会关系尚不明确时,保持沉默无疑是一种妥当的方式。①

20世纪80年代后期,西方传播学者开始对沉默进行实用性研究。他们从沉默中的非语言符号如何介入传播入手,探讨了沉默的积极与消极意义。陆续呈现的研究表明,沉默是一种"混合的"语言,沉默与人际对话有关,"话语没有停顿是不可理解的。沉默不是一种间隔……而是一座联合声音的桥梁"②。沉默并不是话语的绝对终结,它伴随话语而存在,是相对于话语的另一种表达思想的方式,它构成了人们对世界的认识的一部分,又渗透于他们对世界的认识中。研究者还注意到:沉默可以传递信息,特别是在语言表达受到限制时,沉默中蕴含的表情、身体动作、接触等非语言符号可以填补暂时出现的意义空白。对语言无力解决的事情,沉默则能起到只可意会、无法言传的作用,在这个时候,"语言与传播合为一体。语言中有着沉默的知识,就像沉默拥有语言的知识一样"③。1973年,弗农·詹森(Vernon Jensen)把沉默在人际传播中的功能划分为五个方面:合分作用,包括连接和分离传播双方的关系;情感作用,包括敬仰、友善、冷淡、敌意和仇恨;启示作用,包括理解对方、自我意识或掩饰自我的情感、思想和观点;判断作用,包括同意某种看法或是反对;表达思想的作用,包括表明缺乏思考或是正在深思的过程。④

哈维·萨克斯(Harvey Sacks)等在研究如何调动和组织谈话时,总结了沉默的三种不同样式。第一,空白(lapse)。当没有人继续谈话时,或是没有人愿意或能够接替谈话,此时出现的空白往往给人一种不舒服、难堪的感觉。第二,空档(gap)。一个讲话者结束了谈话,人们也知道下一个人是谁,可这个人还没开始上场。这种沉默属于传播过程中的停顿和间歇行为,如果持续时间较长,也会令人感到难受。第三,停顿(pause)。这主要发生在一个人说话的过程中,属于比较自然的沉默范围,这时谈话者停下来,思考或改变谈话的内容。一般来

---

① Keith Basso, "To Give up on Words," *Southwestern Journal of Anthropology*, Vol. 26, 1970, pp. 213–230.
② John Stewart, ed., *Bridges not Walls*, New York, NY: McGraw-Hill Companies, 1999, p. 78.
③ Max Picard, *The World of Silence*, Chicago, IL: Regnery, 1989, p. 16.
④ Vernon Jensen, "Communicative Functions of Silence," *ETC: A Review of General Semantics*, Vol. 30, No. 3, 1973, pp. 249–257.

说,此类沉默可避免语言表达的平铺直叙,反映了传播者的心理活动过程。① 女性主义学者戴尔·斯彭德(Dale Spender)还指出,女性在公共场合常保持沉默,是因为女性受到比男性更大的社会权力和控制的影响。故此,以有限的、在个体和制度两方面都受到规训的方式说话,不能被视为女性在语言技巧上的缺陷,而应被视为对制约因素的适当反应。②

围绕沉默研究,有研究者提出了会话的数量原则,即对话时提供的信息量应当适量——说话的多少要适合不同的环境。2005年,刘骏等通过分析留美中国学生的课堂交际模式,认为沉默现象还与面子相关,中国人特有的面子观对留美中国学生的课堂表现产生了直接的影响:中国学生把在本国适用的沉默方式运用到美国的课堂,会被美国人误解为没有个人观点,准备不够充分;中国学生在课堂上用沉默表达对老师的尊重,表示不愿浪费其他同学的时间,会被美国人理解为不尊重课堂习惯,不能参与课堂讨论;中国学生用沉默表示礼貌,希望维持和谐的课堂气氛,会被理解为缺乏沟通能力。③

概言之,沉默是能够体现社会文化特征和心理过程的重要的非语言符号,在人际交往过程中存在着形式和意义结合的不确定性和巨大的文化差异。如果完全把沉默视为负面的传播现象,忽视沉默与人和语言的本质关联,缺少对沉默应有的肯定与观察,就无法对沉默的积极意义产生更多的理解。

四、文化中的时间

时间是客观物质存在的基本形式之一,具有客观性和可感知性,人们对于客观时间的感知、认识和反映便形成了时间概念。不同领域中的时间概念,可分为三种:物理时间、生物时间、文化时间。物理时间是由诸如天文学等精密科学进行研究的、可精确计算的时间;生物时间是由自然科学加以考察、以生物节律进行测算的;文化时间则是指人类的社会时间,针对的是不同文化对于时间的态度以及对时间的控制和使用方式,体现了时间在经验中以及与人的关系中的某些最本质的东西。关于文化时间的使用、代表的意义及其传播行为的研究,被称为时间学(chronemics)。

由于人类交往的每一次活动都发生在特定的时间内,时间影响着人们对外界的感知,左右人们的判断和行为方式,塑造了不同的生活方式、思维方式、国民

---

① John Stewart and Carole Logan, *Together Communicating Interpersonally*, New York, NY: McGraw-Hill Companies, 1998, p.89.
② 转引自吴小英:《女性主义的知识范式》,《国外社会科学》2005年第3期。
③ 刘骏、钟坚:《留美中国学生的课堂沉默现象探析》,《现代外语》2005年11月。

性格和传播行为。时间与文化之间的影响与彼此建构,成为跨文化传播研究关注的重要主题。爱德华·霍尔的《无声的语言》有一个核心观点:时间能改变生活的本质,是生活中最基本的组织系统的一个因素,因为所有情境中的行为都面对着时空规范。在他看来,时间是文化的一面镜子,从这面镜子里,投射出一个文化的真实面貌,"时间会说话。它比有声语言更坦率,它传达的信息响亮而清晰,因为它既不像有声语言那样被意识所控制,也不那样容易使人产生误解,它往往能揭穿言词所表达的谎言"①。在跨文化传播研究的视域下,时间也被看作是文化差异较大、容易导致传播失误的一种非语言符号——不同文化以不同方式看待时间,即使在同一文化的不同时期和不同地域,对时间的看法也大不相同。哈罗德·伊尼斯(Harold Innis)就注意到:"即使在美国这个同一政治区域里,不同地域的人对时间的态度也迥然殊异,东部人和西部人就颇为悬殊。"②

文化在时间上延续,一切文化都要反映出自己在时间上的影响,由此也使每一种文化都有自己的时间取向,并反映了不同的社会实践、历史记忆、宗教信仰,以及世界观、价值观和道德规范等。由知识界划分的不同文化的时间取向,主要有三种类型,展现了时间取向的丰富性:在不同文化中,时间是过去的、现在的,也可能是未来的;时间是线性的,也可能是循环的;时间是单向的,也是多向的。

过去取向(past-oriented)的文化以中国、日本、英国、法国为代表。中国传统社会中的"知天命""畏天命""死生有命,富贵在天""温故知新"等思想,都与过去取向的时间观紧密相关,并反映在祭祖的习俗、对年长者的尊重、对传统的维护等行为上。古德诺就此评价说,"中国文化的特点是向后看而不是向前看,它并不企图用普遍的科学法则去征服自然,把握未来,而是沉醉于对辉煌的过去的向往,根据古代先贤们的训诫来规范自己的行为"③。英国人和法国人也有相似的特点,他们强调传统而往往拒绝变化。譬如,对于维护君主立宪制度而抵制变革,英国人乐于做出的解释是:因为我们一直就是这样;法国人也推崇过去,沉湎在对本文化历史的向往之中。与过去取向完全不同的是美国文化的未来取向(future-oriented)——对多数美国人来说,回归过去如同走向"原罪",是没有出路的。同时,他们对目前也不十分在意,尽管眼下生活很幸福,但他们相信未来会更加美好。美国前总统约翰逊的一句话准确反映了这一取向:"昨天并不需要我们去恢复,明天才是我们要去赢得或输掉的。"采取现在取向(present-orien-

---

① 〔美〕爱德华·霍尔:《无声的语言》,刘建荣译,上海人民出版社1991年版,第1页。
② 〔加〕哈罗德·伊尼斯:《变化中的时间观念》,何道宽译,北京:中国传媒大学出版社2013年版,"前言"第35页。
③ 〔美〕弗兰克·古德诺:《解析中国》,蔡向阳等译,北京:国际文化出版公司1998年版,第41页。

ted)的文化以伊斯兰文化为代表,人们相信将来的事情属于真主阿拉,不愿对自己无法控制的未来进行预测,但有重视现在的倾向,认为浪费真主恩赐的时间是如同浪费粮食和饮水一样的罪过。现在取向还有一个特点,就是强调当下的快乐,乐于选择轻松自在的生活方式。土耳其有一句生动的谚语:"今日的鸡蛋要比明日的母鸡强。"美洲印第安人也持有这种取向,认为自己的行为只对现在有意义,过去和未来则常常被忽视,一些土著语言中甚至没有关于推迟、等待的词汇。

线性时间(linear time)把时间的流逝当作一种线性的单向持续运动,认为时间可以节省,也可以浪费,可以丢失,也可以补偿,可以加快,也可以放慢,也会最终消失殆尽。① 与之相对的循环时间(circular time),则相信时间始终沿着永恒的圆周运动或螺旋运动,体现出一种节律性、周期性、可逆性和连续性,如昼夜交替、季节往复、植物生长,而盛极必衰、否极泰来是事物演变的基本规律。

西方文化中占核心地位的是线性时间,东方文化中占核心地位的是循环时间。在西方文化中,由于受历史传统特别是基督教的影响,人们并不把时间理解为周而复始的运动,而是有始有终的线性运动,即认为过去、现在和将来之间有着明确的分割,重点自然是放在将来。在中世纪的欧洲,人们将世界的历史时间视为基督诞生前后的两个时代,并认为时间有起点和终点:上帝创造世界和末日审判。自文艺复兴时期以降,线性时间成为推动西方社会进步的重要观念,建立在线性时间基础上的人生观和社会规范,自然会注重个体和集体的成长计划和发展规划,强调速度、效率、成本和未来的扩展可能性等。关于现代西方社会中的时间,丹尼尔·贝尔(Daniel Bell)指出:"在生产率高的社会里,对时间的分配成为一个迫切的经济问题,有效能的分配必须充分使用时间。因此,原则很简单:生产率低下,时间就比较便宜;生产率高,时间就比较贵重。总之,经济发展引起时间匮乏性的普遍增强。"②受到线性时间取向的影响,在近代以来的西方社会,人们珍惜时间,在时间的使用上精打细算,既不愿意浪费自己的时间,也不愿意浪费别人的时间,甚至用金钱来购买时间。在瑞士、德国等欧洲国家,守时甚至成了一种"信仰"。

与基督教文化的线性时间形成鲜明对照的,是佛教、印度教文化中的循环时间——太阳升起落下,季节循环往复,每个人都从年轻到衰老、死亡,子子孙孙永远如此。特别是在佛教徒看来,时间按"成、住、坏、空"这"四劫"循环往复,大约

---

① 〔美〕爱德华·霍尔:《超越文化》,居延安译,上海文化出版社1988年版,第13页。
② 〔美〕丹尼尔·贝尔:《后工业社会的来临》,高铦等译,北京:商务印书馆1984年版,第523页。

40亿年形成一"劫",有生命的东西永远像车轮运转一样在天堂、人间、地狱之间循环转化。在这些文化中,时间也是一种强大而神秘的力量,能够控制所有的事物。需要注意的是,在中国文化传统中,线性时间和循环时间是同时存在的。譬如《论语》中的"子在川上曰:逝者如斯夫,不舍昼夜",就反映了先秦儒家的时间观:时间好比河水,不分昼夜地流过。不过,中国的线性时间取向毕竟不如西方,隐现在中国传统文化深处的循环时间观给中国人带来了更为深刻的影响,尊师敬祖、厚古薄今、祖宗之法不可变等观念长期存在,至今不变。譬如,中国古代社会早有"五百年必有王者兴"的朝代更替循环思想;中国人围绕四季变化而制定"节气",以此来确定生产周期和节日,民间出行和办事都以"吉日"或是"凶辰"作为参考。研究者认为,建立在这种时间观上的社会规范,往往强调忠诚和等级秩序,否定个性和创新。一些学者还把循环时间与汉字联系起来,认为循环时间观受到汉字的影响,造成了观念的封闭和思维的僵化。爱德华·斯图尔特(Edward Stewart)就认为,循环时间使中国人倾向于与环境相合而非控制环境,适应境遇而非改变境遇。[1] 值得注意的是,由于线性时间观是西方现代性观念的基础之一,一些学者也对线性时间观表示了质疑,并从帝国主义、殖民主义、话语权和文化霸权的视角提出了批判。不过,这类质疑是有一定偏颇的,线性时间和循环时间都是人类共有的时间观,人类需要同时运用这两种观念来认识世界和调节生活。

单向时间(monochronic time)与多向时间(polychronic time)是爱德华·霍尔提出的时间范畴,与循环时间和线性时间的划分方法大致类似。单向时间是一种强调日程、阶段性和准时性的时间,倾向于做出准确的时间安排,往往把任务取向的活动与社会情感活动区别开来,注重未来而不是现在和过去。北美、西欧、北欧等地的多数西方国家都持单向时间观,人们精心地制订时间表,确定优先考虑的问题。这也正是工业时代的要求:被放置在大工业流水线上的人们,不论蓝领、白领,都被时间严格地统治着。恰如福柯所说,"为了从肉体中最大限度地榨取时间和力量,就要使用那些普遍的方法,如时间表、集体训练、操练,全面而又具体的监视"[2]。与之相比,大部分亚非拉国家采取多向时间取向的观念,强调的是人的参与和传播活动的完成,而不是严格遵守预定的时刻表,一般可在同一时间内做不同的几件事情,往往把任务取向的活动跟社会情感活动统

---

[1] 〔美〕爱德华·斯图尔特等:《美国文化模式》,卫景宜译,天津:百花文艺出版社2000年版,第170页。

[2] 〔法〕米歇尔·福柯:《规训与惩罚》,刘北成等译,北京:生活·读书·新知三联书店1999年版,第246页。

一起来,通常更注重现在和过去,而不是未来。

一个时期以来,全球化使线性时间观逐渐为不同文化中的人们所接受,时间取向的这一演变趋势,也是人类从传统社会走向现代社会的必然后果。理查德·布朗(Richard Brown)这样解释说:"传统社会的第一个特点是它的稳定性。现在、过去和将来本质一样。时间没完没了地循环往复,而不是朝着一个方向前进","对于生活在这种社会中的人们来说,时间并非一种需要高效率利用的转瞬即逝的资源。一切都未变化,将来也不会变化。所以不存在节省时间和最大限度地利用时间的理由。无论是技术或组织方面的革新,在传统经济中都难以立足"。进入现代社会后,运用技术去控制环境的欲望极为盛行,生命成为一场为取得成就而与死亡展开的竞跑。"在这种动力的推动下,以技术手段扩展人的能力便成为首要目标。地方主义在传统模式中占据主导地位,但是世界主义却主宰现代社会",总之,人们"着迷似地精确计算和运用时间,掌握自己对时间的利用,代表了一种对传统方式的叛逆"①。

回顾人类历史,影响不同文化的时间取向的事件有很多,主要有:阿拉伯人、中国人和欧洲人的环球航海和探险的开始;哥白尼学说确立了太阳是整个行星体系的中心;文艺复兴的影响;印刷机和机械钟表的使用;与工业化相联系的运输技术革命;等等。时间取向的变动推动了人类行为的重构,世界不仅"显得"(appears)在收缩,而且在某种程度上"真的"(really)在收缩,与此同时,人们的社会眼界也在不断地扩展,对一些固定社会关系的依赖也在减少。② 到了今天,在高度工业化、市场取向的国家以及世界主要城市,时间取向是大致相似的,福柯对此解释说:工业时代最为重要的机械发明是精确时钟的出现,它使各地区的时间协调统一起来,"精确、专注以及有条不紊,是有纪律的时间的基本优点","时间单位分得越细,人们就越容易通过监视和部署其内在因素来划分时间,越能加快一项运作,至少可以根据一种最佳速度来调节运作。由此产生了这种对每个行动的时间控制"③。今天的中国社会亦是如此,在现代化和市场经济的影响下,无论是在城市还是乡村,人们已经难于像过去那样体验"寒来暑往,秋收冬藏"的时光循环,"渠荷的历,园莽抽条;枇杷晚翠,梧桐早凋"的日常格调也已淡出人们的生活。

---

① 〔美〕理查德·布朗:《现代化》,马光译,北京:世界知识出版社2008年版,第6、108、7页。
② 〔英〕罗宾·科恩、〔英〕保罗·肯尼迪:《全球社会学》,文军等译,北京:社会科学文献出版社2001年版,第37页。
③ 〔法〕米歇尔·福柯:《规训与惩罚》,刘北成等译,北京:生活·读书·新知三联书店1999年版,第171—174页。

值得注意的一种趋势是,一些文化在进入现代社会后,在时间取向上会把单向时间与多向时间以各自的方式结合在一起,如斯图亚特·霍尔描述的:"即使是在现代化工程的中心地带,我们都将继续生活在不同的时间安排中:个人时间、家庭时间、工作时间、社交时间、非社交时间、欧洲时间、欧洲以外的时间。我们都会占用不止一个这样的时间。"①

五、文化中的空间

人在生活中面临的各种空间关系,比如高低、前后、左右、疏密、远近、中心,甚至东南西北的方向,都包含一定的意义,这就是空间语。空间语既涉及传播中的人际空间和身体距离,又包括对建筑、居所等固定空间的布局和利用,是运用空间来表达信息的非语言符号。有关空间和距离的研究被称为空间关系学(proxemics),这一领域的研究表明:空间是种种文化现象、政治现象和心理现象的化身,空间在与人类行为结合之后不断产生着特殊的意义,并在一定程度上支配着人的社会关系和交往行为,分属不同文化的人会有不同的空间观。

根据生理学研究,人对空间形成感知的过程,实际上是客观事物的空间特征在大脑中被反映并形成映像的过程。人的空间知觉能力是在后天的生活环境和社会实践活动中形成、发展起来的。生活环境影响空间感知,也会影响空间需要的形成。在不同文化里长大的人,运用感官的方式、各个感官在感知空间的过程中所起的作用,以及所得出的空间知觉,都不可避免地存在着差异。譬如,生活在陆地的人与生活在岛屿的人对空间就会有不同的感知,如赵军所描述的,"土地每一块都不是孤立的,岛屿每一个都孤绝无依,土地能给人以某处是中心的错觉,岛屿就不能造成这种错觉。对于大陆居民来说,世界是相互联系着的,是合一的,是连续而连绵不断的。而对于岛屿居民来说,世界却是分裂的,呈现'多'的格局,不连续"②。

在跨文化传播研究的视域中,空间是一种社会和文化的产物,不仅有物质功能,而且有象征功能,体现了各种社会关系,还被赋予各种意义而成为一种"无声的语言"。空间的构造以及体验空间、形成空间概念的方式,塑造和调节着人们的生活与社会关系,正如亨利·列斐伏尔(Henri Lefebvre)所说,"空间里弥漫着社会关系;它不仅被社会关系支持,也生产社会关系和被社会关系所生产"③。

---

① 〔英〕斯图亚特·霍尔:《多元文化问题的三个层面与内在张力》,《江西社会科学》2007 年第 3 期。
② 赵军:《文化与时空》,北京:中国人民大学出版社 1989 年版,第 25 页。
③ 转引自陈卫星:《生存空间的符号与姿态》,《博览群书》2004 年第 7 期。

对空间的使用,也成为一种传播信息的交往活动。人们运用空间来交往,空间又在很大程度上支配人们的交往行为。由这一点来说,空间与时间一样,也可说是文化的一面"镜子",在不同的文化中,空间的意义不尽相同,传播行为与空间的联系方式也存在差异。

20世纪60年代,为探讨空间使用行为对人际传播的影响,爱德华·霍尔把具有不同意义的空间划分为三种:固定空间(fixed feature space)、半固定空间(semi-fixed feature space)和非正式空间(informal space)。固定空间指的是结构和功能固定不变的空间,比如建筑物、街道、花园等;半固定空间指的是可以移动的,功能也可以改变的空间,包括家具、图画、盆栽植物等;非正式空间指的是紧紧环绕在人们身体周围、随人们的移动而移动的个人领地。在霍尔之后,非正式空间也被称为人际空间。

爱德华·霍尔对于人际空间研究的主要贡献,就是根据人们之亲昵和疏远的程度,把人际交往中的空间分为四种类型。第一,亲密距离(intimate distance),即密友、父母、子女之间的距离,一般在0—1.5英尺之间。这是允许身体接触、能嗅到彼此气味、能看到面部的细微表情、能感觉到身体温度、能够轻声耳语的距离。当无权进入亲密距离的人进入这个空间,比如在电梯、公共汽车或地铁里,人们会有不同程度的不安或不适。第二,人际距离(personal distance),即由亲昵关系向一般社会关系过渡的距离,一般在1.5—4英尺之间,是人们在进行非正式的个人交谈时经常保持的距离。这一距离近到足以看清对方的反应,可看到彼此的面部细微表情,也远到足以不侵犯亲密距离。第三,社会距离(social distance)。这是进行传播活动或做生意时常常保持的距离,通常在4—12英尺之间。在此距离之内,传播者可以轻声谈话,但看不到对方面部的细微表情。非个人事务、社交性聚会和访谈都是利用社会距离的例子。第四,公共距离(public distance)。这是正式场合的传播距离,在12—25英尺之间,主要存在于公众性的讲话和讲演等场合。

西方学者针对人际空间开展的研究发现,不同文化都使用空间来感受关系的亲密度,同时也使用空间来规范人际交往活动。爱德华·霍尔指出,"空间的变化赋予交流一种语调,加重它的语气,有时甚至超越口头词语所表达的意思。两个人在交谈时间隔距离的变动和改变是这个交流过程的重要内容"[①]。不过,以多大的空间距离与他人交往,既依赖不同文化对空间的不同解释,也取决于互动者的个性、年龄、地位、性别等。以性别影响来说,在不同文化中,人际空间受

---

① [美]爱德华·霍尔:《无声的语言》,刘建荣译,上海人民出版社1991年版,第194页。

到的来自性别的影响大相径庭。某些文化能够接受男性之间的身体接触,有些文化则是禁止的;有些文化希望女性之间应比男性之间保持更大的距离,而在某些文化中女性这样的行为会被理解为冷淡、漠不关心;有些文化允许异性交往时身体有某种程度的亲密接触,而一些文化则严格地禁止这种行为。① 埃德温·麦克丹尼尔(Edwin McDanniel)还观察到,"日本人对个人空间的态度相当复杂并且好像相互矛盾"。在不拥挤的时候,他们会努力保持人际空间距离,其严格程度甚至超过了美国人;在火车或汽车上时,他们并不抗拒与陌生人之间频繁、持续的身体接触,在朋友或家庭成员之间,人际空间也非常亲近。麦克丹尼尔认为,这种明显的二元分化是"日本人社会群体的倾向、垂直结构和对社会平衡不断关注的结果"②。

固定空间主要是指建筑物以及居室之内的空间和方向。爱德华·霍尔指出,固定空间是构成个人与团体活动的基本方法之一。在他看来,乡村、城镇、都市的设计不是偶然的,而是紧随时代和文化变迁的一种有意识的设计,并因文化和历史的不同而不同:一方面,文化直接影响着人们对空间的安排和使用;另一方面,对空间的安排和使用又反映了文化的主流观念,公寓中居室的布局、家具的摆放,以及整个城市的规划、建筑物的风格,体现出的文化差异都是显而易见的。

中国传统建筑中比较典型的是四合院。这种建筑以北房为上,东厢房为次,西厢房再次。长辈、尊者居于中轴线的正房,偏房是晚辈和卑者居住的地方,体现了尊卑长幼有序和名分等级的区别。在四合院里,房间和房间之间相隔并不严密,难以保护个人的隐私。从空间分配来看,这种布局注重的是家庭成员的共同活动和交流,而不大重视个人住室的分隔,这就与院墙——把家庭与外部世界严格分隔开来——的设置形成鲜明对照。一些研究就此指出,这种环境培养的是家族精神而不是公共精神,是相对的价值观而不是普遍的价值观。同中国传统住宅相比,日本的住宅没有把内部世界与外部世界分隔开来的高大围墙,也没有欧美住宅常见的篱笆或护栏。但在对居室空间的分配上,日本住宅优先考虑的也是集体活动而不是个人隐私——房间不是按每个成员分设,而是根据整个家庭的职能需要分隔成不同部分。在这方面,"榻榻米"集中体现了日本居室空

---

① 譬如,近代基督教入华传教之初,信徒中男女交往较为平等随意,无论男女,入教都要接受洗礼,也可到教堂做礼拜,这些做法与本土传统抵牾甚多。1878年8月发生的福州乌石山教案,原因之一就是,当地人因见妇女杂处教堂而发怒,并将新建洋楼拆毁。
② 〔美〕拉里·萨默瓦、〔美〕理查德·波特:《文化模式与传播方式》,麻争旗等译,北京广播学院出版社2003年版,第323页。

间使用的特点。麦克丹尼尔的研究还注意到,日本人对固定空间的安排表明了显著的等级差别观念:在日本的政府、公司办公室里,供低等雇员使用的桌子排列成行,部门负责人或经理坐在每一排的最前面,"这种空间安排鼓励信息交换,便于复杂工作的完成,能促进集体合作和团结,而且有助于快速地明确以工作为中心的等级结构"①。关于这一点,爱德华·霍尔也提供了一个例证:在日本,邻里间的房屋都按照建造时的顺序排列号码,而不管其在街边的具体位置。

不同的文化采取不同的方式来调节或控制自己的空间。爱德华·霍尔指出,每一种生物都有一个肉体的界限,以便与外界环境分离开来,"在人类中,这种特性已变得极为复杂,而且因文化的不同而有着极大的差异"②。基于同样的理解,斯坦福·莱曼(Stanford Lyman)等空间学研究者划分了四种类型的"人类领地"(human territory),以与人际空间有所区别,但都要求人们采取适当的交往行为:第一,公共领地(public territory),即可以自由进入的地方,并不在某一个人的掌控之下,他人进入后可以暂时拥有;第二,互动领地(interactional territory),即人们可以非正式地聚会的场所;第三,家庭领地(home territory),即人们能够持续控制的私人领地;第四,身体领地(body territory),即紧紧围绕人们的空间。③ 罗伯特·萨默(Robert Sommer)还概括了家具摆放的基本功能:一是"社会向心功能"(sociopetal function),二是"社会离心功能"(sociofugal function)。与之相应的是"社会向心空间"(sociopetal space)和"社会离心空间"(sociofugal space)——"社会向心空间"创造的是一种随意、友好的气氛,有助于亲密关系的建立;"社会离心空间"拉开了人与人的距离,使个人保持相对独立,营造出一种冷淡、严肃的气氛,并造成一种隔离感。④

不同的文化对固定空间的方位也有不同的偏好。例如,在中国传统文化中,把面南视为至尊,而面北象征着失败、臣服,宫殿、庙宇都朝向正南,帝王的座位都是坐北朝南。中国传统还以东为首,以西为次,现代汉语中的"房东""股东""做东"等都是以东为首的表现。中国古代还有尊左的风气。尊左是以东为上的习俗的变换,"男左女右"的惯例也是尊左的反映。在伊斯兰文化中,对方位的偏好要依据所处的地理位置来确定。中国的穆斯林偏好西方,因为麦加在中国的西方;摩洛哥的穆斯林偏好东方,因为麦加在摩洛哥的东方。

---

① 〔美〕拉里·萨默瓦、〔美〕理查德·波特:《文化模式与传播方式》,麻争旗等译,北京广播学院出版社2003年版,第325页。
② 〔美〕爱德华·霍尔:《无声的语言》,刘建荣译,上海人民出版社1991年版,第175页。
③ Stanford Lyman and Marvin Scott, "Territoriality," *Social Problems*, Vol.15, 1967, pp.236-249.
④ Dale Leathers, *Successful Nonverbal Communication*, New York, NY: Macmillan, 1986, p.74.

空间既是历史文化再现的场所,也是社会文化变迁的结果。在不同文化的传统社会中,空间多相对封闭、狭小,不过,全球化与现代化的进程彻底打破了这些空间,并将之逐渐关联、整合起来,改变着人们经历与体现空间的方式。一方面,不同文化中的居住和生活空间正在发生大规模的人类学意义上的变化,从古老的、农业社会的空间转向城市化的、同质化的空间;另一方面,经济全球化正在"创造流动的空间、电子空间、没有中心的空间、可以渗透疆界和世界的空间"[①]。不可避免地,人的自我意识和主体意识、人对空间的文化想象乃至对世界的描述都将发生改变,由此而带来的复杂的文化影响和社会关系的剧烈变动,也都期待研究者加以关注。

六、服饰与颜色

服饰(attire)是通过服装和饰物来传递关于社会地位、兴趣爱好、信仰观念等信息的非语言符号。根据人类学的研究,人类穿着服饰的目的主要有三个方面。一是"礼貌"(modesty),即因羞耻之念而把肉体遮蔽起来。二是"保护"(protection),即保护身体,抵御气候的侵袭和外敌的攻击,这是服装的基本功能,也是人不同于动物的生存方式。三是"装饰"(adornment),即为装饰外观以便展示于众,作为人们表现、表达和传播某种意义、个性的符号和手段。跨文化传播研究所关注的,主要是服务于第三种目的的服饰。

服饰深深地根植于特定时代、特定群体的文化模式,反映着特定时代人们的思想观念、社会习俗、道德风尚和审美情趣,是文化群体的整体特征呈现。文化及群体自身的不断演化,也必然会导致服饰式样、着装方式与服饰观念的演化。施拉姆说过,"服装能说话",人们不仅能从服饰本身中获得意义,也对服饰所呈现的穿着者的地位、认同和遵循的规范等做出反应。关于服饰在人类传播中的意义,埃德蒙·利奇还指出:"衣着行为是为了传递意义复杂的信息,那么,服装就必须是高度标准化和容易识别的。但是,当某种特定的服装最后习惯性地与某种特定仪式相联系或与某种和此类仪式相关的特定的社会职务相联系时,该服装的任何特征部分都可能成为这种仪式或职务的转喻代号。"[②]换言之,服饰是一种区别社会等级和社会阶层的非语言符号,可以传递多种信息,包括教育水平、社会地位和道德品质,等等。在这个意义上,服饰也是标明社会人公共地位的象征符号——从一个人的服饰上,人们可以大致判定其社会地位和职业状况。

---

① 〔英〕戴维·莫利等:《认同的空间》,司艳译,南京大学出版社2001年版,第156页。
② 〔英〕埃德蒙·利奇:《文化与交流》,郭凡等译,上海人民出版社2000年版,第54页。

服饰反映了社会生活的诸多方面，不仅塑造了一个文化的外貌，也是文化心理、国民性格和审美精神的系统折射。在不同领域的视域下，服饰还是研究不同文化的历史、生产方式、宗教信仰乃至政治制度的直观和重要的资料。

自早期社会以来，中国传统服饰即有鲜明的区别社会等级、划分社会角色、维系血缘家族纽带、衡量社会成员亲疏远近关系等功能，体现了中国社会最基本的社会秩序、伦理关系。《易·系辞下》中称："黄帝、尧、舜垂衣裳而天下治"，这一观念几乎贯穿整个中国历史，把服饰等级森严的形制视为对"天意""天道"的具象显现，标识着自然与上天的秩序，决定了"天下一统"和"治国安邦"的大事。儒家思想对中国传统社会的服饰审美观念也影响深远，孔子的《论语》有云："质胜文则野，文胜质则史，文质彬彬，然后君子。"这里的"文"指涉"文采""文辞""才情"等，表现在外部，尤其是延伸到服饰上，则指外表、外在的修饰，又有"纹饰""装饰"等含义；这里的"质"，意思则是"质朴""朴实""本质"。概言之，只有"质"与"文"高度统一，即内在本质、精神与外在纹饰高度和谐一致，才算是尽善尽美的君子。如孔子所说："见人不可以不饰，不饰无貌，无貌不敬，不敬无礼，无礼不立。"

在这样的服饰审美观念的影响下，中国传统服饰突出的是人的精神与气质，不是人体的曲线，多侧重服饰整体的外观效果，以及图案的细致与华美，同时也保持着一种东方式的矜持和审美。正如华梅对中国服饰风格的概括："中国服饰具有融天地为一体的气韵，而这一切又都在不言之中；并且色彩上有正色、间色的区别，中国这个广袤大地上的植物、矿物染料给予中国服饰以特有的外观和感染力。造型上则是以基本平直的圆筒状来突出内向的收敛，只是不经意显出人体的曲线，故而出现一种神秘的不可捉摸的美，它不似西方服饰表现人体那样一览无余。纹饰上力求有吉祥含义，任何物质的组合都要以吉祥为最美好的祝福，这适合中国人的民俗心理。"①

相比之下，西方传统服饰从一开始就强调人体美的理念，经历了古希腊、古罗马的弘扬，也经历了中世纪宗教的压抑，以及文艺复兴对人性和人体美的复归，最终在近现代社会走上了塑形的道路。比较西服和长衫这两种最能代表中西文化的服饰，可以看到隐藏其中的文化差异：西方人注重自我，性格外向并有进攻性，故其服饰更多地表现出坚实、挺拔、稳固和刚性；中国人注重人际关系，性格内向、保守，服饰即以线条为主，柔软多变，强调从容与和谐。林语堂还总结说："西装意在表现人身形体，而中装意在遮盖身体"——西方服装注重独立性，

---

① 华梅：《服饰与中国文化》，北京：人民出版社2001年版，第799页。

以及服装的财富价值和审美功能,突出形体和性征;中式服装寻求"从众"与中庸,要尽可能消除自身的某些独特性。

服饰的演变与融合,展示了人类不同社会的发展轨迹。中国先秦时期的"胡服骑射"是中原族群与草原游牧族群服饰融合的范例,推行此举的赵武灵王甚至被梁启超称为"黄帝之后第一伟人"。在中国历史上,伴随着中华民族多元一体格局的逐步形成,不同族群的服饰交融改造,共同承载了中华服饰的基本内容,一些族群的服饰至今仍在大放异彩,譬如满族的旗袍。自19世纪中叶起,中国服饰在迅猛的社会变迁中出现了改良、创新和以"西装化"为导向的演变趋势,各类西式服饰全面进入中国并迅速普及社会各个阶层,与西方的技术、生活方式以及与之相伴的价值观、审美观一起进入社会生活当中。不过,一些传统服饰也在不同的阶层和地域存在并复苏,包括近年来出现的"唐装""汉服"等,尤其值得本土研究关注。

颜色是一种由色彩和意义相结合的非语言符号,来源于人类对客观世界的观察和描述,呈现的不只是个体的生理反应和感官印象,也包括不同文化对颜色意义的感知与偏好。

颜色并非物体本身固有,而是人的视觉器官与外界物体相互作用的结果。自然事物对人的视觉器官形成最直接的刺激之后,帮助人们形成最基本的颜色概念。受到历史和地理环境、种族、宗教等因素的影响,人类语言里存在着大量记录颜色的符号——颜色词,不同文化赋予其不同的象征意义和联想空间。研究者还指出,根据人们对事物的认知由简单到复杂的发展原则,颜色词较少的文化通常处于相对落后的文化发展阶段,也就是说,颜色词的多少,与文明的发展程度是大体一致的。[①]

不同文化中的颜色词不仅依附于客观事物,还依赖于人的感知,是色彩、客体和主体感受三者的结合。人类在感受与运用色彩的过程中也会不断进步,形成对色彩的审美与偏好,并将这些看法投射在日常生活、艺术创作与意义建构之中。在古希腊和罗马,人们比较偏爱蓝色和紫色。这两者都是大海的颜色:海水之蓝,是映照了天空之蓝的结果;海水之紫,是在蓝色之中加上朝霞或晚霞的映射而呈现在大海深处的颜色。在古希腊人看来,这两种颜色是最高贵的颜色,只有神才可以享用。在罗马帝国,紫色是皇帝的专用服色,穿着紫色服饰也是对一个人的最高礼遇。相比之下,古代中国人崇尚的是黄色,认为黄色是"青赤黄白

[①] Nancy Soja, "Young Children's Concept of Color and Its Relation to the Acquisition of Color Words," *Child Development*, Vol. 65, 1994, pp. 918-937.

黑"五色中最为高贵的色彩:黄色代表着土地和中心,"黄者,中和之色,自然之性,万世不易",至今,黄色仍是古老中国的象征。

20世纪30年代前后,托马斯·加斯(Thomas Garth)对菲律宾人、日本人、印第安人、墨西哥人、黑人及白人等族群进行了关于颜色偏好(color preferences)的实验研究。实验表明,蓝色是大多数民族喜欢的颜色;印第安人、日本人、菲律宾人和墨西哥人最喜欢红色;印第安人对紫色的喜好程度超过白人和黑人。在颜色偏好上,墨西哥人、印第安人与菲律宾人之间的差异最大,白人与黑人、日本人之间有着较小的差异。

20世纪中期的语言学研究还注意到,世界上不同语言使用的基本颜色术语的数量有着很大差异,由此可能影响了使用不同语言的人们对于颜色乃至外部世界的感知。譬如,英语中的基本颜色术语有11个:黑、白、红、黄、绿、蓝、褐、紫、粉红、橙、灰,巴布亚新几内亚的达尼人(Dani)的语言中只有两个基本颜色术语:黑、白。康克林在《哈努诺人的颜色分类》("Hanunoo Color Categories")一文中指出,菲律宾哈努诺人使用两种不同的层次来区分颜色,揭示了不同环境条件下对色彩的认知的多样性。① 第一层次是关于颜色的一般分类,这一层次的颜色具有明显的对立性,包括四种固定颜色:黑色、白色、红色和绿色。第二层次包括上百种特殊颜色,某些颜色会有交叉重叠(例如金黄色和橙色),所有第二层次的颜色都被包含在第一层次之中。日常生活中人们主要使用第一层次的颜色,只有当特别需要时才会使用第二层次的颜色术语。布伦特·柏林(Brent Berlin)等在《基本的颜色词》(Basic Color Terms)一书中,对一百多种语言中的颜色词进行研究,揭示了不同语言系统中人们关于颜色认知的普遍性原则,认为尽管不同语言对颜色词的界定不同,但在对颜色范畴的认知上存在共同的序列:白/黑→红→绿→黄→蓝→棕→紫→粉红→橙→灰,即是说,在任何语言中,如果只有两个颜色词范畴,必然首先是白和黑,第三个必然是红,以此类推,如果有七个颜色范畴,那么第七个就是棕色。②

不同文化赋予了颜色不同的意义,颜色也表达了不同文化的情感和价值观,需结合不同的文化传统去把握和探究。譬如,就红色的传统意义而言,在德国,红色是积极的,象征着爱情、热情和革命。而在一些英语国家,红色代表的是愤怒、气愤和血腥。据说,古罗马士兵会用战败者的鲜血涂红所征服城市的墙壁,

---

① Harold Conklin,"Hanunoo Color Categories," *Southwestern Journal of Anthropology*, Vol. 11, No. 4, 1955, pp. 339-344.

② Brent Berlin and Paul Kay, *Basic Color Terms*, Stanford, CA: Center for the Study of Language and Information, 1999, pp. 14-35.

以夸耀胜利;18世纪英国军舰的甲板是红色的,为的是血流到甲板上时,水兵不会感到害怕;在古埃及、古希腊以及古印度,红色甚至是死亡之色。相比之下,中国传统中的红色有着更为积极的含义,代表热情、希望、成功、大吉大利等。《礼记》中"周人尚赤"的记录,表明了时人对于红色的喜好;《诗经》中的"贻我彤管,彤管有炜",则是称赞赠送的佩物红润、美丽。不过,在当代的西方语境中,当红色与现代中国革命和政治意识形态联系起来之后,红色代表的激情和热情等意义多被扭曲或放大,"红色中国"也在持续引发各种不同的想象。

第四章
差异与冲突:基于文化的观念与规范体系

文化差异无所不在、难以消弭。虽然人类交往的频繁和深入,会使不同文化视野中的"异域"空间越来越小,但文化差异仍会广泛存在并影响着人们的交往乃至生活本身。对人类文化差异的关注,自始即是跨文化传播研究的立足点——跨文化传播学的存在意义和学科本质,首先植根于对文化差异的研究,并将之作为追寻不同意义、理解人类生活于其中的社会和时代的前提,去发现有别于他者的自我,超越人们所属的文化给自我制造的"绝对边界"。

文化差异是历史和文化沉淀的结果,往往比意识形态和政权体制的差异更为深刻。缘于差异,误读便成为传播中无从避免的现象——即使在同一文化内部,人与人之间也会发生误读,在跨越文化进行交往之时,正常的误读自然会被放大,使交往行为变得困难重重,甚至引起关系的失谐乃至剧烈冲突。文化差异的客观存在,意味着文化间的理解需要经历漫长的调适过程,不仅是学界,民众对文化差异的认识的增进,也有助于不同文化解决跨文化交往中出现的各种问题,避免对异文化"标签化"的理解。进一步说,文化差异是客观存在的,但人们的努力和倾向却是主观的。在这个宗教、价值观、社会组织和生活方式被打破甚至相互对立的世界,在这个日益碎片化、象征化、冲突化的世界,如何理解文化差异、与他者实现互惠性理解,已攸关我们自己和这个世界的可持续生存问题,减少误读和冲突的负面影响,是每个个体、群体都要时时面对的思考。

针对文化差异的学术考察,首先要厘清不同文化的观念和规范体系。

文化的观念体系,是指文化在发生发展中逐步形成的对于外部世界、自身以及人同外部世界的关系的基本理解和看法,也表达了特定文化群体所共享的对社会现实的理解,是文化系统的核心要素,决定了文化系统的深层结构。关于观念的作用,弗朗西斯·薛华(Francis Schaeffer)有一段清晰的表述:"人们对事物都有一套先存的观念,人自然而然地就依据这些观念而生活,虽然人自己未必能察觉到。所谓先存观念,是指个人对人生的基本看法。人的先存观念为他在外在世界的一切活动铺下了一条引线,并且成为他的价值的根据,于是,也就成为

第四章 差异与冲突：基于文化的观念与规范体系

他作决定的根据。"① 在文化的观念体系中，世界观作为人类把握世界的方式和结果，是文化关于世界本质的总观念，帮助人们生存和适应周围的世界；价值观则集合了不同文化之中相对稳定的、包含情感和认知成分的观念，构成了文化的"深层结构"，以及支配人类行为的"无意识模式"，是影响个体社会化和社会行为的主要动力。

社会是人们在交往中形成的"人的真正的共同体"，规范则是人与人之间交往和有效合作的先决条件，也是社会系统的秩序和均衡得到维系的前提。规范也称社会规范，满足了实现社会关系运行的客观要求，经由历史和生活实践而形成，决定了人们参与社会活动的共同标准，限定了人与人的关系，也决定着文化成员的共有观念和行为方式，能够创造出特定群体稳定的、共享的行为模式，是影响人类活动的最为无形、强大的社会控制形式之一。② 不同社会的规范体系确立了不同群体及其成员对社会行为的不同预期，也构成了文化差异的主要方面——每一个文化成员的生命历程都始于对本文化群体中代代相传的规范体系的适应，逐步做到与这些规范确立的行为模式保持一致。这里还需要强调有关传播的一个基本原理：任何系统化的传播实践都要受制于特定的规范，参与传播的各方对于规范的共享是有效传播的必要保证。

要注意的是，对文化差异的过度强调往往会引起不必要的焦虑或其他消极情感，也容易把文化之间的共性掩盖起来——在关注差异的同时，能体察到共性的存在，是认识文化差异的正确态度。毕竟，在不同文化的深层结构之中，还有颇多共同的观念和规范等文化要素，能够帮助不同文化相互调节、相互认可，这些共同的文化内容来自人类的历史，也会随着人类走向未来。在这个意义上，过多强调文化的差异甚或对立，必定不利于正确地理解现实，也会造成知识和观念的"虚假的普遍性"。

自1949年起，乔治·默多克与其助手就开始从世界各地的民族志资料中总结人类共有的文化要素，从他们建立的"人类关系区域档案库"中可以看到，虽然人类不同文化的实践多种多样，但涉及的文化要素则大致相同。类似的许多研究提示我们，应正确看待不同文化的差异与共性——生物学意义上的人类，均为有着共同起源的现代智人种，文化上的区隔只是相对的，多数差异不过是不同群体对不同自然和社会环境适应的结果。

---

① 〔美〕弗朗西斯·薛华：《前车可鉴》，梁祖永等译，北京：华夏出版社2008年版，第1页。
② Kenneth Bettenhausen and Keith Murnighan, "The Emergence of Norms in Competitive Decision-making Groups," *Administrative Quarterly*, Vol. 30, No. 3, 1985, p. 350.

第一节 文化差异与文化冲突

经济生活、政治生活、历史背景、地缘环境以及人种和民族特质等诸多方面既有的差异和多样性,决定了文化之间无法消弭的差异。甚至可以说,只要有人群的地方就有文化差异,一如罗伯特·路威(Robert Lowie)所说:文化的历史常常指示我们,"在人种的基础完全相同的地方也会产生文化上的差异"[①]。

西方文化中,北美文化和欧洲文化并不全然相同;欧洲文化中,岛屿文化和大陆文化之间,俄罗斯文化与欧洲其他文化之间,也有相当程度的差异。进一步地,对于神与人、个体与群体、公民与国家、父母与子女、丈夫与妻子的关系,不同的文化有着不同的看法;对于权利与责任、自由与威权、平等与等级制度的差别,不同文化在不同时代的理解也大有不同。源于形形色色的文化差异,文化冲突也呈现出复杂化、长期化、多元化的特征。

一、针对文化差异的理论主张

作为人类社会不可改变的事实,文化差异影响着不同文化的存在方式和行为方式,也赋予人类多样的文化模式和社会形态。针对文化差异为何存在,学术界出现过进化论学派、扩散论学派,以及 20 世纪早期文化人类学和心理人类学领域的几种理论主张。

进化论学派的核心主张在于,全人类的心智能力是一样的,所有社会都要经过相同的"进化论"阶段的预定序列,各个文化也以不同的速度经历着文化进化的预定阶段。作为其结果,一些社会或文化达到较高阶段时,另一些则处于较早的阶段,文化差异由此而产生。基于这一认识,进化论学者尝试建立一种理解人类文化的宏大历史图景,相信传播是促使文化发展的主要因素,认定文化采借多于发明,不同文化间的共性是许多文化圈相交的结果,同时也得出了文化传播会淡化差异的认识。

1859 年,达尔文在《物种起源》(On the Origin of Species)中阐述了他的进化学说,核心观点是:生物都有繁殖过剩的倾向,而生存空间和食物是有限的,所以生物必须"为生存而斗争";如果自然条件的变化是有方向的,经过长期的自然选择,微小的变异就会积累成为显著的变异,由此可能导致亚种和新种的形成。

---

① [美]罗伯特·路威:《文明与野蛮》,吕叔湘译,北京:生活·读书·新知三联书店 1984 年版,第 29 页。

第四章 差异与冲突：基于文化的观念与规范体系

总之，物种是在不断的变化之中，经历着由低级到高级、由简单到复杂的演变过程。在 19 世纪后期，进化论思想逐渐浸透到欧美知识界，特别是在文化人类学的研究领域内，以进化论认识文化现象的学者不断涌现，推动了人类学学科的建立，并由此整合了人类作为生物体的演化和人类文化的演化两种研究。其中，摩尔根在《古代社会》(Ancient Society)中详细阐述了人类社会—文化的进化"序列"，强调人类文化是通过蒙昧、野蛮和文明的连续阶段发展起来的，即人类必须先获得文明的一切要素，然后才能进入文明状态。到 20 世纪初期，爱德华·泰勒在《原始文化》中提出，文化的发展史是自然史的一部分，也遵循进化的原则，所有社会都要经过三个基础阶段：原始状态——野蛮状态——文明状态，人类心智的结构和能力是同等地遍及世界的，正是由于有了这个"精神整体"，才使得相距千里的各个社会独立地走过相同的进化道路。持有相似观点的西方学者还有很多，汤因比在《历史研究》(A Study of History)中就提出了著名的"文明发展的阶段论"，认为每个文明都可被划分为起源、生长、衰落、解体和灭亡五个阶段。汤因比还推测出一种人类发展的循环规律："富有创造力的少数人"是文明发展的动力。

一个多世纪以来，进化论学派的观点成为西方中心主义重要的思想基础，也因此遭到了许多学者的批评。乔治·斯陶肯（George Stocking）评论说：进化论思想为 19 世纪晚期的西方殖民事业提供了重要的思想依据，即"'野蛮人'不仅是道德败坏、精神恍惚的，从人种上说也是无能的"[1]。这里有必要指出，20 世纪的西方学者中，莱斯利·怀特持有的新进化论观点与古典进化论有所不同，即并不认为每个文化都要经过相同的单线发展阶段。怀特还提出了一个有趣的"文化发展的能量理论"，认为文化包括技术的（technological）、社会的（sociological）和思想的（ideological）三个子系统，社会系统和思想系统是技术的功能，而技术是文化进化的首要推动力，技术发展能够帮助人们获得更多生存所需的能量，一个能够获得更多能量并更有效率地使用能量的社会，就相对于其他社会具有进化的优势了。[2]

扩散论学派的核心观点在于，多数文化没有创造力，人类文化的大多数要素都起源于一个地方或少数地方，之后通过迁徙或模拟扩散到其他地方。英国泛扩散论（Pan-Diffusionism）学派的领头人格拉夫顿·艾略特-史密斯（Grafton

---

[1] George Stocking, *Victorian Anthropology*, New York, NY: The Free Press, 1987, p.237.
[2] Richard Beardsley, "An Appraisal of Leslie A. White's Scholarly Influence," *American Anthropologist*, Vol.78, 1976, pp.617-620.

Elliot-Smith)提出的"泛埃及理论"(Pan-Egyptian Theory)甚至声称:人类的一切文化只有一个中心——埃及,人类文化的各个要素都是从这个中心传播到地中海和世界各地的,玛雅人的金字塔、日本的塔式建筑、印度尼西亚巴厘岛和柬埔寨的庙宇、美国印第安人的坟丘等,都是埃及金字塔等与太阳崇拜有关联的建筑的"翻版"。在他看来,这些复杂的建筑不可能是玛雅人或巴厘人发明的,因为其他区域的人们没有独立发明的能力,人类文化的绝大多数方面——从艺术、法律、政府到陶器、纺织甚至车轮——都是在埃及发明的,这些成果通过埃及人带到了世界其他地方,"从埃及延伸到最遥远的中国版图内,又从多瑙河和第聂伯河延伸到印度北部。这是这一广大地域内已知的最早文明"①。德奥扩散论派又称维也纳文化历史学派(Vienna Cultural Historical School),代表人物弗里茨·格拉布纳(Fritz Graebner)在1911年出版的《民族学方法》(*Method of Ethnology*)一书有个核心观点:人类的创造力有限,只有少数文化才能做到;不论地理远近,只要发现双方的文化相类似,都可以作为文化传播或采借的例证,文化的独立发明要在寻找不到传播的迹象之后才能确定。格拉布纳认为,要发现不同文化之间历史上接触的事实,就必须去寻找文化传播的迹象,用"质"与"量"的标准来分析文化的相似之处。所谓质的标准,就是比较各种器物形式、信仰制度的特征及其相似性;所谓量的标准,就是考察文化相似之处的数量多寡。其他一些欧洲扩散论学者还认为,是欧洲人将世界连成了一体,而且这一联合是技术上的显著进步。部分原因是,在世界上许多地方还是森林和荒地的时候,欧洲已成为非常先进的地区。不过,与进化论一样,扩散论也留下了大量疑问:为什么一个特殊文化形态会在某个地方首先得到发展?这些文化的扩散机制是什么?为什么吸收某种文化的群体会适应特定的文化内容,而抵制另外的文化内容?

在文化人类学的视域下,不同文化的差异根源于制度和认知结构的差异。20世纪初,为了探究文化存在差异的原因,西方文化人类学家对不同社会的组织状况进行了研究。其中,马林诺夫斯基的观点比较有说服力:孤立的文化特征上的差异并不是社会中最基本的差异,社会最初的差异来自人们的生理需要(如食欲和性欲)、对工具的需要(如对教育和法律的需要)、对整合的需要(如对促进沟通的普遍的"世界观"的需要),为了满足这些需要,社会便形成了制度或经常性的行为模式。总之,文化是一个经过整合的、相互呼应的制度网络,不同文化的差异在于制度的差异。在这一理解的基础上,拉德克利菲-布朗进一步指

---

① 〔英〕格拉夫顿·艾略特-史密斯:《人类史》,李申等译,北京:社会科学文献出版社2002年版,第289页。

第四章 差异与冲突：基于文化的观念与规范体系

出：人类学的工作不应是研究个体行为，而应去区分受影响的行为规范以及因此而暴露的社会结构的准则——习俗、信仰和制度的特定模式。循着这一思路，克劳德·列维-斯特劳斯（Claude Lévi-Strauss）还认为，文化差异的关键在于认知结构，即人类心智利用现实的模式和认知结构的不同，是文化差异产生的主要原因。

心理人类学的核心观点是：儿童抚养行为是社会总体文化的一个部分，并受社会总体文化制约。儿童抚养行为把婴幼儿未定型的人格培养成社会的统治人格，从而反过来影响文化并造成文化差异。20世纪三四十年代，心理人类学接受了弗洛伊德精神分析理论（psychoanalysis）的影响，认为成年人的人格是由儿童时期的经历决定的，或者说，人格的形成和发展受制于每一个人的早期生活经验，所以，特定文化中人群的人格特质决定于这一文化的儿童抚养行为。玛格丽特·米德和本尼迪克特是这一学派的代表人物。

为揭示文化塑造人格和行为模式的决定性作用，玛格丽特·米德在《新几内亚儿童的成长》（Growing up in New Guinea）中，以新几内亚马努斯（Manus）儿童所受教育与人格形成过程为研究对象，将其与西方社会的儿童教育方式进行比较，发现马努斯人对儿童的教育是放任的。由于成年人没有对儿童进行智力教育，小孩所玩的游戏大都缺乏想象力，所以马努斯儿童虽聪明灵活却缺乏想象力，由此反映出文化传统对人格和个性的巨大影响力。也是通过在新几内亚的考察，玛格丽特·米德在《三个原始部落的性别与气质》中还指出："不同文化成员间的差异，如同处在同一文化内的个体间的差异一样，可以完全归因于作用不同的社会条件。尤其是个体发育早期的条件作用特别重要，而该作用又是由文化机制所决定的。"[①]

鲁思·本尼迪克特也有相似的观点："任何文化，其道德规范总要代代相传，不仅通过语言，而且通过长者对其子女的态度来传递。局外人如果不研究一国的育儿方式，就很难理解该国生活中的重大问题。"[②]在《菊与刀》一书中，她对日本传统社会的教育模式进行了观察，指出日本幼儿教育与成人教育的不连续性是导致日本人具有双重性格的重要因素："日本人的人生曲线与美国人的人生曲线正好相反。它是一根很大的浅底 U 字形曲线，允许婴儿和老人有最大的自由和任性。随着幼儿期的过去，约束逐渐增加，直到结婚前后个人自由降至最

---

① 〔美〕玛格丽特·米德：《三个原始部落的性别与气质》，宋践等译，杭州：浙江人民出版社1988年版，第266页。
② 〔美〕鲁思·本尼迪克特：《菊与刀》，吕万和等译，北京：商务印书馆1996年版，第175页。

低线。这个最低线贯穿整个壮年期,持续几十年,此后再逐渐上升。过了60岁,人又几乎可以像幼儿那样不为羞耻和名誉所烦恼。……他们长大成人后,既可以沉溺于罗曼蒂克的恋爱,也可以一变而绝对顺从家庭安排的婚姻;既可以沉湎于享乐和安逸,也可以不计一切而承受极端的义务;谨慎的教育往往使他们行动怯懦,但他们却又能勇敢得近于鲁莽;在等级制下他们可以表现得极为驯服,但却又保留着傲慢不驯;在军队里,他们可以接受盲从的训练,但却又顽固不易驯服;他们是坚定的保守主义者,但却又容易被新的方式所吸引;他们曾经学习中国习俗,继而又吸收西方学说,这就是证明。"①

基于这一发现,本尼迪克特还提出了有关文化与人格的著名观点:在人类可能的"全弧"上,每个社会都不自觉地选择一段"弧线"作为文化观念,儿童时代的惩罚和奖励帮助个体逐渐使这些观念内在化,自然而然地,每一个文化都会形成特有的群体人格和行为模式。

二、文化差异与文化误读

关于正确认识文化差异,列维-斯特劳斯曾做出重要的提示:不能从静止的方面看待人类文化的差异性,"由于地理的遥远,环境的特殊性,以及他们对其他人类的无知,人们建立了不同的文化","在这些由于孤立而造成的差异之外,还有那些由于相近原因,即企求区别、独立、成为自己,而造成的差异","差异性对于把人群分隔开来所起的作用,要小于它对于把群体结成团结关系所起的作用"②。

大量事实亦提醒人们,不可轻易从传说和典籍中刻意寻找文化差异或是相似的理由,因为这很可能是牵强附会。古德诺曾描述了20世纪早期西方人眼中的中西差异:"他们是和平主义者,而我们则崇尚武力;他们强调清静无为,而我们则提倡奋斗的生活;他们放任自流到无政府主义的边缘,而我们则认为必须有一个强有力的政府;他们是理想主义者,而我们则快要沦为只注重物质享受的实利主义者;他们是不可知论者,而我们相比较而言则是较为虔诚地信仰宗教;他们崇尚文学才能,而我们则崇尚科学。"但与此同时,古德诺还强调,如果对中国了解得深入一些,就会得出另一种结论:"不管怎么样,中国人其实与我们一样,

---

① 〔美〕鲁思·本尼迪克特:《菊与刀》,吕万和等译,北京:商务印书馆1996年版,第201页。
② 〔法〕克劳德·列维-斯特劳斯:《结构人类学》第二卷,俞宣孟等译,上海译文出版社1999年版,第359—360页。

第四章 差异与冲突：基于文化的观念与规范体系

都是生活在这片大地上的一群人,他们是我们的亲戚。"①以赛亚·伯林(Isaiah Berlin)也说过:人与人之间以及社会与社会之间的差异,可能被过分夸大了,"没有哪一种文化缺少善与恶、真与假的概念"②。譬如,知识界有一种流行的观点:西方文化是罪感文化,日本文化是耻感文化,中国则是畏感文化。此类的概括可以让文化的差异清晰可辨,但只要没有特殊偏见,就会发现:无论是罪感、耻感还是畏感,都是人类普遍的情感和心理特征,即使在单一文化内部,不同的个体也会有这些特征。

文化误读(cultural misunderstanding)是基于己方的社会规范、观念体系、思维方式等对另一种文化产生的偏离事实的理解和评价。文化误读源于文化差异,受制于社会历史条件、文化交往能力,以及语言水平、知识结构等因素,也常常因为服务于解释者的某种利益需要,具有浓厚的政治和意识形态色彩——这种误读通常比较稳定,也往往会形成误导,直接导致偏见、歧视甚至敌意的产生。

造成文化误读的原因有很多,特殊的社会文化背景、特有的个体经验和知识结构、不同语言以及文化习俗的障碍等,都可能导致对异质文化的误读。在跨文化交往中,除了社会规范、观念体系、思维方式等来自文化深层结构的原因,解读者自身的知识背景、社会地位等也是造成误读的因素。其中,知识背景尤其具有普遍性——对某种文化的知识性解读,在很大程度上取决于解读者本人拥有的知识的深度和广度。譬如,在马可·波罗的游记中,曾把东方的犀牛当成了西方传说中的独角兽(unicorn),产生这一误读显然不能简单地归因于西方的文化传统,马可·波罗本人的知识背景应是主要原因。2002年,美国国家地理学会的一项调查发现,美国青年的地理知识评分是"D"。在调查问及的56个地理和时事问题中,被调查者平均只能答出23个,近1/3的人不知道太平洋的位置,只有近30%的人知道新泽西州在美国地图上的位置,还有超过10%的人竟不知道美国在何处。研究者据此指出:由于缺乏地理和时事常识,美国的年轻人很难了解他们面对的世界文化、经济和自然资源,这将严重影响美国人对世界乃至常理的判断。

正如乐黛云指出的:在跨文化交往中,任何一个交往主体都难以完全脱离自身的文化框架,对异文化的研究和吸取情况往往决定于自身的文化与环境条件。譬如,16世纪以来,西方社会就开始用固定不变的解释来理解"东方人",对东方

---

① 〔美〕弗兰克·古德诺:《解析中国》,蔡向阳等译,北京:国际文化出版公司1998年版,第1—2页。

② 转引自〔伊朗〕拉明·贾汉贝格鲁:《伯林谈话录》,杨祯钦译,南京:译林出版社2002年版,第37页。

文化的理解也长期有着浓厚的"异国情调":一方面认为来自遥远异域的陌生、新奇、非一般化的事物都奇妙无比;另一方面则是一种渴望走出自我、憧憬外部世界的探索和追求,其间隐藏着对自身文明的某种怀疑和批判。历史上东方社会对西方的误读也大抵如此。乐黛云就此指出,当人们感到自身比较强大而自满自足的时候,在异文化中寻求的往往是与自身相似的东西,"以证实自己所认同的事物或原则的正确性和普适性,也就不免将异文化纳入本文化的意识形态而忽略异文化的真正特色;反之,当他们感到本文化暴露出诸多矛盾,而对现状不满时,他们又往往将自己的理想寄托于异文化,将异文化构建为自己的乌托邦"①。

　　文化差异使误读难以避免,但误读也不无创造性意义——在一定程度上,文化误读是对异文化的一种丰富和扩展,误读常常能够补充新的解读,或是揭示某些潜在的、不易察觉的特征。在人类文化史上,文化间某些不可翻译、不可通约的因素,常常是推动不同文化相互吸引、交流和借鉴的因素。人类历史上也不乏受某些动机支配而对异文化进行的有意识的误读,其中既有解读者对不同文化的深入探究,也不乏被异域陌生观念激发的灵感。利玛窦初到中国传教时,就认为强化圣母玛利亚怀抱圣婴的母亲形象,会与儒家的"仁""孝"相通。他有意引导的"误读",让很多中国人甚至认为:基督教中的上帝是一位慈祥的母亲。

　　一些研究还把文化误读分为积极误读与消极误读两种情况。积极误读是指主体文化能够承认客体文化的存在价值,并从客体文化的他者立场反观自己的文化,虚心吸收新意,批判自身的匮乏与不足。消极误读是主体文化对与自己相异的客体文化采取排斥态度,以自我中心主义的优越感蔑视或消解对方。这方面比较典型的例子是黑格尔,他曾以古希腊艺术为绝对标准,表达了对印度乃至整个东方艺术传统的蔑视,并以基督教为宗教理想的绝对标准,做出了对其他宗教的误读,还以西方的理性和价值为标准,表达了对中国历史、科学乃至哲学体系的判断。在他看来,中国历史著作的精细、正确令人咋舌,但对"这种历史的详细节目,我们用不着深入考究,因为这种历史本身既然没表现出有何进展,只会阻碍我们历史的进步"②。黑格尔认为,中国的文字对于科学的发展,便是一个大障碍,"因为中国人没有一种真正的科学兴趣,所以他们得不到较好的工具来表达和灌输思想"③。他还声称:"中国人既没有我们所谓的法律,也没有我们

---

① 乐黛云:《多元文化共生将决定世界前程》,《中国民族报》2007年4月30日。
② [德]格奥尔格·黑格尔:《历史哲学》,王造时译,上海书店出版社2001年版,第119页。
③ 同上书,第134页。

第四章 差异与冲突：基于文化的观念与规范体系

所谓的道德"，它的精华只不过是从孔子那里发挥出来的常识性的、"毫无出色之点的"道德教训和自然宗教的简单结合而已，它的显著特色就是，"凡是属于'精神'的一切——在实际上和理论上，绝对没有束缚的伦常、道德、情绪、内在的'宗教'、'科学'和真正的'艺术'——一概都离他们很远"①。

不能忽视的是，作为人类交往中普遍存在的认知现象，文化误读也在一定程度上体现了人们接近和再现异文化的积极努力。人们对艺术或人文作品的误读，也可能是激活想象力、创造灵感的契机。中国文化进入西方文化的过程，就是通过伏尔泰、莱布尼茨、歌德等学者的改写和误读完成的。严复翻译《天演论》时，也是有意丢掉了托马斯·赫胥黎(Thomas Huxley)的原作《进化论与伦理学》(*Evolution and Ethics*)中的伦理学内容，就当时中国社会封闭、落后的情形而言，这可说是一种"急则治其标"的积极误读。通常，积极误读的积累往往会使彼此的认识趋于正确，还会创造出新的意义，为异文化增添新的诠释、风貌，体现出本土文化的自主和能动性。乐黛云就此指出，"从历史来看，这种误读又常是促进双方文化发展的契机，因为恒守同一的解读，其结果必然是僵化和封闭"②。譬如，印度佛教在两汉之际传入中国之初，人们就把佛教误读为当时流行的黄老之学，所谓"诵黄老之微言，尚浮屠之仁祠"。最早促成佛教中国化的东汉学者牟子在解释佛教教义中的"魂神"时，还在《理惑论》中对《老子》进行了有意的"误读"："魂神固不灭矣，但身自不朽烂耳。身譬如五谷之根叶，魂神如五谷之种实；根叶生必当死，种实岂有终亡，得道身灭耳。《老子》曰：吾所以有大患，以吾有身也。若吾无身，吾有何患！又曰：功成名遂身退，天之道也。"

还要强调的是，在研究文化现象时过多强调差异，往往容易忽略一些基本的共性或相似之处，进而导致对其他文化的误读。1968年，人类学家在北爱尔兰的一项调查表明，即使存在社会分隔，天主教徒与新教徒之间仍然存在一个"享有相当多的共同文化的空间"，67%的新教徒认为信仰天主教的北爱尔兰人"跟自己没有什么差别"，类似的是，81%的天主教徒认为新教徒"跟自己一样"③。吉野耕作的研究发现：在20世纪八九十年代，日本社会有关日本的独特性的出版物急剧增加，提升了人们对文化差异的注意力，以致无视日本人与外国人的共性，"其结果招致了意想不到的后果，在日本人与外国人的交流中出现了文化壁垒这一新的障碍"④。

---

① 〔德〕格奥尔格·黑格尔：《历史哲学》，王造时译，上海书店出版社2001年版，第135—137页。
② 乐黛云：《文化差异与文化误读》，《中国文化研究》1994年夏之卷。
③ Richard Rose, *Governing without Consensus*, London, UK: Beacon, 1971, p.218.
④ 〔日〕吉野耕作：《文化民族主义的社会学》，刘克申译，北京：商务印书馆2004年版，第216页。

三、人际冲突与文化冲突

在跨文化交往中,来自不同文化的传播各方会在对交往的期望以及交往的过程和结果上表现出一种不和谐、不相容的状态,这就使文化差异通过人际冲突(interpersonal conflict)的形式表现出来。跨文化传播的过程呈现了人际冲突的本质:传播造成了对立问题的产生,形成个体对可感知的冲突的认知,并将情绪及观念转化为冲突的行为;传播也推动了人际冲突在各个层面的呈现,包括避免与抑制冲突、公开表达不同观念以及冲突情势的发展,等等。

在形形色色的国家、社会、文化和人际关系中,冲突都是不可避免的,即使在每一个个体的内心,也有不间断的各种冲突。不同文化之间的人际冲突体现在个体、群体、组织之间,大致分为五种取向。[①] 第一,回避(avoiding)。一些文化认为,回避冲突的能力是成熟的表现,回避的方式可以是提出其他话题以转移对方的注意力,或是干脆保持沉默、避开锋芒。比如在西班牙,人们尽量回避冲突,并视之为化解冲突的有效途径。第二,调节(accommodating)。这一取向侧重于发现、满足对方的需要而不是突出自己的需要,以避免冲突。比如,津巴布韦人在发表意见之前,总希望知道对方想听什么,以避免直接表达不同意见,并可依对方的想法来调节自己的观点。埃德温·赖肖尔(Edwin Reischauer)还观察到:日本人之间的讨论并不明确划分立场,也不分析和澄清差别,很多观点是用拐弯抹角、含糊其词的方式提出来的,使冲突在尚未出现之前就得以避免。第三,竞争(competing)。这是把冲突视为生活的必然,把竞争看作一种积极进取的品质。较为典型的是希腊和以色列文化:公开辩论、发生争执是希腊人的生活方式;以色列人也鼓励直接对抗——有学者认为,这种取向是对二战前犹太人的调节取向的一种反叛。第四,妥协(compromising)。这种取向期望以妥协换取折中的结果,以最大程度地满足自己乃至双方的愿望。美国人在商业交往中比较擅长运用妥协手段,人际法律争端也往往通过妥协来解决,即我得到了想要的,同时你也会觉得不是无功而返。不过,在俄罗斯文化中,妥协是一种软弱的表现。第五,合作(collaborating)。这种取向认为,每个人的目标和需要都要得到尊重和满足,合作是以协商和平等的方式解决冲突的理想方式。

文化之间的差异体现了不同文化和人群的观念取向和选择方案,也意味着跨文化交往会不可避免地引发规模较大的文化冲突(cultural conflict)。这里的

---

① 〔美〕布拉德福德·霍尔:《跨越文化障碍》,麻争旗等译,北京广播学院出版社2003年版,第197—200页。

第四章 差异与冲突:基于文化的观念与规范体系

文化冲突,是指两种或两种以上的文化在接触与交流的时候,基于地理环境、生产方式、文化传统、宗教等方面的差异,兼因争夺有限资源和生存空间的诉求,一方文化对另一文化产生的暂时或长期的排斥、对立及否定现象,包括强势文化对弱势文化的压制和攻击。文化冲突并非片面的、暂时的现象,不同文化之间的差异和排他性使文化冲突由来已久,文化的民族性、封闭性和保守性,也在不断加大解决冲突的难度,加剧着全球社会的不平等格局,使征服、掠夺、抢劫、破坏、灭绝等暴力交往形式在人类历史中一直大量存在。

萨默瓦曾指出:"一个部落对另一个部落的敌意,是人类最本能的反应之一。"[1]文化冲突是人与人、人与文化、文化与文化之间全面的相互作用、相互影响,不仅表现在习俗、道德和法律制度等方面,也表现为价值观、思维方式等各个方面的全面冲突。当渊源甚远、形态各异或取向不同的文化相遇时,如果一方具有强烈的排他性,那么或早或晚,文化之间就必然出现剧烈的冲撞。克拉克·威斯勒(Clark Wissler)就此强调:"我们关于世界许多民族的经验表明,一旦我们在住房和饮食这类日常和外部事物中发现了尖锐的对立,就一定会在信仰、社交方式、理想、道德观念以及对任何事物采取的态度中发现同样尖锐的对立,甚至是更加尖锐的对立。"[2]还要注意的是,许多文化冲突往往"并非存在于现实中而是存在于感觉之中"[3],除特殊情况下直接表现为政治或武力对抗外,文化冲突一般是在日常交往中隐性进行和积累的,其结果也只有通过较长的时段才能显现。此外,在文化差异与冲突乃至暴力的严重程度之间,并不必然呈现正相关关系。

自近代以来,全球交往格局中的文化冲突从未停止,主要表现为西方文化与非西方文化的冲突,从根本上说,也是工业文化与农业文化的冲突,西方现代性与前现代性的冲突。此外,受第二次世界大战及冷战结束以来世界格局的演变、多元文化思潮的扩散,以及全球化持续深入的影响,地区性的族群、宗教等文化冲突也愈演愈烈。譬如在1994年,卢旺达发生了震惊世界的族群大屠杀,由胡图族(Hutu)对图西族(Tutsi)等实施了有组织的灭绝性屠杀行动,共造成80万—100万人死亡,占卢旺达总人口的20%以上,另有25万—50万卢旺达女性遭到强奸。除了军队,对大屠杀负主要责任的还有胡图族民兵组织,以及大量

---

[1] Larry Samovar and Richard Porter, *Communication between Cultures*, Belmont, CA: Wadsworth, 2004, p.8.
[2] 〔美〕克拉克·威斯勒:《人与文化》,钱岗南等译,北京:商务印书馆2004年版,第5页。
[3] 〔美〕史蒂夫·莫滕森编选:《跨文化传播学》,关世杰等译,北京:中国社会科学出版社1999年版,第266页。

的胡图族平民。

除了文化诸要素方面的差异,文化冲突还与对资源和权力的争夺、分配密切关联,与土地和领土(家园、殖民地、居留地、移民地等)有关。由此来说,文化冲突也可被理解为一种竞争,即为改善生存环境而进行的竞争。通观人类历史,因争夺资源而导致的冲突从未中断,即使是到了21世纪的今天。譬如,在尼日利亚,信奉伊斯兰教的豪萨族(Hausa)、富拉尼族(Fulani)与信奉基督教的伊博族(Igbo)为争夺土地和水资源,仍在不断发生冲突;在苏丹达尔富尔,黑人部落富尔族(Fur)等虽然同阿拉伯人都信仰伊斯兰教,但为争夺水资源等发生了军事对抗。这里就需要注意拉尔夫·达仁道夫(Ralf Dahrendorf)提出的冲突理论(conflict theory):任何社会总是处在冲突的状态中,某些人的利益和另一些人的利益总是对抗着的,冲突决不会被根除,因为每一种解决冲突的具体方法都会产生新的利益集团,从而必然导致新的冲突。西班牙的巴斯克分离运动、以色列与阿拉伯国家的战争、中东库尔德人问题、加拿大魁北克独立问题、印度尼西亚的亚齐独立运动等,都是影响深远的冲突案例。

文化冲突可以表现为多种形式,从不同文化群体之间的排斥、敌意、偏见和歧视,到政治生活中的分裂主义、暴力对抗、种族灭绝、恐怖主义、内战乃至国家间的战争。事实也一再证明,国际冲突一旦染上文化色彩,冲突方往往会根据自己的尺度和标准对冲突进行认识和判断,并为自己的行为及目标寻求某种"神圣化"的解释,更容易使世界陷入局部或整体的危机、混乱甚至战争状态。20世纪90年代初,针对文化差异与文化冲突,亨廷顿从冷战结束以来国际关系中最令人焦灼的各种冲突入手,辨识冲突背后的民族情绪、文化特质、宗教基础、地缘因素和历史渊源等,提出了著名的"文明冲突论"(clash of civilizations):文化差异始终是人类的基本差异,文化之间互动的后果就是冲突;在未来世界中,国际冲突的根源将主要是文明,而不是意识形态和经济。"文明冲突论"具有很多局限性,自提出以来就饱受争议,就连美国主流学界也多对其持批判立场。人类文明是多彩的、平等的、包容的,不同文明应相互尊重,以文明交流超越文明隔阂,以文明互鉴超越文明冲突。

文化冲突不仅来自不同民族、国家之间的文化差异,还包括文化霸权与文化抗争,以及强势群体与弱势群体的利益冲突。格雷厄姆·福勒(Graham Fuller)就注意到:"伊斯兰世界反西方的大部分历史情绪,都是在几个世纪的冲突和争斗,以及殖民主义、帝国主义、新帝国主义、西方权力和霸权、西方主导的全球化等一系列问题的基础之上产生的。这些问题与宗教或哲学问题几乎没有什么明

第四章 差异与冲突：基于文化的观念与规范体系

显的联系。"① 文化冲突也并不仅限于不同文化与国家之间,在单一制国家和文化的内部,文化冲突往往也是社会冲突的主要内容。2005 年法国的外来移民骚乱,2009 年中国新疆的"七五"暴力犯罪事件等,都以惨烈的事实提醒人们:不能轻视单一制国家内部族群差异引发文化冲突的可能与后果。

长期以来,美国社会内部族群之间的文化冲突,一直是美国社会与文化研究的中心议题。亨廷顿在 2004 年出版的《我们是谁？》(*Who Are We?*)一书中,专门考察了美国本土的文化冲突。在他看来,由于多元文化主义和文化多样性等意识形态的挑战,不同族群之间发生冲突的场合与可能性正在增加,美国必须维护白人"核心文化"的中心地位和同化能力,重建美国文化的核心价值。

在一些社会学学者那里,冲突也被称为"社会对抗"(social confrontation),即意味着"发现共同利益,说出不同的看法","一场冲突中的正常讨论","一种合作的策略以及处理问题的方式"。作为人类全部复杂生活的要素之一,冲突对于培养人与社会的健康心智及道德感有一定的意义。同理,在很多文化学学者看来,文化冲突一直是社会变革和文化发展的主要动力,也是文化特性得以保存和延续的客观要求——文化在面对外部压力的时候,会运用不同的机制去隔离、防御、适应外来文化,这也往往意味着文化自身发展、变迁的契机。譬如,古希腊的文化奇迹在很大程度上源于它与东方文化的碰撞与冲突；古代中国最富活力的思想,大都结晶于春秋战国这一文化冲突和社会变革最激烈的时期。再如,中国历史上曾出现过汉唐时期印度佛教的传入,从最初的"入侵"到随后发生的儒佛之争,进而发展到儒佛融合以及中国禅宗的卓然生成,也是文化间由冲突到融合的例证。又如,最初的欧洲移民在进入北美洲时,住在印第安人的小木屋里,学习种植玉米和打猎,努力适应印第安人的生活方式,随后渐渐地改变了荒野和自身文化,被改变后的新文化就是美国边疆文化,即"第三种文化"。

文化差异的存在并不必然引发文化冲突。对一个多族群国家来说,承认族群之间的文化差异,并不意味着必须经受冲突的破坏和动荡的折磨。文化冲突作为事实与后果,要求不同文化都做出调整和变化,走向合作,使交往各方都有从交往中受益的可能。在这里,调整意味着要改变自己熟悉的行为和交往模式,变化意味着双方都要寻求修复关系的新途径。如果没有调整和变化,冲突就会深入乃至恶化,彼此的关系就可能受到影响甚至终结。对于文化中的个体而言,

---
① Graham Fuller, *The Future of Political Islam*, New York, NY: Palgrave Macmillan, 2003, p.36.

调整和变化意味着要面临理性和感性的冲突,面临个体的自我反思、批判,以及培养容纳多种相互交错的观念的能力。对于全球社会中的不同文化来说,文化的共存、共融是学习的过程,必得通过调整和变化去容忍和适应多元文化共处的客观环境,并对不同条件和环境中的文化冲突具有一种评估、预测和控制的能力。

1795年,康德通过建立在纯粹理性基础之上的语言和逻辑的严格论证,提出了著名的"永久和平论"(perpetual peace),表达了人类社会的善良愿望与进步法则:人类不需要放弃和抹杀各自的个性和文化特质,只需发挥固有的理性,就有希望在对话和相互宽容中实现永久和平。康德身后的汤因比、费尔南德·布罗代尔(Fernand Braudel)等也有相同的观点:历史上虽有暂时破坏性的文化冲突,但不同文化之间互相学习、借鉴、交融的和平交往,才应是人类文明进步的动因与主流。探索文化冲突的原因,使国际社会的成员能够克服和超越冲突,追求共同的安全和福祉,是不同的人文社会学科共同承载的重要使命。欧洲曾经历了数百年的冲突和流血战争,今天欧洲一体化的进程就是代价巨大的学习成果之一。人类理性、良知和智慧的增强,新思想、新观念的传播,应当可以帮助来自不同文化立场的人们缩短这个学习的过程。

第二节 文化的观念体系

世界观从各个方面影响着文化成员的认知和行为,并对社会、经济和政治生活产生了深远的影响。世界观中包括人生观,人生观是世界观在人生问题上的表现;世界观也是方法论,当人们形成了一定的世界观之后,就会按照这些观点去解释一切现象、处理各种问题;世界观还是系统化、理论化的哲学,经过思想家自觉研究、系统阐发和逻辑论证的世界观就是哲学。

价值观是社会文化系统中深层的、相对稳定的、起主导作用的观念,人们在社会化过程中接受文化的结果,就是对特定价值观的获得;特定文化群体的建立和维系,也依赖于群体成员价值观的相容和一致。本尼迪克特还指出,"人们既然接受了赖以生活的价值体系,就不可能同时在其生活的另一部分按照相反的价值体系来思考和行动,否则就势必陷于混乱和不便。他们将力求更加和谐一致。他们为自己准备了种种共同的理由和共同的动机。一定程度的和谐一致是

第四章 差异与冲突：基于文化的观念与规范体系

必不可少的,否则整个体系就将瓦解"①。在这个意义上,价值观可以被理解为文化群体的力量或弱点的根源。

一、世界观的差异

世界观是人们对包括自然界、社会和人的精神世界在内的整个世界的总的看法和根本观点,体现了对于上帝、人类、自然、存在、宇宙、生命、死亡、疾病等影响文化成员对世界的看法的问题的感悟和体验,代表了不同文化中最为根本的基础观念。神话、宗教、哲学都是世界观的表现形式:神话世界是混沌统一的世界,宗教世界是人神二分的世界,哲学世界则是主客二重化的既对立又统一的世界。三者都是不同历史时期中,不同的人以不同的方式对世界做出的不同解释。世界观决定了不同文化的深层结构,也从根本上影响着不同文化对外部世界的认知和行为,梅尔福德·斯皮罗(Melford Spiro)说过:"不同的文化以不同的方式构造现实。对任何行为者来说,现实是通过世界观和他的文化所建构的行为环境传递的。"②

世界观渗透在构成文化的各个要素之中,不同的世界观催生了不同的选择和行为,认识了一种文化的世界观,往往能够对这种文化其他方面的行为和动机做出更为准确的预测。这是因为,不同文化的世界观之间有许多共同之处,但差异也是明显的。文化间的许多差异正是以世界观的差异为本源的,由此影响了不同文化的社会实践,以及感知和思维等。西方一些研究甚至认为,近现代以来,东方之所以没有取得像西方那样的物质进步和社会发展,是因为东方的世界观无助于科学或技术的发展。钱穆也有类似说法:"在中国人眼光里,没有纯客观的世界,即世界并不纯粹脱离人类而独立,不能产生西方的宗教,也不能产生西方的科学。"③重要的是,世界观对文化的影响非常微妙,并不会明显地表现出来,好比卵石入水,波纹四散荡漾一般,世界观在文化中"展开"并渗透到文化的每一个方面。

人生观是世界观在人生问题上的表现,总是受不同世界观的支配。由于人们总是通过人生实践去认识、感受和评价客观世界,人生观也在影响和制约着世界观。在一般意义上,人生观指的是对于人类生存的价值和意义的根本看法和

---

① 〔美〕鲁思·本尼迪克特:《菊与刀》,吕万和等译,北京:商务印书馆1996年版,第8—9页。
② 〔美〕梅尔福德·斯皮罗:《文化与人性》,徐俊等译,北京:社会科学文献出版社1999年版,第158页。
③ 钱穆:《中国文化史导论》,台北:联经出版事业公司1994年版,第365页。

根本态度。人生观主要涉及三个方面的内容:人生的目的,即人为什么活着,人在社会活动中要争取达到什么样的目标;人生的态度,即怎样做人,怎样度过自己的一生;对人生的评价,即如何看待人生的价值、人生的意义。譬如,西方从古希腊时期开始,就努力追求个性解放,"求变""求动"成为人们的精神动力。苏格拉底哲学思想中的核心问题是:人是什么?他的回答是:人之所以与动物相区别,就在于人必须时时审视自己的生命和生存状况,这即是理性的显现,人类生活的真正价值就存在于这种显现之中。在这种思想支配下的人生观,也被称为理性主义人生观。受此传统影响,美国文化中的核心人生观就是"求变",因为变化体现出不断打破常规、不断创新的精神。此外,源于清教徒宿命论的"天赋使命观"(Natural Mission)对美国文化中的人生观也产生了重大影响:清教徒的行为就是实现上帝赋予他们的使命,传播基督教文明、征服落后民族和落后文明,并"救赎"整个世界。

  相比之下,中国传统社会长期被"万变不离其宗""祖宗之法不可变"的人生观所笼罩,生存和稳定是社会生活中的头等大事,人们习惯于接受"安居乐业""知足常乐"的观念,视其为根本,对自我的定位也在于此。李泽厚就此把"实用理性"视为中国传统社会中人生观的逻辑起点,"所谓'实用理性'就是它关注于现实社会生活,不作纯粹抽象的思辨,也不让非理性的情欲横行,事事强调'实用''实际'和'实行',满足于解决问题的经验论的思维水平,主张以理节情的行为模式,对人生世事采取一种既进取又清醒冷静的生活态度"①。一些学者还倾向于用"中庸"一词解说中国传统的人生观。这里的"中庸"有两种。一是指世俗生活中多见的"执两用中"或曰无原则的"折中公允",即安全、省力的生存处世之道。二是指知识精英的"以理制欲",即节制、适当、不趋极、不务奇诡,如吴宓对"中庸"的解说:人的行为应当遵从"合度之律",尽可能在理与欲两端之间保持"精当之平衡",不走极端,"故中庸者,实吾人立身行事,最简单、最明显、最实用、最安稳、最通达周备之规则也"②。

  世界观的差异是多方面的,甚至如洪堡特所说,每一种语言中都包含着各自独特的世界观,而"语言的差异不是声音和符号的差异,而是世界观本身的差异"③。概括而言,不同文化的世界观之间的差异主要表现在三个方面。

---

① 转引自俞吾金:《超越实用理性,拓展人文空间》,《探索与争鸣》2002年第10期。
② 吴宓:《我之人生观》,《学衡》1923年第6期。
③ [德]威廉·冯·洪堡特:《洪堡特语言哲学文集》,姚小平译,长沙:湖南教育出版社2001年版,第29页。

第四章 差异与冲突:基于文化的观念与规范体系

第一,世界的本质。在不同文化的宗教传统中,均可以找到关于世界起源问题的宇宙观,以及对世界诸多事物联系变化等问题的回答,它们构成了不同文化的世界观根基。在基督教观念中,世界是以神即"上帝"为中心的,所有的生命、人类与世界都由神所创造。宇宙及其万物的浩大、奇妙,也充分证明了它的创造者——神的智慧和能力。如果没有神,宇宙万物就不能从无到有,也不可能有序地存在和运行,道德亦将缺乏神圣的来源和监督。进一步说,在这个世界里,"价值世界"和"自然世界"是同一个世界,"灵魂世界"与"物质世界"也是同一个世界,而时间是一个"舞台",能把价值与事实、灵魂与肉体连接在一起。佛教观念中的世界,吸收了印度神话中以须弥山为中心的观念,兼有时间与空间的双重意义。佛教经典《楞严经》对世界的解释是:"世为迁流,为方位。汝今当知:东、西、南、北、东南、西南、东北、西北、上、下为界;过去、未来、现在为世。"总之,在空间上说,世界是虚空无尽的;在时间上看,世界也是溯之无始、追之无终的。不仅如此,世间一切现象都是"此生彼生、此灭彼灭",其间没有恒常的存在,这便是"诸行无常",是佛教对世界本质的总解释。① 印度教认为,人与身边的万物甚至整个世界是一个整体,万事万物都是世界的一部分。由于人在世界中被迷惑,特别是忽略了与"梵我"("梵"即世界的本质,"我"即真正的、内在的自我)的联系,才会有痛苦,才会有生死。以此为基础,印度早期思想家努力寻求人类实现精神满足的途径,培育了印度人的一种把世界的基本能量与人的精神力量统一起来的基本意识,认为这样才有可能把人的苦难、有限的存在转化为自由、无限的实在。千百年来,对于世界本质的这一理解直接影响了印度教徒的人生观:人生的终极目的就是从自我的低级层面解脱出来,以到达存在的最高层面——"梵我如一"的解脱境界。

第二,人与自然的关系。人与自然的关系和人类社会内部的关系,是人类与生俱来的两大关系。自然是人类社会关系的中介,人与自然的关系决定了人与人的关系。在人与自然的关系问题上,不同的文化有着不同的选择。首先是"顺从",即认为人类在大自然面前是无能为力的,人们不是向大自然索取,而是等待大自然的恩赐。生活在文明和科学技术不发达地区的人们常持有这种观点。哥伦比亚的美斯蒂索人(Mestizo)就认为,自然界充满了危险并且因精灵所

---

① 何光沪认为,佛教对世界"时空结合"的理解,与中国古代文化及宗教中对"宇宙"(世界)的认识完全一致,如《庄子》所载"有实而无乎处者,宇也;有长而无乎本剽者,宙也",《淮南子》所说"四方上下曰宇,古往今来曰宙",都兼有时空的意义。参见何光沪:《世界各大宗教在世界观上的相通》,《中国人民大学学报》2005 年第 5 期。

附,万物都具有生命,并会对人的身体和头脑产生伤害,试图征服自然是愚蠢的。其次是"征服",即认为人类是大自然的主人,为了人类自身的利益,必须征服和主导自然力量。在土地贫瘠、多丘陵和山地的古希腊,特殊的地理环境造就了人们挑战自然的观念,这里的哲学家也把探索和认识自然看成自己神圣的使命,从自然获得真理、掌握知识、拥有智慧成为人生最大的幸福,正如后来培根宣称的:让人类以其努力去重新恢复控制大自然的权利,这种权利是由神赋予的。受此传统影响,西方文化一直持有重视科技和改造自然的世界观。美国文化是这种自然观的承接者,从北美殖民地时期开始,自然与物质世界应当受人控制并服务于人的观念就在美国社会中占据主导地位,"美国人对此所表现出的令人惊叹,有时近乎莽撞的冲动简直无与伦比",正是通过对自然的征服,美国社会得以不断繁荣和发展,"支配物质世界的自然规律似乎被人们所利用,为他们带来物质的财富,正是在这个意义上,自然服从于人类的意志"①。再次是"和谐",即视自然为朋友,认为人类应当与自然和谐共存。印度教认为,世界上有生命的和无生命的东西是密切相连的。在这一观念的影响下,追求与自然的和谐相处是印度文化重要的特征。泰戈尔还指出,印度文明的诞生始于森林,这种起源和环境形成了印度文明与众不同的特质,"这种森林生活的环境并没有压抑人的思想,减弱人的活力,而是赋予人们一种特殊的倾向,使他们的思想在与生气勃勃的大自然的产物的不断接触中,摆脱了想在他的占有物周围建起界墙以扩展统治的欲望"②。

中国传统文化也强调人类与自然的和谐。一方面,早熟的农业文明造就了传统中国社会亲和自然的意识,以及以素食为主、节俭自给的生活方式;另一方面,"天人合一"作为中国早期社会的世界观的基本表述,强调人与自然的和谐,并将之关联到社会能否持续存在的问题:天人和谐合一才是合理的天人关系,适应自然远比征服自然、改造自然重要。董仲舒所说的"天人之际,合而为一",王阳明所说的"大人者,以天地万物为一体者也"等,也都反映了儒家思想在发展中继续追求的对自然的主观适应、调和以及人对既得物质生活的知足、安分,以使"万物皆得其宜,六畜皆得其长,群生皆得其命"。兼因受到佛教、道家的影响,"天人合一"的思想在后世得到丰富,主张万物一体、和谐共生,成为中国文

---

① 〔美〕爱德华·斯图尔特等:《美国文化模式》,卫景宜译,天津:百花文艺出版社2000年版,第156页。
② 〔印度〕拉宾德拉纳特·泰戈尔:《人生的亲证》,宫静译,北京:商务印书馆1992年版,第3页。

第四章 差异与冲突：基于文化的观念与规范体系

化绵延至近代的主要特征。

第三，人性的善恶。关于人性，中国文化的核心主张是"性善论"，即"人之初，性本善。性相近，习相远"，提出这一观念的孟子还指出："人性之善也，犹水之就下也。人无有不善，水无有不下。"他还强调"以德报德，以直报怨"的道德逻辑，认为只要每个人都能将善的本性挖掘出来，社会就可太平，即"恻隐之心，人皆有之；羞恶之心，人皆有之；恭敬之心，人皆有之；是非之心，人皆有之"。"性善论"对中国传统社会的影响至为深远，甚至于提出"人性恶"的荀子被看作异端，韩愈的《原道》就不列其入道统，宋明理学也拒不承认荀子的地位。基督教文化关于人性的基本观念是"原罪说"，强调了人的不完满以及人内在的邪恶倾向，认为人人都有"原罪"(Original Sin)，如《圣经》所载，"我是在罪孽里生的。我在母胎的时候，就有了罪"，人与生俱来的"内在罪性"是一切实际犯罪的根源，既然人有原罪又无法解脱，便需要接受耶稣的救赎。在"原罪"观念的影响下，西方文化中存有一种集体的反思和忏悔意识，人们相信：虽然人性是恶的，但也是可以改变的，由于人人皆有"趋利避害"之心，因此寻求通过宗教和政治制度来控制人们的行为。同时，人也可以通过努力工作、控制和自律走向善的一面。伊斯兰教也认为，人有恶的本我，如果不加提防，这个"恶我"便会表现出来，使人们为邪恶和享乐所困扰，这时就需要安拉的拯救了。此外，在印度教的观念中，人性本善，但由于无知，这一本质往往并不表现出来；基督教教派之一的摩门教(Mormonism)则认为：人性本善，但面对世俗的挑战，人有可能从恶。

二、价值观的中西差异

价值观是有关价值(value)的信念和理想，是不同文化在生活实践中形成的相对稳定、包含情感和认知成分的观念集合。作为价值选择的内心定位、定向系统，价值观一旦形成，就支配着人们的信念、态度、看法和行动，对每一个成员的思考和活动起着规定性的或指令性的作用，其影响范围宽泛且持久。盛行于整个文化的价值观，也可被称为文化价值观(cultural values)。

通常，价值观能够帮助人们去了解正确、错误、真实、虚假的标准，也帮助人们界定什么值得献出生命，什么是应当保护的，什么是危险的，什么是值得学习的，什么是荒谬的。由不同视角出发，对价值观的认识大相径庭。严复曾比较了中西文化的诸多不同，其中很多方面反映了价值观的差异："中国最重三纲，而西人首明平等；中国亲亲，而西人尚贤；中国以孝治天下，而西人以公治天下；中国尊主，而西人隆民；中国贵一道而同风，而西人喜党居而州处；中国多忌讳，而西人众讥评。其于财用也,中国重节流,而西人重开源;中国追淳朴,而西人求欢虞。其接物也,中国美谦屈,而西人务发舒;中国尚节文,而西人乐简易。其于为学也,中国夸多识,而西人尊新知。其于祸灾也,中国委天数,而西人恃人力。"①

价值观差异的四个维度

自20世纪70年代起,吉尔特·霍夫斯泰德(Geert Hofstede)作为IBM公司的人事经理和管理培训师,对该公司全球雇员交出的十余万份调查问卷进行了分析,于1980年出版了《文化的影响》(*Culture's Consequences*)一书,提出了文化维度理论(cultural dimensions theory),涉及不同文化价值观的四个维度:个人主义/集体主义(individualism-collectivism)、回避不确定性、权力距离、男性化/女性化(masculinity-feminity)。三十多年来,这个独特的理论框架得到了广泛的应用和发展,为跨文化传播有关价值观的知识积累做出了重要贡献。

在霍夫斯泰德的研究中,个人主义与集体主义价值观是衡量个人与群体的关系松散或紧密的主要尺度,也是厘定文化差异的重要分水岭。在他看来,个人主义文化强调的是自我和个人的成就,个人与群体、社会的关系松散,相互依赖程度弱;集体主义文化强调的是社区或群体的和谐,个人与群体、社会联系紧密,相互依赖程度高。根据霍夫斯泰德的研究,集体主义文化的国家主要在亚洲和拉丁美洲。他还指出,美国是世界上最为个人主义的国家,绝大多数美国人更注重个体的权力、动机、报酬、能力、态度。相比之下,中国是集体主义文化的代表,个人与组织之间的联系不是一种经济利益上的关系,而是道德的关系,强调了个人对家族、组织或社会的忠诚。

在文化与传播研究的知识谱系中,个人主义与集体主义一直是理解文化类同与差异的重要维度。这是因为,在个人与群体和社会的关系中,蕴涵着关于个人生存境遇以及道德和价值的基本内容。个人主义与集体主义观念不仅影响着特定社会中规范体系的形成和变动,也影响着个体在自身文化中的社会化过程,涉及自我解释(self construals)、个体价值(individual values)、人格取向(personality orientations)等方面,进而影响着人的传播活动。② 哈里·特里安迪斯(Harry Triandis)甚至认为,文化差异最根本的层面就在于个人主义和集体主义价值观。

---

① 王栻主编:《严复集》第1册,北京:中华书局1986年版,第5页。
② William Gudykunst, ed., *Cross-cultural and Intercultural Communication*, Thousand Oaks, CA: Sage, 2003, Forward, p.13.

第四章　差异与冲突：基于文化的观念与规范体系

特里安迪斯还把地理环境、富裕程度、社会化程度、乡村或城市环境、教育水平及社会变迁等宏观因素，归结为个人主义和集体主义形成的根本因素。他注意到，在一些文化里，个人主义被认为是一种赐福，是生活安宁的源泉——特别是在西方文化中，个人主义是首要的价值观，在美国则可能是主导一切的观念；而在另一种文化中，它被认为是不和与分裂的祸根。① 他还强调，在每一种文化体系中，不同族群会展示出不同的个人主义和集体主义价值取向，比如美国社会中的亚裔族群长期保留着集体主义的价值取向。

回避不确定性的概念是由霍夫斯泰德本人提出的，指的是一种文化在多大程度上可以容忍或避免未来生活的模糊性和不确定性等，或是人们以何种态度面对未来可能发生的事。按照霍夫斯泰德的观点，回避程度较高的文化往往有明确的社会规范和原则来指导社会活动和社会行为，人们往往做事认真，显示出强烈的进取心，但容易焦虑，缺乏耐心；在回避程度较低的文化中，人们对社会生活中各种事物的焦虑程度较低，对社会规范和相关原则的执行不甚严格，习惯于放松自己，依靠自觉遵守纪律来保持工作的轻松状态。根据霍夫斯泰德在1991年的研究，回避不确定性程度较高的国家有希腊、葡萄牙、比利时、日本、法国、西班牙、阿根廷、土耳其、韩国、以色列等。相比之下，回避不确定性程度较低的国家有新加坡、牙买加、荷兰、瑞典、英国、马来西亚、印度、美国、加拿大、挪威、澳大利亚、瑞士、芬兰、伊朗等。②

权力距离的术语也是霍夫斯泰德提出的，用以衡量不同文化中的人们看待或接受不平等的权力分配的程度，呈现的是不同文化中社会各阶层之间的不平等状况。在不同文化的社会生活中，权力距离不仅表现为各种机构和组织中弱势成员对于权力不平等的期待和接纳程度，也表现在人际关系、政治选择、家庭观念等诸多方面。根据霍夫斯泰德的研究，权力距离较大的国家和地区有菲律宾、墨西哥、委内瑞拉、印度、新加坡、巴西、中国、日本等；权力距离较小的国家和地区有澳大利亚、以色列、丹麦、新西兰、爱尔兰、瑞典、挪威等。权力距离大，表示下级对上级的服从更为自觉，人际关系中往往带有强烈的情绪化色彩和极端倾向，下级对于上级不是过分倾慕就是蔑视；权力距离小，上、下级认为他们之间的关系是平等的，下级大多有自由说话的权利。霍夫斯泰德还指出，在"高权力距离文化"中，"权力被视为社会的一种基本事实，其地位高于善恶选择。权力凌驾于道义之上，无论它是否合法"，民众倾向于接受一种共识，"在这个世界上

---

① Harry Triandis, *Individualism and Collectivism*, Boulder, CO: Westview, 1995, p.5.
② Geert Hofstede, *Cultures and Organizations*, London, UK: McGraw-Hill Companies, 1991, p.113.

应该存在一种不平等的秩序,每个人都可以从中找到自己的位置",而掌权者会利用特权乃至腐败行为增加自己的财富,并"通过象征行为使自己看起来更有权力,从而提升自己的地位"①。

日本社会的权力距离是较为突出的,属于典型的"高权力距离文化"。很多研究注意到,对权威的服从甚至内化为日本国民性格的重要组成部分,承认等级制的行为对日本人来说"就像呼吸一样自然"。本尼迪克特就指出:以性别、辈分以及长嗣继承等为基础的等级制,是日本人的家庭生活的核心。每个日本人最初都是在家庭中学习等级制的习惯,然后再将其所学的这种习惯运用到经济、政治等各个领域。在家庭以及人际关系中,年龄、辈分、性别、阶级决定着适当的行为,一旦逾越其特权范围,必将受到惩罚。② 中根千枝也认为:"下属必须无条件履行直接上级的命令,这是日本人的金科玉律,因为这种联系是这位下属同这个集团的关系的唯一体现。任何犹豫不决、拒不执行都被认作是对该组织系统的公然违背。"③中国社会也有相似的特点——每个人都处于等级秩序的某个位置,人们对权威的存在非常警觉和敏感,在任何场合总会细心观察或留意,遇到权威便习惯性地不加怀疑与批评,"家长"永远是"家长","领导"永远是"领导";不仅如此,人们还严重地依赖权威,甚至会产生一种暂时性的"心理无能"(psychological disability)状况,对权威做到一种绝对而无条件的服从,因为"以恭顺的服从作为一种自我呈现(self-presentation)的方式,未尝不是有效地产生逢迎或讨好的效果,以使权威对自己增加好感与赞赏的好办法"④。20世纪90年代以来,中国社会的权力距离没有缩短,反而随着社会分层的加剧迅速扩大,与其他文化在现代化过程中权力距离的变动情况差异甚大,值得相关领域的本土研究者做出重点思考。

霍夫斯泰德提出的"男性化/女性化"价值观维度,针对的是不同文化中由性别角色分配所决定的文化特质。在男性化文化(masculine culture)中,社会角色通常有明确的划分,成员倾向于赞扬力量、自我表现、竞争和物质上的成功,将收入、荣誉、进步和挑战这四种因素看得很重,个人被鼓励成为独立的决策者,受人赏识与积累财富是成功的标志。男性化文化导向的国家往往努力创建一个强大的社会,譬如在美国和英国,许多免税政策就向富人倾斜,导致财富的集中而

---

① 〔荷〕吉尔特·霍夫斯坦德等:《文化与组织》,李原等译,北京:中国人民大学出版社2010年版,第62页。
② 〔美〕鲁思·本尼迪克特:《菊与刀》,吕万和等译,北京:商务印书馆1996年版,第31—40、66页。
③ 〔日〕中根千枝:《日本社会》,许真等译,天津人民出版社1982年版,第50页。
④ 杨国枢:《中国人的心理与行为》,北京:中国人民大学出版社2004年版,第108页。

第四章 差异与冲突：基于文化的观念与规范体系

使国家整体实力强大。在国际问题上，这些国家也倾向于使用战争等极端手段解决争端和冲突。女性化文化(feminine culture)是指注重感情、人际关系和富于同情心的文化，其成员强调生活的质量、服务、关心他人和养育后代，社会性别角色有所重叠，男性和女性都可以是谦虚的、温柔的和关注生活质量的。占主导地位的价值观念是关心他人并讲求生活质量，人们之间的友好合作和良好的生活环境是个人取得成功的标志。以瑞典和挪威为例，在税收政策上注重调节贫富差距，在国际问题上，倾向于通过妥协和协商解决国家争端。

有关"男性化与女性化"这一维度的学术思考，较早见于玛格丽特·米德在20世纪30年代的研究。通过对新几内亚境内三个原始部落的考察，米德在《三个原始部落的性别与气质》一书中描述了三种迥然不同的文化特质。在生活于山地区域的阿拉佩什(Arapesh)部落中，人们崇尚男女平等、相互信任、互助友爱的生活原则，男女共同抚育子女，男性没有对女性颐指气使的习惯。在河谷地区的蒙杜古马(Mundugumor)部落，男女均性情粗暴，富有攻击性。在生活于湖岸地区、以捕鱼和贸易为生的查姆布里(Tchamburi)部落，则是一种"男主内，女主外"的局面，女性处事精明、终日忙碌，男性不从事生产，但要承担养育孩子的责任，且性情多疑、易伤感，喜欢嚼舌头。不仅如此，男性大都富有艺术气质，喜欢服装、跳舞、雕刻、编织等，女性则大不相同。① 总之，米德认为，男性与女性的性格与气质，并不是与生俱来的，而是由文化决定的。

个人主义在西方的演进

康德说过，自从人开始用"我"来说话的那一天起，只要有可能，他就会表现出他心爱的自我，并且毫无止境地推行个人主义，这便是作为人类本能的个人主义。② 倘若作为价值体系，个人主义主要表述为三个主张：第一，一切价值均以人为中心，即一切价值都是由人体验的(但不一定是由人创造的)；第二，个人本身就是目的，具有最高价值，社会只是达到个人目的的手段；第三，一切个人在某种意义上说在道义上都是平等的，任何人都不应当被当作另一个人获得幸福的工具。

个人主义价值观贯穿于西方社会的历史，使西方文化保持了内部的稳定性和一致性，就像一条"永不枯竭的幽暗长河"，已渗透到西方国家及其文明的各

---

① Roger Lobmann, "Sex and Sensibility," *Anthropology*, Vol. 33, No. 2, 2004, p. 118.
② 〔德〕伊曼努尔·康德：《实用人类学》，邓晓芒译，重庆出版社2005年版，第5页。

个角落,并潜移默化地熏陶着一代又一代的后人,进而变成一种"心灵的习性"①。个人主义最早发端于古希腊智者学派关于个人地位的思考,普罗塔戈拉"人是万物的尺度"(Man is the measure of all things)的命题开创了个体解放的先河。随着十七八世纪启蒙运动的深入,约翰·洛克关于天赋人权和个人政治平等的理论对个体自由、平等观念的发展产生了重要影响。到19世纪,托克维尔首次提出了"个人主义"(individualisme)的概念,认为个人主义就是面向自己的私生活、家庭和亲人,意味着个人从公共生活领域撤离到私人领域,互相孤立隔绝,其结果是削弱社会联系。自这一时期开始,由于工业资本主义的兴起和商人新阶级的出现,个人主义思潮在英国逐步兴起,丘吉尔的描述是:"我们从我们的父母那里得到的只有我们的名字而已,不是财产。我们必须寻找机会。我之特殊不是继承来的,而是我通过拼搏取得的。"进入20世纪后,个人主义思潮的中心转移到美国,与美国独特的历史和社会文化相结合,逐步造就了美国特有的个人主义价值观。与欧洲相较,这种价值观的不同之处在于:个人成就的取得并不以他人为代价,美国广袤的土地和丰饶的资源为每个虔心追求自我成就的人提供了充裕的回报,无论财富、地位还是名望。此外,按照清教教义,一个人拥有大量的财富,表明他是蒙受上帝恩惠的选民:凡心怀愿望且努力工作的人,必将得到成功的报偿。

  个人主义在美国文化史上经历了深刻的转型,内涵也在不断丰富,逐步成为美国文化最基本的信念之一。根据约翰·杜威(John Dewey)的说法,20世纪之前的美国个人主义观念,大致可被称为"旧个人主义"(old individualism),涉及《独立宣言》提到的"个人自由、平等权利和尊严",以及富兰克林提出的"自助者天助"(God helps those who help themselves)等,直接思想源头是欧洲的启蒙运动和社会达尔文主义(social Darwinism)。其中,社会达尔文主义的主张是,人类社会与动物界一样遵循"适者生存"的残酷竞争法则,无论是政府还是个人,都不应该帮助弱者,干预竞争,因为这将破坏"自然选择"的伟大进程,从而阻碍整个社会的不断优化。

  经过20世纪初期的进步运动(Progressivism)以及罗斯福新政(New Deal)的洗礼,美国社会个人主义的内涵发生了深刻的变化,越来越具有杜威所说的"新个人主义"(new individualism)的特征:重视人与人之间的联系,重视人与人之间的交流,重视人与人之间的合作,与之相较,"旧个人主义的全部意义已经萎缩

---

① 〔美〕罗伯特·贝拉:《心灵的习性》,翟宏彪译,北京:生活·读书·新知三联书店1991年版,"前言"第2页。

第四章　差异与冲突：基于文化的观念与规范体系

为一种金钱尺度与工具"①。总之,"新个人主义"不再把人生视为一场残酷的生存斗争,把他人视为必须征服的对象,而是把社会视为一个有机的共同体,强调全体社会成员合作运用智慧、运用科学技术来解决共同体所面临的问题,通过不断丰富共同体生活的意义,最终实现每一个人的自由发展。

东西传统中的集体主义

集体主义主要有两种含义：一是认为个人从属于共同体、共同体利益优先于个人的价值观体系,强调的是个人与社会的联系以集体为中介；二是特指无产阶级的集体主义观念,与所谓资产阶级的个人主义一样,具有强烈的意识形态色彩。跨文化传播研究主要关注的,是前一种含义,但不忽略集体主义与个人主义作为意识形态的某些特征,也就是说：不能脱离社会制度与历史语境去看待这两种观念,对其中意识形态因素的检讨也应与经验观察相结合。

20世纪90年代,西奥多·辛格里斯(Theodore Singelis)和特里安迪斯等还把集体主义划分为"水平"(horizontal)集体主义和"垂直"(vertical)集体主义两种类型。"水平"集体主义是一种"平等主义的"(egalitarian)集体主义,强调基于分权和平均主义的精神,在平等的个体之中做出集体决策。"垂直"集体主义是一种"等级化的"(hierarchical)集体主义,建立在权力的等级结构以及道德和文化均质化的基础上,离不开集权和等级森严的组织。②

在人类社会史上,集体主义观念先于个人主义存在,在不同的文化和社会历史条件下,也有不同的内容和形式。早在古希腊时期,由于个体力量不足以维系自身的生存而必须与他人结合,共同体利益的优先地位就在社会实践中被牢固确立了。亚里士多德认为,个人不可能脱离国家和社会而存在——国家虽然由家庭和村社发展而来,但在目的和本质上要高于和先于个人和家庭,因此个人的行为首先要考虑到城邦的利益。西方进入近代以来,尽管在资本主义社会中商品经济取代了自然经济,人的独立性取代了对共同体的依赖性,但共同体对个人生活的绝对价值仍在一定范围内印证着集体主义的合理性。正如卢梭指出的,人类必须结合起来,彼此协作以求生存和发展,这就产生了一个道德的、集体的共同体,进而形成了个人与集体的关系,"不论是谁,如果他拒绝服从普遍意志,那么整个实体将强迫他服从"③。到19世纪初,黑格尔作为国家崇拜和国家至

---

① 〔美〕约翰·杜威：《新旧个人主义》,孙有中等译,上海社会科学院出版社1997年版,第91页。
② Theodore Singelis and Harry Triandis, etc., "Horizontal and Vertical Dimensions of Individualism and Collectivism," *Cross-Cultural Research*, Vol.29, No.3, 1995, pp.240-275.
③ 〔法〕让-雅克·卢梭：《社会契约论》,何兆武译,西安：陕西人民出版社2004年版,第15页。

上主义者,表述了他的集体主义观:国家的根本使命不是保护个人自由,而是赋予个人以自由的必要条件,"个人本身只有成为国家成员才具有客观性、真理性和伦理性"①。换言之,个人只有绝对服从国家的法律和制度,才能真正实现自己的存在和自由。

中国文化中的集体主义取向,决定于以血缘关系为纽带的社会结构。作为数千年来在广袤土地上共同生活和劳作的结果,中国人趋于依赖血缘群体,群体界限较确定,群体成员的地位与生俱来,几乎没有通过个人努力得以改变的可能,血缘家族也一直是整个社会活动和社会关系的基础。这种传统中的集体主义观念,重视个人与家庭、家族、国家、文化传统之间的联系,强调个人对国家和群体的义务和责任。表现在行为方式上,就是重视家庭和亲属团体,具有较强的家族观念和乡党意识,也因此缺乏在亲属团体以外缔结联系的内心冲动,个体在进入非亲属团体之后,团结性、协调性较差,表现出较强的自我意识。尤其是,个体的行为主要以家族和群体的利益为前提,一旦发生利益冲突,个人必须服从集体,"自我在诸种社会角色所构成的等级结构背景中不可避免地会淹没于集体之中",亦不可避免地形成了一种"自我克制""自我牺牲""自我消解""自我舍弃"的国民性格。②

当然,中国传统文化中并不缺乏重视个人价值和个体生命关怀的观念。譬如,庄子所追求的人的绝对自由,杨朱派提出的"人皆爱己利己"的主张,《吕氏春秋》中的"身者,所为也;天下者,所以为也"的观点等。但从整体而言,中国传统中正统儒家思想的核心始终表现出以群体融合个体的倾向,即便是对个人在道德意义上的主体性的重视,也以群体利益为旨归,让个体或个体所属的某个小群体的利益服从于更大的社会群体的利益。换言之,就是将社会的整体利益作为个人利益的唯一参照物,要求社会的个体成员无条件地服从社会需要。作为其必然后果,个体的创造性和多样性往往被忽视,个体对群体的责任与义务则相应地突出,义务重于权利、群体利益重于个体利益,个体价值也只有通过群体价值才能实现。很多研究还认为,由于这种观念中缺乏人与自然、人与社会的紧张和冲突感,缺乏变革旧事物的精神,束缚了中国传统社会中人的自由及个性的发展,使人们不能积极探索、大胆创新,因此在很大程度上,所谓集体利益也不免成为一种理想或"口号"。黑格尔对此也有评价:传统中国社会"没有对于内在的个人做胜利的拥护,而只有一种顺服听命的意识——这种意识还没有发达成熟,

---

① 〔德〕格奥尔格·黑格尔:《法哲学原理》,范扬等译,北京:商务印书馆1961年版,第254页。
② 〔美〕杜维明:《儒家思想新论》,南京:江苏人民出版社1995年版,第23页。

第四章 差异与冲突：基于文化的观念与规范体系

还不能够认出各种差别"，总之，"缺乏道德上的自由和人格"是中国人的基本特征。① 梁漱溟甚至激烈地抨击："中国文化最大之偏失，就在个人永不被发现这一点上。一个人简直就没有站在自己的立场说话的机会，多少感情要求被压抑，被抹杀。"②

在不同文化中，集体主义观念的内涵及受之影响的行为方式也有显著差异。譬如，中国和日本同样有所谓的集体主义传统，但具体表现却差异甚多。从弥生时代至近代，日本是以水稻农业为主的农耕社会，因地理条件限制，村落的规模很小，人们必须密集地生活在一起组成"村落共同体"，必得强调个人与村落中其他成员的团结协作，以及对领主和村落利益的忠诚，由此形成了以和睦与协作为基础的社会关系，"注重保持相互间的心理依存关系和协调"③。一些研究还注意到，日本的农业系统建立在由密织的人工水道支撑的水田之上，为使这一系统能正常运转，必须通过协商合作来合理分配水资源，因此而绵延数世纪的以"村落共同体"为核心的各种合作行为，也在很大程度上培养了日本人对所属共同体的利益和集体行动的偏好。相比中国而言，日本人的血缘意识淡漠，共同体意识和共同体利益往往高于个人利益和家庭利益——日本人将所属共同体称为"家"，领主或领导者与下属的关系类似于中国家庭中的"亲子关系"，前者为共同体的生存、发展和每个成员的利益负责，后者则必须对所属共同体显示出真实的、无限的忠诚，在极端情况下，甚至完全漠视个人的存在。譬如，在日本武士道的思想中，由于国家是先于个人而存在的，个人是作为国家的一部分及其中的一分子而诞生出来的，自然而然地，"个人就应该为国家，或者为它的合法的掌权者，去生去死"④。

进入现代社会后，日本社会结构中的基本共同体呈现出"企业共同体"的新形式，集体主义的内涵也随之发生了变化，主要表现为个人与其他企业成员的合作及对企业共同利益和领导者的忠诚，但集体内部的压力仍然是强大、无形的，潜移默化地左右着其内部成员的价值取向，强调群体内部的步调一致、顺从本分，成员很少积极主动地发表自己的主张，自觉地以"沉默、少言寡语"的形象出现。究其原因，源了圆认为，是人们担心"封闭和永久持续的共同体的微妙人际关系遭到破坏"，"这种人际关系如被切断，将会造成很大的痛苦，甚至会出现精

---

① 〔德〕格奥尔格·黑格尔：《历史哲学》，王造时译，上海书店出版社2001年版，第119页。
② 梁漱溟：《中国文化要义》，上海：学林出版社1987年版，第259页。
③ 〔日〕源了圆：《日本文化与日本人性格的形成》，郭连友等译，北京出版社1992年版，第69页。
④ 〔日〕新渡户稻造：《武士道》，张俊彦译，北京：商务印书馆1993年版，第54页。

神病症候"①。

价值观的变动

作为文化的核心观念,价值观是在长期的历史过程中逐步形成的,具有与文化深层结构相适应的稳定性。不过,动态的、开放的文化变迁过程,也是价值观转型、趋同以及多元化的过程。一旦价值观发生剧烈变动,就会不可避免地引起社会行动的错乱、社会秩序的失控,甚至导致严重的社会危机。

在不同文化的传统社会中,人们的价值观主要是在家庭、邻里、村落和社区等社会群体中获得的。人们生活在松散的社会结构和社会关系中,主要通过面对面的交往来接受相互间的文化意义和价值,在潜移默化之中建构自己的价值观。进入现代社会之后,大容量、高密度的文化信息相互碰撞、融汇,不仅把封闭、孤立的群体联结在一起,也改变了整个社会的交往结构,让一切遥远的社会关系都变得近在咫尺,也使人们有机会和条件去分享和参照不同文化的观念。不仅如此,面对世界经济的发展潮流、技术发展的冲击以及东西文化的融合大势,每一种价值观体系也都要从内部做出回应,催生了导致价值观变动的诸多外部可能性。

价值观的嬗变与社会体系的结构性转变相互促动。就中国而言,自 20 世纪后期以来,中国逐步完善了市场经济体制并全面走向消费社会(consumer society),其后果包括:第一,商品的生产、交换、分配和消费成为社会生活的基本内容,消费主义作为新的文化—意识形态,提倡个人幸福和自我实现,同时也不可避免地对社会理想和核心文化价值观构成了巨大的挑战②;第二,全社会的价值体系由群体本位转向个体本位,个性的张扬以及个人主体地位的提升,给自身传统中留存的集体主义观念带来了前所未有的挑战,自然而然地,人与人之间的关系日趋紧张,社会矛盾和社会流弊日益显露。

这里要强调的是,由于中西现代化道路和制度环境不同,当前中国社会的个人主义观念表现出了不同于西方的演化逻辑,不仅具有晚期现代性的特征,也与农业社会、工业社会的特点以及中国社会独特的环境交织在一起,"个体"自身面临更多的不确定性,并出现了不同于西方社会的、复杂的"个体化"(individu-

---

① 〔日〕源了圆:《日本文化与日本人性格的形成》,郭连友等译,北京出版社 1992 年版,第 70 页。
② 据市场咨询公司益普索(IPSOS)对 20 个国家的调查显示,71%的受访中国人会根据自己拥有的东西来衡量个人成功,远高于全球均值 34%,印度、巴西等国也都在均值之上。调查称,新兴市场的受访者喜欢将物质与成功联系在一起,发达国家的受访者则很少如此。参见一财日日谈:《我们是"最现实"的国家吗?》,《第一财经日报》2013 年 12 月 20 日。

第四章 差异与冲突：基于文化的观念与规范体系

alization)趋势。乌尔里希·贝克(Ulrich Beck)曾在1992年出版的《风险社会》(*Risk Society*)中提出了理解西方社会"个体化"进程的三个维度：一是"解放"(liberation)，即脱离历史规定的传统社会形式与义务；二是"去魅"(processes of destabilization)，即稳定性的丧失，是与实践知识、信仰和指导规则相关的传统安全感的丧失；三是"控制或重新整合"(control or reintegration)，即重新面对新形式的社会义务。① 前两个维度揭示了现代性变迁的一般后果——个体解放与安全感丧失的矛盾，亦即一种"不确定的自由"(precarious freedom)，为了生存，个体必须形成"以自我为中心"的观念。第三个维度意味着，现代制度划定了个体的思维和行动界限，个体需要在新的制度环境中建构自我。阎云翔就此指出，除了和西欧个体化同受全球化和消费主义影响的共性外，中国的"个体化"进程"缺乏文化民主、福利国家、古典个人主义和政治自由主义这些西欧个体化的前提条件。在这个意义上，中国的个体化进程依然停留在第一次现代性的解放政治的阶段"，然而，"中国的个人同样生活在由市场经济的全球化和消费主义的意识形态所打造的具有高度流动的劳动力市场、灵活的职业选择、上升的风险、重视亲密和自我表达的文化，以及强调个人责任和自我依赖的世界中"②。

价值观的变动是一个需要谨慎判断的议题。一些美国学者针对当代美国人价值观的研究就显示：许多核心价值观与两百年前的美国社会十分相似。当前，文化与传播领域有关价值观议题的考察与争论，主要集中于价值观变动的性质与程度、价值观变动的心理机制、测量价值观的方法，以及从后发展国家本土视角出发的价值观变动研究等方面。其中，框架理论(framing theory)是被应用较多的一种研究价值观乃至社会变迁的理论工具。这里的"框架"是一个复杂的概念，通常是指人们用来阐释外部世界和社会事件的心理模式和基本参考架构，涉及人们理解、指认外部真实世界，以及界定行为方式的观念基础和心理机制。或者说，人们对于现实生活的经验归纳与阐释都依赖一定的框架——框架能帮助确定、理解、归纳、指称事件和信息。就此而言，框架可被视为个人、群体、组织（包括媒介）对社会事件的主观解释和思考结构：一者是指"界限"(boundary)，可引申为对社会事件的某种认知的限定范围，人们以此观察客观现实，凡被纳入框架的实景，都成为人们认知世界的组成部分；二者是指人们诠释社会现象的"架构"(building frame)，以此来解释、转述或评论外在世界的活动。③ 与之相

---

① 〔德〕乌尔里希·贝克：《风险社会》，何博闻译，南京：译林出版社2003年版，第156页。
② 阎云翔：《中国社会的个体化》，陆洋等译，上海译文出版社2012年版，第376—377页。
③ William Gamson, et. al., "Media Images and the Social Construction of Reality," *Annual Review of Sociology*, Vol. 18, 1992, pp. 373-393.

应,框架理论之要旨,即是通过研究人们如何诠释社会事件、建构社会现实,来发现人们在特定社会情境中的价值选择,以及如何在公共生活中建构意义,等等。陆续开展的一些研究也表明,运用框架理论考察价值观的建构——特别是发生在媒介中的价值观争斗、交叉、分化、结盟,有利于观察到不同社会群体的分化、人们对公共生活的参与方式与程度、在特定媒介环境下的话语策略,以及对主导意识形态的解构和重建。①

对价值观的测量也是一项非常艰巨、烦琐的工作。为使价值观测量具有良好的信度与效度,不同领域的研究者使用了不同的理论和多种量表编制技术。约翰·罗宾逊(John Robinson)等主编的《人格与社会心理态度方法》(*Measures of Personality and Social Psychological Attitudes*)一书,就列举了15种价值观测量工具,包括:目标和方式价值观调查量表(the goal and mode values inventory)、实证价值建构量表(empirically derived value constructions)、东西方价值观问卷(the east-west questionaire)、个人价值量表(personal value scales)、道德行为量表(the moral behavior scale),等等。

值得注意的是,自20世纪70年代起,一些非西方国家的研究者陆续开展了具有本土特色的价值观研究,致力于从理论架构和方法上突破西方范式的限定。其中较有影响的是,杨国枢提出应从强加式的客位研究(imposed etic approach)转向本土化的主位研究(indigenous emic approach)。采取这一思路取得的相关成果,还包括杨国枢、李亦园等的《中国人的心理》《中国人的性格》、文崇一的《中国人的价值观》等,它们至今仍对跨文化传播本土研究在这一议题上的探索有着重要的指导意义。

第三节 文化的规范体系

在社会学者看来,规范主要是确定与调整人们的共同活动及其相互关系的基本原则,可以帮助人们根据过去的知识和经验对未来做出预期,从而为社会交往提供一种确定的结构,可等同于"行为的规则""行为的准则"以及"文化期望"或"社会期望"等。受到人类学等学科的影响,在跨文化传播学的视域下,规范主要被视为不同文化的信仰(beliefs)和价值观的外在表现形式,确立了人们从事社会活动的行为模式。②

---

① 潘忠党:《架构分析》,《传播与社会学刊》2006年第1期。
② Myron Lustig and Jolene Koester, *Intercultural Competence*, New York, NY: Longman, 1999, p.83.

第四章　差异与冲突：基于文化的观念与规范体系

关于规范的分类,不同学科的做法略有不同。社会学家主要把规范划分为三个范畴:习俗、道德、法律;人类学家把规范分为三个层面:现实规范(reality assumptions)、等级规范(ranking norms)、成员规范(membership norms)。基于讨论的便利,本书把社会规范分为相互关联的四个方面:习俗与禁忌、礼仪与道德、宗教、制度与法律。

一、习俗与禁忌

在习俗(folkways)中理解人类文化的不同表现和意义,是开展跨文化传播研究和实践的重要工作。对不同文化的习俗的考察,能够把局部的微观研究与整个社会与文化的格局连接起来,有益于对社会、文化及其变迁的理解,也有益于对现代社会生活做出各种解释。

本尼迪克特的《文化模式》一书即奠基于对习俗的重视,研究涉及青春期仪式、婚姻制度、性禁忌、巫术信仰、权力转换机制、对待战争与死亡的方式等。在她看来,"人类学家感兴趣的是体现在各种不同类型的文化中的包罗万象的人类习俗,其目的乃在于理解各种文化的变迁和分化,理解文化的各种表现形式,以及各族人民的风俗习惯在个人生活中起作用的方式"[①]。通过对不同习俗的比较研究,本尼迪克特还划分了三种不同的文化模式:以美国新墨西哥州的祖尼人(Zuni)为代表的"日神型"(阿波罗型)文化——凡事有节制,善于服从与合作;以加拿大西部的夸库特耳人(Kwakiutl)为代表的"酒神型"(狄俄尼索斯型)文化——行事过分,富于幻想,狂放不羁;以西南太平洋岛民多布人(Dobu)为代表的"妄想狂型"文化——人际关系紧张,性情多疑,对他人猜忌、残忍。

习俗大体可分为几种类型:岁时节令、人生礼仪、社交庆典、原始信仰、禁忌、日常格调、惯例等。[②] 习俗由自然条件与社会条件两种因素造就,在汉语语境中,习俗即风俗。针对自然和社会条件对风俗的影响,东汉应劭在《风俗演义》中有过精彩描述:"风者,天气有寒暖,地形有险易,水泉有美恶,草木有刚柔也;俗者,含血之类,象之而生,故言语歌讴异声,鼓舞动作殊形,或直或邪,或善或淫也。"习俗"非一人而成,亦非一日而积",一旦形成之后,便成为人们行动的"老规矩",纵使社会条件发生了变化,也往往会长期地存在下去。习俗一般是不成文的,它的传承主要依靠信仰、习惯势力,又往往与人们的某种社会生产活动或某种心理需要相适应,"历世相沿,群居相染",有着顽强的生命力。今天世界不

---

① [美]露丝·本尼迪克:《文化模式》,何锡章等译,北京:华夏出版社1987年版,第1、2页。
② 宋林飞:《现代社会学》,上海人民出版社1987年版,第153页。

同文化中保留的习俗,大多经历了这一过程。

习俗是地域性的。中国有句俗语:"十里不同风,百里不同俗";《礼记》也说:"广谷大川异制,民生其间者异俗。"这些说法都强调了习俗的地域性特点。梁启超还把中国不同地域的习俗特点归结为"北俊南靡,北肃南舒,北强南秀,北僿南华"。习俗也是族群性的。有的习俗是某个族群特有的,有的习俗则是若干族群共有的。例如,中国苗族有独特的"芦笙节"、壮族有"歌坪节"、藏族有"赛马节"等,其他族群则没有这些节日;中国的传统节日如"春节"等,则是中华民族多数族群共有的节日。由于习俗的地域性特点,无论什么人,无论在何时何地,一举一动都受到特定环境中习俗的影响,应当自觉不自觉地遵从它,尽量做到入乡随俗。

作为一种历史悠久的社会规范,习俗渗入人们生活的方方面面,对人们的社会行为具有强大的约束力,某些习俗甚至成为制度和法律的一部分。譬如,决定车辆在马路的哪一侧行驶的制度,最早就是习俗之一。马克斯·韦伯也关注过习俗的社会功能:"只要大多数人的行为考虑了风俗的存在并参照了风俗,某一个人不按照风俗行事,他的行为就'不适应'环境,他就必须承受大大小小的不快和损失。"① 在一般意义上,习俗能比其他任何社会规范都更加有效地熏陶与感染人们的行动,因而成为人们进入社会角色的"向导"——遵从习俗,即"从俗"的行动一般会产生两种效用:一是获得生活的乐趣,激发对人生的眷恋与热情;二是得到周围人的接纳,获得成为社会成员的资格。通常,个体走向社会就是从"入俗"开始的,习俗给每个人都准备了成为社会成员的最基本的行动模式——在个体生活的历史中,首先面临的课程就是对这些模式的学习和适应。

禁忌是习俗重要的组成部分,源于不同文化对某种神秘力量的畏惧,包含了不同文化面对外部世界的历史经验。英文中的"Taboo\Tabu"原是南太平洋汤加岛的土语,具有"神圣的"(sacred)、"不可侵犯的"(inviolable)之义。汉语中"禁忌"一词的最早记录,是《汉书·艺文志》中的"及拘者为之,则牵于禁忌,泥于小数,舍人事而任鬼神",自此,禁忌便和宗教、祭祀、鬼神等现象的文字记录掺杂并传,《后汉书》也有"臣生长草野,不晓禁忌,披露肝胆,书不择言"的说法。与"禁忌"的含义相近的还有"忌讳",比如,许慎《说文解字》载:"禁,吉凶之忌也";《广韵》云:"忌,讳也。"

关于禁忌的定义,学界多援用弗洛伊德的概括:禁忌代表了两个不同方面的意义,一方面是"神圣的""祭献的",另一方面则是"神秘的""危险的""禁止的"

---

① 〔德〕马克斯·韦伯:《社会学的基本概念》,胡景北译,上海人民出版社2000年版,第42页。

第四章 差异与冲突：基于文化的观念与规范体系

"不洁的"。① 在这个定义的基础上，人们习惯上把禁忌的对象划分为"事物""事情"两个方面：一方面指在宗教或者生活习俗中所禁止的，不能接触、不能谈及的某些事物；另一方面指人们不愿提及、不愿去做的某些事情。但无论禁忌为何，它都是神圣的、重要的、有价值的、有力量的、危险的、不可触犯的。弗洛伊德还指出，禁忌与宗教或道德上的戒律并不一样，并非建立在神圣的宗教仪式上，而是建立在自己本身之上。在他看来，禁忌与道德上的戒律所不同的地方，主要在于并没有明显的、可以观察到的禁忌声明，同时，也没有任何说明禁忌为何存在的理由，即禁忌"既没有理由也不知道它的起源。虽然，它们对我们来说是不智的，甚至是迷信的，可是，对于那些在此统治下的人们来说，则成为当然的事情"。他还引用威廉·冯特(Wilhelm Wundt)的观点：禁忌的形成甚至早于任何有关神的观念和宗教信仰，它是"人类最远古的法律形式"②。

禁忌历史悠久、背景复杂，有些源于人类最初对自然现象和自然力的困惑、恐惧和误解，有些则无从确定明确的源头。弗雷泽在《金枝》一书中还指出，禁忌是一种"想象的危险"，但"这种危险倒不因为它是想象的就不真实了，那种想象在人们身上所起的作用，跟地心引力对人所起的作用一样，它能够像一剂氢氰酸一样置人于死地"③。禁忌作为社会规范，大致有四个方面的特点。第一，禁忌是相关群体在心理和行为上的"禁区"。第二，禁忌的产生往往是不明确的，遵守它们的人对之并不能做出确切的解释。第三，禁忌由内在的心理需要或信仰来维持，破坏禁忌所遭受的惩罚往往由精神上的或当事人内心的力量来实行。第四，禁忌渗透在相关群体的价值取向、社会性格之中，分享同一种禁忌的群体通常会拥有相同的观念体系。

禁忌也是界定不同文化范畴的要素，标明的是不同文化的边界。在不同文化的语言符号中，在宗教、性、人体排泄、疾病或死亡、社会地位、年龄和体重等方面，都有程度不同的语言禁忌。这是因为文化把语言与某些自然现象、祸福联系起来，赋予了语言一种超人的力量，并通过语言体现出一定社会的意识形态和制度文化。比如，在中国和日本，鹤是长寿和幸福的象征，但在英国，鹤被当成丑陋的鸟，在法国则是蠢汉、淫妇的代称。人类学、社会学、宗教学等领域的许多研究甚至认为，禁忌历来就是整个社会秩序的基石，全部人类生活的任何组成部分无一不是借助于相应的禁忌来加以调节、治理的，政治生活、经济生活、家庭生活、

---

① 〔奥〕西格蒙德·弗洛伊德：《图腾与禁忌》，文良文化译，北京：中央编译出版社2005年版，第19页。
② 同上书，第20页。
③ 〔英〕詹姆斯·弗雷泽：《金枝》，徐育新等译，北京：新世界出版社2006年版，第224页。

臣民关系、财产关系、两性关系等，概莫能外。重要的是，禁忌会随着文化形态的转变而获得一种力量，发展成为一种习惯、传统，而最后则变成了法律。①

禁忌会渗入人类社会生活的方方面面，每个社会成员都或多或少地受到它的约束，禁忌也因文化、民族、宗教、观念的不同而有巨大差异，故此，在跨文化交往中，人们应对不同层面的禁忌予以充分的关注、理解和尊重。这里有一个例子。20世纪50年代初，和平解放西藏之前，中国人民解放军专门制定了详细的《进军守则》，有关尊重藏区习俗与禁忌的条例占了绝大部分（在34条中占19条）。其中包括：藏人送礼可收"哈达"或其他轻微礼物之一，并应回敬"哈达"；藏人请吃东西，要少吃，碗里要剩一点，以示礼貌；和藏人接触，不可问哪个是哪个的老婆，更不要打藏人的家狗；保障西藏人民信教自由，保护喇嘛寺庙及一切宗教设施，不得在群众中宣传反迷信或对宗教不满的言论；未经同意不住寺庙，不住经堂，平时如欲参观，必须先行接洽，在参观时不得触摸佛像；不得在寺庙附近捕鱼、打猎、打鹰雕、宰杀牲畜，不得到"神山"砍柴、游逛。

二、礼仪与道德

礼仪（etiquette）是在人际交往中形成的系列行为规范，涉及交往中的礼貌、礼节，以及各种仪式的样式和要求，是特定的社会、文化和群体为妥善处理社会关系、建立生活秩序进行的调节行为方式的象征性活动或曰"生活技术"。礼仪的仪式与象征，或神圣或凡俗，均为体现人类本质特征的行为与符号表述，能通过重复实施来灌输一定的价值和行为规范，使参与者关注各自有特殊意义的思想和感情对象。

礼仪的产生和推广是人类文明进步的重要标志，礼仪的发展过程也记录了人类文化交汇、融合的轨迹。礼仪的起源可追溯到人类在原始社会时期的祭祀活动，其实质是表达对神的敬意。在奴隶制及封建时代，礼仪的形式和内容都得到了丰富和发展，主要表达对社会上层结构和统治者的敬意。进入近代社会以来，封建礼仪逐渐式微，礼仪的功能也发生了变化，由过去对神灵与统治者的敬意而逐渐演变为对社会秩序的关注，以及对他人的关爱和尊重，继续约束、支配着个体的行为，其影响仍是深远的。譬如，在启蒙运动时期，礼仪之风在欧洲一些社会兴起，人们自觉地把礼貌、文雅的行为视作绅士阶层的成员的象征。为了跻身社会精英之列，位于社会中层的资本家们都在努力提升自己的仪态和行为

---

① [奥]西格蒙德·弗洛伊德：《图腾与禁忌》，文良文化译，北京：中央编译出版社2005年版，第26页。

第四章　差异与冲突：基于文化的观念与规范体系

水准,沉迷于学习礼仪的细节,包括如何表达情感,如何着装和优雅地谈话。

文化对人的影响和教化,离不开对自身的某些本能、欲望和外在行为加以约束的礼仪。有一种说法是,人离礼仪越近,就离动物越远。在这个意义上,虽然不同时代、地域、文化中的礼仪规则各有不同,但都有道德、伦理的含义在内。譬如,日语中的"礼仪"就有以诚相见、以心贴心的含义,如松平靖彦所说,"礼仪本身包含了人们在社会生活中应予遵守的道德和公德,人们只有不拘泥于表面的形式,真正使自己具备这种应有的道德观念,正确的礼仪才得以确立"[①]。在以"礼仪之邦"著称的中国传统社会,礼仪不仅为人伦人世之道,而且反映着"天之经"和"地之义",即"礼,上下之纪,天地之经纬也","譬之犹衡之于轻重也,犹绳墨之于曲直也,犹规矩之于方圆也"。

汉语的"礼仪"由"礼"和"仪"组成,但在古代文献中,"礼"常单独出现,甚至是一种无所不包的社会生活的总规范,不仅仅纳入了习俗和道德的内容,也是一种规范社会行为的制度体系。一些研究把中国古代对"礼"的理解概括为:法度、准则;礼节、规矩;仪式、仪典、仪礼;容貌、举止;礼物;等等。其中,在指代"礼物"方面,《礼记》有云:"子曰:'无辞不相接也,无礼不相见也,欲民之毋相亵也。'"礼尚往来,也可说是中国社会自古相传的习俗。"礼"还是为表示敬意或隆重而举行的仪典、仪式。《周礼》中就提到当时朝廷举行的五种主要仪典:吉礼、凶礼、军礼、宾礼、嘉礼,一般称之为"五礼",指有一定规模、规格和程序的仪式行为规范。至于在民间,家家户户都要举行的婚礼、丧礼、寿礼,以及为了招待客人而举行的宴饮,也同样有严格的规模、规格和程序要求。可以说,中国传统社会中的"礼"一直与道德、法律和制度规范互为表里,不仅在日常生活中占有重要的地位,更对政治和公共领域的各个方面产生了深远影响,如《礼记》所说:"礼之所兴,众之所治也。礼之所废,众之所乱也。"尤其是儒家提倡"以礼治国",形成了博大精深的礼学,与绵延数千年的中国封建社会相始终,成为绵延数千年的传统文化模式。譬如,通过祭拜祖先和神灵等仪式,能够挖掘共同文化记忆,强调和放大文化成员的归属感,从而实现群体意识的统治和对共同体身份的确认。

针对中国传统中的"礼"与社会文化,孟德斯鸠曾做出这样的评价:在中国,礼与民族生活和民族精神融为一体,因而是永远不能改变的,尤其是:他们把宗教、法律、风俗、礼仪都混在一起。所有这些东西都是道德,所有这些东西都是品德。这四者的箴规,就是所谓礼教。中国统治者就是因为严格遵守了这种礼教

---

① 转引自顾希佳:《礼仪与中国文化》,北京:人民出版社2001年版,第14页。

而获得了成功。中国人把整个青年时代用在学习这种礼教上,并把整个一生用在实践这种礼教上,文人用之以施教,官吏用之以宣传,"生活上的一切细微的行动都包含在这些礼教之内,所以当人们找到使它们获得严格遵守的方法的时候,中国便治理得很好了"①。《利玛窦中国札记》中还说到,"中国这个古老的帝国以普遍讲究温文有礼而知名于世,这是他们最为重视的五大美德之一,他们的著作中有着详尽的论述。……他们的礼仪那么多,实在浪费了他们大部分的时间。熟悉他们的风俗的人实在感到遗憾,他们为什么不摈弃这种外在的表现,在这方面他们远远超过所有的欧洲人"②。关于"礼"对中国传统社会生活的影响,还可从古德诺的观察中有所体会:中国人那种温良、谦恭的气质在世界的任何其他地方都是难以找到复制品的,"中国人要执行一整套的礼仪规范,他们的一举一动都很讲究礼节,几乎到了表演某种仪式的程度,这常常使得与他们打交道的欧洲人感到无所适从"③。

道德可指涉个人美德、伦理价值、文化精神,也是社会观念形态和人类生活理想的反映。人类总是在一定的社会关系中生存和发展,必须对相互之间的关系进行必要的调节,特别是对个体的行为进行必要的约束。在这里,道德就是通过伦理手段实现调节、约束功能的最为重要的规范,体现了社会成员的思想品质、修养境界、善恶评价、人生自律乃至伦理教育活动。

道德与习俗、宗教等社会规范有着密切的联系。就道德的起源与发展来看,道德最初是从习俗中分化出来的。这也使得道德的首要特征就是民族性,即不同民族都有一套为本民族成员公认与遵从的道德体系,一如爱德华·泰勒所说,"社会无论怎样古老和粗野,总是具有它们的关于好坏行为的准则"④。宗教产生以后,道德规范也被不同程度地涂上了神圣的"灵光",或多或少地纳入宗教戒律,亦如泰勒指出的,宗教是一种影响道德行为的信仰,有两项不能忽视的任务:"一方面的任务,是教人认识自己,认识世界,认识他的周围以及渗透于全部现实之中的可畏而无际的力量;另一方面的任务,是指导并支持人去完成生活所加于他的职责。"⑤

道德是社会秩序或者说社会结构的体现,道德的本质来自社会的集体性力量。涂尔干有一个著名的观点,"人类的秩序状态与和平状态,不可能依靠纯粹

---

① 〔法〕查尔斯·孟德斯鸠:《论法的精神》上册,张雁深译,北京:商务印书馆1961年版,第313页。
② 〔意〕利玛窦、〔法〕金尼阁:《利玛窦中国札记》,何高济等译,北京:中华书局1983年版,第63页。
③ 〔美〕弗兰克·古德诺:《解析中国》,蔡向阳等译,北京:国际文化出版公司1998年版,第75页。
④ 〔英〕爱德华·泰勒:《人类学》,连树声译,桂林:广西师范大学出版社2005年版,第385页。
⑤ 同上书,第347页。

第四章 差异与冲突：基于文化的观念与规范体系

的物质根源或盲目的机械论而自发地形成","没有道德纪律,就不可能有社会功能"①。齐格蒙特·鲍曼（Zygmunt Bauman）进一步指出："所有的道德来源于社会;社会之外没有道德生活;最好把社会理解为一个生产道德的工厂;社会鼓励道德上有约束的行为,排斥、抑制或阻止不道德行为。"②道德的社会功能是协调个人与个人之间以及个人与群体乃至社会之间的关系,包括行为关系和利益关系。由此也就决定了道德评价的两种形式:自我评价,即道德的心理调节机制,是个人对自己的行为和动机的道德价值、意义进行的鉴定,表现为荣辱感、正义感、义务感、良心感等;公共评价,即社会对于人们的动机与行为的道德价值、意义的鉴定,表现为一种隐形或无形的精神影响,结果往往形成一定的社会舆论,即一定数量的人们对某种社会行为的道德价值所给予的取舍和倾向性评判意见——道德的社会舆论一旦形成,会造成一定的孤立情境与心理压力,即"人言可畏,千夫所指"。

西方文化的道德概念来自拉丁语"mores",具有规则、规范、行为品质和善恶评价等含义。西方思想史上有关道德的定义和论述有很多,较为经典的包括:苏格拉底认为,罪恶是对于道德所应知的许多事物的无知,而道德就是知识;霍尔巴赫认为,道德就是善的行为,就是做善事、为旁人的幸福尽力,换言之,道德就是为社会的利益、幸福、安全而尽力的行动;黑格尔认为,道德是"主观意志的法"。关于当代西方社会对道德的理解,罗伯特·舒特（Robert Shuter）做出了较为全面的概括:道德有利于他人的福利、幸福以及成就感;只有公平对待人性的每个必要方面,包括个人和社会的、思想和身体的、思维、感觉和欲望,这样的道德才是完整的,才能成为崇高理想的基础;道德是自愿的选择,不受物理或精神上的强制。当然,道德也是必须做出决定时,基于最佳信息的选择。③

人类任一文化的道德认识都不是稳定不变的,都要适应自身社会关系与社会交往的复杂发展趋势,各自经历着循序渐进的变动或进步过程。罗伯特·赖特（Robert Wright）曾指明:早期的西方文明并不见重大的道德进展,古典时期的雅典以艺术、科学和平等闻名,但雅典人征服其他城市之后,会杀掉该城市的所有男性,亚里士多德在给亚历山大大帝的进言中甚至有这样的话:"尊重希腊人

---

① 〔法〕爱弥尔·涂尔干:《职业伦理与公民道德》,渠东译,北京:生活·读书·新知三联书店2005年版,第10页。
② 〔波兰〕齐格蒙特·鲍曼:《现代性与大屠杀》,杨渝东等译,南京:译林出版社2002年版,第225页。
③ 〔美〕拉里·萨默瓦、〔美〕理查德·波特:《文化模式与传播方式》,麻争旗等译,北京广播学院出版社2003年版,第494页。

如朋友和亲人,但对其他人,则应视他们为植物或动物。"①当代西方社会对道德的认识的进步,主要得益于启蒙运动提倡的功利主义伦理观。当时的启蒙思想家认为,来自宗教的道德只强调"善"的行为,是假仁假义的欺骗,而被其看作是"恶"的种种欲望也是人性中固有的因素,不能忽视。其中,克劳德·爱尔维修(Glaude Helvetius)认为,道德规范应从人的本性出发,而人有一种喜欢快乐而逃避痛苦的情感,这就是"自爱"和"利己"的来历——"不管人们受的教育有多么不同,这种情感在他们身上永远一样:在任何时代,任何国家,人们过去、现在和未来都是爱自己甚于爱别人的。"尤其是,利益是社会的唯一推动力,"人永远服从他的理解得正确的或不正确的利益","公共利益是美德的目的",每个人追求个人利益不应妨碍他人的利益。② 杰里米·边沁(Jeremy Bentham)对爱尔维修的道德观进行了重要的发展,其道德思想可以总括为:道德规范不是"神"规定的,应根据人的本性来制定;应反对禁欲主义的说教,肯定人的现世生活和利益;社会制度应该建立在合理的利己主义的基础之上。

  在中国思想史上,孔子较早指出了道德的重要性:"上焉者虽善无征,无征不信,不信民弗从。下焉者虽善不尊,不尊不信,不信民弗从。"孟子也提出了相似的观点:"以力服人者,非心服也,力不赡也。以德服人者,中心悦而诚服也。"在概括孔孟思想的基础上,汉代的董仲舒提出了"三纲五常"学说,从而确定了中国传统社会中最主要的道德关系和伦理起点。柳诒徵曾指出,中国传统社会的古典文化精神是人伦道德,"中国文化的根本,便是就天性出发的人伦。本乎至诚,这种精神方能造就中国这么大的国家,有过数千年光荣的历史"③。他的《中国文化史》一书认为"君臣、父子、夫妇、昆弟、朋友"的五伦观念是中国文化的精神本原,看似平庸无奇,但精微而难解,体现了中国文化的根本精神。吴宓进一步指出,中国人伦精神的中心在于"理想人格":"中华民族之道德精神,实寄任于君子之理想人格。"在这里,理想人格的代表就是中国古代所谓的"圣人""君子""士人"人格。人伦精神之理想人格是中华民族之元气,一旦泯灭,中华民族则徒存虚无;反之,如人格精神存在,则中国可弱不可亡,必有复兴之时。吴宓还指出:"中国古代之文明,一线绵长,浑沦整个,乃黄帝尧舜汤文武周孔之所经营创造,亦即我中华民族在此东亚一隅土地生存栖息者智慧精力之所凝聚。……此文明中心有一理想人格所在。古代及后世中国文学作品,无论大小

---

① 〔美〕罗伯特·赖特:《非零年代》,李淑珺译,上海人民出版社2003年版,第231页。
② 北京大学哲学系外国哲学史教研室编:《十八世纪法国哲学》,北京:商务印书馆1963年版,第496—512页。
③ 柳诒徵:《对于中国文化之管言》,《国风》1934年第4卷第7期。

第四章　差异与冲突：基于文化的观念与规范体系

优劣,皆描写此种理想人格……时至今日,吾中华民族之价值及精神,亦维系此理想人格之残辉遗容。"[1]

具体而言,"仁"是个人道德修养的最高境界,是与礼治密切相关的道德规范,而"天下归仁"则是社会道德的最高理想,这种社会道德理想是通过每一个个体自觉地"克己复礼"实现的。孔子说:"克己复礼为仁。一日克己复礼,天下归仁焉。为仁由己,而由人乎哉?"此话至少有两层意思:一是认为礼的本质是仁,是一种道德修养;一是认为做到"仁"全靠自己努力,每个人都应自觉地加强道德修养来保证礼仪的贯彻。在儒家思想发展的过程中,这种对"仁"的追求一直保留,至宋明理学的程颢有"仁者浑然与物同体"之言,朱熹则认为:"仁乃人心之妙,众善之源",阳明心学的王守仁则倡导"一体之仁":"大人者,以天地万物为一体者也。其视天下犹一家,中国犹一人焉。"此外,"忠"作为中国传统社会重要的道德范畴之一,是处理君臣关系和政治关系的道德规范。正如《忠经》指出的:"善莫于作忠,恶莫大于不忠",而"忠"不仅仅体现在"奉君忘身,殉国忘家,正色直辞,临难死节"上,还应做到"沉谋潜运,正国安人"。"孝"则是儒家源于宗法制度而倡导的处理家庭乃至社会关系的道德规范。《孝经》就强调:孝是"德之本",指出"人之行,莫大于孝",甚至是"孝始于事亲,中于事君,终于立身",最终把"孝"提高到"天之经、地之义、人之行"的高度。

对于中国传统社会的道德思想之源流,西方学者有一种观点:中国传统社会的道德遗产积淀始于先秦,儒家思想是判断是非曲直的主要道德规范,此后,知识精英并没有紧迫的需要和兴趣去了解、取舍各种新的思想和理论。罗素曾有评价:"中国有一种思想极为根深蒂固,即正确的道德品质比细致的科学知识更重要。这种思想源于儒家的传统。"[2]18世纪前后,许多欧洲学者甚至把儒家学说视为全套的道德规范,包括政治道德、经济道德、公众道德和私人道德:政府无道德,老百姓无法安居乐业;老百姓无道德,政府无法安定和正常运转。这一时期的启蒙思想家如伏尔泰、莱布尼茨、霍尔巴赫、魁奈、歌德等,都狂热地崇拜着中国文化和中国的道德思想,因为他们发现,在两千多年前的中国,"孔子以同样的方式思索同样的思想,并进行了同样的战斗"。他们还把儒家学说中的道德思想视为"天赐的礼物"。魁奈就声明,"中国的学说值得所有国家采用为楷模";霍尔巴赫则宣称:法国要想繁荣,必须以儒家的道德代替基督教的道德。

---

[1] 吴宓:《民族生命与文学》,《大公报·文学副刊》1931年10月第197期。
[2] [英]伯特兰·罗素:《中国问题》,秦悦译,上海:学林出版社1996年版,第61页。

这些启蒙思想家还提出,要向欧洲"移植中国的精神"。① 缘于这些观点,一些研究认为:中国儒家的道德学说丰富了近代欧洲社会的道德内容,欧洲自由、平等、博爱的资产阶级民主思潮的崛起,也与之不无关联。

不能忽视的是,各个时期、各种社会中的道德中都存在某些"共同的东西"。譬如,罗伯特·贝拉(Robert Bellah)注意到,日本武士道的道德思想中核心的"对主君忠诚"的观念,在西方历史上同样存在,如古罗马人塔西托斯(Tacitus)所说:"除非主君战死,如若为保全自己之性命而临阵脱逃,那就是一生的耻辱,会遗臭万年。保卫主君、庇护主君,甚至要将自己的功勋归于主君的荣光,这才是盟誓之臣的忠节之本。主君为胜利而战,臣下为主君而战。"②进一步说,在不同文化的道德框架中,皆有和平、公正、诚信、慈悯、宽容的内容。查尔斯·泰勒(Charles Taylor)这样总结了三种共同的"轴心式"(axis)基本道德:第一,对人生价值的信仰,包括对生命意义的尊重和道德承诺;第二,对生活选择的信仰,其能够影响人们的日常选择和行动;第三,人们对自我和他人的尊重,其建立在人们对自身的社会角色和用途的理解的基础上。③ 泰勒所说的"轴心式"道德,大致可等同于孔汉思(Hans Kung)等伦理学家大力张扬的道德"金规则"(golden rules)——人类共同拥有的、长期有效的、"不可取消的和无条件的(道德)规则"。譬如,人类社会共同接受的道德规范"尊重他人",其内涵与中国传统儒家学说中的"仁爱"、西方基督教学说中的"博爱"、东方佛教中的"慈悲"有着千丝万缕的联系。再如,与孔子所说的"己所不欲,勿施于人"非常相似,佛教经典《相应部》中有:"在我为不喜不悦者,在人亦如是,我何能以己之不喜不悦加诸他人";《圣经》中有:"你们愿意人怎样待你们,你们也要怎样待人";《古兰经》中有:"你自己喜欢什么,就该喜欢别人得什么;你自己觉得什么是痛苦,就该想到对别的所有人来说,它也是痛苦";印度教经典《摩诃婆罗多》中有:"人不应该以己所不悦的方式去对待别人,这乃是道德的核心。"

人类共同的本性和生活空间的彼此接入,昭示了人类不同文化达成进一步的道德共识的必然趋势。促进不同文化之间道德规范的理解与融合,建设一种与多元而富有理性、自由而有秩序的现代文明相适应的人类共同的道德规范体系——全球伦理④,就成为跨文化传播研究的重要目标乃至使命所在。

---

① 〔美〕顾立雅:《孔子中国之道》,高专诚译,太原:山西人民出版社1992年版,第374页。
② 转引自〔美〕罗伯特·贝拉:《德川宗教》,王晓山等译,北京:生活·读书·新知三联书店1998年版,第219页。
③ Charles Taylor, *Sources of the Self*, Cambridge, MA: Harvard University Press, 1989, p.16.
④ 关于全球伦理的讨论,详见本书第九章第三节。

三、宗教

宗教是信仰,也是社会规范。作为信仰的宗教,使人们崇拜神的世界,并能够为人们提供有关生命的终极意义和应当如何生活的各种解释。作为社会规范的宗教,使人们将超自然的神明意志作为行为准则,并以严明的赏罚预言来规范人们的行为,发挥着世俗道德和法律无法比拟的、强大的、稳定的作用,有效地维护社会关系和社会秩序。在一些社会里,宗教根本就是社会规范系统的核心,正如丹尼尔·贝尔指出的,"宗教作为与终极价值有关的意识形态,就是一种共有的道德秩序的根据","宗教总是把道德规范强加给文化"①。

针对宗教作为社会规范的特质,黑格尔做出了深刻的剖析:一方面,由于宗教的程序化、仪式化特点,宗教常常具有外在客观化的规约特征,其实质是一种"客观的宗教",可以被看作一种外在的强价值规范;另一方面,由于宗教是一种基于个人内在德性基础的自觉信仰,它也是个体道德的精神表现,其实质是"主观的宗教"。② 格尔茨强调了宗教的社会整合功能:人类社会整合的实现,在根本上取决于社会成员对某些共同目标和终极价值的遵从程度——通过宗教的作用,能够在一定程度上将这些共同的终极目标和价值与"神的世界"联系起来;通过崇拜"神的世界"以及接受相应的超自然的命令,能够强有力地控制个体行为,进而引导实现社会共同的目标。

宗教是一种社会规范,主要体现在三个方面。第一,仪式。这主要指礼拜、祷告、忏悔、节日等宗教活动及其形式,是最古老、最复杂的具有象征意义的活动,"信仰一定要表现为仪式,虔诚要表现为行动……仪式是联系信心和行动的"③。第二,戒条。譬如基督教的"十戒"(Ten Commandments):除耶和华上帝外不可信仰别的神;不可造拜偶像;不可妄称耶和华的名;当守安息日为圣日;当孝敬父母;不可杀人;不可奸淫;不可偷盗;不可作伪证;不可贪恋他人财物。第三,教义。对各种教条的解释,构成宗教经典的基本内容。印度教的四部《吠陀本集》、基督教的《圣经》、伊斯兰教的《古兰经》等,分别是这些宗教教义的集成。宗教的仪式、戒条和教义等构成了宗教作为社会规范的基本前提,也使宗教本身成为一些文化的基本特质。弗洛伊德曾指出,宗教可以被视为人类文明中最为珍贵的财产,是文明所能给予其参与者的最为珍贵的东西,同时,宗教也对人类

---

① [美]丹尼尔·贝尔:《资本主义文化矛盾》,赵一凡等译,北京:生活·读书·新知三联书店1989年版,"1978年再版前言",第206、209页。
② [德]格奥尔格·黑格尔:《黑格尔早期神学著作》,贺麟译,北京:商务印书馆1988年版,第5页。
③ [英]雷蒙德·弗思:《人文类型》,费孝通译,北京:华夏出版社2002年版,第144—145页。

产生着最为强烈的影响,即使宗教教义得不到理性的认可。①

在不同文化中,宗教的地位与影响大有不同。整体来看,这是隐含在世界观、价值观、思维方式以及君权与神权的关系、哲学与宗教的关系等文化深层结构中的诸多差异导致的结果。

在公元4世纪到18世纪的欧洲,基督教会是欧洲社会唯一具有政治权威和文化影响力的势力,基督教教义则成为影响政治、社会秩序和个体行为的最高准则和最强大的力量,不可避免地与欧洲人的社会生活以及私人生活密切地联系在一起。在这个意义上可以说,是基督教奠定了西方文化的精神基础和文化特质。一些研究还把西方文化的起源归于西方基督教教会的形成。西方基督教教会是在罗马帝国崩溃后兴起的,罗马帝国的崩溃标示着古典文明的中断,它留下的巨大文化空白被作为一个新兴精神团体的基督教教会所填补,直到18世纪。正如克里斯托弗·道森(Christopher Dawson)指出的,在欧洲中世纪时期,作为唯一没有受到古典文明衰落影响的精神力量,基督教是"以古典文明的使者与新兴民族的导师这样一种双重身份出现在罗马帝国的废墟上的。它以一种独特的精神力量把西方诸多民族凝聚起来,从而形成了一个新的文化整体,一种新的文化特性"②。

西方学界有一个共识,即近现代以来,西方国家之所以能领先其他文化完成社会转型,走上资本主义道路,一个重要原因在于:基督教新教思想以积极的姿态深入西方社会生活,有效推动了资本积累,促成了资产阶级经济伦理的建设。在这方面,马克斯·韦伯的研究颇具代表性。在他看来,新教伦理(Protestantism Ethics)对现代西方社会生活的影响是复杂而深刻的,特别是促进了资本主义在美国社会的迅速发展,也奠定了美国文化的基调。具体表现为:第一,合理地限制消费,尤其是奢侈品消费,同时也对中产阶级类型的节制有度给予了较高的道德评价;第二,视合理地追逐财富为上帝的意愿,鼓励不满足、不懈息、有秩序的劳作,因为"一种职业是否有用,也就是能否获得上帝的青睐,主要的衡量尺度是道德标准,换句话说,必须根据它为社会所提供的财富的多寡来衡量"③。

关于基督教新教对当时美国社会的影响,从一位美国作家描写的19世纪

---

① 〔奥〕西格蒙德·弗洛伊德:《论文明》,徐洋等译,北京:国际文化出版公司2001年版,第16—27页。
② 转引自张志刚:《宗教文化学导论》,北京:人民出版社1993年版,第109页。
③ 〔德〕马克斯·韦伯:《新教伦理与资本主义精神》,于晓等译,西安:陕西师范大学出版社2006年版,第88—106页。

第四章 差异与冲突：基于文化的观念与规范体系

早期的图景中可见一斑："教会严格考察人们的一举一动。它们规劝酗酒者，指责骂街人，对一切丑恶行为提出警告，并把任何一个屡教不改的行凶作恶之徒开除出教。凡身为教会一员的雇主通常将其道德准则强加于雇员；大多数新教组织对破坏习俗的行为持强烈的反对态度，并多番严厉谴责卖酒和酗酒的行为，连一滴酒也不放过。所有教会在两性关系问题上都维护一种坚持不渝的准则。"①

根据近年的调查，58%的美国公众认为，美国的强大是"基于其人民的宗教信仰"，60%的美国人认为，他们生活中的方方面面无不体现着信仰。36%的美国人每天祈祷数次，61%的美国人每个月至少参加一到两次宗教仪式，71%的公众倾向于学校每天上课前先做一次祈祷。② 亨廷顿还强调了美国社会中基督教较之其他宗教的"至高地位"：美国的文化和政治体制都建立在基督教文化之上，美国人尊重和容忍无神论者和不信教者的权利，但不信基督的人在美国是"陌生人"——他们或他们的先辈移居美国，来到一个由基督徒建立和栖息的"陌生之地"，恰似基督教徒到了以色列、印度、泰国或摩洛哥，他们当然会成为这个国家的"陌生人"，无论如何，"要做一个真正的美国人，信仰上帝非常重要或极其重要"，"基督教之外的其他宗教也只能承认美国是一个基督教社会，接受这一现实"。此外，美国的宗教社会还有一个特点，即把宗教、种种习俗和爱国主义结合起来，形成一种"公民宗教"（civil religion），使"宗教信仰与爱国精神不仅没有矛盾，而且还互相支持和印证"③。

比之西方国家，宗教在中国社会中的地位与影响有着显著的不同。

在殷周时期，祖先崇拜与天神崇拜是中国早期宗教的主要内容，对中国文化的萌芽与发展发挥了重要影响。特别是祖先崇拜带有浓厚的血缘家族关系的性质，凝固了中国旧家族制度，在此基础上提出的"孝"的观念，构成了秦汉以来中国文化的重要特色，经过儒家思想的发挥和润色后，成为维系家庭、家族乃至国家的重要伦理支柱。整体看来，中国传统社会的宗教是与整个社会结构相适应的，世俗王权的力量始终高于宗教力量，因此始终表现为政指导教，宗教的地位一直不像在西方那样显著，民众的宗教情绪也不如西方人那样强烈。中国历史上曾经流行过佛教、道教、基督教、回教等宗教，但都没有被提升到国教的地位。这些宗教也没有教会，而是由皇权直接掌控宗教活动。即使是影响深远的佛教，

---

① 转引自〔美〕亨利·康马杰：《美国精神》，杨静予等译，北京：光明日报出版社1988年版，第625页。
② 参见〔美〕杰利米·里夫金：《欧洲梦》，杨治宜译，重庆出版社2006年版，第9—10页。
③ 〔美〕塞缪尔·亨廷顿：《我们是谁？》，程克雄译，北京：新华出版社2005年版，第74—86页。

在鼎盛时期也没能与皇权相抗衡,要接受世俗法律而不是僧法的治理。一个例证就是:中国的僧人必须向王者跪拜,否则就会受到"刳砍之虐"和"鞭颜皱面而斩"的镇压。不仅如此,皇权对佛教一直采取限制政策,包括"沙汰僧尼"、削减僧寺、设置僧官乃至"废佛"。

对于中国社会文化中的宗教,西方学者主要有三种看法。第一,中国是一个缺乏宗教信仰的国家,中国人的宗教意识非常淡泊。罗素说过,中国人注重实用和现世的意义,对超念的、彼岸的事情存而不论,对宗教缺乏西方人的那种严格和热情,"中国实际上是个缺乏宗教的国家,不仅上层社会没有宗教,全体人民也同样没有"①。第二,中国人的宗教观具有现实性、功利性和契约性的特点。爱德华·罗斯(Edward Ross)强调说,中国人接受宗教是出于实用的目的,所以,中国人将菩萨看作是世界上获取利益的源泉,希望从菩萨那里祈求健康、好的收成、科举考试的成功、经商获利和仕途顺利,"中国宗教带来的结果表现为黑暗而又被人忽视的无数寺庙。无数个泥土做的神像以一种最猛烈的、狂热的表情表达了潜在的对众神的崇拜"②。第三,佛教、道教等在中国传统中曾占据重要地位,但主要是中国传统文化的一种补充,并未对中国本土的价值观产生过根本的修正。费正清即有此说:"佛教装饰了中国文化,但并未像基督教之于欧洲那样在整体上重塑了中国文化。"③

中国学界也存在三种相似的观点。

第一种从中国传统文化的特征出发,认为中国人的人格世界中没有宗教。辜鸿铭认为,中国人不需要宗教,因为中国大众并不看重宗教。对中国人而言,佛教、道教仪式的消遣娱乐作用要远远超过道德说教的作用。之所以如此,是因为中国有一套完整的儒家哲学和伦理体系,是这种人类社会与文明的综合体取代了宗教。④

第二,中国是一个宗教意识浓厚的国家,有着各种宗教滋生、蔓延的肥沃土壤,但没有把宗教置于支配万物的位置上,参与宗教活动的动机不是出自对崇拜对象的虔敬信奉和对超凡力量的真挚敬仰,而更多表现为世俗的要求与功利目的——宗教在中国已经完全世俗化了,降格为民间信仰与实用主义立场的"契合"。费孝通说过:"我们对鬼神也很实际,供奉他们为的是风调雨顺,为的是免灾消祸。我们的祭祀很有点像请客、疏通、贿赂。我们的祈祷是许愿、哀乞。鬼

---

① 〔英〕伯特兰·罗素:《中国问题》,秦悦译,上海:学林出版社1996年版,第151页。
② 〔美〕爱德华·罗斯:《变化中的中国人》,公茂虹等译,北京:时事出版社1998年版,第214页。
③ 〔美〕费正清:《中国》,张沛译,北京:世界知识出版社2002年版,第126页。
④ 辜鸿铭:《中国人的精神》,海口:海南出版社1996年版,第125页。

第四章　差异与冲突：基于文化的观念与规范体系

神对我们是权力,不是理想;是财源,不是公道。"①许烺光也指出:对于中国人来说,神"只是某种具体、实用目的的需要,信徒并不是非要献身于某个或所有的神祇不可,他也无须与他们共沉浮,因为神与崇拜者的关系是短暂的而非永久的,实际的而非感情的,中国人倾向于只有在他需要神的时候才敬神"②。

第三,虽然中国人的宗教观念相对淡泊,但多数人都有不同程度的宗教感情,且佛道的影响在社会生活中无处不在,只不过采取了孔子所说的"敬神而远之"的态度,或是通过内心的崇拜和反省来表达宗教情感。冯友兰还指出,对超乎现世的追求是人类先天的欲望之一,中国人并不是这一规律的例外,但他们不大关心宗教,是因为他们极其关心哲学——哲学的功用不在于增加积极的知识,而在于提高心灵的境界,获得超乎现世、高于道德价值的境界,"他们在哲学里满足了他们对超乎现世的追求。他们也在哲学里表达了、欣赏了超道德价值,而按照哲学去生活,也就体验了这些超道德价值"③。

20世纪以来,中外学界出现了一种新的趋向,就是不仅视儒家思想为一种支配中国人行为的观念系统,而且将其理解为一种宗教体系,即"儒教"——不同于西方语义中的宗教,但仍具备了宗教作为社会规范的基本特征乃至信仰结构。一方面,"儒教"为传统社会中个体的存在提供了一种终极关怀(ultimate concern),在社会中发挥了"正人心、齐风俗"的作用,这些功能正是基督教等宗教传统所承担的。另一方面,儒教在中国社会经历了信仰累积和制度化的全过程,并以国家权力、祭祀仪式与伦理道德等作为公共象征,兼之接受了天命、命定论、占卜、阴阳五行等宗教观念,其影响渗入中国政治、社会、文化生活的方方面面,奠定了成为宗教的充分基础。辜鸿铭就认为,儒学不是欧洲人所指的那种宗教,但却能取代宗教,使人们不再需要宗教。④梁漱溟认为,孔子学说作为道德规范的影响力,替代了宗教的功能,"道德为理性之事,存于个人之自觉自律。宗教为信仰之事,寄于教徒之恪守教戒。中国自有孔子以来,便受其影响,走上以道德传代宗教之路。这恰恰与教之教人舍其自信而信他,弃其自力而靠他力者相反"⑤。杜维明的观点是:"儒家以凡俗为神圣的价值取向和基督教的社会福音有类似之处,而其转化权力斗争为信赖社群的宏愿又和佛教为拯救众生而

---

① 费孝通:《美国和美国人》,北京:生活·读书·新知三联书店1985年版,第110页。
② 许烺光:《美国人与中国人》,北京:华夏出版社1989年版,第244页。
③ 冯友兰:《中国哲学简史》,涂又光译,北京大学出版社1985年版,第8页。
④ 辜鸿铭:《中国人的精神》,海口:海南出版社1996年版,第41页。
⑤ 梁漱溟:《中国文化要义》,上海:学林出版社1987年版,第22—23页。

不入无余涅槃的菩萨道有相同之点。"①任继愈还指出:儒教具有宗教的一切本质属性,包括中世纪欧洲经院哲学具备的内容,如禁欲主义、偶像崇拜、注重内心反省的修行方式、敌视科学、轻视生产等。②

由中国早期历史延续至今的祖先崇拜,也可被归入宗教的范畴来讨论。祖先崇拜是早期社会中宗族产生后的共同信仰——祖先是与凡俗事物有明显界限的神圣事物,宗族组织亦可被看作传承这一信仰的"教会"组织。中国社会的祖先崇拜自始就包含复杂的程序和特定的仪式,有生辰、忌日祭祀,有春节、元宵、端阳、中秋、重阳等时节祭祀,还有墓祭和祠堂祭祀等,并与政治生活中的宗庙礼制和宗法体系关联密切,对传统中国人的生活世界产生了深远影响,至今不止。许烺光即有此论:作为中国人的人间世界和神灵世界的主要联系,祖先崇拜算得上是中国人的国教,"不仅突出体现了中国人看待超自然力量的方式的一般特征,而且对于中国人来说,它本身也成了所有其他宗教信仰的确凿证据和强化剂"③。林惠祥则指出,"祖先崇拜在中国最为繁细,而且也很特别。对于祖先的崇敬可谓达于极点。食物、冥钞及别物的祭献,木主的供奉,忌辰的举行,祠堂的设立,每年的扫墓,春秋的大祭,以及此外许多事件合成一个中国式的祖先崇拜的系统,其中有些与野蛮人相同,但其繁细的程度终非别地方所能及"④。杜赞奇对此也有观察:"创造祖先的形象需要复杂、规律而且不间断的典礼和祭祀。祖先并没有消失于一个超凡的或完全不同的世界;他们继续对活人的世界产生影响。只有那些没有被好好祭奠的祖先才会变成孤魂野鬼;福祚绵长的祖先则会始终护佑他们孝顺的子女。"⑤

在考察中国社会文化中宗教的影响时,同样不能忽视的是民间信仰。中国的民间信仰包括在民众中产生的神灵崇拜观念、行为和相应的仪式制度。它们并不像大的宗教派别那样有明确的传人、严格的教义、严密的组织,观念基础主要是"万物有灵",信奉的对象也较为庞杂,如土地爷、关公、妈祖、真武神、文昌帝君、龙王、岳王、狐仙等,诸神杂糅,与民众的日常生活息息相关,并随民间社会发展而时有变动。李亦园将之称为"普化宗教"(diffused religion):"其信仰、仪式及宗教活动都与日常生活密切混合,而扩散为日常生活的一部分,所以其教义

---

① [美]杜维明:《全球伦理的儒家诠释》,《文史哲》2002年第6期。
② 任继愈:《论儒教的形成》,任继愈主编:《儒教问题争论集》,北京:宗教文化出版社2000年版,第1—21页。
③ 许烺光:《美国人与中国人》,北京:华夏出版社1989年版,第234页。
④ 林惠祥:《文化人类学》,北京:商务印书馆1996年版,第246页。
⑤ 杜赞奇:《中国世俗主义的历史起源及特点》,《开放时代》2011年第6期。

第四章　差异与冲突：基于文化的观念与规范体系

也常与日常生活相结合,也就缺少系统化的经典,更没有具体组织的教会系统。"[1]这些民间信仰大多宣扬忠孝节义、积善积德、安分守己、和睦生财,作为社会规范的教化作用甚为强大,特别是在乡村社会中,具有显著的整合力量和融洽乡里、维系秩序的作用。杜赞奇对此评论说:"就像一个生机勃勃的现场,国家及精英维护的正统教义与大众文化在这里不断交流和协商、适应和调整、伪装和对抗"。他还通过研究"关帝崇拜"发现:几乎所有团体和族群都有自己的关帝和关帝传说,他们对关帝的解读或旧或新,每一种都为自身独特的目的服务,使"关帝传说不仅在一个空间广阔的文化内部保留了多样性,更成为不同群体之间交流和协商的中介"[2]。

20 世纪 90 年代以来,中国本土宗教有了显著的复兴趋势,基督教在中国的传播也有加速扩张的事实。2005 年的一项调查显示,16 周岁以上的中国人口[3]中,信仰宗教的人占 31.4%。按现有人口比例推算,中国有宗教信仰的人口超过 3 亿,其中信仰佛教、天主教、基督教、伊斯兰教、道教这五种宗教的是绝大多数,构成当代中国宗教徒的主体,其他还有 26.6% 的"民间信仰"。[4] 需要强调的是,佛教、基督教等在当代中国社会的传播,都借助了丰富多样的传播方式,取得了传统传播方式无法企及的效果,但也不可避免地引发了信仰世俗化、浅层化,以及信徒群体特征发生变化等问题,由此带来的诸多文化和社会影响,是文化与传播研究不能忽视的重要议题。

2007 年,陈占江通过在中国皖北村庄的田野工作,指出基督教及其传播策略已深深嵌入当地农民的日常生活,并与乡土社会的社会文化结构进行深层互动。在他看来,基督教在当地社会的秩序重构中发挥了重要作用:一是对于乡村道德的颓势起着一定的阻遏作用;二是基督教具有的自我监督和心理调适的功能,在一定程度上化解了农民内心的紧张和怨怼;三是乡土社会正由"熟人社会"向"陌生人社会"转变,基督教以神为中介的社会支持网络为农民抵御社会风险提供了新的可能,对促进乡村秩序的形成和稳定也大有裨益。他同时指出,由于农民的宗教信仰有着很强的目的性和功利性,宗教教义尚不能真正成为约束个人行为或指导生活实践的规则,在这个意义上,"基督教并不能成为沟通农民心灵秩序和乡村社会秩序之间的一座稳定的桥梁"[5]。

---

[1] 李亦园:《文化的图像》下卷,台北:允晨文化出版公司 1992 年版,第 180 页。
[2] 杜赞奇:《中国世俗主义的历史起源及特点》,《开放时代》2011 年第 6 期。
[3] 未计入中国台湾、香港和澳门地区人口。
[4] 童世骏:《当代中国人精神生活研究》,北京:经济科学出版社 2009 年版,第 234—235 页。
[5] 陈占江:《"基督下乡"的实践逻辑》,《重庆社会科学》2007 年第 9 期。

四、制度与法律

制度是依据历史沿革或围绕既定目标形成的基本行为准则和工作规程等，往往是习俗、道德、宗教等社会规范的具体化或复合体。与其他社会规范相比，制度较为稳定和正式，通常也有更为明确的约束力。

历史地看，制度始终受到文化模式的控制，文化本身就是各种制度的灵魂和内核。① 关于文化与制度的关联，马林诺夫斯基还有提示：如果要对自己的文明或任何其他文明中个体的存在做出描述，"就得将个体的活动与组织化生活的社会配置，即与盛行于该文化中的制度系统联系起来"，不仅如此，"依据具体现实对任何文化的最佳描述都在于列举和分析组成该文化的所有制度"②。

制度产生于满足人类社会交往中基本的社会需要，在不同文化中具有普遍性，在特定的历史时期亦有稳定性。作为社会结构的基础，制度涉及特定文化内部的各社会关系采取的社会行为，可被视为相对持久的社会关系的"定型化"或合法形式。如雷蒙德·弗思（Raymond Firth）所说：制度就是一种社会关系，"是由一群人为了达到一个社会目的而共同活动所引起的"③。在通常的情况下，由于确定制度的主体不是个人，而是社会或社会组织，所以，制度是社会中最为稳定、基本的规范，也是社会存在和运行的基本保障。关于制度与社会的关系，汤因比也曾分析说："人类的社会关系超越了个人所能直接接触的最大范围之后就变成了非个人的关系，而这种关系是通过社会机构的所谓'制度'来维持的。没有制度，社会便不能存在。"④

作为社会规范的制度，主要功能有三：一是给予个人与社会导向；二是保证与协调个人与社会一定利益的实现；三是维持一定的社会秩序。为实现这些功能，制度包含了三种要素：原则、奖惩与权威。忽略或抛弃任一成分，都会削弱甚至完全丧失制度的创立、实现和发展的可能性。就原则来说，制度是对社会关系双方的权利与义务的基本规定。重要的是，对于权利与义务的规定，不是人们自身的意愿，而是社会性的外部规定。此外，社会关于个人的权利与义务的规定，与这些个人在社会体系中的地位是一致的，处于不同社会地位的个体或群体，具有不同的权利与义务。就奖惩而言，任何制度都是一种奖惩手

---

① 〔美〕托斯丹·凡勃伦：《有闲阶级论》，蔡受百译，北京：商务印书馆2004年版，第139—140页。
② 〔英〕布罗尼斯拉夫·马林诺夫斯基：《科学的文化理论》，黄建波等译，北京：中央民族大学出版社1999年版，第61页。
③ 〔英〕雷蒙德·弗思：《人文类型》，费孝通译，上海：华夏出版社2002年版，第76页。
④ 〔英〕阿诺德·汤因比：《历史研究》，曹未风等译，上海人民出版社1997版，第58页。

第四章　差异与冲突：基于文化的观念与规范体系

段——奖惩是制度的本质。奖惩的依据是原则,奖励的对象是原则中倡导的部分,惩罚的对象是原则中禁止的部分。倡导与禁止的中间地带是容忍,容忍的程度则反映了制度的弹性程度。权威指的是由于组织或专门的机构与设施的存在而产生的精神力量,其贯穿于原则与奖惩规定的形成和执行过程的始终。权威来自一定的组织和机构——在人类早期社会,氏族制度的权威来自氏族组织;进入阶级社会之后,权威不仅来自一般组织,还来自专门的机构与设施。

制度差异是文化差异的一个主要方面,亦影响着文化深层结构的内蕴和构造。人类社会主要有三种社会活动领域:经济活动、政治活动、文化活动。与之相应,制度规范也可被大致分为三种类型,不同文化之间的制度差异即存在其中:经济制度、政治制度、文化制度。从不同社会和文化中不同类型的制度的演进线索可以看出,制度构造了人们在政治、社会或经济方面发生交换的机制,制度的传播与变迁也决定了文化和社会演进的方式。在这个意义上,作为社会规范的制度就成为理解文化和历史变迁的一个重要视角:一方面,制度本身承载和保持着文化,任何制度都需要对文化做出符合人们价值观与情感需求的定义,否则会招致文化抵抗或社会不满;另一方面,文化是制度延续、演化和变迁中的连续性"基因"。显然,关于制度的差异及其在跨文化传播中的影响,也是跨文化传播研究应予重视的问题领域。

关于制度的文化影响,罗伯特·贝拉在对日本传统社会的研究中注意到:日本"不仅借用了中国有关天皇之作用及其统治的宗教和伦理的理论,同时还吸收了中国的法制、行政、财产权及其他概念和制度的整个复合系统。虽然许多制度命定要凋敝在不毛之地上,但中国式的中央集权君主政治基础概念实际上与有关统治家族的神圣地位的固有思想融合在一起,并在其后的整个日本历史发展中保持经久不衰的影响"[①]。关于中国传统中的文化与制度,陈寅恪还有一个重要的评价:中国文化可分为制度层面和非制度层面,以儒学为核心的中国传统文化已经具体化为社会制度。黄仁宇就此指出,中国传统社会中以儒家思想为核心的社会制度"自恃为十全十美的理想,毕竟假设多于实际",它以满足民间最低的期望为目的,而不及最高的标准,既缺弹性,也缺实力。[②] 虽然这一观点尚有值得商榷之处,但不能否认,中国传统社会的制度带有浓厚的道德色彩。譬

---

① 〔美〕罗伯特·贝拉:《德川宗教》,王晓山等译,北京:生活·读书·新知三联书店1998年版,第107—108页。
② 黄仁宇:《中国大历史》,北京:生活·读书·新知三联书店1999年版,第29页。

如,官员年老退休是保证官僚体系的生气和新陈代谢的制度,但在执行时要冠以回乡孝亲的名义;"老者安之"是中国传统社会的理想目标之一,各朝统治者均将赏赐老年人作为重要的制度来实施,依年龄不同,赏赐的物品和数量也不相同。

作为社会规范的法律,指法的整体,包括法律、有法律效力的解释、为执行法律而制定的规范性文件等。在这个意义上的法律,也可以被理解为文化做出的系统化选择,是社会秩序建构中的基本要素。与其他社会规范相比较,法律是一种具有他律性、强制性的社会控制规范,法律的强制力量也是其他社会规范的基础。

在人类早期社会,法律与习俗、道德、宗教等社会规范在对象和来源上是难以互相区分的,都涉及人与人之间关系的调节、约束与控制。可以说,习俗、道德、宗教等规范直接或间接地影响了法律的产生与发展,彼此相辅相成、互为补充——在人类学的视域中,法律的最初形式不过是舆论所裁定的习俗,如莫里斯·弗里德曼(Maurice Freedman)所说:"法律绝不是脱离于生活之外的某种东西,而是生活秩序建构的一个最为基本的要素。理解了当地人的生活和习俗,随之才可能理解当地人的法律观念和法律行为。既然法律与习俗是一个相互渗透的过程,那么法律就不应当脱离开实际的民俗生活来自行建构。"[①]关于法律与道德的关系,亚伯拉罕·林肯有句名言:"法律是显露的道德,道德是隐藏的法律。"法律也是道德、宗教等规范的外在化、具体化和公开化。《旧约》就是一部具有神圣法律性质的"法",其中包括"十戒"这样必须恪守的戒律,也包括所有的民事关系和法律关系,以及仪式规程和卫生要求;在政教合一的伊斯兰国家,《古兰经》则是确立各种法律文本的经典和准则。

法律的产生和存续,根源于文化、民族、国家发展和演变的实际状况。不可避免地,就法律的基本内容、地位和影响而言,不同文化之间存在程度不同的差异,彼此很难兼容,有些甚至尖锐对立。譬如,面对同样的行为(诸如堕胎、同性恋、克隆人、枪支管制等)及其结果,不同文化中的人们往往会有不同的评价,由此就形成了截然不同的相关法律。此外,在一些文化中,法律具有至高无上的地位,道德是法律的陪衬和补充;在另一些文化中,道德是主要的,法律是道德或其他社会规范的陪衬和补充。在一些国家,法律深入到社会生活的各个角落;在另一些国家,法律很不健全,在很多方面还无法可依。

---

① 〔美〕莫里斯·弗里德曼:《中国东南的宗族组织》,刘晓春译,上海人民出版社2000年版,第170—171页。

第四章　差异与冲突：基于文化的观念与规范体系

在古希腊时期，西方社会的法律就立足于肯定和保障人们与生俱来的权利，在此基础上的其他相关社会规范的确立，也是以不侵犯法律所规定的他人的权利为前提的。赫拉克利特有一个著名观点：城邦必须用法律武装起来，有了法律，人们才能过好城邦生活。伯里克利特提出的"民主政治三原则"中，第二条就是"法制"。他要求人人遵守法律，并发表了影响至深的言论："法律对所有的人都同样公正"(equal justice under law)。亚里士多德也非常重视法治，认为法治优于人治，法律是"最优良的统治者"。在早期传统的影响下，西方文化的重要特质之一就是法律精神，因之成就的《罗马法》(Roman Law)在中世纪和文艺复兴时期两度掀起热潮，成为整个欧洲大陆争相研究和推广的对象，又直接成为近代资产阶级法学的渊源和近现代法律的先驱。英国的《权利法案》、美国的《独立宣言》、法国的《拿破仑法典》和《人权宣言》等，都受到它的影响。

在中国传统社会中，法律大致可以等同于具有明确社会控制目的的道德规范，或者可以说，是礼、德、法相互交融，形成了独特的"礼德法合治"的模式。在这个模式中，作为内在自觉要求的礼与德，往往比外在的法律规范更为有效和深沉，如儒家提倡的"德主刑辅""为政以德""以德去刑"等思想，不是把法治作为第一位的统治手段，而是使其与礼与德相辅相成、协同并用。

在先秦时期，中国社会的法律体系都是以"礼"为指导的，有关刑事政策均努力体现礼治精神，法律的内容也配合"礼"的要求加以规定，即所谓"礼乐刑政"、综合为治，追求法律统治的和谐性与整体性。陈寅恪就此指出，儒家对中国的影响集中于"制度法律和公私生活"，最为关键者为礼法关系：一方面，儒家坚持依礼而治的基本立场；另一方面，用儒家的观念去改造和转化严酷的法律。礼和法虽形式不同，但关系紧密，一些被纳入成文典籍的"礼"甚至超越了法律，礼之所许必定为法所不禁，法之所禁必定为礼所不容。也是缘于这一特征，瞿同祖指出："研究中国古代法律，必须礼书、法典并观，才能明其渊源，明其精义。"[①]至西汉的"罢黜百家，独尊儒术"，董仲舒提出以春秋经义决狱——以儒家思想为最高司法原则，启动了礼义道德与法律的正式融合进程，礼与德的思想逐渐成为正统，亦成为制定、执行法律的指导思想。到了公元653年，《唐律》的修订、颁布标志着礼法结合的最终完成，如魏征所说："礼义以为纲纪……明刑以为助。"可以概括地说，基于"德礼为政教之本，刑法为政教之用"的思想，《唐律》使

---

① 转引自〔美〕德克·布迪等：《中华帝国的法律》，朱勇等译，南京：江苏人民出版社1995年版，第21页。

礼义道德原则与法律规范更为完整地结合起来,从此实现了中国传统法律体系的道德化,直至清末。

　　总之,"礼德法合治"模式是中国特色最鲜明的传统,追求的是"礼"和道德的正义性和制度化,以及礼教、德化的长治久安。张晋藩肯定了这一模式的有效性,并有评价说:"礼法互补,以礼为主导,以法为准绳;以礼为内涵,以法为外貌;以礼移民心为隐微,以法彰善恶于明显;以礼夸张恤民的仁政,以法渲染治世的公平;以礼行法减少推行法律的阻力,以法明礼使礼具有凛人的权威;以礼入法使法律道德化,法由止恶而兼劝善;以法附礼使道德法律化,出礼而入于刑。"[①]在中西法律文化的比较视域下,也可以确切地说:"礼德法合治"模式维护并延续了中国传统社会重视宗法伦理的社会秩序,也提供了某些能够遗泽后世的关于社会治理的重要人文经验。

---

① 张晋藩:《中国法律的传统与近代转型》,北京:法律出版社1999年版,第34页。

第五章
社会互动与认同的建构

"人非孤岛"。人是社会性的动物,社会互动营造了人类丰富多彩的社会关系和社会生活,没有对社会互动的研究,就难以解释复杂的社会与文化现象。传播即是借助信息传递实现的社会行为的互动——在接受或传播信息时,人们总是受到与其互动的群体以及更大的社会结构的影响。

社会互动的方式折射出不同文化的内涵与差异,由社会互动的视角考察文化交往,自然成为文化与传播研究领域的一个重要视角。跨文化传播学的学术支点之一,就在于关注人类不同共同体之间,以及共同体内部不同阶层、不同地域的成员之间穿越文化屏障的互动关系。借助社会互动的视角,文化模式可以被理解为一种人们在特定的、有组织的系统内有序地进行互动的方式,存在于个体与群体、群体与群体之间以及不同阶层之间;文化模式使人们结成相对稳定的社会关系,并构成了用以传播的人际和社会空间。为理解文化与社会互动的关系,还须借助社会学的一个观念:深嵌在"社会结构"中的文化是一定人群共享的价值观、规范、信仰和态度,构成了社会互动依赖的潜在的假设和期待。

在变动不居、"时空断裂"的全球社会中,由于种种社会、政治、经济和文化因素的综合作用,认同和认同危机成为不同文化、族群、民族和国家必须面对的问题,如吉登斯所说:"在每一个地方,我们都会面对认同的话语。人们讨论的不仅仅是认同的问题,还涉及变化:新的认同的出现,旧的认同的复活,现有认同的变迁。"[1]20世纪70年代以来,有关认同的研究在人文社科各个领域陆续展开,聚焦于现代性、自我、他者、叙事、话语和意识形态等诸多理论和现实问题,涉及历史、地理、社会、国家、意识形态、殖民和殖民地、文化、亚文化和通俗文化等领域。社会学意义上的认同研究一般从族群成员对本文化、语言、宗教、习俗的态度出发,主要运用问卷调查等方法。文化人类学意义上的认同研究多从个案研究入手,采用神话研究、历史传记研究、实物收集等方式,主要辅以民族志的方

---

[1] Richard Jenkins, *Social Identity*, London, UK: Routledge, 1996, p.7.

法。在不同学科的介入和推动下,认同研究已成为一种充满活力的理论话语,给许多传统议题补充了新的思想资源。

传播是个体或群体表达和建构认同的重要途径,跨文化的交往亦使人们在形成和表达认同上有了更大的空间。一方面,人们的交往活动在很大程度上受到认同的影响和限制,社会成员的自我认同、社会认同影响着自身观念体系、社会规范的构造,以及对内外群体成员的分类;人们的性别认同、文化认同乃至族群认同等,也不断影响着不同情境中人们的社会关系和交往行为。[1] 另一方面,在不同文化和不同社会的不同发展阶段,人们的社会关系和社会交往有着很大不同,也因此影响了不同个体和群体的认同建构。特别是在现代社会的场景下,全球性社会交往和文化变迁的驱动导致了日常生活的嬗变,人们在形成和表达认同上有了更大空间,原有的归属感和共同体意识虽在不同程度上存在,但对个体的控制力越来越微弱,具有独立思考和行为方式的个体逐渐游离于原有生活体系之外,开始排斥或拒绝共同体规范和认同的支配,正如罗伯特·墨菲所说:"工业化中的人们早就与其劳动生产的产品相分离,现在,他又日益与他的伙伴、与他自身相分离。这就是将来的轮廓,虽尚未全面到来,但它的初潮早已漫过了地平线。"[2]由此而言,如何维护个体的独立和自我的确定性、社会群体的团结,以及族群、民族和国家之间的和谐与稳定,就成为各个社会长期面临的难题了。

文化认同乃至族群、民族和国家认同的历史延续与现实变动,是跨文化传播研究的重要领域。文化认同是民族认同和国家认同最重要的基础,与不同国家的社会诸方面的变革联系密切,也为思考全球社会有关文化交往与变迁的诸多议题提供了思考空间。在多元社会内部建立互信、维护稳定与社会和谐,以及处理资源、制度和权力配置等问题时,也不应忽视对文化认同的考量,需要把个体及群体的意识和行为与文化和社会结构关联起来思考。族群认同、民族认同和国家认同是民族国家内部与外部关系的重要内容,在世界不同区域广泛存在的族群与民族、民族与国家的共处困境,乃至形形色色的认同危机,是全球化时代的民族国家无法回避的挑战,期待研究者基于不同的事实做出深刻反思,并寻求恰当的构建和互动策略。

---

[1] William Gudykunst and Young Yun Kim, *Communicating with Strangers*, New York, NY: McGraw-Hill, 2003, p.123.

[2] 〔美〕罗伯特·墨菲:《文化与社会人类学引论》,王卓君译,北京:商务印书馆2009年版,第266页。

第五章 社会互动与认同的建构

第一节 社会互动与人际关系的文化差异

社会互动是来自社会学的重要概念,指的是两个以上的个体、群体之间相互作用、相互影响的社会交往活动。针对社会互动的研究,帮助西方社会学家建立了许多重要理论,包括齐美尔的形式社会学、乔治·米德等的符号互动主义、欧文·戈夫曼的戏剧论、乔治·霍曼斯(George Homans)和彼得·布劳(Peter Blau)的社会交换理论,以及刘易斯·科塞(Lewis Coser)的社会冲突论等。其中,符号互动主义以心灵、自我和社会三者为阐述对象,揭示了符号是三者形成、变化及相互作用的工具的观点,强调了自我与他人的互动是社会的本质,人类互动则是以文化所定义的符号意义为中介的一种行动过程。

人际关系的差异是考察不同文化中的社会行为和生活方式的基础,吸引了不同时期不同领域的学术思考。东亚学者中,梁漱溟提出了中国传统中与西方社会"个人中心"相对应的"伦理本位",影响深远;费孝通提出的"差序格局",成为研究中国社会结构和人际关系的重要概念;中根千枝提出的"纵式社会",建构了有影响的日本人际关系模式。这些努力注重于探寻文化诸要素和本土行为的关系,且不为西方概念困扰,是跨文化传播研究本土化尝试的重要借鉴。

一、社会互动、社会化与符号互动主义

社会并非一个实体,而是一种社会化的个体之间发生社会互动的过程——在这里,社会互动与社会化过程密切相关,社会化不是单向的个体被动接受信息的过程,而是一种动态的、复杂的互动过程,也正是凭借人与人之间的互动,才构成了现实的社会。[①]

社会化是个体用来获得所属群体的规范、观念、信仰、态度以及语言特征的社会互动过程,它帮助自然人转变为社会人,并伴随人的生命始终。社会学中有个基本假设:人类的一切活动都受到社会的影响,在一个人的整个生活过程中,各种社会结构将冲击个体的生物"原材料"——塑造它,改造它,影响它,这即是社会化的过程。齐美尔还指出,"社会互动的结果导致了社会现象的出现,而对社会现象的大量见解,可以通过理解其得以产生和延续的基本互动过程来获

---

① George Ritzer, *Modern Sociological Theory*, New York, NY: McGraw-Hill, 1996, p.210.

得"①。在他看来,社会的宏观结构和宏观过程——阶级、国家、家族、宗教与进化——也是人们之间具体互动的反映。他在《群体联系的网络》("The Web of Group Affiliations")一文中强调,人类的个性是在个人与群体联系的特殊构造(configuration)中被呈现和塑造的,即人们是什么样的、如何看待自身以及准备怎样行动,是受其群体成员关系限制的,"个性的起源作为不同群体的遗产及其调适阶段的最终产品,是无数社会影响的集结点"②。在对社会行动做出定义时,马克斯·韦伯也指出,"只要行动是社会性的(也就是说行为主体赋予其行动以主观意义),行动就会考虑到他人的行为,并进而以此为导向"。韦伯认为,隐藏在阶级、国家、制度、民族这样一些社会宏观结构背后的社会现实,是人们之间富于意义的和象征性的互动。③

社会化至少有两项任务需要个体来完成:第一,让个体知道社会或群体对自己有哪些期待;第二,使个体逐步具备实现这些期待的条件,并自觉地以社会或群体的规范和观念来指导和约束自己的行为。由此可把社会化分为周期性的几个阶段。第一,基本社会化。在儿童时期通过家庭学习生活知识,培养语言能力和认知能力,掌握行为规范,建立感情联系,发展道德与价值判断的标准。第二,预期社会化。主要指在学校里进行的社会化,学习将要承担的社会角色,为进入社会做好各种准备。第三,发展社会化。主要指成年之后的社会化,是在实现了基本社会化的基础上进行的。随着环境和自身的变化,个体要接受新的期待和要求,承担新的义务、角色和责任。第四,再社会化。当个体的生活环境或担任的社会角色发生急剧变化时,个体的生活习惯、行为准则、价值观等需要做出重大调整,并开始新的学习。关于社会互动的作用,罗伯特·墨菲还指出:"只有通过社会生活我们人类方能生存和永在。生存、生育、抚育孩子和相互保护的需要必然将我们结合在一个组织起来的社会集体之中。人类生活于有秩序的社会之外是可以设想的,如社会契约论哲学描述的那样,但从未发现人类能处于非社会状态中。即便是隐士生活,也需参照他企图逃离的社会方可理解。"④

根据符号互动主义(Symbolic Interactionism)的观点,所有社会结构和意义都是由社会互动创造和维持的,意义来自与他人的社会互动,并通过个体的解释

---

① 转引自〔美〕乔纳森·特纳:《社会学理论的结构》下册,邱泽奇等译,北京:华夏出版社2001年版,第11页。
② 同上。
③ 同上书,第12页。
④ 〔美〕罗伯特·墨菲:《文化与社会人类学引论》,王卓君译,北京:商务印书馆2009年版,第61页。

得以修正。在这个意义上的社会化,就是人们"发展思考能力和塑造人类行为"的过程,是创造和学习"符号"和"意义"的过程。

符号互动主义的思想,最早可追溯到亚当·斯密(Adam Smith)、大卫·休谟(David Hume)等人的观点:若欲建立人类的科学,则必须重视人类相互联系的基本事实,把注意力集中于人际沟通、同情、模仿及风俗上。1902年,查尔斯·库利在《人性和社会秩序》(Human Nature and the Social Order)中阐述了"镜中自我"(looking-glass self)的概念,指出人的行为在很大程度上取决于对自我的认识,这种认识来自与他人的社会互动,他人的评价、态度等是反映自我的"镜子",个体透过这面"镜子"认识和把握自我。20世纪30年代,在"镜中自我"的基础上,乔治·米德提出了符号互动的思想,深刻影响了芝加哥学派和衣阿华学派的形成与发展,并在两个学派的领军人物赫伯特·布鲁默(Herbert Blumer)和曼德福·库恩(Manford Kuhn)的努力下,逐步完善为符号互动主义的理论框架。

心灵、自我和社会之间的关系是乔治·米德符号互动思想的主题。1934年,米德出版的《心灵、自我与社会》(Mind, Self, and Society)以进化论思想为铺垫,论证了作为心理意识活动的人的心灵与自我完全是社会的产物,而语言符号为它们的出现提供了机制。米德的思考主要分为三个方面。第一,互动是心灵的本质,"心灵通过交流产生,而不是交流通过心灵产生"。第二,"主我"与"客我"的互动是自我的本质——"主我"(I)是自然的、主观的我,是自我中积极主动的一面,代表个人未受约束、指导和训练的倾向;"客我"(Me)是社会的、客观的我,是群体态度的体现、社会规范的化身。社会行动就是"主我"与"客我"相互作用的产物,即"在正在发生的相互作用中把某人自身与其他人联系起来的这一过程,把'主我'与'客我'的会话引入个体的行动,就此而论,这一过程构成自我"。第三,自我与他人的互动是社会的本质,"作为人类社会组织的基础的原则,是包括他人参与在内的交流原则。这一原则要求他人在自我中出现,他人参与自我,通过他人而达到自我意识。这种参与通过人类所能实现的交流而成为可能"①。总之,在米德看来,社会不是一种客观实体,而是相互作用的框架,以心灵和自我的本性为前提。进一步说,由于自我只能在社会过程中产生,社会是自我得以产生的"泛化的背景",随着具有心灵与自我的生物个体的出现,初始意义上的社会也在发生变化,接受了人类社会特有的组织形式。

---

① 〔美〕乔治·米德:《心灵、自我与社会》,赵月瑟译,上海译文出版社1992年版,第44、159、223页。

在米德的思考的基础上,布鲁默与库恩都肯定了人类运用符号的能力,以及发展思维、确定意义和自我反省的能力,只是在对人类个性的结构与稳定性程度的看法上,存有少许分歧。库恩认为,通过社会化过程,人类掌握了较为稳定的一套态度和意义,人类的个性是由此被建造起来的,且较为稳定,因此人类行为具有持续性和可预期性。布鲁默则认为,人们对社会客体的行为建立在社会客体对他们的意义上,这一意义来自社会互动,而意义是社会的产物,是在解释的过程中被获得和改变的;行动者能够给予目标以意义,并根据意义而行动,也能根据自己所处的情境对意义进行选择、检查、重组和改变,以指导未来的行动。在1969年出版的《符号互动主义》(*Symbolic Interactionism*)中,布鲁默对符号互动主义做了系统的阐述,认为符号互动主义的研究对象是社会现实——社会的存在是一种实在,这种实在的内容是由人不停地创造的。他认为,意义、目标和行为之间的复杂互动,是独特的人类活动,因为它所要求的行为反应,建立在对符号的解释之上,而不是建立在环境刺激之上。同时,社会生活是一种"流动和协商的过程",为了达到彼此理解的目的,人类通过运用各种"符号互动"而存在于世。①

以符号互动主义的视域观之,在人类的社会生活中,每个人都在与他人进行社会互动,传承、增加和积累着关于如何进行社会交往和社会互动的知识,从而生成"使人成之为人"(make humans human)的由知识、经验、理解、意义、语言、信息所构成的知识系统。由此来说,社会互动也是形成和完善人们共有的"思想空间"(capacity for thought)的过程,人们通过互动创制、维持和改变着特定群体或文化的现实和意义。在互动过程中,每一方都是信息的发送者,也是信息的接收者,社会就是这样一个由人际互动构成的网络。

关于意义与社会互动的关联,霍华德·贝克(Howard Becker)在1953年对大麻吸食者进行的研究,也提供了一个很好的注解。在彼此互动的过程中,吸食者学习了三个方面的内容:第一,如何在他人的影响下学会"正确"吸食;第二,如何在他人的指导下定义"神魂颠倒"的状态,即如何分辨大麻带来的感受,并将之与吸食行为联系起来;第三,如何在他人的影响下把吸食的感受定义为"快乐""值得期待的"。② 总之,大麻的"意义"是在互动中产生的,这种"意义"决定了吸食者对于大麻的取舍——如果吸食者没有学会如此定义大麻的"意义",

---

① James Farganis, *Readings in Social Theory*, New York, NY: McGraw-Hill, 2008, p.331.
② 〔美〕斯蒂芬·李特约翰:《人类传播理论》,史安斌译,北京:清华大学出版社2004年版,第175页。

就不会继续吸食。

借助符号互动的视角,可以理解与社会互动相关的诸多命题,也有助于认知与描述社会的真实本质,有助于阐释自我、符号及人类沟通的重要性。1978年,乔姆·曼尼斯(Jerome Manis)等在《符号互动》(Symbolic Interaction)一书中对符号互动主义的特征做了总结,第一条就是:"人类特有的行为和互动是由媒介符号及其意义所承载的。"其他特征则包括:个体的人性化是通过与其他人的互动完成的;所谓人的社会,是由互动的人们组成的;人类在塑造自己的行为方面具有能动性;人的意识和思维都与互动有关;人类在行动的过程中建构自己的行为;对人类行为的理解,离不开探究其"隐蔽的表现"(covert behavior)。① 进一步说,人类符号互动的能力和范围表征着人类传播的本质与特征,在符号互动主义的视角下,人类社会本身就是作为一个"传播共同体"而发展的。一方面,传播的需要来自原始的本能和基本的人性特点;另一方面,传播也是"用人们之间的理性和道德秩序代替单纯心理的和本能的秩序的过程"②。

20世纪80年代以来,一些美国传播学者提出,要获得关于传播研究的全新视野,最为切实可行的源头,是芝加哥学派尤其是符号互动主义的思想,埃弗雷特·罗杰斯(Everett Rogers)在《传播学史》(A History of Communication Study)中追溯传播学的思想渊源时,还赋予了芝加哥学派以传播学"登陆点"(landing pot)的地位。黄旦等就此指出,传播的问题本质上应该是关于社会的问题,与人们创造并生活于其中的社会有关,与普通人的日常行为有关:相互交谈、传达知识、享受娱乐、展开讨论、获取信息。进一步地,传播研究"不应该献身于政治和商业应用与控制,也不是无涉道德与价值问题的科学工具,它应该为'增加人们学习、交流思想和经验的权力'而贡献力量"。总之,符号互动主义为传播赋予的意义,应促使我们"重新追问传播和传播研究的本质所在,为修正混乱的社会现状、重塑共同的文化、重建真实协调的人类关系提供价值"③。

二、文化群体与社会分层

群体是人们在社会活动中形成的基本的社会结构,其成员不是孤立地、个别地存在着,而是被组织到一个复杂的、相互依赖的关系网络之中,人们遵循相同

---

① Frank Magill, *International Encyclopedia of Sociology*, London, UK: Fitzroy Dearborn, 1997, pp.1399-1402.
② 〔美〕丹尼尔·切特罗姆:《传播媒介与美国人的思想》,黄静生等译,北京:中国广播电视出版社1991年版,第125页。
③ 黄旦、李浩:《消失的登陆点》,《新闻与传播研究》2006年第13卷第3期。

的社会规范,并依照一定的行为模式进行互动。

群体的实质是社会互动的集合,群体的出现与存续,有赖于群体成员的兴趣、期待、感情等通过具体的社会互动过程来实现;群体成员通过群体性的社会互动,才能满足自身的需要,获得归属感,并在客观上把自己与外在的社会结构有序地、有意义地联系在一起。乔治·米德即指出,"人们通常根据我们所属的群体以及我们所处的社会情境对整个自我进行组织"①。群体也是作为社会人的个体的参考框架——虽然每一个人都是独特的、由多种因素塑造的,但每一个人都不可避免地具有所在群体的共同特征,如萨丕尔所说:任何一个人类群体,只要拥有共同生活,就肯定拥有一定的社会组织形式,在任何地方,都不可能找到单个成员之间的关系完全无秩序的群体。②

根据不同的标准,可把群体划分为不同的类型:基本群体(primary group)与社会组织;血缘群体、地缘群体与业缘群体;正式群体与非正式群体;所属群体与参考群体;年龄群体、性别群体和民族群体;等等。其中,基本群体的概念来自查尔斯·库利的社会学研究,指的是通过面对面的互动形成的、具有密切人际关系的社会群体,这类群体主要包括家庭、邻里、儿童游戏群体等,是人类形成合作、伙伴与依存关系的最为基本的社会群体。

跨文化传播研究关注的基本群体主要是家庭。因为家庭不仅是社会的基本单元,也为个体提供了最为重要的认同内容。家庭告诉人们世界的样子以及人在世界中的位置;家庭把一个个生物机体转化成社会人,从孩童时期起就传授给人最基本的态度、价值观以及行为方式。最重要的是,家庭是一类体现着鲜明文化差异的基本群体。赵汀阳还有一个观点:传统中国社会的家庭"不能简单地理解为西方意义上的那种由个体组成的'共同体'(community)",而是"具有自身绝对性的、不可还原的最小生活形式,个体必须通过家庭中的存在而获得个体的意义","如果不在家庭中存在,那么一个人就无法被定义为某人"。在中国的传统社会中,家庭一直行使着组织、管理、生产、消费、分配、教育等多种社会功能,颇具特色的是,个体家庭往往与具有血缘关系的其他家庭联合在一起组成父系家族,不同的家族又通过联姻等方式扩展各自的社会网络,以谋求稳定的或更多的经济和政治利益。如此一来,中国的传统社会结构就呈现为典型的"家国一体"格局——从家庭、亲戚、乡党到社团、族群和国家,人与人的一切社会关系

---

① 转引自张国良主编:《20世纪传播学经典文本》,上海:复旦大学出版社2003年版,第172页。
② 〔美〕爱德华·萨丕尔:《萨丕尔论语言、文化和人格》,高一虹等译,北京:商务印书馆2011年版,第259页。

第五章 社会互动与认同的建构

与社会交往,都以家庭为出发点,家庭性几乎构成了对人性的充分论证,如《礼记》中所谓"上治祖祢尊尊也,下治子孙亲亲也,旁治昆弟,合族以食,序以昭穆,别之以礼义,人道竭矣",家庭性原则也因之成为处理一切社会问题、国家问题乃至天下问题的普遍原则。①

文化是群体而非个人的特征。作为人类行为、思想和感情的模式,特定的文化总是与一定的人群相联系。文化是在特定人群长期的相互交往中形成的,并成为人群共同活动和相互依赖的重要纽带。在某种程度上,文化即是特定群体的潜意识,正如霍夫斯泰德所说:"文化是我们思想中集体的、能够把一类人与另一类人区别开来的集体程序(collective programming)。"②此外,大多数文化中都可能存在若干群体,这些群体有着独享的历史和生活方式,也有各自特色鲜明的文化特征,但这些群体也会不断受到所属的主导文化的影响。这是因为,每个文化内部都有一个与主导文化相联系的主导群体(dominant group)——作为文化的核心和社会各个群体的领导者,主导群体能够决定和控制文化共同体内部的信息的内容和流向。

当然,文化内部的群体之间的界限并不分明,可以是清楚的,也可以是模糊的;文化内部的群体之间的互动,可能是复杂的,也可能是简约的。基于对中国回、汉族群体之间互动的观察,杜赞奇提出了一种观点:"一个群体的一种或多种文化实践,诸如礼仪、语言、方言、音乐、宗法或烹调习惯等,如果它们代表着一个群体但又不阻止这一群体与其他群体分享或自觉不自觉地采纳其他群体的实践,那么,它们都可以被看作是柔性的界限。相互之间具有柔性界限的群体有时对差异已全然不觉,以至于不把对共同界限的破坏当作一种威胁,甚至最终会完全融为一个群体。因此,饮食和宗教习俗方面的不同并不妨碍回、汉群体之间共同拥有一系列的习俗。重要之点在于,他们容忍共同拥有某些界限,同时又保持独有的界限。"③

在同一群体中生活的人们,虽然具有血缘、地缘或业缘关系上的同一性,但往往又有经济利益、社会地位、生活方式等方面的差异。这些由生产力发展水平和社会分工形式决定的差异,形成了不同群体之间的权力、财富、收入和社会地位的不平等分配局面。通常,这种不平等是沿着性别、种族和阶级三个主要轴心运转的,并分别导致制度化的性别主义、种族主义,以及阶级分化与冲突的出现,

---

① 赵汀阳:《"天下体系"》,《世界哲学》2003 年第 5 期。
② 〔英〕理查德·刘易斯:《文化的冲突与共融》,关世杰等译,北京:新华出版社 2002 年版,第 17 页。
③ 〔美〕杜赞奇:《从民族国家拯救历史》,王宪明等译,南京:江苏人民出版社 2009 年版,第 64 页。

而"性别、种族和阶级也以各种复杂的形式相互交错于一体,有时强化,有时会弱化现存不平等的结构"①。不平等的结构现实地规定着处于不同社会层次的群体的互动方式、生活方式和权力,使不同的社会阶层都拥有自己独特的群体文化。这里便涉及社会分层(social stratification)的概念:根据不同的社会等级标准(综合的或单一的),把社会成员划分成不同阶层的群体的过程。一般来说,划分阶层的标准依据的是人们对广义的社会资源的拥有状态,会参照不同群体的社会性别、收入多寡、权力大小、教育程度高低等状况。

不同社会群体的差异,在很大程度上影响着人们对于信息的选择、接受、解释和记忆。20世纪40年代,保罗·拉扎斯菲尔德(Paul Lazarsfeld)通过对选民行为的调查发现,社会地位不同的人对媒介的关注程度和反应方式也不同,而属于同一社会类型的人则大致相同。他就此提出了著名的选择性影响(selective influence)理论,具体包括两个步骤。第一,"选择性注意"(selective attention),即群体差异导致接受媒介内容的方式的差异。在一个被信息包围的社会中生活的人们,会根据自己的社会地位、职业角色、文化水准、口味爱好等主观标准对信息进行过滤,对自己感兴趣的信息会更为注意。这种"选择性注意"也是与周围的社会关系互动和协调的一种表现。第二,"选择性感知"(selective perception),即由于兴趣、信仰、知识水平、主观态度、实际需求、价值观念等方面的差距,不同群体的人们会对同一信息产生不同的感受和认知。

在每一个文化中,各个群体都有不同程度的影响力,这些影响也转化成了不同群体的行为方式,并对群体文化本身施加着不同的影响。显然,主导文化极大地反映了主导文化中的成员及权力精英的思想和利益。相形之下,那些处于较低社会层次的群体及群体文化则被打上等级的烙印,被主导文化及其成员赋予低等的身份。针对复杂社会中广泛存在的这一特征,罗伯特·雷德菲尔德(Robert Redfield)在1956年出版的《农业社会与文化》(*Peasant Society and Culture*)一书中提出了"大传统"(great tradition)与"小传统"(little tradition)的概念,用以说明复杂社会中存在着两种不同层次的传统:少数有思考能力的上层人士创造的文化系统是"大传统",反映了以都市为中心,由上层士绅、知识分子所代表的文化;而社会下层在生活中自发形成的社会风习是"小传统",在相对较小的地域或人群中存在,通常持有保守主义立场。在各个文化系统中,"小传统"处于被动地位,只是在工业文明到来之后,两者同时经受着冲击。雷德菲尔

---

① 〔英〕罗宾·科恩、〔英〕保罗·肯尼迪:《全球社会学》,文军等译,北京:社会科学文献出版社2001年版,第19页。

德认为,大、小传统对于理解文化有着同等重要的意义,特别适合于研究古老文明中的社会,因为这些社会中的上层文化、经典文化比较突出,与下层文化的距离比较大,而以往学者的研究和兴趣长久集中在"大传统"上,相对忽视这些文化中的"小传统"。他同时指出,这两种传统并不是彼此排斥的,而是有一种相互依赖的关系,"虽然两种思想和行动各有不同,但彼此之间皆有影响"[①]。

关于"大传统"与"小传统",王铭铭的观点有所不同。他认为,要理解特定时空之内的文化实体,有必要对大、小传统综合考察,不能忽视小传统代表的俗民生活,但对了解一个长时间内连续发展的文化传统来说,"大传统"更重要,因为"大传统规范、导引整个文化的方向,小传统提供真实的文化素材"。王铭铭如此分析说:"大传统的发生固然是从小传统中分离出来的,是后于小传统形成的,而大传统一旦分离出来形成之后,由于知识阶层的创造性活动,经典的形成,使得大传统成为形塑文明传统结构形态的主要动力",再者,"一种文化现象在后来的发展中降入或保存为小传统而不再代表大传统,并不等于说它在历史上、在早期文化发展中一直如此,它在早期文化发展中可能曾占据主要地位,足以代表该时期文化的高级形态"[②]。

关于社会分层与权力分配的关系,伊迪丝·福尔伯(Edith Folb)还有一个重要观点:社会阶层的客观存在,表明了一种等级差别的社会秩序,保证了权力精英的发展和存在,由于权力精英占有了社会中最有价值和最必要的东西,从而使社会成员之间不平衡的关系得以存在和延续下来。尤其是,为了维护自己的地位以及由此带来的利益,权力精英们"支持帮助和创立一些特定的文化思想和人工制品来保证他们的权力的长存。当文化以含蓄或者清楚的方式反映了权力精英维护自己地位的要求和渴望时,文化就成了宣传的工具。因此,那些包含着社会组织、行为、价值观和信仰等诸如此类的东西的思想和物品可被视为牺牲大多数人的利益而维护少数人的利益的规章制度或机构"[③]。

20世纪90年代后期,马克·奥比(Mark Orbe)运用现象学的方法建立了群体文化理论(co-culture theory),将非白色人种、女性、残疾人、同性恋者以及较低社会阶层中未被充分代表的群体(underrepresented group)纳入了自己的理论视野。群体文化理论的主要贡献,就是提供了一个分析框架:在主流社会结构中,如何让从属于主导文化的群体成员与那些企图使他们缄默的人协商。这一理论

[①] Robert Redfield, *Peasant Society and Culture*, Chicago, IL: University of Chicago Press, 1956, p.72.
[②] 陈来:《古代宗教与伦理》,北京:生活·读书·新知三联书店1996年版,第150—151页。
[③] 〔美〕拉里·萨默瓦、〔美〕理查德·波特:《文化模式与传播方式》,麻争旗等译,北京广播学院出版社2003年版,第157页。

的提出基于两个前提:第一,在主流社会结构中,未被充分代表的群体成员处于边缘地位;第二,在面对"压抑的主流社会结构"时,未被充分代表的群体成员可以凭借特定的传播方式获得某种程度的成功。近年来,群体文化理论已被广泛用于对非裔美国人、残疾人、夏威夷原住民、以色列妇女以及无家可归者的研究等领域,其中包括对黑人职业女性如何在主流文化中构建审美观念的调查。通过在不同领域的广泛应用,群体文化理论已使人们在对种族主义、性别主义、等级主义以及同性恋和残疾人歧视等议题的理解上取得了显著的进步。[1]

跨文化传播研究还应关注的是:面对以西方文明为代表的现代经济、政治和社会的文化模式,同一文化内部不同社会群体的接受和适应情况并不相同。正如雷蒙德·弗思指明的,"在财富、教育或权力上地位最高的"特权阶层可以自由地和西方社会的人交往,但是,"其他多数阶层的人民不能完全达到他们适应西方文明的目的,一部分由于他们没有钱,一部分由于他们没有受过使他们获得文化的培训,但可能还有别的一些因素,如他们固守他们熟悉的生活方式,认为它很美好,很有道德,甚至很有精神价值"[2]。

三、群体对个体行为的影响

对群体影响个体行为的科学研究开始于20世纪30年代,穆扎弗·谢里夫(Muzafer Sherif)、库尔特·勒温(Kurt Lewin)、拉扎斯菲尔德等是这一领域的奠基者,他们的研究对传播学的形成和发展发挥了重要影响。譬如,拉扎斯菲尔德通过选举研究发现,群体在个体的政治态度形成和做出投票决定方面具有重要作用;由于群体对个体的态度、行为甚至感觉会产生很大的影响,可以这样看待个体与群体的关系:个体不是孤立的存在,而是受到一系列群体影响的存在。

一定数量的人们之所以被称为群体,是因为他们具有某些共性并由此而被联结在一起,这些共性包括共同的社会目标、组织结构和传播方式等。关于共性与群体的形成,齐美尔强调说,"尽管从目的性和一般意义来看,社会群体最为变幻莫测,不过,群体内部的个体成员之间仍然具有同样的行为方式"[3]。群体的一致性往往体现为"从众性"(conformity)——通常,个体乐于受到所属群体的影响,特别是来自年龄群体、性别群体或民族群体等的影响,进而满足从事社会

---

[1] William Gudykunst, ed., *Theorizing about Intercultural Communication*, Thousand Oaks, CA: Sage, 2005, pp. 173-189.
[2] [英]雷蒙德·弗思:《人文类型》,费孝通译,北京:华夏出版社2002年版,第156页。
[3] [美]乔纳森·特纳:《社会学理论的结构》下卷,邱泽奇等译,北京:华夏出版社2001年版,第151页。

活动的诸多社会和心理需要。① 群体的一致性是多方面的,其中重要的是,一个群体的规范往往是相似或一致的——在某种程度上,规范甚至是特定群体的成员在特定环境中共同拥有的价值判断(value judgement)。这是因为,社会互动是有意识的行动,社会互动的发生都基于某些选择,选择的标准之一就是自身遵循的规范。由此也产生了一个基本的传播学原理:个人愈是承认自己是一个群体的成员,用与该群体的价值观相悖的信息去影响他的态度的可能性就愈小。所以,在传播的意义上,传播双方对规范的共享,是实现有效传播的重要保证之一。由于个体对规范的遵从总是要受到群体的约束和影响,所以,来自群体约束的力量,远远大于自我约束的力量,群体不仅能够在人们相互的契约中确立道德规范的"绝对命令"(categorical imperative)②,还积极地涉入每一种规范的形成过程。

规范规定了群体成员之间互动的方式,互动行为也决定了规范如何产生和变化。20世纪30年代,谢里夫通过实验研究表明,在不确定的环境下,人们依赖群体的帮助,群体的影响甚至能超越群体的存在,出现在没有群体的环境中。③ 在谢里夫之后,肯尼斯·贝滕豪森(Kenneth Bettenhausen)等描述了规范在社会互动中逐步形成和完善的过程:在一个新的群体中,当人们无法确定适当的行为规范时,就会寻找过去相似的经验和标准来作为行动的指导。如果群体成员对新的环境没有共同的解释,他们就会发展一种建立在群体基础上的对环境的理解。群体成员在互动的过程中,分享了经验,形成了对未来互动的期望。对正在形成的规范的争论,也会使规范得到不断的修改和完善。最后,一旦规范形成,任何试图改变规范的行为,都会遭遇惩罚或制裁。④

许多研究注意到,宗教得以在人类历史中传承、延续的原因有很多,其中最重要的因素就是群体影响,通常有三种情况。第一,群体压力。在某种宗教势力盛行的地方,不信教者都会承受一定的压力。第二,社会网络。这主要是指个人直接的社会关系,比如亲属、邻里、朋友、同事等,他们往往是人们进入宗教大门的引荐者。社会网络一般是在同一层次的群体中形成的,因而社会网络的影响

---

① Everett Rogers, *A History of Communication Study*, New York, NY: The Free Press, 1994, p.381.
② 康德在《实践理性批判》中所说的"道德律"也称"绝对命令",是指在人类的实践活动中,一切支配个体行为的意志所遵守的具有普遍必然性的道德规律,但它不是指具体的道德规范,而是一切具体的、特殊的道德规范以及一切日常的道德判断的最后根据。
③ 〔美〕沃纳·赛佛林、〔美〕小詹姆斯·坦卡德:《传播理论》,郭镇之等译,北京:华夏出版社2000年版,第215页。
④ Kenneth Bettenhausen and Keith Murnighan, "The Emergence of Norms in Competitive Decision-making Groups," *Administrative Quarterly*, Vol. 30, No. 3, 1985, pp.354-358.

反映了皈依宗教的某种群体的社会属性。第三,家庭传统。许多人从小就目睹了家庭中的长者参与宗教活动的情景,许多宗教仪式与教条成为这些家庭群体自觉不自觉地对儿童进行早期教育的内容之一。

在分析基督教传播的过程时,罗德尼·斯达克(Rodney Stark)注意到社会网络关系发挥的作用,"成功的归信运动建立在社会网络组织的基础之上,建立在由直接并且亲密的个人关系构筑成的社会构架之上","成功的归信运动都掌握了保持开放的社会网络以及向新的临近社会网络靠近并渗透的技巧。一种运动能否在长期内保持其增长率,其关键即在于此"。他还指出,"归信的核心因素是情感依附,因而这种归信行为通常容易在以人际关系为单元的整个社会网络载体上进行——很多学者发现同样的原则也适用于全世界其他各种各样的宗教运行"①。

关于个体行为所受到的群体影响,西方学界长期以来的主流观点是:个体是群体影响的被动接受者,文化影响着个体的目标。不过,也有很多研究者对这种认定个体被动地受制于群体和文化的理论发出挑战。安·斯威德勒(Ann Swidler)认为,文化给个体提供了一个广阔的选择范围,文化并不决定个体的目标,只不过"符号、传说、仪式以及世界观"等形式为人们提供了用以解决问题和组织其行为的"工具箱"。也就是说,虽然人们可能共享同样的观念体系,但行为却可能各不相同,因为人们把特定的观念转化为行动的能力并不相同。更重要的是,现实生活中的文化本身,原本就不是一个按照始终如一的方向推动行为的统一体系,所有现实的文化中都包含着分殊的、冲突的因素。与这一观点相似的,还有史蒂夫·德纳(Steve Derne)的论断:人们一般会倾向于遵从文化规范,但对实际行为的选择总要比文化本身所指示的要宽泛得多。②

关于个体行为的多样性,查尔斯·米尔斯(Charles Mills)还有个值得重视的观点,"人类的多样性中也包含着个体的多样性;这些同样须被社会学的想象力所把握和理解"③。为了强调个体之于文化的独立和重要性,陈序经在20世纪40年代就提出:无论是从文化的发展与进步来看,或是从文化的模仿与创造来看,个人所占的地位比之社会更为重要,"因为个人是具体的,是发展文化的主体,是发展文化的原子,是发展文化的起点。所谓某个社会的文化,影响或传播

---

① 〔美〕罗德尼·斯达克:《基督教的兴起》,黄剑波等译,上海古籍出版社2005年版,第24、21页。
② 〔美〕戴安娜·克兰主编:《文化社会学》,王小章等译,南京大学出版社2006年版,第10页。
③ 〔美〕查尔斯·米尔斯:《社会学的想象力》,陈强等译,北京:生活·读书·新知三联书店2005年版,第143页。

到别个社会,严格地说,是前者的个人影响或传播到后者的个人"①。依据这些考量,跨文化传播即是由有意识的、追求某种目标的诸多个体进行的互动行为。由于每一个体的生活经验和目标均有不同,其思想意识、心理过程、价值观以及对文化信息的理解也有差异。这样一来,跨文化传播的过程并不能像倒水一样,可以从一个容器倒入另一个容器,而是通过许多个体之间的互动或相互作用表现出来,成为一种由无数相互交错、相互作用的个体因素组成的"文化动力学过程"。

参考群体与意见领袖

参考群体(reference group)是指人们评估环境、塑造自己的行为、形成价值观和态度时加以模仿和效法的群体。参考群体不是某个个体或群体的隶属群体,而是乐于参照、意图加入或理想中的群体。

参考群体为个体的行为提供了至为重要的参考框架,其影响主要体现在两个方面:第一,个体的行为总是受到参考群体的规范、评价、行为指向等的支配,个体为了与这些规范、评价、行为指向保持协调,也需要通过具体的社会行为进行调节;第二,由于人们交往的渠道不同、价值观不同,各自所认可的参考群体也不同,进而形成了各种不同的与参考群体有关的观念与生活方式。吴景超曾以个案调查的方法说明,移居美国的华人,尤其是在美国出生的华裔,是以美国人为参考群体的,"她们涂脂抹粉,减短头发,高高卷起,看起来一切都像她们的美国同伴。……他们蔑视父母的习惯和传统,模仿这些所谓的美国习俗,并力图学得惟妙惟肖"②。类似的很多研究表明:相对落后的族群的个体或群体往往是以影响较大或较为先进的族群为参考群体的。

意见领袖(opinion leader)也是一个关注群体影响的社会学概念,强调了个体对群体的影响。通常,意见领袖就是能够输出信息和施加影响的人——主要是个体的人,也可以是群体。传播研究发现,意见领袖不仅能够向其他个体和群体发出信息和施加影响,自己也积极摄入信息和接受影响。在这个意义上,意见领袖被传播研究视为传播流程中的核心。

1948年,拉扎斯菲尔德、伊莱休·卡茨(Elihu Katz)等在《人民的选择》(The People's Choice)一书中首次提出了"意见领袖"的概念。通过对1940年的美国总统大选等案例的观察,拉扎斯菲尔德等发现,人们的投票决定往往受到朋友、

---

① 陈序经:《文化学概观》,北京:中国人民大学出版社2005年版,第368页。
② 吴景超:《唐人街》,天津人民出版社1991年版,第269页。

亲属和熟人的影响,这种影响比广播、报纸等大众媒体的影响要大得多。这些朋友、亲属和熟人就起到了意见领袖的作用:接触大众媒体中的信息,然后将信息传递给媒介接触度、知识水平和兴趣度较低的人。他们就此提出了"两级传播"(two-step flow of communication)的理论:观点经常从广播和印刷媒体流向意见领袖,然后再从他们流向不太活跃的人群。在拉扎斯菲尔德看来,意见领袖在社区的任何部分、社会经济地位的任何阶层都普遍存在,他还特别指出:"意见领袖在各种生活阅历类型中的分布密度是不同的,在各社会地位阶层中的分布密度则大致相同,通常,他们更多地集中于各领域社交活跃的群众中。"[①]

意见领袖的概念一提出,便引起了学术界的广泛关注。六十多年来,对意见领袖的研究从未中断,涉及社会学、传播研究、公共决策、管理以及市场营销等领域。1957年,罗伯特·莫顿(Robert Merton)还区分了"单一"(monomorphic)、"多元"(polymorphic)两种类型的意见领袖。"单一"意见领袖只在某一个领域内有影响力,但在其他方面也会是追随者。相比之下,"多元"意见领袖能够在更多的领域里发挥影响力。1980年,斯蒂芬·考斯莫斯(Stephen Cosmas)等发表了《跨文化意见领袖的认同建构》("Identification of Opinion Leaders across Cultures")一文。他们通过对英国白人、美国白人、美国黑人、印度人和中国人等来自不同文化背景的学生群体的调查,发现这些群体对意见领袖的评估有一系列共同的维度(common dimensions),但不同群体会给予这些维度不同的偏重,进而得出了颇具启示意义的结论:文化差异造成了意见领袖评估标准的差异。[②]

近年来,网络传播的兴起更使意见领袖在新媒体传播中的角色、功能与影响力研究等成为新的学术热点。对跨文化传播研究而言,自然不能忽视相关研究的进展,特别是要结合社会文化与心理方面的差异,在这个议题上做出独特的贡献。

创新的扩散

创新的扩散(diffusion of innovations)是指新的观念和技术等从一个文化群体传播到另一个文化群体,或从亚文化群体传播到更大的群体的过程。创新扩散促动了文化的发展变迁,也因此成为不同领域应用于技术影响、人际互动、社会变迁等研究的重要概念。

关于创新扩散的研究始于20世纪初期,以人类学家和社会学家为先导。当

[①] 转引自张国良主编:《20世纪传播学经典文本》,上海:复旦大学出版社2003年版,第226页。
[②] Stephen Cosmas and Jagdish Sheth, "Identification of Opinion Leaders across Cultures," *Journal of International Business Studies*, Vol. 11, Issue 1, 1986, pp. 66–72.

时人类学的扩散观强调:一个社会的绝大多数变化是由于引入其他社会的创新事物造成的,法国社会学家加布里埃尔·塔尔德(Gabriel Tarde)则开始探索针对创新的"模仿"(imitation)过程中的意见领袖的作用。1943年,布赖斯·瑞安(Bryce Ryan)等发表了关于杂交玉米种在美国衣阿华州的农民中扩散的研究成果,标志着创新扩散的"革命性范式"的出现。① 1962年,埃弗雷特·罗杰斯出版了《创新的扩散》(*Diffusion of Innovations*),被认为是创新扩散研究领域的集大成之作。在罗杰斯的影响下,扩散研究迅速成为传播研究的一个重要领域。

根据罗杰斯的观点,无论是在美国宾夕法尼亚州的某所学校推广新教材,还是在秘鲁山区的印第安村民中推行喝开水的习惯,人们接受新观念、新事物的过程大致相同。不过,由于不同的个体具有不同的动机、价值观念、既得利益,以及对于变迁持有不同的态度,特定群体中的一些人会比其他人更为迅速地采纳创新的事物,由此就产生了五种类型的群体成员。第一,创新者(innovators)。他们是首先接受创新事物的人,有创新和冒险精神,有强烈的探索欲,具有理解复杂技术知识的能力,而且和群体联系紧密——当他们把新技术和新观念展现在群体面前时,人们没有畏惧感。第二,早期接受者(early adopters)。这些人往往受人尊重,在群体中常常比创新者拥有更多的既得利益,可以被视为"意见领袖"。这些人往往受过较好的教育,有较高的社会地位,从事着较大规模的商业性和专门化的活动。第三,早期多数者(early majority)。这些人不大可能占据领导地位,在采取行动之前,会仔细考虑。第四,后期多数者(late majority)。这些人往往比较多疑,之所以采纳创新事物,主要是迫于其他成员的压力。第五,落后者(laggards)。他们是群体中最为保守的成员,怀疑、担忧或是惧怕任何的变迁。②

通过对创新采用率的研究,罗杰斯还总结了创新事物的五个本质特征:相对的先进性(relative advantage),即人们认为一项创新优越于它所取代的事物的程度;兼容性(compatibility),即一项创新与现有价值观、以往经验、预期采用者的需要的共存程度;复杂性(complexity or simplicity),即人们认为理解和使用一项创新的难度;可试验性(trialability),即一项创新在有限的基础上可被试验的程度;可观察性(observability),即创新的结果易于被他人看见的程度——"如果一项创新容易被见到,会更容易在个体的好友和社会网络中传播,也会得到更多的

---

① Everett Rogers, "New Product Adoption and Diffusion," *The Journal of Consumer Research*, Vol. 2, No. 4, 1976, p.290.

② Everett Rogers, *Diffusion of Innovations*, Glencoe, IL: The Free Press, 1962, p.150.

积极或负面的反应"。

四、人际关系理论与中西传统

人际关系是通过社会互动形成的人与人之间相互依存和相互联系的社会关系。作为普遍存在的社会现象,人际关系是每一个社会和文化中的成员赖以生存和发展的基础,也是社会和文化得以生存和发展的基础。如果把人际关系排除在外,任何"纯粹的"社会关系都无从谈起。

关于传播与人际关系,杜威有句名言:传播是所有人际关系的基础,传播生产社会财富,沟通人际关系,使集体生活成为一种可能。根据马丁·布伯(Martin Buber)的观点,人与人之间的协商、对话可以造就一种"相遇"的关系——参与交往者能真正地将对方视为独特的个体,能够以人性"相遇"的热情来拥抱关系,而不是以心理需求、利益关系等指标来测量关系。约翰·斯图尔特对布伯的这一思想做出了回应,以人际交往是"相遇"为主题,致力于阐明真正的人际关系的要义之所在。在他看来,人在社会上与他人有诸种关系的联结,包括三个层面:"社会层面""文化层面"和"人际层面"。这三个层面的人际关系均处在一个传播的连续体中,也就是说,人所进行的传播活动既可能是社会的、文化的,也可能是人际的,三者既相互关联又有所区别。①

在传播研究的视域中,人际关系在社会、文化和其他影响的语境中形成,体现了人际的心理距离和社会距离。由于不同文化中的人们在社会化过程中习得了不同的社会规范和观念,不同文化中的人际关系也迥然有别。一些西方学者就把人际关系视为中国文化最有趣、重要的方面,并特别强调:这一"关系"远不止于英文中简单的"relations","在更深和更微妙的层次上,'关系'指的是一种方法,即中国人长远地利用关系作为一种社会资源。'关系'意味着人们之间的一种特殊联系"②。探究这些差异及其对传播的影响,对跨文化传播研究和实践必定有着特殊的意义。

人际需要 VS. 社会交换

针对人际关系发生、发展的缘由,主要有两种理论取向:一是立足人际需要(interpersonal needs),重视解释人的心理需要对关系的推动作用,以威廉·舒茨

---

① 参见王怡红:《人与人的相遇》,北京:人民出版社 2003 年版,第 36、39 页。
② 〔美〕史蒂夫·莫滕森编选:《跨文化传播学》,关世杰等译,北京:中国社会科学出版社 1999 年版,第 124—125 页。一些西方研究者还认为,中国人的人际关系在实际运作方面的"注意焦点"实质上是"个人主义"。

(William Schutz)在1958年提出的基本人际关系取向理论(fundamental interpersonal relations orientation)为代表;二是乔治·霍曼斯、彼得·布劳等提出和发展的社会交换(social exchange)理论,从微观角度探讨人类的社会行为,认为人际关系的存在和发展由利益和理智所决定。

根据威廉·舒茨的基本人际关系取向理论,人与人建立交往关系主要是为了满足人类三种基本的内在交往需要:情感需要(need for affection/openness)、归属需要(need for inclusion)和控制需要(need for control)。情感需要主要是人们对于情感和彼此开放的要求,包含渴望与畏惧等情感。归属需要是指人们希望通过与他人建立关系,以摆脱心理意义上的孤寂状态,获得"我们"这种心理安全感。控制需要是指人具有影响他人与操纵事件的需要;关注他人、支配他人、喜欢对他人"负责",是人类一种共同的心理需要。总体来说,这三种基本需要是在社会成员中普遍存在的,它们决定了个体在人际交往中采取的行为,以及如何描述、解释和预测他人的行为。

1958年,乔治·霍曼斯第一次提出社会交换理论,继而出版了《社会行为》(Social Behavior)一书。随后,在布劳等人的推动下,社会交换理论开始登上社会学舞台。社会交换理论的逻辑起点是:人与人之间的社会互动是一种理性的、会计算得失的资源交换,"公平分配"与"互惠"是社会交换的主要法则。在这里,"公平分配"是指成本与报酬的平衡,即个人所付出的成本或代价与所获得的报酬和利益应是相等的,付出越多,报酬也应越多,报酬包括具体的物品,也包括抽象的声望、喜爱、协助、赞同等,其价值因人而异;"互惠"是指个人在人际互动中所期望的礼尚往来。要实现这里的"交换"还有两个条件:第一,行为的最终目标只有通过与他人互动才能达到;第二,行为必须采取有助于实现这些目的的手段——不期望他人回报的交往不属于交换。总之,在社会交换理论的视角下,追求报酬的交换是人类生活中最基本的动机和社会得以形成的基础,人际关系的状况由互动双方所能获得的报偿与代价的大小来决定。

随着现代社会生活日益复杂化和多样化,社会交换理论的主要观点逐渐被学界广泛接受,并被运用到经济学、政治学、法律学、教育学和社会心理学等领域。其中,对传播研究特别是人际传播研究颇有启发的,是迈克尔·罗洛夫(Michael Roloff)进行的理论探索。在他看来,社会交换理论展示了关于人类行为的基本设想,反映了人类行为的决策过程,以及关系双方对自我利益的调节。根据这一理解,他考察了五种主要的社会交换理论的基本假设和异同,包括霍曼斯的行为主义交换理论、布劳的经济学观点、哈罗德·凯利(Harold Kelley)等的相互依赖理论(interdependence theory)、埃德娜·福阿(Edna Foa)等的资源理论

(resource theory),以及伊莱恩·沃尔斯特(Elaine Walster)等的公平说(equity theory)。①

社会交换理论的理论背景来自三个学科:人类学、行为心理学和经济学。

1919年,弗雷泽在《旧约全书中的民俗》(Folklore in the Old Testament)中,第一次用交换的视角考察社会制度,认为交换过程是人们追求自己最基本的经济需求的表现。1922年,通过对西太平洋特里布罗恩群岛(Trobriand)岛民的一种特殊赠礼仪式"库拉圈"(kula ring)的田野研究,马林诺夫斯基描述了一种"库拉圈交换体系"——在一个封闭的人群里,岛民们用臂镯(armshells)交换项圈(necklaces),又用项圈去交换臂镯,这两种手工品在交易者的社会生活中几乎没有什么其他用处,甚至都不是什么日常饰物,只是在作为库拉交换的对象时,才具有核心的价值和意义。重要的是,这种交换中隐含着一种互惠逻辑——被赠予礼物之后,时间不论长短,总要报以等值的答礼;双方不能对两样东西是否等值加以讨论,更不能够讨价还价或者是斤斤计较。在马林诺夫斯基看来,这种交换不只建立了经济或物质的交换网络,同时也维系了友谊,构建了社会关系网络,能够满足人与社会的各种心理和功能方面的需要。在马林诺夫斯基之后,列维-斯特劳斯还提出了交换的"对等性原则"(principle of reciprocity)。这种对等交换可以是两个人之间的直接行为,也可以是通过许多人产生的间接行为。只有对等,交换关系才能继续存在下去。他还认为,个人在所有的交换过程中都要付出代价,要受到习俗、法律、价值观等结构性要素的制约。1925年,马赛尔·莫斯(Marcel Mauss)出版的《论馈赠》(The Gift)一书,通过物品交换解释了人类行为。莫斯反对以个体的经济和心理动机解释交换,认为促进交换的力量不是来自个体,而是来自社会或群体,交换的对象也不单纯是物质性的东西,还包括非物质的内容。进一步地,交换行为引起并强化了社会性的规范结构,从而调节了群体的社会生活。

从行为心理学中,社会交换理论主要借用了报酬(reward)和惩罚(punishment)的概念,认为人类是追求报酬的个体,追求那些能产生最大报酬和最少惩罚的方案——报酬会增强或满足个体的需求,惩罚则会迫使个体付出成本以避免痛苦,当报酬与惩罚改变时,个人的行为就会随之改变。此外,社会交换理论还采用了经济学的许多核心假设来研究人类的社会行为,包括:每个人都是理性的最大利益追求者;个人所拥有的某类物质越多,对它的需求就越小;物品的价格由供需情况决定;等等。以亚当·斯密和约翰·洛克为代表的古典政治经济

---

① 〔美〕迈克尔·罗洛夫:《人际传播》,王江龙译,上海译文出版社1991年版,第145页。

学家就认为,人的欲望的满足是通过交换过程实现的,交换是人类历史上一切社会中均普遍存在的现象,具有自发的倾向。

受到西方人类学研究的影响,礼物馈赠的视角被广泛用于针对社会文化模式的研究中,很多学者还注意到:尽管礼物馈赠存在于所有社会,但在重视人际关系的中国文化中显得尤为特殊,"中国的社会关系结构在很大程度上是由流动的、以个体为中心的社会网络而非凝固的社会制度支撑的,因而礼物馈赠和其他互惠交换在社会生活中扮演着重要的角色,特别是在维持、再生产及改造人际关系方面"[①]。一些由华人学者开展的民族志研究认为,礼物馈赠是中国社会特别是农村社会中至为重要的社会交换方式。亲人和友邻之间的礼物馈赠,构成了以个人和家庭为中心的复杂交错的人际关系网络,礼物的价值、数量表现了馈赠者与接受者之间的关系的亲疏远近,也反映了接受者在以馈赠者为中心的关系网络中所处的位置,而对礼物的选择也折射了中国社会的内在文化逻辑。

有代表性的研究可举两例。一是阎云翔的《礼物的流动》。该书通过对黑龙江省下岬村的习俗进行经验考察,把礼物交换视为中国社会总体性的社会制度,分析了礼物交换的模式、规则及其映射出的社会关系网络的运行方式,认为义务性的送礼、受礼为村民提供了一种培养、维持和扩展其关系网络的"社会框架"。"人们在这一框架中学会成为社会人并以社会所接受的方式与他人互动","礼物也是被更广阔的社会关系之道德情境,亦即人情控制下的关系框定了的",可被视为一种依靠社会关系传达"人情"的工具,主要价值在于"维系着社会生活的长期秩序而非个人的短期利益"[②]。二是罗红光的《不等价交换》。通过对陕北杨家沟村民的交换行为的人类学考察,罗红光指出:交换能够成立的前提不是等物本身,而是人们所赋予物质的能够用于交往的意义;交换是建立在象征意义之上的,不存在"等价"的交换,因为价值是由文化定义的。[③]

个人本位 VS. 群体取向

西方传统中的个人本位与中国传统中的群体取向,是中西方人际关系迥然有别的渊源之一。西方传统中的人际关系往往只存在于两个或多个不同的个体之间,而东方传统中的人际关系要复杂得多,与社会结构、个体角色、权力和地位等关系密切。

[①] 阎云翔:《礼物的流动》,李放春等译,上海人民出版社2000年版,第14页。
[②] 同上书,第215页。
[③] 罗红光:《不等价交换》,杭州:浙江人民出版社2000年版,第270—273页。

上溯到古希腊时期,在海洋型的地理环境中从事商业活动的希腊人很早就建立了以财产关系为基础的城邦组织,取代了以血缘关系为基础的宗法社会组织。"生存危机与竞争意识"随之出现——在有限的资源和利益面前,人人都会为自己的私利与他人争斗。赫拉克利特的一句名言比较准确地表达了这一传统:"战争是普遍的,正义就是斗争,一切都是通过斗争和必然性而产生的。"本杰明·布鲁姆(Benjamin Bromme)的研究还指出:今天的希腊延续了传统中的人际斗争和对比,人们之间存在一种"斗争关系"——"竞争的感觉,仇视的感觉,一种推和拉的感觉",表现在希腊社会生活的各个方面。在对话风格上,希腊人视对话为"一次具有个人意义的战斗,其目的既不是寻得真理,也不是得出结论,而仅仅在于从那充满活力的话语中获得快感";在社会关系上,人们之间流动着对抗和怀疑的"潜流",斗争带来了个人和社会满足,也巩固了群体内部的团结。总之,"没有敌人的生活是无法忍受的",来自古希腊的传统使今天的希腊人视冲突为当然,并视其为处理人际关系的一种规则。布鲁姆还强调,这种"斗争关系"的概念对西欧人、北美人和希腊人具有同样重要的指导意义。①

在中国早期农耕文化的基底上,社会结构是由血缘纽带维系的。费孝通认为,这是一种独特的"差序格局"社会,以维护"上尊下卑"的秩序为根本,从而导致人际关系呈等级取向:"我们的社会结构本身和西洋的格局不相同的,我们的格局不是一捆一捆扎清楚的柴,而是好像把一块石头丢在水面上所发生的一圈圈推出去的波纹。每个人都是他的社会影响所推出去的圈子的中心。被圈子的波纹所推及的就发生联系。每个人在某一时间某一地点所动用的圈子是不一定相同的。我们社会中最重要的亲属关系就是这种丢石头形成同心圆波纹的性质。亲属关系是根据生育和婚姻事实所发生的社会关系。从生育和婚姻所结成的网络,可以一直推出去包括无穷的人,过去的、现在的和未来的人物。"②

费孝通所说的"差序格局"可以被理解为一种立体结构,包含纵向的、刚性的、等级化的"序",也包含横向的、弹性的、以自我为中心的"差",呈现的人际关系不是普遍关系,而是特殊关系——并不是对发生相互关系的每一个人采取同样的原则,而是依照相互的亲密程度、参与者的地位以及特定的环境把各种关系分为轻重不同的各个类型。"纵向"的关系可以被看成是上下关系,如上下级关系、师生关系、父子关系等;"横向"的关系可以是朋友关系、同事关系等。纵横

---

① 〔美〕拉里·萨默瓦、〔美〕理查德·波特:《文化模式与传播方式》,麻争旗等译,北京广播学院出版社2003年版,第139—149页。
② 费孝通:《乡土中国》,北京大学出版社2005年版,第24页。

关系交叉,构成了一个人们所处的社会关系网络。① 值得注意的是:"差序社会"以其横向的弹性之"差",调和了不同社会阶层、不同人群之间的紧张对峙,进一步巩固了原有的社会结构。依靠等级之"序"和人际关系之"差",传统社会得以在保持社会大结构不变的前提之下,也给予个体一定的上升空间。阎云翔还指出:为维持原有的秩序,这种差序格局会"通过某种制度化的社会流动渠道使许多人得以逐渐或突然改变自己的社会位置,由下而上,从而获得更多的权利、权力、尊严,以及通过这些权利和权力的运作而得到更多人的服从"②。

在一些研究看来,中国传统社会的人际关系是一种以人伦为本的隐形的社会制度,依附于权力意志和家族宗派,对社会生活和人的发展具有广泛的影响力和统治力。此外,儒家思想还为中国传统社会提供了两个甄别人际关系的标准:"仁"和"礼"。仁礼一体,相辅相成,构成了指导人际关系的基本准则。基于相似的思路,许烺光把中国传统社会的人际关系模式概括为"相互依赖",认为中国社会重视人际关系的观念根深蒂固,安全感和满足感来自关系,即自身与外部世界的关系平衡,包括与人的关系,以及与世界的关系。在他看来,与西方文化强烈的"彼岸化"倾向相反,高度"此岸化"的观念决定了中国人必然把此岸世界是否和谐看得异常重要。这就阻止了财富的积累,也遏制了人们在未知和未尝试的领域冒险的冲动。③ 翟学伟则用"人缘、人情和人伦"的概念描述了中国社会的人际关系:人缘是指命中注定的或前定的人际关系,人情是指包含血缘关系和伦理思想而延伸的人际交换行为,人伦指人与人之间的规范和秩序。在他看来,这三者的"三位一体"构成了中国人人际关系的特质,它们的"合一"来源于中国传统社会文化背景中的天命观、家族制度和以儒家为核心的伦理思想的"合一"。④

受到中国传统的影响,韩国、日本等东亚国家的人际关系程度不同地表现出相似的特点。20 世纪 40 年代,本尼迪克特通过对日本社会的观察指出,"情义"(Giri)是日本人处理人际关系的重要概念和准则,"情义"与"义务"(Gimu)不

---

① "差序格局"对中国传统社会遗留至今的一些重要特征仍有解释力。据笔者近年在陕西、山西、江西、甘肃、青海等地一些村庄的观察,在今天中国的一些乡村,还可以深切地体会到"差序格局"的存在——人际关系像一张网,每个人都是网上的一个"结",从一个"结"出发可有许多条线与其他"结"相连,每个人在这张网络中大都处于相同的地位,会给予别人恩惠,也从别人那里接受恩惠。在相对封闭的地域和环境中,这一特征更为明显。
② 阎云翔:《差序格局与中国文化的等级观》,《社会学研究》2006 年第 4 期。
③ 许烺光:《美国人与中国人》,北京:华夏出版社 1989 年版,第 302 页。
④ 翟学伟:《中国人际关系的特质》,《社会学研究》1993 年第 4 期。

同,后者是指个人对直系亲属和对国家应尽的一系列责任。① 在本尼迪克特看来,"情义"是日本特有的,是日本本土的东西——在日本的辞典里,"情义"就是正道,是人做事应该遵循的规则。本尼迪克特把情义分为两类:一类是对"社会的情义"(Giri to the world),包括对姻亲属、上司、同事、恩人等应尽的责任;一类是对"名誉的情义"(Giri to one's name),即为洗刷自己的污名或确立自己的声誉而应做的事情,如自杀、复仇。她还指出,日本人的"情义"是奇特的——它是像利息一样不断增长的欠债,是不愿意却又不得不做的事,是人们背负的沉重心理负担,是深刻笼罩在心头的阴影,如果不了解日本人的"情义"是怎么回事,很难搞清楚日本人的行为方式。与本尼迪克特的分析相呼应,千叶正士把"情义"视为日本的"非官方法律原理",他还分析说:由于"情义"给日本人之间频繁的礼物交换提供了最主要的理由,因此当公务员从与他们有特殊关系的人那里接受礼物时,只要根据"社会常识"礼物被衡量为是合乎情理的,就不会被认定为是受贿行为。②

20世纪70年代,中根千枝通过对日本传统社会结构的研究,指出日本的人际关系是一种"纵向"的关系,人们之间存在强烈的"序列"意识,缺乏平等观念和契约精神,与中国、印度乃至英美都有区别。人际关系像一个"链条":每个人是这个链条上的一个环节,从一个环节出发只有两个点与其他环节相连接,一个是上面的一环,一个是下面的一环。中根千枝认为,在这种人际关系中,只有地位高的人对于地位低的人才有资格施恩义。回报也不必遵循等价的原则,地位低者对于地位高者的恩义,必须加倍偿还,而后者却不必付出。由于这种人际关系成为确定自己位置的尺度,"可以说日本人的价值观经常被强烈地置于和自己的现实的人际联系上"③。一些日本心理学家还指出,日本人的自我有"不确实感",在行为上有更强烈的"他人中心""他人取向"的特点,所以"尽量不给别人添麻烦"这一行为取向受到特别的推崇,日本人的人际关系的许多特点均源自这种行为取向。一般来说,这种取向使日本人具有不固执、能虚心接受别人的意见、容易调整自己的行为等优点,但同时也具有行动较容易受他人或环境的影响、容易丧失自我等不足。

一个时期以来,面对进入现代社会后的竞争、流动和社会分化的局面,东亚社会的人际关系发生了很大的变动。一方面,人们交往的层面越来越多,交往的

---

① 〔美〕鲁思·本尼迪克特:《菊与刀》,吕万和等译,北京:商务印书馆1996年版,第93页。
② 〔日〕千叶正士:《法律多元》,强世功等译,北京:中国政法大学出版社1997年版,第112—113页。
③ 〔日〕中根千枝:《纵向社会的人际关系》,陈成译,北京:商务印书馆1994年版,第89页。

对象和关系也越来越复杂,对人际关系有了自主选择的权利和意识;另一方面,契约化的人际关系冲击着"人伦为本"的人际关系,人们开始在平等互利的基础上进行自由广泛的交往、竞争和协作,群体利益不再成为阻碍个人价值实现的绝对理由。可以概括地说,当前东亚社会的人际关系的变化趋势是:从"群体本位"向更大程度上的"个体本位"变化,由强调"相互依赖"向更强调"自我依赖"变化;人与人之间的关系将会更重视规则、更易测量、更透明和更容易操作。

不过,面对这种变化,杜维明表达了一种深刻的担忧:东亚传统中人际关系的纽带以家庭的"原初联系"为典范,这种原初的联系"如果不经过创造的转化,不可能成为现代价值的助缘,还有异化为扼杀个性的外在机制的危险"①。譬如,人们过分重视和强调对个人需要的满足,整个社会各个层面都在培育各种各样的人际关系资源,即"人脉",不可避免地会忽视对社会、对他人的责任和义务。

第二节　认同的定义与建构

根据个体与社会的关系,认同主要表现为自我认同(self identity)和社会认同(social identity)。自我认同是个体自我的呈现,与个体在社会结构中的地位及扮演的角色紧密相连。社会认同是与群体相关的认同,是群体在社会化和文化适应过程中形成的一致性认同。②

在跨文化传播学的视域下,不同文化群体及其成员是凭借认同存在于社会,并依据认同与外部世界交往的。认同影响着人们对生活方式的选择,指导着人们的行动,也影响着人们对他人的期望和对他人行动的预测。接受了某种认同,就是接受了特定的角色和行为规范,以指导和规定自身的行为。在某种程度上,认同可以说是社会行为体对规范的内在化(internalization)。

一、认同:自我认同与社会认同

英语中的认同(identity)源于拉丁文"idem",主要有两层含义:逻辑学意义上的同一性;在时间跨度中体现出的一贯性和连续性。③ 在人文社科领域,认同

---

① 〔美〕杜维明:《现代精神与儒家传统》,北京:生活·读书·新知三联书店 1997 年版,第 142 页。
② 孙英春:《大众文化:全球传播的范式》,北京:中国传媒大学出版社 2005 年版,第 102—108 页。
③ Richard Jenkins, *Social Identity*, London, UK: Routledge, 1996, pp.3-4.

的应用范围甚广，也是一个复杂且屡有争议的概念。①

具有现代心理学意义的认同概念，公认是弗洛伊德提出的，即认同是个人与他人、群体或被模仿人物在感情上、心理上趋同的过程。在社会学领域，认同主要用以描述一种特殊的集体现象，包含群体特性和群体意识两个层面：一个群体的成员具有重要的乃至根本的同一性，即群体特性；群体成员团结一致，有共同的性情意识和集体行动。正如杰弗里·韦克斯（Jeffrey Weeks）所说："认同给予社会成员一种个人的归属感，也给予个体的特征以稳固的核心。同时，认同也是有关个体的社会关系，涉及个体与他者之间复杂的关联。"②在政治学领域，认同是不同于"物质利益"的分析概念，主要用以解释政治行为的非工具性（non-instrumental），重视的是认同对个人和群体行为的影响。亚历山大·温特（Alexander Wendt）还提出了一种基于建构主义的认同概念：认同是自我在与他者的比较中形成的自我认知和自我界定，是自我持有的观念和他者持有的观念的互动建构。

认同的特征

基于不同领域的思考和跨文化传播学的视域，这里提出一种"认同"的研究性定义：在社会互动的过程中，行为体对自身角色（role）、身份（status）以及与他者关系的动态建构、评估和判断。关于这一定义的确切特征，可从以下三个方面来理解。

第一，认同是人们对自身角色以及与他人关系的一种定位，也是特定身份的获得。这里的"角色"，来源于舞台上演员的概念，主要是指在社会结构中占有特定地位的人士应有的行为模式或规范，它确定了人们在社会中的位置。③ 这

---

① 在国内不同研究领域，"identity"同时有"身份"和"认同"两种译法，与本书使用的"认同"有相同之处，也有一定差异。譬如，在文化研究中，"identity"通常有两种含义：一是指个体或群体据以确认自身社会角色的某些明确的、具有显著特征的依据或尺度，如性别、阶级、种族等，在这种意义上，国内一些研究使用了"身份"的译法；二是当个体或群体试图追寻、确证自己在文化上的"身份"时，"identity"多用"认同"表示。为避免不必要的混淆，本书参照了目前社会学研究中的多数做法，将"identity"统一译为"认同"，同时，将其他研究中的"身份"与"认同"两个概念视为密切关联的概念，并不将其截然分开，还要强调：无论是"身份"还是"认同"，基本内涵都与"同一性""连续性"有关，即与某种事物原本固有的特质、本质和内在逻辑等直接关联。

② Jonathan Rutherford, ed., *Identity*, London, UK: Lawrence & Wishart, 1999, p.88.

③ 拉尔夫·林顿（Ralph Linton）在《人的研究》（*The Study of Man*）中完善了作为社会行为的"角色"（role）与"身份"（status）的概念。林顿将社会结构置于个人行为之上，视社会结构为一个行为规范体系，个人则必须接受和遵循这些规范，即在高度结构化的社会互动中，社会提供了"剧本"，分配给不同的社会成员不同的角色。在这里，对角色的学习就是把握那些与某种身份相关的行为。

里的"身份",指的是个人在群体中占据的地位或相对于他人的位置,是社会成员与"他者"区分开来的固有特性,这种特性既包含与生俱来的成分,又包含后天所获得的社会标识,而最为重要的是,这种特性为个体寻求认同提供了一种参照或凭借。社会成员的身份及其来源是复杂而又多变的,在不同的时间、场域下,个体的身份会不断转换。这里的"定位",意味着认同是遵循一定规范的,违背规范就会有得到"污名"(stigma)的危险。

第二,认同是在社会互动过程中通过"自我"(self)的认知而逐步形成的。这里的"自我",指的是社会成员将自身视为客体,进而发展自我感觉和关于自身态度的结果。早在19世纪后期,威廉·詹姆斯(William James)就提出了"社会自我"(the social self)的概念,强调人们关于自我的认知源于同他人的互动,"一个人,有多少人认识他,就有多少个社会自我"。在他之后,查尔斯·库利指出,自我是以群体为背景,在互动中产生的,即个体之间彼此互动,从他人的观点中看到自身,想象着他人如何评价自己,从而获取自我形象、自我感觉和自我态度。库利还将自我定义为"镜中自我":他人的姿态充当了镜子的作用,从中可以看到并衡量自身;正如他们在社会环境中看待和衡量其他事物一样。总之,只有通过社会互动,人们才能对自己以及与他人的关系有一种明确的认知,进而产生对自己的地位、形象、角色以及与他人的关系的判定——这即是认同。基于此,认同具有社会性的特点,即认同是"个体与社会之间的纽带"[1]。爱德华·萨义德(Edward Said)也有一个相似的理解:自我认同的建构牵涉到与自己相反的"他者"认同的建构,且牵涉到对与"我们"不同的特质的不断解释和再解释。[2]

第三,认同是开放的、动态的、没有终点的过程。认同是在社会化过程中产生的,永远处于变动的过程之中,而且总是在内部而非在外部构成其表征。换言之,自我本质上是一种社会结构,与社会经验的积累持续互动,个体因之也持续获得关于自我的观念。理查德·詹金斯(Richard Jenkins)就指出,认同事实上只能被理解为过程,被理解为"成为"或"变成"。[3]

自我认同与社会认同

自我认同是个体在不同社会背景中认同的内在化,与个体在社会结构中的地位及扮演的角色紧密相连。作为自我或人格的核心,自我认同根植于一定的

---

[1] Kath Woodward, *Questioning Identity*, New York, NY: Routledge, 2000, p.8.
[2] 〔美〕爱德华·萨义德:《东方学》,王宇根译,北京:生活·读书·新知三联书店1999年版,第426页。
[3] Richard Jenkins, *Social Identity*, London, UK: Routledge, 1996, p.4.

心理过程,如思维、行为和情感,也是一个与社会互动的多重过程——个体不断调整自己以适应所属的社会群体和环境。

作为一个在与他者的比较中形成的自我认知和界定,自我认同也是关于"我是谁"(Who am I?)这一问题或明确或隐晦的回答。事实上,"我是谁"是一个自人类意识产生以来始终困扰着人类的问题,在社会生活中,每一个人都要面临与外部世界的关系问题,其核心就是自我与外部对象的关系。关于自我,康德指出,"人能够具有'自我'的观念,这使人被无限地提升到地球上一切其他有生命的存在物之上,因此,他是一个人"。黑格尔也说过,"人能超出他的自然存在,即作为一个有自我意识的存在,区别于外部的自然界"。总之,自我是认识外部世界的基础,只有意识到自己的存在,才能真正意识到外部世界的存在,否则,一切认识和实践活动都无从谈起。查尔斯·库利还有一个著名论断:他人的看法不可避免地影响着社会成员对自己的评价,人是以他人的看法为参照来定义自我的。

1966年,乔治·麦考尔(George McCall)等提出了角色认同(role identity)的概念,以指代自我认同。立论的基础是:社会中的每一个人都在不断地调整自己的角色,寻找着自身的位置和追求的理想角色;每一个人都在不断地调整着理解他人的姿态,并同时判断他人的角色和位置。在这里,角色是一种抽象的建构,多数是想象的,或是未被发现的,需要通过个体的"表演"(performance)去换取他人的认可和支持,即"角色拥有了观众才能合法化"①。由此而言,现代社会中的人都扮演着多重角色,用特定的方式将自己归类(群体或角色),自我的建构抑或自我认同不可避免地受到个体所处的社会、文化环境的影响,体现出鲜明的文化差异。

关于中国传统社会中自我的建构,爱德华·斯图尔特认为,中国人的自我概念深深地根植于社会等级结构,人们往往围绕着包括祖先和后代在内的直系家族来建构自我,"家族里的成员已经做的、正在做的或者将要做的任何事情都属于自我的行动"②。这个自我与中国人看重的"面子"关联很多,后者反映了这种扩展的人际关系的"圆周"中各种群体的共同价值观和期望,离开了这个"圆

---

① George McCall and Jerry Simmons, ed., *Identities and Interactions*, New York, NY: The Free Press, 1978, pp.70-75.

② 〔美〕爱德华·斯图尔特等:《美国文化模式》,卫景宜译,天津:百花文艺出版社2000年版,第180页。与这一论断相似的,还有杜维明的观点:中国儒家文化主张的自我,是在一个不断扩展的人类关系的"圆周"中的自我,"可以由一系列的同心圆来表示家庭、邻里、各种形式的群体、社会、国家、世界以至宇宙,这种种关系,在自我的发展中是至关重要的"。参见〔美〕杜维明:《新加坡的挑战》,高专诚译,北京:生活·读书·新知三联书店1989年版,第130页。

周",其他社会群体的看法并不重要。斯图尔特进而指出,美国人对于自我的认识与中国人截然相反:自我是社会关系中的一个独立个体,也是一个能够控制环境的理性人,"在一个人的四周画一个圈,将自我与他人分离……处于分界线之内的就是美国人的自我"。美国人很自然地认为,"每个人不仅仅是一个独立的生物体,而且还作为具有独特心理的生命及单个的社会成员而存在"。就是说,美国人在自我与他者之间存在着较为鲜明的二分法:自我的界限之外便是他者,他者的行为带有他们自己主观的属性。一言以蔽之,"对美国人来说,自我的连续性主要存在于直接的、个人的选择之中"①。

社会认同强调了"人们之间的相似性,以及群体成员相信他们之间具有的某些共同的、相似的东西",是个体对其所归属的群体或类属的认知和信念。承上所论,社会认同也与自我认同密切相关——社会认同是无数个体的"社会自我"的一种"组织化",或者说,社会认同就是"我们"对关于"我们"是什么人,以及"他们"是什么人的理解。社会认同可以包括"内在"和"外在"两个方面。前者是指群体认同(group identity),即群体所属成员在主观上具有的群体归属感;后者是指社会分类(social categorization),即社会对某一社会成员的群体归类和划分,能够促使社会成员采取特定的行为策略。

1982年,约翰·特纳(John Turner)等提出了一种社会认同模式(social identification model)。根据这一模式,群体成员的角色认同主要是一种认知的过程,这个过程通常是人们在回答"我们是谁"这一问题时产生的,针对这一问题可以根据个体所属或确认的群体立场来回答。特纳认为,人们在不知不觉中监控着社会环境,根据环境的变化来调整自己的期望和行为,发展与他人的社会关系,并各自赋予相互期待的社会角色,从而获得了特定的社会认同。1985年,特纳还将社会认同的过程划分为三个阶段:第一,对自我和他人的群体归属做出分类,也就是将认知对象划分到不同的群体之中;第二,了解这些群体的具有代表性的、典型的特征和行为;第三,将个体所属群体的典型特征和行为赋予个体自身。②

如同对生活方式的选择一样,社会认同是社会成员都能做到,同时也是可感知的外表和线索,是揭示人们的角色、身份的符号和象征。这就涉及社会认同的重要功能之一:社会分类。社会认同既是社会分类的产物,也是社会分类的基础。通过社会分类,人们可以将认知对象划分成为两种类型:与本群体相似的

---

① 〔美〕爱德华·斯图尔特等:《美国文化模式》,卫景宜译,天津:百花文艺出版社2000年版,第177—180页。

② Vincent Price, "Social Identification and Public Opinion," *Public Opinion Quarterly*, Vol. 53, 1989, p. 200.

人、与本群体相异的人。前者归结为内群体(in-group),并为其贴上内群体的标签;后者归结为外群体(out-group),并为其贴上外群体的标签。当不同的认知对象被贴上内群体或外群体的社会标签后,社会分类也就完成了。有必要说明的是,与社会认同一样,自我认同也包括内在和外在两个方面:内在方面指的是个体在主观上的自我认同;外在方面则是社会对个体的分类和评价,涉及个体的自我形象和公共形象。究其实质,个体的自我形象就是个体的自我认同,个体的公共形象则是个体的社会认同。进一步说,自我认同与社会认同是辩证的统一,自我认同融合了个体的各种社会认同成分,比如性别、年龄、民族和阶级,等等,是各种社会认同要素在个体身上的结合。总之,自我认同是在社会认同条件下的认同,离开了社会认同的自我认同是不存在的;社会认同就存在于某一群具有自我认同的个体当中,社会认同并不排斥自我认同的存在。①

在传播研究的视域中,人们参与传播活动的行为本身,就是一种特殊、重要的认同行动。就个体而言,在传播的过程中,人与人是相互关联的,这时的自我不仅是关系和社会的产物,也来自与他人交往的体验,即"传播帮助我们定义和评价我们自己"②。就社会群体而言,人们需要通过传播去"解释我们的社会环境,确定我们的社会自我的地位,传递关于我们是什么人、是什么东西的知识"③。

1993年,迈克尔·赫克特(Michael Hecht)提出了认同的传播理论(communication theory of identity),核心观点是:认同是一个传播过程(communicative process);认同在传播中得以实现和交换,或者说,传播是认同的"具体化"(externalization);对认同的研究必须在信息交换的语境中展开。④ 赫克特依据的假设包括:认同具有个体、社会和共有的属性;认同是持久的,也是变化的;认同是情感的、认知的、行为的和精神的;认同涉及主观的和归属的(ascribed)意义;认同是一种通过会话而呈现的代码(code),表明了共同体中的成员身份;认同具有语义属性,通过核心符号、意义和标签而呈现;认同规定了适当的、有效的传播方式。

基于对这些假设的讨论,赫克特认为,个体和社会互动均是认同的"焦点"(loci),并据此提出了认同的四种层次(layer):个人的(personal)、表现的(enac-

---

① Johan Fornäs, *Cultural Identity and Late Modernity*, London, UK: Sage, 1995, p.233.
② Kathleen Galvin and Pamela Cooper, *Making Connections*, Los Angeles, CA: Roxbury, 1996, p.27.
③ [美]罗伯特·沃斯诺尔等:《文化分析》,李卫民等译,上海人民出版社1990年版,第130页。
④ William Gudykunst, ed., *Theorizing about Intercultural Communication*, Thousand Oaks, CA: Sage, 2005, p.19, pp.262-263.

ted)、关系的(relational)和共有的(communal),用以标明认同中所存在的各个"焦点",即认同存在于某一个体之中,存在于传播之中,存在于某种关系之中,亦存在于某个群体之中。重要的是,这四个层次上存在的四种认同,反映了个体认同的四个不同的方面,相互影响、彼此贯通。第一,在"个人的层次",个体是认同的"焦点",这一层次的认同主要表现为自我概念、自我形象、自我认知、自我感觉等,提供了个体在不同的场景下进行自我定义的基础。第二,在"表现的层次",认同是通过信息的传播得以确立的。由于自我就像在一场表演中一样显现和展示,在这个层次中,传播是认同的焦点。第三,在"关系的层次",关系是认同的焦点。也就是说,认同是共同合作、共同协商和经由传播共同建构的结果。第四,在"共有的层次",群体是认同的焦点。群体成员通常分享共同的特征和集体记忆,容易形成相同的认知倾向和价值取向,进而形成群体成员共有的认同——群体认同。

二、社会性别的角色与认同

社会文化意义上的性别(gender)与生理意义上的性(sex)不同。后者的含义始于基因的遗传,并加上染色体和性荷尔蒙作用的结果。性别也称"社会性别",以生理因素为基础,是受社会、文化以及心理影响的社会化的结果,突出了因生理差异形成的对两性不同的期望、要求和限制。在不同领域的视域中,社会性别也是对个体进行社会分类的一种型式(scheme),在反映生理差异的同时,也创造了社会差异。[1]

20世纪早期的文化人类学人格研究就发现,社会文化铸造了男女不同的特征和行为方式。通过对三个原始部落的性别与气质的研究,玛格丽特·米德指出:两性人格特征的许多方面极少与性别差异本身有关,就像社会规定的男女服饰、举止等与生理性别无关一样,"文化总是煞费苦心、千方百计地在错综复杂的条件下,使一个新生婴儿按既定的文化形象成长"[2]。至20世纪70年代初,女性主义学者提出了社会性别的概念,认为社会性别是一种可变的、不确定的文化建构,两性的思维、行为和互动主要是由文化决定的,而不是与生俱来的,在不同文化和不同历史时期有着显著不同。这一时期兴起的女性主义研究,也是把社会性别作为基本分析工具,把女性角色置于更为广阔的社会语境,透过社会性

---

[1] Carolyn Sherif, "Needed Concepts in the Study of Gender Identity," *Psychology of Women Quarterly*, Vol. 6, No. 4, 1982, p. 375.

[2] 〔美〕玛格丽特·米德:《三个原始部落的性别与气质》,宋践等译,杭州:浙江人民出版社1988年版,第266、307、306页。

别的"棱镜",透视各种等级关系与权力的复杂运作,揭示制度中知识和权力的结构性压迫体系如何编织社会控制网络,同时,伴随"个人的是政治的"(personal is political)这一口号,强调女性以及整个社会的意识觉醒,寻求改变女性境遇的机会与策略。

在这些女性主义学者中,桑德拉·哈丁(Sandra Harding)解说了社会性别的三个含义:一是个体性别,这是性别认同的核心,也就是人们意识到自己是男人或女人,并将某些现象与男性气质或女性气质联系起来的性别认知;二是结构性别,即作为社会组织和结构的总体特征的性别,劳动的性别分工、职业的性别分隔都体现了这种制度性的性别;三是符号或文化性别,是在特有的社会文化情境中的男人或女人的规范性含义,例如公共与私人的性别划分提供了使男女之间不平等的权力关系合法化的意识形态。① 通过运用社会性别的概念,盖尔·卢宾(Gayle Rubin)还批评了马克思的经济制度理论和弗洛伊德的儿童心理理论等,指出这些理论忽略了女性所受的压迫,进而提出"性别制度"(sex/gender system)的概念,认为"性别制度"是建立在男性统治女性基础之上的父权制,是以男性为中心的体制,规范了两性关系,控制着人类的生活和道德观念。②

20世纪80年代至今,社会性别逐渐成为西方知识界研究人类社会与历史的基本范畴,主要聚焦在媒介与社会性别研究(Media and Gender Studies)领域,以批判视角检讨媒介维护与再生产领域的社会性别不平等表象及其原因,探索社会性别权力关系如何"嵌入"媒介机构和媒介产品,展现出"女性主义批判思想与传播研究的结合""后学思潮与女性主义的力量汇聚"与"传播政治经济学与女性主义的联结"等学术取向。③ 与之相应,传播与社会性别的议题也成为文化与传播研究的重点关注,帮助开辟了与以往的知识体系不同的认识视野。

与社会性别相关的性别角色(gender roles),指的是特定社会或文化中适于男性和女性的一整套行为特征。作为人们重复扮演的"动作"或社会表现,性别角色构成了人们在日常生活中的群体特征和行为方式,令人满意的性别角色不仅证实和肯定了一个人作为角色成员的地位,而且有利于自我评价。在许多学者眼中,性别角色的差异甚至是人与人之间最基本的差别,爱德华·霍尔也说过:"一切文化都区分男人和女人,而且通常当某种行为模式与一种性别相关联

---

① Sandra Harding, *The Science Question in Feminism*, Ithaca, NY: Cornell University Press, 1986, pp. 17—18.
② Gayle Rubin, "The Traffic in Women," in Julie Rivkin and Michael Ryan, ed., *Literary Theory*, Malden, MA: Blackwell, 2004, pp. 770-794.
③ 曹晋:《媒介与社会性别研究的理论建构》,《南京大学学报·哲学人文社科版》2008年第4期。

时,就会被另一种性别所抛弃。"①

性别由文化所生成,对性别角色起决定作用的是社会和文化。正如玛格丽特·米德指出的,"只有彻底探明一个社会是怎样完成对所有生活于其内的男人们和女人们的塑造,我们对性别差异的讨论才不致流为一种无的放矢的空谈"②。在她看来,人类社会给两性分置了不同的角色,"男女一出娘胎就被赋予不同的行为期望,在整个生活的大舞台上扮演着求爱的角色、婚姻的角色、父母的角色,某些角色的行为已经概念化,被认为是天赋的,因此只适合一种性别而不适合另一种性别"③。

朱莉娅·伍德也有相似的看法:"文化是通过在两性间随意分配某些品质、行为和识别方法等属性来构建性别的,然后再把这些属性记入社会生活的构造。"也就是说,不同的文化给不同的性别赋予了不同的角色,寄予了不同的期待,不仅如此,男人与女人应该遵循什么样的行为规范,也因文化的不同而互有差异,"自从出生的第一天起,我们每个人就被性别文化所规定的、所谓对性别而言是自然和正确的传播方式包围着。从很多医院使用粉色和蓝色的毯子包裹女婴和男婴开始,性别的社会化通过同父母、老师、朋友和媒体的接触持续进行着。在我们与其他人交往的整个过程中,我们不断地接收信息,增强了我们认为女性是阴柔的及男性是阳刚的这一信念,这表明'性别'是社会的产物,而不是个人的品质"④。

性别角色是社会文化、社会环境对个体意识、个体行为的要求,总是反映处于一定历史条件下的社会结构、文化心理和特定社会的文明发展水平。在多数文化传统中,由于男女群体的性别角色存在着很大差异,形成了稳定的男性处于上位、女性居于下位的性别秩序。此外,一些宗教文化对女性的社会角色也有深刻影响,女性在衣、食、住、行、言等日常生活的各个方面,有着与男性截然不同的行为规范,譬如,一些伊斯兰社会要求女性严格遵守"闺阁制度"(Purdah)——为防止男性看到女性的身体,而用墙壁、帷幕、面纱等将之遮掩起来,最终让女性与公共生活隔绝。罗伯特·墨菲对此还有一个观点:"我们所了解的过去、现在的全部社会,没有一个由女性占统治地位。在大多数社会中,男人成为统治的角

---

① 〔美〕爱德华·霍尔:《无声的语言》,刘建荣译,上海人民出版社1991年版,第45页。
② 〔美〕玛格丽特·米德:《三个原始部落的性别与气质》,宋践等译,杭州:浙江人民出版社1988年版,第1页。
③ 同上书,第9页。
④ 〔美〕拉里·萨默瓦、〔美〕理查德·波特:《文化模式与传播方式》,麻争旗等译,北京广播学院出版社2003年版,第226页。

色。也有一些社会男性和女性角色虽有区别,但却具有同等的价值。我知道,在女权主义者所写的大量著作中,都一口咬定古代西方社会史上和其他民族中都曾有过母权制的时代。然而应当强调指出:这样的理论基于幻想式的、想象性的历史重构,这恰好在总体上混淆了母权(matriarchy,由妇女统治)和母系(matrilineality,通过妇女承嗣)的区别。事实上并不存在母权制,关于古代母权制的绝大部分证据来自神话。"①

性别认同(gender identity)指的是人们对自身性别角色的判定和接受的程度。与前述自我认同和社会认同的形成不同,性别认同是在男女两极的相互参照中形成的——男女双方各自的认同是双方可以相互对照的"镜子",男女群体通过这一"镜子"塑造着与对方相对的性别认同。承上所论,性别角色、性别认同以及与其相适应的角色行为(role behavior),都是在社会化的过程中完成的,也是不可分割的——性别角色是个体在社会化过程中获得的、与生理性别相适应的、社会和文化所期望的行为,性别认同则涉及个体对自己的生理特征和社会文化特征的知觉,是对自身性别角色的确定和认可。

性别认同极大地影响着不同文化的生活体验,人们需要通过它来确认自己的性别属性,以性别角色进入社会生活。在不同的传播情境中,性别认同也是影响社会互动的重要因素,传播则是造成、支持和改变性别认同的最为重要的过程。在社会生活中,性别认同往往通过一个人的传播行为表现出来,并具有左右人们的行为,指导人们如何思考、感受和行动的文化力量。对于跨文化传播学而言,性别研究是一片有待发现、进入、命名、播种的"新土地",可以帮助人们更好地解释不同性别群体参与社会互动的方式与传播的差异,更好地揭示性别与文化、政治意识形态等各个层面的联系。鉴于其他学科的经验,在跨文化传播研究领域,在有关社会结构、社会群体及关系、社会组织、文化变迁、社会运动、社会问题等议题上,社会性别都是可以借助的解释变量。维克托·基尔南(Victor Kiernan)曾指出:"性是构成社会关系的一个重要领域。人们对其他国家的印象常常归结为男人对女人的印象,也会归结为当地的男人与女人之间的行为方式。"②理查德·刘易斯(Richard Lewis)也说过:"可能最重要的文化差别不是民族、宗教、团体或职业差别,而是性别差异。比如,一个意大利女人的世界观很可

---

① [美]罗伯特·墨菲:《文化与社会人类学引论》,王卓君译,北京:商务印书馆2009年版,第81页。
② Victor Kiernan, The Lords of Human Kind, Kingston, CAN: McGill Queen University Press, 1982, p.317.

能更接近德国女人而不是意大利男人。"①

有关社会性别的思考,还应关注这些议题:社会发展对不同文化中的性别角色乃至认同建构的影响;不同文化中各个社会阶层的女性的境遇与生存条件有何差异;少数族群的性别认同与民族认同如何相互作用,及其如何影响这些族群的主体性和争取资源的努力;性别分化与社会阶层分化之间的关系如何;在社会文化转型和社会阶层分化的过程中,女性整体地位的发展趋势及其后果如何;等等。1999年,珍妮特·鲁宾诺夫(Janet Rubinoff)通过在印度果阿省的实地研究,发表了《为地位去捕鱼》("Fishing for Status")一文,对印度果阿省渔民社区日常生活中的阶级、种姓与性别认同之间的复杂互动作了深入的分析。鲁宾诺夫观察到:果阿女渔民积极地通过提高捕鱼技能和经营水平,来取得并增强她们的经济地位和在家庭中的权利,使子女和其他家庭成员改善生活水平并接受教育;女渔民在家庭和社区中的努力,极大程度地增强了她们的自我认同,也促成了更为平等的社会性别关系,在很大程度上颠覆了印度社会占主导地位的夫权观念和性别认同。不过,鲁宾诺夫注意到,这些女渔民辛苦工作的主要目的,是使下一代脱离渔业这一"下等"行业,能够有机会成为更高种姓的成员,从而进入主流社会,但如此一来,下一代妇女则会重新陷入传统的夫权制中的社会地位。②

与女性主义研究的其他议题一样,有关性别认同的研究,还必须留意福柯的观点:性别结构与权力结构共存,性别是话语的产物,性别差异是由权力生产的。这也意味着,有关社会性别认同的本土研究,应对不同语境下的权力关系和权力运作保持充分的敏感。当然,在思考这一问题时,还需留意玛格丽特·米德的一个提示:"无论是在对新的人格类型的塑造上,还是在对现实的个体差异的认识中,随着时代的变迁,两性之间的差异正经历着一个日益缩小的过程。"③

第三节 文化认同、民族认同与国家认同

针对文化认同、民族认同与国家认同的学术讨论与当前的中国现实关联甚多,也使认同研究成为重要的跨学科研究领域,并与文化与社会变迁、社会组织、

---

① 〔英〕理查德·刘易斯:《文化的冲突与共融》,关世杰等译,北京:新华出版社2002年版,第3页。
② Janet Rubinoff, "Fishing for Status," *Women's Studies International Forum*, Vol. 22, No. 6, 1999, pp. 631–644.
③ 〔美〕玛格丽特·米德:《三个原始部落的性别与气质》,宋践等译,杭州:浙江人民出版社1988年版,第304页。

政治制度、国家建构和政策研究等议题关联密切。只不过,因不同学科的视域和研究方法差异甚多,也使相关的理论构建、概念结构和测定异常复杂。

文化认同、民族认同与国家认同涉及面广泛,与之相关的研究常与社会性别、族群与移民、民族主义、全球化等议题联系在一起。跨文化传播研究的目标之一,是推动人类跨越文化边界的沟通和自我拯救,而应对形形色色的认同危机,无疑也是跨文化传播研究表达人文关怀和介入社会现实的重要途径。当前,中国社会中族际交往、人口流动、社会分层的局面异常复杂,如何构建有利于中华民族多元一体格局的文化发展、族群平等的社会机制,建立稳定、和谐的文化、民族和国家共同体,是重大的历史课题。借鉴其他学科的策略与主张,开展有关文化、族群、民族与国家认同的结构、测定和适应等研究,必定是跨文化传播本土研究发挥学术价值的重要途径。

一、文化认同的稳定与流变

文化认同来自不同文化对本文化以及与其他文化的关系的评估和判断,与特定的文化模式相联系,呈现了文化成员之间对于共同文化的确认程度,是个人和群体界定自我、区别他者、加强彼此的同一感以凝聚成拥有共同文化内涵的群体的标志。① 文化认同来自同一文化群体中的人们对共同历史的知觉和理解,反映的是共同的历史经验和文化符号,以及文化成员保护自己的生活方式和文化特性的本能和情感。分享相同的文化认同,意味着要使用相同的文化符号,遵循共同的文化理念,秉承共有的思维模式和行为规范。

关于文化认同的重要性,厄内斯特·盖尔纳(Ernest Geller)的见解十分深刻:"人们的确热爱自己的文化,因为他们现在可以感知到文化的氛围,他们知道自己离开了文化就不能呼吸,不能保持自己的身份的完整性。"② 杰利米·里夫金(Jeremy Rifkin)也有同样的看法:文化归属感为人们提供了"一种令自己的声音被人听见、在新的多层世界里保证拥有一片安全避难所的方式"③。在这个意义上,文化认同往往是民族认同乃至国家认同的前提和基础。一些美国学者的研究认为,华人是美国社会中坚守中国文化而"不可同化"的特殊族群,许多华人更"忠诚"于中国文化甚至中国政府。当然,长期以来中美之间复杂且微妙的国家关系,也一直对在美华人的文化认同产生影响,在很大程度上决定着其在

---

① Monica Shelly, ed., *Aspects of European Cultural Diversity*, London, UK: Routledge, 1995, p.1194.
② [英]厄内斯特·盖尔纳:《民族与民族主义》,韩红译,北京:中央编译出版社2002年版,第146页。
③ [美]杰利米·里夫金:《欧洲梦》,杨治宜译,重庆出版社2006年版,第222页。

何时更"中国化"(Chineseness)而何时更"美国化"(Americanness)——人们会对自己的文化认同加以调整,以保证自身及群体的安全和利益。①

以欧洲为例。20世纪后期,随着冷战的结束和欧洲一体化步伐的加快,"欧洲认同"问题成为西方学界的热点议题,学者们致力于探究"何为欧洲""欧洲从何处来"以及"欧洲向何处去"等问题,反映了"欧洲认同"问题的多样性、复杂性和动态性,及其涉及的文化、政治、经济和民族等复杂向度。纵观欧洲历史,共同的文化遗产或所谓的"欧洲文化"的确存在。从古希腊的民主精神、犹太—基督教的伦理观念、古罗马的政治制度到人文主义、理性主义、工业文明及现代性等,欧洲各民族在不同时期或多或少地分享了这些文化遗产,尤其是以基督教文化为核心的价值观更被看作是欧洲文化的同义语,即使在世俗化倾向日益明显的现代社会,基督教文化依然是决定冷战后欧洲文化边界的重要因素。罗伯特·巴特雷(Robert Bartlett)就把历史上基督教文化对欧洲的整合称作"欧洲的欧洲化"(the Europeanization of Europe),这一过程表现在三个方面:共同的圣徒崇拜导致的欧洲人命名方式的一致;欧洲范围内具有同一起源的银币的铸造和教会颁发的城市特许状的普及;欧洲管理层共有的高等教育背景。巴特雷还强调,"欧洲的欧洲化"是欧洲历史上的一个重要变迁,经历这一过程,"欧洲"才从一个"隐喻的产物"(metaphorical creation)变为一个"具体的建构"(concrete construct)——可认同的文化实体。② 亨廷顿也有相似的看法:"欧洲的范围结束于基督教的范围结束、伊斯兰教和东正教的范围开始的地方。"③自然而然地,基督教文化也成为欧盟接受新成员国的重要文化标准之一。

自20世纪80年代欧共体实施《单一欧洲法案》("Single European Act")之后,在欧洲"一体化"逐步深入的进程中,欧洲文化政策发挥了不容忽视的作用,为欧洲不同区域接受"一体化"的现实奠定了重要的文化基础。欧洲文化政策的实质,是主张欧盟各国在共同文化的基础上实现文化融合,以欧洲文化的同源性和欧洲集体意识之中的共同文化遗产来构建一种欧洲文化认同,为欧盟这一超国家形式的存在和发展提供某种精神支持和合法性。1983年,《关于欧盟的庄严宣告》("Solemn Declaration on European Union")强调:欧共体各国应当促进欧洲意识,参与各文化领域的联合行动,将培育共同文化遗产的意识作为塑造欧洲文化认同的重要因素。以此为起点,推动了欧共体内部在教育、技能培训、大

---

① Andrea Louie, *Chineseness across Borders*, Durham, NC: Duke University Press, 2004, p.102.
② Robert Bartlett, *The Making of Europe*, Harmondworth, UK: Allen Lane, 1993, pp.291,269.
③ 〔美〕塞缪尔·亨廷顿:《文明的冲突与世界秩序的重建》,周琪等译,北京:新华出版社1998年版,第171页。

众媒介等领域广泛的文化合作,也吹响了欧洲文化认同构建的号角。

20世纪90年代之后,《马斯特里赫特条约》("Treaty of Maastricht")进一步明确了致力于欧洲统一的欧洲文化政策,尤其是着力于强化欧洲人民对历史和文化的理解,维持和保护欧洲文化遗产,努力建构五个层次的欧洲文化认同:个人、群体(族群)、国家、欧盟、"泛欧"(PanEuro)。具体地说:在个人层面,强调文化是人的基本权利,通过给予个人自由、发展机会的方式取得个人对欧盟的认同;在群体层面,强调优先发展弱势群体和弱势族群的文化及语言,同时着手对欧洲教科书进行重新编订,以"欧洲视角"取代传统的民族主义立场与偏见,这种重构的历史作为一种"被发明的传统"(invented tradition),具有仪式或象征特征;在国家层面,尊重文化多样性和各个具体国家、地区和地方的特点,以此取得成员国的支持;在欧盟层面,强调欧洲拥有共同的历史,以历史作为联系的纽带,也以欧洲观念来淡化国家和民族意识;在"泛欧"层面,强调共同的历史与文化,积极进行文化合作并对之进行援助,以此加深"欧洲观念"。

文化认同是稳定并持续发生效用的人与历史的纽带,也是在现实语境中不断流变的"文化想象"。在前现代社会"地方性生存"的年代,文化认同是一种与生俱来的认同定位,人们凭借氏族血缘关系就可以获得心灵的皈依和"安身立命"的支撑,家庭、部落、族群是个人或群体的文化认同的主要单位。文化认同作为问题突现出来,是近现代社会生活的变迁导致的,在西方现代性和后现代性的影响下日益突出。随着跨国、跨文化交往的日益频繁,人与自然之间的联系被割断,人与乡土之间的联系被削弱,稳固的社会系统转变成为流动性社会,差异、杂交、迁移和散居成为普遍现象。现代性的发展,更使社会文化出现多样性展示和断裂性改变,让个体和群体的文化认同面临着形形色色的变动可能。

进一步说,文化认同不只是"文化乡愁"(cultural nostalgia),还是人们在不同文化的相互观照中进行的反思和选择。一方面,不同文化中的人们被负载不同意义的符号包围,因面临纷繁复杂的文化选择而无所适从。特别是对后发展国家的人们来说,既有的文化认同濒临瓦解,但又无法完整地接受一整套距离本地生活遥远的现代国家所发明的文化认同,观念和认知系统不可能不发生紊乱,社会内部也日益复杂与分化,"社会系统和社会生活的基本格调及性质在各个方面的改变,使个人日益孤独,在社会中越来越不确定"[①]。由于居于"文化之间的"世界中,人们只能在矛盾、冲突的多重力量中重新创造、协商自己的文化认

[①] 〔美〕罗伯特·墨菲:《文化与社会人类学引论》,王卓君译,北京:商务印书馆2009年版,第265页。

同。另一方面,近现代世界体系的全球性为人们展现了多样的文化,以及在此基础上衍生的对世界和生命的不同理解。每一种文化都不同程度地吸纳了其他文化的合理成分,不同文化在珍视和认同自己文化的基础上,对其他文化的认同程度也在放大。这些趋势多元而复杂,都在使人们产生文化上的焦虑和自觉,重新思考自己的文化归属感,不可能再被动、消极地依赖家族和传统,必须在各种符号和意义之间做出自己的选择,文化认同因之成为流动的、建构的和不断重构的,超越血缘纽带的宗教、语言、社会团体、社会阶层以及地域、国家等,都可成为人们建构文化认同的新的载体。

来自不同国家的经验还表明:一旦维持或建立一种新的文化认同带来的疏远和不适导致了某种"过度压力",比如认同陷入危机或文化边缘化时,人们很可能会迅速恢复原有的文化认同。范可就此指出,全球化必然反射性地带来"地方化"(localization)或"再地方化"(re-localization),以及地方文化认同的张扬,其中也包括跨国移民在移居国形成的"离散社区"中持有对母国文化的认同。[①] 在这个过程中,文化认同的主要功能也愈加显著:帮助其成员确立自身的认同,并潜在地对人们的行为构成约束。这也如亨廷顿所说的,"文化认同的日益凸显很大程度上是个人层面上社会经济现代化的结果,这一层面上的混乱和异化造成了对更有意义的认同的需要;在社会层面上,非西方社会能力的提高刺激了本土认同和文化的复兴"[②]。

值得注意的是,面对文化全球化的种种压力,相当部分的个体往往根据所处场景与自身情势的不同,相对自主地在多种认同之间飘忽、游移。通常,对一个较小的认同单位的选择,并不妨碍人们去选择较大的认同单位,进而形成常见的多重文化认同。这也是由认同的多重性特点决定的。在现代社会中,特定个体一般都有多重身份,能够同时在不同层面上认同于不同群体。尽管多重文化认同之间很少有真正的对立,但相互冲突和摩擦无法避免。此外,在多重文化认同中,有些是核心认同,有些则是外围的认同,那些对于形成人们的判断标准、行为模式、义务和责任更具影响力的文化系统,在界定人们文化属性的过程中往往起着更为重要的作用。一般来说,外围的文化认同容易改变,核心的文化认同则是稳固、持久的,往往与不同的族群、历史、传统和观念联系在一起,既会出现在人们的日常话语中,也呈现在社会实践、社会规范和观念体系之中。

---

① 范可:《"再地方化"与象征资本》,《开放时代》2005 年第 2 期。
② 〔美〕塞缪尔·亨廷顿:《文明的冲突与世界秩序的重建》,周琪等译,北京:新华出版社 1998 年版,第 133 页。

文化全球化在全球范围内开辟了新的现实和可能的经验领域。一种趋势是：不同文化中的人们正在造就一种混杂的、拼接的、多面的文化，区别于许多传统的文化形式，"既不是西方的，也不是东方的或其他任何的既定形式，它正在日益显示出独特的特点，即它既具有国际性，又显现出地区的或狭隘的民族特点"①。这也意味着，跨文化挑战越激烈，重新创造一个超越人们原有文化条件的界限的认同的可能性就越大。金英润把这种认同称为"跨文化品格"（intercultural personhood）。这是一种被重新创造、整合和采纳的文化认同，或者说是一种"混合"文化意识形态的新的表现形式——它是一种"全球性的文化认同"，正在成为不同文化、族群中的人们彼此识别的显著标识，它不同于此前的历史归属或被指定的认同，融入了不同文化的观念、思维和行为。② 但无论如何，建立这种新的文化认同远非顺利或容易，随时会面临变动或颠覆的情形。

在有关文化认同的讨论中，还有一个争议颇多的问题：文化认同究竟是固定不变的、普遍的、本质论的，还是在社会历史过程中被人为地建构起来的，且是为某些特定目的、利益而人为建构的？之所以出现这一争论，是因为文化认同的建构过程与历史、社会的发展过程须臾不可分离，国家、政党、特定的社会群体等对这一过程都可起到决定性作用，均可根据环境和现实需要，对人们的文化记忆进行选择、删除、重组，促成新的文化认同。霍布斯鲍姆即指出，由当代生活建构而成的"我们的文化"实质是"发明出来的传统"，"这种发明出来的传统与所有的传统一样都是为了提供一种'永恒不变'的感觉，在整个传统的羽翼下，关于民族国家的认同的文化幻觉得以张扬。它们不过借助根深蒂固的'传统'而获得权威性"③。

不可避免地，文化认同本身以及围绕文化认同的建构努力，不仅在导致思想的混乱，也催生了形形色色的实践冲突，使文化生活乃至社会生活的平衡难以维系。恰如赵汀阳所说："就像是没有标志的'旗帜'，却在指引人们进行着各种斗争。"④

二、民族、族群及其认同建构

有关民族（nation）这一定义的争论持续多年，不同时期、不同学科各有不同

---

① Don Ihde, *Technology and the Life World*, Bloomington, IN: Indiana University Press, 1990, p.128.
② Young Yun Kim, "Intercultural Personhood," *International Journal of Intercultural Relations*, Vol.32, No.4, 2008, pp.359-368.
③ ［英］艾瑞克·霍布斯鲍姆等：《传统的发明》，顾杭等译，南京：译林出版社2004年版，第1—14页。
④ 赵汀阳：《没有世界观的世界》，北京：中国人民大学出版社2003年版，第58页。

的解释。其中,安东尼·史密斯(Athony Smith)的观点有着较为广泛的影响力:所属的领土范围是本文化人口的"故乡"(homeland);具有相同的共同体起源神话和历史记忆;联结在一个大众的、同一标准的文化纽带之中;生产活动有共同地域分工——在这个共同区域中,所有成员有权迁移,并拥有对资源的拥有权;在共同的法律和制度下,全体成员拥有统一的法权和义务。①

民族属于一定的历史范畴,是人类社会发展到一定历史阶段的产物和组合方式,反映了不同族群融合的历史过程。就人类的历史来看,民族并没有固定的规模,也没有给定的命运,而是在历史走向的变化中不断调整和更新着自己的内涵。费孝通认为,民族并不是长期稳定的人的共同体,而是"在历史过程中经常有变动的民族实体"②。杜赞奇指出:民族"是一个旨在容纳某些群体并常常以暴力的形式排斥其他群体或将其他群体边缘化的历史建构。作为成员之间的关系,民族'自我'在任何时候都是相对于'他者'而定义的。民族自我还根据对立面的性质和规模而包含各种更小的'他者'——历史上曾经互相达成过不稳定的和解的他者和潜在的、正在建构其差异的他者"③。民族的概念也是国际上国家体系的划分基础——在民族国家的框架下,民族属于政治群体,与民族国家的历史条件有着紧密的联系。这里还需要注意霍布斯鲍姆的观点:民族的构成必须有三个方面的要素:其历史必须与当前的某个国家息息相关;拥有悠久的精英文化传统、独特的民族文学和官方语言;拥有在危难时刻休戚与共的民族精神。④

族群(ethnic group)与民族虽都是历史形成的人群共同体和社会分类,但不能被视作同一概念。20世纪20年代,马克斯·韦伯在《经济与社会》(*Economy and Society*)一书中提出了关于"族群"的经典定义:由于体质类型、传统的相似,或由于殖民化和迁移中的共同记忆,从而对本群体的共同祖先抱有一种主观的信仰——这种信仰必须对于群体结构的扩展至关重要,这个群体就成为族群,至于群体内是否存在一种客观的血缘关系,倒并不重要。⑤

韦伯所说的"主观信仰"(subjective belief),可以被理解为一种长久铭刻在族群成员内心的潜意识,既反映了族群成员对族群及族群文化的忠诚和继承,又

---

① Athony Smith, "National Identity and the Idea of European Unity," *International Affairs*, Vol. 68, No. 1, 1992, p. 60.
② 费孝通主编:《中华民族多元一体格局》,北京:中央民族学院出版社1989年版,第4、95页。
③ [美]杜赞奇:《从民族国家拯救历史》,王宪明等译,南京:江苏人民出版社2009年版,第13页。
④ [英]埃里克·霍布斯鲍姆:《民族与民族主义》,李金梅译,上海人民出版社2000年版,第10页。
⑤ Michael Banton, "Max Weber on 'Ethnic Communities'", *Nations and Nationalism*, Vol. 13, No. 1, 2007, p. 26.

便于族群在特定的历史情境中做出最有利的选择,也可成为成员"日用而不知"的社会生活的惯常模式,以及影响其后代的思维方式和生活态度。基于相似的理解,郭洪纪在1997年提出了一种较为全面的族群定义:"族群主要建立在共同的名称、神话、价值和风俗习惯之上,以祖先的居住地、历史叙事、民间传说为文化根源","族群作为某种共同体的象征符号,既有自己的生存空间和相关传统,包括宗教组织和神职人员,像神庙、仪式、教义等,又有怀旧母题及认同符号系统,像民族英雄、宗教领袖、效忠意识以及草原、森林、山峦、族源地等"①。

族群亦不同于种族(race)——种族这一概念曾长期出现在英美等西方国家的官方人口分类和民众话语中,这一概念包含的预设是:生物学的基础决定人类的群体多样性。不过,这一概念任意性很强,使肤色在理论上成为种族分类之最重要的指标,也在一定程度上强化了不平等的社会群体认知。经历了二战大规模种族清洗的惨痛之后,1950年,联合国教科文组织邀请世界知名人类学家起草了《关于种族的宣言》("Statement on Race"),指出了"种族"概念的混乱及滥用的危险,主张以"族群"取代"种族"一词。

民族是不同族群在同一地理和文化环境中互动和共同发展的产物,民族可以包括若干不同的族群②,同一族群的人则可分属于不同的民族。江宜桦在分析了恩斯特·格尔纳(Ernest Gellner)、霍布斯鲍姆、安东尼·史密斯等有关民族及民族国家兴起过程的观点后指出,固然这些学者的看法互有差异,但也有某些共同点,包括:第一,民族与民族国家都有现代性格,因"18世纪之前人类未曾形成如此大规模又自以为休戚相关的政治文化组织";第二,国家事实上创造了民族,而"国家之所以能成功塑造出一个民族,与民族主义此种意识形态之运用有关";第三,民族事实上出于建构,不必然与血缘、种姓等"客观"因素有关,而"多半受到特定国家选择性政治教化之深刻影响"③。借由跨文化传播的视角来看,民族原本是不同族群交往、融合的结果,当今世界的任何一个主要民族都是由若干族群融合而成的。中华民族就是融合不同族群及其思想、感情、心理和意志的民族共同体,而不是中华文化区域内任何一个族群的扩大或代称。

---

① 郭洪纪:《文化民族主义》,台北:扬智文化事业股份有限公司1997年版,第4页。
② 目前全世界约有3000多个族群,交错分布在200多个国家和地区。据有关机构在20世纪80年代末对132个国家族群结构的调查:主要由单一族群组成的国家仅有12个,约占9.1%,其他120个都是多族群国家,其中,拥有一个占本国人口50%以上的多数族群的国家有81个,约占国家总数的61.3%;各族群人口均在50%以下、构不成多数族群的国家有39个,约占国家总数的29.5%;132个国家中,包含5个以上族群的国家达53个。
③ 江宜桦:《自由主义、民族主义与国家认同》,台北:扬智文化事业股份有限公司1998年版,第36页。

第五章 社会互动与认同的建构

中国社会中"民族"概念的文化积蕴与时代背景都与西方截然不同。目前所知汉语中最早出现的"民族",是南朝顾欢《夏夷论》所云"今诸华士女,民族弗革,而露首偏踞,滥用夷礼,云于剪落之徒,全是胡人,国有旧风,法不可变"。"民族"一词传入日本后,在19世纪70年代的日译西方著作中,因对应"volk""nation""ethnos"等而被赋予了现代意义。① 随后,中国知识精英从中接受了西方有关现代民族国家的"民族"含义,在建构现代中国和"中华民族"的探索中,"民族"的内涵也有深刻变化,并与国家政体的变动有着密不可分的联系。

1882年前后,王韬在《洋务在用其所长》一文中说:"夫我中国乃天下至大之国也,幅员辽阔,民族殷繁,物产丰富",被认为是汉语中较早出现的具有现代意义的"民族"概念。1902年,梁启超的《东籍月旦》一文,谈及当时的日本史著中出现了"东方民族""民族之变迁"等新名词,被认为是把"民族"概念正式引入中国知识界之作。1906年,梁启超的《历史上中国民族之观察》一文,则是首次提出具有现代意义的"中华民族"概念,并强调"现今之中华民族自始本非一族,实由多数民族混合而成"。当时,其他的中国知识精英也多以文化主义的立场理解现代"民族"概念,即民族是语言文化共同体,民族既是族性的"混同",也是文化的"凝结",所谓"进中国则中国之"。章太炎在1907年所撰的《中华民国解》中谈道:"在中华之名词,不仅非一地域之国名,亦且非一血统之种名,乃为一文化之族名。故春秋之义,无论同姓之鲁卫,异姓之齐宋,非种之楚越,中国可以退为夷狄,夷狄可以进为中国,专以礼教为标准,而无有亲疏之别。其后经数千年,混种数千百人种,而其称中华如故。以此推之,华之所以为华,以文化言可决知也。"②

1922年,梁启超在《中国历史上民族之研究》中完善了他的民族观:"民族成立之唯一的要素,在民族意识之发现与确立。"通过借鉴东西方的历史与现实,梁启超深切体会到,民族意识是一个民族自尊自立自强和具有凝聚力的起点和原动力,他再次强调:中华民族自始即是多元的结合,经由漫长历史长河的融汇,"成为数千年来不可分裂不可磨灭之一大民族"③。1989年,在梁启超民族观的基础上,费孝通提出,"中华民族作为一个自觉的民族实体是在近百年来中国和列强的对抗中出现的,但作为一个自在的民族实体则是在几千年的历史过程中所形成的。中华民族的主流是许许多多分散独立的民族单位,经过接触、混杂、

---

① 郝时远:《中文"民族"一词源流考辨》,《民族研究》2004年第6期。
② 章太炎:《中华民国解》,《民报》1907年第15号。
③ 梁启超:《中国历史上民族之研究》,梁启超:《饮冰室合集》专集之四十二,上海:中华书局1936年版,第4页。

联接和融合,同时也有分裂和消亡,形成一个你来我去,我来你去,我中有你,你中有我,而又各具个性的多元统一体"①。

就中国历史来看,不同族群之间虽间或有冲突发生,中原族群对其他族群亦有轻蔑的看法,但与欧洲和中亚、东南亚及南亚等比较,这些族群的相容性仍是较为突出的。正如汪晖指出的,中国历史上存在一套多元性的制度模式,对夷夏内外没有绝对区分,使不同族群能够长期共存,"在从中华帝国向现代民族国家的大转变过程中,这种各个民族长期交融的历史,不仅提供了一些特别的制度思路,而且意味着多民族混杂相处的基本民情"②。更重要的是,中华文化的内部传播主要寄托于核心区域文化高位的优势,"崇尚统一"是中华文化体系最显著的特征之一,并沉淀于不同族群文化的深层结构。通过数千年的交锋与融合,不同族群逐步走向对中华文化的认同,以基于道德示范和文化感召力的"教化"方略实现融汇,逐渐形成了一种超越族群区隔的文化共同体以及"多元一体"的现代国家框架。在这个历史过程中,重情感、重良知的社会文化心理构成了非凡的凝聚力和"特殊的精神力量"③。

梁漱溟曾就此感慨:"试从山川地形上看,从种族语言上看,皆非不能让中国分为若干民族若干国家者。而它卒能由人的情感之相安相通,化除壁垒隔阂,广收同化融合之效,形成世界无比之一伟大民族。"④通过对中国的观察,萨默瓦也说过,"每一个中国人都从历史中寻求最强烈的认同感",不管他们生活在中国或世界各地,"对中国历史的骄傲把这一文化的所有成员连接到了一起"⑤。

民族认同、民族文化与民族主义

民族认同体现为民族成员对自身的民族身份以及与其他民族成员关系的建

---

① 费孝通主编:《中华民族多元一体格局》,北京:中央民族学院出版社 1989 年版,第 4 页。费孝通在此所说的"民族单位",与韦伯所说的族群相仿。近年来一些中国学者提出,应以族群替代"56 个民族"的概念,对人口数量较少或与主体族群(汉族族群)人口对比悬殊的族群可称"少数族群",也就是说,在中国的语境中,只用民族指称包容性的中华民族,用族群指称这一民族的不同层级单元。也有学者认为,因西方学术界没有对应中华民族的"民族"概念,若以族群分类,中国也不止 56 个族群,更重要的是,用"ethnic group"来表述中华民族的支系或次级群体,恐会消解中国的民族政策体系,触及学术与政治的深层问题,为此,不能离开"56 个民族"这种分类,或者说,族群可与民族并用。本书无意参与这一争论,使用的族群概念主要强调特定人群或共同体的文化属性,民族概念则主要表述共同体的历史和政治属性。

② 汪晖:《多元民族一体并存的中国》,www.sociologyol.org,2008 年 5 月 27 日。

③ 郭小聪:《中国文化传统中的凝聚力与软实力》,《国际安全研究》2014 年第 2 期。

④ 梁漱溟:《中国文化要义》,上海:学林出版社 1987 年版,第 278 页。

⑤ Larry Samovar and Richard Porter, *Communication between Cultures*, Belmont, CA: Wadsworth, 2004, p. 123.

构和评价,标明的是一种基于共同文化及政治要素基础的群体认同,反映了民族成员共同拥有的精神和情感归属。在不同形式的群体认同中,民族认同最具根本性和包容性,使作为个体的社会成员得到了更多的认同可能性,能够更好地克服社会孤立状态。

民族认同往往是以文化单元为载体的,强调的是民族成员对本民族文化的忠诚和继承,进而决定了民族在特定历史情境中的选择。由于文化主要是以特定的民族和国家为单位的,所以民族性就成为文化基本的特色,国家则构成了不同文化的主要界限。建立在民族国家基础上的文化,不仅是民族共同的理想、愿望和要求,也反映了一个民族对世界的共同认识和共同观念。甚至可以说,民族文化就像是一个"磁场",能够把来自不同族群的成员像"铁屑"般紧密地联系在一起,使之意识到彼此之间的文化关联、休戚与共,从而具备一种抵抗外来文化挤压的心理功能,更能为民族共同体的生活方式和发展方向提供正当性依据。在《中国历史上民族之研究》一文中,梁启超还指明了民族文化的"结合醇化"对中国及世界各民族的历史进程所具有的伟大作用:"凡一民族之组成分子愈复杂者,则其民族发展之可能性愈大","大抵每经一度之化合,则文化内容必增丰一度"①。

以美国为例。美国人的民族认同主要来自对文化理念的认同,而不是追求语言、宗教或血缘的一致性。"美国梦"(American dream)作为美国文化、政治价值观和民族精神的文化表征,就是美国作为"一个所有民族的国家"构建民族认同的重要基础。自建国以来,"美国梦"在美国自身的历史文化语境中生成、传播,深刻地塑造了美国人的自我认知、价值判断,乃至民族认同。卡罗·斯万(Carol Swain)等就此概括了美国民族认同的观念基础:围绕自由和平等而形成的民族性自定义;对"美国梦"深信不疑的希望、乐观和期待;以英语为纽带的社会凝聚力;无种族偏见的社会正义;上帝是全人类的缔造者、所有的人都是一个种族的《圣经》观点。②

具体来看,"美国梦"的核心是来自欧洲的基督教传统、自由市场资本主义精神与独特的政治理念和政治制度模式结合后的文化价值观,融入了自由主义、保守主义、理想主义、多元主义等多重理念,表现为强烈的"选民"意识和"美国例外论"(American exceptionalism)等。其中,在美国民众和政治家中广泛存在

---

① 梁启超:《中国历史上民族之研究》,梁启超:《饮冰室合集》专集之四十二,上海:中华书局1936年版,第8页。
② Carol Swain and Russ Niell, *Contemporary Voices of White Nationalism in America*, New York, NY: Cambridge University Press, 2003, p.12.

的"美国例外论"融合了宗教的使命感与世俗的美国政治理念,作为一种"非正式的意识形态"(informal ideology),深入美国人的灵魂,以它为中心,形成了美国人独特的自我意识及不同于欧洲人的自我定位。① 可以说,在一代代美国人的心目中,共有一种伊曼纽尔·沃勒斯坦(Immanuel Wallerstein)描述的心态:"我们比世界其他地方都更文明,我们通常都带着一种高傲的情绪认为那些地方是旧世界……我们是自由世界的领导者,因为我们是世界上最自由的国家,其他人把我们看作是领导者,我们高举着自由和文明的旗帜。"② 也可以说,美国两百年前在新大陆开始孕育的民族认同,至今尚未面临适应困难,它奠定了美国民族国家的根基。③

关于民族认同的文化根源,本尼迪克特·安德森(Benedict Anderson)在1983年出版的《想象的共同体》(*Imagined Communities*)中提出了一个影响广泛的观点:"民族"与"民族国家"是一种"想象的共同体",有关民族现状和历史的同一性观念多为发明和"想象"的产物,其认同建构很大程度上源于成员彼此间对共同体的"想象"。安德森认为,以印刷术为标志的信息传播技术奠定了民族认同的基础:印刷技术创造了统一的交流和传播的领域,分散的个体因为接受共同的信息与文化符号,从而能够分享共同的文化记忆与文化认同。安德森还强调,所谓的现代民族国家,不过是一群人通过看同一份报纸所想象出来的社群而已,"当一名读者意识到他和其他人都处在一个'想象的共同体'当中时,他就会因经验的分享和共同的场域感而心情稳定、安适"④。

民族认同的文化根源与民族认同的政治根源密切相关。民族群体中包含的社会关系通常可以分为两类:一类是从共同的语言、规范和观念体系中产生的社会关系;另一类是基于"政治需要、共同利益、道德义务"而形成的社会关系。前者是一种原始的社会关系,后者则是一种超越族群意义的政治认同的构建,主要服务于国家话语体系中的政治生活,也是在这个意义上,民族认同得以取代族群认同,而成为民族国家主要的认同范畴。正如本尼迪克特·安德森强调的,在民族国家的构建中,民族主义者往往借助民族语言、宣传册、文学作品、教育政策、大众媒介等文化手段来加强民族意识。在民族国家成立后,民族认同更是作为

---

① 孙英春:《美国文化形象的建构与传播》,关世杰主编:《跨文化交流与国际传播研究》第1辑,北京:中国社会科学出版社2011年版,第127—128页。
② [美]伊曼纽尔·沃勒斯坦:《美国实力的衰落》,谭荣根译,北京:社会科学文献出版社2007年版,第180页。
③ 参阅杨泰顺:《美国人认同的形成》,《美欧季刊》(台北)1999年第2期。
④ [英]本尼迪克特·安德森:《想象的共同体》,吴叡人译,上海人民出版社2003年版,第5、6、51页。

一套共享的符号、神话和记忆,在领土范围内将所有公民融合为一个民族共同体。徐迅也有相似的观点:"民族认同是由特定的历史过程决定的,其文化建构非常复杂,因为树立新的文化认同的过程与价值、伦理、道德的重构是相关的。民族认同往往锁定在一些特定历史事件和历史人物身上。这些历史事件和人物被提炼为文化符号,既发挥认同的对象物的功能,又诠释一个民族的品格。"①

1991年,保罗·布拉斯(Paul Brass)在《族性与民族主义》(*Ethnicity and Nationalism*)一书中阐释了族群意识被唤起和操纵的过程:当一个族群在政治舞台上利用"族籍"来改变其政治、经济地位和受教育机会时,就变成了一种政治利益群体,若其群体权利得到政治承认,族群就成了民族;为增进族群的团结和权益,族群运动的领袖们总会从传统文化中挑选一些内容并赋予其新的价值和意义,以之作为象征符号动员族群成员的原生情感,捍卫本族群利益并与其他族群竞争。② 1997年,王明珂在《华夏边缘》一书中运用了大量历史、考古和人类学资料,从族群边缘的形成与历史回忆这一角度来解读"华夏"即中华民族认同的本质,关注在特定的资源竞争与分配环境中,"华夏"的边缘是如何形成与变迁,如何通过历史记忆与失忆来凝聚、扩张的。在他看来:"社会主义中国的建立,的确在很多少数民族地区造成人民的'解放'。贯彻民族平等政策与民族自治,以及给予少数民族的优惠,使得在曾往'汉化'方向摆荡的传统华夏边缘上,如今许多人都乐于承认或争取得到少数民族身份。如此将过去狭隘之华夏概念所造成的'边缘',调整为一国族之整体资源共享体系,以人类生态来说,这应是两千年来华夏及其边缘发展中最具积极意义的一面。"③

对民族认同的理解,还需要与民族主义(nationalism)联系起来,以考量民族主义作为政治力量的诉求与影响力,及其携带的语言、情感和象征的内涵。民族主义是伴随现代民族国家(nation-state)产生的,是通过创造"民族"的精神和神话"重新记忆建构起来的集体想象的产物"④。民族主义强调对民族特性和民族传统的认同与尊重,为民族国家的政治统治提供了合法性基础。民族主义批判西方主导的国际政治、经济秩序和话语霸权,强调在竞争中保护国家主权和民族利益,体现了维护民族尊严、国家主权的强烈愿望,并可以通过激发民众的民族

---

① 徐迅:《民族、民族国家和民族主义》,李世涛主编:《知识分子立场》,长春:时代文艺出版社2000年版,第28页。
② Paul Brass, *Ethnicity and Nationalism*, New Delhi, CA: Sage, 1991, pp.134-147.
③ 王明珂:《华夏边缘》,北京:社会科学文献出版社2006年版,第258页(大陆版的这一表述与该书1997年台北允晨文化版有所不同)。
④ [印度]佳亚特里·斯皮瓦克:《民族主义与想象》,生安锋译,《文艺研究》2007年第2期。

主义情绪来抵挡外来意识形态的冲击。

20世纪初期以来,全球民族问题一直与民族主义密切关联。一战、二战和冷战前后的三次全球民族主义浪潮,结束了西方殖民主义对世界的瓜分,使民族国家模式成为世界格局的基本单元。随着冷战的结束以及全球政治文化地域的重新分化与整合,传统意义上的民族国家对其国家经济进行管理和调整的能力正在不断削弱,共存于一个民族边界之内的传统政治结构也在被逐步消解,与民族国家密切相关的民族主义问题日益成为与现代性相提并论的重要话题。不过,与殖民扩张时代对民族主义的张扬不同的是,在当代西方的主流话语中,"民族"和"民族主义"变成了被抑制、被抹杀和被超越的对象。① 哈贝马斯就此提出了"后民族结构"(the postnational constellation)的概念,他认为:一个民族国家如果想要稳固自己内部的民主合法性,就必须突破国家疆域的界限,准备把自己的民族国家主权和相应的社会福利国家职能让渡给一个超国家组织的政治共同体。依据这一观点来看,以超国家性质为主要特征、超国家与政府间性质并存的欧洲联盟实体,就成了"后民族结构"时期这种政治权力让渡的一种结果。

需要注意的是,作为政治力量的民族主义是一柄双刃剑。弱者的、受压迫者的、被殖民者的民族主义是值得支持和赞扬的,但民族主义话语的本质具有相当强烈的排外特点,往往导致对本土社会文化的过度"崇拜",特别是这些话语中对自身历史乃至版图的想象,从不会中断对现实的种种"纠缠"。正像霍米·巴巴指出的,"疆域、传统和民族认同确实给人以重要的归属感,但如果我们太过强调甚至崇拜文化、民族认同或传统,或者这种链接变成强烈的民族主义,就会导致一种限制性共谋,会将我们带回到19世纪那陈旧的社会文化范式中"②。很多事实表明,当民族主义发展成为褊狭、极端的民族意识,过分强调本民族的整体利益和优越感,往往成为萌发民族中心主义的"温床"——在激进的民族主义成为话语霸权的情况下,常常会激发盲目、无序、难以引导的民众情绪,并因文化基础本身的脆弱,成为一种消极的甚至是破坏性的力量。有鉴于此,很多学者呼吁:应警惕民族主义在政治上的危险性,反对民族主义作为霸权主义话语形式存在的状态。因为一旦民族主义成为统治群体的意识形态工具,不仅可能使压迫形式变得合法化、隐蔽化,也会使这种压迫形式内化为被压迫者的心理结构,成为一种被压迫者的内在人格,民族认同也因此具有一种特殊的权力,为"今天

---

① 石海军:《从民族主义到后殖民主义》,《文艺研究》2004年第3期。
② 生安锋:《霍米·巴巴的后殖民主义理论研究》,北京大学出版社2011年版,第10页。霍米·巴巴倡导的是一种变化发展的民族主义观念,他相信民族主义是通向世界主义的过渡阶段,即法农所谓的"一种不含种族性的民族主义的民族国际主义"。

政治的团结一致提供了唯一的视界和理论基础,它控制着大众的随声附和与精英们的极大热情"①。

一些西方学者还持这样一种看法:民族主义只是近现代这一特定历史阶段的产物,随着这一历史阶段的消亡,民族主义也必将不复存在。譬如,霍布斯鲍姆曾说:民族主义在历史上的重要性已经"西斜","在未来的历史中,我们将看到民族国家和族群语言团体,如何在新兴的超民族主义重建全球的过程中,被淘汰或整合到跨国的世界体系中。民族和民族主义当然还会在历史舞台上保有一席,但多半是从属或微不足道的小角色。……也许随着民族国家的式微,民族主义也会随之消失",至少不会像第二次世界大战时期那样具有"呼风唤雨"的威力。② 种种观点中,曼纽尔·卡斯特(Manuel Castells)的判断更具说服力:民族主义将更为关注作为一个民族本质的文化共同体的特殊性,"当代民族主义更多是反应性的而更少是主动性的,因此,它往往更多是文化的,而更少是政治的,也因此更多地倾向于捍卫已经制度化的文化,而更少以建设或保卫国家为己任"③。

对民族主义的恰当理解,需要结合不同的历史和国情,正如曼纽尔·卡斯特所说的,"在每个国家的各个民族主义形成的过程中,哪一项因素扮演什么角色,取决于其历史脉络、其集体记忆的素材及冲突性的权力策略之间的互动情形"④。对于西方社会之外的国家来说,全球化的复杂效应为本地民族主义的发展乃至多样化复兴提供了持续的动力,民族主义的内容亦有不同表现,发挥着不同的政治、社会和文化影响。有关民族主义的内容、形式和空间范围的变动趋势,仍期待知识界特别是后发展国家的研究者进行特殊的关注、解释和评估。

族群认同与认同发展研究

不管在西方还是在东方,作为一种优先的、既定的群体认同,族群认同(ethnic identity)以及围绕族群认同发生的冲突和对立,几已构成人类社会的常态,往往造就极端令人困扰的政治、社会和文化难题,并同宗教、阶级、意识形态等方面的因素纠缠在一起,轻则引起社会动荡,重则妨碍甚至破坏民族乃至国家

---

① 〔英〕约翰·汤林森:《全球化与文化》,郭英剑译,南京大学出版社2002年版,第148页。
② 〔英〕埃里克·霍布斯鲍姆:《民族与民族主义》,李金梅译,上海人民出版社2000年版,第223—224页。
③ 〔美〕曼纽尔·卡斯特:《认同的力量》,曹荣湘译,北京:社会科学文献出版社2006年版,第33页。
④ 同上书,第35页。

认同的构建,导致社会分裂甚至国家解体。

在人类学研究的视域下,族群认同是共享基本文化特质的族群成员通过文化外显的一致性,接受共同的自我称号及族源历史,强调内部的一体性与设定族群边界来排除他人,并在主观上强调某些体质、语言、宗教或文化特征的过程。① 在人类学家看来,族群认同的发展,对于个体与群体之间建构和维系社会关系,满足个体与群体的归属选择,都有重要的意义。20 世纪 60 年代民权运动兴起后,一些美国人类学者通过对少数族群、移民、难民、留学生和其他弱势群体的实证研究,提出了一些族群认同研究模式来解释特定族群的认同发展状态,以探究这些族群融入美国多元社会的策略。在研究族群认同时,研究者往往将族群成员的社会参与和文化实践作为衡量族群认同的指标,其他变量还包括:语言使用情况、人际交往的范围和偏好、对宗教礼仪和习俗的坚守,以及服饰偏好、媒介使用和选择、饮食偏好等。②

1971 年,德拉尔德·休(Derald Sue)等根据对美籍华人大学生的研究,提出了一种"种族—文化认同发展模式"(racial/cultural identity development model),把美籍华人大学生按照族群认同的发展情况分成三类:第一类是传统主义者(traditionalist),他们认同中国传统的文化习俗和价值观,抵制来自异文化的压力,始终坚信"老一套"(oldway);第二类是边缘人(marginal person),他们试图通过"同化"的方式融入白人社会,拒绝中国的传统习俗和价值观,内化主流社会对少数族群的消极态度,并有可能形成自恨心理;第三类是亚裔美国人,他们在认同发展的过程中形成了积极的族群认同,并具有清醒的族群意识和政治意识。③

1981 年,简·金(Jean Kim)通过对三代美籍日本妇女的研究,提出了一个有关亚裔美国人的渐进的族群认同发展模式,认为亚裔美国人从偏离的族群认同发展到常态的族群认同,需要经历五个阶段。第一,族群意识阶段(ethnic awareness)。这一阶段始于 3—4 岁,家庭成员是儿童行为的榜样,儿童的族群态度依赖于监护人传授的族群知识的类型和数量。第二,白人认同阶段(white identity)。在这一阶段,个体进入学校后会接触带有族群偏见的信息,这会对自尊和族群认同产生消极的影响,个体开始渴望摆脱自己的族群而认同白人社会。

---

① Raoul Naroll, "On Ethnic Unit Classification," *Current Anthropology*, Vol. 5, No. 4, 1964, pp. 283-311;王明珂:《华夏边缘》,台北:允晨文化 1997 年版,第 77 页。
② 万明钢、王舟:《族群认同、族群认同的发展与测定与研究方法》,《世界民族》2007 年第 3 期。
③ Derald Wing Sue and David Sue, *Counseling the Culturally Different*, New York, NY: John Wiley & Sons, 1999, pp. 126-163.

第三,社会政治意识的觉醒阶段(awakening social political consciousness)。在这一阶段,个体放弃一些原有的观念而采纳一些新的观念,新观念往往与日渐觉醒的政治意识有关,结果是放弃对白人主流社会的认同。第四,亚裔美国人意识的重新定位阶段(redirection to Asian American consciousness)。个体重建自己与亚裔美国人的联系,随着自我意识的高涨和族群自豪感的增强,对白人种族主义的愤怒成了这一阶段族群认同发展的主题。第五,统合阶段(incorporation)。在这一阶段,个体形成积极的亚裔美国人意识,也能以尊重和欣赏的态度看待其他少数族群文化。[1]

从20世纪60年代开始,一些西方人类学学者还倾向于从族群认同与文化的关系、族群结构的差异及由此产生的族群边界等视角解释族群认同建构的过程。其中,艾伯纳·库恩(Abner Cohen)在1969年出版的《非洲都市中的风俗与政治》(*Custom and Politics in Urban Africa*)中提出了一个重要观点:族群认同本质上是一种政治现象,具有象征意义或情感的召唤力,它之所以强调传统文化,也是因为传统文化能增强和调动一个族群的政治内聚力——当一些利益群体的成员不能依照法定的规则把自己组织起来时,他们就会利用既有的文化机制把彼此组织起来,在此条件下,族群意识得以产生。[2] 同年,弗里德里克·巴斯(Fredrik Barth)在《族群与边界》(*Ethnic Groups and Boundaries*)一书中提出了族群边界(ethnic boundaries)理论,首次提出从族群结构差异及由此产生的族群边界角度来解释族群现象,对其后的族群认同研究也有重要影响。他的主要观点在于,族群主要是由其成员自我认定和建构的范畴,族群存在于与其他族群的互动关系中,其形成和维持的主要是其社会边界,而社会边界通常都是情境化的选择,也是一个不断变化而非确定的建构过程。概言之,族群是由社会互动所决定的一种社会边界,族群特征、族群意识与文化认同都产生于社会互动,并非由某一个群体单独决定。[3]

在社会心理学视域下,族群认同是指个体对本族群的信念、态度,以及对自身族群身份的承认和族群事务的参与,也涉及个体对其他族群的态度和参与行为等。一些心理学研究把态度与族群认同研究联系在一起,将族群认同分为积极(positive)和消极(negative)两种:积极的族群认同是指族群成员以积极、自豪

---

[1] Jean Kim, "The Process of Asian American Identity Development," in Derald Sue, et al., *Multicultural Counseling Competencies*, Thousand Oaks, CA: Sage, 1998, pp. 71-73.

[2] Abner Cohen, *Custom and Politics in Urban Africa*, Berkeley, CA: University of California Press, 1969, pp. 183-214.

[3] Fredrik Barth, *Ethnic Groups and Boundaries*, London, UK: George Allen & Unwin, 1969, p. 13.

的态度看待本群体的语言、文化、宗教、习俗等,族群成员具有强烈的内聚力,主动地维护本群体利益,但同时也会对其他族群表现出一定的排斥和抗拒;消极的族群认同是指族群成员以悲观、颓伤的态度看待本群体,对本族群的语言、文化、宗教、习俗等怀有自卑情绪,会以自己身为该族群的一员而感到耻辱,甚至不愿在其他成员面前暴露自己的族群身份。

1989年,让·菲尼(Jean Phinnery)在埃里克·埃里克森(Erik Erikson)的社会心理发展阶段理论(stages of psychosocial development)的基础上,提出了一种族群认同发展模式(model of ethnic identity development),认为个体的族群认同主要经历三个阶段。第一,族群认同弥散(unexamined ethnic identity)。在这一阶段,个体还没有掌握有关自身族群的积极或消极的观点,对本族群的问题很少关注,也缺乏兴趣,往往是按照主导文化的价值观和态度看待自己的族群,心理调适能力差,自尊水平也较低。第二,族群认同探寻(ethnic identity search)。在这一阶段,个体开始探索成为某个族群成员的意义,族群意识逐渐加强,开始积极关注本族群的发展,并停止对主导文化的盲目效仿和认同。这一过程不仅是一个认知过程,而且是一个反省性的元认知过程。第三,族群认同实现(ethnic identity achievement)。在这一阶段,个体清楚地知道所在族群对自己生活的意义,获得了某种安全、自信和稳定的自我意识,把自己对本文化的积极态度内化和整合进入自己的认知结构,产生族群自豪感和族群归属感,进而实现积极的族群认同。[①]

移民、族裔散居与跨界族群

移民是跨国社会互动的基本形式,特别是20世纪中后期以来,大规模移民成为全球性现象,世界人口的流动和重新分布趋势不断影响着不同民族的基本构成,也使迁徙、混杂与跨界成为全球社会的基本特征。[②]

詹姆斯·克里弗德(James Clifford)指出,移民是一种"旅行的文化",包含着"连续和断裂、本质和变迁以及共性和差异的历史性对话"[③]。移民会引发一系

[①] Jean Phinnery, "Stages of Ethnic Identity Development in Minority Group Adolescents," *Journal of Early Adolescence*, Vol.9, 1989, pp.34-49.

[②] 根据联合国人口司的《2002年世界移民报告》,世界移民人口从1970年以来已增加一倍多,达到1175亿,约占世界人口的3%。在德国的8200万人口中,740万人是外国人;在法国的6100万人口中,外国人是430万人;瑞典总人口880万,外国人达170万,占19.3%。另据联合国经济与事务委员会的统计,全球跨国移民总数从1990年的1.54亿上升到2010年的2.14亿,预计2050年将达到4.05亿。

[③] James Clifford, "Traveling Cultures," in Laurence Grossberg, ed., *Cultural Studies*, New York, NY: Routledge, 1992, pp.96-110.

列的社会与文化问题,并向所在国家的社会就业、社会福利政策、社会安全与控制甚至国家主权提出挑战,也改变着许多国家内部的民族和国家认同状况。针对移民涌入的影响,国际移民组织在2002年的一份报告中说:欧洲有一种普遍的观点,即"移民压力已经达到无法容忍的程度",欧洲人认为他们的认同感正由于移民的冲击而受到严重影响。欧盟的相关调查也显示:欧洲人近年来对外来移民越来越反感,持不欢迎态度的人在2000年占欧盟国家总人数的38%,而1992年仅占15%。美国作为移民国家,绝大多数人口是移民及其后裔,对族群差异及族群关系的调适一直是美国跨文化传播研究的中心工作。据相关统计,从1965到1990年,共有1600万新移民进入美国,其中1200万来自欧洲以外地区。另据1999年美国人口局对美国人口增长和种族结构的预测,到20世纪中叶,目前属于"白人"范畴的美国人将成为少数,"少数族群"则将成为美国民族中的多数族群。

一个时期以来,移民、族裔散居等议题引发了不同国家特别是西方国家学术界和相关机构的持续思考:移民移居异文化社会后自身会发生什么变化？外来移民是否必须、是否能够融入主流社会？允许跨文化移民保持其文化自决的"多元文化主义",究竟是社会进步的标志还是可能导致社会分裂的隐患？华人历史上是一个重要的移民群体,世界各地皆有华人的身影。另就当前情况而言,中国人口跨国流动的数量虽在全球移民总量中所占比例有限,但中国作为人口大国的潜在流动人口资源,加上中华文化在异质文化中表现出的诸多特性,也使有关中国跨国移民趋势的研究成为国际移民研究的一大热点。李明欢就此指出,从中国移民是世界移民潮组成部分的基点出发,加入国际移民研究的学术对话,增进国际移民学界对于中国移民问题的正确认识与合理关注,回应针对中国移民问题的某些偏见与挑衅,是中国移民相关研究应大力加强的课题。[①]

1885年,地理学家厄恩斯特·莱文斯坦(Ernst Ravenstein)发表的《迁移的规律》("The Laws of Migration")一文,开创了移民研究的先河。至20世纪初,罗伯特·帕克以芝加哥的城市移民为研究对象,进行了大量实证研究,先后提出"社会距离"(social distance)和"边缘人"的概念,以及影响深远的移民同化(immigrant assimilation)理论。[②] 帕克的思考来自齐美尔的"陌生人"理论。帕克认为,产生"陌生"的感觉是由于新的社会环境导致文化认同缺失,产生了"两个或以上个体或其他范畴之间的能察觉到的亲近感的缺乏",这就是"社会距

---

① 李明欢:《20世纪西方国际移民理论》,《厦门大学学报·哲学社会科学版》2000年第4期。
② 关于帕克的移民同化理论,详见第七章第一节。

离"——由于文化隔离等原因,移民与新环境之间存在"社会距离",很多人陷入"边缘人"的境地,被两个世界分割,同时也是两个群体、两个社会的接触点。当一个人"不得不学习两种或多种历史、文化、政治、宗教传统和伦理规则时,他的边缘人格就产生了"[①]——"边缘人"处于两个群体的边缘,表现出过分小心、谨慎、自卑等情绪,亦有不稳定和反社会等倾向,也使社会无序状态伴随着移民过程。

伴随着城市化和大规模社会变迁的进程,中国社会内部不同区域的人口流动和移民问题已吸引了社会学和人类学等领域的关注,其提供的本土经验值得跨文化传播本土研究认真借鉴。譬如,管健等指出,由于群体之间存在差异,新的城市移民群体因社会地位和社会身份而获得污名的现象依然存在,自身在认知和情感上也会对自我和所属群体产生不承认或拒绝的心理甚至产生一种"污名感"、疏离感和自卑感,在认同观方面出现了代际分化的取向。管健还注意到,中国的第一代城市移民能积极应对偏见和负面评价,也有更多的幸福感和满足感,相较而言,第二代城市移民的"污名感"强烈,对现实有更多的欲求不满和挫折感。原因在于,第一代移民倾向于进行内归因,认为自身的受教育状况和生活方式造成了"污名",第二代移民则普遍将"污名"归因于外在,认为是社会或他人的原因造成了偏见和歧视。[②] 近一个时期出现的"杀马特"现象,也部分反映了中国社会因人口移动以及阶层分化导致的认同危机。"杀马特"是英文"smart"的音译,原指喜欢模仿视觉系服饰、妆容的群体,一些"精英人士"、网民和媒体用之形容某些"造型夸张的年轻人"——来自中国各地村镇的成千上万的年轻城市移民,特点是夸张的发型和鲜艳、廉价的服装。"杀马特"追求时尚、前卫的努力,并没有收获"精英阶层"的正面评价,而是被嘲为廉价、俗气,折射出年轻的移民群体在中国城市边缘的尴尬生活状况,以及寻求认同的努力和困境。

值得注意的是,国外移民研究多关注自愿性移民,中国学者对非自愿性移民的研究也是不能忽视的一大特色。譬如,风笑天等曾通过对湖北三峡农村移民的调查,运用多元统计分析方法来探讨影响移民在新环境中社会适应状况的各种因素,特别考察了移民对新生活的适应情况,包括主观感受、心理融合、社区认同等。风笑天指出,移民心理归属的适应是一种并非完全随时间变化的过程,需要在大量的、连续不断的生活事件、生活经历的熏陶和磨砺中逐渐完成,为此,

---

[①] Everett Stonequist, *The Marginal Man*, New York, NY: Charles Scribner's Sons, 1937, pp. 2-3.
[②] 管健、戴万稳:《中国城市移民的污名建构与认同的代际分化》,《南京社会科学》2011年第4期。

第五章 社会互动与认同的建构

"必须认真探索和构建起帮助他们顺利跨越生产劳动适应和心理归属适应的各种机制和条件"①。

族裔散居(diaspora)源于希腊语"diaspeiró",主要用以描述较大范围内的种族或族群的迁徙、流动、移居现象,以及由此产生的与当地居民在社会、经济和文化交流中的适应、冲突和融合等问题。目前,研究者界定族裔散居的主要标准包括:本身或其祖先从一个特定的"中心"向两个或两个以上的"边缘"或外国地区移居;有关于"祖国"的集体意识和共同的神话;自觉没有完全被居住国接受,感觉被部分地间离和隔离;认为祖先的国度是真正的、理想的,是他们及其后代一定要回归的地方;一致认为有责任保护和恢复祖国的安全和繁荣;继续以各种方式与祖国发生关系,而他们的人种社区意识和团结是由这样一种关系来决定的。②

因脱离"本地、本族、父家"而散居在异文化的"夹缝"中,族裔散居的规模、形式、历史动因及其表现出的文化形貌、文化特征等,已成为重要的"问题领域",吸引了不同学科的思考。整体看来,族裔散居的相关研究主要集中在三个方面:散居族裔的认同建构、由族裔散居引起的跨文化传播、全球化语境下的族裔散居问题。其中,认同建构是族裔散居理论的核心问题,涉及对世界格局差异、文化冲突、意义分裂,以及对人类历史上族群迁徙、冲突、共生和融合的反思。在这个意义上,族裔散居也成为跨文化传播学中有关认同研究的特殊议题,涉及族裔散居者如何在疏离和隔膜的环境中依然保持对"祖国"的记忆、"想象"或神话,如何在异文化场景下保持自己的族群意识和文化传统,尤其是,如何与新的文化交融并构建新的认同,等等。

20世纪90年代前后,斯图亚特·霍尔在《新族性》("New Ethnicities")、《族性》("Ethnicity")与《文化认同与族裔散居》("Cultural Identity and Diaspora")等文中提出并完善了以族裔散居为支点的文化认同理论,并借助他对加勒比海地区族裔散居的研究,描述了当代文化认同的普遍境遇。在霍尔看来,族裔散居的认同建构是一种动态、重组和"切割并混合"的过程,与过去和历史是建构关系,是"一种历史中的政治性建构、叙事建构,是以故事、记忆、历史叙事为基础的文化救赎行为。新族性认同的建构,不能固守过去,也不能忘却过去;不与过去完全相同,也不完全与过去不同,而是混合与杂交的认同与差异"③。斯图亚

---

① 风笑天:《"落地生根"?》,《社会学研究》2004年第5期。
② 邹威华:《族裔散居语境中的"文化身份与文化认同"》,《南京社会科学》2007年第2期。
③ Stuart Hall, "Ethnicity," *Radical America*, Vol. 23, No. 4, 1991, pp. 16–18.

特·霍尔还提出了一个族裔散居文化认同理论的参照框架,用以分析加勒比黑人族裔散居的文化认同,并强调:不能把文化认同看成是已经完成的,而应该把认同看成是一种"生产"——永不完结,永远处于过程之中,而且总是在内部而非在外部构成其表征。霍尔的研究指出,有两种同时发生的轴心(axes)或向量(vector)"建构"着人们的认同:一是"相似性和连续性"(similarity and continuity),强调的是历史体验与文化符号;二是"差异和断裂"(difference and rupture),主要强调认同体验,特别是殖民体验的创伤。这两个轴心或向量的实质,是阐释文化认同的同一性和差异性。根据霍尔的观点,必须依据这两者之间的对话关系来理解加勒比黑人的认同,前者是加勒比黑人认同与历史和文化之间的延续关系,后者是加勒比黑人共有的经历——被奴役、流放、殖民化和迁徙。① 总之,加勒比黑人的文化认同过程,就是通过转换和差异,不断生产、再生产更新的自我——在族裔散居的文化空间里,各种异质文化之间相互混合、同化、适应、抵制、选择,形成了一种持续、开放的认同过程。

跨文化传播研究还应关注的是跨界族群(transnational ethnic group)及其认同的建构问题。在这里,跨界族群专指分布或居住于两个或两个以上国家疆域的族群,多是历史上形成的原生形态族群,分布地域被国界分隔但相互毗邻。目前,世界上共有三千多个大小族群,交错分布在两百多个国家和地区。由于跨界族群的生活和行为跨越了两个或两个以上国家的政治边界,族群文化的边界和内涵也无法通过国家疆域进行准确的界定,使得"民族"与"国家"出现不完全重合的形式,加之涉及相关国家的现实政治利益和管辖权利,因此,跨界族群的民族与国家认同极易呈现较为复杂的局面。特别是在历史与现实、自身和外在等因素的影响下,许多跨界族群问题往往被政治化,造成国内局势乃至国际关系的紧张局面。譬如,中东的库尔德人、中亚的俄罗斯人、保加利亚的土耳其人、乌克兰的俄罗斯人等,这些跨界族群的民族与国家认同之间的差异所表现出的影响,在国家或地区关系中有着诸多表现,常常与国际权力政治和地缘政治联系在一起,使跨界族群成为影响国内政治和国家间关系的重要议题。

三、国家认同的定位

相对于族群和民族,国家是一种政治实体,有特定的疆域和主权,以及统一的法律制度、公共文化、经济和政治生活。国家认同内涵复杂,主要体现了民众

---

① Stuart Hall, "Cultural Identity and Diaspora," in Jim Pines and Paul Willemen, eds., *Post-colonial Perspectives on Film*, Hemel Hempstead, UK: Harvester Wheatsheaf, 1993, pp.226-227.

对自己所属政治共同体归属的辨识、确认和选择,以及对国家的政治、社会、文化、族群等要素的期待、评价和情感。国家认同还是一个国家相对于国际社会的角色定位,并作为现代国家的合法性基础,为维系自身的统一性、独特性和连续性提供着基本保障。

  国家认同体现出国内与国际的双重维度。就国内维度而言,国家认同是国民归属感及为国奉献的心理和行为,是国家凝聚力、向心力的重要表现,也是国家治理合法性的重要来源。就国际维度来看,国家认同是国家对自身特性以及在国际体系中的地位和角色的认知,在一定程度上,是一个国家与世界关系的集中写照,反映了"一个现代意义上的主权国家与主导国际社会的认同程度"[①]。国内层面的国家认同研究,主要是把国家作为一种政治、历史、文化、族群等多种因素复合的共同体,认为这些因素之间纷繁复杂的关系影响着国家认同的构建。此类研究大多以某个国家或者地区为个案,从历史、文化、族群问题出发,从理论或者实证角度研究影响国家认同形成与变迁的因素。国际层面的国家认同研究主要是以全球化为背景和分析框架的,其中占据主流地位的观点是:现代民族国家尤其是后发展国家正经受着"去中心化"的巨大挑战,国家的政治支配形式受到削弱,国家不再是认同的最终落脚点,不再具有最高的合法性,这就给各种"去中心化运动"提供了谋求空间和地位的可能性,次国家集团、族群或宗教组织往往诉诸"承认政治"或"差异政治",鼓励民众另觅替代的认同。

  一个时期以来,全球化作为重建世界经济体系、政治格局以及文化形态的重要力量,已成为影响国家认同的重要变量——全球化超越了传统民族国家的权力框架,对国家主权造成了冲击,亦造成了程度不同的认同危机。正如约翰·汤林森(John Tomlinson)指出的,全球化进程必将削弱所有民族国家的向心力,即便是帝国主义时代的权势中心国家亦不能幸免于此。[②] 一些西方国家如西班牙、加拿大、英国等,至今仍面临国家分裂的危险;而对许多尚未完成民族国家建构的后发展国家来说,面临的困境更为严重。必须清楚的是,在一些现代国家形成的历史过程中,民族建构大多是妥协的结果,内部的诸多差异并没有被消灭而是被保存下来。现代化进程凸显了这些差异,如果无法整合这些差异,使各自的公民确立起对国家相对稳固的认同,就必然会使之成为各种"去中心化运动"的生发土壤。

[①] 秦亚青:《国家身份、战略文化和安全利益》,《世界经济与政治》2003年第1期。
[②] 〔英〕约翰·汤林森:《文化帝国主义》,冯建三译,上海人民出版社1999年版,第328—331页。

从民族认同到国家认同

文化认同、族群认同、民族认同和国家认同共存于个体的观念和意识中,均为个人多重认同的重要组成部分。不过,国家认同是基于文化认同、族群认同和民族认同的一种升华,包含着更为鲜明的价值判断,具有持久性和根本性,通常对个体和群体的选择和行为也有较大的影响。

民族认同是国家认同的前提和根基。民族与国家一样,都是特定人群的共同体,对这一共同体中人们相互关系的判断和选择,是民族和国家认同中的核心问题。根据鲁伯特·德·温托(Rubert de Ventos)的观点,四种因素的历史互动形成了民族认同:原始因素(primary factors),如种族、地域、语言、宗教;衍生因素(generative factors),如现代军队和中央集权制的建立、通信和交通技术的发展、城市的形成等;诱导因素(induced factors),如官方语言和语法汇编、国民教育体系的建立、官僚体制的建立;反应因素(reacative factors),如被占统治地位的团体或制度化的机器压迫所引发的、基于集体记忆而产生的认同。[①] 由此来看,与国家认同一样,实践中民族认同的构建,离不开政治与文化的努力,都是民族国家通过政治与文化的动员来建构"共同意义"的过程。这里的"共同意义"即是民族以及国家的定位,乃至国家的理想。任何民族都有自己稳定的"效忠对象",这就是国家;作为"效忠对象"的国家,也需要为民族的生存、发展提供必需的生存空间和理想信念。

中国近代学者提出的"国性论",较早阐述了民族认同与国家认同的关系。1912年,梁启超在《国性篇》一文中提出了"国性"的概念,指出"国性"是一国立国的根本,一种异于他国的特性,也是一种"以界他国而自立于大地"的民族认同和国家认同。梁启超认为,国性一旦衰落,"其国人对于本国之典章文物纪纲法度,乃至历史上传来之成绩,无一不怀疑,无一不轻侮,甚则无一不厌弃;始焉少数人耳,继则弥漫于国中,及其横流所极,欲求片词只义足以维系全国人心者而渺不可得。公共信条失坠,个人对个人之行为,个人对社会之行为,一切无复标准,虽欲强立标准,而社会制裁力无所复施,驯至共同生活之基础,日薄弱以即于消灭。家族失其中心点,不复成家族;市府失其中心点,不复成市府;国家失其中心点,不复成国家;乃至社会一切有形无形之事物皆失其中心点不复成社会。国中虽有人亿兆,实则亿兆之独夫偶集于一地域耳,问所以纲维是而团结是者无

---

① 转引自〔美〕曼纽尔·卡斯特:《认同的力量》,曹荣湘译,北京:社会科学文献出版社2006年版,第34页。

有也"①。严复在1913年也撰文指出,"大凡一国存立,必以其国性为之基。国性国各不同,而皆成于特别之教化,往往经数千年之渐摩浸渍,而后大著。但使国性长存,则虽被他种之制服,其国其天下尚非真亡",正是这种国性,使一个民族能"自拔于艰难困苦之中,蔚为强国"②。

不管是在观念中还是在政治实践中,民族认同都与国家紧密相关,不能离开国家而独立存在。正如徐迅指出的,"民族国家的起源要有文化的正当性。民族国家是在'民族'的基础上建立的。那么,只有当一部分人对'民族'认同,才能对国家认同。也就是说,民族认同是民族国家合法性的文化来源"。进一步说,民族国家需要社会成员提供忠诚——"所谓忠诚,就是共同体成员对'国家'这个符号的认同,以及在认同基础上的支持。这种忠诚之所以可能,在于民族这个'臆想的共同体'确实满足了一种心理需要,即人要找出并知道他们自己在这个世界上的确定位置,并希望能归属一个有力的集体"③。譬如,由于美国移民以族群为单位形成了一个个"飞地",为建立美国社会不同族裔之间的文化纽带,美国早期思想家凝练出的"所有人的尊严与平等的理想,人的不可剥夺的追求自由、公正与机会的权利"成为"美国信条"(American Creed),也成为美国政党和政府塑造国家认同的主要手段。在这里,"美国信条"构想的"是一个由自己选择并对自己负责的由个人组成的国家,而不是一个以不可侵犯的族群为基础的国家。宪法保障的是个人权利而不是群体权利"④。值得注意的是,美国政府一直坚决反对任一海外迁入的群体在合众国建立自己的族群区域,因为这将造成国家内部的离心力,同时也长期贯彻一个政策思路:各个群体的国家认同取决于它们对自己共同利益的关注程度,取决于它们的共同需求的强度以及与环境的关系,"只有那些被他们视为生活中必不可少的、重要的或至少是有用的东西,才能使他们团结起来,抵御来自内部和外部分歧的影响"⑤。

相比民族认同,族群认同与国家认同有较大的区别。族群总是属于某个国家,国家一般都包括多个族群,族群与国家的关系不是对等的,而是"个体"与整体的关系。族群认同是在族群聚居的社会生活中自然形成的,而国家认同则由国家通过政治社会化的进程逐步建构而成。族群认同往往先于国家认同而出

---

① 梁启超:《国性与民德》,上海远东出版社1995年版,第153页。
② 严复:《读经当积极提倡》,严复:《严复集》第二册,北京:中华书局1986年版,第330页。
③ 徐迅:《民族、民族国家和民族主义》,李世涛主编:《知识分子立场》,长春:时代文艺出版社2000年版,第26页。
④ Alain Gagnon and James Tully, *Multional Democracies*, New York, NY: Cambridge University Press, 2001, p.29.
⑤ Karl Dectsch and William Foltz, *Nation Building*, New York, NY: Atherton, 1963, p.41.

现，现代民族国家是通过地域领土、中央权威和政治法律规范而实现的包容众多族群的历史建构。这里重要的是，在世界不同国家，各个族群之间在社会地位、文化影响力以及财富和资源的分配上存在很多差异，这就使各族群成员在思想观念、价值取向和行为选择上容易出现分层与分化，甚至会在各种复杂势力的干扰下面临新的冲突，从而出现族群认同超越国家认同的现象。

一个时期以来，因族群问题导致的极端主义、分裂主义和恐怖主义等现象在不同国家的蔓延，呈现了协调族群认同与国家认同之间的关系的意义所在。钱雪梅认为，族群认同对国家认同是有依赖性的，"它要么在抵抗现存国家认同的斗争中强化自己，要么从属于国家认同而存在，要么则导向新的国家认同"。在政治实践中，当今世界没有任何族群或族群成员能够离开国家而独立生存，无论是在政治安全和经济依赖的意义上，还是在地理学的意义上，概不例外。钱雪梅还有一个观点："族群认同与国家认同的长期并存不仅是世界真实的历史，也是我们真实的未来"，不过，这并不意味着必然有冲突发生，"首先，只有个人才是认同的真正主体，无论在理论上还是经验中，多重认同始终统一存在于我们每个人的意识之中，族群认同和国家认同只是多重认同中的两个组成部分；其次，我们无从改变二者并存的客观事实，但却可以努力改变自己对待这一事实的态度，进而影响和引导对方的积极反应，启动良性互动的共生关系"[1]。

就多族群国家的国情而言，诉求国家认同应以尊重族群认同为前提，族群认同亦可借助国家认同实现不同族群之间的合作与共赢。汪晖还指出了这一议题上中国国情的特殊性：中国是当今世界唯一将以往帝国的地域、人口、文化和政治统一保留下来的主权国家，这是西方难以理解的"例外"——由于缺少对中国历史和传统的理解，缺乏对中国多族群共存、融合并保持各自特性的现实体验，中国的民族区域自治制度很难得到西方学者的理解，因为"按照西方建立民族国家的逻辑，中华帝国或者现在的中国应该裂解为不同民族分别建立的多个民族国家"[2]。

国家认同的危机与思路

面向全球社会，民族国家的作用及其作为公民核心认同的标准，都在发生向着弱化抑或多元化的变迁。曼纽尔·卡斯特描述了这一趋势：随着全球资本、货物、服务、技术和信息的流通，国家对时空的掌控越来越弱——国家通过弘扬传

---

[1] 钱雪梅：《从认同的基本特性看族群认同与国家认同的关系》，《民族研究》2006年第6期。
[2] 汪晖：《多元民族一体并存的中国》，www.sociologyol.org，2008年5月27日。

统、建构和重构民族认同以求捕获历史时间的努力,受到了由自主性主体界定的多元认同的挑战,国家通过向区域和地方下放行政权力以求重建合法性的努力,反而因其更亲近于政府、疏离于民族国家的新式民众,而强化了离心的趋势,"'民族国家'——这个现代的历史产物,它的权力似乎正在衰落当中,更精确地说,是权力而非影响力(influence)的丧失"①。

亨廷顿则把文化与族群多元化的趋势看作是对美国国家认同的威胁,他的主要观点是:美国正日益成为一个多文化和多族群的社会,文化和信念因素向美国国民身份和国家认同的前景提出了挑战,虽然美国在不断更新"共同享有的国家认同感、国家目标和文化价值",但分裂是不可避免的,这就使美国国民身份和国家特性面临着四种前景,"意识形态的、分成两权的、排他性的以及文化性的。未来的美国实际上很有可能是这些以及另一些可能的特性的混合物"②。相比美国等西方国家,后发展国家面对的国家认同危机更为复杂、多元。白鲁恂(Lucian Pye)认为,现代转型国家存在多种危机,包括认同(identity)、合法性(legitimacy)、政府权力渗透(penetration)、参与(participation)以及分配(distribution)等,其中最基本的是认同危机,"多数新兴国家之中,从部落到种姓,以及种族或语言群体等各种传统的认同,都会与一种更大范围的民族国家认同的意识冲突……这种认同危机还涉及如何解决传统遗产与现代习俗的冲突,以及在地方性观念与世界惯例之间的选择"③。

依据不同国家的经验,国家认同的建构有赖于对文化领域的实践进行制度化干预,帮助不同族群成员在公共权力、仪式符号、节日庆典的日常参与或体验中,超越各种相对狭隘的族群认同形式,从而建立起对于国家政治权威、公共制度乃至历史文化共同体的认同。毕竟,现代意义上的文化与国家不可分离,没有统一的文化就没有统一的国家,国家也需要其成员具备相同的文化特征,并依赖特征一致的道德热情和社会认同来激励和约束这些成员。正如玛格丽特·摩尔(Margaret Moor)指出的:"要想创建一个共同的政治事业,必须先承认不同的身份。国家的政治文化必须尽可能地包容不同群体的传统,确保在整个民族的历史中也有它们的历史。"④就世界各国的实践来看,这种努力通常是以"民族文化

---

① 〔美〕曼纽尔·卡斯特:《认同的力量》,曹荣湘译,北京:社会科学文献出版社2006年版,第283页。
② 〔美〕塞缪尔·亨廷顿:《我们是谁?》,程克雄译,北京:新华出版社2005年版,第17页。
③ Lucian Pye, *Aspects of Political Development*, Boston, MA: Little Brown, 1966, p.63.
④ Margaret Moor, "Liberal Nationalism and Multiculturalism," in Ronald Beiner and Wayne Norman, eds., *Canadian Political Philosophy*, New York, NY: Oxford University Press, 2001, p.190.

建构"的面目出现的,即在主权疆域内实行统一的文化政策,包括推广和使用统一的语言和教育体系,使全体国民与国家仪式、象征物、民族英雄和历史遗迹等连接起来。这种努力也往往被视为一种"同化"活动——适度的"同化"是主权国家发展共同文化和培育向心力的基础和前提。当然,过于激烈的"同化"会造成破坏性的后果,比如苏联曾奉行的"语言同化"(linguistic assimilation)、加拿大推行的"盎格鲁化"(Anglo-conformity),以及美国针对印第安人的"唯英语教育"(English-only)等,虽然在一定时期对族群融合产生了作用,但其剥夺少数族群文化权利、漠视其文化身份的实质,也造成了极大的族群张力并直接导致国家认同的危机。

有关族群认同与国家认同关系的讨论,还有一个长期不决的争议:是否要通过忽视、压制乃至消除族群差异的方式,打造统一的政治共同体和"国族",以实现国家的同质性建构。1991年,霍布斯鲍姆在《民族与民族主义》(*Nations and Nationalism*)一书中总结了1780年以来人类历史的各种教训,其中有句话意味深长:"根据逻辑推演,如果想要创造一个国界与民族和语言疆界完全契合的国家,似乎就必须把境内的少数民族加以驱赶或根绝。20世纪40年代之后,在各国境内实行的种族屠杀,就是上述逻辑所带来的结果。"①无论如何,单一制国家内部不同族群的文化差异是难以从根本上消除的,国家认同建构必然会受到各个族群的人口、地理、文化等诸多因素的长期影响。对于多族群国家而言,凝聚不同族群不能仅依靠制度化的干预手段,还需在权利保障和利益公平分配的基础上,以恰当的方式保持不同族群的个性与特质。

作为一个族群构成复杂的民族国家,自近代以来,中国的国家认同问题在国家政治生活中的极端重要性一直较为突出。特别是20世纪后期以来,中国经历了政治、经济和文化领域的空前变化,不同族群之间的利益多元化、认同多元化、价值观多元化趋势日益明显,国家认同也因此内含着一定程度的隐忧。马戎就此提出了一种有关国家认同建构的"新思路":汉族与少数族群之间的系统性制度化区隔,不利于中华民族认同的构建,因为文化群体的地域性和封闭性往往是狭隘的文化认同的基础,突破其地域性和封闭性的局限则是建立国家认同的入口。中国应当借鉴美国、印度、苏联等处理本国种族、民族问题的策略与教训,把新中国成立至今在民族问题上的"政治化"趋势转变为"文化化"的新方向,培养

---

① 〔英〕埃里克·霍布斯鲍姆:《民族与民族主义》,李金梅译,上海人民出版社2000年版,第130页。

和强化"民族—国民意识",逐步淡化族群意识。①

还要看到,围绕着国家认同产生的矛盾和冲突,与国际、国内社会的权力格局密切相关,与民族国家的政治意识形态以及国家体制、法律制度和公共政策等密切相关。对多族群国家而言,要尊重和保护少数族群的历史、文化和合理的利益诉求,唯此,"族群认同才不必成为人们唤起群体情感来凝聚内部的团结力量以反对外部真正的或虚构的对手和敌人的象征,或者成为反对国家压迫、帝国主义势力的象征"②。少数族群也应接受社会现实,用"正确"的方式寻找自己的位置——为避免新的冲突和可能的灾难,必得从大局出发看待自身群体的历史与未来,以及自身与其他族群的利益分歧,由分离走向对话与合作,否则,就可能使自身从"想象的边缘"继续滑落,走向难以逆转的"事实的边缘"。

---

① 马戎:《理解民族关系的新思路》,《北京大学学报》2004年第6期。
② 陈志明:《族群认同与国家认同》下篇,罗左毅译,《广西民族学院学报》2002年第6期。

第六章
文化的认知体系与文化心理研究"路线图"

文化与心理密不可分。文化塑造了人类生活最基本的层面,人们许多重要的心理过程就是由文化塑造的。作为心理学概念的文化,既是人类心理建构的中心角色,也是个体的具有某种共性的一种"集体心理程序"(collective programming of the mind),决定了个体的感知、思维与态度,继而决定了人们的认知结构和行为模式。跨文化传播的行为体各有复杂的情感、意志和动机,这些心理机制都是基于文化的人类特殊活动形式,深受它赖以存在的历史和文化传统的制约。由此而言,跨文化传播研究与心理学结合的基本目标,是对特定的文化形态和文化模式做出积极回应,在考察人类行为的"集体心理程序"的基础上,把握人类认知的差异以及不同文化人群的潜在的、各自不同的心理过程。

在文化生成、发展的过程中,不乏心理因素的影响。西方知识界对文化与心理的关系的认识,主要存有三种理论立场:进化观、心理需要论和人际交往论。进化观是从人类进化的角度审视文化,认为相互支持、相互帮助有利于人类的生存与繁殖,所以,人类倾向于形成促进社会团结的共同信念、行为和准则,使促进人类生存、繁殖、抚养后代的合作行为获得了适应性优势,并由此逐步奠定了文化的基调。心理需要论强调,人的心理活动特别是心理需要与文化生成之间具有密切关联,由于文化能够通过提供一系列使人获得积极评价的规范和观念来调节人类的忧郁、焦虑等情绪,保证了文化的规范与观念体系的产生和延续。人际交往论认为,文化及定义文化的规则是人际交往的"副产品",人与人的交往可以建立直接的心理联系,能够在一系列的行为和信仰问题上相互影响,促进彼此的社会化过程,导致有着不同信仰和行为的文化群体的出现。

文化心理是文化模式的核心,认知则是构成文化心理的核心内容。研究不同文化、民族的认知差异,是民族心理学、文化心理学研究的传统内容,也为跨文化传播研究展示了一个重要的知识领域。不同文化有着不同的认知体系,最突出的表现就是根据自己的心理结构或经验去解释、理解客观世界中的各种事物。在这里,认知体系可被视为一个文化群体评价行为和事物的标准,这个标准存在

第六章 文化的认知体系与文化心理研究"路线图"

于人的内心,通过态度和行为表现出来,决定了人们的生活目标和生活方式。文化的弱点和局限性也主要隐藏在认知体系中——人类社会面对的现实具有无限多样的内容,人们并不能真实地把握这些"现实",是文化给人们提供了认知的尺度和边界。

无论是初级的感知,还是较高级的思维、态度等认知活动,都需要建立在一定的心理结构和经验基础之上。不同文化群体及其成员也必然受到文化环境、生活方式、生活经验的制约,表现出各不相同的认知特点,展现着不同的感知、思维和迥然有别的行为模式。马林诺夫斯基就此指出:"如果我们要探究文化行为的难题和复杂性,就必须将它们与人体的机体过程和行为的伴生现象,即我们所谓的欲望或动力、情感或生理不安相联系。后者又因为种种原因而必须受文化设置的节制和协调。"[①]心理学与文化人类学领域的研究还证实,虽然人类不同族群在深层心理、潜意识、心智结构与基本思维类型上大致相仿,但都是根据自己的心理结构或经验去解释、理解客观世界中的各种物象,不可避免地,定势与偏见等认知现象层出不穷。缘于此,文化与传播领域的各种研究取向有一个共同的目标,就是最大可能地消解人们对异文化的定势与偏见,如本尼迪克特指出的,现代幸福文明亟须建立的是认识偏见的文化基础,"有必要达到这样的一种成熟程度,即不再把我们的信仰同我们的邻族同胞的迷信相对立"[②]。

长期以来,西方心理学坚持研究者在研究中的价值中立原则并确立了实证方法的统治地位,以逻辑分析、客观数据和精致的实验设计为其显著特色。不过,这种方法论立场强化了心理学研究对象的"自然化"倾向,即把当代西方的社会形式和心理当作是整个人类的代表,进而不可避免地忽视了人类心理的文化品性,更使世界范围内的心理学研究呈现出一种分裂状态。心理人类学、跨文化心理学、文化心理学以及本土心理学是心理学与其他学科交融后发生的"文化转向"之产物,重新确立了文化在心理及行为研究中的作用,并使人文主义的心理研究取向逐步复兴,使心理研究能够更为完整和协调地发展。其中最值得关注的是本土心理学立足于本土文化,回归研究对象的真实场景,把握心理行为多样化的学术主张。为揭开人类文化的神秘面纱,这也是跨文化传播本土研究需要关注的重要领域。

---

① 〔英〕布罗尼斯拉夫·马林诺夫斯基:《科学的文化理论》,黄建波等译,北京:中央民族大学出版社 1999 年版,第 79 页。
② 〔美〕露丝·本尼迪克:《文化模式》,何锡章等译,北京:华夏出版社 1987 年版,第 3、9 页。

第一节　认知的基础:感知与思维方式

认知通常是指个体对客观事件及其关系进行信息处理从而认识世界的过程,反映了人们获取知识和解决问题的能力,主要包括感知、记忆、表象、思维等认识活动,与情感、动机、意志等心理活动相对应。认知也是人们对环境、他人及自身行为的看法、信念、知识和态度的总和。依靠认知,人类才得以有选择地接受周围世界的信息,对客观世界的刺激做出反应。

在跨文化传播学的视域下,感知和思维方式构成了认知的基础。感知由感觉与知觉组成,是人类认识外部环境乃至客观世界的最基本的认知形式,思维方式则反映了特定文化在历史发展中形成的较为固定的元认知模式。爱德华·斯图尔特指出,分析人类思想的传统方法是从三个方面展开的:感觉、知觉和思维。其中,感觉和知觉位于表层,和对外部世界的理解相关;思维则显示着深度,是"一种控制变通性并找寻意义的智力活动"。总之,"当感觉—知觉—思维的过程形成一条不间断的链条时,我们可以清楚地区别处在表层的感觉和发生在大脑最深层的思想活动"[①]。不可避免地,不同的文化体系决定了不同的感知和思维方式,亦制约和决定着不同的文化在认知、观念等各个层面的差异。

一、影响感知的文化因素

在一般意义上,感知是指人通过感觉器官对外部信息进行选择、组织和解释的过程。在跨文化传播研究的视域中,感知还是人们建立世界观的首要机制,世界观也为人们的感知提供了一定的基础。[②]

感知是感觉与知觉的总称。感觉反映了事物的个别属性,比如形状、颜色、大小、气味、轻重,等等,这些信息保持了机体与环境的信息平衡。人类认识世界就是从感觉开始的,人类生活于其中的世界也是一个充满感觉的世界。据统计,人的眼睛能够分辨大约750万种可区别的颜色,人的耳朵能够对34万种可鉴别的声音做出反应。知觉是人脑对各种感觉信息进行组织和解释的过程,包含了相互联系的几种功能:觉察(detection),即察觉到事物的存在;分辨(discrimination),即把一种事物或其属性与其他事物或其属性相区别;确认(identification),

---

[①] 〔美〕爱德华·斯图尔特等:《美国文化模式》,卫景宜译,天津:百花文艺出版社2000年版,第23—28页。

[②] Larry Samovar and Richard Porter, *Communication between Cultures*, Belmont, CA: Wadsworth, 2004, pp.79,85.

第六章　文化的认知体系与文化心理研究"路线图"

利用已有知识经验和当前信息,确定知觉的对象,将其纳入一定的范畴。

将感觉和知觉结合来看,感知也是一种人把外部世界的物理能量转化为有意义的内在经验的过程。人际交往中的感知依赖人们的感官,是通过倾听、观看、触摸等与他人互动的行为所接收到的各种信息,以及由信息形成的相互印象,还包括人们对信息的不断整理与选择。这也表明,交往中的感知是双向的共享信息的传播过程。正如乔治·米德所说,人类心灵符号的互动是人与人发展关系的原始动力,互动提供了我们对他人的感知,也提供了他人对我们的感知。萨拉·特伦霍姆(Sarah Trenholm)等还将人际交往中的感知划分为四个步骤,认为这四个步骤之间的联系构成了人们获知信息的主要过程:确定处境——传播中的人要确定自己的处境,以消除心理障碍;品评他人——明白与自己交往的人是谁,有些什么样的特征;判断关系——确定在自我与他人之间,存在着何种关系;解释行为——找出双方互动行为的原因。[1]

感知的世界同真实的世界不是完全一致的,感知完全一致的人也是不存在的。这是因为,感知不是一个独立的心理过程,而是与注意力、思维、语言、学习、记忆、情感等相互作用、相互影响。由于每一个传播者和接收者都具有独特的经验,人们也总是倾向于运用已有的经验和需要进行感知。更为重要的是,人在用感觉器官接受信息时,并非对环境中的一切刺激都悉数接受,而是带有相当的选择性。以生理为基础的感觉尚且如此,纯属心理作用的知觉经验对知觉刺激的选择就可想而知了。

影响感知的主要有以下几种因素。

第一,人们的生理特征和身体状态会影响感知。比如,同样是面对一个外部世界的图像,近视、远视或色盲的人会有不同的感知。再如,黄种人与白人的眼睛与肤色一样,都有明显的区别,相比之下,黄种人的视野略广于白人,黄种人的色盲比白人少——有学者做出统计,黄种人男性患色盲者占4%—5%,而白种人高达8%—9%。

第二,环境。环境对感知的影响包括两个方面。首先,人们所处的自然环境影响着人们的感知。比如,北极地区的人对雪的感知,一定会与赤道地区的居民有很大差异,赤道地区的人对雨和阳光的看法,也会与极地的人有很大的区别;沙漠和雨林地区的人们对水、绿色、沙漠的感知也会全然不同。中国翻译界有名的"东西风之争"就是一例——东风在中国人看来和煦温暖,代表着春天和美好

---

[1] Sarah Trenholm and Arthur Jensen, *Interpersonal Communication*, Belmont, CA: Wadsworth, 1996, pp. 159-170.

的事物;而在英国人那里,东风凛冽刺骨,西风才带着温和的暖意。其次,人的感知容易与自身所处的特定时期、特定文化背景和特定的情感联系起来——这里的环境因素也可称"境遇"(situation),指的是人置身其间的整体传播环境。在不同的境遇中,人对外部世界的感知是不同的。适宜的环境能使人心情舒畅、精神振奋,困苦的环境往往使人心情沮丧、精神抑郁。

第三,语言。语言与感知互相依存,人的大多数感知是通过语言得以学习、储存和记忆的。语言不仅仅是一种传播工具,还指引着人们感知的道路,人们在特定文化背景下形成的观念与行为模式,先验地受制于他们所使用的语言。

语言的认知研究分为两个方面:一是基于心理学的研究,注重语言的感知、语言理解、记忆、注意力、推理等;二是基于语言学的研究,注重语言的形式、语言符号的意义、意义与外部世界的联系等方面的问题。20世纪20年代,萨丕尔首先提出,语言的作用不仅是传递信息,而且是在实际生活中塑造人对客观现实的感知,即语言结构能决定使用者的思维方式,也决定了人们观察世界的不同方法——对于同一个事物,使用不同语言的观察者会说出不尽相同的内容,"语言和我们的思路不可分解地交织在一起,从某种意义上说,它们是同一回事。基本的思维结构并不显出有重要的种族差别,所以语言形式的无限变异,也就是思维的实在过程的无限变异"①。在萨丕尔看来,人类并不只是生活在一个客观的世界中,还生活在语言的掌控之中——语言已成为社会的表达中介,"真实世界"在很大程度上无意识地建构于一个民族的语言习惯之上。②

萨丕尔还有个观点:观察者之所以会针对同一事物提取出不同的信息,原因在于各种语言不同的习惯和语法结构;人们会倾向于认为只有自己的语言突出的信息才是最重要的,才代表了事物的客观真相;这样一来,语言便在无形中对客观世界进行了不同的分割,导致了不同文化形态的出现。通过研究北美霍比人(Hopi)的语言,萨丕尔的学生本杰明·沃尔夫(Benjamin Whorf)发现:霍比人的社会中不存在名词,也没有印欧语系中普遍存在的标准动词词形的改变。沃尔夫由此猜测:霍比人对世界的体验与北美白人有着根本差异。沃尔夫分析认为,人的社会生活与语言之间存在着一种内在联系,每一人群都会发展出用以解决实际问题的语言工具,不同文化看待世界的差异即是源于不同的语言。他还得出了一个重要的推论:霍比人的文化和环境塑造了霍比人语言的形式;霍比人

---

① 〔美〕爱德华·萨皮尔:《语言论》,陆卓元译,北京:商务印书馆1985年版,第195页。
② 〔美〕爱德华·萨丕尔:《萨丕尔论语言、文化和人格》,高一虹等译,北京:商务印书馆2011年版,第97页。

第六章 文化的认知体系与文化心理研究"路线图"

又为霍比语言所塑造,并逐渐形成了霍比人对客观实在的感知。

萨丕尔和沃尔夫的研究被后人称作"萨丕尔—沃尔夫假说"(Sapir-Whorf hypothesis),并认为它奠定了"语言相对论"(linguistic relativity)的基础,为解析语言符号及其传播提供了重要启发,也为理解人类文化提供了独特视角。这一"假说"的基本观点是:语言的差异造就了文化的差异,语言的范畴决定着人们如何知觉世界,也决定着人们如何思考世界以及如何对世界加以分类;语言在不知不觉中决定着人们对世界的感知方式,同时语言的局限也成为人们认识世界的局限。进一步说,语言的面貌决定着世界的面貌,语言就像是一块带有颜色的不甚平整的透明镜片,镜片中的一些成分如词汇量、词汇分类、句法等,会使客观实在的形象发生扭曲,颜色也会发生变化,如沃尔夫所说的,语言使用者是"沿着本族语言所规定的路线对大自然进行剖析"①。

第四,文化。隐藏在文化深层结构中的文化诸要素对感知的过程和结果具有本质性的影响,限制并规定了人们感知世界和形成观念的过程,尤其是影响着人们对外部感觉材料的判断和选择,即如何为感受到的刺激赋予意义。20世纪50年代,詹姆斯·巴格比(James Bagby)做过一项有关文化背景对感知影响的实验。根据实验设计,他找来了一组来自墨西哥农村的孩子,以及一组来自美国主导文化的孩子,各12人,均为6男6女。至于测试内容,是让这些孩子在极短的时间内看10组立体图片:通过一种类似望远镜的设置,一只眼看到的是关于美国文化的图片,另一只眼看到的是关于墨西哥文化的图片。从测试结果来看,这些孩子大部分会根据各自的文化背景来报告他们看到的画面,譬如,在看一组棒球和斗牛的图片时,墨西哥孩子看到的是斗牛,美国孩子看到的是棒球赛。② 结论很明显,这些孩子是根据自己的文化背景做出判断的,他们倾向于选择自己熟悉的事物。

萨默瓦等学者还概括了对感知产生直接影响的五种文化因素,包括信仰、价值观、态度系统(attitude systems)、世界观和社会组织(social organization)。③ 根据这一研究,感知算得上是文化的结构特征,不同文化中的人们都以自己特殊的方式去感知世界——即使是同一种声音,同一种色彩,同一种气味,不同文化中

---

① 〔美〕理查德·格里格等:《心理学与生活》,王垒等译,北京:人民邮电出版社2003年版,第238页。

② James Bagby, "A Cross-cultural Study of Perceptual Predominance in Binocular Rivalry," *Journal of Abnormal and Social Psychology*, Vol. 54, 1957, pp. 331-334.

③ Larry Samovar and Richard Porter, *Intercultural Communication*, Belmont, CA: Wadsworth, 1994, pp. 14-16.

的人们也会产生不同的感知。

二、思维方式的中西差异

思维(thinking)是认知的高级阶段,借助语言、表象或动作而实现,是以已有知识为中介,对各种感知的信息进行深层次加工并对客观事物做出概括的过程。通过思维,人们才能揭示事物之间的联系,形成并利用概念进行判断、推理。思维方式(mode of thinking)是指思维的习惯或思维的程序,以概念、判断、推理等形式反映客观世界,深刻地影响着认知,也是指引人们行为的主导性文化要素。在跨文化传播学的视域下,思维方式也是一个文化独有的把握世界的方式,具有极强的稳定性,历千百年绵延不止,能够在每一文化成员的行为中和不同的生活领域中表现出来。

思维方式的形成,首先受到生理基础特别是脑结构的制约和影响。譬如,生理学研究发现,惯用右手的女性的胼胝体峡部比惯用右手的男性的同一部位约大20%。胼胝体是左、右大脑沟通的主要桥梁,女性胼胝体峡部比男性大,使女性在语言及视觉信息的处理和左右脑的相互沟通方面比男性更占优势。相比生理基础,对思维方式更为重要的影响,则来自历史传统、哲学思想、语言文字等文化要素。

第一,历史传统和生活方式对思维方式的产生和延续具有根本影响。譬如,早在西周时期,基于大陆多样的地理环境和农业社会经验,中国就有"先王以土与金木水火杂,以成万物"的说法,表明当时的思想者已经把"天、地、人"统一起来考虑,《周易》中的天人协调、崇德利用、神道设教、中和思想等理念,更体现了中国文化的整体思维方式,与其他文化的思维方式有着起点上的不同。再如,尽管美国人与英国人在文化上很接近,但美国人更强调以经验事实为依据的归纳法和实用主义,这种思维方式也与美国的历史传统有关。美国是一个移民国家,早期移民多是为了摆脱旧大陆各种思想上的束缚,到新大陆来寻求自由的。这片广袤新大陆上严酷的生存环境,让人们面临着许多意想不到的问题,逐步形成了实用主义(pragmatism)的思维方式并延续至今。至于生活方式的影响,梁漱溟在分析中、西、印文化差异时有一个观点:文化乃是生活的样法,而意欲的不同决定了生活样法的不同,中国文化的特征是"调和持中的态度",不同于西方人"向前的要求"和印度的"禁欲的态度",与之相应,中国人思维方式的基本特征有着不同于西方理智分析的直觉。[1]

---

[1] 梁漱溟:《东西文化及其哲学》,北京:商务印书馆1987年版,第53—56页。

第六章 文化的认知体系与文化心理研究"路线图"

第二,哲学思想中包含着大量认识论和方法论,不同的哲学造就了不同的思维方式。思维方式的实质,是从认识论和方法论的角度对文化和其他实践活动的一种抽象。在古希腊时期,知识精英崇尚智慧、思辨和真理,寻求有关世界整体及万事万物的知识,亚里士多德所说的"哲理的探索起源于对自然万物的惊异"也影响甚远,形成了古希腊人"为了知而追求知识,并不以某种实用为目的"的哲学思想,也促生了以寻求理性解释而非以实际经验为依托的逻辑思维方式,以及探索天文、气象、物理和数学等自然奥秘的理性传统。以三段论学说为基本内容的亚里士多德的逻辑思维就是以"求知"为目的,所要回答的是"世界和万事万物究竟是什么""它的原因和道理是怎样的"等问题。重要的是,关于这些问题的结论必须借助严格有效和普遍适用的认知方法,由客观依据得出。

在随后的西方历史中,笛卡儿、康德、培根等接续了古希腊的传统,形成了两种对西方文化影响深远的思维方式:归纳推理和演绎推理。其中,作为经验主义的代表人物,培根在哲学上概括了自然科学的成果,提出了认识始于经验的基本原则,创立了归纳的科学方法论,为实验科学的发展开辟了道路。培根认为,归纳法是认识自然真理的真正道路,是探索自然奥秘和避免各种假象的唯一科学方法。与培根不同的是,理性主义的代表笛卡儿要求把一切"放在理性尺度上校正",用理性作为改造一切、判断一切的准绳。笛卡儿的认识论和方法论主要由理性直觉和演绎法两个阶段构成,他肯定演绎推理具有必然性,但演绎推理的结论是否确实可靠,取决于演绎推理得以进行的前提是否正确——获得这种正确观念的唯一途径就是理性直觉,不证自明的真理只能来自理性自身。

就中西哲学比较而言,一个普遍的看法是:中国思想家一直未能从感性体验上升到真正抽象的高度,也就未能建立起完全脱离感性经验的绝对知识。弗朗索瓦·于连(Francois Jullien)注意到,"希腊优先看重模仿关系(特别是感觉与观念之间的关系)而很少注意物中间的关联,而在中国则相反,不是挖掘表象性,而是在关联的基础上建立对世界的看法",因而"从最普遍的意义上讲,中国思想的确是一种关系性的思想","与中国世界的关联结构相对的是一个自在的孤立,即原则和本质的世界。……这并不意味着中国思想不曾有抽象化,而是说中国思想并不能够通过抽象化建立本质的形态"[1]。贺麟还有观点:"宋儒,无论朱陆两派,其思想方法均系我们所了解的直觉法。换言之,陆王所谓致知或致良知,程朱所谓格物穷理,皆不是科学方法,而是探求他们所谓心学或理学亦即我

---

[1] 陈汉生:《中国古代的语言与逻辑》,北京:社会科学文献出版社1998年版,第39—64页。

们所谓哲学或形而上学的直觉法。"①牟宗三则认为,西方文化是一个"智"的文化系统,背后的基本精神是"分解的尽理之精神",是一种"方以智的精神",相比之下,中国文化是一个"仁"的文化系统,基本精神是"综合的尽理之精神",是一种"圆而神的精神"。②

第三,语言是人类思维的工具,人类语言的差异深刻影响了思维方式的发展。任何思维活动都离不开语言,人类思维的过程就是对语言进行操作的过程:一方面,人们通过词汇与句子按一定的模式进行思维,语法结构就是人类思维逻辑规则的表现,呈现了思维方式的差异;另一方面,语言又是思维的实现,人们既不能在语言之外进行思维,也不能在思维之外运用语言。思维与语言是相关和一致的,语言影响了思维的过程和结果,语言的局限也决定了思维方式的局限。约翰·赫尔德(Johann von Herder)就认为,语言和思维相互依存,民族的思维方式只能通过他们各自的语言才能被正确地理解,思维方式是由不同民族各自的语言表达方式决定的,"语言可以说是知性的自然器官,对于人类心灵它是一种必要的器官,就像初民敏感的心灵离不开眼睛,蜜蜂筑巢离不开本能一样"③。

在将汉字与西方字母文字比较之后,一些学者发现:虽然中西文字在初创时期均有同根"象形"的共性,但在文字演变的过程中,西方文字渐渐抛弃了"象"而成为拼音文字,而汉字保留了"象"的特征而成为形声义融为一体的文字。所以,汉字与汉语语法对世界的反映体现出直观的特点,比较适合形象思维;相比之下,欧洲的字母文字更适合抽象、逻辑的思维方式。张东荪指出,由于中国语言的"主语与谓语不能十分分别","必导致不但没有本体论,并且还是偏于现象论",所以"《周易》也罢,《老子》也罢,都是注重于讲 Becoming 而不注重于 Being。这固然是中国哲学的特性,却亦是由于中国言语构造上不注重'主体'使然"。张东荪还指出了中文的构造对思维方式的影响,"中国的字是象形文字。因此中国人注重于观象,因象而取名",西方人总是直问一物的背后,中国人则只讲一个象与其他象之间的互相关系,可见中国自来就不注重"万物有无本质"这个问题。张东荪认为,这种思想的差别体现在逻辑或推论方式上就是:西方所谓的三段论法就是推论,中国人却不用这样的推论,只用"比附"(analogy)即类推逻辑。④

1949 年,卡尔·普里布拉姆(Karl Pribram)在《冲突的思维方式》(*Conflict-*

---

① 贺麟:《哲学与哲学史论文集》,北京:商务印书馆 1990 年版,第 175 页。
② 牟宗三:《中国哲学的特质》,上海世纪出版集团 2008 年版,第 144—145 页。
③ 〔德〕约翰·赫尔德:《论语言的起源》,姚小平译,北京:商务印书馆 1998 年版,第 36 页。
④ 张东荪:《知识与文化》,北京:商务印书馆 1946 年版,第 161—164、190 页。

第六章　文化的认知体系与文化心理研究"路线图"

ing Patterns of Thought)一书中概括了西方文化中四种主要的思维方式。第一，唯名论式推理(nominalistic reasoning)，也称归纳推理法。这是由特殊到一般的推理方式，是英国人习惯的思维方式：从具体事实出发进行归纳概括，从中得出观念性或结论性的东西。"英美法系"就是这种思维方式的一个突出例子。需要强调的是，尽管美国人与英国人很接近，但美国人似乎更强调以经验事实为依据的归纳法和实用主义。第二，一般推理(universalistic reasoning)，也称演绎推理，是由一般到特殊的推理方式。法国、地中海国家和拉丁语系的大多数国家的人民，包括大多数拉丁美洲城市居民都具有这种思维倾向。从法律体系上看，"大陆法系"是这种思维方式的典型例子。第三，直觉推理(intuitional reasoning)，重视直觉，强调整体与部分之间的有机联系。这种思维方式在德国和讲斯拉夫语的中欧盛行。第四，辩证推理(dialectical reasoning)，也称辩证逻辑方法，要求分析与综合结合、归纳与演绎结合、逻辑的方法与历史的方法相结合。[①]

根据既有研究，中国与西方传统中思维方式的差异大致在于如下几个方面。

第一，中国人偏好形象思维，英美人偏好抽象思维。形象思维(imaginal thinking)是对记忆表象(大致等同于"想象")进行分析综合、加工改造，从而形成新的表象的心理过程。抽象思维(abstract thinking)是运用概念进行判断、推理的思维活动，以分析、综合、抽象、概括、比较、分类、系统化、具体化作为思维的过程；这种思维需要遵循逻辑规律，所以又称逻辑思维(logical thinking)。对于这方面的中西差异，利玛窦有过不客气的评论：中国人没有逻辑规则的概念，不仅使近代科学难以产生，就是道德哲学也"只是他们在理性之光的指引下所达到的一系列混乱的格言和推论"[②]。

第二，中国人偏好综合思维，西方人偏好分析思维。综合思维(synthesis thinking)强调了对自然界、人类社会的整体性、统一性的认识，是一种重视普遍联系的"整体观"。分析思维(analysis thinking)是指在思想上将一个完整的对象分解为各个组成成分，或者将它的各种属性、方面、联系等区分开来。中医根据道家的五行学说——金、木、水、火、土，以人体组织为宇宙雏形，用以说明五脏之间相互依存和制约的关系，就是典型的综合思维的表现，与偏向分析思维的西医截然不同。中国人偏好综合，导致思维上整体(holistic)优先，而西方人偏好分析，导致思维上部分(partial)优先。在中国春秋战国时代，整体观已完整地呈现在儒家和道家思想中，经过两汉的宇宙论、魏晋玄学、佛教的本体论，直至宋明理

---

① 转引自关世杰：《跨文化交流学》，北京大学出版社1995年版，第95—96页。
② 〔意〕利玛窦、〔法〕金尼阁：《利玛窦中国札记》，何高济等译，北京：中华书局1983年版，第23页。

学的融贯、发展,成为中国传统思维方式的主要特点。《易经》所云"见天下之动而观其会通",即是这种整体观的显现。黑格尔在评述《易经》时,还意味深长地指出:"在中国人的思维中,具有最深邃、最普遍的东西与极其外在的、完全偶然的东西的对比,最外在的、最偶然的东西往往能与最内在的东西结合。"①

第三,中国人注重"统一",西方人注重"对立"。在比较东西方思维方式的差异时,费尔巴哈有一个著名观点:东方人见到了统一,忽视了区别;西方人见到了区别,而遗忘了统一。换言之,中国文化强调对立中的统一,西方文化则强调对立面的斗争与转化,即统一中的对立。不过,虽然中国人倾向于把事物分为对立的两个方面,但这两个对立面也被看成是不可分割的整体,相互制约、彼此依存。在此基础上,运用综合思维所产生的结果,即是整体地认识客观事物。中国传统社会对人和自然关系的认识就是以"天人合一"为出发点,认为天与地、阴与阳、精神与物质是不可分割的统一体,如庄子所说"天地与我并生,万物与我为一",以及宋明理学家声称的"人人有一太极,物物有一太极"。一些研究还认为,这种立足于统一视角看待事物的思维方式表现在价值观上,就是强调维护整体利益的集体主义,与西方国家强调个人、"将个体、个人作为社会的逻辑元点"的观念迥然相异。

应当注意的是,中国与西方传统中思维方式的差异是相对的,不是绝对的,只是某些思维方式在不同时期发生影响的强弱程度不同。譬如,在春秋战国时期,墨子的《墨经》就自觉运用了形式逻辑,而这一时代的西方论著也多用比喻和历史典故。关于思维方式的文化差异,还有必要确立一个认识:任何文化群体的思维方式都是发展变化的,思维方式的融合与发展是人类社会进步的必然,这一趋势也能帮助不同文化中的人们理性、客观地剖析自身传统,实现对传统思维方式的超越。在这个意义上,厘清中西思维方式的根源与差异,才可能真正发现中国文化的世界意义,对整个人类文化的健全发展也具有不可估量的价值。侯玉波就此指出,为了理解中国人的思维特性,需要做好以下几个方面的工作:第一,研究思维方式通过什么样的机制影响个体的心理与行为;第二,研究思维和人格的关系问题;第三,研究思维方式与自我的关系以及在不同人际情境中的表现;第四,研究中国人的思维方式的形成与发展特性;第五,研究中国人的思维方式对个体社会适应的影响。② 他还提出,为了更好地理解东西方的思维特性,还

---

① 〔德〕格奥尔格·黑格尔:《哲学讲演录》第1卷,贺麟等译,北京:生活·读书·新知三联书店1956年版,第122页。
② 侯玉波:《文化心理学视野中的思维方式》,《心理科学进展》2007年第2期。

第六章　文化的认知体系与文化心理研究"路线图"

需要以西方人为对象,确定西方人的思维特性,并把这种特性和理论上的逻辑思维加以对照,验证以往相关理论假设的正确性。

近年来,王树人等运用"象思维"概念来统括中国传统的思维方式,并将西方的思维方式解读为"概念思维"。这里的"象思维",是指一种动态整体的悟性思维,是"非实体性、非对象性、非现成性、富于原发创生性"的思维方式;概念思维与之相对,主要是通过逻辑定义、判断、推理、分析,将感性经验提升为抽象理论与公理化体系,旨在以普遍形式之理解释经验现象,获得关于外部世界的确定知识。① 王树人认为,两种思维把握的本质不同,"'象思维'所把握者为非实体,属于动态整体,而概念思维所把握者为实体,属于静态局部。如果说思维都需要语言,那么'象思维'所用语言,与概念思维所用完全符号化之概念语言不同,可以称之为'象语言'"。他还指出:"象思维"富于诗意联想,具有超越现实和动态的特点,概念思维则是对象化规定,具有执着于现实和静态的特点;"象思维"具有混沌性,表现为无规则、无序、随机、自组织等,概念思维的对象化规定具有逻辑性,表现为有规则、有序,从前见或既定前提出发,能合乎逻辑地推出规定系统;"象思维"趋向"天人合一"或主客一体之体悟,概念思维在逻辑规定中坚守主客二元,走向主体性与客观性之确定。②

不能忽略的是,中西思维方式侧重发展和体现的人类心智与能力虽有不同,但各自完整自洽,也决定了中西文化在不同历史时期的不同命运。关于中西思维方式的差异,莱布尼茨的评述颇为深刻:"在日常生活以及经验地对待自然的技能方面,我们是不分伯仲的。我们双方各自都具备通过相互交流使对方受益的技能;在思考的缜密和理性的思辨方面,显然我们要略胜一筹,因为不论是逻辑学、形而上学还是对非物质事物的认识,即在那些有充足理由视之为属于我们自己的科学方面,我们通过知性从质料中抽象出来的思维方式,即数学方面,显然比他们出色得多。同时,我们的确应当承认,中国人的天文学可以和我们的相媲美。"③在今天看来,中西思维方式各有短长,所关注的层面和发现的规律有所不同,偏于任一方都会造成缺失,两者应当相互学习、彼此补充。正如阿尔温·托夫勒(Alvin Toffler)所说:西方多数人从受教育时起就善于分析,而不善

---

① 王树人:《中国的"象思维"及其原创性问题》,《学术月刊》2006 年第 1 期。
② 王树人:《中国哲学与文化之根》,《河北学刊》2007 年第 5 期。
③ 〔德〕夏瑞春编:《德国思想家论中国》,陈爱政等译,南京:江苏人民出版社 1997 年版,第 4 页。不过,抛开思维方式的差异不论,在 15 世纪之前,中国古代科学技术在整体上是领先于世界的。李约瑟也说过:"有人以为中国人的成就都是在技术方面,不在科学方面,实则不然","在上古与中古时代的中国,就有一大套自然主义理论,就有系统的、有记录的实验,有一大堆准确得令人惊奇的测量工作。"参见〔英〕李约瑟:《大滴定》,范庭育译,台北:帕米尔书店 1984 年版,第 65 页。

于综合,这就是为什么我们对未来的设想是这样的支离破碎和杂乱无章,我相信我们处于一个新的综合时代的边缘,"将看到广泛思考和全面理论的恢复,看到重新将各个部分再度综合起来"①。

三、国民性格:文化群体的"平均人格"

英语中的人格(personality)源于古希腊语"persona",原意是指戏剧演员戴的面具,随人物角色的不同而变换,体现了角色的特点和性格。现代心理学沿用了"面具"的含义,转意为"人格",其含义是:个体的思想、情感和行为的独特模式,包含了个体区别于他人的稳定、独特的心理品质,其内涵涉及气质(temperament)、性格(character)、自我认知(self-cognition)、自我调控(self-regulation)等。借用人格的概念,国民性格(national character,也译为民族性格、国民性等)可算是特定民族群体中多数人具备的相对稳定的、反复出现的"平均人格",针对的是一国国民或民族成员的群体人格和心理特质,是一种集体潜意识的反映,以及各种心理与行为特征之总和。

国民性格的差异,最初由跨文化旅行者如商人、传教士、旅行家、外交官等亲身观察和感受,之后逐步引起不同领域的讨论。有关国民性格的现代学术研究,较早可追溯到19世纪托克维尔在《论美国的民主》(*Democracy in America*)中的论述,他认为环境、法律制度和习俗等塑造了美国人独特的国民性格,使他们"往往不会为政治激情所振奋,他们的胸膛中激荡的是商业激情"②。从20世纪30年代开始,西方人类学、社会学和心理学界开始运用"基本人格类型""基本人格结构"等概念,对日本、德国、美国、苏联和中国等国家的国民性格进行了较有规模的研究。本尼迪克特在1934年出版的《文化模式》,被认为是针对国民性格的科学研究诞生的标志,此书通过对原始文化的心理类型的划分,尝试归纳出与文化对应的主导人格类型,并通过对这些人格类型的研究来探讨文化差异。

1942年,埃里克·弗洛姆(Erich Fromm)在《性格与社会过程》(*Character and Social Process*)一书中提出了"社会性格"(social character)的概念,用以解释人的思维和观念随着社会、文化变化而变化的现象。在弗洛姆这里,社会性格是"大多数人性格结构的基本核心",也是"大多数人为了适应社会条件的需要而共同具有的稳定的心理特征倾向及其行为习惯方式"。至20世纪50年代,西方

---

① 〔美〕阿尔温·托夫勒:《第三次浪潮》,朱志炎译,北京:生活·读书·新知三联书店1984年版,第198页。
② 转引自周晓虹:《西方社会学历史与体系》第1卷,上海人民出版社2006年版,第126页。

第六章 文化的认知体系与文化心理研究"路线图"

学界有关国民性格研究的著作包括：玛格丽特·米德的《让你的火药干燥》(*And Keep Your Powder Dry*)、本尼迪克特的《菊与刀》、杰弗里·戈勒(Geoffrey Gorer)的《大俄罗斯的人民》(*The People of Great Russia*)、艾布拉姆·卡丁纳(Abram Kardiner)的《社会的心理疆域》(*The Psychological Frontiers of Society*)、林顿的《人的研究》(*The Study of Man*)和科拉·杜波依斯(Cora DuBois)的《阿罗人》(*The People of Alor*)，以及许烺光的《祖荫下》《美国人与中国人》等。

其中，林顿和杜波依斯的研究借助现代统计学的帮助，从各种人格类型的分布中找出国民性，即在一国国民成员中找出相对持久的人格特征和行为模式，推动了后来的研究者越来越注重对国民性进行经验研究。林顿还提出了"身份人格"(status personality)的概念：虽然每一民族都有基本人格特性，但是一个民族或社会中，不同身份的人各有其扮演的角色，因此人格构成也就有了差异。1972年，李亦园和杨国枢合编了针对中国国民性格的本土研究成果《中国人的性格》，集中了心理学、人类学、社会学、历史学等领域的思考，多角度剖析了中国人的性格和今昔差异，考察了个人与社会、家族之互动关系，并从儿童养育、仪式行为、价值观变迁等视角透视中国国民性格的塑造。

20世纪90年代出版的西方学者著作中，较有影响的是亚历克斯·英克尔斯(Alex Inkeles)的《国民性格》(*National Character*)。相比此前学者，英克尔斯的研究更为关注国民性格的变动趋势，认为真实的国民性格产生于人的本性对社会结构的动态适应，为此，有必要把握国民性格与经济发展和社会现代化的关系。从研究方法上说，他把共时态的国民性格研究与历时态的人的现代性研究相关联，厘清了教育、工厂经验、接触城市生活和大众传播媒介等所谓现代性因素对国民社会心理的重塑作用，以期说明"国家作为一个环境或背景，在多大程度上决定了个体的现代性"[①]。

国民性格决定于特定的文化模式，纳入了国民的个性和特质，并受到特定的时代和社会环境的影响，往往是一种多面体的存在。孟德斯鸠说过："各民族的不同性格是品德与邪恶的混合，是好与坏的品质的混合。"[②]譬如，日本民族有坚韧、进取、善于融会外来文化的特点，也有善变无常和保守的性格，源了圆对日本人的概括是："诚实、勤劳、温顺，对人富同情心，对国家充满忠诚，但同时也缺乏全局观念，对人的同情往往不扩大到其他民族。缺乏个人的独立精神，有时也表现得缺乏应有的主见和随波逐流。"本尼迪克特还以"菊"和"刀"来象征日本国

---

① Alex Inkeles, *National Character*, New Brunswick, NJ: Transaction Publishers, 1997, p.271.
② 〔法〕查尔斯·孟德斯鸠：《论法的精神》上册，张雁深译，北京：商务印书馆1961年版，第308页。

民性格的双重性:爱美而又黩武、尚礼而又好斗、喜新而又顽固、服从而又不驯。中华民族勤劳、坚韧、善良,但林语堂对中国人的性格也有评价:圆熟、忍耐、无可无不可、老滑俏皮、和平、知足、幽默、保守性。①

　　作为激发民族群体共同行为和共有观念的重要驱动力,国民性格就像是强有力的磁石,以固有的磁力把民族成员的性格定为一种"型",人们都按照这个"型"来塑造自己。关于不同国民性格的差异,世界各地流行的幽默有很多,从中能看到国民性格的一些方面,或者说,可以折射出不同文化群体的"他定势"。爱德华·霍尔甚至有个说法:"如果能理解一个民族的幽默,真正把握了它,那么就可以说你对该民族的其他一切差不多都把握了。"②通过这些幽默,人们也总是能够轻松地对许多国家的国民性格做出描述,譬如,美国人喜欢挑战和竞争,英国人善于谋算,德国人强调规则和纪律,法国人浪漫多情,等等。不过,任何一个民族的性格都是复杂多面的,不能依赖于简单的概括,否则很容易形成定势与偏见——研究表明,定势与偏见的重要来源之一,就是流行的有关国民性格的诸多幽默,即使是在一些学术研究中,这些优缺点也会被错误地使用。

　　国民性格成因复杂,既是语言、习俗、价值观等多种文化传统的积淀,亦与地理环境、历史遭遇等有关。不同的文化传统造就了不同的国民性格,国民性格的差异甚至可以追溯到久远的年代。罗素说过:在老子和孔子那里,就已经具备了今天中国人的个性特点,"科学目前尚不能完整解释民族性格。气候和经济可以说明一部分问题,但无法说明全部问题。可能文明形成时期产生的重要的个人比如摩西、穆罕默德和孔子的性格,成为形成民族性格的极大依赖"③。

　　关于地理环境对居民性格的影响,中国明代王士性的《广志绎》有过精到的描述:"泽国之民,舟楫为居,百货所聚,闾阎易于富贵,俗尚奢侈,缙绅气势大而众庶小;山谷之民,石气所钟,猛烈鸷愎,轻犯刑法,喜习俭素,然豪民颇负气,聚党羽而傲缙绅;海滨之民,餐风宿水,百死一生,以有海利为生不甚穷,以不通商贩不甚富,闾阎与缙绅相安,官民得贵贱之中,俗尚居奢俭之半。"在西方思想史上,不同时期的学者也有相似的看法。古希腊医学家希波克拉底认为,人的身体和性格大部分随着自然环境的不同而有所不同,"在多山多石的高山区,气候季节的变化很大,这里的居民易于有巨大的身躯,生来即勇敢和坚忍。……在起伏

---

　　① 林语堂如此描绘了中华民族的"民族德性":稳健、淳朴、爱好自然、忍耐、无可无不可、老猾俏皮、生殖力高、勤勉、俭约、爱好家庭生活、和平、知足、幽默、保守、好色。参见林语堂:《吾国与吾民》,西安:陕西师范大学出版社2002年版,第28页。
　　② [美]爱德华·霍尔:《无声的语言》,刘建荣译,上海人民出版社1991年版,第54页。
　　③ [英]伯特兰·罗素:《中国问题》,秦悦译,上海:学林出版社1996年版,第148页。

第六章 文化的认知体系与文化心理研究"路线图"

多风且雨量充分的高原区的居民,一定是身材粗大而彼此都很类似,在性格上有些懦弱而驯良"。孟德斯鸠也强调地理环境尤其是气候对国民性格的影响:气候的王国才是一切王国的第一位,"炎热的气候使人的力量和勇气委顿;而在寒冷的气候下,人的身体和精神有一定的力量使人能够从事长久的、艰苦的、宏伟的、勇敢的活动"①。黑格尔也说过,"自然类型和生长在这土地上的人民的类型和性格有着密切的联系","我们不应该把自然界估量得太高或者太低:爱奥尼亚明媚的天空固然有助于荷马诗的优美,但是这个明媚的天空绝不能单独产生荷马"②。运用这一思路来看俄罗斯,也可发现地理与国民性格之间的关联甚为鲜明,尼古拉斯·别尔嘉耶夫(Nicolas Berdyaev)就谈道:"俄罗斯广袤无垠的大地与俄罗斯的心灵之间,自然地理和精神地理之间有一种联系",使俄罗斯人具有一种特殊的任性、鲁莽及勤劳的特征。③

根据地理环境和历史境遇的差异,一些研究把日本和中国的国民性格归纳为"岛国心态"和"大国心态"。日本人的"岛国心态"包括:善变、富于进取心;对外界有强烈的好奇心,反应灵敏,模仿性强,善于学习、吸收外来的东西;善于从微观、战术上考虑问题,精于计算,认真,一丝不苟;有强烈的危机感;等等。与"岛国"环境相适应,日本人的性格中具有这样的倾向:喜怒无常、性急毛躁、排外、缺乏持久性和耐力等。和辻哲郎就指出,台风和北方大雪"热带性和寒带性的双重特征",培养了"崇尚昂扬的感情又忌讳执拗的日本式气质"④。与之相较,中国的"大国心态"包括:恢宏,有顽强的忍耐力;达观,没有人种偏见;深沉,善于从宏观、历史的角度考虑问题;等等。当然,与"大国"环境相适应,中国人的性格中也有这样的倾向:阴郁,难以捉摸;保守,对外界缺乏好奇心;粗糙,缺乏精确、细致的精神。

明清之际,一些西方传教士曾这样概括中国人的国民性格:民风柔顺,为人耐心、严肃,性格中缺乏欧洲人那种与生俱来的动人生气,与许多欧洲人的激烈、活泼热情与好奇相距甚远;爱好和平,很满足自己已有的东西,没有征服邻近国家的野心,这一点也与欧洲人大不相同。⑤ 鸦片战争之后,一些西方观察家在日益增强的优越感的支配下,这样概括了中国人的国民性格:中国人保守、僵化,缺

---

① 〔法〕查尔斯·孟德斯鸠:《论法的精神》上册,张雁深译,北京:商务印书馆1961年版,第273页。
② 〔德〕格奥尔格·黑格尔:《历史哲学》,王造时译,上海书店出版社2001年版,第82页。
③ 转引自荣洁:《俄罗斯民族性格和文化》,《俄罗斯中亚东欧研究》2005年第1期。
④ 转引自〔日〕源了圆:《日本文化与日本人性格的形成》,郭连友等译,北京出版社1992年版,第53页。
⑤ 〔法〕杜赫德编:《耶稣会士中国书简集》第1册,郑德弟等译,郑州:大象出版社2001年版,第23、348页。

乏多样性，知足常乐、逆来顺受，习惯于压制和约束自己的真情实感，性格中缺少反抗压迫的一面，"信奉一切权力来自上天"，总之，在外国人看来，"中国人作为整个民族似乎感觉迟钝、麻木不仁，如同冷血动物一般"①。当然，中国相对于西方的优长，并没有被西方学者全然忽视。譬如，爱德华·罗斯说过，"中国人看问题的方法较西方人的方法更全面，中国人有着更宽阔的心胸，他们镇静而达观的忍耐力往往使那些热切而鲁莽的西方人感到无地自容"②。罗素也认为，中国人的"悠闲"而不是西方人的"效率"才是人类真正的福音，至少是比西方人"颐指气使的狂妄自信"更少负面效应，"中国人摸索出来的生活方式已沿袭几千年，若能够被全世界采纳，地球上肯定会有比现在更多的欢乐祥和"③。

国民性格的缺点和优点像一枚钱币的两面，是紧密地联系在一起的，彼此不可分割。同时也要看到，任一民族的性格都是复杂多样的，在做出有关国民性格的判断时必须谨慎。盲目放大本民族的某些优点和其他民族的某些缺点、认为自己先天优于其他民族，是非理性甚至是危险的。再者，国民性格既有相对稳定的一面，也有因时代而变化的一面，一些表面上属于国民性格的内容，实际上是由于体制、制度和时代环境造成的，一旦体制、制度和社会环境发生了大的变化，这种特点也会随之改变。所以，在考察国民性格时，有必要把与"深层结构"相关的、相对稳定的特征与那些容易变化的方面做出区别。

第二节　态度的两种类型

态度是认知体系和文化心理的重要组成。从 20 世纪 30 年代起，态度逐步成为社会心理学研究中引人注目的概念。此后，针对态度的获得与作用的研究成果，帮助人们找到了研究社会心理现象的主要线索，人们不再用神秘的本能去解释人际的心理影响。陆续出现的各种态度测量方法研究，也为社会心理学的发展做出了重大贡献，为利用经验事实对复杂的社会心理现象进行实验的、数学化的研究提供了可能性。

定势与偏见都是普遍、常见的态度和文化心理现象。从认识论的角度来看，任何认为能够清除它们，因而摆脱一切先入之见的想法都是天真而错误的，重要的是采取批评和鉴别的立场。同时还应看到，对人类社会的理解的客观性追求

---

① 〔美〕何天爵：《真正的中国佬》，鞠方安译，北京：光明日报出版社 1998 年版，第 5、22、204 页。
② 〔美〕爱德华·罗斯：《变化中的中国人》，公茂虹等译，北京：时事出版社 1998 年版，第 68 页。
③ 〔英〕伯特兰·罗素：《中国问题》，秦悦译，上海：学林出版社 1996 年版，第 7 页。

是一个无限接近的过程,定势和偏见毕竟是认知的出发点,无法彻底摒除,重要的是要让定势与偏见在实践中通过学习得到修正。如波普尔所说:"要做到客观性,我们不能依赖于空虚的心灵。客观性依赖于批评,依赖于对实验的批评性检查,尤其是我们必须承认,我们的感官本身就体现了某种意义上的偏见。"①

一、态度的定义与功能

1935年,戈登·奥尔波特(Gordon Allport)提出了关于态度(attitude)的一个经典定义:一种心理的、神经的准备状态,由经验予以体制化,并对个人心理的所有反应过程产生指示性的或动力性的影响。他同时指出,态度是"当前社会心理学领域最为独特和不可或缺的概念"②。后来的心理学研究陆续提出了很多定义,包括:"既定的"倾向或反对特定事物的方式;既成的神智状态,通过对经验的组织,在个人对所有与其相关的对象和情景的反应中发挥一种直接和有力的影响;以一致方式对特定对象所持的一种持续的习得性倾向;由关于某一社会对象的正面或反面的评价、情绪的感觉、支持或反对的行为倾向构成的一种持久系统;等等。作为影响认知的主要因素,态度一旦形成,人们就会用已有的观念体系来对外界事物做出回应。在这个意义上,态度是人和群体完成目标行为的"储备过程"。马克斯·韦伯就有一种说法,人是"文化动物",都具有采取某种特定态度对待世界并赋予世界意义的能力和意愿。

在社会心理学的视域下,态度是由认知(cognitive)、情感(affective)和意动(conative)三部分组成的。其中,认知部分是指个体对态度对象的带有评价意义的观念和信念。有些态度可能是基于正确的观念和信念,相应的态度也就往往是积极的;有些态度则可能基于错误的观念和信念,这些态度因而也往往是消极的。情感部分是指人对某些人或物的评价、爱好和情绪反应。在日常交往中,情感成分往往比认知成分更重要。意动部分是指态度中的行为意向成分,反映了个体行为的准备或行动的预备倾向。意动成分受认知和情感成分影响,比如,一个有族群中心主义或群体中心主义倾向的人往往会歧视其他族群或群体的成员,或具有回避外群体成员的意向。

社会心理学的研究焦点之一,就在于探究人们的认知、情感和行为如何形成态度,并由此预测人们的行为。研究者发现,尽管所有的态度都具有认知、情感

---

① 〔英〕卡尔·波普尔:《猜想与反驳》,傅季重译,上海译文出版社1986年版,第171页。
② Gordon Allport, "Attitudes," in Carl Murchison, ed., *A Handbook of Social Psychology*, Worcester, MA: Clark University Press, 1935, pp.789–844.

和行为成分，但某种确定的态度可能更多是基于某一种经验。这样一来，态度也可划分为三种类型。第一，以认知为基础的态度（cognitively-based attitude），即主要根据人们对于态度对象的性质所持的信念而形成的态度，这种态度的目的往往是区分某一事物的优点和缺点。第二，以情感为基础的态度（affectively-based attitude），即根据人们的感觉和价值观而形成的态度，其功能并不在于精确地描述世界，而是表达和确认基本的价值体系。比如，不同文化群体对堕胎、同性恋和婚前性行为等行为的态度，往往是基于价值观而不是对事实的冷静考察。第三，以行为为基础的态度（behaviorally-based attitude），即通过观察态度对象的行为或行为的预备倾向而形成的态度。重要的是，态度一旦形成，就会以两种形式存在：外显态度（explicit attitude），即人们容易意识到并易于报告的态度；内隐态度（implicit attitude），即自然而然的、不受控制的，并且往往是无意识的态度。①

根据丹尼尔·卡茨（Daniel Katz）等在1960年前后提出的态度的功能主义理论（functional theory of attitudes），态度决定于它为人们提供的功能：人们之所以持有某种态度，是因为这种态度可能帮助自己实现基本的目标。② 卡茨认为，态度主要具有四个方面的心理功能。第一，功利性功能（utilitarian function），即持有某种态度是为获得某种利益或回避某种损失，人们也总是会对能够帮助或回报自己的事物产生积极态度。第二，自我防卫功能（ego-defensive function），即个体通过态度保护自我，减少焦虑并使情绪冲动转移方向。譬如，社会地位较低的人与他人交往时，有时会持一种"居高临下"的态度。第三，价值观表达功能（value-expressive function），即用态度来表示基本价值观，同时进一步确定自我形象。第四，知识功能（knowledge function），即人们具有某种态度，是因为其能满足人们对知识的欲望，或为世界提供结构与意义。

虽然态度与世界观、价值观等不是同一概念，但也与其有着紧密的联系，态度的形成不可避免地受到这些观念的影响。态度还会受到其他因素的影响，包括：（1）环境。生活在任何社会、文化环境中的人都可能与生活在同一环境中的父母、朋友等形成相似的态度，如俗语所说，"近朱者赤，近墨者黑"。（2）家庭。父母的影响和家庭的熏陶对态度的形成起着决定性作用，父母与子女之间的交流往往对子女一生的态度产生重要的影响。特别要强调的是，群体态度往往是

---

① ［美］埃利奥特·阿伦森等：《社会心理学》，侯玉波等译，北京：中国轻工业出版社2005年版，第173页。
② Daniel Katz, "The Functional Approach to the Study of Attitudes," *Public Opinion Quarterly*, Vol. 24, 1960, pp. 163-204.

第六章 文化的认知体系与文化心理研究"路线图"

由成员间的相互影响造成的,群体内也容易产生相似的态度——在群体交往中,每个成员都努力使自己的态度最大程度地符合或追随群体的看法和判断,并使这一态度在一个从无序到有序的过程中融合而成群体的共同态度。

这也契合了弗洛伊德的说法:每一个个人都是许许多多群体的组成部分,并因此而分享了众多的群体心理——种族心理,阶级、阶层心理,宗教派别心理和民族心理等——的一部分。[①]

二、定势与偏见

作为态度的重要类型,定势(stereotype)和偏见(prejudice)都是人们基于社会和文化经验对特定对象的认知、情感和行为倾向。在跨文化交往中,定势和偏见的影响是多方面的,常导致歪曲和防范性的行为,不可避免地影响传播的效果,甚至可能阻止传播的发生。

定势来自印刷专业术语,专指排版印刷用的凸模字版,有"僵化、固定看法"的含义,还可译为"固定成见""定型观念""刻板印象"等。作为一种复杂的社会和心理现象,定势是识别和简单地对外界事物进行分类的感知过程的产物,也可被视为一种相对简化的、忽略事物细节差别的态度。英文中的偏见源于拉丁文"prejudicium",意思是"以事先所做出的决定或先前的经验为基础的判断"。在跨文化传播研究的视域中,定势主要被看作人们对其他文化群体特征的期望、信念或过度概括(overgeneralization),这种态度建立在群体同质性(group homogeneity)的基础之上,具有夸大群体差异而忽略个体差异的特点。[②] 比如,一些英国人对美国人的普遍看法是:喜欢管闲事、激进且有过度的爱国热情;一些美国人给英国人贴上的标签是:冷漠、不动感情、疏离。当然,定势中并不缺乏准确和重要的事实。在许多心理学家眼中,定势还是一个必然使差异有序化的认知范畴——个体为了保持其与周围众多群体的联系,发展乃至运用定势是一种常见的心理过程,能够因此获得有利于日常交往和生活的基本信息。

在心理学意义上,偏见主要表现为针对特定目标群体的先入为主(preconceived)、偏离事实的判断或评价,这里的特定群体,涉及性别、政治观点、社会阶层、年龄、残疾人、族群、语言和国籍等范畴。作为人们固有的否定性和排斥性的态度,偏见往往是僵化、难以逆转的,会影响到人们各方面的心理活动和行为,并成为形形色色的冲突乃至战争之源。

[①] 〔奥〕西格蒙德·弗洛伊德:《论文明》,徐洋等译,北京:国际文化出版公司2001年版,第221页。
[②] Stella Ting-Toomey, *Communicating across Culture*, New York, NY: The Guilford Press, p.161.

由于偏见产生的基础类似定势,偏见和定势都具有执着的情感内涵,较强的定势往往容易发展为偏见。不过,如同定势一样,偏见并不是主观意见或个人癖好,而是从其所属的文化中发展而来,是被社会、历史和文化决定的态度。美国学者在20世纪90年代的一次调查中发现:46%的说西班牙语的美国人、42%的非裔美国人、27%的美国白人认为,亚洲人"做买卖不择手段和诡计多端";43%的说西班牙语的美国人、43%的非裔美国人、12%的美国非犹太白人认为,"当必须在人与金钱之间进行选择时,犹太人会选择金钱"。① 此外,定势中有符合事实的部分,也有不符合事实的部分,不符合事实的定势就是偏见。偏见还有一个令人迷惑之处,就是除少数人坚持公然表达偏见外,大部分人承认偏见是错误的、有害的。

定势与偏见的广泛存在,折射了社会生活中一个普遍存在的现象:人们花费在证明自己观念上的时间,远比试图去真正了解对方的时间多。只要细致观察,就会发现一个事实:生活中的每个人,都时时刻刻地被各种各样的定势与偏见所包围。

定势

1922年,沃尔特·李普曼(Walter Lippmann)在《公共舆论》(Public Opinion)一书中把定势引入了社会科学的研究领域。在他看来,定势好比是"我们头脑中的画面"(pictures in our heads),代表的是一种过分简化的意见、具有影响力的态度和不加鉴别的判断。这是因为,人所处的各种环境都过于复杂,无法对世界上的所有人和事物去逐一亲身体验,为此,人们发展了一种简化的认知方法,为具有相同特征的一群人塑造出特定的形象——凡是属于这个群体的成员,就将之纳入这种预先规定的形象,这就是定势。李普曼还指出,在嘈杂混乱的现实世界中,人们倾向于领会自身文化已做出解释的东西,倾向于接受自身文化中已形成的定势。换言之,定势可以帮助人们加速信息加工过程,进而概括地认识社会现象。

定势可以分为社会定势(social stereotype)和文化定势(cultural stereotype)两种类型。其中,社会定势可分为思维定势和行为定势:前者指人们头脑中稳定的、难以改变的对其他有关事物和情境的认识,常常是一种"天真的图景";后者指受本文化制约的行为模式和行为策略。文化定势也可分为"自定势"(self-stereotype)和"他定势"(other stereotype)两种,分别反映了对本文化、本群体以

---

① 〔美〕菲利普·珀尔马特:《少数民族群体的偏见》,霓摘译,《国外社会科学》2002年第4期。

第六章 文化的认知体系与文化心理研究"路线图"

及其他文化、其他群体的固有认识和形象概括。在不同文化的交往中,当人们把两种文化、两个群体看成截然不同的、完全对立的文化群体时,就会产生文化定势。其后果在于:不仅把整个群体的文化特征应用到该群体的每个成员身上,而且把该群体的长处和短处都加以夸大。

布拉德福德·霍尔(Bradford Hall)认为,决定定势影响大小的因素主要是信息量。人们关于他人的信息量越少,就越可能按照定势对他人的行为做出反应。进一步说,相比同一文化内部的传播,跨文化传播中的传播者所知对方的信息量更少,因而定势在认知中的影响要大于同文化传播中的情形,乃至任何一本有关跨文化传播的学术著作都不免充满了定势,这是特别需要警醒的。譬如,很多关于时间的研究认为,中国人不像美国人那样守时,倘按这一定势推断,结论就是每个中国人都不守时。20世纪90年代,针对美国政治中长期存在的对华"误解"和"误判",丹尼尔·伯斯坦(Daniel Burstein)等就指出,"要做出针对中国的明智决策,首先要了解中国。过去,有太多的政策来自'鹰派'人士和那些过于乐观的'接触论'者。他们缺乏对中国经历的深入了解"①。

根据布拉德福德·霍尔的概括,定势主要有五个方面的特点。② 第一,指向性(direction),即指该定势是持肯定态度还是否定态度。有些定势,比如"某些人懒惰、粗俗、愚笨"的说法,很明显持否定态度,像"这些人勤劳、有礼貌、聪明"的观点,则显然持肯定态度。此外,一些听起来是肯定的观点,往往也可能变成否定的定势。譬如,"黑人擅长运动"的定势会让人们忽视他们的智慧;"日本人擅长数学"的定势则会给不擅长数学的日本人带来麻烦。第二,强度(intensity),即定势的强弱程度。基于不同的经历,尤其是民族主义的动机或封闭自守的文化心态,有些定势是根深蒂固的。第三,具体性(specificity)。比较具体的定势更容易找到解决的办法,因为我们更容易找到违背这一看法的例外,也能以非常明确的概念进行思考。第四,一致性(consensus),即定势被接受和认知的程度。定势的一致性来自社会化过程,这一特点使定势一旦形成就难以改变,并会成为其他定势的依据。第五,准确性(accuracy),即定势描述他群体时具有的准确度。从统计学的角度来看,某些定势往往是相对准确的,但也有很多定势是极不确切的。

定势持续地对跨文化实践产生影响,也不断受到实践的影响。面对社会和

---

① 〔美〕丹尼尔·伯斯坦、〔美〕阿恩·德凯基泽:《巨龙》,孙英春等译,北京:东方出版社1998年版,第189页。
② 〔美〕布拉德福德·霍尔:《跨越文化障碍》,麻争旗等译,北京广播学院出版社2003年版,第169—170页。

文化多样复杂的事实,任何想消除定势的想法都是不切实际的。重要的是认识定势的本质,并努力使之更准确化、具体化。在定势与实际相对吻合的情况下,定势也会成为社会分类(societying)——一种相对客观、准确的分类,这也是定势的积极作用所在。总之,定势的存在本身并不一定是坏事,对定势的"片面使用"才是应当避免的。此外,定势并不是僵化不变的,往往会因新的信息和发展而改变,当个人的需要、动机、利益发生改变时,定势也会发生一定程度的改变。譬如,在珍珠港事件之前,美国人对日本人的定势大体是"聪明的""勤劳的"和"进步的";日本轰炸珍珠港之后,几乎所有的美国人都认为,日本人是"恶毒的""可恨的"东方人。到20世纪50年代后期,因为美日之间的同盟关系,美国人重新看到了日本人的"节俭""进取心"和"智慧"。

1933年,丹尼尔·卡茨等人在普林斯顿大学进行了一项针对"种族和族群定势"(racial and ethnic stereotypes)的问卷调查,目的是了解美国人对不同种族和族群的定势态度。这次调查以100名来自不同族群的大学生为对象,要求他们在84个形容词当中,挑选出最适合于美国黑人、德国人、犹太人、意大利人、英国人、爱尔兰人、美国白人、日本人、中国人和土耳其人的词汇。调查结果表明,这些大学生的选择极为一致。79%的人认为犹太人"精明",79%的人认为德国人有科学头脑;对有色人种有明显的歧视观念,有84%的人认为黑人"迷信",75%的人认为黑人"懒惰"。[①] 随后,卡茨等又在1951年、1967年重复了这一问卷调查,调查对象仍是普林斯顿大学的学生。在1951年的测试中,被试者仍然选择了与1933年大致相同的形容词来描绘10个对应人群;在1967年的调查中,一些新的形容词开始出现。总之,一系列数据表明,上述带有"定势"特点的认知在1933至1951年的变动并不明显,直到1967年之后才出现了大的变化。

偏见

从20世纪20年代起,美国心理学界开始进行有关偏见的研究,不过,这些研究的目的在于证明白人的优越性(white supremacy),并把偏见视为人类对弱势种族的一种自然反应。托马斯·加斯在1930年发表的《种族心理学评论》("A Review of Race Psychology")中总结了1925年以来的73项相关研究,结果发现,这些研究多数是在"强调白人种族的智力优越性"[②]。

---

① Daniel Katz and Kenneth Braley, "Racial Stereotypes of One Hundred College Students," *Journal of Abnormal and Social Psychology*, Vol. 28, 1933, pp. 280-290.

② Thomas Garth, "A Review of Race Psychology," *Psychological Bulletin*, Vol. 27, No. 5, 1930, pp. 329-356.

第六章 文化的认知体系与文化心理研究"路线图"

20世纪40年代之后,关于偏见的实质、结构、测量以及偏见与歧视的关系、偏见的消除等研究,一直存在于社会心理学和认知心理学研究中,并引起包括跨文化传播学在内的其他学科的普遍关注。1954年,戈登·奥尔波特把偏见与归类思维(categorical thinking)联系在一起,认为偏见是人类的一种自然和正常的心理过程,人类必得通过归类的帮助才能思考,"归类是正常的预先判断的基础。人们无法避免这一过程"。到了20世纪70年代,一些研究认识到:偏见倾向于建立在人们对本群体的偏好上,而不是建立在对其他群体的负面感觉上,即偏见的建立"并不是因为人们憎恨外群体,而是因为人们对内群体的向往、移情和信任"[1]。

偏见是态度和行为倾向的组合。一旦人们对特定群体抱有偏见,就会形成选择性记忆,去寻找支持自己偏见的证据,使偏见得到巩固,进一步地,就可能导致不公平的、负面的或伤害性的歧视行为。偏见常常表现为:根据自身群体的标准评价其他群体,认为其他群体是低下的;对不同群体成员持有敌意,因为对方的存在威胁着本群体的利益;对不同群体持有反感,但通常自己不承认有偏见;某一群体在某些情况下对其他群体的行为持有积极态度,但与其保持一定距离;对不同群体的个人有反感,因为他所做的事情是自己所不喜欢的;当某一群体的成员与不同群体的人相处时产生"不自在"的感觉,因此不愿与之接触。单波还指出:偏见之可怕"不在偏见本身",而是在"偏见隐含的社会文化心理机制"。一个人持有对他文化群体的人的偏见,有时是为了掩盖自我,如一个殖民者更容易对被殖民群体持有偏见,这样便于掩盖自身的不公平行为;有时为了强化某种信念或价值,人也会对他文化持有偏见。[2]

根据布拉德福德·霍尔的概括,偏见可分为五种类型。[3] 第一,公然型(blatant),即公开表现出对外群体的厌恶和歧视,认定外群体的成员天生龌龊、懒惰、落后、野蛮等,有时还会对受歧视的群体成员采取暴力手段。美国奉行白人至上主义的"三K党"(Ku Klux Klan)就是一个以这种偏见为共识的暴力组织。第二,自负型(conceit),即认为其他群体不如自己的群体,往往把他群体平庸化,取笑其他群体的价值观和处事方式,认为其他群体的成员缺少专业技能或社会能力。通常,持有这类偏见的个体往往具有一种权威人格(authoritarian personal-

---

[1] Marilynn Brewer,"The Psychology of Prejudice,"*Journal of Social Issues*,Vol. 55,No. 3,1999,pp. 429-444.
[2] 单波:《跨文化传播的基本理论命题》,《华中师范大学学报·人文社科版》2011年第1期。
[3] 〔美〕布拉德福德·霍尔:《跨越文化障碍》,麻争旗等译,北京广播学院出版社2003年版,第177—178页。

ity)①,比较固执、保守、偏激,并对更高的权威言听计从。第三,象征型(symbolic)。持有这种偏见的人往往否认自己有偏见,但会担心权力关系现状受到外群体的干扰。因此,只有具有权力地位的人才会有这种偏见。第四,门面主义型(Tokenism)。持有这种偏见的人知道自己内心对其他群体怀有消极情感,可又不愿意承认这一事实,常常会做点表面文章。从本质上讲,门面主义就是送人礼物,施人物品往往被视为没有偏见的证据,但却让受施者免于参加更有意义的平等活动。第五,若即若离型(arm's length)。持有这种偏见的人可以与某位外群体成员友好交往,但周围有本群体的成员时,便会冷落外群体成员,或是漠视与外群体成员可能建立的友谊——这种偏见往往是很难察觉的,因为在某些情形下,持这种偏见的人可能对外群体成员表现出宽容和随和的态度。

  偏见产生的缘由多种多样,大致包括生理、社会化、社会利益和经济利益等方面的原因。

  基于认知的生理原因,当人们面对陌生环境时,神经系统中会出现报警信号,触发神经上的焦虑感,导致一种压力,迫使人们采取相应的行动。这种"被迫处理不明情况的压力"也是偏见的一种起因。毕竟,与定势一样,偏见能够简化认知过程,使外部环境简单化。

  偏见形成的社会化原因主要有两个方面:传统和传媒的影响。传统对偏见产生影响,意味着偏见往往不是在交往中形成的,而是从已有的偏见中继承来的,或是源于人们对秩序和安全感的需要,或是由于人们对可能阻碍日常生活的一切影响采取谨慎和怀疑的习惯性态度。菲利普·珀尔马特(Philip Perlmutter)还指出:在很多情况下,少数族群对多数人群体的偏见是可以理解的,"因为正是他们屈辱、排斥、限制、征服、剥削和屠杀"少数族群,使"愤怒代代相传"②。关于传媒对偏见的影响,较为典型的是近一个时期美国电影中的穆斯林形象,大多被抽离了伊斯兰世界的丰富性和多样性,而等同于"圣战和仇恨、狂热和暴力、极端和迫害女性"。在这些形象的影响下,生活在美国的约八百万穆斯林被不公正地贴上了"生化武器的制造者""人体炸弹""破坏美国安全"的"标签"。③

  形成偏见的社会利益,有三个方面的解释。第一,持有偏见就可以从存有同一偏见的人群那里得到支持。换个角度来看,一旦偏见为某个群体接受,往往也

---

① Fred Jandt, *Intercultural Communication*, London, UK:Sage, 1998, p.75.
② 〔美〕菲利普·珀尔马特:《少数民族群体的偏见》,《国外社会科学》2002年第4期。
③ John Esposito, *The Islamic Threat*, New York, NY: Oxford University Press, 1992, p.5.

第六章 文化的认知体系与文化心理研究"路线图"

会对其成员产生某些影响和压力。譬如,在一个视黑人懒惰、粗鲁的白人群体中,没有谁能轻易违背群体意愿去主动与黑人交往,否则就会被孤立在群体之外。第二,一个群体保护自身认同和社会地位的愿望越强烈,就越会把其他群体视为需要躲避和排斥的威胁。第三,偏见可以带来某种优越感,也可以把困难归咎于他人——"我们所有的麻烦都是那些人带来的。"二战期间,德国纳粹就利用这种偏见对犹太人进行了残酷迫害。关于这一点,社会心理学的替罪羊理论(scapegoating theory)有一定说服力:在时局紧张、资源不足的时候,人们有指责和攻击相对弱势的外群体成员的倾向。[①]

有关形成偏见的经济利益指的是,在竞争激烈的环境中,偏见也会愈加强烈。这里有个典型的例子:在19世纪,当中国移民为美国修建跨越大陆的铁路时,美国社会的工作机会很多,中国人就被视为勤劳和守法的群体而受到尊重;铁路修完之后,工作机会减少,白人开始从服务行业、制造业和农业中挤走中国人。在不断增强的敌意和暴徒的暴力行为中,中国人也变成了"危险的""罪恶的""行动诡秘的""低劣和娘娘腔的""不老实和邪恶的""肮脏和令人讨厌的"。[②] 1882年,美国签署了《排华法案》("Chinese Exclusion Act"),通过监禁和驱逐的惩戒方式,禁止"被矿井雇用的有技能或无技能的华人劳工们"在10年之内进入美国。这也是美国历史上唯一的完全针对特定国籍和族群的法案。该法案在1943年宣告解除,但直到130年后的2012年,美国众议院才通过表决,正式以立法形式就《排华法案》道歉。

此类现象林林总总,也印证了社会心理研究领域提出的现实冲突理论(realistic conflict theory):竞争是偏见最为主要的来源——财富、政治权力、军事保护与社会地位的资源有限性,会导致内群体对外群体的敌意,造成偏见、歧视乃至冲突。[③] 换言之,偏见在很大程度上是由于不同群体之间的利益冲突引起的,在不同群体之间设立共同目标,就可能建立一种相互依赖的关系,从而有可能从根本上减少这些态度的消极影响。

[①] Edwin Poppe, "Effects of Changes in GNP and Perceived Group Characteristics on National and Ethnic Stereotypes in Central and Eastern Europe," *Journal of Applied Social Psychology*, Vol. 31, No. 8, 2001, pp. 1689-1708.

[②] 〔美〕哈罗德·伊萨克斯:《美国的中国形象》,于殿利等译,北京:时事出版社1999年版,第150页。

[③] Jay Jackson, "Realistic Group Conflict Theory," *Psychological Record*, Vol. 43, No. 3, 1993, pp. 395-415.

归因理论

归因(attribution)是弗里茨·海德(Fritz Heider)在1958年出版的《人际关系心理学》(*The Psychology of Interpersonal Relations*)中提出的概念,可以帮助我们理解定势、偏见等态度的形成原因与过程。海德认为,在人与人的交往中,人们往往会推断对方举止的原因、动机或意图,就像一位"天真或凭借直觉的科学家"一样来观察、分析和解释身边的世界,尝试拼凑各种信息去寻求自己或他人的行为的因果解释,这就是归因。

海德对归因理论的贡献,还在于提出了归因的两种方式:第一,内部/个人归因(internal/personal attribution),即认为人的行为与己有关,如人格、态度或个性,这是人们偏好的推论方式;第二,外部/情境归因(external/situational attribution),即认为人的行为与其所处的情境有关,同时假设大多数人在同样的情境下会做出同样的反应。1974年,唐纳德·泰勒(Donald Taylor)使用了海德的归因概念去研究族群关系,在印度南部对当地的印度教徒进行归因试验。结果表明:印度教徒对自身的积极行为更多地予以内部归因,对其消极行为则给予更多的外部归因;与之相反的是,印度教徒对穆斯林的积极行为给予了更多的外部归因,对他们的消极行为则给予较多的内部归因。[①] 1973年,在海德研究的基础上,哈罗德·凯利(Harold Kelley)展开了归因的共变性(covariation)研究,认为人们在归因的过程中,会注意并思考各种信息或资料。由于他人的行为是多变的,归因也会随着不同的时间、地点、角色及目标而改变,所以,通过他人行为的共变性,就能够判断他人行为的起因。

运用归因理论分析跨文化交往中的定势与偏见的形成,主要应当关注那些影响归因参照标准的文化因素。这是因为,归因是人们对他人或自己行为的感知和因果关系的解释,文化提供了人们解释行为的参照标准。此外,在跨文化传播中,人们对内群体比外群体的行为更为熟悉,因而,对本群体成员的行为更容易和更多地归于外因,对外群体成员的行为更容易和更多地归于内因,倾向于认为:外群体的行为是由他们的本性和种族、民族的特点决定的,而不是环境变化的反映。例如,多数美国白人会把黑人的行为归结为个人的素质,而把白人的行为归结为环境因素。一些研究还指出,个人主义文化中的人们更偏好做出内部归因,而集体主义文化更偏好做出外部归因,也就是说,集体主义文化中的人们

[①] Donald Taylor and Vaishna Jaggi, "Ethnocentrism and Causal Attribution in A South Indian Context," *Journal of Cross-Cultural Psychology*, Vol. 5, No. 2, 1974, pp. 162-171.

第六章 文化的认知体系与文化心理研究"路线图"

更易于超越个人解释,会着重考虑环境因素对他人行为的影响。比如,中国学生会将自己的成功归结于他人,如老师和父母或学校的教学质量,而美国或西方国家的学生则被鼓励将成功归因于自己的天才或勤奋。

在众多归因研究学者看来,归因是行为的基础,也是其他认知过程和情绪的基础。归因涉及人们在社会环境中如何运用信息对事件做出原因分析,即研究人们收集哪些信息以及如何将这些信息结合起来,从而做出归因。一些研究者还注意到:归因过程会有一些偏离理性的倾向,这是由动机等因素对理智的干扰造成的。20世纪80年代以来,伯纳德·韦纳(Bernard Weiner)发表了《动机与情绪的一种归因理论》(*An Attributional Theory of Motivation and Emotion*)、《人类的动机》(*Human Motivation*)以及《社会动机、公平与道德情感》(*Social Motivation, Justice, And the Moral Emotions*)等著作和论文,从最早关注自我归因和个人动机研究,扩展到人际归因和社会动机研究,使归因研究与动机研究实现了汇合,标志着归因理论体系不断完善,研究范围进一步扩大,成为认识和理解人类社会行为的一种重要的理论,亦使归因理论在经验研究的支持下,能够应用在社会生活的更多方面。不过,韦纳还有一个重要提示:人类的行为是复杂的,把寻求理解作为人类行为的一种动因是可以的,但若想用它解释人类行为的全部,就犯了扩大化的错误。[①]

归因理论有助于理解运用传播媒介形成定势或偏见的过程。传媒对个人以及群体认知的影响,是其他任何东西都无法比拟的,尤其是由各种传播媒介提供的各类归因参照,往往成为定势和偏见的重要基础。20世纪40年代,有美国学者统计发现,在185篇短篇小说中,90%享有良好声誉的人物是盎格鲁-撒克逊人,仆人、小偷、骗子、赌徒等角色则与盎格鲁-撒克逊人无缘,这些小说还很容易让读者得出结论:黑人懒惰,犹太人狡诈,爱尔兰人迷信,意大利人可耻。20世纪80年代的类似统计还发现,在美国和加拿大图书市场中,华人担任角色的小说占全部小说的1.5%—2%。在华人担任角色的每100本小说中,扮演坏人角色的就占75%。在这些小说中,华人不是走私贩毒,就是苦工流氓,向西方国家传染贫穷,散布灾祸。

这方面的例子还有傅满洲(Dr. Fu Manchu)——萨克斯·罗默(Sax Rohmer)创作的系列小说中的虚构人物,瘦高秃头、倒竖长眉、面目阴险、奸诈恶毒,号称"世上最邪恶的角色",也是西方视角下"黄祸"(Yellow Peril)的拟人化形象。

[①] Bernard Weiner, "Intrapersonal and Interpersonal Theories of Motivation from an Attributional Perspective," *Educational Psychology Review*, Vol. 12, No. 1, 2000, pp. 1-14.

何伟亚(James Hevia)认为,"傅满洲比欧洲人幻想中的经典的东方野蛮人入侵更可怕,也比廉价的华工在欧美的泛滥来得更为深刻"。从20世纪20年代起,傅满洲系列的文学和电影在美国取得很大成功,也显露了当时的西方社会弥漫的"排华"风气,此后,傅满洲的形象还出现在许多西方电影中,持续加入西方对中国的偏见,使"黄祸""至今仍像闹鬼的屋子一样,折磨着欧洲和北美的文化想象"①。直到近年,一些西方影视剧中仍大量存有对中国的偏见,华人的面孔常常是面目平庸甚至猥琐,从事低等职业、说蹩脚英语,还时不时用怪腔怪调的中文嘟囔咒骂,显得心胸狭窄、素质低下。

基于定势和偏见形成原因的复杂性,消除定势与偏见是难以做到的。要减少其消极影响,至少应当具备几个条件:在交往情景中建立平等的地位和共同的目标,相互依赖和合作而不是相互竞争;在尊重彼此的法律和习俗的基础上相互交往;建立亲密关系,而不仅是表面上的接触;产生令人愉快而益于双方的成果;共同参与重要活动;创造有利的社会气氛;等等。在这些条件中,谋求建立平等的地位及共同目标是最为重要的——第二次世界大战结束后,美国学者曾测量了参战美军中白人士兵对黑人士兵的态度,结果发现:与黑人共同战斗过的白人对黑人的偏见要少很多。正如埃利奥特·阿伦森(Elliot Aronson)等指出的,"弱势群体与强势群体若能以平等的地位为共同的目标而努力,则此种接触能够减少偏见,并且如果这种接触能够制度化地受到认可与支持,或是使两个团体的成员发掘彼此共同的兴趣与特性,则效果会大为增强"②。

第三节 面对本土场域的文化心理研究知识谱系

全球化语境中不同文化的密切交往,使文化心理的差异及相关研究的意义日益显著。

基于对一个多世纪以来文化与心理研究的知识谱系的梳理,特别是考察西方心理学与文化人类学的知识互动,以及心理人类学的出现和跨文化心理学、文化心理学、本土心理学的兴起,可以得到一个初步的认识:立足于本土社会、文化和历史框架,展开具有跨学科意义的文化心理研究,能够贴近本土文化心理的实际状况,更好地把握心理行为的多样化形态;同时,有益于扩展传统心理学的边

---

① 周宁:《龙的幻象》上册,北京:学苑出版社2004年版,第14页。
② 〔美〕埃利奥特·阿伦森等:《社会心理学》,侯玉波等译,北京:中国轻工业出版社2005年版,第391页。

界,推动心理研究摆脱"西方中心主义"研究模式,为文化心理研究带来更具深度的视野。

一、文化人类学与心理学的互动

20世纪初期,通过与文化人类学等学科的相互渗透,西方心理学认识到不同文化条件下的人们在知觉能力及其他心理特征上的差异,开始使用文化、制度、角色等概念,在研究中借鉴具有人类学特点的跨文化比较方法,同时也逐步接受了一个观念:关于心理学的任何定义都应当纳入世界各地的多样化行为,心理学应研究世界各地本土人群的行为,而不是仅仅研究西方国家中人的行为。通过大量田野调查以及与心理学的互动,这一时期的文化人类学也逐渐认识到:仅仅搜集不同社会的具体文化事实而忽略人的心理过程与心理行为,对社会文化的研究便会流于空泛而不能窥其全貌,"要想对社会文化的全貌作深入的了解,就必须深入研究文化如何经由个人而存在,又如何经由个人的学习、接受等心理过程而持续传递下去的问题"[1]。

在20世纪初期文化人类学与心理学的互动中,文化人类学家对影响文化传承的精神分析最感兴趣。这方面的心理学代表著作是弗洛伊德的《梦的解析》(The Interpretation of Dreams)和《图腾与禁忌》(Totem and Taboo)等,它们主要是以心理研究方法解释有关文明、文化与人格等问题。1924年,马林诺夫斯基发表了他在特罗布里恩群岛进行田野工作的成果,对弗洛伊德提出的"俄狄浦斯情结"(Oedipus complex)进行了挑战。根据他的调查,"俄狄浦斯情结"并不具备跨文化适用性,因为特罗布里恩群岛的美拉西尼亚人仍保留母权制,舅舅代替父亲执行社会规范,对姐妹的禁忌代替了禁止亲近母亲的戒律。马林诺夫斯基的结论是:父权制社会的恋母情结使人有弑父娶母的欲望,但在特罗布里恩群岛的母权社会中,则有弑舅娶姐妹的欲望。从学术史的角度来看,马林诺夫斯基的实证研究丰富了心理学的精神分析理论,也拓宽了文化人类学的视野,甚至一度导致文化人类学研究的"心理学化"。马林诺夫斯基本人也说过:"精神分析虽遭人唾骂,但我认为在科学上最有价值。应该使精神分析理论为人类学者所重视。这就是说,如果人类学学者要研究对象而免除不必要的陷坑,或者免除虚伪的架子,他便应该重视精神分析理论。"[2]

---

[1] 李富强:《西方文化与人格研究的历程》,《广西民族研究》1996年第4期。
[2] 〔英〕布罗尼斯拉夫·马林诺夫斯基:《两性社会学》,李安宅译,北京:中国民间文艺出版社1986年版,第2页。

在这一时期,将心理分析运用于文化现象研究的文化人类学著作,还有盖扎·罗海姆(Géza Róheim)的《原始文化类型的心理分析》(*Psychoanalysis of Primitive Cultural Types*)、《心理分析和文化》(*Psychoanalysis and Culture*)等,它们都在知识界产生了重要影响。

1919年,冯特出版了十卷本的《民族心理学》(*Ethno Psychology*)。这些书基于各类原始共同体的经验材料,综合分析了语言、艺术、神话、宗教、社会风俗等人类文化历史现象,按心理特质将人类文化划分为原始人类、图腾时代、英雄崇拜时代、人性发展时代四个阶段,也开创了用群体心理解释人类文化的先河。冯特强调,作为"人类社会的心理学"之民族心理学,应与基于实验的个体心理学在学术旨趣和研究方法上有所不同,心理既有自然因素又有社会因素,民族心理是社会因素的结果,相应研究可在神话、习俗和语言等方面展开,因为这些因素与群体的心理培育密切相关——语言与表象、思维等心理过程密切相关,一个民族的语汇和语法本身就能揭示这一民族的心理气质;神话是一个民族内部的恐惧、惊异、希望等心理过程的表现;习俗则表达了社会对个人行为的要求以及个人如何对待这些要求。冯特还认为,实验的个体心理学不能成为一门完整的心理学,人类心理是长期发展的产物,要想了解人类心理的发展,必须求助于历史和文化。在冯特的影响下,1931年,托马斯·加斯出版了《种族心理学》(*Race Psychology*),把人的心理行为视为遗传与环境刺激共同作用的产物。加斯认为,作为一种实验事实,不同种族在感觉特征、智力水平以及颜色爱好等方面都不同程度地存在着差异,主要原因就在于文化、教育以及宗教传说的影响。

20世纪初期,涂尔干、路先·列维-布留尔(Lucien Lévy-Bruhl)等都开始运用心理学观点分析人类社会问题。涂尔干受弗雷泽等人的启发,主张运用集体意识(collective consciousness)和集体表象(collective representation)来分析社会现象,因为集体意识是"社会全体成员反复感知和作为一种制度固定下来的东西,是可以经验、实证的'社会事实'",而集体表象则是"无穷无尽的协作的产物,这种协作不仅超越空间,而且也超越时间,大量的头脑把他们的观念和情感加以联系,结合和组织起来,以形成集体的表象,通过集体的表象,无数的世代积累起他们的经验和知识"。① 列维-布留尔用集体表象来代表原始人的思想、概念或宗教观念之集合,强调这种社会化的思维方式像"绝对命令"一样支配着原始人的思想,并构成其基本思维结构,在该集体中世代相传,根据不同的情况引起每个成员对有关事物产生尊敬、崇拜、恐惧等情感。在这一时期,以摩尔根、博

---

① 〔美〕莱斯利·怀特:《文化科学》,曹锦清等译,杭州:浙江人民出版社1988年版,第85页。

第六章 文化的认知体系与文化心理研究"路线图"

厄斯等为代表,美国人类学界也高度肯定文化心理在人类学研究中的地位和作用。博厄斯通过结合人类学与心理学方法,对种族偏见、原始人与文明人的心智特征等心理议题展开研究,完成了《原始人的心智》(The Mind of Primitive Man)一书。

在这些学者的影响下,研究不同文化中的儿童抚养和人格之间的关系,成为以爱德华·萨丕尔、玛格丽特·米德、鲁思·本尼迪克特等为代表的美国心理人类学研究的主要内容,即力图理解文化对个人情感和认知发展的影响。① 其中,萨丕尔发表了《社会行为的无意识模式》(Unconscious Patterning of Behavior in Society)、《文化人类学和精神病学》(Cultural Anthropology and Psychiatry)等著述,开创了文化与人格研究的新天地。米德出版了《萨毛人的青春期生活》(Coming of Age in Samon)和《三个原始社会的性别与气质》等著作,主要观点是:人的性格与气质不是天生的,也不是由性别决定的,而是文化影响的结果。在米德看来:"人类本质确有使人难以置信的适应性,他们对于不同的文化可以精确地恰当地分别做出反应,所以不同文化中个体间的差异也和同一文化中个体之间的差异一样,几乎无例外地受各种条件的影响,尤其是童年的早期经历。而各种条件又是文化所决定的。可见,两性之间的标准化人格之差异就是由有规律的文化所产生的,每一代的男女都会被他们所处的文化环境影响,个性受其陶冶,并合乎其要求。"②

本尼迪克特的《文化模式》一书还提出了影响深远的"文化模式"概念:"一种文化,就像一个人,或多或少有一种思想与行为的一致模式。每一文化之内,总有一些特别的、没必要为其他类型的社会分享的目的。在对这些目的的服从过程中,每一民族越来越深入地强化着它的经验,并且与这些内驱力的紧迫性相适应,行为的异质项就会采取愈来愈一致的形式。"③本尼迪克特还指出:人类文化各有不同的价值体系和特征,文化模式是不同文化的支配力量,给予不同人群的各种行为以意义,并将各种行为统合于文化整体之中,文化研究应把重点放在探索人们的各种行动和思考方式的内在联系,即文化的整体结构上,重视文化对人格的影响。

米德与本尼迪克特等共同展开的文化心理研究,构成了美国文化人类学领域的一个重要学派,可称"文化心理学派"。20世纪40年代之后,本尼迪克特的

---

① 〔美〕罗伯特·墨菲:《文化与社会人类学引论》,王卓君译,北京:商务印书馆2009年版,第59页。
② 转引自李富强:《西方文化与人格研究的历程》,《广西民族研究》1996年第4期。
③ 〔美〕露丝·本尼迪克:《文化模式》,何锡章等译,北京:华夏出版社1987年版,第36页。

《菊与刀》、许烺光的《美国人与中国人》、拉尔夫·林顿的《人的研究》和《人格的文化背景》(*The Culture Background of Personality*)等著作相继问世,都在努力揭示人格和社会文化的相互作用,以及经由这些相互影响形成的文化模式,同时尝试从心理特征角度解释文化差异。与本尼迪克特和米德从"文化如何影响个人"这一角度展开研究不同,林顿主要考察个人的心理结构如何投射于文化之上,主张从个体心理角度考察文化。1945年,林顿等出版了《社会的心理疆域》,将精神分析的方法运用于研究个人与文化的关系,提出了"基本人格结构"(basic personality structure)理论。林顿还强调:没有心理学家的工作,人类学家不可能超出对文化过程的表面认识。

1972年,许烺光出版了《心理人类学》(*Psychological Anthropology*)一书,建议采用"心理人类学"(Psychological Anthropology)来标明研究文化与心理和行为的关系的科学领域。美国人类学界接受了这一建议。1973年,在第九届国际人类学、民族学大会上,正式确立了"心理人类学"的学科名称。1978年,美国成立心理人类学会,心理人类学作为一门独立学科登上了历史舞台,不仅继续研究文化与人格这一传统议题,而且研究文化与认知、文化与情感、文化与意志、文化与态度、文化与行为、文化与心理发展等全新议题。研究的主要方法也由过去的一般田野调查法转变为以心理学的观察法、访谈法、量表测验法、投射测验法、实验法等为主的研究方法。① 心理人类学的出现,对于西方心理学和文化人类学的发展都产生了深刻的影响,也推动了相关学科和问题领域之间的知识交流。

二、从跨文化心理学到文化心理学

文化人类学与心理学的长期互动,为揭示文化与心理之间的关系奠定了基础,也使心理学家进一步认识到文化变量是检验心理学成果适用性的有效手段,在研究过程中越来越重视文化对心理的影响,把文化作为一个重要的变量在实验设计和调查研究中加以考虑,并特别注意吸收文化人类学研究的理论成果,逐步建立和发展了跨文化心理学和文化心理学。其中,跨文化心理学是用比较方法研究不同文化背景下人的心理结构和行为方式的共性和差异,文化心理学则是普通心理学的分支学科,以自然主义的前提为依据,与生物学、人类学、社会学等学科既有联系又有区别。

1972年,国际跨文化心理学学会(International Association for Cross-cultural Psychology)成立,标志着跨文化心理学作为一个交叉学科的正式诞生,它为理解

---

① 韩忠太、张秀芬:《心理学与文化人类学》,《云南社会科学》2002年第3期。

第六章　文化的认知体系与文化心理研究"路线图"

人类的行为提供了新的视野。至1980年,特里安迪斯编辑的《跨文化心理学手册》(*Handbook of Cross-cultural Psychology*),就汇集了大量跨文化心理学研究成果。虽然跨文化心理学保持着传统实验心理学的研究范式,但它有自己特定的研究目的——在不同文化背景下对既有的心理学理论进行检验,革命性地超越了心理科学研究对白人主导文化的依赖。不仅如此,通过研究不同地区、不同民族的人的心理结构与心理能力的共性与差异,跨文化心理学也极大地拓宽了心理学理论的适用范围。

跨文化心理学的主要特点与理论贡献体现在三个方面。第一,关于文化的基本观点。跨文化心理学用进化论的观点看待文化,注重文化的共性和文化发展的基本规律,假定文化差异只是文化进化在不同阶段的表现,努力证明各种心理过程的跨文化普遍性。同时,强调文化是影响人的变量,假定心理和行为受文化的影响,努力证明一些基本或普遍的心理过程在不同文化中的多变性。第二,关于文化与心理的关系。跨文化心理学把文化与心理的关系看作是影响与被影响的关系,强调对文化的控制、利用。所以,心理研究应通过对文化等因素的分析来描述和理解行为,考察文化对心理或行为有什么影响以及如何影响心理或行为,以达到用文化来解释心理或行为之目的。与之相比,西方心理学则是在追求自然科学理想的目标指引下,力图发现不受文化历史因素影响的、一般的、抽象的和具有普遍性价值的心理与行为规律。出于对西方主流心理学的整体规律和原则的跨文化、超历史的信心,约翰·威廉斯(John Williams)就曾断言:"现代心理学适用于世界各个角落,打个比方,印度的心理学家也能够发现西方学者所发现的大多数心理学原理。"[1]第三,关于方法论和研究策略。跨文化心理学采用了科学主义的基本观点,把文化看作是自变量或准自变量,把人的心理和行为看作是因变量,力图确证二者之间的因果关系。跨文化心理学学者相信,"在一定数量个体中的研究结果就代表一个逻辑层次,它将适用于一切个体,并因而适用于人性"[2]。同时也认为,科学研究的目的就是探究现象背后的本质、基础和规律,最终的结果是产生一种"放之四海而皆准"的理论,跨文化心理学所要做的,就是检验任何一种"准理论"的跨文化适用性。

20世纪80年代以来,跨文化心理学开始面对各种质疑。一些批评指出:跨文化心理学的学术旨趣在于,把西方文化中产生的心理学成果运用到其他文化

---

[1] Kenneth Gergen and Mary Gergen, "Toward A Cultural Constructionist Psychology," *Theory and Psychology*, Vol. 7, 1997, p. 31.

[2] 〔美〕安东尼·马尔塞拉等主编:《跨文化心理学》,肖振远等译,长春:吉林文史出版社1991年版,第19页。

中,用其他文化背景来验证西方心理学的理论,而极少关注不同文化条件下的心理与行为的特殊性,表现出了根深蒂固的"西方中心主义"的倾向。一些批评还认为,跨文化心理学仍然是以自然科学作为科学观和方法论的模型,虽然它承认文化差异与行为的联系,但仍然假定不同文化条件下的人具有共同的深层心理机制。这样一来,虽然跨文化心理学从文化与行为相互联系的观点出发,却会得出深层心理机制不受文化影响的相反结论来。面临困境的跨文化心理学学者开始反思这一学科的缺陷和弊端,逐步认识到:为了理解不同文化中的行为,必须认真面对人类行为的多样性,以及个体行为与其文化背景之间的联系。这就促成了跨文化心理研究的一个重要转向:加强与文化心理学和本土心理学的联系,不仅重视宏观研究,也重视微观研究以及对本土文化的研究,从外在于文化和内在于文化两个角度出发,共同探究行为与其特定文化背景之间的联系。

文化心理学是当代心理学在文化转向过程中出现的一种研究形态。

冯特在出版《民族心理学》时指明了心理学的两大领域:实验心理学和民族心理学,后者即是现代意义上的文化心理学的基础。文化心理学在当代的发展成熟,以詹姆斯·斯迪格勒(James Stigler)等人在1990年出版的《文化心理学》(*Cultural Psychology*)为标志。根据该书的解释:文化心理学的基本思想在于,人类的心理活动过程根植并依赖于符号系统和社会组织系统。具体地说,人一方面依据自己的心理来改造世界,赋予世界新的图景;另一方面又运用心理来认识和体验世界,获得有关世界的知识和心灵把握。在这个过程中,世界成为文化的组成部分,人的心理也在不断接受刺激的过程中形成、发展和深化,成为文化世界的重要组成部分。

关于文化心理学的研究目标,理查德·施威德(Richard Shweder)的观点是:文化心理学关心的是不同文化中的人们对其意向世界(intentional world)和意向生活的解释。换言之,人们所处的文化环境就是一种意向世界,人们需要不断地在这个世界中探寻意义与资源。没有一个文化环境的存在和人们对它的认同,能独立于人们捕捉与使用意义和资源的方式。进一步说,人们捕捉和使用意义和资源的过程会影响和改变每个人的心理,这种改变又反过来影响意义的捕捉与使用,二者是一个相互建构的过程。总之,文化心理学探究的是"隐含在意义和资源中的心理,这些意义和资源既是心理的产物,也是心理的构成"[①]。

作为心理学研究的重要视角,文化心理学蕴涵着对心理学的研究对象、研究方法、研究目标及学科性质的独特理解。尤其是由于认识到人类心理与文化语

[①] Richard Shweder, *Cultural Psychology*, New York, NY: Cambridge University Press, 1990, p.43.

第六章 文化的认知体系与文化心理研究"路线图"

境互相界定、创造生成的过程,文化心理学将个体心理与广泛的社会文化背景联系起来,深化了心理学对心理本质的认识,促成了心理学研究从心理视角向社会、文化视角的转变。文化心理学的核心观念在于:文化与心理的关系是相互建构、互为因果的关系,即文化对人的心理与行为有着重要的影响;换言之,人所具有的心理与行为特征根植于当地的文化传统。在这一观念的影响下,文化心理学的研究思路主要包括:第一,价值途径(value approach),即认为文化决定着特定人群的价值观。第二,自我途径(self approach),即认为文化与文化群体的认同结构有着紧密的关联。第三,语境途径(context approach),即将生态学的观点引入文化比较,认为文化作为一种生态环境,决定了人群的认知机制。第四,理论途径(theory approach)。在社会化过程中,自身文化构成了特定人群的认识论,对这种认识论的探讨能使人们在更深的层次上理解文化差异。围绕这些研究思路,文化心理学的发展明显地受到文化人类学、解释学、语言学、符号学、社会学等人文学科的影响,由此决定了它所采用的方法主要是质性方法,包括田野工作、价值调查法(value survey method)、文化启动研究(cultural priming study),等等。

文化心理学的兴起符合了心理学在全球化语境中的自我调适的发展要求,也形成了对跨文化心理学的新挑战。第一,与跨文化心理学将文化作为心理过程发生的场地或背景不同,文化心理学将文化视为心理过程的先在的、决定性的因素。譬如,语言作为一种文化成分,常常决定个体的思想与行为,个体在接受一种语言的同时,也接受了相应的行为和文化模式。进一步说,不同的文化模式不仅构造了不同的思想,也构造了不同文化中人们的感知。第二,与跨文化心理学把文化作为寻找具有普遍意义的心理规律所要排除、克服的"干扰因素"不同,文化心理学认为,人的心理结构与变化不可能独立于文化的背景,心理与文化彼此贯穿、相互渗透,心理研究永远不可能将研究对象与文化情境相剥离。当然,跨文化心理学与文化心理学之间并不是非此即彼的关系,大致可以说,跨文化心理学是文化心理学的基础,文化心理学是对跨文化心理学的进一步发展。李炳全还指出:"如果你想描述和理解,那么,文化心理学的方法是十分有用的;如果你想预测和说明,那么最好尝试跨文化心理学的方法。"此外,由于跨文化心理学研究者的文化与被研究的文化有极大的文化距离,可靠的、完整的跨文化研究首先应该由文化心理学研究来充实或补充。[①]

20世纪90年代后期以来,文化心理学也在不断招致各种批评,其中文化建

---

① 李炳全:《文化心理学》,上海教育出版社2007年版,第266页。

构主义心理学(Cultural Constructionist Psychology)开拓者肯尼思·格根(Kenneth Gergen)的观点较有代表性。在他看来,经验主义方法论仍渗透在文化心理学研究中,通过范畴、变量、语言规范化、数据等术语发挥着作用,而道德、政治、思想意识被排除在文化心理学研究领域之外,这反映了经验主义方法论的价值中立预设。显然,文化心理学仍然是西方经验主义的产物,尚缺乏向主流心理学的主要理论发起挑战的能力。① 有必要说明的是,正在兴起的文化建构主义心理学的研究旨趣就在于:将解释人类行为的焦点从内部心理结构转向外部的互动过程,换言之,把心理研究拓展到作为个体的人与社会以及人与文化的关系领域。

三、本土心理学的兴起

本土心理学(Indigenized Psychology)是以本地历史文化为框架,针对特定社会文化中的族群、群体或个体心理与行为的心理研究知识体系。与跨文化心理学和文化心理学相较,本土心理学是后发展国家心理学研究者对西方心理学过度支配非西方国家心理学的一种学术反弹、方法论反思乃至学术运动,它"采用的理论、概念、方法及工具必须与所探讨的本土心理或行为现象及其生态的、经济的、社会的、文化的及历史的脉络高度契合、符合或贴合"②。

本土心理学在非西方世界的发展始于20世纪70年代,大致有两个目的:一是为本土社会文化发展出一个单一文化的本土心理学知识体系,包括适用于本土人群的心理与行为法则及相关方法论;二是为全人类发展出一个跨文化的、本土或本土心理学知识体系,包括适用于全人类的心理与行为法则以及相关的方法论。1976年,菲律宾心理学家维吉尔·恩瑞奎兹(Virgilio Enriquez)提出了建立菲律宾本土心理学的目标。1980年,中国台湾学者杨国枢发表了《心理学研究的中国化》,印度心理学家德加南德·辛哈(Durganand Sinha)也呼吁将印度文化传统与西方概念、理论相结合,推动印度心理学的本土化。1981年,英国学者保罗·西拉斯(Paul Heelas)在他主编的《本土化的心理学》(Indigenous Psychologies)中,还对本土心理学做出了初步定义:有关心理学论题的文化观点、理论、猜想、分类、假设和体现在社会习俗中的观念喻示。③

20世纪后期世界格局的演变,西方殖民主义思潮之后的"民族复兴运动"、

---

① Kenneth Gergen and Mary Gergen, "Toward A Cultural Constructionist Psychology," *Theory and Psychology*, Vol. 7, 1997, p.32.
② 杨国枢等主编:《华人本土心理学》,重庆大学出版社2008年版,第12页。
③ 转引自贾林祥、叶浩生:《心理学本土化研究若干问题之思考》,《陕西师范大学学报·哲学社科版》2001年第3期。

第六章　文化的认知体系与文化心理研究"路线图"

多元文化主义和后现代主义思潮的发展,是本土心理学兴起的大背景。本土心理学的兴起,意味着非西方国家的研究者"试图通过排斥西方的分析概念、研究框架以及研究方法的姿态,来抵制西方的学术霸权,并从本土社会中寻求研究资本,建构所谓本土的心理学理论"[1]。这些学者的基本思路是:西方心理学的知识体系与本地社会、文化状况严重脱节,难以准确解释本地人群的心理与行为,相比套用西方心理学的理论与方法,本土心理学能够在自己建构的理论、概念、方法及工具中尽量反映出本土社会文化特征,能够更有效地研究本地人群的心理与行为,并逐渐建立一种妥帖地了解本地人群心理与行为的知识体系。

正如杨国枢指出的,现代世界体系中的欧美国家在文化、学术及教育方面的影响力"已经对非西方国家之文化、学术及教育产生支配性或宰制性的影响",使非西方国家逐渐形成了各种西化的社会科学,以盲目而不加批判的方式照抄、照搬、照套西方的理论、概念、方法及工具,难以完整、深入、细致而有效地了解所研究之当地人与当地社会的各种现象与问题,"就西化心理学而论,这种套用美欧心理学理论与方法的研究风气,已经制造了很多有关当地人之心理与行为的虚假不实的'知识'"[2]。

需要明确的是,本土心理学的历史背景、研究方法和研究目标等,都与跨文化心理学、文化心理学有很大不同。本土心理学并不直接套用美欧心理学的理论、概念、方法及工具,而是强调要创造最能契合本土心理与行为的新的理论、概念和方法。本土心理学也是一种重寻"本土文化之根"的知识努力,以"有根"的本土心理学知识逐渐取代"无根"的西化心理学知识,为本地民众建立一种"在本土性契合条件下建立的心理学知识体系",使研究者与被研究者的心理行为之间"密切配合、贴合、接合或契合"[3]。杨国枢还强调了本土心理研究的若干原则:第一,优先研究文化上具有独特性的心理与行为现象及其特征;第二,同时探讨心理与行为现象的特殊内涵及历程;第三,研究任何心理与行为现象之前,须先充分浸润在现象的自然而具体的细节之中;第四,以自己社会文化中的思想传统作为心理与行为研究的基础。[4]

本土心理学的研究思路可分为三个方面:"论题本土化""概念和理论本土化""研究方法本土化"。

---

[1] 赵旭东:《本土异域间》,北京大学出版社2011年版,第67页。
[2] 杨国枢等主编:《华人本土心理学》,重庆大学出版社2008年版,第6页。
[3] 贾林祥、叶浩生:《心理学本土化研究若干问题之思考》,《陕西师范大学学报·哲学社科版》,2001年第3期。
[4] 杨国枢等主编:《华人本土心理学》,重庆大学出版社2008年版,第6页。

就"论题本土化"而言,杨国枢强调研究课题要侧重于中国人特有的心理与行为(如孝道、关系、缘分、面子、人情等),这些现象最能反映中国社会文化传统的特点及影响;约翰·贝里则提倡有关移民适应、土著问题、第二语言习得以及公民身份认同等与加拿大社会问题相关的研究。在"概念和理论本土化"方面,本土心理学关注的是能够反映本土人群鲜明地域特征的研究概念,通过对这些概念进行语义阐述或文化独特性验证,发展出具有本地历史文化特点的理论,譬如,中国学者对人情、面子、关系、孝道、缘分等的研究,日本学者对"amae"(日本文化中一种特殊的依赖情感)的研究,等等。"研究方法本土化"的努力大致可分成两种:一是借鉴西方心理学方法去开发适合本土民众的研究工具,例如,菲律宾学者编制了二百多个本土化量表和问卷,杨国枢等编制了中国人家族主义认知、意愿及情感量表,以及孝知、孝感、孝意、孝行量表等;二是主张采用与西方研究方法不同的主位(emic)研究方法,旨在运用本地文化的概念描述本地心理与行为,以被研究者自身的视角去理解周围环境,相比之下的客位(etic)研究则主张运用外在标准考察被研究者的行为,强调研究的客观性、普遍性。

在研究方法上,本土心理学研究者采取的是多元化态度,认为凡有利于本土心理学研究的方法都应采用,并不完全排斥西方心理学的研究方法。整体看来,与西方心理学偏向于使用实验、测量等量化方法不同,本土心理研究多采用质化方法,如访谈法、观察法、个案研究、概念分析法等。很多研究者还指出,本土心理学在目前阶段的主要局限,就是还没有将文化的特殊性和跨文化的相似性同时纳入研究议程——不能否认,西方心理学既有的知识体系容纳了大量与其他世界相连的普遍知识,过分地强调文化的独特性以及特定人群的心理和行为的独特性,就会不可避免地走向一种新的"文化中心主义"。鉴于以往的经验得失,在未来的发展中,本土心理学应注意均衡自身对文化的特殊性和跨文化相似性的关注,同时,认真体察社会位置对研究者视角的限制,避免知识与权力的支配关系导致的认知方式和意识形态的偏见,进一步地,努力做到"在一种文化并置的相互交融中来理解各自的差异"①。

文化与心理研究领域持续进行的"文化转向"的思想基础,还来自后现代主义和多元文化理念的兴起,推动力则继续来自后发展国家迅速成长的学术界对西方心理学适用性的质疑,以及对具有"文化契合性"的心理研究的需要。在这种转向的影响下,文化心理研究正在进一步从心理学实验室走向真实的生活世界,关注当代社会生活方式及人的自我的演变、时代精神的变迁,考察本土认知

---

① 赵旭东:《本土异域间》,北京大学出版社2011年版,第81页。

和情感等方面的自我审思与维护。借由这些努力,既可能增加对本文化的理解,帮助建立一种对本土民众心理活动富有解释力的理论体系,也会促进本土心理学乃至整个文化心理研究领域更好地发展。承上所述,通过在发展过程中的相互接纳、吸收,跨文化心理学、文化心理学、本土心理学以及其他学科之间已呈现出跨学科研究的"整合"之势,可以期待,这种趋势将继续推动心理研究摆脱"西方中心主义"的研究模式,提供更有价值的有关不同文化的知识,为理解人类的认知和行为做出贡献。

第七章
文化适应、传播能力与技术的影响

　　文化休克与文化适应是生活中的常见现象,两者关联密切,都是不同文化相互作用的动态、持续的调整过程,经由这一过程,个体或文化群体能与其他文化逐步建立一种相对稳定的功能关系。[1] 这里的"休克",是指人们经历不熟悉的文化、生活方式或态度而产生的困惑和不适,表明了异文化造成的心理反应和冲击。这里的"适应",涉及不同文化及其成员学习其他文化的整体行为,以从中获取能力以及重新定位,增加相互间的理解,拓展彼此的尊重,延伸互相接受的空间,在变动的环境中获得生活的能力和生存的空间。文化休克与文化适应因时而异、因人而异,与异文化接触的方式、个体的适应能力以及生活背景的差异等,都会影响二者的进程。

　　传播能力(communicative competence)的话题和传播本身一样经久不衰。长期以来,西方跨文化传播研究的大量议题是围绕有效传播(effective communication)展开的。这里的有效转播,是指来自不同文化的传播双方的意义得到相对完整理解的传播,由于传播中的"误读"不可避免,有效传播可被理解为"误读最小化"。在急剧变动的全球社会中,人们通过传播能力来监测与回应外部世界,实施符合传播能力所要求的恰当行为,实现有效传播的目标。尤其是在跨文化交往中,传播能力是最具建设性的要素,所有传播目标的实现都离不开传播能力的提高——传播能力能够帮助人们认识不同文化之间的天然差异并开展互动,也是消减不同层次的文化冲突的决定性因素。

　　现实关切是跨文化传播学的发展动力所在。跨文化传播学的重要目标之一,即是考察那些对不同文化成员之间的人际传播最有影响力的文化因素,特别是偏重于有关人际传播的能力研究。实践证明,由跨文化传播学的观念与知识所构成的能力储备,能够提高个体的文化素养水平,使来自不同文化的成员增加

---

[1] William Gudykunst, ed., *Cross-cultural and Intercultural Communication*, Thousand Oaks, CA: Sage, 2003, Forward, p.244.

文化学习与理解的自信力。与之相应,跨文化传播研究的知识原理,也有必要转化为自我管理调适的技术、人际沟通的技巧、不同国家或组织间的谈判策略、跨国广告的内容设置和传播途径等。

技术是人类文化发展和社会变迁的基本和关键的推动力。近一个多世纪以来,媒介与信息传播技术迅速发展,使跨文化传播在媒介选择、行为主体、传播模式、传播内容以及影响力等方面都发生了空前的变动,多样化的技术和象征性环境为创造性文化活动激发了丰富的资源储备,使今天的世界面临着人类历史上最复杂的社会变迁压力。尤为突出的是,技术发展不仅影响了全球范围内信息流动的方向、数量和结构乃至各个文化的影响力,也改变着每一个个体的信息接受环境,重塑着人们的生活方式和观念体系,培育和塑造着新的社会交往和社会关系。

面对当前这个以全球化为主要特征、技术发展日新月异的时代,任一民族、文化都不可能在封闭的环境中生存与发展。毕竟,技术发展提供了自身发展和接触其他民族、文化的可能性,这无疑是必须把握的机会,否则就会有从许多"潜在利益"中被排除的风险。有鉴于此,跨文化传播学需要纳入和面对许多新的议题,从政治、经济、社会以及语境的多样性等视角展开研究。具体而言,应当超越学科壁垒,从文化研究、制度经济学、技术哲学以及当代知识社会学等不同领域吸收营养,从网络语言、媒介特性、受众分析、网络人际与群体传播、传播控制与伦理等视角出发,借鉴既有的技术反思和新成果,并考虑建立新的命题、理论等来解释新技术环境中的文化与传播实践。[①]

技术在形式和结构上给跨文化传播的深入提供了前提,在推动知识和观念辐射的同时,也取代现实成为社会和自然本身。可以说,技术带来了一种解放,也制造了某些控制;展开了新的地平线,也限定了新的"活动区域"。基于可持续的、均衡的人类生活目标,必须把技术置于合理的制度和伦理框架内,在人类共同利益的高度确立防范意识,为全球社会的虚拟交往提供可行的制度和伦理安排。

第一节　文化休克与文化适应

当人们移居不同文化时,或多或少,会与过去的社会关系网络分隔开来,环境、健康、物质条件、日常出行等方面的问题也会纷至沓来,很容易出现文化休

[①] 孙英春:《跨文化传播的技术空间》,《浙江学刊》2013年第6期。

克。与之相关的文化适应,是一种对陌生文化环境的文化学习和调整过程,也是一定程度上的心理适应过程——为适应新的社会与文化系统的诸多特征,人们需要调整自己的心理状态和社会交往行为。一个时期以来,在不同文化的交往、融合中产生的文化休克和文化适应问题日益突出,单一文化内部的少数族群或弱势群体的文化适应问题也逐渐凸显。

当前,中国社会面临的文化适应问题日益复杂,涉及本土居民或华裔在其他国家的文化适应、其他国家居民在中国的文化适应、城市化进程中不同群体的迁移和适应、少数族群与汉族的交往和融合,等等。如何立足社会、历史及文化特点,发展适合中国社会文化特征的文化适应理论和研究工具,把文化适应的研究成果应用到现实生活中,并为国家的政策制定提供理论依据,是包括跨文化传播研究在内的不同领域的共同任务。

一、文化休克与"返回本文化休克"

1954 年,卡尔沃罗·奥伯格(Kalvero Oberg)首次在人类学研究中使用了文化休克(cultural shock)的概念:由于人们不熟悉新环境中的社会交往符号,需要去面对许多新的感性刺激,就会在心理上产生一种深度焦虑,这就是文化休克。奥伯格使用的"休克"来自植物学研究:当植物被移植后,一开始往往会萎蔫不振,直到在新的土壤里完全扎根后,才会慢慢恢复活力。奥伯格还把文化休克分为六个方面的感受:压力感(feeling of stress)、迷失感(feeling of loss)、被拒绝感(feeling of being rejected or rejecting)、迷惑感(feeling of confusion)、焦虑感(feeling of anxiety)及无能感(feeling of impotence)。

文化休克同时表现在生理和心理层面。在生理方面,会表现为洁癖、饮食上过分小心谨慎、对小病小痛反应强烈,以及恶心、头痛、心跳过速、腹泻、失眠、胃痛等。在心理层面,通常表现为:由于竭力做出心理调整而产生紧张和焦虑情绪,常常认为自己吃亏上当;由于无法适应新的环境而产生孤独和沮丧的情绪,对异文化的语言学习感到厌恶;产生一种失去朋友、社会地位、职业等一切所有物的感觉;拒绝东道文化,或有一种被东道文化疏远的感觉;自我角色与自我认同的迷茫与混乱;对文化差异的存在感到惊讶、焦虑、厌恶或愤怒,甚至导致"轻微的偏执狂",认为当地人是故意给自己制造麻烦。一些人经过一段适应过程之后,会适应新的环境和生活方式;一些人则持续地把新环境视为梦魇,排斥或回避新的生活方式。

关于文化休克的各种表现,不同领域的学者有着不同的看法。齐格蒙特·鲍曼还提供了一个社会学的解释:由于进入陌生的文化或遭遇陌生人的闯入,"我

第七章 文化适应、传播能力与技术的影响

们已有的生活方式,曾经给我们安全感和使我们感到舒适的生活方式,现在被挑战了,它已经变成了一个我们被要求的,关于它要进行辩论、解释和证明的东西,它不是自证的,所以,它看起来不再是安全的"①。心理学家康斯坦斯·碧法斯(Constance Befus)则认为,文化休克是因行为、情绪、智力以及生理上的积累性、多重性、互动性的压力反应而形成的症状。基于这一理解,她还设计了一套治疗文化休克的方法,并强调了心理治疗和相关跨文化培训的重要性,涉及生理、行为、情绪和智力等多个层面。② 针对文化休克在不同层面的表现,一些研究者还把文化休克分为七种情况:语言休克(language shock)、角色休克(role shock)、转变休克(transition shock)、文化疲劳(culture fatigue)、教育休克(education shock)、适应压力(adjustment stress)和文化差距(culture distance)。文化休克的不同程度和不同表现,呈现了人们对本文化和异文化的认同状况。通常,人们原有的文化认同越牢固,在异文化中产生文化休克的可能性就越大,经历的休克程度也可能越深。

为避免和克服文化休克的消极影响,许多研究提出了具体的适应措施。其中,乔伊斯·奥斯兰(Joyce Osland)提出的方法是:提前了解即将进入的文化和从事的工作;为自己找一位文化导师;在进入新环境的第一周保持正常睡眠;避免接触可能对自己产生负面影响的人;在开展工作之前,安顿好自己和家人的生活;选择邻里和谐、自觉舒适的地方居住;做好经历6—8个月的文化休克的准备;为自己以前的喜好找到替代物或相近活动;培养较强的适应性和灵活性,准备接受一定程度的边缘感;不要对当地人做负面评价,尽量理解人们各种行为的原因;把注意力放在积极的事物上,尽量忽视负面的东西;充分利用新的环境能够提供的一切,尽快融入当地文化。③

个体在异文化环境中经历了文化休克并适应了异文化生活后,在回到故乡或祖国时,也会出现一种轻微的文化休克,可称为"返回本文化休克"(reentry cultural shock)。通常,人们在异文化中居住的时间越长,返回时面临的挑战也就越大。对许多人来说,"返回本文化休克"甚至与当初进入异文化时面临的休克状态同样艰难,有时甚至比适应异文化更为困难。这是因为,在异文化中经历文化休克的过程,实质上就是旅居者自身改变的过程,旅居者自身发生改变之

---

① 〔英〕齐格蒙特·鲍曼:《通过社会学去思考》,高华等译,北京:社会科学文献出版社2002年版,第47页。
② Constance Befus, "A Multilevel Treatment Approach for Culture Shock Experienced by Sojourners," *International Journal of Intercultural Relations*, Vol. 12, 1988, pp. 381-400.
③ Joyce Osland, *The Adventure of Working Abroad*, San Francisco, CA: Jossey-Bass, 1995, p.190.

后,对本文化的适应能力也会发生变化,更何况,本文化乃至故乡或祖国的环境也会发生程度不同的变化。

奥伯格在1960年提出的"U形模式"(U-curve model),是理解文化适应的一种较为通用的模式,基本观点是:当一个人在其他文化中旅居时,必然会经历一定的困难和起伏才能获得舒适感和平常感,文化适应因此而表现出大致四个基本阶段:蜜月期(honeymoon)、危机期(crisis)、恢复期(recovery)和适应期(adjustment)。① 其中,蜜月期也可被称作"幸福阶段"(euphoria stage),与旅途开始时常见的兴奋和愉悦相仿。在这一阶段,个体会以一种好奇的眼光和乐观心态来看待异文化。危机期指的是随着与异文化接触的程度加深,个体对文化差异的体验愈加深刻,会对异文化产生某种程度的对立情绪,还会加强与其他旅居者之间的联系。恢复期是指人们对周围的一切有了新的认识,能够发现周围环境的一些积极方面。在此期间,一些早期的文化适应问题得以解决,语言知识不断增加,在新环境中生存的能力也得到了提高。虽然一些问题仍有待于解决,但未满足的期望已大大减少,人们能够改变自己的期望去适应新的环境。适应期也可被称作同化阶段(assimilation stage)。在这一阶段,人们已经逐渐适应了新环境中的生活,原有的焦虑感不复存在,开始在新的环境中塑造和发展新的自我。

"U形模式"是在文化休克研究中得到广泛应用的理论模型。但有研究者认为,来自不同国家、文化的旅居者的经历毕竟不同,这一模式也难以准确描述所有旅居者个性化的适应过程。1963年,在"U形模式"的基础上,约翰·古拉霍恩(John Gullahorn)等提出了"W形模式"(W-curve model),补充了人们在重新回到本文化环境时,个体必然经历的"返回本文化休克阶段"(reentry culture shock stage)和"再度社会化阶段"(resocialization stage)。② "W形模式"与"U形模式"一样,都有许多值得商榷之处。毕竟,社会生活是复杂的,个体的情况也大有不同。并不是每个人在进入异文化时都会有兴奋感,在很多情形下,人们是因为政治、经济或生活压力而被迫进入异文化之中的。同样,也并不是每个人都会在返回故乡时面临文化休克和再度社会化的难题。此外,有些人并不会经历所有这些阶段,有些人则可能会反复经历多次。从20世纪70年代起,约翰·贝里在文化休克理论的基础上探讨移民的文化适应策略。在他看来,"休克"的概念较为模糊,且缺乏充分的心理学理论依据,相比之下,"适应压力"(acculturative

---

① William Gudykunst and Young Yun Kim, *Communicating with Strangers*, New York, NY: McGraw-Hill, 2003, p. 378.

② John Gullahorn and Jeanne Gullahorn, "An Extension of the U-curve Hypothesis," *Journal of Social Issues*, Vol. 19, No. 3, 1963, pp. 481-490.

stress)的概念更有解释力。在这里,"适应压力"指的是移民中出现的心理健康水平下降的现象,具体表现为困惑、焦虑、抑郁、疏离感、边缘感、认同混乱等。①

在相关研究的启发下,1986年,南希·阿德勒(Nancy Adler)概括了经历"返回本文化休克"的三种状态——"疏远"(alienation)、"重新进入"(re-entry)和"积极主动"(proactivity),帮助人们在回归本文化的问题上采取适当的态度。②其中,"疏远"指的是人们因吸收异文化的价值观和生活方式而对本文化采取排斥态度。这些人往往把自己同他人隔离开,或是同那些与自己有类似经历的人在一起。他们对于本国文化中的人,尤其是那些没有在国外居住过的人,主要采取一种防范和审视的态度。选择"重新进入"方式的人们通常对自己在异文化逗留的经历有一定的负面印象,因此急切地想回到本文化之中。在此种方式中,返回本文化者用最快的速度摆脱自己受到的异文化影响,甚至全面否定自己从中可能得到的益处。"积极主动"意味着主动创造有利环境,对本文化和异文化都采取"前摄"行动,主动控制局面,使那些在不同文化中的体验在自己的生活和工作中发挥积极作用。在这里,"积极主动"是克服"返回本文化休克"的一种理想方式,能够帮助人们在两种文化之间实现恰当的平衡。

二、文化适应、文化涵化与文化同化

经由文化之间的交往互动而发生的文化适应(cultural acculturation),在不同层面有不同的含义。第一,个体和小规模群体层面的适应过程。这一层面的文化适应与个体的日常表现相关联,涉及心理乃至生理方面的各种变动,可分为两种情形:一是短期适应(short-term adapation),主要针对个体,是短期旅居者面对陌生文化环境时的适应过程;二是长期适应(long-term adaptation),主要针对小规模的移民和族群团体,是特定文化群体在新的文化环境中长期生活所经历的适应过程。第二,不同族群和文化整体交往层面的"涵化"。这是某一族群或文化在接受外来影响后发生的饮食、服饰和语言等方面的适应性变化,特别是在文化深层结构乃至社会制度等方面的"涵化"——在汉语语境中,"适应"与"涵化"有程度和性质的细微差异,这一层面的文化适应通常被译为"文化涵化",也被视为文化变迁的主要形式。

"Acculturation"一词最早出现在英文文献中是在1880年,约翰·鲍威尔

---

① John Berry, "Psychology of Acculturation," in Richard Brislin, ed., *Applied Cross-cultural Psychology*, Newbury Park, CA: Sage, 1990, pp. 247.
② Nancy Adler, *International Dimensions of Organizational Behavior*, Boston, MA: Kent, 1986, pp. 233-235.

(John Powell)用它来定义跨文化模仿(cross-cultural imitation)导致的心理变化。1918年,由威廉·托马斯(William Thomas)等进行的"波兰农民在欧洲和美国"("The Polish Peasant in Europe and America")的研究,被认为是第一项针对文化适应的科学研究。1936年,罗伯特·雷德菲尔德、拉尔夫·林顿等在《文化适应研究备忘录》(Memorandum for the Study of Acculturation)中明确了文化适应的定义:具有不同文化的群体之间发生持续的、直接的文化接触,继而导致一方或双方原有文化模式发生变化的现象。① 第二次世界大战之后,尤其是20世纪六七十年代的移民潮和留学潮的出现,推动了西方学者对文化适应的研究,人类学、社会学、语言学和传播学都将之纳入研究视野。1990年,约翰·贝里根据自己对移民和土著民族的调查研究,从两个方面完善了对文化适应的理解:一是在文化层面或群体层面上的文化适应,也就是文化接触之后在社会结构、经济基础和政治组织等方面发生的变迁;二是指心理或个体层面的文化适应,也就是文化接触之后个体在行为方式、价值观念、态度以及认同等方面发生的变化。②

近年来,文化适应的概念和结构、文化适应理论、文化适应的测量以及文化适应与认同的关系等问题日益成为研究的焦点。③ 针对文化适应,不同领域的研究者提出了各自不同的文化适应理论和测量方法。人类学和社会学研究者主要关注群体水平的文化适应研究,关注社会结构、经济基础、政治组织以及文化习俗的改变;心理学家则更注重个体层次,强调文化适应对各种心理过程的影响,以认同、价值观、态度和行为改变的研究为主。两种取向的文化适应研究涉及相同的研究主题,但关注的角度不同,研究方法和分析水平各异,使得理论构建、概念结构和测量变得异常复杂。在今后的文化适应研究中,应该加强各个学科之间的沟通和交流,客观评估多种学科取向、方法、理论的合理之处,弄清它们发挥效用的边界与条件。

不同的文化模式决定着各自语境中的个体和群体的心理和行为模式,对文

---

① David Sam and John Berry, *The Cambridge Handbook of Acculturation Psychology*, Cambridge, UK: Cambridge University Press, 2006, p. 11. 研究者使用的与"acculturation"相近的文化适应概念,还有调整(adjustment)、整合(integration)、本地化(inculturation)等。还应注意的是,"enculturation"(濡化),主要是指代人们适应本文化的过程,即人们习得所在文化的语言、价值观和行为模式等,与个体的社会化过程紧密相关。

② John Berry, "Psychology of Acculturation," in John Berman ed., *Nebraska Symposium on Motivation*, 1989, Lincoln, NE: University of Nebraska Press, 1990, pp. 201-234.

③ 杨宝琰、万明钢:《文化适应》,《世界民族》2010年第4期。有关移民和旅居者文化适应的理论包括传播涵化理论,互动涵化模式,焦虑—不确定性管理理论,同化、偏离和疏远理论,网络与涵化理论,文化图式理论等,详见本书第二章第一节。

第七章 文化适应、传播能力与技术的影响

化适应的理论和测量工具还需要在不同文化背景下加以验证和完善,包括改变单一的测量研究方法,结合量化研究和质化研究,从多层次、多维度揭示文化适应的内容和特点。还应注意的是,采用问卷法进行相关研究和准实验研究的传统研究方法限制了对文化与心理的相互影响的探讨。近年来,一些学者尝试从动态建构主义立场出发理解文化与心理的关系,采用认知启动实验(cognitive priming experiment)来研究文化适应,打破了长期以来把文化作为选择性自变量而不能操作的研究传统,为文化适应的实验研究提供了一种重要的参照。[1]

个体与群体的文化适应

个体层面的文化适应研究关注个体在异文化中的自我反应、人际交往和再社会化过程,研究对象可分为两类:一类是长期居留在异文化中的个体,如移民和难民;一类是短期居留在异文化中的旅居者,包括商业人士、留学生、技术人员、传教士、军事人员、外交人员和旅行者,等等。

根据金英润对相关研究的概括,影响个体文化适应程度的因素主要有五种:人际传播(personal communication);在东道文化中的社会传播(host social communication);与本族群之间的社会传播(ethnic social communication);东道文化的社会环境(host environment);个人素质(personal predisposition)。[2] 在这里,人际传播指的是旅居者与异文化之间进行人际传播的能力,主要包括:进行传播所必需的能力和知识;以多种思维方式和价值观思考信息的能力;与所在文化在情感上的合拍;行为能力,即按新的行为模式和思想情感开展活动的能力。在东道文化中的社会传播包括两个方面:一是旅居者与本地人联系的密切程度;一是旅居者在东道文化中进行公众传播与介入大众传播的程度,包括光顾饭馆、商店、娱乐场所,以及阅报、看电视等的频繁程度。与本族群之间的社会传播也分为两方面:一是与本族群成员的人际联系;一是介入本文化传播媒介的程度。东道文化的社会环境是指,一些文化愿意接收和容纳异文化的人,一些文化却不予容纳,而加以排斥、隔离或保持距离。至于东道文化环境是否利于文化适应,主要取决于以下几个方面:开放性、容纳和接收异文化的程度、语言政策和官方语言、非官方语言的运用以及社会隔离的程度,等等。个人素质主要是指个体对本文化和异文化的态度:是否有必要保持自己的文化特色?是否有必要接受异文化

---

[1] Ying-yi Hong, et al., "Multicultural Minds," *American Psychologist*, Vol. 55, No. 7, 2000, pp. 709-720.

[2] Young Yun Kim, *Becoming Intercultural*, New York, NY: Sage, 2000, pp. 71-85.

的特色? 对这两个问题的看法不同,文化适应的情况会大有不同。

1980年,基于对移民文化适应的研究,约翰·贝里提出了一种适用于多元文化社会中移民文化适应的二维文化适应模式,认为移民面对文化差异带来的压力,在适应主流社会时会采取四种不同的策略:"融合"(integration)、"分离"(separation)、"同化"(assimilation)和"边缘化"(marginalization)。[1] 对这些文化适应策略的选择,取决于移民对两个问题的回答:是否希望保持自己原来的文化认同和文化特征? 是否希望与移居国的其他社会成员建立和保持积极的关系? 如果既想保持原有的文化认同和文化特征,又想与主流社会建立良好的关系,就属于"融合"的类型;如果只想保持自己原来的文化认同和文化特征,而不想和主流社会成员建立任何联系,属于"分离"的类型;如果不想保持自己原来的文化认同,而一心想和主流社会成员建立良好的关系,取得主流社会的文化认同,属于"同化"类型;最后,既不想或不能保持自己原来的文化认同和文化特征,也不想或不能和主流社会成员建立联系,就属于"边缘化"的类型。[2]

在很多情况下,在异文化中的生活会磨炼和强化个体的自我意识,这往往是在本文化中难以实现的。对异文化的适应,还会启发人的创造力,使人获得一种打破旧的联系和"框框",创造新的、独特的"产物"的能力。更重要的是,文化适应可使个体更具"世界意识"(world-mindedness),减弱原本可能持有的定势或偏见。不过,社会生活中常常出现某些个体过度适应的现象,这是应当避免的,比如盲目接受异文化的习惯,在服饰、身体语言、生活方式等方面一味模仿当地人而不明就里。

群体层面的文化适应研究由不同领域的学者引领。人类学的学术关注是来自不同文化背景的群体交往后一方或双方群体产生的文化信仰或价值取向的变化,社会学则从互动过程中权力或资源分配的视角来考察群体关系,比如不同族群之间的关系。2000年,大卫·萨姆(David Sam)发表了他对美国移民家庭青少年子女社会适应的研究。这项研究以506名拥有越南、巴基斯坦、土耳其和智利文化背景的青少年群体为样本,选择了社会心理研究的三个理论视角作为判断这些青少年心理状态的自变量:家庭价值观(family values)、适应策略(acculturation strategies)和社会群体认同(social group identity)。萨姆的研究表明:社

---

[1] John Berry, "Acculturation as Varieties of Adaptation," in Amado Padilla, ed., *Acculturation*, Boulder: Westview, 1980, pp. 9-25.
[2] John Berry, "Psychology of Acculturation," in John Berman ed., *Nebraska Symposium on Motivation, 1989*, Lincoln, NE: University of Nebraska Press, 1990, pp. 201-234.

会群体认同这一自变量,在移民适应议题上更有解释力。[1]

关于群体的文化适应,大卫·理斯曼(David Riesman)还有一个重要提示:不应夸大人们在不同文化环境中生活的适应能力或是"可塑性",因为国民性格等因素对文化适应的影响和制约是不容忽视的。譬如,美国早期历史上的西班牙移民在把土著印第安人消灭殆尽之后,从国外输入黑人来充当驯良的奴隶角色,虽然奴隶身份破坏了非洲黑人的精神并摧毁了他们的文化内聚力,但这些奴隶所具备的在艰苦的条件下也能顽强生存的精神,一直延续到今天的黑人族群中。理斯曼还指出,从美国移民史中,可看出不同源流的文化对同一环境截然不同的适应方式。

文化涵化与文化同化

文化涵化与个体和群体的文化适应有所不同。作为文化变迁的主要形式,文化涵化指的是一个文化通过与异文化持续的接触引起原有文化模式的变化,也包括两个或两个以上不同文化体系之间由于接触和影响而造成的一方或各方发生的不同程度的文化变迁。

造成涵化的文化交往方式多种多样,可以是战争、军事占领、殖民统治,也可以是传教士活动、移民、劳务输出、旅游等方式,以及思想、技术和制度的传播。涵化的结果包括自愿接受的"正涵化"(positive acculturation)和被动接受的"负涵化"(negative acculturation),这是因为:文化涵化多是在外部压力下产生的,经常伴随着军事征服或殖民统治,从属群体通常从支配群体中借用的文化因素较多。若是从属群体存在强大的文化优势,最终被涵化的或是支配群体。中国历史上北方族群"入主"中原后发生的情况,多是如此。王铭铭这样概括了涵化过程中可能出现的现象,包括:取代(substitution),即以前存在的综合体被另一种综合体所代替,产生最小的结构改变;综摄(syncretism),即各种旧物质混合形成一种新制度,这可能导致大规模的文化变迁;增添(addition),即增加新的物质或物质综合体,有时会发生结构改变,但有时也不会;文化萎缩(deculturation),即丧失一个文化的实质部分;起源(origination),即产生新的物质来满足变化形势中的需求;排拒(reaction),即变迁过程十分迅速,以至于许多人不能接受这种变迁,其结果会造成排斥、反抗或复兴运动。[2]

---

[1] David Sam, "Psychological Adaptation of Adolescents with Immigrant Backgrounds," *The Journal of Social Psychology*, Vol.140, No.1, 2000, pp.5-21.
[2] 王铭铭:《文化变迁与现代性的思考》,《民俗研究》1998年第1期。

相比文化冲突、文化同化，文化涵化是一种温和的、渐进的文化传播过程，通常不会引起剧烈的冲突和对抗，涵化的结果多是形成一种新的文化，或促进双方文化共同发展。不过，罗伯特·墨菲的观点有所不同：近一个多世纪以来，由政治上具有优势的群体、实用主义动机以及胁迫所推动的文化过程，是全球社会中最为显著的文化涵化现象，"用不了多久就会使初民文化寿终正寝，世界上的所有人民将日益走向大工业社会的无底洞"①。

文化涵化也是一定程度上的文化同化(cultural assimilation)的过程。事实上，在文化适应概念被提出后的相当长时期内，许多研究者对"适应"的理解仍带有一定的同化主义色彩，即把文化适应等同于同化，用以解释移民在与所在社会接触之后，逐渐适应和顺从新的生活方式的过程，或是个人与群体从其他群体获得记忆、情感、态度，并共享他们的经历和历史，逐步形成共同文化生活的过程。在人类文化交往的层面上，适度的同化是以不同文化的相互选择与融合为基点的，虽限于主体与边缘、主动与被动的格局，但各方文化依然会互相吸纳与影响，并非某一文化的单方面消亡过程。譬如，美国文化中就有丰富的印第安人文化特质，甚至整个世界都分享了印第安人的某些文化成就。中华文明也是无数文化在交流、征战与结盟的同化过程中形成的——在作为主体的汉文化体系的早期构建时期，就已纳入了匈奴、鲜卑等不同族群的"文化基因"。

美国文化的形成过程，就是一个不断接受并同化外来文化群体的过程——美国文化是由移民承载的各色文化融合而成的新文化，各个移民群体的原有文化都是这种新文化的原料，同化过程标明了不同移民群体向"美国文化"靠拢并以其为终点的文化变迁实质。美国建国后的第一个同化阶段，以17世纪西方移民进入北美大陆时出现的强制性同化模式——"盎格鲁遵从论"(Anglo-conformity)为标志，主张以早期移民主体族群的文化为核心来同化其他族群，除了保护英语的地位，包括英美白人位居优先移民之榜首，还禁止印第安人举行传统仪典和节庆，要求把孩子送往寄宿制学校接受西式教育等。"盎格鲁遵从论"是早期美国种族主义的理论基础，在19世纪中叶得到社会达尔文主义的助力之后，逐渐系统化和社会化，成为排斥和限制其他民族的社会思潮和政策依据，美国早期的社会学者和政治家也大多接受并宣扬这种理论及相关政策，并以此作为社会群体分野的主要原则之一。② 第二个同化阶段的标志是

---

① 〔美〕罗伯特·墨菲：《文化与社会人类学引论》，王卓君译，北京：商务印书馆2009年版，第260—262页。

② Madison Grant, *The Passing of the Great Race*, New York, NY: Charles Scribner's Sons, 1921, p.107.

第七章 文化适应、传播能力与技术的影响

"熔炉论",实质是"盎格鲁遵从论"的翻版或变体。"熔炉论"是赫克托·克雷夫科尔(Hector Crevecoeur)在1782年提出的,他认为:美国已经并继续将不同族群的个体熔化成一个新人种——"美国人"。至19世纪中叶,弗里德里克·特纳(Frederick Turner)提出的"边疆熔炉论"(frontier melting pot)认为,美国的社会结构和民主制度,是由不断移动变化的、向西开拓边疆的历程所创造的,不同族群进入美国西部后,在西部拓荒过程中融为一体,构成一个混杂的、新的文化。此后出现的形形色色的"熔炉论"都认为:美国的立国精神是自由和平等,不同族群的移民都应抛弃祖先的传统,在美国这个"上帝的伟大熔炉"中熔化为具有同一性的"美国人"。不过,在当时美国的社会现实中,对外来移民的歧视尤其是对有色人种的歧视根深蒂固,不同族群固有的文化差异和社会地位的差异加上移民政策的实际不平等,使"熔炉论"更像一种幻想——"熔炉论"提倡的种族和宗教标准与"盎格鲁遵从论"并无二致,即主张白人尤其是西欧白人融合为一体,共同认同基督教文化。

美国社会处理族群关系的各种同化主张,被20世纪早期的美国学者概括为不同的"同化理论"(assimilation theory)和"同化模式"(assimilation model)。在各种"同化理论"研究中,影响最突出的是芝加哥学派的社会学者。其中,罗伯特·帕克通过对美国城市移民的研究指出,移民同化的过程,即是移民与当地居民之间"互相渗透和融合的过程,在这一过程中,个人和集团得到了其他集团的记忆、情感与态度,同时,他们的经历和历史也被其他人分享,由此他们汇入一种共同的文化生活"[①],这种文化的共性至少应当达到足以使国家得以延续的程度。帕克提出的移民同化理论,把这种同化的过程分为四个渐进的阶段:接触(contact)、竞争(competition)、适应(accommodation)和同化(assimilation)。接触阶段是不同族群竞争、适应和同化的前提。在竞争阶段,少数族群在诸如职业、居住空间和政治代理人等资源方面展开竞争,少数族群自身因竞争而团结一致,并开始进入政治生活。随后是不稳定的适应阶段。在这一阶段,移民被迫改变和适应新的环境,不同族群因减少冲突和保障个人安全等目的组织起来,移民和本土族群的关系也有了某种程度的稳定性。在最后的同化阶段,移民与其他族群融为一体,群体间的差别消失,各自的价值观也融合在一起。

持"同化理论"的学者多持"种族优越论",即把文化的优越性与族群和种族

---

① Ernest Burgess, *Introduction to the Science of Sociology*, Chicago, IL: University of Chicago Press, 1924, p.735.

差异联系在一起,认为政治、经济和文化上占优势地位的群体拥有种族上的优越性,强调主流文化对少数族群有着难以抗拒的诱惑力,面对诱惑,少数族群大都愿意放弃原有身份,加入主流社会,分享历史经验和文化遗产,整个社会也因此达到高度的和谐与统一。① 这些学者建立的多种"同化模式"也显示:在与多数群体的遭遇中,少数族群要么沿着"接触—容纳—同化"这条最为顺利的路径,要么沿着另一条较为曲折的"接触—冲突—竞争—容纳—融合"的线路,融入主流社会。②

在 1959 年出版的《一个民族的足迹》(Out of Our Past)中,卡尔·戴格勒(Carl Degler)就移民的同化过程提出了一个形象比喻:一种文化的人民进入另一种文化时,常常像"剥洋葱"一样,要剥掉一层又一层的旧习惯——在这个"剥洋葱"的过程中,移民会因其弱势地位而不得不求助于本族群,从而依赖本族群;随着移民地位的提升、与其他族群交流的增加和被主流社会所认可,移民会逐渐放弃原来的族群文化,独特的族群性和移民社区也会慢慢消逝,进而被结构性地吸收到主流社会中去。1964 年,基于对美国社会的观察,米尔顿·戈尔登(Milton Gordon)概括了同化的七个阶段:适应性同化(acculturation assimilation),即移民接受主流社会的语言、服饰和日常风俗;结构同化(structural assimilation),即移民大规模进入当地社会的"小圈子"(cliques)、俱乐部和其他组织;婚姻同化(marital assimilation),即跨族群婚姻广泛出现;身份同化(identification assimilation),即移民感受到自己与主流文化的关联;态度认可同化(attitude reception assimilation),即对移民的偏见消失;行为认可同化(behavior reception assimilation),即对移民的歧视消失;公民同化(civic assimilation),即以共同的公民权克服价值和权利上的种族冲突。③

由于受到多元文化主义思潮的影响,自 20 世纪 60 年代开始,许多研究者逐渐认识到,同化理论低估了少数族群的抵抗能力,也就是说,主流社会对少数族群的同化,并不能彻底割断少数族群的文化与历史根系,而"这种尚未得到妥善处置的分裂力量对民族国家创建同一文化的事业构成了主要的挑战"④。毕竟,

---

① Stephen Cornell and Douglas Hartman, *Ethnicity and Race*, Thousand Oaks, CA: Pine Forge, 1998, p. 12.
② Leo Driedger, "Conformity vs. Pluralism," in Neil Nevitte and Allan Kornberg, eds., *Minorities and the Canadian State*, Oakville, ON: Mosaic, 1985, p. 157;戴晓东:《当代民族认同危机之反思》,《世界经济与政治》2005 年第 5 期。
③ Milton Gordon, *Assimilation and American Life*, New York, NY: Oxford University Press, 1964, p. 71.
④ Natividad Gutierrez, "The Study of National Identity," in Alain Dieckhoff and Natividad Gutierrez, eds., *Modern Roots*, Aldershot, UK: Ashgate, 2001, p. 13.

接受一件新的服饰、餐具或一首流行歌曲,远比放弃旧有的观念和信仰容易得多,在现实生活中,虽然多数人都在不断适应着新的文化,但同时也会保持原有文化的主要观念和生活方式。这也正如戴格勒所说:"剥洋葱往往是剥到最后什么都不剩,不过对移民来说,这种危险并不存在,他们的大多数还保留着一些传统习惯。"① 总之,文化差异是不可能彻底消除的,任何国家对少数族群也不可能实现完全的同化,即使是相对程度的同化,也要受到各个族群的人口规模、地理位置、文化间的相似性以及各自血缘和体貌特征等因素的影响。

第二节 传播能力与组织的实践

传播能力综合了基于个体的认知、情感和行为的各种成分,是一种通过传播实现基本要求,满足其目标、期望的能力。多数情况下,跨文化传播能力与传播能力有很多相似之处,两者大致可以互换,区别仅在于:前者受到更为具体和复杂的传播语境的限制。当前,全球社会已经形成了一个跨文化、跨国界的人际传播网络,人与人的频繁交往成为时代的基本特征,传播能力更是前所未有地影响着人们的生活质量,其重要性愈加突出。

对话不仅是人类理性生存的标志,也是人类优化生存的文化手段,马丁·布伯、米哈伊尔·巴赫金(Mikhail Bakhtin)、戴维·勃姆(David Bolm)、汉斯-格奥尔格·伽达默尔(Hans-Georg Gadamer)和哈贝马斯等学者的对话思想,是推动传播理论发展的重要源泉,他们的思考所聚焦的对话精神,为跨文化传播的学术旨趣提供了重要的助力:了解那些我们认为是想当然的事物,从一种与我们的生活方式和观念体系不同的视角来看待我们的生活和文化。

一、传播能力与跨文化传播能力

相比东方,西方社会较早并持续地关注传播能力的话题。公元前 470 年左右,古希腊西西里岛上的诡辩家已开始使用说服(persuasion)的传播手段,亚里士多德则开创性地把修辞纳入教学。在亚里士多德身后,罗马黄金时代最杰出的演说家西塞罗继续发展修辞艺术,强调讲演者需要对讲演的情境有所把握。在西塞罗之后一个多世纪,昆提利安的《演说术原理》(Institutes of Oratory)使修辞开始超出说服的范围,变为一种"谈话的艺术"。18、19 世纪以后,修辞学开始

---

① 〔美〕卡尔·戴格勒:《一个民族的足迹》,王尚胜等译,沈阳:辽宁大学出版社 1991 年版,第 327 页。

关注有效传播,人们对修辞的兴趣有了更多变化,特别是英国修辞学开始注重听众的心理因素,其研究从演讲的内容直到声音、手势和姿态,促使演讲者运用这些"无声的能力"来影响和管理听众。20世纪70年代起,西方传播学界达成了一个普遍共识:人们除了更多地接受传播环境飞速变化的挑战外,还要在人际事务方面表现出更强的能力。

20世纪50年代,约瑟夫·勒夫特(Joseph Luft)和哈里·英格拉姆(Harry Ingram)提出了一个透视人际互动过程及传播环境的模式,被学界称为"约哈里窗口"(Johari Window)。半个世纪以来,"约哈里窗口"一直被视为人际传播的重要分析手段,也有助于理解跨文化交往中的人际传播能力。根据"约哈里窗口",传播双方对彼此信息的了解可以分为四个区域:开放区(open area)、盲区(blind area)、封闭区(hidden area)和未知区(unknown area),分别表示个体在"开放""盲点""封闭"和"未知"四种传播状态下,人际互动与信息分别所处的地带和状况。[①] 其中,开放区是一个有自我意识的地带,也是一个公共区域,人们的态度、行为、动机、价值观、生活方式等信息对他人自由开放;盲区指的是他人获得了有关你的信息,而你自己并不知道;封闭区指那些自己知道,而不想让大多数人知道的信息;未知区所指的则是自己与他人都不知道的信息。在"约哈里窗口"中,各个区域的大小与传播效果密切相关。盲区和封闭区大、开放区小不利于传播;盲区和封闭区小、开放区大则有利于传播。四个区域的大小又与传播双方的关系密切程度相关。在人际传播中,如果彼此了解、信任,就会缩小封闭区;如果不了解、不信任对方,就会扩大封闭区,开放区也就随之缩小。基于"约哈里窗口"的启示,在跨文化传播实践中要做出两个方面的努力。首先是缩小盲区和未知区——传播者要深入、系统地了解本文化的各要素、对方文化的各要素以及双方文化的异同,特别是充分了解可能引起冲突的因素。其次,要通过缩小封闭区来扩大开放区——在不同文化中的人们,由于彼此相对隔绝,很容易形成未知区膨胀的状况,这就需要适当地进行自我展示(self-disclosure),即通过提供背景知识、解释性翻译等手段来展示自己,提升传播的效果。

1972年,戴尔·海姆斯(Dell Hymes)在《论传播能力》("On Communicative Competence")一文中首次提出了传播能力的概念——在一定的社会环境中恰当地使用语言的能力和知识。[②] 海姆斯认为,传播能力涉及构筑完整的社会关系

[①] Joseph Luft and Harry Ingram, *Of Human Interaction*, Palo Alto, CA: National, 1969, p.177.
[②] Dell Hymes, "On Communicative Competence," in John Pride and Janet Holmes, eds., *Sociolinguistics*, London, UK: Penguin, 1972, pp.269-293.

第七章 文化适应、传播能力与技术的影响

的传播方式,不仅包括语言的知识和使用语言的能力,还应包括心理、社会文化等方面的判断能力。在海姆斯之后,基于对传播能力的不同理解,研究者提出了大量解读传播能力的理论,其中包括:自我意识(self-consciousness),即认为传播者应有意识地做到自我监督,否则就不能很快适应新的环境;社会放松(social relaxation),即指出任何人在传播的最初阶段都会不同程度地经历某种焦虑,传播者必须具备克服焦虑的"放松"能力;行为弹性(behavior flexibility),即提出传播者必须在不同传播场合和情景中做到灵活变通,对不同的人、情景采用不同的传播策略;互动介入(interaction involvement),即认为传播各方的对话由响应度(responsiveness)、知觉力(perceptiveness)和注意力(attentiveness)三个维度构成,互动介入程度较高的人一般被视为能力较强的传播者,而互动介入程度低的人则往往会从传播中退出。[1]

20世纪90年代,在乔治·米德符号互动思想的基础上,卡琳娜·萨斯(Carina Sass)提出了理解传播能力的一个新视角:传播能力是"关系的参与者"对于使用互动来维护他们的关系和满足个人需求的程度的理解,目的在于保持人际关系的可靠性。[2] 这一视角揭示了"能力"的一个重要特性,即能力是作为关系而存在的,来自传播双方对于互动的理解,因为双方在一个"分享的世界"中理解事物的意义。为了说明"人际互动"之于能力的重要特性,萨斯还提出了三个与"能力"密切相关的基本假设,指出人际传播具有反射性(reflexive nature)、语境性(contextual nature)以及一体性(unifying nature)三个特点。其中,反射性主要指个人可以借助他人理解和关照自我,换言之,他人是自我的一面镜子,人有向他人看的能力,也有通过他人反看自身的能力;语境性强调了社会、历史以及个人所必须依赖的其他传播语境因素,如果一个人能够充分理解和把握语境,就可以从容、有选择地进行社会交往;一体性意味着社会的存在基于人们的相互理解与合作,人际传播提供了使参与者合为一体、变得一致的可能。

关于传播能力,中国学者也提出了一些有影响的观点。其中,陈国明认为,传播能力包含三个方面:一是理解情景和环境要求的认知本领;二是证明具有理解情景和环境要求的本领的动机;三是在交际活动中完成特定目标的有效性和

---

[1] Dominik Infante, ed., *Building Communication Theory*, Prospect Heights, IL: Waveland, 1997, p.126.

[2] Carina Sass, "On Interpersonal Competence," in Kathryn Carter and Mick Presnell, ed., *Interpretive Approaches to Interpersonal Communication*, New York, NY: State University of New York Press, 1994, pp.137-158.

恰当性。① 高一虹运用中国文化中"道"与"器"的概念,剖析了跨文化传播能力的内涵。②

萨拉·特伦霍姆等还概括了传播能力的五个主要构成要素。第一,解释能力(interpretive competence),即针对互动时所处的情境或条件,进行命名、组织和解释,排出重要的信息。第二,目标能力(goal competence)。一个没有计划的传播者是盲目的,所以必须设置目标,预见可能发生的结果。第三,角色能力(role competence)。角色是社会的产物,人可通过社会角色实现或保持自己的社会身份。如果人不能辨认和控制角色及互动、合作等传播行为,将直接影响对信息的选择。第四,自我能力(self-competence),即选择和表现一个你想要的自我形象,以及能将这个自我向他人表现出来的能力。第五,信息能力(message competence),即选择、使用能够让他人明白和领悟的语言或非语言信息,同时,也能对他人选择的信息给予回应,进行意义交流。总之,如果没有这些能力,传播就无从发生。③

1985年,马尔科姆·帕克斯(Malcolm Parks)提出了关于传播能力的三个独立主题:控制(control)、责任(responsibility)、预见(foresight)。他同时指出,传播能力意味着:我们不仅要"知道"和"知道如何去做",还必须"去做"和"知道我们做过什么"④。帕克斯就此提出了他对传播能力的理解:人们在既定的社会条件下完成自身目标的能力,紧要的是,这些目标的实现,不能影响人们追求其他客观上更为重要的目标的能力和机会。在他看来,针对人类传播的内在特性,一个有能力的传播者应该是以有责任的、有预见的方式对传播环境进行控制、把握的人。或者说,一个有能力的传播者必是一个具有控制能力、责任感和预见能力的人。特别是就"控制"这一主题而言,由于人的传播行为始终存在着目的、目标导向和策略等,传播的一个基本功能就是人对身体和社会环境的控制,所以,人与人的互动是需要实施控制的。事实上,生活在现实世界中的人们总是会受到自然界的控制,受到"神意圣贤"、社会组织的控制,也受到个体之间关系的控制。总之,"控制"的主题无处不在,有效地控制环境是传播能力的要件之一。

跨文化传播能力(intercultural communication competence)的概念出现在20

---

① 陈国明:《论全球传播能力模式》,《浙江社会科学》2006年第4期。
② 高一虹:《跨文化交际能力的"道"与"器"》,《语言教学与研究》1998年第3期。
③ Sarah Trenholm and Arthur Jensen, *Interpersonal Communication*, Belmont, CA: Wadsworth, 1996, p.12.
④ Mark Knapp and Gerald Miller, eds., *Handbook of Interpersonal Communication*, Beverly Hills, CA: Sage, 2002, p.174.

第七章 文化适应、传播能力与技术的影响

世纪50年代,来自美国学者针对海外技术人员和"和平队"志愿者的研究。此后,这一概念一直与旅居者调整、移民适应、群体传播、文化休克、跨文化培训、社会变迁、国际管理、留学生咨询等研究密切关联。① 作为多元文化社会中人们应具备的一种基本能力,跨文化传播能力不是自然而然存在的,而是经过后天努力培养而成的,涉及认知、情感、行为、语用等诸多方面,展现了个体在不同的传播环境下恰当、有效而有创意地运用认知、情感、行为、语用等资源的资质与能力。由于研究者的理论取向与具体样本不同,跨文化传播能力常常被表述为跨文化调整(cross-cultural adjustment)、跨文化理解(intercultural understanding)、跨文化适应(cross-cultural adaptation)、跨文化效果(cross-cultural effectiveness)等。

1984年,布赖恩·斯彼茨伯格(Brian Spitzberg)等在《人际传播能力》(Interpersonal Communication Competence)一书中提出,人际传播能力涉及认知层面的知识(knowledge)、情感层面的动机(motivation)与行为层面的技巧(skill)三个要素,概括了人际传播能力的基本要素,也为理解跨文化传播能力提供了一个基本的概念框架。1996年,陈国明等延续这一思路,提出跨文化传播能力涵盖情感、认知和行为三个层面:情感是指跨文化传播的敏感性(intercultural sensitivity),即在特定的情形中传播者的个人情绪或偏好;认知是指跨文化意识(intercultural awareness),主要涵盖自我意识和文化意识两个方面;行为是指跨文化传播的灵巧性(intercultural adroitness),即传播者实施传播行为、完成传播目标的技能。2005年,陈国明在前一理解的基础上又加入"全球心态"(global mindset)的层面,并提出了一种全球传播能力模式(a model of global communication competence),以求更为全面地解析当代条件下跨文化传播能力的内涵。②

与传播能力相较,跨文化传播能力还有如下几方面的基本构成。

第一,对不同文化的修辞敏感性(rhetorical sensitivity)。通常,修辞指的是一种自觉的语言调整行为,即为了强化语言的表达效果而对语言材料进行修饰、加工。在跨文化交往中,由于语境因素严重地制约着语言行为的组织和建构,所以,修辞敏感性强调的是修辞与语境之间的关联,要求人们对于不同文化的边界保持敏感,能区分什么是自己的文化、什么是不同的文化,并能自我调整,以适应不同的文化。进一步地,要求传播者能够使用适当的语言和非语言行为,向对方表示尊重和积极的关注。此外,在社会交往中,修辞敏感性强的人往往能就对方

---

① William Gudykunst, ed., *Cross-cultural and Intercultural Communication*, Thousand Oaks, CA: Sage, 2003, Forward, p.191.

② 陈国明:《论全球传播能力模式》,《浙江社会科学》2006年第4期。

对自己行为的反应做出准确预测——这种预测是以个体掌握的关于文化的知识和敏锐的洞察力为基础的。

第二,采取描述性、非评价性(non-judgemental)立场的能力。传播者应以描述别人的行为为主,同时采取非评价性的立场,特别是在早期交往中,不应以自己的文化标准为依据去对他人的行为评头品足,以避免错误的评价。① 这也是认知能力的表现,强调了传播者的心智和素养,涉及人际交往中三个相互关联、依次递进的认知程序:描述(description)、解释(interpretation)和评价(evaluation)。其中,描述是指对人们观察到的行为进行客观的描述,不允许对客观行为进行评价或赋予意义;解释是对观察到的行为进行加工和赋予意义,关键是对任何行为的描述都可能产生不同的解释;评价是对解释赋予积极或消极的意义。需要注意的是,人们在交往中往往不能很好地区别这三种性质不同的认知程序,常常不自觉、无意识地超越描述或解释阶段,直接进入解释或评价阶段,这就容易导致以自己的文化为标准,对不同的行为评头品足,不自觉地产生群体或民族中心主义倾向,造成传播失误乃至文化冲突。

第三,适度的移情能力(empathy competence)。19世纪的美学家西奥多·立普斯(Theordor Lipps)最早提出了移情的科学定义,将之视为人们观察外界事物时确立的一种事实:对象就是我自己,仿佛它也有感觉、思想、情感、意志和活动,同时人自己也受到对事物的这种"错觉"的影响,与事物产生共鸣,即"我感到活动并不是对着对象而是就在对象里面,我感到欣喜,也不是对着我的活动,而是就在我的活动里面"②。立普斯认为,人们不仅可以用移情去体验无生命的目标,更可以通过移情去把握他人的心理状态——移情是一个使"人的意识"的内容变成"彼此之间的镜子"的过程。

在跨文化交往中,移情作为一种文化能力,涉及信息获取的技能与方略,以及处理不同的人际关系、扮演不同的社会角色、承担不同的社会身份、处理不同的情景和场合中的情况的能力。要做到移情,需要传播者克服从自身文化的角度去解读他人行为的倾向,意味着要自觉建立跨越不同文化的情感机制,对他人的感受、反应和动机做出正确反馈或反应。这里要注意的是,"适度"的移情是在跨文化交往中发展和保持积极关系的重要条件——"适度"意味着移情的限度,不是完全接受或"同情"(sympathy)对方,也不是放弃本文化的立场,而是在主动的对话和平等的欣赏中感知和解读另一文化。

---

① Maureen Guirdham, *Communicating across Cultures*, London, UK: MacMillan, 1999, p.244.
② 转引自朱光潜:《西方美学史》,北京:人民文学出版社2003年版,第596页。

第七章 文化适应、传播能力与技术的影响

第四，灵活应付不同场景的角色行为(role behaviors)能力。这种能力可以分成以下几部分：任务角色能力，即主动寻求信息和事实、完成任务以及评价他人意见的能力等；关系角色能力，即与对方达到和谐一致、协调冲突和妥协让步的能力等；个人角色能力，即能拒绝别人的观点、控制他人以及展示自己的个性的能力等。角色行为能力还意味着，传播者应当具备以符合社会期望(social expectation)的方式做事或说话的能力。在这里，社会期望即是角色行为的脚本(script)，规定了传播者在特定场景中何时行动、说什么、做什么。究其实质，角色行为能力也是一种策略能力(strategy competence)，即在传播过程中，因语言或语用能力有缺陷而达不到传播目的或造成传播失误时的补救能力，相应的补救策略涉及：语码转换(code switching)；近似语策略(approximative strategy)，包括概括(generalization)、意译(paraphrase)、创造新词(coining new words)等；合作策略(cooperative strategy)，即传播双方使用已知的语言知识、语用规则、文化知识等共同解决困难；非语言策略(nonverbal strategy)，即传播双方运用非语言符号来解决传播中出现的问题；等等。

第五，拓展心灵与减少偏见的认同灵活性(identity flexibility)与认同协商能力。① 跨文化实践中常见的情形是，当人们感到外来群体的文化认同威胁到自己所在群体的文化认同时，自我认同取向就会趋于封闭并采取防卫姿态。这样一来，人们期望在众多的文化认同中凸现自己文化认同的愿望，就导致了偏爱内群体(ingroup)的倾向，结果往往是对外群体成员的歧视，以及阻碍对新文化的开放性接受。针对这一现象，具备开放、灵活的认同能力，显然有助于拓展心灵的开放性与减少偏见。高罗佩(Robert van Gulik)曾这样评论印度佛学融入中国文化的"策略"："佛教传法僧很知趣地不碰中国人护若命根的民族自尊心，从来不说自己是外国某一强大教会派出的使徒，而中国的信徒必得严守该教会的一切规训"，这样中国人就明白了，他们如果信了佛教，也没有必要因此放弃自己原有的一套思想和生活方式，总之，"在佛教传教士身后，中国人不会遥遥地感到有一个麦加或罗马，仿佛一切传教活动都是远方某个异国政权或外族势力的阴谋"②。

当前，全球社会的传播语境要求人们具有承认、尊重、包容和整合文化差异的能力，能够用眼睛、思想和心灵来观察不同的文化，以达到合格的"全球公民"的标准。陈国明等提出的全球传播能力模式，即是强调摒弃原有的排斥其他文

---

① 详见本书第二章第一节有关"认同协商理论"的阐述。
② 蒋述卓、周兴杰：《佛经传译中的跨文化交流模式》，《文艺研究》2005年第7期。

化及其差异的"认知滤镜",以广阔的视角来观察世界,以积极的心态来期待新潮流与新机遇,从而以和谐的方式实现个人、社会和组织的不同追求,允许历时性的变化、进步和变革的存在,正视文化差异及其他潮流如科技发展所带来的影响。①。

二、对话与倾听:一种理想模式

对话(dialogue)与语言的历史一样久远——随着语言的产生,对话便出现了,并成为人类从野蛮时代进入文明时代的标志。对话涉及人类生活的各个领域,贯穿于不同时代、族群、民族和国家的思想和行为活动中。

中西历史上最早的对话繁荣期,是古希腊和中国的春秋战国时期。在古希腊,对话是人们在经济、政治、文化等领域探求真理、传播思想的重要方式,也是人们社会生活中语言活动的主要表现形式,并成为学者写作的重要文体。对话的双方是平等、自由的,对话者不带有任何个人的成见或偏见,目的是探求真理。可以说,对话体现了古希腊的学术民主、自由的精神,促进了古希腊学术的进步和文艺的繁荣。自由、平等的对话形式也广泛存在于春秋战国时期的思想领域,儒家经典《论语》就主要采用了对话的形式,其中呈现的自由、和谐、平等的对话关系,对儒学的创立与传播至为重要。其他诸子百家典籍中,也有多种形式的对话,生动活泼、不拘一格,对话者之间也是相互平等、相互尊重的。也可以说,正是通过自由、平等的对话方式,当时的中国文化才得以呈现后世难以企及的"百家争鸣"的局面。

20世纪中后期以来,巴赫金的对话理论对西方人文学科产生了重要影响,渗透在社会生活、人文认知、审美创造等诸多学术领域。在巴赫金看来,对话涉及人的主体建构,即人如何在认识自我和他人的过程中建构自己的主体——主体建构只能在自我和他人的对话中实现,"人作为一个完整的声音进入对话。他不仅以自己的思想,而且以自己的命运、自己的全部个性参与对话"②。巴赫金认为,对话是人的存在方式——人类生活本身是对话性的,只有在对话中,才显示出人之为人的本质,"生活就其本质来说是对话的。生活意味着参与对话:提问、聆听、应答、赞同等。人是整个地以其全部生活参与到这一对话之中,包括眼睛、嘴巴、双手、整个躯体、心灵、精神、行为"③。总之,人类只有依托语言或话

---

① 陈国明:《论全球传播能力模式》,《浙江社会科学》2006年第4期。
② 〔俄〕米哈伊尔·巴赫金:《诗学与访谈》,参见钱中文主编:《巴赫金全集》第5卷,白春仁等译,石家庄:河北教育出版社1998年版,第387页。
③ 同上。

第七章 文化适应、传播能力与技术的影响

语才能生存、思考与交流,人类情感的表达、理性的思考乃至任何一种形式的存在,都必须以语言和话语的沟通为基础,即"语言只能存在于使用者之间的对话交际之中。对话交际才是语言的生命真正所在之处。语言的整个生命,不论是在哪一个运用领域里(日常生活、公事交往、科学、文艺等),无不渗透着对话关系","对话结束之时,也是一切终结之日"①。

受到人道主义思想的影响,巴赫金的对话理论中蕴含着一个重要的价值预设:在一个理想的社会中,人的价值和地位是平等的,人的意识和思想也是平等的,自我与世界之间也是平等的;在一个"独白"的世界里,他人的思想不会得到描绘——他人的思想要么被同化,要么在辩论中遭到否定。巴赫金的对话理论将人置放在广泛的社会现实的交往中,描述了人与人之间独立、平等和相互交往的自由关系,关心人的主体建构,关心人的存在和命运,关心人的平等和自由。也是出于对人的对话性存在的理解,巴赫金强烈反对权威话语和独白话语,他所期待的理想社会不是一个死寂的、无声的世界,而是一个"杂语喧哗"(heteroglossia)的社会——"杂语喧哗"的社会才是人与人平等对话的社会,没有官方意识形态的霸权,没有独白话语对他人和他人思想的扼杀。

马丁·布伯把自己的对话立场形容为"狭窄的山脊"(narrow ridge),意在表明,对话不是要获得两种文化的"共性",对话得以存在的中间之地就是"山脊",因此,对话中充满了困惑、悖论、风险和不确定性。② 布伯认为,真正决定一个人存在的东西,是人与世界上各种存在物和事件发生关系的方式,可用"我—它"与"我—你"来表达。布伯把近代西方主、客体二分的世界观归结为"我—它"关系,但"我—它"不是真正的关系,因为"它"(客体)只是"我"(主体)认识、利用的对象。在这种关系中,"我"不能发现自身的意义。进一步地,布伯强调,对话的目标就是对立双方之间生出一种双方都能认可和体验的"我—你"相遇的关系——彼此都把对方作为一个"你"而不是一个对立的"它"来体验。这里,"我—你"关系是一种"开放性""直接性""相互性"和"在场"的关系。换言之,对话就是体验"我—你"关系中的另一方,这才是人类应有的、真正的基本关系,体现了"我"对"你"的尊重。反之,如果都以自己为"主体",以对方为"客体",那么两者之间永远不会有"对话",只会各自"独白"。布伯还指出:在所有文化的源头,人的精神都表现出一种对话性,真理和本真的生活都是经由对话得到

---

① 〔俄〕米哈伊尔·巴赫金:《诗学与访谈》,参见钱中文主编:《巴赫金全集》第5卷,白春仁等译,石家庄:河北教育出版社1998年版,第242、340页。

② Martin Buber, *Between Man and Man*, New York, NY: Macmillan, 1966, p.184.

的,只是在后来的发展中才失去了这种对话性。① 由此而言,真正的传播应该是人在找寻自我的途中,不间断地与他人发生对话式的关系,带着自己的心灵和探寻,甚至带着疑问和惶惑,带着对人的尊敬和自我尊敬,转向他人、倾听他人。一言以蔽之,人类真正的对话就是"人与人的相遇"②。

关于交往理性(communicative rationality)与对话的学说,是哈贝马斯交往行为理论的精髓。根据交往理性的要求,传播沟通是一切主体存在的前提和基本方式;传播沟通的过程,就是通过主体之间的平等互动达成理解并在主体之间生成意义的过程,"只要交往参与者没有建立起相互承认的关系,并接受对方的视角,一同用他者的眼光来审视自己的传统,相互学习,取长补短,那么,就不可能出现建立在信念基础上的共识"③。与之相应,对话是一种方法论,也是实现交往的合理、有效的途径,哈贝马斯还强调:只有通过对话才能相互沟通和理解,每一方试图获得的东西都可以在对话中得到解释和认识,即纯粹的交互主体性是由"我和你""我和他"之间的对称关系决定的。哈贝马斯还提出,以沟通和理解为目的的交往大致具备三方面的"普遍的有效性要求":第一,在特定的规范语境中,完成正确的言语行为,在言语与听众之间建立起一种正当的人际关系;第二,提出一个真实的命题以及恰当的现实条件,使听众接受和分享言语者的知识;第三,真诚地表达出意见、意图、情感、愿望等,使听众相信言语者所说的一切。

20世纪60年代起,传播学界开始出现对话研究的成果,各从不同视角强调对话是人类精神的需要,代表着人的基本处境。1967年,阿什利·马森(Ashley Matson)等出版的《人类的对话》(The Human Dialogue),就对话与传播的关系进行了系统阐述,把对话视为传播和关系的代名词,并运用布伯的思想,将对话看作一个发展自我、了解他人、形成个体关系的传播过程,反对种种将传播视为一条直线、仅仅用于传递信息的观点。④ 马森还把人际传播中的对话称为"传播的第三次革命":第一次革命是推动大众传播的科学发明;第二次革命是推动控制论和动机研究的科学理论和人体工程学;第三次革命是强调开放和彼此尊重的对话理论。

20世纪80年代,理论物理学家戴维·博姆(David Bohm)提出了一个针对社会问题的"对话"解决方案——"博姆对话"(Bohm Dialogue),即平等的地位

---

① 参见刘杰:《马丁·布伯论"东方精神"的价值》,《文史哲》2000年第6期。
② 王怡红:《当代人际传播研究与对话问题》,《学习与实践》2006年第11期。
③ [德]尤尔根·哈贝马斯:《后民族结构》,曹卫东译,上海人民出版社2002年版,第148页。
④ Rob Anderson, et al., The Reach of Dialogue, Cresskill, NJ: Hampton, 1994, p.11.

第七章　文化适应、传播能力与技术的影响

和"自由空间"构成了传播最重要的前提,能够克服社会中不同人群的孤立和碎片化状态。在博姆看来,传播不仅是"共同做事",不仅是"分享",更不单纯指"信息的传播",传播的意义还在于:人们通过对话而共同创造了一个更大的人类认识的空间——只有对话,才能使交流的意义在其间不停地流淌,不断创造新的相互理解的意义。博姆的对话思想集中呈现在他身后出版的文集《对话》(*On Dialogue*)中,书中这样描述了人类传播的窘境:"不同国家之间,处于不同经济和政治体制中的人们除了战争就很难展开对话。在任何单一制国家之中,不同的社会阶层、经济与政治集团也被相互之间不能理解所困扰着。甚至在人数有限的组织之中,人们也会面临长者与年轻人之间难以交流的难题。"① 面对人类传播的这一事实,博姆主张的"对话"实质上是一种"求同存异",是将意见集中与分享,从而形成创造性的意义传播的过程。博姆还强调,当人们忘记传播的对话性质时,人与人之间就充满了争斗、暴力、推卸责任乃至一面之词,唯有"对话",才可以使人们就各自的差异进行协商。

1987年,吉川宗雄(Muneo Yoshikawa)根据不同文化之间的关系,把跨文化传播概括为四种样式:族群中心式(ethnocentric mode);控制式(control mode);辩证式(dialectical mode);对话式(dialogical mode)。② 具体说来,族群中心式传播意味着,A以自身文化为参照系来对待B,B的自身文化和独特性被忽视。控制式传播意味着,B是A的操纵和控制对象,B的自身文化和个性没有得到A的承认。在辩证式传播中,存在三种可能的结果:一是A和B融为一体,二者的差异缩小到极小,产生了负载A和B文化的、独特的综合文化C,这是一种超越A和B的理想的、辩证的统一体;二是A对B盲目信任、依赖或无私奉献,变成B的一部分;三是A操纵或强迫B,使其改变自己,变成A的一部分。在对话式传播中,A和B相互独立又相互依存,二者的文化特点、相似性和差异都被承认并受到尊重,即使二者在融合时,也会保有各自的身份。

在跨文化传播实践中,对话式传播是一种理想的有效传播方式,恰如王怡红强调的,"在传播的关系中,没有对话,传播就是一种声音的独白"③。对话式传播意味着,传播双方要协力合作,在不丧失自我的前提下与对方积极互动,但又不偏向其中任何一方。④ 结合前文讨论,就是要努力摆脱"自我中心"、摒除定势

---

① 转引自王怡红:《人与人的相遇》,北京:人民出版社2003年版,第66页。
② Lawrence Kincaid, ed., *Communication Theory*, New York, NY: Academic, 1987, p.320.
③ 王怡红:《当代人际传播研究与对话问题》,《学习与实践》2006年第11期。
④ 笔者通过对所在高校外国留学生微信群的参与式观察也发现:在不同文化议题上的对话参与情况,反映了这些留学生对不同议题的宽容度和协商能力,积极的对话能够帮助参与者提高交流的能力。

和偏见,通过交流沟通使人们的认识逐步接近真理。这也符合巴赫金提出对话理论的初衷,即寻求一种积极的人文精神,尊重个性、崇尚人格、注重责任、平等参与。具体到实践中,可遵循理查德·约翰尼森(Richard Johannesen)总结布伯等学者的对话思想而提出的六个要求:相互开放(mutual openness)、非操纵性(nonmanipulative)、承认独特性(recognition of uniqueness)、相互承认(mutual confirmation)、彼此接近(turning toward)、不做评价(nonevaluativeness)。①

把对话式传播引入跨文化传播的实践,还有必要强调"平等相处的意识"(sense of equal footing),即强调对话各方都享有平等的地位,否认片面的权威或对真理的独占。对话的一个重要价值在于,对话者能从差异中找到潜在的合作性,这就要求人们能尊重和欣赏差异的不同价值,允许差异存在,并通过保存差异建立起相互间的依赖感。对话也是一个异中求同、同中求异的双向运动过程。在对话过程中,要尊重对方的尊严和权利,尊重对方存在的价值,充分重视双方在不同领域的贡献和创造。当然,要使对话各方享有平等的地位,对话人本身不仅要有独立意识,而且要真正获得独立的地位。

为做到对话式传播,传播者还应具备"无限传播"(boundless communication)的意识。这里的"无限传播"是指,传播的目标旨在取得相互理解和真知灼见,旨在发掘世界与人生的深层含义,旨在重构人格和完善人性。"无限传播"的命题隐含着一个重要假设:跨文化传播中的传者与受者之间是互为主体的"主体—主体"关系,交往也因之成为主体之间对话、交流,最终达到视域融合、形成认知乃至共识的过程。王怡红就此指出,人迈向对话式交流的旅途是艰难、长期的,充满了关系破裂的风险和新的学习,可是,"人是宇宙间唯一能运用语言进行交流、唯一能对'我是谁'提出思想的生物",我们无法不通过寻求对话的意义来给人类的交流带来一点点希望,人类在传播方面的努力就是要让人们学会在交流中一起思想,通过交流建造一种人与人相互尊敬的存在方式。②

在"无限传播"意识的观照下,对话不仅仅是一种传播手段,也包括了人类生存方式的相互参照——对话建立了人与人之间相互开放、彼此依存的关系,是自我与他人共同"在场"的相互审视和相互认证。用卡尔·雅斯贝斯(Karl Jaspers)的话说,对话就像是"心灵的交感",必须是开放、热烈、坦诚和深刻的,是一种为达到最高境界而必须付出的永无休止的努力。所幸的是,不同的文化传统

---

① Richard Johannesen, "The Emerging Concept of Communication as Dialogue," *Quarterly Journal of Speech*, 1971, Vol.57, pp.375-382.
② 王怡红:《当代人际传播研究与对话问题》,《学习与实践》2006年第11期。

并不同于相互闭锁的"深宅大院",开启相互对话原本就有牢固的根基。

倾听(listening)是人们接收口头和非语言信息、确定其意义和做出反应的过程,通常有两个方面的含义:一是听觉的倾听,来自人的"自然过程",是人的生理、感官的自动接受过程;二是心灵的倾听,强调了传播中的感悟和分辨能力。倾听的终极目标是通过人的谈话或对话,达到理解他人或被他人所理解的目标。在这个意义上,倾听就是对话的另一半——如果停止了倾听,对话就毫无用处了。

倾听可分为多种类型,比如,以娱乐为目的的"娱乐的听"、以思考为宗旨的"理解的听"、以积累信息为动力的"记忆的听"、以体验他人为目标的"移情的听"、以评价为基础的"识别的听"、以心理效果为兴趣的"治疗的听"等,不一而足。在人们之间的语言和非语言传播中,倾听都有重要的作用。正如王怡红指出的,人不能单独对语言符号本身进行界定,更不能离开倾听来奢谈人际传播和关系。[1] 据相关统计,倾听约占人类传播时间的53%,说占16%,读占17%,写占14%。不过,有关传播习惯的调查表明,很少有人能做到完整、正确地倾听。日常生活中,虽然人们把大量时间用在倾听上,但能记住的只有大约1/4的内容。倾听也是一种过程和相互作用,人们在听到信息之前就需要进行预测,然后倾听这些信息,做出评价和选择。至于倾听的效果,是由人们给予倾听的关注决定的,人们也可以通过"选择性注意"的方法避开多余的信息。[2]

概括相关的主张,改善倾听能力大致有四个方面的要求。第一,"主动的倾听"。这是一种积极参与的过程,包括参与传播者的积极思考与提问、对听到的内容进行复述和反馈、及时回应传播者谈论的问题等。在交往过程中,人们在很多时候有主动倾听的责任。杜维明还指出,倾听是不确定的、不可预测的而且是转瞬即逝的,只有用心才能"听进去",如庄子所说的,"汝闻人籁,而未闻地籁;汝闻地籁,而未闻天籁夫"[3]。第二,"开放的倾听",即敞开心胸,听取不同的意见——很多经验表明,人们难以接受的信息,恰恰是最重要的信息。一个有趣的现象是:如果你的观点被证明是错的,那么你是最后一个知道的。第三,"感受的倾听",即用心去听,对传播者的语言符号和非语言符号仔细体味。第四,"移情的倾听",即承认和识别说话人的情感,设法站在对方的立场上,暂时忘却自我,使自己沉浸于对方的讲话之中。

---

[1] 王怡红:《人与人的相遇》,北京:人民出版社2003年版,第114页。
[2] 〔美〕桑德拉·黑贝尔斯:《有效沟通》,李业昆译,北京:华夏出版社2002年版,第64页。
[3] 〔美〕杜维明:《文化多元、文化间对话与和谐》,《中外法学》2010年第3期。

20世纪90年代,约翰·斯图尔特和米尔特·托马斯(Milt Thomas)逐步完善了"对话的倾听"(dialogic listening)理论。① 该理论认为,在对话中,"倾听"不是单纯地听,"说话"也不是单纯地说,"倾听"与"说话"交织在一起,互为依靠。与上述"主动的倾听"和"移情的倾听"等不同的是,"对话的倾听"打破了"倾听"与"说话"之间可以脱节、间隔的观念,把对话者的注意力置于传播互动过程本身,而不是去关心对方的内部心理状态。道理很简单:对话者并不能完全进入他人的脑海,也不可能完全拥有他者的立场。事实上,对话者也不可能全然放弃自己的立场。"对话的倾听"为张扬人际传播的互动、协商与合作提供了新的认识基础。

根据斯图尔特和托马斯的阐述,要做到"对话的倾听",需要满足四个方面的要求。第一,把对话视为一种共享活动(shared activity),或者说,将对话的焦点置于"我们的"这一立场以及对话本身可能产生的结果上。第二,强调参与对话的开放、活跃的态度,特别是要求传播者之间建立起一种相互谦让、信任的关系。第三,关注那些发生在传播者之间的具体事件,而不是关注发生在对方脑海里的事情。第四,应当首先关注当下的目标,而不是去留意未来或过去的目标。只有具备了这样的心态,才可能使双方协调各自的行动、意图和言谈,也有助于减少权力差异造成的负面影响。②

在跨文化传播学的视域中,对话对于人类发展健康的传播关系具有越来越重要的意义。第一,对话开拓了人类传播的精神空间。对话作为人类传播的重要主题,其作用早已超越了传输、传递信息的局限性,使遭遇障碍、停滞不前的人类传播得以重新开放,实现人对人的尊重。第二,对话开拓了人类传播的伦理空间。对话可以消除人为的差异,减少划界自守、相互隔绝的状态,并具有处理人际危机、协调利益分歧、弥合文化差异和冲突的作用。这也如罗伯特·墨菲所说:"包括我们、他人和这个世界是什么的概念——是通过我们相互确信的所有对话得以维系的。在对话过程中,我们加强了共有的价值、倾向、误解和仇恨,并且在这潜在混沌的世界中找到了稳定和秩序的感觉。"③第三,对话是调适自我、理解不同文化的最佳途径。对话创造的语言是和平而理性的语言,通过对话,可以更好地倾听自我、倾听不同文化的"交响乐"——"要通过文化对话相互理解,

---

① John Stewart and Milt Thomas, *Dialogic Listening*, New York, NY: McGraw-Hill, 1995, pp. 184 – 201.
② John Stewart, ed., *Bridges not Walls*, New York, NY: McGraw-Hill Companies, 1999, pp. 184-201.
③ 〔美〕罗伯特·墨菲:《文化与社会人类学引论》,王卓君译,北京:商务印书馆2009年版,第43页。

就必须虚心聆听交响乐的主题与变奏,并深刻体会交响乐是由各种刺耳的乐器组成的和谐曲。"①

这里紧要的是,倾听是接收、注意和确定那些受文化差异影响的意义的过程,人们必须步入"对话的倾听",才可能完成信息的传递、分享、互动等传播过程,接近人与人的相互理解,缩短人与声音之间的距离。若没有倾听,对话乃至人与人的相遇,就无从谈起了。

三、组织的跨文化传播

作为常见的群体组合形态,组织(organization)是社会的基本单元,也是实现社会关系的实体。关于组织,理查德·斯科特(Richard Scott)的定义是:在具有一定连贯性的基础上,为实现相对确定的目标建立起来的集合体,具有相对固定的边界、规范的秩序、权威等级、沟通系统以及一个能使不同类型的人参与共同工作以达到共同目标的激励机制。赫伯特·西蒙(Herbert Simon)则认为,组织是特定人类群体中信息传播与相互关系的复杂模式,能够为每个成员提供决策所需的大量信息,还向每个成员提供一些稳定的、可以理解的预见,使他们能够预料到其他成员的行为。②

任何社会都要建立各种组织来保证社会关系的运行,每个社会人面对的都是"组织的社会"。从20世纪早期开始,不同于传统乡村组织的城市企业等现代组织开始进入管理学、社会学、人类学和心理学等学科的视野,组织研究也伴随现代社会的发展,成为具有跨学科影响的重要领域。1924至1932年,埃尔顿·梅奥(Elton Mayo)等通过以观察作为主要研究方法的霍桑实验(Hawthorne Studies),提出了著名的人际关系(human relations)理论,基本主张有三个方面。第一,工人是"社会人"而不是"经济人",即工人的行为并不单纯为了追求金钱,还有社会方面的、心理方面的需要,后者更为重要。因此,不能单纯从技术和物质条件着眼,而必须首先从社会心理方面考虑合理的组织与管理。第二,企业中存在着非正式组织,作用在于维护其成员的共同利益,使之免受内部个别成员的疏忽或外部人员的干涉所造成的损失。非正式组织中有自己的核心人物和领袖,有大家共同遵循的观念、价值标准、行为准则和道德规范等,管理当局必须重视非正式组织的作用,注意在正式组织的效率逻辑与非正式组织的感情逻辑之间保持平衡,以便管理人员与工人能够充分协作。第三,在决定劳动生产率的诸

---

① 李金铨:《在地经验,全球视野》,《开放时代》2014年第2期。
② 〔美〕赫伯特·西蒙:《管理行为》,杨砾等译,北京经济学院出版社1988年版,第9页。

因素中,置于首位的因素是工人的满意度,生产条件、工资报酬只是第二位的。高的满意度来源于对工人个人需求的有效满足,不仅包括物质需求,还包括精神需求。

从霍桑实验至今,作为世界快速变迁的结果,特别是面对组织内外的科技、信息和不同意义的交互影响,组织在不断做出制度和文化方面的适应性变迁,相关研究也在不同学科中陆续开展起来。从20世纪60年代起,组织传播学被正式纳入传播学范畴,研究的方向大致包括:组织的人际传播、群体内传播、群体间传播、传播因素与组织目标、组织传播的技术改善与训练、组织的软件与硬件传播媒介、组织的传播系统分析、组织传播的研究方法等。在组织传播学的视角下,组织即是通过持续的传播过程创造的具有共同目标的人群的集合——在"组织"的框架下,组织成员借助符号及其意义的实现,完成相互作用的动态信息交流,组织成员的互动模式也决定了组织的结构。

组织与组织传播研究

在半个世纪的发展中,组织研究领域接受了传统组织与管理学科的影响,也接受了语言学、社会学和传播学中的言语传播、人际关系等理论,从早期的重视实证—功能主义与传播效果,发展到纳入文化—解释、批判与后现代等理论。凯瑟琳·米勒(Katherine Miller)即指出,有关组织传播的研究"必须注意到传播过程在促进组织及个人目标的协调活动上有何贡献。这样的研究同时也将我们的注意力导向结构与权力对传播的影响,及其如何在组织界限的内、外产生影响,并且突显出象征性的多重意涵,以及历史与各种组织因素对传播过程的影响"[1]。20世纪后期以来,对信息技术的关注也是一个重要的组织研究脉络,把握新技术条件下组织信息传播的特征,尤其是信息控制的规律、方法和工具,以及组织的冲突管理和公共关系管理等,是目前组织传播研究的主要命题。[2]

在跨文化传播研究的视域下展开对组织和组织传播的考察,要结合组织传播学、人类学、心理学等领域的经验,重点探究组织形态的多样性、复杂性、多变

---

[1] [美]凯瑟琳·米勒:《组织传播》,陈淑珠等译,台北:五南图书出版有限公司1998年版,第20页。

[2] 20世纪80年代后期以来,美国组织传播研究的主题涉及:电子媒介的沟通和技术;困境、挑战、变革和创新;领导权力与政治冲突;情感生活;组织气候和文化;认同;多样性和多元化;组织形式;应用性;全球化;女性主义;公众传播与资讯流动;社会化和其他。在众多研究主题中,"电子媒介的沟通和技术"方面的文献占总数的25.3%,排在第一位,显示出技术对组织传播的影响之大;主题为"困境、挑战、变革和创新"的论文占10.9%,排名第二,表明组织传播所面临的重大挑战已经引起了研究者的重视。参见胡河宁等:《美国组织传播20年研究述评》,《今传媒》2010年第9期。

性,组织文化的变迁动力,文化多样性对特定组织的具体影响,技术、市场与信息推动的组织文化中的意识形态以及消费者、性别、权力等议题。譬如,借鉴人类学的经验,可将"作为文化的组织"的框架、人际关系和价值取向等作为一个整体考虑,思考人们如何经过组织化的行为与日常生活的意义及生产符号的方式相联系,并了解在特定的社会和经济条件下,某种话语形式怎样成为"权威",以及文化传统中的意义体系如何促进组织在不同情境下的适应性选择。在这方面,一些中国学者进行的家族企业组织变迁研究,可以提供借鉴。①

20世纪80年代以来,西方学界从跨文化传播视域展开的组织文化研究,凸现了传播研究的贡献,也弥补了现代企业与组织管理研究的一些不足,在考察组织内部及组织之间的信息传播系统,协调组织内部与外部的行为、决策以及冲突等方面做出了独特的贡献。在这里,组织文化是指组织内部由地域特色和管理特色等赋予的价值观、行为方式、社会规范等的总和。对组织本身而言,组织文化能引导、激励、约束组织成员,实现组织的共同目标,对迅速变革的外部环境做出回应,并影响组织系统之间信息和能量的交换,也为组织内部或组织之间的变迁提供了潜在的可能性;对组织中的个体而言,组织文化能帮助成员形成一种群体认同,使之逐步接受组织的价值观、主张和理解。

根据约翰·范·麦安恩(John Van Maanen)的观点,组织文化大致可分为四个方面:第一,生态语境(ecological context),即组织运作所处的时间、地点、历史和社会语境;第二,差异互动(differential interaction),即组织内部包含的许多小型群体之间频繁互动的关系;第三,集体理解(collective understanding),即组织成员阐释事件的共同方式,涉及组织文化的主张、理解、价值观和实践;第四,个人领地(individual domain),即个体成员的实践或行动。② 研究者还有个共识——由于组织文化的客观存在,不同的组织之间即使存在很小的差别,在传播者看来也是引人注目的。路易斯·庞迪(Louis Pondy)认为,在组织之间的传播中,这些差别往往会经历潜在(latent)、可察觉(felt)、可感知(perceived)、外显(manifest)等阶段,逐步造成组织之间的冲突,并对个人、人际关系以及组织产生短期或长期的影响。③ 重要的是,组织文化往往不是单一的,通常组织内部会出现某些认同于特定群体的亚文化,或者说,组织文化往往由一系列相互交叠的"文化圈"组成,企业组织尤其如此。

---

① 庄孔韶、李飞:《人类学对现代组织及其文化的研究》,《民族研究》2008年第3期。
② Peter Frost, ed., *Organizational Culture*, Beverly Hills, CA: Sage, 1985, p.54.
③ Louis Pondy, "Overview of Organizational Conflict," *Journal of Organizational Behavior*, 1992, Vol. 13, No.3, p.255.

根据来自跨文化传播研究的启发,研究者还有一个共识:组织间冲突的主要原因是人们做出的本组织成员和外组织成员的划分,即把交往者分成了"我们"和"他们"。这自然就会导致对外组织成员的歧视,人们更信任"我们"中的人。基于组织文化的特点,组织间要实现有效传播,需要传播者知己知彼,不仅仅要了解不同亚文化背景的特质,也要了解不同的环境条件对组织文化的影响,了解不同组织决策人的文化特征。除此之外,每个组织都有与其他组织关系的历史,如果两个组织有不信任的历史,就得从两者关系的实际情况出发。

2005年,陈国贲等考察了一些中国"三资"企业中的西方管理者与中方员工之间的冲突与互动。该研究发现:西方管理者会通过企业规范限制中国员工在公司业务中掺入"拉关系"的行为,同时,也通过培养企业团队精神的方式,试图改变中国员工的"关系"意识,使之更符合企业的需要;中国员工会改变自己的部分行为以符合西方管理者的要求,同时也力图通过某些事实,向西方管理者显示自己观念和行为的合理性。也就是说,双方的行为都包含主动改变对方和被迫适应对方的情形,经过一段时间的互动,双方都表现出某种中西价值观混合或者选择性适应。这种混合或适应在西方管理者身上表现为弹性处理"拉关系"的行为,有限度地利用中国人的"关系"网,或者运用中国人顾全对方"面子"的特定的沟通原则;在中国员工方面则首先表现为对待中方主管与西方主管分别采取不同行为准则及态度,然后逐渐形成诚实的态度和遵守企业规范的自觉性。该研究最后得出结论,只有通过双方的互相学习,调整或改变各自的文化观念或行为模式,冲突才会真正缓和或减少,同时达成新的合作状态。[①]

从20世纪80年代后期开始,因全球化和全球市场经济造成的人口结构和工作环境的变化,推动了跨文化工作组(intercultural/multicultural work groups)内部有效传播理论的提出和发展。相关研究的共同假设包括:第一,跨文化工作组是一个包含投入、过程、产出的系统,该系统受到工作组所处的特定背景——客观环境、组织结构、文化状况和既定任务等因素——的影响,每个因素都会引导和制约组织成员之间的互动行为;第二,文化影响传播行为,组织成员的文化价值观、自我建构、多元文化背景不仅影响个体成员的行为,同时也会影响整个工作组的集体行为;第三,较强的个体参与程度、更多的决策共识、基于合作的冲突和相互尊重的沟通,是良好的组织内传播行为,个体亦会感受到来自生产效率和组织凝聚力两方面的影响。

马莎·玛兹奈芙斯基(Martha Maznevski)在1994年针对跨文化工作组的研

---

① 〔新加坡〕陈国贲等:《中国"三资"企业中的文化冲突与文化创新》,《社会》2005年第3期。

第七章 文化适应、传播能力与技术的影响

究表明,内部多元的团队在解决困难等方面要比单一群体更具创造力。她还指出,对于跨文化工作组而言,要使内部互动与合作效率得到提高,必须经过整合(integration)的过程,即将"不同元素统一起来,形成一个整体的结果"。整合的关键就是有效传播,组织成员要共同面对社会现实,展现客观判断能力,同时具备传播的动机和信心,能够彼此协商和认可一系列有关传播的规范,面对困难时能够进行适当的归因。[①] 1995 年,约翰·奥兹尔(John Oetzel)提出了跨文化工作组有效传播理论(the effective intercultural workgroup communication theory),该理论关注提高工作效率和改善组织内部关系,主要针对跨国公司、全球性商业组织以及合资企业等内部文化多元的工作团队内部的互动与合作,重点在于揭示文化和文化多样性如何影响组织内传播过程,以及对组织产生的后续影响。[②]

有关跨文化组织有效传播的研究还成就了一种更为广泛的共识:传播是工作组效率得以提升的重要原因,为组织成员提供相关的传播培训势在必行。

跨文化培训

20 世纪 80 年代以后,跨文化传播的相关理论主张被广泛地运用到商业、管理等部门的培训中,在组织管理和变革中发挥着重要的作用。西方管理学界也出现了一种令人注目的变化,即将研究重点转向非经济因素,注重对不同文化背景下的管理进行比较研究,出现了持续至今的"文化热"。

原因之一在于,随着全球经济一体化趋势的加强和跨国经营的发展,无论是日本在美国的工厂运作,抑或是美国在中国的合资企业,都会遇到文化冲突问题。在企业跨国经营过程中,企业的组织结构、技术方法、决策方式、控制程序已基本趋同,但员工的不同文化背景则使组织内文化冲突成为影响管理效果的主要因素,不仅会直接影响员工之间的和谐关系、员工的工作满意度和动机,还会导致管理成本的增加和组织协调难度的加大,增加企业管理运行的成本。总之,面对跨文化背景下组织内文化冲突的风险,对国际企业实行跨文化培训就成为国际企业取得成功的基本条件。如何克服文化差异?如何适当表达对其他文化的理解和尊重?这都是以企业组织为代表的各类组织在跨文化培训中必须面对的难题,也使与之相关的学术研究成为跨文化传播研究影响社会实践的重要出口。

跨文化培训的一个重要观念是:文化决定制度的成本,即当组织内部的文化

[①] William Gudykunst, ed., *Theorizing about Intercultural Communication*, p.355.
[②] Ibid., pp.351–371.

融合良好、对主导文化认同度较高时,制度成本就会降低。对企业组织来说,跨文化培训的主要目的在于,使管理人员与员工加强对不同文化的辨别与适应能力,促进来自不同文化的组织成员之间的沟通、理解,包括:避免驻外管理人员卷入或者制造文化冲突,使之能迅速适应当地环境;促进当地员工对国际企业经营理念以及经营方式的理解;维护内部良好、稳定的人际关系;实现内部信息流动顺畅以及信息共享,使决策程序更加有效率;强化团队协作精神和企业凝聚力。针对这些目标,跨文化培训的主要内容包括:对异文化的认识、对异文化的敏感性训练、外语学习、跨文化沟通与冲突处理、模拟异国地区环境、培养传播与适应能力等。具体的培训策略既取决于组织的观念与价值倾向,也取决于本地的实际情况。

承前所论,企业组织的跨文化培训还需有如下两个侧重。

第一,不带成见地观察和描述文化差异,理解差异的必然性和合理性,在组织内部逐步建立共同的、统一的文化价值观,确定人们的行为模式、交往准则。换言之,就是通过对跨文化差异的识别和敏感性训练等,提高组织成员对企业内部不同价值观的鉴别和适应能力,减少文化摩擦,逐步适应以组织价值观为核心的企业文化。彼得·德鲁克(Peter Drucker)有一个观点:国际企业的经营管理是一个把政治、文化的多样性结合起来进行统一管理的问题。根据实践领域的经验,由于受到不同文化之间差异的影响,国际企业的管理策略和核心价值观的确立,始终面临着很多本土文化因素的挑战。譬如,提高工资是调动员工积极性的关键因素,但当美方管理人员给墨西哥工人涨工资时,结果适得其反,这些工人宁愿工资低而享受更多的闲暇时间。再如,马来西亚的外资企业中时常发生女工"集体歇斯底里"(mass hysteria)的情况——由于多数女工还不习惯现代化管理,一个女工大喊大叫便会引发整个车间的骚乱,造成停工。遇到这种情况,通常只能请巫师来解决。

第二,选择和培养适应多元文化环境的管理人员,使管理人员尤其是高层管理者具备较强的移情能力和应变能力,善于同来自各种不同文化背景的人合作,实现管理方式的最优化和管理绩效的最大化。这方面培训的主要内容是语言培训(language training)和文化敏感性培训(cultural sensitivity training)。语言培训不仅要使管理者掌握语言知识,还要组织各种社交活动,让管理者与来自东道国的人员有更多接触和交流的机会,帮助学员发现和学习文化差异,打破交往的语言障碍。文化敏感性培训是一种改善人际关系和消除文化障碍的培训方法,目的是帮助学员运用灵活的方式应对文化差异,加强对不同文化环境的适应能力,特别是减少文化定势与偏见,增强相互间的信任感。通常,文化敏感性培训采取

第七章 文化适应、传播能力与技术的影响

文化教育、跨文化研究和模拟练习(simulation exercises)等方式进行。文化教育主要是以授课方式介绍东道国文化的内涵与特征,指导学员阅读有关东道国文化的书籍和资料,学习有关东道国文化的具体知识,减少民族中心主义的影响。跨文化研究是通过学术研究和文化讨论,促使学员积极探讨东道国文化,提高"诊断"在不同文化的交往中产生的疑难问题的能力。模拟练习是通过各种手段模拟东道国的文化环境,目的是把可能遇到的困难展现在学员面前,让学员学会处理这些问题的方法,有意识地按东道国文化的特点去思考和行动。

跨文化谈判

谈判(negotiation)是两个或更多当事方彼此提出要求和建议的一系列行动,目的是达成符合共同利益的协议,或是达成共识、弥合分歧,获得有利于一方或双方的成果。

在西方知识界的谈判研究中,除了关注谈判本身的固有规律,还特别注重不同的社会制度、文化观念、社会规范等对谈判活动的影响,并针对东西方文化差异提出了一系列的谈判策略。其中,根据佩尔韦兹·高里(Pervez Ghauri)等的研究,跨文化谈判者必须把握好两个方面的知识:一是对事实性知识(factual knowledge)的了解,包括颜色词、口味等关于某一特定文化的事实。这类知识可通过学习来获得,并融会于心。二是对解释性知识(interpretative knowledge)的了解。这显然是一种观察和理解文化差异的能力,涉及多方面的微妙的文化因素,包括时间的意义、对他人的态度、对个体社会角色的理解等。①

文化影响到人们对谈判目的的认识。譬如在商务谈判中,通常美国人首要关注的是当前交易的达成,东亚谈判者关心的是与谈判对手的和谐关系。文化还影响到谈判策略的运用。一些文化偏好先确定原则,然后用原则去解决具体问题;一些文化则偏好首先处理具体问题,然后逐步形成一些原则。文化还影响到人们对谈判结果(outcome)的理解和评价。一些文化关注当前的交易和短期利益,要求一份字斟句酌的协议,并认为谈判双方都有义务遵守和贯彻已达成的协议;一些文化则认为,谈判的具体结果固然重要,但保持与合作者的和谐关系更有价值,故此,往往注意协议的实质而不太计较协议的具体文字表述,对措辞不甚严密的协议也可以接受。

不同文化在谈判过程中的沟通方式上也体现出显著的差异。一些文化强调

---

① Pervez Ghauri and Philip Cateora, *International Marketing*, New York, NY: McGraw-Hill, 2005, p.83.

效率,喜欢直接进入主题;一些文化则相对委婉,喜欢在双方逐渐达成共识之后再做出决策。譬如,美国人、德国人、瑞典人喜欢很快进入实质阶段;中国人、日本人则表现得相对委婉,与之相似的还有墨西哥人、阿根廷人和巴西人,注重建立谈判者之间良好的个人关系,认为与对方建立起信赖关系之后才可能达成交易,谈判的进程也相对缓慢。援用"高—低语境"理论的解释来看:低语境文化的谈判者往往比较冷静、理性,重视次序、计划和安排,能迅速进入正题;高语境文化的谈判者往往选择较为感性的方式,含蓄、有耐性,要花很长一段时间才能进入正题。就中美谈判者的文化差异而论,中国人倾向于首先就有关合同双方所共同遵守的总体性原则和共同利益展开讨论,因为他们主要关心的是双方长期合作的可能性,因此避免在谈判起始阶段讨论细节问题。这种先就总体原则达成协议的谈判方式,是中国的谈判方式最明显的特征之一。相比之下,美国人在谈判起始阶段对具体细节给予了更多的关注,把谈判看成是一个解决问题的过程,倾向于把谈判分成若干部分,逐个地解决具体问题,并适当地根据具体情况做出让步和妥协,以解决问题为根本目标。

  西方的谈判研究普遍认为:中国人在谈判时有个突出的特点,就是看重面子,如果要在面子和利益之间做出选择,中方谈判者甚至会倾向于选择面子;西方谈判者则全然不同,他们会倾向于选择利益。一些西方谈判者甚至认为:在和中国人谈判时,要注意利用中国人的这种特点,"要用帮助中国人得到面子的办法来得到很多东西","如果要迫使中国人做出让步,则千万注意:不要使他在让步中丢了面子。同样,如果我们要从原来的强硬立场上后退,也不必在他们面前硬撑,这对我们来说是极为重要的"。再者,美国人认为谈判要讲究效率,根据具体情况适当做出让步和妥协是正常的;对中国人来说,妥协或灵活性是有条件的,当己方重要的需要得到满足,他们会做出让步和妥协,但在原则问题面前,中国人很难让步和妥协,特别是觉得己方的长远目标、长远计划或总体原则受到挑战时,中国人不会轻易让步,也有长期等待、观望的忍耐力——在西方人看来,这是所谓"东方的耐性"(oriental patience)。还有研究者将中俄谈判者进行比较,认为中国人把创造和谐气氛作为谈判的重要手段,倾向于回避对立或直接冲突的局面,讲究语言表达策略,追求建立和发展长期的合作关系;俄罗斯人则认为谈判的最终目标是实现利益,目标明确且不易改变,倾向于使用直截了当的语言表达自己的意愿,看重实际价值和眼前交易,而非长期的合作关系。

  正确认识不同文化的差异及其冲突,才能有效地帮助谈判者及时弥补自己的缺失,容忍分歧和不同的谈判意见,并学会从文化差异视角出发,积极地寻找解决分歧的方案。此外,不同国家的法律、制度等存在很大的差异,要保证谈判

第七章 文化适应、传播能力与技术的影响

活动的正常进行以及协议的顺利实施,正确认识不同文化中的法律、制度等社会规范的差异也非常重要。譬如,美国人的法律观念在谈判中表现得十分明显——特别看重合同,认真讨论合同条款,特别重视和利用合同违约的赔偿条款。与之相比,中国人则有偏重道德约束的倾向。

关于谈判中的文化因素,还需重视约翰·奥德尔(John Odell)的提示:文化因素对谈判进程和结果的影响是难以测度的。在谈判桌上,亚洲文化与欧洲文化是否存在系统性差异?不同文化是否会对市场变化做出不同的反应?一些文化是否更容易产生偏见?一些偏见是否反映了文化的特点?对于这些疑问,一些实验研究提供了些许支持,但在实验室之外,目前仍缺乏有说服力的比较分析。[①]

跨文化广告

全球化转换了资源与商品的流动空间,也推动了全球社会从传统的生产社会到消费社会(consumer society)的转型。消费社会强化了物对人的支配性和人对物的依附性,趋向于把消费当作一切经济活动的最终目的和最大利益,整个经济、社会和文化制度被消费商品的动力支配和渗透。一个显著的现象就是,世界商品正以不可阻挡之势涌到地球的各个角落——所谓世界商品,就是在世界各地被培育、加工、制作,最终在遥远的地方被人们购买或分享的商品。这样一来,广告不仅成为生产和消费活动中不可或缺的组成部分,还成为资本与日常生活实践相结合的领域,以及一种联结经济与文化的跨文化传播活动。由此而言,跨文化广告不仅具有经济和营销意义,还有重要的社会和文化意义,涉及对消费者的"意义"建构、文化分类和社会关系再生产的过程。

跨文化广告作为企业开拓全球市场不可或缺的工具和渠道,面临的是复杂多元的文化疆域,以及文化背景各异的受众,其创意构想、经营策略以及传播形态都在不断放大跨文化传播研究在应用领域的作用,要求研究者去探究如何直面文化差异、与本土语境沟通。跨文化广告研究的核心议题之一是理解目标市场的各种文化要素,以及广告语的创作技巧、广告语采用的编码方式和情感偏好等。基本的要求包括:对各种习俗、禁忌、宗教、伦理等文化要素要有高度的敏感性;精通受众国的语言,适应其语言规则和语境条件;理解、接受和尊敬其他文化的生活方式,保持文化中立,并承认文化差异的客观存在。为做到这些,还要避免自我参照标准(self-reference criterion),譬如认为"如果我喜欢和使用某种产

---

① 〔美〕约翰·奥德尔:《世界经济谈判》,孙英春译,北京:世界知识出版社2003年版,第225页。

品,别人也会这样做","如果某种产品在一地销路好,则在另一地也会有相似的业绩"。这方面可以援用的案例很多。譬如,在美国和中国,以鹿做广告能引起美好的联想,但在巴西,鹿是"同性恋"的一种代称;CUE 是美国一个牙膏的品牌名,在法语俚语中却是"屁股"的意思。

技术发展和资本的全球性流动为世界商品的全球流通提供了载体、工具和资金,而国际企业必须考察目标市场的"文化戒心",然后据以调适自己的广告策略。在这个时候,能否跨越和顺应文化差异,必将在广告营销的过程中发挥决定性作用,即便是最富"侵略性"的国际企业,也必须认真面对不同目标市场的文化特征。由此而言,积极的跨文化广告策略可以被解读为"创意全球化,表现本地化",即让广告充分适应本地的文化环境,通过呈现不同的文化特质与个性来表现国际品牌的标准化创意。

一个文化独特的气质、精神传统、美学观念以及特有的文字、图案、色彩等,都能构成跨文化广告的鲜明个性。把这些内容融合在广告创作中,用本地人易于理解的方式表现出来,也是避免被海量广告信息淹没的高明手段。譬如,2001年,某跨国体育用品公司在全球发布了一则广告:两支由世界各国著名球星组成的足球队在激烈比赛,最后由一名球员完成射门的任务。亮点在于:在不同国家播出的这则广告,最后射门的都是该国的著名球星。

第三节 跨文化传播的技术空间

技术反映了人类认识和改造世界的全部成果,也是观察历史走向的一种途径。历史地看,人类跨文化传播活动提供的跨越时空、国界和文化差异的冲动,始终受到技术的限制和影响,跨文化传播的客观需要,也在不断推动技术的更新与发展。

传播技术组织着全球化运动,也控制着所有"文化想象"的意义和方向。当前,新媒体传播成为传播技术的主要标志和不同文化交流信息、知识、情感的共同语境,把人与人的关系和人与自然的关系反映、建立在数字的生产、储存和流动上,传播全球化成为现实,文化和民族国家的传统界限被模糊和跨越,跨文化传播在媒介选择、行为主体、传播模式以及影响力等方面都经历着空前变动。这就使文化与传播研究的各个领域都要面对重大的"范式转换",以便重新诠释技术的文化本质与社会影响、新媒体传播与虚拟社会、"数字鸿沟"与新媒体伦理等议题,重新勾勒技术影响下跨文化传播研究的知识框架。

第七章 文化适应、传播能力与技术的影响

一、技术的社会影响与文化本质

文化是技术的源泉,也是技术活动的过程及结果;技术参与到自然、现实和对世界的构造中,并不断更新着人与社会的关系。针对文化与技术的关系,马歇尔·麦克卢汉(Marshall McLuhan)这样说:"我们创造了工具,工具也创造了我们"①;唐·伊德(Don Ihde)还强调:生活的技术形式是文化不可分割的重要组成,正如文化在人类的意义上不可避免地隐含技术一样。② 特别是近代以来,技术发展一直为不同文化的交往扫除"物理障碍",使全球社会日益处于技术同步的影响之下,技术把握的理性逻辑和物质秩序也在持续影响各个社会的运行和变迁,改变着人类文化的传播环境以及不同文化之间的依存程度。

人类文化的发生、发展与变迁都与技术不可分离,甚至可以说,每一文明都是以某种占主导地位的技术为开端的。自早期历史开始,人类一直致力于改进对周围信息的接受能力,同时也在设法提高自身传播信息的能力、速度和便利程度,这就使技术特别是传播技术成为文化模式的决定性因素。哈罗德·伊尼斯就此指出:传播媒介对知识在时间和空间中的传播产生了重要的影响,而不同传播媒介对它所在的文化是有这样或那样的"偏向"(bias)的,传播的"偏向"重构了事物的时空关系,"一种新媒介的长处,将导致一种新文明的产生"③。回顾文化的历史,从蔡伦造纸到古登堡的印刷机,从莫尔斯电码(Morse Code)到微软视窗(windows),传播技术与人类社会共同进步,都是人类文明跨越不同阶段的主要标志。麦克卢汉还有观点认为:任何一种技术,只要它是人类身体、存在、思想的任何延伸,它就是"媒介"(medium)——"媒介"的延伸影响了人们之间的关系,形成了新的文化经验,最终必然对历史和文化产生影响。

技术改变世界结构的方式,一直在赋予人们对日常生活的感知和价值判断。变革和引入技术,不可避免地会导致关于文化的观念、认知系统发生变化,带来生活习惯、身体机能甚至整个社会组织形态的改变,如哈贝马斯指出的:"人类的社会文化发展模式,从一开始就是由两个因素决定的:一个因素是(人类)对(自身)生存的外部条件的日益增加的技术上的支配权;另一个因素是制度框架

---

① Marshall McLuhan, *Understanding Media*, New York, NY: McGraw-Hill, 1964, p.7.
② Don Ihde, *Technology and the Life World*, Bloomington, IN: Indiana University Press, 1990, p.20.
③ [加]哈罗德·伊尼斯:《传播的偏向》,何道宽译,北京:中国人民大学出版社2003年版,第27—28页。

对目的理性活动的扩大了的系统的不同程度的被动适应。"①1951年,根据传播媒介的发展演变,伊尼斯对世界历史做出了这样的分期:从苏美尔文明开始的泥版、硬笔和楔形文字时期;从埃及的莎草纸、软笔、象形文字和僧侣阶级到希腊—罗马文明;从苇管笔和字母表到帝国在西方退却的时期;从羊皮纸和羽毛笔到10世纪或中世纪的时期;印刷术发明之前中国使用纸、毛笔和欧洲使用纸、羽毛笔的时期;从以手工方法使用纸和印刷术到19世纪初,即从宗教改革到法国启蒙运动的时期;从19世纪初的机制纸和动力印刷机到19世纪后半叶木浆造纸的时期;电影发展的赛璐珞时期;20世纪三四十年代到现在的电台广播时期。②

以中国古代印刷术来说,欧洲学者一直承认印刷术传播是文艺复兴、宗教改革运动和资本主义兴起的必要先驱,认为印刷术"导致了思想的广泛传播,思想的广泛传播又推动了哲学与科技的变革。这些变革最终推翻了教士和贵族的统治,从而产生了崭新的政治、经济、社会、文化和宗教制度"③,人类亦借此步入近代社会。尼尔·波兹曼(Neil Postman)还概括了印刷技术的文化影响:第一,导致学科重组,形成了推崇逻辑的清晰思维观念,导致文学新形式的出现,比如散文和诗歌;第二,使方言进入公共话语,促进了民族主义的兴起;第三,印刷机与基督教新教在信息倾向上不谋而合,推动了后者的兴起;第四,印刷术用对国家的爱取代了对上帝的爱,导致国家主义的兴起;第五,印刷术为科学地保存、交流和传播创造了有利的环境,极大地支持了现代科学的兴起;第六,印刷术导致个人主义的兴起,形成了不同人群间的知识差距,为"童年"的产生创造了条件。④

现代意义上的技术进入人类历史,以18世纪末开始的工业革命为起点。技术成为现代西方文明的主导力量,以及控制自然和人类社会的工具,并推动了全球化和全球社会的形成。至20世纪中叶,现代传播技术已使全球社会的不同区域发生了巨变,人们从乡村移居城市,大众社会的崛起使传统的文化体系和社会秩序被打破。在这一历史时期中,机械印刷机催生了廉价报纸,拉开了现代大众传媒业的序幕,电报突破了传播活动的时空限制,推动了现代报业和传媒的职业化,无线电技术使一对多的广播成为可能,摄影和电影技术迎合并且刺激了大众的娱乐消费需要,其结果就是:大众文化(mass culture)成为现代社会的主要

---

① 〔德〕于尔根·哈贝马斯:《作为"意识形态"的技术与科学》,李黎等译,上海:学林出版社1999年版,第73页。
② 〔加〕哈罗德·伊尼斯:《传播的偏向》,何道宽译,北京:中国人民大学出版社2003年版,第1—2页。
③ 〔美〕赫伯特·阿特休尔:《权力的媒介》,黄煜等译,北京:华夏出版社1989年版,第4页。
④ 〔美〕尼尔·波兹曼:《娱乐至死》,章艳等译,桂林:广西师范大学出版社2009年版,第188—198页。

第七章 文化适应、传播能力与技术的影响

文化形态,全球传播的容量不断增加,速度不断提高。

关于技术对人类文化的影响,汤因比的解释是:"如果人们放弃自己的传统技术而用外来技术取代的话,那么,技术方面的变化将不会仅仅局限于生活表面,它会逐渐达到更深的程度,甚至使全部传统文化的地基都被动摇。因此,所有的外来文化都会通过外来技术进入这一媒介,并借助于已经松动了的传统文化的土壤,一点一滴地渗透进来。"① 威廉·麦克高希(William McGaughey)指出:"随着计算机的出现,文化再次面临转变。被联系起来和互相产生影响的个人经验可能会带来一系列新的公共价值观。"② 威廉·奥格本(William Ogburn)则如此概括了技术发明的三大社会影响:散布性(dispersion)、连续性(succession)、集中性(convergence)。散布性表明了技术发明的多重影响;集中性强调的是,不同发明的影响会汇集在一起发生更大的作用;连续性则指明了技术发明所派生的链条式的社会影响——"就像是一块石子投入水中激起的层层涟漪","听装罐头的发明被认为影响了妇女投票运动。它首先被罐头生产商所使用,然后减少了妇女在家中准备膳食的时间;因此这就给了妇女们更多时间参加更多的社交活动,这其中也包括参加争取妇女权利和投票的活动。反过来,妇女参加投票又产生了一系列的派生效果"③。

现代传播技术及大众传媒业的兴起,确立了信息传播活动在社会生活中的中心地位。一方面是人类复制、保存和传输信息的能力空前增强;另一方面,各种文化都有机会脱离原有的狭小生存环境,都有可能积极地与其他文化交汇、融合,进而加速全球社会中文化多元化的进程。正如丹尼尔·贝尔所说,当代大众传播媒介与交通运输革命一起消除了社会的隔离状态,改变了人们认知世界的方式,形成了今天人们理解世界的方式——"造成对变化和新奇的渴望,促进了对轰动的追求,导致了文化的融合"④。传播媒介的发展,也在推动不同学术领域思考传播媒介对个人和社会的影响、信息传播技术的应用、工作与娱乐的性质、时空的概念,以及文字、阅读、谈话等日常生活方式的变迁等议题。总之,传播技术的发展正在影响人类的集体命运,回答好这些问题,对于把握文化传播实践、理解全球社会与文化变迁的意义,至关重要。

---

① 〔英〕阿诺德·汤因比:《文明经受着考验》,沈辉等译,杭州:浙江人民出版社1988年版,第264页。
② 〔美〕威廉·麦克高希:《世界文明史》,董建中等译,北京:新华出版社2003年版,第8页。
③ 〔美〕史蒂文·瓦戈:《社会变迁》,王晓黎等译,北京大学出版社2007年版,第223页。
④ 〔美〕丹尼尔·贝尔:《资本主义文化矛盾》,赵一凡等译,北京:生活·读书·新知三联书店1989年版,"1978年再版前言",第136、137页。

还要注意的一个趋向是:为维持公共的、共同的社会生活,传播媒介在形成社会现实、维持常态方面的作用日益显著,通过各种媒介技术实现的当代文化形态,更成为对社会形象、社会记忆的控制。正如艾格伯特·舒尔曼(Egbert Schuurman)所说:"技术在现代的、充满活力的文化现实中占据着重要地位。……现代技术是现代文化得以建立的基础。在很大程度上,我们文化的未来无疑将被技术控制和决定。"①马克·波斯特(Mark Poster)还指出,媒体作为一个包含有极其复杂多样的形式与内容的工具,日益鲜明地、在日益扩大的全球范围内代表着各种文化变迁,因为媒体是一种技术或者说信息的机器,"在媒体的无意识中,信息机器无形中挤进文化的过程,把原来的主体与客体改变为一种新的构成,我称之为人—机器"②。

跨文化传播研究不能忽略文化交往与变迁过程中媒介的角色与功能,同时也要留意保罗·康纳顿(Paul Connerton)的提示:能否控制一个社会的记忆,在很大程度上决定了权力等级,当今的信息技术借助信息处理机器来组织集体记忆,不仅仅是技术问题,也直接影响到合法性,是控制和拥有信息的问题,亦是至关重要的政治问题。③

关于技术发展的文化差异

不同社会的思维方式、生活方式、宗教乃至对技术的态度等,在极大程度上制约着本文化的技术发展与扩散。这是因为,技术不能脱离文化单独发展,技术始终根植于特定的社会文化环境,不同群体的利益和价值取向等都决定着技术的轨迹。文化通过对技术进行认识和反映,在观念、认知及行为方式上衍生出一种适宜的运行机制,从而对技术的发展方向和目标进行调控。审视人类的技术发展史,甚至可以得出一个结论:文化是技术发展的"遗传基因"——技术在不同文化中的地位、作用以及期待,决定了技术乃至文化的命运。

关于技术发展的中西差异,较为普遍的看法是:中国传统中"天人合一"的观念影响深远,长期阻碍了中国社会智慧努力的方向,重视玄学思辨,轻视经验,反对理性。传统社会结构以人伦关系为根本,主流价值莫不以道为本、以技为末,如庄子说:"夫残朴以为器,工匠之罪也;毁道德以为仁义,圣人之过也。"技术不过是"奇技淫巧",没有被当作人的生存方式来考量,亦没有对技术和意志

---

① 〔荷〕艾格伯特·舒尔曼:《科技文明与人类未来》,李小兵等译,北京:东方出版社1995年版,第1页。
② 〔美〕马克·波斯特:《全球传播时代的后殖民理论》,《世界电影》2008年第3期。
③ 〔美〕保罗·康纳顿:《社会如何记忆》,纳日碧力戈译,上海人民出版社2000年版,第1页。

第七章　文化适应、传播能力与技术的影响

的关系的反思,从而没有给技术发展提供形而上的支撑。谢宇认为,中国对知识的需求是注重实用的,功用性心理很强,缺少了追求科学的思想起点,"科学是为科学而科学,而不是为实用而科学。因此,中国没有能够形成科学是由中国传统的文化背景、思想观念决定的"①。李约瑟有一个重要的观点:中国儒家思想对科技发展的影响基本上是消极和负面的,因为"在整个中国历史上,儒家反对对自然进行科学的探索,并反对对技术做科学的解释和推广"②。此外,同手工业和工场手工业生产水平相适应,中国传统社会注重利用人的体力和技巧,忽视利用自然力和工具,忽视效率和效益;注重经验积累,相对忽略科学依据,难以积累从基本原理上创新的能力;注重师徒传承,很少利用教育传授技术知识。如此种种,不可避免地影响了技术发展的规模、速度和质量。近代以来,现代技术在中国的引进在中西文化冲突的背景下进行,传统社会的技术观念逐渐退出主导地位,但也通过潜移默化的途径顽强地发挥作用,影响至今存在。

西方传统社会的情况则大有不同。古希腊时期确立的科学理性精神,以及西方基督教尤其是经过宗教改革后的新教思想,为西方社会不同时期的科学和技术发展提供了持续的动力。尤其是近代科学革命与工业化运动,促进了科学知识与技术在世界范围的传播,缩小了人类在地理上和观念上的距离,增加了人类交流与合作的途径。进入 20 世纪之后,在西方国家诞生的微电子技术、计算机技术、航天技术、生物技术、新材料技术等,更是促成了新一轮的技术革命热潮,推动了全球时代的来临,并最终改变着人类各个文化的面貌。

就技术发展的历史来看,有好奇心、有工匠传统以及有实干精神和求精态度的文化,对技术发展的需要较为急切,而相比人文传统深远的文化,以科学理性见长的文化对技术的需要更为强烈。森谷正规还有个观点:不同国家的文化明显地反映在它们所制造的产品中,即每一个国家的技术和制成品,都是该国文化的产物。在他看来,日本文化就是现代日本技术发展的基础,日本人制造的产品也反映出日本文化的特点。比如,日本地域狭小、资源匮乏的环境造就了精密加工技术的发展,使日本的技术产品表现出结构紧凑、重视细节、手艺精巧的特色。另外,日本善于通过技术引进的方式来发展自己的技术,也与其文化特质有关。森谷正规还指出,日本人的"尚武"传统在工程师和技术人员中催生了一种"生产现场主义",成为日本能以惊人的低成本生产出优质工业品的重要文化条件。在日本历史上,日本一直从中国和西方"各种文化的产物中选择、学习和吸收它

---

① 谢宇:《社会科学与自然科学的关系》,2002 年 10 月在北京大学的学术讲座。
② 〔英〕李约瑟:《中国科学技术史》第 2 卷,何兆武等译,北京:科学出版社 1990 年版,第 395 页。

认为需要的东西,以适合自己的目的,产生了吸收和同化的非凡才能"①。在这个意义上,日本文化本质上属于学习文化,有一种自卑和谦虚相混合的东西存在于民族精神之中,这种素质有利于学习其他国家文化的优点。

小林达也还有一个观点:日本文化的融通性和柔韧性影响了日本的技术发展,"日本人从古代就形成了多神教的柔性世界观,他们思考问题所采取的不是必须如此的刚性思维方式,就是说,即使在摄取西洋技术的过程中,他们也要进行多种选择"。在近现代化的过程中,日本为引进欧美的技术、制度和方法,采取了把道德本土化和技术普遍主义分隔开来的"二分法"——"和魂洋才",改革了国家的实体,并依靠武士阶级引进西洋技术,建立了与西欧相抗衡的国家。②

跨国传媒的文化影响

传播技术的发展使传播全球化成为事实。一个重要的趋势是:20 世纪 80 年代至今,伴随跨国传媒集团持续性的全球扩张,传播产业的商业化、私有化、集中化和去管制化趋势日趋剧烈,新的全球传播格局与秩序正在通过传媒产业的扩张在世界范围内形成。通过媒介组织与权力体制的政治经济与意识形态的运作,西方媒介更为深入地参与到不同文化和国家的社会活动之中,同时也隐蔽地操纵着普罗大众的日常生活。

以跨国卫星电视为例。作为跨越国界、以其他国家的观众为主要对象的跨国传媒,卫星电视对世界各国的经济、文化、社会生活乃至国际关系产生了深远影响,也极大地拓展着跨文化传播的深度和广度。从 20 世纪 90 年代后期开始,以西方国家为主力,世界各国纷纷利用数字技术通过卫星传播电视节目,卫星电视作为一种新的传播技术乃至社会力量,迅速兴起和发展。卫星电波强大的穿透力和无处不在,加上跨国卫星电视内容的丰富性和形式的多样性,不仅使跨文化传播的即时性成为可能,同时拓展了跨文化传播的深度和广度,并引起不同领域研究者的持续关注。

从技术发展的历史来看,文化的生存力与必要的社会结构相关联,经济发展、技术进步是扩大文化影响的前提。西方国家跨国卫星电视的全球扩展,是世界范围内权力不平衡的结果,控制了全球信息流动的方向、数量、结构,决定了全球社会的社会变迁、经济发展以及政治、文化秩序,是对后发展国家的文化传统

---

① 〔日〕森谷正规:《日本的技术》,徐鸣等译,上海翻译出版公司 1985 年版,第 49、26 页。
② 〔日〕小林达也:《日本引进西洋技术史中的文化对应》,张明国译,《北京化工大学学报·社会科学版》2006 年第 3 期。

难以摆脱的威胁。杜安·沃兰(Duane Varan)这样总结了跨国电视节目发生文化影响的四种进程:一是文化摩擦(cultural abrasion),即特定文化语境与境外电视之间的价值观摩擦;二是文化萎缩(cultural deflation),即本地文化中某些不稳固的层面易于受到外来文化的影响;三是文化沉积(cultural deposition),即国外文化的信仰、实践和人工制品构成了一幅新的文化图景,具备了为本地文化提供"文化接种"(cultural fertilization)的条件;四是文化突变(cultural saltation),即本地传播系统中的社会实践已适应了境外电视的威胁。①

据近年的统计,开办跨国卫星电视的国家和地区在20个以上,其中绝大多数为西方国家,各类跨国卫星电视台超过50个,在世界各个地区传播的跨国卫星电视节目有数百套,跨国卫星电视覆盖的人口早已超过世界总人口的2/3,卫星电视的"越境"成为日益严重的国际问题。以美国为首,西方国家一直强调"信息自由流动"的原则,认为各国都不应设置障碍、限制信息的自由流动。广大发展中国家则强调主权原则,认为跨越国界的电视广播应该征得对象国的同意,并且要有一定的约束和规范。尽管各国政府在原则上都已同意为限制卫星的接收范围而制定一项新的国际规章,但由于各国之间存在利益纷争,在一些具体条款上难以达成一致。为预防对电视直播卫星电波的人为干扰,各国都赞成根据国际电信协议(IECA)的有关条款管理电波分配,即每个国家都可以尽其最大努力运用所有技术手段防止电波溢出。

但迄今为止,还没有一种技术屏障能阻挡或控制到处渗透的各种"电波"和信息流动。许多研究者深为担忧:高度发展的传播技术已经成为一把锋利的"双刃剑","既促进了我们民族的统一,同时又成为高速公路,为另一个民族的文化快车驶入我们的家园创造了便利条件"②。

二、新媒体传播与虚拟社会

人类跨文化传播活动提供的跨越时空、国界和文化差异的冲动,持续推动着传播技术的突破与发展,重建着社会组织形式和文化样态,更使新媒体传播构成了人类社会生活的主题。形形色色的新媒体构建了实现个人表达自由和言论自由的各种"社会平台",也构建了文化间对话与交融的"公共领域",推动着人类生存方式的革命与文化的变迁,使知识和观念的全球性辐射与融合成为现实。

---

① Duane Varan, "The Cultural Erosion Metaphor and the Transcultural Impact of Media Systems," *Journal of Communication*, Vol. 48, No. 2, 1998, pp. 58-85.

② 〔加〕玛丽·威庞德:《传媒的历史与分析》,郭镇之译,北京广播学院出版社2003年版,第140页。

新媒体传播进一步的全球蔓延,无疑将创造出信息传播、娱乐和社会交往的更多新形式,孕育更多形态的社会性扩散表达渠道,导致公共与私人生活的变化,并推动文化和社会的变迁。

关于新媒体的定义有很多。综合来看,是指运用数字及网络技术,通过互联网、宽带局域网、无线通信网、卫星等通道,特别是电脑、手机、数字电视等终端,向用户提供信息和娱乐服务的媒介形态,包括卫星电视、交互式电视、推特、微博等。"所有人对所有人的传播""所有人对所有人"是新媒体的显著特点——在新媒体构造的传播系统中,所有人都可以成为信息的编制者、传播者和接受者,社会、文化和媒体实践以及自我表达的形式也因此发生剧烈变动,正在经历被改写、创造和再媒介化的过程。特别是,新媒体传播具有重要的"赋权"(empowerment)特征,即将大众传播权力赋予公众,同时也将传播技术的使用权转移给公众,使公众的话语权得到空前提升,也为个体的社会化提供了更大的全球性的场所。

进入21世纪以来,新媒体技术扩散到全球信息系统中,为不同文化中的公众提供了一种全新的交往平台——"虚拟共同体",并通过不同"虚拟共同体"的拓展和彼此接入建构了虚拟社会——由虚拟实体及其在网络空间中的组合与互动所构成的社会。虚拟社会拓展了现实的社会交往领域,彻底改变了传统人际互动的方式与空间——人们在虚拟空间中存在,网络交往建构了人们赖以生存的新的社会关系和活动场域。贾英健还指出:新媒体的出现和发展,使"主体生存与时空的统一遭到更大的破坏",消解了主体的具体时空特性,使社会和主体的存在"虚空"化、抽象化,使人自由地跨越民族国家的局限,跨越对时空和各种既存社会规范的限制,按照自己的需要和意愿自由地交往,其结果就是:"现实社会中存在的控制主体的各种活动机制的功能在网络空间中出现弱化,主体敢于抛开现实社会中形成的各种面具,不再需要掩饰自己,而以一种本能性的存在方式展开活动,展示一个真实的自我。"①这里重要的是,借由新媒体的推动,传统媒介中大众被动、消极的"沉默"身份得以改变,公共空间和私人空间的界限不断模糊,任一个体均有可能与身处其他国家、地区网络中的任一个体联系交往,网络交往因此而具有了全球性和普遍性,为不同国别、民族、地域的文化交往以及全球知识、文化的共享开辟了前景,也为人类的行为、思维乃至社会结构注入了新的内容和新的形式。这正如安德鲁·芬伯格(Andrew Feenberg)的判断:"网络行为的扩展已经完全改变了我们的计算机概念,并且以各种难以预料的

---

① 贾英健:《全球化与人的存在方式》,《理论学刊》2002年第5期。

方式正在改变社会交往的世界。"①

作为一个基于计算机技术、互联网技术、虚拟实在技术而建构的网络化、虚拟化的多维信息空间,虚拟社会是新型的人与人、人与群体、群体与群体之间交流、交换和共享信息的"公共领域"。这里没有现实世界中的组织、结构、等级、科层、官僚机构与官僚,以及权威与权力,以至于呈现出这样一种特征:"去权威性"。也就是说,传统意义上的权威不再存在,所有参与者均在平等交流中获得自身存在的根据,借助参与者互动形成的关系网络则提供了社会化、相互支持、信息交流及社会认同等功能,既呈现了诸多与现实社会不同的特征,也对现实社会的社会关系与交往产生了根本性影响,甚至改变和重塑着现实的社会结构,使其经历着一场解构与重构的革命,在交往互动、价值观念、生活方式等方面都逐渐呈现出不同于传统的新特征。

虚拟社会中存在着无数的不确定因素与无限的可能性,也提供了比以往的交往方式更广阔的对话界面,人们通过彼此接入,拓展着新的认同空间。早在1993年,迈克尔·海姆(Michael Heim)就根据他对电脑游戏和计算机技术发展趋势的观察,认为人在"虚拟现实"(virtual reality)中的活动方式具有这样几个特征:模拟(simulation)、身临其境(immersion)、远程展示(telepresence)、身体完全沉浸(full body immersion)、互动(interaction)、人造性(artificiality)和网络化交往(networked communication)。② 陈国明则在2007年指出:新媒体在突破文化认同的传统时空限制之时,既可能更有效地强化既存的文化认同的机制,也可能消解和改变文化认同的能量与建构。③

无数案例还表明,在虚拟社会中,一些地方性议题可以瞬间演变为全球议题。议题共享的结果是传统观念得以改变,大众传播与人际传播的藩篱被打破,二者间的实质差异也日渐减少,研究者必须重新思考大众传播中"大众"二字的意义。马成龙就此指出:传媒的同步(synchronicity)与互动(interactivity)层次逐渐升高,对话和共享成为普遍现象,导致了人际传播的大众传播化和跨文化传播的概念的转变。跨文化传播不再是来自不同文化的人进行的交流,有可能是拥有不同品位、选择不同信息、拥有不同媒介的群众之间进行的文化对话,跨文化

---

① 〔美〕安德鲁·芬伯格:《可选择的现代性》,陆俊等译,北京:中国社会科学出版社2003年版,第3—4页。
② Michael Heim, The Metaphysics of Virtual Reality, New York, NY: Oxford University Press, 1993, pp. 109-128.
③ 陈国明:《全球化社会的新媒体与文化认同》,《文明的和谐与共同繁荣》,北京论坛论文集,2007年。

传播从稀有的传播现象变为普遍传播现象,许多根据面对面交流发展出的跨文化传播理论均需做出调整,以国境为主要传播障碍的观念将渐渐消除,国内差异变大,国际差异变小。①

三、"数字鸿沟"与网络伦理

不同文化或社会相遇时,总是在技术上先进的一方会对另一方产生更大影响。技术在塑造人类社会文化的同时,始终是人类社会文化的重要内容。信息技术不仅是衡量社会贫富的工具,也是决定社会变化能力的主要因素。人类掌握信息技术的实力的差异,总会不可避免地导致不同群体、民族和文化的机遇差别。对于处于世界体系边缘的文化来说,倘无从适应这种变迁,就很难避免被淘汰的命运。

技术进步是工具理性意义上的进步,但技术也是一种高附加值的生产力,与特定的政治权力结构相配合,使技术权力成为复制现存不平等关系的强大工具。在这里,"数字鸿沟"指的是由于地域、教育、经济和种族差异,不同群体在掌握和运用电脑、网络等数字化技术及分享信息资源方面的差异,实质就是一种因信息落差引起的知识分隔和贫富分化。随着社会和技术条件的变迁,"数字鸿沟"的内涵愈加丰富;从网络技术方面来讲,"数字鸿沟"是地域、教育水平和种族不同的群体在接入和使用网络技术上存在的差距;从经济方面来讲,是由于经济水平的差异而导致的对信息接触和应用的差距;从知识方面来讲,是不同群体在获取和利用知识的能力上存在的差距;从社会制度方面来讲,是传统社会分化现象在新时代的延续,即信息分化现象。

近年来,"数字鸿沟"已逐渐超越技术范畴,渗透到社会、经济、文化、外交等各个领域,成为冷战后的新"隔离"现象,不论是从人类和平的立场,还是从利益共存的角度来讲,这种"隔离"都是难以被接受的现实和大趋势。马克·利维(Mark Levy)指出:传播与技术日益冷酷无情地把世界隔离成两座营垒,"一座营垒由那些受到良好教育而且极具经济实力的信息贵族把持踞守,他们是计算机系统的经管者,控制着传播工具与条件;另一座营垒则属于传播圈的'下层阶级',这里的成员文化水平有限,他们在巨大的传播机器的摆布下过着物质与精神双重贫困的生活"②。

---

① 马成龙:《全球化现象对跨文化传播的启示》,关世杰主编:《世界文化的东亚视角》,北京大学出版社2007年版,第332页。
② 〔美〕马克·利维:《新闻与传播》,《新闻与传播研究》1997年第1期。

第七章　文化适应、传播能力与技术的影响

"数字鸿沟"体现在跨文化传播领域的一个鲜明征象,就是"数字文化鸿沟",即由于"数字鸿沟"导致国家、国家内部和不同人群之间的观念和认知差别。信息传播数量的大幅度增加,事实上加深了文化差异与社会不平等,也加剧了潜在的文化冲突,并对文化传承乃至世界文化格局造成势不可当的冲击。对于"数字鸿沟"造成的两极分化的后果,一些学者还提出了"虚拟殖民主义"(cyber-colonialism)的概念,认为新媒体传播中出现的"殖民主义"将技术作为压迫的工具,后发展国家正在被迫接受西方的知识和技术,但新媒体并非中立,其内部隐藏着设计者的偏好,西方的理念、知识和传播行为在很大程度上决定着新媒体的结构、体系和文化。

知识界对"数字鸿沟"的焦虑,反映了研究者对信息流通的均衡性以及公众获取知识的平等性的普遍质疑和担忧。经过一个多世纪的发展,信息传播技术在全球范围内建立了一个同质化程度极高的技术文化体系和秩序,延伸到经济、政治乃至军事领域,构成了国际关系不平等的现实因素。早在 1965 年,艾伯特·梅米(Albert Memmi)就在《殖民者与被殖民者》(*The Colonizer and the Colonized*)一书中指出,殖民主义的功能就是隐藏技术、技能,以征服和剥削被殖民者。当前,虽然传播技术的发展大大提高了人们的沟通能力,但新技术不会改变信息分配贫富不均的状况,反而使之呈现出两极分化的趋向:无论是国家还是个人,有者更多,无者更少。唐·伊德则认为:技术是一种文化工具,它是非中立的,也是深深嵌入日常生活的实践的,当一个文化采纳了新的技术,也就采纳了新的文化关系。他以新几内亚人对不锈钢小刀的接受为例,指出本地人通过对这种小刀的接纳,建立了对西方世界的依赖感,本地的旧式小刀则可能失去价值并完全消失。[1]

传播技术是文化模式的决定性因素,影响到全球社会、文化的变迁与人类的集体命运,人类必须关注传播技术引发的社会与文化变迁,预测和控制各种变化,夺回对人类命运的控制权。多年来,技术的持续、高速发展,一直在不断激起人们的担忧:技术发展究竟给人类社会带来了什么影响?在技术的影响下,人类文化的命运究竟如何?放大的时空带来了生活和知识获取上的便利,但也削弱了人们对身边经验世界的关注,人类对技术的依赖性越强,也可能会变得越脆弱,或是被异化的技术成为压迫人的工具,造成精神和物质、科技与人性的失衡。技术进步也可能带来新的专制,而人们越需要系统提供的生存服务,越可能"自愿"接受控制,放弃自由而接受技术造成的"系统化暴力"和新的专制。

---

[1] Don Ihde, *Technology and the Life World*, Bloomington, IN: Indiana University Press, 1990, p.151.

在众多反思中，莱维斯·芒福德(Lewis Mumford)认为，机器生产意味着"野蛮的新纪元"，它给人带来了非人性的劳动和异化的生存状态。也有学者指出，由于技术所产生的罪恶，归根到底还是人的罪恶，对技术不能一味地进行批判，只有通过调整人本身、调整人所处的社会和文化环境才能消除由技术产生的罪恶，因为"机器本身没有任何要求，不做任何承诺，是人类的精神在要求和承诺"①。雅克·埃吕尔(Jacques Ellul)指出，技术已经变得无比强大和囊括一切，人从生活在自然环境中变成生活在技术环境中，甚至于像政治和经济这样的现象都是"属于它"而不是"被它影响"。他还认为，技术是一种自主的力量，已经渗透到人类思维和日常生活的各个方面，以至于人类已经失去了对自己命运的控制能力；甚至对技术的选择都不是人做出的，而是由技术本身做出的，技术的发展也是自动进行的，所有事物都要适应自主的技术的要求。总之，技术环境迫使人们把一切问题都考虑为技术问题，使人被技术所包围，所有的经济、政治与精神文化活动都服从于技术的需要，即"社会中的一切都成为技术的奴仆"，甚至"资本主义系统已被技术系统所取代了"②。

伊尼斯的《传播的偏向》一书有个核心观点：传播的突飞猛进，常常导致野蛮行径的突然爆发，因为技术发展放大了某些文化的优越性，技术发展尤其是传播技术的变化，"使我们难以认识到时间和空间的平衡"，"每一种文化都有它自杀的方法"③。关于技术的负面影响，尼尔·波兹曼通过媒介生态研究也提供了一种悲观主义的"技术决定论"，分析了媒介环境如何创造语境以改变人们思考和组织社会生活的方式，关注"技术和传播工具如何控制信息的形式、数量、速度、分布和方向，以及信息的结构和偏向如何影响人们的观念、价值和态度"④。在波兹曼看来，技术思维、方法和知识在改造自然界和人类社会中具有决定性的作用，技术中包含着特定的思想、偏好、态度、议程和意识形态偏向等，足够以隐蔽、强大的力量改造和重塑整个社会。总之，技术发展的影响渗透到社会和文化等各个领域中，潜伏着的各种危机已日益显现，特别是当前各种新兴传播技术导致的遽变，亟待持续和深入的思考。

技术并不可怕或危险，技术只有作为命运和统治者才是危险的。面对有关

---

① Lewis Mumford, *Technics and Civilization*, New York, NY: Harcourt, Brace and Company, 1934, p.6.
② Jacques Ellul, *The Technological System*, New York, NY: Continuum, 1980, p.12.
③ 〔加〕哈罗德·伊尼斯：《传播的偏向》，何道宽译，北京：中国人民大学出版社2003年版，第118—119页。
④ 〔美〕尼尔·波兹曼：《娱乐至死》，章艳等译，桂林：广西师范大学出版社2009年版，第188—198页。

第七章 文化适应、传播能力与技术的影响

技术影响的诸多议题,还有必要留意梅尔文·克兰兹伯格(Melvin Kranzberg)提出的"克兰兹伯格技术定律"(Kranzberg's laws of technology)——"技术既无好坏,亦非中立"。技术确实是一种难以抗拒的力量,但"技术在有意识的社会行动领域里的实际发展,以及人类释放出来的技术力量与人类本身互动的复杂矩阵都是有待探索的问题,而非必然命运"①。评价各种新兴媒体的社会和文化影响,还有一个重要的视角:社会和文化变迁是多种要素叠加的结果,历史发展的逻辑不是技术决定论,媒介与信息技术不过是提供了信息传播的技术条件,单独的技术不能创造社会和文化。陈卫星指出:"在信息传播技术的发展史上可以看出,技术工具和社会应用的关系是一种适应关系,体现了社会和政治的选择",互联网仅仅提供了一个信息交流的平台,"不可能仅仅凭借自身去完成社会体制的转变和传统的更新,它在某种意义上只是孤立的工具,不能赋予它更多的理想色彩和强加的意义,换言之,技术结构不等于社会系统"②。

无论如何,庞大的虚拟空间、无边的选择自由,不可避免地会对人的理性尺度提出挑战。关于媒介对人的影响,麦克卢汉还指出,一切媒介都是人的延伸,对人及其环境都产生了深刻而持久的影响,"这样的延伸是器官、感官或曰功能的强化与放大。无论什么时候发生这样的延伸,中枢神经系统似乎都要在受到影响的区域实行自我保护的麻醉机制,把它隔绝起来,使它麻醉,使它不知道正在发生的事情。我把这种独特的自我催眠形式叫做'自恋式麻木'。凭借这种综合征,人把新技术的心理和社会影响维持在无意识的水平,就像鱼对水的存在浑然不觉一样"③。近年来的大量研究都注意到,虚拟交往中的人们可以随心所欲地扮演任何角色,不必顾及现实生活中的规范和约束。这就不可避免地增加了人与外部世界以及与他人隔离的危险,甚至使人的自我意识被"虚拟化",导致人们之间的疏远,个人也可能变得紧张、孤僻、冷漠,同时现实的道德关系呈现出无序化和不确定性,印证着埃里克·弗洛姆的担忧,"我们日益陷入一种孤立的状态,对世界在情感上做出反应的能力越来越弱","我们不再是技术的主人,而成了技术的奴隶"④。

理查德·波斯纳(Richard Posner)就此指出,网络空间的"言论自由"会导致

---

① 〔美〕曼纽尔·卡斯特:《网络社会的崛起》,夏铸九等译,北京:社会科学文献出版社2001年版,第90页。
② 陈卫星:《麦克卢汉的传播思想》,《新闻与传播研究》1997年第4期。
③ 〔加〕弗兰克·秦格龙编:《麦克卢汉精粹》,何道宽译,南京大学出版社2000年版,第360—361页。
④ 〔美〕埃里克·弗洛姆:《占有还是生存》,关山译,北京:生活·读书·新知三联书店1988年版,第161—162页。

四个方面的焦虑:色情文化的匿名传播和扩散;没有质量控制导致的信息误导,甚至因"劣币驱逐良币"的格雷欣法则(Gresham Law)的作用而湮没真实信息;由于网络与受众之间无须中介即可直接接近,增加了不负责任的言论导致的潜在损害;各种极端主义者的网络盘踞,带来各种反社会的行为。① 特别是,新媒体快速、无序的信息传递,使意义和价值容易受到损害,促成了社会文化向低端游走的趋势。2013 年,王蒙撰文指出:"传播信息科学技术与手段的发展一日千里,我们既无法抑制'数量×速度'的狂欢,又不能挽救精神果实、质地品位的颓势,无法使严谨文化人的憔悴与寂寞,发育成传播明星式的丰腴红火,无法使浅薄的、雕虫小技的得意扬扬提升为殚精竭虑的深度思考,无法让烧钱式、起哄式的炒作进化为对于人类精神生活的求索与在精神阶梯上的攀登。"②

反省与选择是人类社会特有的本性。虚拟社会的形成为人们提供了自由开放的话语场所,但这种自由并未带来对社会良性秩序的维持和重构,故此,不可忽视网络公共规范缺失带来的制度与伦理问题。审视网络传播的缺失以及潜伏着的危机,对虚拟社会中的交往规则做出制度与伦理安排,是不同学科领域共同面临的重大课题。这里重要的是,网络空间只是人存在的维度之一:现代社会中的人不仅生活在虚拟社会中,同时也生活在现实社会中,人们需要去直面网络空间与现实社会两个维度的转换,需要对人类在虚拟空间的社会行为和交往活动做出反省与选择,通过对网络自由与秩序、网络平等与网络霸权、网络安全与个人隐私、全球网络与国家界限等问题的考察,对网络传播的负面效应进行有效的防范和遏制。

网络伦理是在虚拟与真实、传统与未来、技术手段与人文理念的碰撞中逐步形成的,是现实伦理的延伸和扩展,同时也影响着对现实伦理的构造。新媒体技术的发展,也正在拓展现代伦理研究的视野,使传播技术与伦理学融合成一个新的科学体系。有学者就把网络伦理议题概括为这样几个方面:隐私(privacy)、盗版(piracy)、色情(pornography)、价格(pricing)、政策制定(policing)、心理学(psychology)、网络保护(protection of the Network)。在各国学者中,美国学者最先开始研究信息自由、版权、民主、监督和审查等伦理问题,并设立专门机构制定网络伦理规则,开设网络伦理课程。

概括相关主张,虚拟社会的交往伦理包括如下几个基本原则。第一,自由。

---

① 〔美〕理查德·波斯纳:《法律理论的前沿》,武欣等译,北京:中国政法大学出版社 2003 年版,第 97 页。
② 王蒙:《网络带来白痴和低智商时代》,新华网,http://news.xinhuanet.com,2013 年 11 月 25 日。

各种新媒体技术原本蕴含丰富的自由、开放和共享观念,公众通过技术的赋权获得了空前的自由,使自由成为虚拟社会的基本精神。当然,自由的实现离不开个体主动的自我控制,个体自由也不能超越整体利益,否则就会使技术赋予人们的自由蜕变为堕落妄为。第二,平等。虚拟社会第一次给人类久远的平等理想提供了可能的空间,虚拟社会中的交往必定要基于平等的原则,这种平等也是建立在关注、尊重个体价值和权利的基础之上的。第三,安全。不同族群、民族和国家之间的冲突不会因进入虚拟社会而全然消失,如何在虚拟社会建立符合人类文化发展趋势、具备人文关怀的网络安全体系,应对可能发生的种种对立与冲突,是全球社会共同的课题。这里最迫切的,是从人类共同利益的高度来确立网络安全意识,抵御各种有害信息的侵蚀,维护人类文化可持续发展的基础。第四,道德。与虚拟社会的特征相适应,网络交往的伦理原则应有丰富、具体的内容,甚至要超越现实生活中的道德范畴,并有助于维护文化多样性、抵制文化"同质化"的影响。当然,这些原则的确立也应与相关网络管理法规的完善互为依托,以使虚拟社会中的交往主体更自由、秩序更完美。

第八章
文化多样性、文化对话与文化现代化的当代选择

文化多样性(cultural diversity)反映了全球社会中不同文化得以共存、融合的历史逻辑。近年来全球社会对人类文化多样性理解的深入,意味着维护人类共有利益、弘扬人类共有精神,正逐步成为不同文化和社会的共识。基于文化多样性观念,评价一个国家、文化的现代化程度也应有一个重要标准,就是对文化多样性的宽容和保护的程度。对于正在经历现代化过程的中国而言,文化领域诸多方面的努力必不能偏离多样性的要求,经济、社会领域的任何发展也要以整体且资源有限的地球为根本参照系,走向人与人、人与自然共生共荣的道路。

以文化多样性为思想基础的多元文化主义(multiculturalism),是一种文化和历史观念,也是一种公共政策、意识形态和价值观,与教育改革、公共政策、宗教实践、国家认同、文化多样性、族群权利等议题关联密切。半个多世纪以来多元文化主义的发展,已帮助全球社会体悟到:不同文化都是人类社会积累物质财富和精神财富的过程及成果的体现,不同文化都应充实于全人类的整体发展过程中,以得到继续前行的动力。文化相对主义是西方人类学不同学派方法论争论的产物,作为一种重要的学术观念,其矛头所指,是学术研究中长期盛行、时隐时现的"西方中心主义"和"种族优越论"等,强调的是不同文化的价值和相互理解,折射了人类社会多元共生的现实和走向。正如梅尔维尔·赫斯科维奇(Melville Herhovits)所说:"文化相对主义的核心是尊重差别并要求相互尊重的一种社会训练。它强调多种生活方式的价值,这种强调以寻求理解与和谐共处为目的,而不去评判甚至摧毁那些不与自己原有文化相吻合的东西。"[①]

文化现代化是全球场域下文化诸要素流动、发展和跨文化传播的复合进程,其间各种文化关系和文化实践的表现、路径以及内在机制等,都需要跨文化传播

---

① Melville Herhovits, *Cultural Relativism*, New York, NY: Random House, 1972, pp.32–33.

第八章 文化多样性、文化对话与文化现代化的当代选择

研究视域下的追踪和阐发。文化现代化离不开国际互动,包括文化的国际交流与合作。研究者对文化现代化的相关思考,也应与跨国、跨区域的文化合作关联起来,将之作为一个整体性问题进行探索。

文化现代化是历史趋势,也是一种文化选择,每个民族和国家都需要承担这一选择的后果。全球化推动了物质和象征符号的流转、互动、相互砥砺,各个文化都在稳定与变化、传统与创新之间摇摆。如何反思本土文化传统,克服文化选择的"焦虑感"与文化"无根感",是文化与传播研究领域最富挑战性的使命之一。文化现代化终究是本土问题,必得回到本土的文化环境和生活实践才能把握,需要以"地方性知识"的实践为条件,同时也要对西方和非西方各国的现代化进程做出客观的描述和分析。就中国文化现代化的目标而言,则意味着走向一种以中国多元传统为基础、能有效回应时代和中国发展的重大问题,也能反映和吸收人类共同价值与伦理的新的文化体系。

第一节 文化多样性与文化相对主义

保护文化多样性是文化对话的基本前提,也是文化对话努力探索和维护的目标。虽然"西方中心主义"近年来已改变了自己的表述方式,但并没有真正留下容纳其他文化平等存在的空间。西方文化与后发展国家之间的抵牾和较量愈显突出,保护文化多样性,呼唤文化对话,为全球社会的人类交往注入更多的公正、平等和未来,是后发展国家跨文化传播本土研究承载的历史使命。

文化相对主义是理解人类文化多样性的基础,有益于研究者客观评价文化的差异与变迁,也在批评西方中心主义和守望弱势文化方面具有不可替代的作用。文化相对主义也因此成为跨文化传播研究者自身必备的学术观念:不能简单排斥和否定任一文化的独特历史和相对价值,只有由衷建立起对不同文化的宽容和尊敬,才能在纷繁复杂的现实与变动中理解文化、认识世界。

一、文化多样性、多元文化主义与文化政策

文化多样性的概念来自对生物多样性的尊重与保护,体现了人类在环境问题上累积的经验储备,强调尊重历史,宽容地看待不同文化。多样性是人类物种和文化演化的最为基本的条件,大自然把不同构造、不同样貌的环境赐予了不同的族群,多样的生态系统哺育了各具形态的文化,人类社会结构的差异和文化内涵的丰富,只能由文化多样性来体现和承载。

生物多样性包括基因、物种和生态系统的多样性,是生态系统由简至繁演化

的结果,基因、物种、生态系统内部的多元互补关系,有助于生物基因和物种的保存和优化。生物多样性是针对特化现象(specialization)提出的——作为生物进化过程中的一种重要现象,特化是生物对环境条件的特异适应和进化,有利于某些方面的发展却减弱了其他方面的适应性。环境条件变化时,高度特化的生物类型往往由于不能适应而灭绝。文化多样性则是相对文化发展中的"特化"现象即文化单一性或纯粹性而言的,如果人类过分依赖某些特定文化内容,最后也可能造成整个文化的僵化而丧失演化的优势。总之,和生物体一样,文化必须强调内容的多样性与发展的多元性。一方面,文化多样性为人类文化实现类似于生物学意义上的"杂交优势"创造了必要条件;另一方面,文化的起源和演化不可能是同一的,文化也只有在与其他文化相区别时才能被辨识,并获得存在的意义。

多样性的文化是人类共同财产,也是人类应付各种复杂情况的文化资源。文化多样性所要求的不同文化之间的多元关系,成为各种文化之间的张力结构赖以保持的可靠保障,也为人类文化的发展提供了不竭动力。正如欧文·拉兹洛(Ervin Laszlo)所说:"不同文化的人所信奉的许多不同的观点和观念只要互不对抗,就能使当代世界增添丰富性和活力。"[1]联合国教科文组织在2001年通过的《世界文化多样性宣言》就强调:文化多样性是人类交流、创新和创造的源泉,也是人类得以享有更好的知识、情感、道德和精神生活的手段。总之,文化多样性是人类共同遗产,应从当代和子孙后代的利益考虑予以承认和肯定。

18世纪晚期,约翰·赫尔德较早提出了文化多样性观念。赫尔德认为,文化不是关于普遍人性和精神价值的规范,而是具有多样性的具体生活方式,"每一民族的表象方式都有深刻的特色,因为这是它特有的,与其风土关系密切的,从其生活方式产生的,由其祖先那里继承来的。在外人看来惊讶万分的,它都认为可以极清晰地把握;外人觉得可笑的,它却对此异常认真","上帝的所有作品都具有这种特性,即它们虽然都属于一个极为庞大的整体,但每一个也都自成为一个整体,并在自身具有它的规定的神性"[2]。赫尔德还强调了民族性格的多样性——每一民族的文化都是独特的民族精神(volkgeist)的表现,都是神性在作为整体的人性的精神的发展过程中自我实现的证明。

---

[1] 〔美〕欧文·拉兹洛:《决定命运的选择》,李吟波等译,北京:生活·读书·新知三联书店1997年版,第121页。

[2] 〔德〕约翰·赫尔德:《关于人类历史哲学的观念》,李秋零:《德国哲人视野中的历史》,北京:中国人民大学出版社1994年版,第150、151页。

第八章　文化多样性、文化对话与文化现代化的当代选择

文化"同质化"(homogenization)是与文化多样性相对的命题,所指不仅是以美国为主的西方文化扩散到其他文化之中,使全球文化呈现的一种"趋同"和标准化趋势,还意味着一系列广泛、深刻的文化影响,关联到不同文化传统的传承与发展,以及各个社会的稳定乃至社会制度的演变。罗伯特·墨菲如此描述了这一趋势:"在技术较发达的国家中,文化的区别渐次消失,同时,世界上的初民与农民正在被我们的方式所同化。不能肯定是否这些趋同作用将会抹平所有的文化差异,但确定无疑的是,相似性肯定会增加,色彩鲜明的差异将会消失。我们正在走向某种世界范围的文化,因有如此之多难以判断的因素,因而不可能对于这种文化做出确切预言。"①文化"同质化"是技术发展和全球市场机制的后果之一。1901年,威廉·斯特德(William Stead)在《世界的美国化》(*The Americanization of the World*)一书中较早地表达了欧洲知识界对世界"美国化"和文化"一致性"(uniformity)的疑惧:知识分子和艺术家标准的下降,民族语言和传统的衰落,独特的国家认同在美国文化压力下的消失。② 半个多世纪以来,文化"同质化"的主要表现就是以美国为代表的西方国家控制着文化输出的主动权,使后发展国家的文化传统面临着巨大的威胁,"能表明当地或国家特征和连接当地或国家的文化价值观,似乎处在被全球市场的冷酷力量打垮的危险之中"③。对此,今天的欧洲学者也有深刻的焦虑:"欧洲的敌人已不是传统意义上的敌人,而是霸权主义,是单一化,是对多姿多彩的世界的摧毁,是对丰富个性文化的否定。"④

保护文化多样性是不同文化和国家维护自身利益、捍卫和承继自身成就和价值、维护本文化的吸引力和影响力,乃至保持世界相对稳定的必要前提。无论如何,没有其他文化的多样性存在,自身文化也就极大地丧失了发展的机制和动力。不同文化的价值的趋同和同一,永远无法取代不同文化之间固有的诸多差异。同理,社会和谐和国际理解要求尊重文化多样性,因为承认"他者"文化的合理性,不仅为反思自身文化的价值,亦为自身文化的发展提供了必要的可能性。多样性观念也昭示人们:人类是相互依存的,每一个人、每一种文化都依赖于整体的福祉;每一种文化都是平等的,并以其他文化作为相对于自身的多样

---

① 〔美〕罗伯特·墨菲:《文化与社会人类学引论》,王卓君译,北京:商务印书馆2009年版,第267页。

② Richard Pells, "Who's Afraid of Steven Spielberg?" *Diplomatic History*, Vol. 24, No. 3, Summer 2000, p. 495.

③ 联合国教科文组织编:《世界文化报告1998》,关世杰等译,北京大学出版社2000年版,第120页。

④ 杨祖功:"中译本序言",〔法〕雅克·勃莱尔等:《欧洲书简》,郭安定译,北京:生活·读书·新知三联书店2004年版,第5页。

性。只有不同的文化和谐共存、取长补短,才能使文化不断更新而保持活力,从而使整个世界丰富多彩。

人类已经进入了一个多种文化相互影响、竞争共处并相互适应的时代,日益频繁和紧密的人类传播正在不断冲击着传统的文化"边界",使人类文化面临着"同质化"的巨大威胁。传统与现代、本土和外域文化因素的混杂,更使区域和民族文化的纯洁性受到了空前的挑战。处于世界边缘地区的弱势文化,无疑面临着传统失落的危机,自身在全球竞争中的精神实力直接受到影响,故此,这些文化对自身独立地位和价值的捍卫,不能被简单视为狭隘的保守"情结",更有广义的文化拯救意义。为了人类共同的利益,各个文化都应秉持文化多样性的观念,建立一种"团结他者"的模式,为人类的生存和发展提供一个新的平台。单世联还指出,全球化开启了"被国家意志封锁的外部世界",使得政治共同体内部原本压抑的亚文化群体能合法地传播自己的文化,地域文化只有借助全球文化景观和全球文化产业才能得到理解和分析,"理想意义上的多样性,是在全球化时代而不是在其他时代才能真正建立,也只有经受了全球化时代的洗礼的多样性才是值得我们向往的多样性"①。由此而言,对于那些经济上和文化上都处于强势地位的文化来说,为了自身乃至整个人类长远的共同利益,主动地放弃一些支配地位,给予弱势文化更大的生存空间,也是有着深远意义的。为全面理解文化多样性,还要充分认识到,民族国家不是文化多样性的唯一单元,族群、地域、社群、阶级、性别乃至个体等都是文化多样性的不同单元,更应深刻反思:民族国家内部的制度安排是否妨碍了对文化多样性的保护?

多元文化主义是在第二次世界大战后西方国家内部少数族群吁求平等、尊重和权利的背景下,在20世纪五六十年代产生的关注族群文化多样性、追求多元文化平等共存和共同繁荣的重要政治与文化思潮。在与20世纪60年代的美国民权运动结合之后,多元文化主义被知识界和大众媒体广泛接受,成为诠释美国社会架构和文化模式的主导理论之一,并对美国社会各阶层看待族群权利的方式产生了实质性影响。②

多元文化主义的关注焦点是族群文化多样性、群体公正和弱势群体权利保护,强调实施一种尊重、容纳和保护族群文化的政策和实践,承认族群、群体间的差异及差异的平等,保护族群少数群体及其文化成员的权利。罗伯特·斯泰姆

---

① 单世联:《全球化时代的文化多样性》,《天津社会科学》2005年第2期。
② 在20世纪60年代末的民权运动中,"熔炉论"受到主张各群体保持文化传统的"马赛克论"(mosaic)以及"沙拉论"(salad)的挑战。后者均强调:不同族群应保持固有的价值与传统,不必刻意接受主流社会的文化价值来改变自我。

第八章 文化多样性、文化对话与文化现代化的当代选择

(Robert Stam)解释说,多元文化主义是"从团体间的权利关系上解构原有的代表性文化",包含了"对权利关系的种族批判,通过集体诉求的方式将其转换为广泛的、互惠互利的交流模式",他还号召在文化群体之间进行重新建构与重新界定,把少数群体紧密联系在一起,挑战将不同社会文化群体分为"主要""次要"的等级制。①

多元文化主义也是一种为保护族群少数群体权利而形成的观念、意识形态和理论体系,建立在"多元文化"(plural culture)客观事实的基础上,是对文化多元主义(cultural pluralism)思潮的深化和政治化。② 多元文化主义还是一种公共政策,即禁止任何以种族、族群或民族文化起源以及肤色、宗教和其他因素为理由的歧视,认可、接受和鼓励文化多样性,追求来源多元的个人和群体共存的理想状态,为谋求在族群、宗教、语言方面少数族群对公共领域的参与,实施一系列处理族群、文化多样性问题的原则和措施。多元文化主义的最终目的不是文化平等而是政治平等,在此意义上,多元文化主义也是一种意识形态和政治价值观。在多元文化主义议题之外,还有多元文化问题(multicultural question)。两者的区别在于:多元文化主义主要是向少数种族或族群的人群和社团发言,多元文化问题则关心社会总体的性质,并由此表达每个人社会地位的变化。③

多元文化主义作为处理族群关系的文化政策,主要是倡导国家和政府不能疏远和孤立任何族群,应通过承认少数族群的身份来增强其归属感,并从权利上保证这些成员参与共同体事务,目标在于:鼓励少数族群把对族群的认同感转换为对国家的认同,促进社会和谐和政治稳定。从20世纪60年代起,美国很多学校开设了有关族群文化多样性的课程,并举办各种族群传承活动,多元文化主义亦成为一些精英人士推崇的主张,渐渐打破了美国主流文化的话语霸权和等级秩序,推动了承认不同文化的平等价值,给予各社会文化群体以平等的政治、社会和文化地位的社会运动,特别是推动美国政府实施了名为"肯定性行动"

---

① David Goldberg, *Multiculturalism*, Cambridge, MA: Blackwell, 1994, p.320.
② 文化多元主义是1924年霍勒斯·卡伦(Horace Kallen)为批评"熔炉论"提出的,意指个人与所属群体的关系是非自愿选择的、不可分离的,认为把少数群体的态度、信仰、风俗、语言以及文化成就吸纳进主流社会,有益于丰富主流社会的文化,文化差异也会逐渐被容忍、接纳与吸收。这一概念提出后,引起学界的争论。支持者认为,文化多元主义承认不同种族或社会集团之间享有保持"差别"的权利,与《独立宣言》中的平等思想相吻合。批评者认为,文化多元主义忽略了经济、政治和教育体制对文化的影响,也低估了移民后代"融入"美国主流文化的能力和速度,在美国这个"熔炉"中,各族群文化无法长期保持独特的存在。
③ 〔美〕斯图亚特·霍尔:《多元文化问题的三个层面与内在张力》,李庆本译,《江西社会科学》2007年第3期。

(affirmative action)的文化政策,扩大和完善了社会福利计划,增加了教育资助基金,使少数族群和妇女在就业、晋升、银行贷款和获取合同等方面得到优先考虑,改变了弱势群体面临的不平等局面。

在美国的影响下,其他西方社会也对多元文化主义展开了广泛探讨,开始承认"各种居民"和"各种族群"都是本国范围内的存在,承认少数族群的地区自治权和官方语言身份,以及原住民的习惯法、土地权利和自治权等。1971 年,加拿大推出了"双语言框架内的多元文化主义政策",随即被瑞典、澳大利亚等多个西方国家正式采纳,渗透到移民、语言与文化、教育、就业、福利与民主政策等各个社会领域。至 20 世纪 90 年代初,欧洲委员会出台了两个相关国际协定——《欧洲区域或少数族裔语言宪章》("European Charter for Regional or Minority Languages")和《保护少数族裔框架公约》("Framework Convention for the Protection of National Minorities")。整体上看,欧洲各国的多元文化主义政策实践,有利于非欧洲本土的外来族裔融入本地社会,有利于不同文化的多元共存与社会稳定。由于欧洲各国社会结构与文化传统各不相同,各国的多元文化政策实践与效果也有相当差异,但欧盟在整体层面出台的致力于"维护各个族裔文化多样性,推动欧洲文化共同繁荣"的地区性文化政策,必定会长期影响欧洲一体化进程中的政治、经济、社会等诸多制度设计与政策实践。

多元文化主义也为新的全球对话提供了一种全新且重要的观念。20 世纪 80 年代以来,少数族群权利的国际标准正式被联合国、世界银行、国际劳工组织等接受,这些组织已着手编纂有关少数族群的最低国家行为标准,并建立各种机制监督国家去执行和遵守这些标准,目标在于:为维护少数族群权利建立法律保护,确保压迫、驱逐和同化模式不再在西方或世界上其他地区出现。在少数族群权利保护方面,美洲通过美洲国家组织,欧洲通过欧洲议会和欧洲安全与合作组织(Organization for Security and Cooperation)少数族裔问题最高委员会的努力,都取得了一些有意义的进展。①

基于不同国家的经验,多元文化主义政策要进入不同社会的实践,需要妥善处理这一政策与本地政治、经济和社会发展的总体框架的关系。必须强调的是,

---

① 〔加〕威尔·金里卡:《自由的多元文化主义》,《马克思主义与现实》2006 年第 1 期。有很多学者批评指出:在多元文化主义实践中,欧洲社会并没有改变居高临下的态度,欧洲人原有的本土文化观念和文化优越感依然强烈,并不情愿接受外来文化在欧洲社会广泛存在的现实;本土社会与外来移民群体的冲突加剧,极右翼势力把狭隘、极端的民族主义、种族主义与文化认同联系起来,夸大不同种族、族群的文化差异,将所有与自己不同的其他群体视为对本民族、国家和地区认同价值的威胁。参见张金岭:《欧洲文化多元主义》,《欧洲研究》2012 年第 4 期。

第八章 文化多样性、文化对话与文化现代化的当代选择

多元文化主义作为理论和政策主张,并没有能力全面消除文化差异与社会平等的矛盾,况且,多元文化主义强调把"纯粹的差异"作为终极价值,为保存差异本身而寻求差异,易于蜕变成局部性、地方性的"绝对主义",并有可能加剧既有的不平等和族裔群体间的分离。进入21世纪以来,世界许多国家都遭遇了族群冲突和极端主义等问题,陆续出现的各种族群骚乱和暴力事件也表明,一厢情愿地将错综复杂的族群和政治、社会问题简化为"文化问题",意图通过"文化展示"消除族群矛盾,其结果可能是一场"乌托邦"的幻想。在这个问题上,菲利克斯·格罗斯(Feliks Gross)的观念清醒而深刻:接受共同的社会规范和核心价值观仍然是必要的,否则多元文化主义无法运行,毕竟,"正是那个更大的民族文化的存在促进了统一,为所有少数族裔提供了栖息之地,多元主义才得以生存并取得成功"①。

以加拿大为例。自20世纪70年代开始推行多元文化主义政策后,加拿大首先对法裔群体做出妥协,承诺全面推进双语社会的发展,但魁北克政府除了继续实行单语制,还向联邦政府提出承认其作为加拿大"特殊社会"的要求。加拿大政府随后于80年代末与90年代初推出《米奇湖协约》("Meech Lake Accord")和《夏洛特敦协议》("Charlottetown Accord"),承认魁北克"特殊社会"的地位,但其他省份也开始声称自己是"特殊社会",这两项协议终因各方利益难以调和而破产。加拿大推行多元文化主义政策的另一举措,是扶持原住民和其他少数族群文化,不仅为原住民提供财政扶持和教育自主权,还敦促各省加强宣传与推广本地文化,但原住民进一步要求建立享有独立主权的自治政府。因多元文化主义遭遇种种困境,一些学者在重新审视加拿大族群问题时,指出加拿大有"巴尔干化"(Balkanization)的危险,并对多元文化主义提出了新的质疑:多元文化主义是否会增加族群差异和冲突,甚至导致统一国家的分裂?②

---

① 参见〔美〕菲利克斯·格罗斯:《公民与国家》,王建娥等译,北京:新华出版社2003年版,第228、236页。

② Jane Lenson, "Understanding Politics," in James Bickerton, et al., eds., *Canadian Politics*, Toronto, CAN: Broadview, 1999, p.43. 美国的"肯定性行动"计划也面临相似的困境。始于肯尼迪政府时期的这一计划,主要内容是对少数族群及妇女在教育和就业申请上给予照顾,以作为历史上对少数族裔的同化和压迫的反思和补偿。20世纪60年代末至80年代初,美国主流社会积极促动这一计划,意图走向主流族群与少数族群以及男性与女性的事实平等。但在20世纪90年代之后,"肯定性行动"受到一些通过该计划走向成功的少数族群的批判,原因之一是,受到特殊照顾的少数族群感觉自己是二等公民。该计划同时也引发了主流社会的不满和抗议,从而使美国的族群关系和文化冲突更为复杂化。一些意见认为:应取消"肯定性行动"计划,停止双语教育,使全美处于同一个标准,公民一律平等,如此才能促使少数族群自立自强,更快地融入主流社会。但就目前情势看,"肯定性行动"计划还将继续存在,不过,与之关联的族群关系和公共政策等方面的问题,将继续引发争论和思考。

必须强调,与多数西方国家相比,包括中国在内的大多数后发展国家在多元文化主义的学术思考和社会实践方面都有较大的差距,故此有必要展开与此议题相关的一系列思考,包括:西方经验和西方模式是否适用于本土?如何培育多元文化主义讨论和主张的社会环境,使之在"国家—少数族群"关系的辩论中发挥作用?在有关族群和文化多样性议题的全球对话和国际争论中,如何表明和结合本土的特殊性?回答好这些问题,是这些国家在现代化和社会发展实践中不能回避的任务。

二、文化相对主义:从学术话语到共有观念

从20世纪初期开始,英美人类学界出现了对文化和社会理论的重新思考,开始承认非西方文化的客观合理性,质疑受到进化论影响的文化"高低"比较之说。至20世纪20年代,博厄斯最早在文化人类学研究中提出和运用了文化相对主义的研究方法。

根据博厄斯的观点,任何文化都是各个民族特殊历史发展的产物,每个民族都有自己不同的过去,也就有了独特的文化生活方式。进一步说,解释社会文化系统变化的法则不能千篇一律,同样,一个民族的文化道德标准也不能强加给与自己有迥然不同发展经历的其他民族文化。总之,单纯用历史发展阶段来解释文化的落后与先进并不科学,民族的种族和生物方面的差异并不能用来解释社会文化方面的不同。在博厄斯观点的影响下,文化相对主义的早期观念逐步成形:任何文化都应该以其自身的历史和内涵被理解和研究,世界上并不存在文化形态的高低优劣,"蒙昧时代""野蛮时代"和"文明时代"这些术语不过是种族中心论的观点。[1] 承继博厄斯的观点,以克拉克·威斯勒为代表的人类学家提出了"文化区域"(culture areas)研究的理论,主张人类学研究的文化应当是一个部落的文化,即所谓的"文化区域"。它由许多文化特质(traits)组成,这些文化特质相互关联而形成"文化丛"(cultural complex)并构成"文化类型"(types)。

通过深入印第安人和因纽特人的部落进行田野研究,博厄斯发现:不同种族的智力、体力并无太大差异,都有某种合理的社会结构与生活方式,其文化也没有强弱、高下、优劣的区别,有关文化歧视与压制的言论是一种根深蒂固的文化偏执症,"不同种族的相同特质是通过传播或是独立发明而发生的。无论起源如何,它们令我们确信种族和文化是无关的,因为文化的分布并不是随种族血统

---

[1] Marc Manganaro, ed., *Modernist Anthropology*, Princeton, NJ: Princeton University Press, 1990, p.133.

第八章　文化多样性、文化对话与文化现代化的当代选择

发生的"①。在他看来,"只有在每种文化自身的基础上才能研究每种文化,只有深入研究每个民族的思想,并把在人类各个部分发现的文化价值列入我们总的客观研究的范围,客观的、严格的、科学的研究才有可能"②。这是因为,在社会科学的实际运用中不存在绝对标准,"只要我们突破现代文明的局限,去看看别的文明,就会发现争取最大利益的困难大大加强了。中非黑人、澳大利亚人、因纽特人和中国人的社会理想与我们的非常不同,他们赋予人类行为的价值观是不可比较的,如一个民族认为是好的常常被另一个认作是坏的",因此,"对普遍化社会形态的科学研究要求调查者从建立于自身文化之上的种种价值标准中解脱出来"③。

在博厄斯的带动下,其弟子鲁思·本尼迪克特、玛格丽特·米德等人也通过对不同文化群体的研究考察,认为不同文化群体之间的价值标准和行为规范大相径庭甚至截然相反,继续反对用产生于一种文化体系的价值观念去评判另一文化体系,并承认一切文化,无论多么特殊,都有其合理性和存在价值,应该受到尊重。本尼迪克特在《文化模式》中就指出,"现代社会思考的最重要的任务,莫过于充分思考文化的相对性",因为"对文化相对性的承认,有其自身的价值,这些价值未必就是那些绝对主义者哲学理论所宣称的价值",但这种价值"会成为美好生活可资依靠的另一种屏障。那时,我们将获得一种更为现实的社会信念,还会把人类为自己从生存原料中创造出来的各种和平共存、平等有效的生活模式作为希望之据,作为宽容的新基石"④。

根据梅尔福德·斯毕罗(Melford Spiro)在 1986 年的分类,人类学传统中不同时期的文化相对主义话语可以划分为三种形式。第一,描述性的相对主义(descriptive relativism)。这种话语建立在文化决定主义(culture determinism)理论的基础上,该理论的核心观点在于:文化决定了人类的社会和心理特征,人类群体之间社会和心理特征的多变性决定于人类文化的多变性。这种文化相对主义有着丰富的历史资料来佐证其观点,易于被人们接受,并成为标准的相对主义和认识论的相对主义的基础。第二,标准的相对主义(normative relativism)。由于所有的标准都是由各个文化自身决定的,因此并不存在进行跨文化善恶评价的泛文化标准。既然不存在普遍的标准,那么,对于任何行为方式、习俗都只能

---

① 〔美〕弗朗兹·博厄斯:《人类学和现代生活》,刘莎等译,北京:华夏出版社 1999 年版,第 36、37 页。
② 转引自王铭铭:《人类学与文化学说》,《国外社会学》1996 年第 1 期。
③ 〔美〕弗朗兹·博厄斯:《人类学和现代生活》,刘莎等译,北京:华夏出版社 1999 年版,第 130—131 页。
④ 〔美〕露丝·本尼迪克:《文化模式》,何锡章等译,北京:华夏出版社 1987 年版,第 215—216 页。

按照这个文化自身的标准来评价。本尼迪克特在《文化模式》中还强调,每一文化都有某种主导目的和内在结构,只有在一定的文化参照系之内,人类行为的价值标准和是非标准才有意义。第三,认识论的相对主义(epistemological relativism)。这种话语承继了描述的相对主义,认为人类的所有社会和心理特征均由文化所决定,强调文化多样性,并且更为激进地认为:对于文化、人类本质和人类思想的一切"泛人类概括"(panhuman generalizations)都是错误和空洞的,只有限定在特定群体的概括才是真实和有意义的。① 持有这一话语的许多著名学者,比如格尔茨、保罗·拉比诺(Paul Rabinow)、戴维·施奈德(David Schneider)等都持一个观点:人类学的目标是要对特定文化进行解读(interpretation),而不是泛文化的解释(explanation)。

文化中心主义与民族中心主义

在人类历史上,文化中心主义在不同文化中都有不同程度的存在,即坚信本文化的优越,认为其不仅对本群体有至高无上的价值,还有向其他群体推广的普遍性。

在近代之前的中国传统社会长期存在着这种文化中心主义观念,并因此塑造了中国人独特的历史态度和行为方式。在夏商周时期,"华夏"与"四夷"的概念就明确地把"中国"与东夷、西戎、南蛮和北狄加以区别和对立。到了春秋战国时代,重视"夷夏之防"的文化中心主义含义随着周王室的衰落、四夷落后民族的涌入中原而不断强化。《左传》中就有"内其国而外诸夏,内诸夏而外夷狄"的内容,《孟子》中也有"吾闻用夏变夷者,未闻变放夷者也""戎狄是膺,荆舒是惩"的说法。受此观念影响,此后的中国传统社会虽然宽容外来文化的存在,但坚持以华夏文化为正统和主导,否则外来文化就会受到排挤。宋代理学家石介在《中国论》中明确表述了这一立场:"天处乎上,地处乎下,居天地之中者曰中国,居天地之偏者曰四夷,四夷之外也,中国内也。"

文化中心主义长期影响了中国传统社会对世界的认知。② 明代耶稣会士东

---

① Melford Spiro, "Cultural Relativism and the Future of Anthropology," *Cultural Anthropology*, Vol.1, No.2, 1986, pp.261-263.

② 一些中国学者认为,"中国"是一个历史中形成的既定观念,借助极早成型的"中央之国"的观念,在历史上发展出一种"普天之下莫非王土"的中心意识,进而成熟地发展出由近及远的中心与周边的"大一统"权力关系的意识形态,曾经形成的空间范围上的对于地方社会的宰制、周边疆域的羁縻、海外世界的"以德怀柔而成天下"的空间想象,深度影响着中国人的空间文化认知。故此,中国历史上虽然有"夷夏之分",但不是其他文化"异教徒"观念里的对他者的彻底征服的霸权意识,"天下"观念的范围无边无际,其中的关系平等且兼容,即《论语》所谓"四海之内,皆兄弟也"。参见赵旭东:《中国意识与人类学研究的三个世界》,《开放时代》2012年第11期。

第八章 文化多样性、文化对话与文化现代化的当代选择

来之前,中国人的地理观念基本上是"天圆地方",即认为中国是世界的中心。譬如,宋人刻印的《华夷图》《广舆图》中,周边国家和海洋都被绘得很小,而中国的区域则画得很大。有研究者因此指出,这种狭隘的地理观念限制了中国人认识外部世界的视野。譬如,杜赫德(Jean du Halde)在1735年出版的《中华帝国通志》中,就指出了蕴含在这种文化中心主义立场中的"单一"与"停滞":"4000多年间,它(中国)自己的君主统治着自己的国民,从未间断。其居民的服装、道德、风俗与习惯始终不变,毫不偏离其古代立法者们创立的智慧的制度。由于中国的居民们发现,一切令生活舒适与愉悦的东西,他们应有尽有,他们的土地足够供给他们所需,所以他们一直反对与其他民族的贸易。他们对遥远国家的漠然无知,使他们产生一种荒诞的想法:他们是全世界的主人,他们的国土占据世界绝大部分土地;他们的四邻全是野蛮人。由于杜绝对外贸易,封闭稳定,这个民族的习俗恒古如一,毫无变化与进步。"①利玛窦对中国传统社会中根深蒂固的文化中心主义也感触深刻。他注意到,中国人声称并且相信"中国的国土包罗整个的世界",正因为如此,在献给明代皇帝的世界地图中,利玛窦特意把中国置于世界的中央。在利玛窦看来,这种观念导致了中国人对海外世界的全无了解,甚至于认为"整个世界都包括在他们的国家之内"②,因而固执己见,顽固拒斥外来文明,不相信会有一天要向外国人学习他们本国书本上未曾记载的任何东西。当然,利玛窦也提到一个值得体味的现象,"中国人有一种天真的脾气,一旦发现外国货质量更好,就喜好外来的东西有甚于自己的东西"③。

西方社会近代以来文化中心主义的盛行,有现实原因也有历史积淀原因,是整体优势的强化的表现,也受个体优越感的影响。在达尔文1859年发表《物种起源》之前,欧洲学界已有一种流行的观念,即把欧洲人界定为最优秀的人群,而"野蛮人头脑"是"文明人头脑"的原始形式。泰勒的《原始文化》、弗雷泽的《金枝》等人类学著作就是在这种背景下完成的。黑格尔于1837年出版的《历史哲学讲演录》(Lectures on the Philosophy of History),也是以这些观念为框架,论述不同地域的文化转化为"更高的"他种文化的"进化",以此作为人类历史发展的普遍模式。在黑格尔这里,东方文化为最低级的历史,希腊、罗马文化是高一层次的历史,日耳曼文化是最高层次的历史,是历史的终点,普鲁士君主制则是人类最美好的政治制度。19世纪末期,赫胥黎的著作《人类社会的生存竞争》

---

① 转引自周宁:《停滞/进步》,《书屋》2001年第10期。
② 〔意〕利玛窦、〔法〕金尼阁:《利玛窦中国札记》,何高济等译,北京:中华书局1983年版,第46页。
③ 同上书,第23页。

(*The Struggle for Existence in Human Society*)、本杰明·基德(Benjamin Kidd)的《社会进化》(*Social Evolution*)等,也或多或少带有这些观念的影响。

萨义德在《东方主义》(*Orientalism*)中还转引了19世纪后期西方"社会生理学"的观点:殖民主义表现的是一个民族的扩张力和繁殖力,"当一个民族自身已达到高度成熟的状态并且拥有巨大的力量时,它就会走向殖民,就会繁殖后代,就会保护别人,就会赋予其发展以秩序,就会赋予它所催生的新社会以活力",可以"将宇宙或宇宙的一部分完全纳入这一民族的语言、习俗和法律"①。也是从19世纪开始,科技革命、经济发展和制度建设的先发优势,帮助西方社会具备了统治世界的"傲慢"和"自信",也强化了西方文化中心主义从特权视角审视世界的合法性。作为其结果之一,西方社会观照世界的视野受到了极大的限制,不可能以非西方视域去看待非西方的利益进而满足他者的诉求。正如詹明信(Frederic Jameson)所观察的,"欧洲中心论认为欧洲人的历史是真正的历史,而亚洲或其他地方的历史都是另外的东西"②。而随着西方文化在世界范围内优势地位的确立,非西方国家的历史阐释也自觉或不自觉地把西方文化视为人类历史进程的"圆满结局"。

在跨文化传播研究的视域下,族群中心主义(ethnocentrism)就是文化中心主义的主要体现,指的是某个族群把本族群文化当作对待其他文化的参照系,以自身文化为标准来衡量其他族群的行为。在族群关系及其他社会议题上,族群中心主义主要反映了两种倾向:一是内群体偏好(in-group favoritism),二是外群体歧视(out-group derogation),即以本族群为中心来看待其他族群,认为本族群的价值观、社会规范等比其他族群更加真实、正确,同时以本族群的事物和利益为中心,遵照自己熟悉的、往往是有限的文化经验去判断他人和事件。当族群中心主义体现在不同民族之间,即某一民族把自己看成世界中心而歧视其他民族时,就产生了民族中心主义,其极端表现是"文化沙文主义"(cultural chauvinism),即认为本民族无可置疑地凌驾于其他民族之上,其他民族则是落后的、不可理喻的。要注意的是,当今世界,公开坚持"纯粹的"民族中心主义的现象并不多见,但作为对待其他民族或文化的立场或行为倾向,民族中心主义在西方国家和后发展国家都同时存在,是不同民族文化中不易察觉却无时不在的一部分——世界上任何民族的成员都会自觉不自觉地表现出程度不同的民族中心主

---

① 〔美〕爱德华·萨义德:《东方学》,王宇根译,北京:生活·读书·新知三联书店1999年版,第279页。
② 〔美〕弗雷德里克·詹明信:《后现代主义与文化理论》,唐小兵译,北京大学出版社1997年版,第19—20页。

第八章　文化多样性、文化对话与文化现代化的当代选择

义,这往往成为偏见、歧视乃至冲突的根源。只不过,在目前的历史阶段,西方国家的民族中心主义是"统制性"的,发展中国家的民族中心主义是"抵制性"的。

民族中心主义有积极和具有创造性的一面,也有歧视他者和攻击性的一面,甚至是文化冲突乃至灾难的源头。譬如,从古希腊的雅典人把境外的人一律称作"野蛮人"(barbarians)起,当代各个民族的语言中仍存在着大量歧视其他民族的词汇,譬如英语中的"spic"(墨西哥人)、"kike"(犹太人)、"nigger"(黑人)、"wop"(移居美国的南欧黑肤人)等。就美国而言,民族中心主义的主要表现是"白人至上"的种族主义,其起始于北美殖民地时期的盎格鲁-撒克逊文化传统。直到2004年,亨廷顿还断言:"种族观念和种族偏见现在是而且将继续是美国生活中的事实。"[1]这种优越感必然导致美国以自己的标准看待其他文化,把落后国家或政体不同的国家的居民视为"弃民",而美国要以上帝的名义"给予"他们自由和民主,但同时"否决了他们选择自己命运的权利"[2]。

对于生活中的跨文化传播实践来说,民族中心主义还有一个重要的影响,即导致传播距离(communicative distance)的出现。传播距离的概念来自社会学提出的"社会距离"(social distance),表明了不同群体之间因种种差异而无法融合或建立亲密关系的事实。一般来说,传播距离是难以直接测量的,往往也是肉眼所观察不到的,但可以从某些言谈中感觉到它的存在。民族优越感便是传播距离的一种反映。

对文化相对主义的"反思"

20世纪60年代之后,文化相对主义对待异质文化的态度和主张,首先在美国少数族裔学者和非主流文化中引起共鸣,他们共同呼吁美国的主流文化与非主流文化以及不同族群之间应具有平等地位。随后,文化相对主义在后发展国家的知识界中也引起积极的呼应,70年代以来形形色色的文化复兴意识、文化保守主义等思潮的兴起,与之不无关联。20世纪后期至今,文化相对主义得到了新的发展,超越了人类学方法论的范畴,成为不同文化相互理解和交往过程中普遍运用的观念,并推动着全球范围内新的文化共识的产生:任何文化都有自身不可替代的重要意义,不同文化各自表达其集体经验,均为人类进行自我表达的真切而有效的工具。

从积极的意义上看,文化相对主义作为对"西方中心主义"在理论逻辑上的

---

[1] 〔美〕塞缪尔·亨廷顿:《我们是谁?》,程克雄译,北京:新华出版社2005年版,第255页。
[2] Fredrick Calhoun, *Power and Principle*, Kent, OH: Kent State University Press, 1986, p.23.

蒙昧观念的校正，体现了对不同族群、民族的文化宽容、理解和尊重，有益于倡导多元文化的价值观，打破了文化中心主义的种种壁垒。进一步说，文化相对主义强化了不同文化特别是弱势文化的平等性及其存在的价值，符合文化发展的历史事实，也有利于描述当下文化演进的现实和未来走向，容易被不同学科接受并成为流行话语，并逐步演化为一种处理不同文化之间相互关系的文化观念；不仅要承认不同族群和民族自身的政治、经济、社会及文化方式的相对价值，也要求在看待和研究不同于自身的其他社会时采取客观的方法论。无论如何，平等相待是世界文化多元繁荣的基础，只有不同族群、民族的文化绚丽多姿、共存共荣，才会有真正意义上世界文化的兴旺发达。当今世界不同文化共存的事实，也要求人们对不同的文化现象采取尊重和宽容的态度。李亦园的研究曾提及亚马孙流域印第安土著的"产翁"(couvade)习俗：妻子生下婴儿后，丈夫要坐月子，被称为"产翁"。李亦园本着文化相对主义的观念，从印第安土著的视角做了解读：当地印第安人看重为人父的心理过程，"产翁"的习俗是帮助父亲适应新的社会角色的实践，所以"文化的好坏、风俗习惯的鄙陋与否，应该以民族的内在文化去衡量，而不能用其他民族的标准好恶去判断，因为一种风俗的存在必有存在的道理……应该对异民族的文化特别谨慎，应该深入理解其内部道理"[①]。

强调文化的相对性和多样性，并不意味着否定人类超越族群、民族和国家的评价标准，比如，正义、悲悯、善良、仁慈、和平和自由。正如李鹏程指出的，"在研究文化相对性的时候，既要研究多个文化的相对差异和它们各自的特殊性，也要研究它们之间的同一性和'普照'它们的普遍性"，不然，就会走向把文化相对性绝对化的"文化相对主义的绝对主义"[②]。这里还需强调人类学与跨文化传播研究在学术旨趣上的一个重要不同：改造社会不是人类学的目的，人类学的目标是发现不同实践对于部分参与者的意义，确定这些实践在整体的文化关联中发生的作用，所以在研究中倾向于以宽容的态度对待不同文化的习俗、信念和生活方式；对跨文化传播研究的实践指向而言，面对促进不同文化之间的理解和人类文化共同体建设的目标，对文化的评价和批判可能是一条必由之路。毕竟，每一种现存文化都对人类文化遗产做出过贡献，每一种文化都有自身各种各样的缺陷，而在几乎所有文化的发展史上，也都曾有令人难以置信的暴行、兽行、战争、暴力、压迫、剥削，等等。

在强调文化相对主义的同时，也应反对那些缺乏是非观和道德感的极端的

[①] 李亦园：《人类的视野》，上海文艺出版社1996年版，第100页。
[②] 李鹏程：《文化相对主义的意义和问题》，《中国人民大学学报》2007年第6期。

第八章　文化多样性、文化对话与文化现代化的当代选择

文化相对主义,即片面地将一个族群或民族的文化夸大为所有文化的本体,或抱残守缺,拒绝同外界的交流,或提倡极端的宗教教条,敌视其他的世界文化,或坚持本文化中落后与愚昧的内容,并刻意将其"神化",从而排除了与其他文化相互影响、相互融合的可能性。这些做法必然导致文化上的隔绝与孤立,并成为"文化孤立主义"的理论基础。就其实质而言,极端的文化相对主义也是一种变相的"文化霸权主义","不同之处仅在于他们无力对外实施霸权,只能对内镇压一切与自己意见不同的人,并且无所不用其极,以固守自己的既得利益和旧日的一统天下"①。譬如,为了维护极端保守的宗教信仰,某些极端的宗教激进主义者不惜进行恐怖活动,以自身社会文化的倒退和牺牲民族成员的福祉为代价,切断文化发展的外部参照与资源。

李鹏程就此指出,应当把"文化普遍性"作为底线——"文化普遍性"应该是人类的文化意识发展到目前的时代被"公认"的一些概念和观念,它们已经涵化在人类的日常生活中,成为人类共同的文化财富和"日常文化意识"②。当然,文化相对主义话语的反对者也不能用极端文化相对主义的事例来推翻文化相对主义的合理性,一些非西方文化中存在某些落后、愚昧内容的事实,并不能导致对整个非西方文化价值的否定。

第二节　文化对话、文化合作与"文化共同体"

不同文化共存的前提是文化对话(cultural dialogue)与文化合作(cultural co-operation),这是寻求理解、共识和共同利益的必然选择。作为达成理解与宽容、增加不同文化之间的互动、维护人类文明成就的重要手段,文化对话与合作具有重大和持续的影响。通过不同层次、不同区域的文化对话与合作,导引人类的共同利益和共同目标,帮助不同文化体认到自我与他者的相互影响,并以他者为促进自身发展的外部资源,也是全球社会各个行为体必得共同面对的课题。

以中国、朝鲜半岛和日本为中心的东北亚,曾是前近代人类文明的重要区域,文化传统有丰富的同质性内容和共同演进逻辑,在相当长的时期内提供了东北亚民族生存、发展的内在动力。以东北亚共有文化为基础展开文化对话与合作,构建一种面向未来的"东北亚文化共同体",有助于呈现当代东北亚文化在全球社会中的应有地位,也有助于推动中国文化现代化的进程。中韩日三国应

---

① 乐黛云:《文化自觉与文明共存》,《社会科学》2003 年第 7 期。
② 李鹏程:《文化相对主义的意义和问题》,《中国人民大学学报》2007 年第 6 期。

共同承担光大东北亚文化的主要责任,共同培育共同利益基础上的平等、合作、互利、互助的文化关系。①

一、文化对话、文化合作与文化遗产保护

跨文化传播学中有一个主导性观念:每个文化都不是单独发生发展的,均受人类社会物质和精神创造过程的影响,每个文化也只有不断充实于全人类的整体发展过程中,并同其他文化进行持续不断的对话,才能得到继续前进的动力。历史地看,人类不同区域的文化演化和进步,都得益于历史上与异质文化的对话。譬如,印度佛教与中国的儒学、道家的对话,深刻地影响了中国文化传统的演进;希腊古典哲学的形成得益于与西亚和埃及的科学与宗教思想的对话,埃及、巴比伦的天文学与数学成就和神话等对希腊哲学与宗教的起源均有重要影响;晚期希腊与罗马哲学则直接受到东方科学知识与宗教的影响,特别是东方希伯来文化中的犹太教和早期基督教的影响。

在不同的历史阶段,文化对话的内容、形式和规模各不相同,但人类理解和交流的内在需要是一致的。在人类社会的古典时期,文化对话就通过跨区域的文化传播而存在,只不过对话的自觉性和系统性还不明确;进入全球化时代之后,人类的文化格局从区域化向全球化的变迁,成为普遍的文化对话发生的历史前提——自觉和系统的文化对话找到了更为充分的现实理由,处于不同地域的文化系统也有了开展对话的更多需要。不过,在近一个世纪中的多数时期,由于世界大战、冷战等原因,由于人类社会缺乏对共同利益和共同目标的共识,霸权主义和强权政治一直大行其道,它们也在警示今天的人们:如不采取积极的文化对话和合作方式,人类很可能会重蹈覆辙,将无法避免和控制冲突乃至灾难的重现。

囿于历史形成的世界文化和政治秩序,虽然全球化使普遍的文化对话成为可能,但并不意味着对话各方具有平等的地位——不经过平等的对话,不同文化的隔阂很难从根本上消除,世界文化的共同发展、繁荣也将是一句空谈。为做到平等对话、营造对话的语境,不同文化需要承认他者文化的合法性,要打破"文化中心主义"观念,调整和改变各自话语的性质。任剑涛就此指出,全球社会的文化对话是在一种强弱关系格局中展开的,难以达到平等状态,要改变这种不平等的文化对话状态,依赖于多方面条件的改变,总之,平等对话是"一个历史运

---

① 东北亚三国的表述顺序,依惯例是"中日韩",本书使用"中韩日"的排序,是基于东北亚地区文化传播的历史过程与当代表现。

第八章 文化多样性、文化对话与文化现代化的当代选择

行的长期过程的产物,它不依赖于我们的良善愿望而出现",只有当弱势文化建立起"令人尊重的现代文化大厦"的时候,文化间的平等关系结构才具有实际依托。进一步说,"只有在一个持续努力的基点上、平等的文化对话的基础之上逐渐形成的全球性知识,才是值得人类真正期望的全球性知识"①。

援用万俊人的观点,文化对话要达成相互理解和形成共识的目的,必须具备四个方面的条件。第一,文化对话的形成,首先需要特殊文化传统持有善良的对话愿望和开放的心态,否则对话便无从谈起。第二,要使平等的文化对话成为可能,仅仅有对话的意愿是不够的,还需要建立不同话语相互理解和互译的语境,以及展开对话的公共论坛。在这里,公共的话语论坛可以采用民间的、社会的方式,也可以利用国际政治、地域组织或制度化的方式。第三,文化对话依赖于道德基础。独立、平等、尊重和理解、宽容,就是建立多元文化对话之有效秩序的道德基础。最后也是最重要的一点是,文化对话最终能否实现,取决于不同文化系统本身是否具有完整性和连续性。对传统与现代的关系处理不当,往往会导致单一文化系统内部的紧张和矛盾,这不仅会给不同文化之间的对话造成困难,还会使单一文化内部的沟通成为问题。② 可以确信的是,不同文化体系之间开展对话与合作的共同话题十分丰富,来自不同文化的人们都有可能根据各自的生活和思维方式对这些问题做出取舍与诠释,寻求和扩充与其他文化共有的价值观、制度和实践。

对话是人类传播中最有生命力的美德,善于对话的文化才能从其他文化中得到借鉴并从中受益。杜维明还指出:文化对话对文化间的差异、分化和分歧予以了持久关切,开放的、负责任的、反应灵敏且能自我反思的文化对话,欢迎多元性,珍视核心价值、同情、文明、正义和智慧,工作方式是沟通和协作,"文化间的对话可以作为一个论坛,来讨论全球伦理。参加这样一个论坛的基本要求是拒斥极端特殊主义。文化多元不是文化孤立主义或保护主义的正当化根据。文化间对话可以帮助多元追求不落入相对主义的有害陷阱中"。总之,文化对话应为"21世纪的道德论证"提供一种新模式,在地区、国家、区域和国际社会出现这样一个文明的先决条件是培养一种"平和文化",能在全球范围内促进相互理解、欣赏和增加社会凝聚力,共同努力往"对话文明"的方向迈进。③

在全球化的深刻影响下,人类共同承受的风险以及集体命运,也把不同文化

---

① 任剑涛:《地方性知识及其全球性扩展》,《厦门大学学报·哲学社会科学版》2003年第2期。
② 万俊人:《寻求普世伦理》,北京:商务印书馆2001年版,第565—568页。
③ 〔美〕杜维明:《文化多元、文化间对话与和谐》,《中外法学》2010年第3期。

中的人们更为紧密地联系在一起。诸如世界的和平与发展问题、全球经济合作问题、环境污染问题、人口增长及难民问题、国际恐怖主义问题、世界文化遗产保护问题、艾滋病问题等全球性威胁的存在,涉及整个人类的前途与命运,更具全球意义的"团结他者"的文化对话是解决这些问题的必由之路。2000年9月联合国千年首脑会议前夕,一些国家的元首、外交官和学者参加了不同文化对话的圆桌会议,探讨建立一种能够进行文化对话的崭新的国际关系范式。会议通过的《联合国千年宣言》("United Nations Millennium Declaration")指出:"人类有不同的信仰、文化和语言,人与人之间必须相互尊重。不应害怕也不应压制各个社会内部和社会之间的差异,而应将其作为人类的宝贵资产来加以爱护。应积极促进所有文明之间的和平与对话文化。"在此意义上,文化对话已超出了一般意义上的人际交往范畴,进入了人类的一切行为,并成为哲学、历史、文学、宗教、国际关系等领域的重要议题。

文化对话与文化合作互为一体,二者密不可分。文化合作针对的是不同的文化行为体在互动过程中采取的协调、联合等政策调整行为,通常建立在自愿、互利的基础上,涉及对共享目标的认可与承诺,导致的是共赢的结果:扩展不同文化之间广泛的交流、共享与融合,拓展各自的生存和传承空间。关于合作的意义,谢里夫等在1954年开始进行的"强盗洞"系列实验(Robbers Cave Experiments)颇为重要。这项研究的目的,是通过心理实验来考察组织中冲突的产生与被化解的过程,强调了合作与化解冲突的关系。在这项实验中,研究者挑选了24个12岁左右的男孩,将他们分成两组,带到俄克拉荷马州"强盗洞"国家公园的童子军营地,让孩子们在矛盾和竞争中产生不信任和敌对的情绪,然后,把他们置于平等和无竞争的场景中来观察。结果发现,两组孩子之间的不信任和敌对情绪并没有减少,反而出现了增加的迹象。直到把两组孩子置于一个为了完成某个共同目标而不得不合作的场景中,并且他们通过努力最终完成了目标,孩子们之间的不信任和敌对情绪才基本消除了。

现代意义上的文化、民族与国家紧密相连,文化、民族、国家的"三位一体"是现代化的产物,由此而言,文化合作是民族国家参与国际经济合作和国际政治结盟的基础,是推动国际社会发展的重要力量。保罗·谢弗(Paul Schafer)指出:"从更多的国际合作和协作中获取的利益难以计数,特别是如果是基于关爱、共享、平等、利他主义和互惠原则之上。在艺术、科学、媒体、教育、交流、医药和商业方面的无数例子中,由国际合作和协作而带来的结果是其他方式所不能替代的。这是拥有差异巨大的文化背景和经验从而拥有非常不同的世界观、价值、理念、思想程序、想法、理想和信仰的人民和国家聚集在一起时所产生的创造

第八章 文化多样性、文化对话与文化现代化的当代选择

性能力和协同作用的结果。这个创造性能力和协同作用现在需要在前所未有的程度上被利用和释放。……相互依赖是现实,世界范围内的问题的出现是前景,世界范围内的合作是唯一的解决之道。"①《联合国宪章》的宗旨之一即是"促成国际合作,以解决国家间属于经济、社会、文化及人类福利性质之国际问题"。第二次世界大战结束以来,文化合作的规模、发展速度以及内容的多样性都远远超过了历史上的任一时期,逐步具有了全球性、普遍性的特征。以国际文化协议为例。第一次世界大战前仅有50项,二战期间增加到100多项,二战之后,在1945—1967年间签订的国际文化协议就达1000多项,各种国际文化组织的建立也如雨后春笋,它们对于促进世界各国的相互了解,使其在彼此认同的基础上消除矛盾、对立、偏见和歧视,对于深化和平发展,推动全球范围的政治、经济、教育、科技等领域的国际合作,都发挥着不可忽视的作用。

全球范围内的文化对话与合作主要体现在两个层次:一是国家之间以及组织和非政府组织之间的对话与合作;二是单一文化和国家内部的主流文化和亚文化、不同阶层的文化群体及个体之间的对话与合作。当前,不同文化之间日益丰富的文化对话与合作,正在成为国际政治、经济乃至军事合作的重要桥梁,培育着不同的国家和民族之间的共识以及在其他领域合作的基础。跨国界的物质产品流动、科学技术尤其是信息技术的高速发展以及大范围的社会交往,也为世界范围内的文化对话与合作提供了现实条件。这些努力的目的之一是,通过对话了解和传播各种解决现实问题的建设性意见,面对不同的文化需求和可能出现的冲突,通过可靠的对话与合作机制予以缓和与解决。这些努力的另一个目标,是把各种文化的目标、原则和理想转化为可行的战略、程序和实践,采纳一种更能体现人类进化发展的、全球性的观念和策略来开展本地与其他文化的对话与合作,进一步地,恰当地运用这些观念和策略,推动国家内部的主流文化和亚文化之间、不同文化群体及个体之间的对话与合作。

承前所论,对后发展国家而言,为保护和传承本土文化的多样性,建立社会可持续发展的精神基础,当前最为紧迫的议题之一,即是积极参与以人类文化遗产保护为共同目标的文化对话与合作。在这里,文化遗产包括不同民族和社会从前人那里继承的具有历史、艺术和科学价值的实物,也包括以非物质形态存在的、世代相承的传统文化表现形式,它们均为不同文化标识民族群体的历史记忆和个性的最好材料,甚至是民族精神的寄托或国家认同的依据。

自1972年联合国教科文组织通过《保护世界文化和自然遗产公约》("Con-

---

① 〔加〕保罗·谢弗:《文化引导未来》,许春山等译,北京:社会科学文献出版社2008年版,第235页。

vention Concerning the Protection of the World Cultural and Natural Heritage")以来,传承和保护人类遗产的理念借由全球范围的文化对话与合作深入人心。2003年,联合国教科文组织通过《保护非物质文化遗产公约》("Convention for the Safeguarding of the Intangible Cultural Heritage")之后,有关"非遗"保护的理念也迅速进入非西方国家,很快演变为一场人们广泛参与的社会运动,传播了新的文化理念,推动制定了新的法律法规和公共文化政策,也反映了这些国家通过参加国际合作而实现的对于本土文化传统的态度的巨大转变。针对中国"非遗"保护的政策和观念的变化,高丙中还指出:作为一种社会运动,"非遗"保护革命性地"改变、终止乃至颠覆了近代以来的文化革命的观念与逻辑",重新肯定了原来被历次"革命"否定的众多文化事项的价值,为民族国家的建设和社会的发展提供了一种公共文化的框架,与之伴随的将是社会文化体制的一场深刻变革。①

根据不同国家的经验,有实效、可持续的文化遗产保护行动离不开不同文化群体、族群的协商与对话、参与与公平受益等原则。2005年,中国政府发布了《关于加强我国非物质文化遗产保护工作的意见》,逐步完善了以国家行政手段对文化遗产进行保护的制度,但这一工作刚刚起步,仍需要确立切合中国实际的保护理念,不能单凭"国家工程""政府扶助",而要持续展开开放、有效的国际国内对话与合作,既要充分尊重和借鉴他国的经验和方法,也要鼓励、推动、协调民间社会的保护力量。总之,不可再因观念和制度安排上的错误,使文化遗产再遭受更大的、不可逆转的破坏。以日本为例。早在1871年,日本政府就颁布了保护工艺美术品的《古器旧物保存方》,这是日本第一次以政府令形式颁布的文化遗产保护案;1897年,日本颁布《古社寺保护法》,基本具备了现代文化遗产保护法规的基本内容;1929年,日本颁布文化遗产保护法《国宝保存法》,将"国宝"的范围扩大到国家、团体及个人所藏宝物,不再局限于寺庙建筑及庙宇所藏宝物;1950年,日本通过《文化财保护法》,将无形文化财、地下文物一并列入文化遗产的保护范围,形成了"大文化财"理念。联合国教科文组织在2003年通过的《保护非物质文化遗产公约》,就是以日本《文化财保护法》为基础、为国际无形文化遗产保护工作制定的特别条款。

二、中韩日文化传统的同质性

中韩日文化在发生、发展的历史进程中,受到汉字、儒家思想和"中国化佛

---

① 高丙中:《中国的非物质文化遗产保护与文化革命的终结》,《开放时代》2013年第5期。

第八章 文化多样性、文化对话与文化现代化的当代选择

教"等中国文化要素的影响,形成了有着丰富的共有文化传统和共同演进逻辑的"东亚文化圈"(culture circle)①。东北亚地区的文化认同危机,始于从近代开始的与西方文化的接触以及随后发生的社会和文化变动,但面对当前全球化时代的各自境遇与选择,共有文化传统仍为中韩日提供了难以回避的基本背景。重新检视本地文化传统和社会变迁中的文化关联,有益于理性地认识本地社会文化的现实状况,有益于应对社会、经济乃至政治变革的影响,也是中韩日三国必得长期面对的思考。②

以中国、朝鲜半岛和日本为中心的东北亚地区,曾是前近代人类文明的重要区域,自古就是不同族群和文化交集的地区,彼此间的接触和交往从未停止。近代之前,中国文化长期处于优势地位,其他文化则是持续不断地受到中国文化的全面影响。这一现实决定了东北亚乃至东亚地区民族、社会和文化的整体状况,并使这一区域的文化居于世界文明的领先位置。中韩日文化传统之所以长期以中国文化为中心,并演绎着趋同于中国文化的过程,有多方面的原因。第一,中国地域广大、人口众多,是东亚历史上最先进、强大的国家,也是积淀和内容最丰富的文化体,自然形成了相对周边区域的文化高位,对周边文化的优势心态及领导地位也容易保持。第二,东亚地区的其他国家被长期笼罩在中国主导的朝贡体系中,中国与这些国家长期保持密切的文化、政治、经济关系。该体系一直相对封闭、稳定和具有自律性,不容易也没有受到其他体系大的冲击和影响,兼之日本和朝鲜半岛属于列岛和半岛类型,地缘上居于从属地位,故而使中国文化长期占据优先的、主导的位置。第三,从先秦开始,中国移民就不间断地从内陆迁徙到朝鲜半岛和日本,使这些区域与中国文化之间的关联,超出了同样受中国文化影响的其他东亚区域。公元前12世纪的箕子就是商朝移民,他以礼义教化当地土著,全面传播殷商文明,制定了朝鲜半岛最早的成文法"乐浪朝鲜民犯禁八条",如《汉书》所载:"箕子去之朝鲜,教其民以礼义、田桑、织作。"春秋战国及秦汉之际,也有大批躲避暴政与战乱的中国人"走海东"来到朝鲜半岛,仅在秦末,

---

① "文化圈"是与地理、经济、政治关联的历史文化概念。世界历史上形成了四个成熟的"文化圈"——"东亚文化圈""印度文化圈""西亚—北非文化圈""欧洲文化圈",各自出现过庞大帝国和独特的宗教与文化意识形态。"文化圈"的概念最早是罗伯特·格雷布纳(Robert Graebner)在1911年提出的。他认为,"文化圈"是一个空间范围,在这个空间内分布着一些彼此相关的"文化丛"(culture complex)。从地理空间角度看,"文化丛"就是"文化圈"。在这一理解的基础上,威廉·施密特(Wilhelm Schmidt)主张,"文化圈"不仅限于某个地理空间范围,它在地理上不一定是连成一片的——在与一个"文化丛"相关的不同地带,只要有一部分文化元素是相同或相似的,它们就同属一个"文化圈"。"文化圈"是独立持久的,也可向外迁移——向外迁移的不仅是文化的个别成分,也可能是整个文化模式。

② 孙英春:《东北亚文化传统的同质性与"文化共同体"远景》,《浙江学刊》2009年第4期。

从原燕国、齐国、赵国属地来到朝鲜的就有数万人之多。

构成中韩日文化传统之同质性的首要因素,当推汉字的统一使用。汉字的传入改变了朝鲜半岛和日本无文字的历史,对日本和朝鲜半岛文化的基础建构做出了重要贡献,推动这一区域进入了人类历史的文明时代,也使以这一区域为中心的东亚成为"汉字文化圈"(Culture Circle of Chinese Characters),标明了东亚历史上的一个多国参与、有着强劲生命活力的"文化共同体"的存在。随着汉字在朝鲜半岛和日本的传播,各种典章制度被大量输入,学术文化蓬勃兴起,源自中国文化的丰富内容也被渐次移植于此,包括姓氏、书法、文学、围棋、国画、雕塑、乐舞、中医、卜筮之术等文化内容,以及农耕种植、纺织、铸铁、治水、土木建筑、制陶、烧瓷等技术。费正清就此指出:倘若没有汉字的影响,东亚必然不会成为世界文明中如此独特的一个整体。① 关于历史上"汉字文化圈"的文化影响,汪德迈(Léon Vandermeersch)还有评价:直至中西文化撞击的近代,这一文化区域所表现出的内聚力一直十分强大,并有其鲜明的特点,"它不同于印度教、伊斯兰教各国,内聚力来自宗教的力量;它又不同于拉丁语系或盎格鲁-撒克逊语系各国,由共同的母语派生出各国的民族语言。这一区域的共同文化根基源自萌生于中国而通用于四邻的汉字。所谓汉文化圈,实际就是汉字的区域。汉文化圈的同一即'汉字'的同一"②。

汉字正式传入朝鲜半岛北部,至晚是在公元前1世纪汉朝设立"汉四郡"时期。到公元四五世纪,汉字已成为朝鲜半岛三国的书面文字,汉字教育也在贵族和士人中得到普及。公元342年,高句丽小兽林王设立太学,将汉字字书和儒家经典作为教材,汉字和汉文化得到大力推广;公元503年,新罗人根据汉字确立国号为"新罗",表明汉字教育已经普及。1446年,朝鲜学者利用汉字语音和造字结构发布了朝鲜文字"训民正音",但这时的正式文字仍是汉字文言,1451年由金宗瑞等完成的《高丽史》就是用汉字写成的。1910年朝鲜成为日本属地后,朝鲜官方停用汉字,换用书写朝鲜语的汉字和谚文混合体。不过,直至1945年朝鲜半岛光复之前,朝鲜半岛的报刊、政府文书都是朝鲜语与汉字混用,大约一半是汉字。朝鲜半岛光复后的数十年里,韩国为强化韩文的使用,逐步停止了汉字的使用。中韩建交后,恢复汉字教育成为韩国文化教育界的普遍呼声。2000年,韩国政府宣布恢复汉字教育和使用,具体措施包括:在公务文件和城市路标中使用汉字,在中小学推行"1800个常用汉字必修教育"等。

---

① John Fairbank and Edwin Reischauer, *China*, Boston, MA: Allen & Unwin, 1989, p.27.
② 〔法〕汪德迈:《新汉文化圈》,陈彦译,南昌:江西人民出版社1993年版,第1页。

第八章 文化多样性、文化对话与文化现代化的当代选择

公元前1世纪,随着中国载字实物(铜币、金印等)的输入,汉字开始传至日本。公元285年,中国移民王仁由百济来到日本,献《论语》和《千字文》。从这一时期开始,日本的皇室、贵胄、官员和士人普遍学习汉字,汉字文化也全方位进入日本的社会生活。据统计,至日本平安朝初期,传入日本的汉字书籍达1579部,共计16790余卷。此后数百年,汉字成为日本的官方文字,朝廷文件、史书(如《日本书纪》)等均用汉字,日本最早的诗歌集《怀风藻》和文集《本朝文萃》均为汉文。此后,虽然日本文字经历了复杂的演化过程,但始终保留在汉字文化圈内。5世纪中叶之后,日本创造了用汉字作为表间符号来书写日语的方法。至8世纪,这种书写方法已被普遍采用,日本古代诗歌集《万叶集》就采用了这种方法。明治维新之后,皇家重要文献仍用汉字,1889年颁布的《帝国宪法》使用的就是汉字文言。据日本国立国语研究所的统计,在1956年发行的90种杂志中的词汇,和语词占36.7%,汉语占47.5%,外来语占9.8%。① 总之,汉字的传入在日本文化史上具有划时代的意义,沟口雄三对此评价道:"日本自古以来就属于汉字文化圈的国家之一,现在依然是这样,未来我想也不会改变。"②

中韩日文化传统之同质性的第二个方面,是对这一地区产生重大影响的儒家思想。自先秦儒学兴起之后,儒学在朝鲜半岛的传播大致可分为三个时期:汉唐经学的传播、朱子理学的传播、阳明心学的传播。汉唐经学的传播始于"汉四郡"的设立,这一举措不仅给作为汉朝行政区的朝鲜北部地区带来了儒家思想,更使中国文化在朝鲜半岛的传播迅速达到了高峰。进入4世纪末"三国时代"后,儒家思想已在朝鲜半岛广泛传播,并特别受到官方的推崇和支持。在高句丽,正式设立了太学,教授的主要内容就是儒家经典;百济则设置了"博士"一职,由博通儒家经典的人担任;为培养新罗青年的忠君爱国思想,新罗人将自身文化与由中国传入的儒道佛思想融为一体,创立了花郎道,把儒家"事君以忠、事亲以孝、交友以信"的观念作为基本道德规范。676年新罗统一朝鲜半岛后,在中央设置国学机构,教授的主要是中国儒家经典。至8世纪中叶,新罗太学监设置各科博士及助教,规定必修科目为《论语》《孝经》。10世纪后,高丽王朝取代新罗王朝,儒学及儒学教育仍得到高度重视,创立了国家最高学府——国子监,科目设置完全仿效唐朝。在唐宋经筵制度的影响下,高丽还建立了自己的经筵制度。高丽王朝末年,朱子理学开始传入,并在16世纪的朝鲜王朝进入鼎盛时期。在朱子理学的传播过程中,有"朝鲜之朱子"之称的李滉做出了突出的贡

---

① 冯天瑜:《汉字文化对日本的深广影响》,《武汉大学学报·人文科学版》2003年第4期。
② 〔日〕沟口雄三:《日本中国学的课题》上篇,《文史知识》1996年第11期。

献,他的理学思想被称为"退溪学",在理学发展史上占有重要的地位。16世纪初,阳明心学开始传入朝鲜,但在朱子学派的压制之下,阳明心学在相当长的时期只作为私学流传。明亡之后,一些朝鲜儒者以中华文化的传承者自居,导致朱子理学主导了17世纪以后朝鲜的知识界,也使阳明学和清朝学者的考据学难在朝鲜扎根。① 直到20世纪初的"光复运动"时期,以朴殷植、郑寅普为代表的学者引进西方进化论重释阳明心学,才使之获得新生,并成为推翻日益没落的朱子理学的思想武器,为朝鲜接受西方近现代文化奠定了思想基础。

儒学东传日本,朝鲜半岛的百济起了重要的中介作用。446年,百济派往日本的使者带去了儒家典籍《易经》《孝经》和《论语》等,日本儒风由此而始。至7世纪的飞鸟时代,摄政的圣德太子倾心中国文化,频繁地向隋朝派遣使节。在运用儒家思想改革内政的过程中,圣德太子实行了"冠位制",即用儒家观念将冠位分成12阶,并用紫、青、赤、黄、白、黑等颜色来区分官帽和官服的等级。圣德太子还制定了《十七条宪法》,明确地将儒家的"明分使群"和君臣等级观念纳入其中。在日本遣唐使的推动下,飞鸟时代著名的"大化改新"还强调用儒学思想强化天皇权威,完善了儒家化的政治法律制度,并仿照唐朝国学制度建立了"大学寮",以儒家经典为教材。至镰仓幕府后期,日本天皇为了应对皇室与幕府权力的二元化局面,还利用儒学的"名分论"作为反对幕府统治的思想武器。到了德川幕府初期,朱子理学正式成为幕府官学,连当时的武士都重视学习儒家经典和朱子理学——如果不懂朱子理学,是不会被幕府录用的。到17世纪初的德川幕府后期,已传入日本100多年的阳明心学开始兴盛,成为渴望变革社会现状的下级武士和士子的理论指南,并成为19世纪明治维新的思想动力。

与中国的情形一样,在朝鲜半岛和日本,儒家思想是长期居于统治地位的意识形态。虽然其在东北亚各国表现的形态不一,但对社会生活各领域的影响是巨大的,至今仍作为重要的"秩序原理"而存在。正如韩国学者指出的:"儒教在韩国社会中也占有绝对的比重……儒教不仅仅改变了人的思想和性格,而且使社会构造、习惯、制度发生了大的变动。所以,在当今现代化、西洋化的风潮中,韩国在东北亚三国中仍然是一个家长制、血缘主义最强的社会。韩国人的性格、思维方式、行为规范皆以此为准绳。儒教至今仍深深扎根于我们社会的基底。"②儒家思想构成了朝鲜传统文化的基本框架,在朝鲜半岛文化传统形成、发展的每个阶段,儒家思想都占据主导地位,即便是在佛学鼎盛的统一新罗和高丽

---

① 杜文忠:《会通之路》,《中国人民大学学报》2008年第4期。
② 转引自方国根等:《简论儒学在朝鲜和日本的传播、发展及影响》,《东方论坛》2005年第3期。

第八章　文化多样性、文化对话与文化现代化的当代选择

时期也不例外。崔英辰就此指出,朝鲜王朝由于成功实现了儒教理念的社会化,才得以在长达 500 年的时间内有效地整顿和治理了国家,这也是儒教的影响力至今还存在于现代韩国社会的原因之一。① 进入朝鲜王朝时期,理学更是成为在理论和实践上支持王朝事业的指导思想,并在 16 世纪之后逐步演化为观念哲学,一方面继续发挥着维护王朝体制的思想意识的作用,一方面也成为朝鲜王朝后期实学产生的思想基础。②

进入现代社会之后,韩国被认为是"汉字文化圈"中儒学传统保护得最好的国家,以家族主义为核心的儒家德目规范至今在韩国社会中发挥着重要作用。更重要的是,受儒学国家观和权威观影响的政府主导型经济发展模式得到了韩国社会较为普遍的认同,对韩国经济的迅速发展起到了突出的作用。③ 李学钟曾对年销售额超过 150 亿韩元的 75 家韩国企业的社训、经营理念等进行调查,他按照 10 种价值观因素来对社训进行分类,发现最受重视的是创意及创造、仁和及团结、诚实及勤勉,其次是报国、事业、服务、奉献、正直及信用,再次是生产效率、品质及技术等,对理性及科学性的重视程度则相对偏低。这项研究表明,儒家观念对韩国企业价值观的影响很深,儒家思想作为潜在的、根深蒂固的传统文化力量,推动着韩国现代化的历史进程。④

与儒学对朝鲜半岛的影响相似,儒学影响了日本传统社会的结构,且广泛渗透于社会生活的各个层面,成为日本文化传统的重要组成,并积淀到日本的国民性格之中。赖肖尔即指出:"当代日本人显然已经不再是德川时代他们的祖先那种意义上的'孔孟之徒'了。但是,他们身上仍然渗透着儒教的价值观和伦理观。儒教或许比任何其他传统哲学或宗教对他们的影响都大。"⑤重要的是,儒家思想为西学传入日本奠定了重要的思想基础,特别是朱子理学热衷于形而下的格物、穷理,开启了日本经验主义之先河,成为西学输入日本的精神桥梁。值得一提的是,在明治维新之初,日本在"化我国为欧洲帝国,化我人为欧洲国民"思想的指导下,朝野上下欧化之风盛行一时。为控制自由民权运动和治理社会

---

① 〔韩〕崔英辰:《韩国儒学思想研究》,邢丽菊译,北京:东方出版社 2008 年版,第 460 页。
② 〔韩〕姜万吉:《韩国近代史》,贺剑城等译,北京:东方出版社 1993 年版,第 154—159 页。朝鲜实学作为朝鲜儒学发展的最后一个阶段,既是对理学的反对,又是对理学的发展,既是对西学的排斥,也是接纳,体现了"过渡之道"的双重特质。朝鲜实学有两条重要内容:一为增强科学意识,二为增强现实意识。凭此两点,朝鲜实学冲破了理学的权威禁锢,由之开启的文化启蒙开化运动,成为朝鲜走向近代的重要动力。
③ 崔志鹰:《日韩两国文化的比较研究》,《当代亚太》2005 年第 5 期。
④ 转引自吴判童、刘海建:《韩国企业文化及其特征评价》,《外国经济与管理》2005 年第 7 期。
⑤ 〔美〕埃德温·赖肖尔:《日本人》,孟胜德等译,上海译文出版社 1980 年版,第 223 页。

动荡,建立新的社会秩序,一批比较务实的以皇权主义为主体的知识分子、政府要员大力呼吁"道德立国",推动了以儒学为道德基础的社会改革,使儒学逐步回归到主流意识形态的地位,影响至今存在。

构成中韩日文化传统同质性的第三个要素,是发源于印度并经中国文化改造的"中国化佛教"。在东北亚区域影响深远的佛教,首先经过了中国文化的洗礼、消化并成为中国文化的重要组成部分之后,才逐渐传播并渗透到朝鲜半岛和日本的文化传统中去。在这一点上,佛教在东北亚地区的传播与东南亚地区有所不同。后者也是一个受到中国文化深刻影响的地区,但这里的佛教主要是由南亚传入的,并没有经过中国文化大的影响乃至改造,就此而言,相比朝鲜半岛和日本,东南亚地区的文化传统与中国文化有着较多的异质内涵。

佛教进入朝鲜半岛,始于朝鲜半岛的三国时代。372 年,中国前秦王苻坚派往高句丽的使者和僧人就为小兽林王带去了佛像和佛经。新罗统一朝鲜后,佛教一度非常兴盛,不仅仿照中国建立了僧官制度,还不断派出僧人入唐求法巡礼。不仅如此,新罗僧人对"中国化佛教"的教理、信仰以及实践的贡献也十分巨大,圆测、道证、法融、慈藏、慧超等皆是佛教史上著名的高僧。更重要的是,新罗王朝通过"中国化佛教"传播的忠孝护国和慈悲思想,迅速奠定了三国统一后的意识形态,维护了国家的统一。高丽太祖王建的建国"训要"十条即说:"我国家大业,必资诸佛护卫之力。故创禅教寺院,差遣主持梵修,使各治其业。"[①]至高丽末期,排佛思想兴起,随后的李朝则实行了"尊儒抑佛"的政策,使佛教在朝鲜半岛的影响逐渐衰落。虽如此,到了 21 世纪的今天,佛教对韩国社会生活仍有重要的影响。根据韩国政府 1995 年进行的"人口住宅总调查"的统计,韩国佛教信徒占总人口的 23%,占宗教人口总数的 45%,具有相当规模的佛教宗派也有十多个,其中曹溪宗是规模最大、保持传统最完整的一个宗团,其宗旨是:继承中国禅宗的宗风,发挥中国汉传佛教慈悲、平等、益世的精神,使佛教与韩国社会融为一体。

佛教正式传入日本大约在 522 年前后,主要有"公传"(官方)和"私传"(民间)两种传播渠道。"私传"以中国移民司马达止在坂田原建草堂供奉佛像为始;"公传"以朝鲜百济王派使者给日本朝廷送佛像、幡盖、经论为始。关于佛教顺利进入日本的缘由,罗伯特·贝拉认为,"佛教的最初传入是跟天皇侧近的权势家族的争权夺利联系在一起的。佛教的地位一旦在朝廷确立下来,就与统治家族的政治抱负颇为密切地结为一体。在此便产生了一种新的、强有力的影响,

---

[①] 转引自张敏:《韩国思想史纲》,北京:东方出版社 2009 年版,第 6 页。

第八章 文化多样性、文化对话与文化现代化的当代选择

这一影响有助于支撑君主政治的地位"①。永田广志的解释是:"佛教与前一时期进行的、由各部族建立的诸神的血缘关系相比,在削弱敌方部族族长权力上更为有效。正因为如此,佛教才受到中央政府的庇护,这是不言而喻的。移植过来的佛教只是由于适合于传统信仰,才取得了表面上的胜利,而佛教之所以得到普及,无疑是由于佛教所包含的与传统信仰相同的原始宗教因素的关系。"②随后,为了社会变革和建立统一的中央集权制度的目的,佛教迅速受到统治阶级的扶植,从飞鸟时代到奈良时代,佛教一直作为"政治佛教"而存在。镰仓时代至安土桃山时代是日本佛教开始转换的时期,在当时兴起的新宗教运动中陆续产生了日本特有的净土真宗、时宗及日莲宗等派别。到德川时代,儒学特别是朱子理学取代了佛教的地位,成为日本社会占统治地位的意识形态,神儒二道学者鼓吹神国思想,而僧侣"除了争夺僧官僧位的高下和寺庙殿堂的壮丽之外,几乎全不把教义放在心上",使佛教沦入衰败的境遇。③ 到明治维新初期,日本政府颁布了"神佛分离令",提出"神佛分离"和"废佛毁释",命令废止宫廷的佛教仪式,排除神社内的佛像、佛具,禁止僧侣参加神道仪式,使佛教遭遇空前的迫害浩劫。这种情形一直延续到明治22年,日本政府颁布宪法允许信教自由,佛教才恢复了合法的地位。二战后,佛教在日本社会生活中迅速复兴,至今仍是日本的三大宗教之一。

作为贯穿中韩日文化发展进程的文化要素,佛教对东北亚各国人民的观念和价值体系产生了持久的、深刻的影响,也影响了中韩日文化的深层结构和东北亚社会的基本构造。尤其重要的是,朝鲜半岛和日本的哲学、逻辑学、文学、音乐、绘画、建筑、雕塑等,无一不受到"中国化佛教"持久且深入的影响。以日本来说,佛教是最初促使日本人学习中国雕刻、绘画技术的主要动力,影响贯穿古今,在日本现存的"国宝"和"重要文化财"这两级最重要的文物中,佛教雕塑占90%。

三、面向未来的"东北亚文化共同体"

与世界其他文化区域比较,中韩日文化彼此间的关联密切而丰富。就近代之前的历史而言,由于共同文化传统的同质性,以及地缘关系、人种等原因,东北亚历史上并没有出现过大规模、长时期的因文化迁移而发生的冲突,与人类文明

---

① 〔美〕罗伯特·贝拉:《德川宗教》,王晓山等译,北京:生活·读书·新知三联书店1998年版,第108页。
② 〔日〕永田广志:《日本哲学思想史》,陈应年等译,北京:商务印书馆1992年版,第15页。
③ 〔日〕村上专精:《日本佛教史纲》,杨曾文等译,北京:商务印书馆1992年版,第301页。

史上其他区域文化迁移的历史过程大有不同。即使是在近代以来的百多年历史中,中韩日三国之间的关系也一直存在多种选择的可能,遗憾的是三国错失了历史机遇,共同经历了战争、苦难,以及当前的困局和不确定性。在东西方冲突、交融的大背景下,三国作为彼此"永远都搬不走的邻居",唯一的选择就是寻找彼此交好之道,共同审视东北亚共有传统的内涵与意义,共同解决本地现代化和社会发展过程中的难题,实现与其他文化的平等对话。

20世纪90年代以来,中韩日一些学者开始呼吁:要把有益于当代东北亚"文化共同体"建设的文化传统要素整合起来,使其转化为一种积极的推动力量,构建一种面向未来的"东北亚文化共同体",加强区域性文化合作,谋求共同发展,进一步地,为推动东北亚乃至东亚地区其他领域的一体化进程提供文化的支撑。罗钟一认为,尽管在经济上取得了巨大成功,但东北亚在政治上依然是令世界不安的焦点地区,难以形成东北亚地区的国家或政府间组织——东北亚政治共同体,但至少可以努力在这一地区建构"文化共同体"——"在东北亚,最大的问题是这一地区国家之间心灵的距离。但是这些国家具备了缩短距离、形成文化共同体的绝佳因素,那就是在悠久岁月里积累下来的共同的文化遗产"①。金弘明指出:"东北亚地区获得了形成独立的新文化圈的机会。因此,这不是适应过去的需求而诞生的华夷文化圈,而是适应今天的需求而构筑的中韩日文化圈。而且它也不是与世界的统治文化相对应的独立的文化领域,而是作为其基础拥有存在价值的文化圈。"②具天书也说道:20世纪90年代之后,冷战体制的瓦解使三国重新踏上沟通、融合之路,丰富多彩的文化交流增强了彼此的互信,增加了对同源文化的认可,使由三国主导构建一个共同体具有相当多的积极因素,"韩中建交近20年来,韩国人在北京、上海等地形成多达数十万人的'韩国城'即是这种区域认同的实证"③。

这里所说的"东北亚文化共同体",是一个基于共有传统和共同利益的文化对话合作平台,来自东北亚各国对自身文化在全球文化中的历史与地位的理性思考,也来自当代中韩日对文化价值实现的真实诉求。关于共同体的功能,巴里·布赞(Barry Buzan)等国际关系学者有一个重要观点:共同体是围绕着身份认同和共享价值观建构起来的,同时也是一个重要和有效的道德概念。④ 罗伯特·舒曼(Robert Schuman)还指出,"国家之间组成某种真正的共同体,至少以某

---

① 转引自郑凤霞:《中日韩文化发展的新思维》,《东疆学刊》2005年第3期。
② 〔韩〕金弘明:《中日韩文化圈的构筑与韩中关系》,《当代韩国》1997年第4期。
③ 具天书:《"东亚共同体"建设的障碍与出路》,《当代亚太》2012年第1期。
④ 〔英〕巴里·布赞等:《"国际共同体"意味着什么?》,任东波等译,《史学集刊》2005年第2期。

第八章 文化多样性、文化对话与文化现代化的当代选择

种特殊的归依感为基础。它们之间必须存在某种休戚与共的感觉,最为重要的是具有一定的信任度,同时它们之间还必须拥有最少限度的利益认同,这样,它们才能成为一个共同体。否则,它们之间只能是一种相互依存的关系,不能实现真正的合作"①。在这个意义上,文化共同体作为一个潜在的力量源泉,可影响制度并灌输有关政策选择的共同价值观,同时成为指导共同体内部文化关系的最基本的准则,推动各方从共同利益的角度建设性地展开思考和行动。

"东北亚文化共同体"的理想,是这一区域的不同国家和民族之间基于共同文化和生活体验的一种期待,有益于推动共同体成员向共同的目标迈进,并促成文化关系事实上的稳定化和长期化。关于这个共同体的功用,有必要体会格尔茨的观点:"宗教思想、道德思想、实践思想、美学思想也必须由强有力的社会集团承载,才能产生强大的社会作用。必须有人尊崇这些思想,鼓吹这些思想,捍卫这些思想,贯彻这些思想。要想在社会中不仅找到其在精神上的存在,而且找到物质上的存在,就必须将这些思想制度化。"②还需强调跨文化传播学领域的一个重要观念:文化依赖于传播的建构活动,文化的形成、发展和延续始终受到传播的天然影响,文化中的经验、知识、技术、思想等会经由传播得到补充、发展,也会经由传播而遗失和恢复。在中国文化发展乃至对外传播的历史过程中,许多内容被放大、充实,也在经历消解、流失或为他国移植,成为其他社会中极富特色的成分而被保存下来。一些日本学者就此指出,日本曾是中国文化的"接受之地""活用之地""创造之地",但到了近代之后,日本也是中国文化的"保存之地""再生之地"。譬如,中国唐代的"破阵乐""燕乐"等乐舞在中国本土失传已久,但在日本的一些乐团和寺院至今尚能演奏。这就意味着,有些在中国已经缺失的文化传统和文化样式,完全有可能在日本和韩国被找到并修复。东北亚历史上并不乏这样的例子。譬如,由于唐末灭佛运动和战乱,中国佛教典籍散佚甚多,后世就有一些僧人来到高丽求取佛籍。孔子有云:"礼失求诸野。"如果中国文化传统中遗失的内容能通过东北亚区域内的对话与合作得到修复、发扬,是中国文化的福祉,亦是中韩日文化的共同荣光。

构建面向未来的"东北亚文化共同体",无疑是一项繁巨的任务,需要三国在共有认知和奋斗目标的基础上形成合力,以本地文化传统的现代化和"理性化"重构为途径来增强文化共性,强化共有的文化认同,促进东北亚内部多方面

---

① 转引自张生祥:《欧盟的文化政策》,北京:中国社会科学出版社2008年版,第259页。
② 〔美〕克利福德·格尔茨:《文化的解释》,纳日碧力戈等译,上海人民出版社1999年版,第359页。

的对话及国家间的合作。中韩日文化传统的同质性,提供了中韩日文化未来发展中抉择取舍的价值坐标,也为当代条件下的区域内文化合作提供了广阔的空间。这些文化传统在太久的时间里占据了东北亚人民社会生活的主要地位,也渗透到当代生活方式的方方面面,编织了三国民众的生活背景,也营造了人们的思想和价值观。就东亚特别是日韩的经验看,东北亚地区共有文化传统至今有着不能忽视的价值,在调节理性思维与精神信仰、物质追求与审美情趣、自然科学与人文关怀之间的关系,弘扬人类精神和生活方式的多元化发展,以及适应多元文化共存方面,都有独特的功用和优势。在这个意义上,以东北亚传统中包含的价值和伦理为基础建立区域文化共同体,有益于东亚区域内部的对话与合作,也有益于东亚传统为世界做出更多的贡献。

承前所论,面对"东北亚文化共同体"的未来图景,东北亚各国应共同开展长期、有效和有益的文化合作以达成理解而非隔膜,传播而非限制,协调而非冲突,逐步建立三国之间相互理解的文化语境。对超越各种隔阂的共有传统意识和共同文化命运观念的培育,是东北亚文化共同体形成的关键因素;增加交流,体现文化在东北亚经济和地缘政治中的枢纽地位和平衡作用,则是东北亚合作与和平稳定的基础条件。不过,由于历史问题、领土纷争、政治制度差异以及区域外势力的干预,中韩日三国在文化领域的对话机制效率低下、流于形式,更遑论具体而有成效的文化合作。特别是一个时期以来,由于历史问题、领土纷争、贸易摩擦和制度差异等原因,中韩日三国民间的"排他性民族主义"愈演愈烈,不仅是影响三国关系和国际合作的主要障碍,亦是引发冲突的主要因素。

中韩日民间"排他性民族主义"的出现,各有深刻的历史动因、社会文化渊源和现实基础。中韩对日本的负面认知,主要聚焦于领土争端、历史教科书、靖国神社和慰安妇等历史问题。中韩之间的负面认知,主要源于高句丽历史及历史观等问题。韩日对中国的负面评价,则主要集中在领土争端、意识形态等方面。毋庸置疑的是,民间的"排他性民族主义"一旦蔓延到政府层面,就会影响三国友好关系的健康发展。三国都需要理性面对自身不足,对彼此的民族、历史、政治、经济、文化和社会深入了解,以开放、包容的心态处理彼此关系,制定相应的对策,共同营建一个和谐的交流氛围。应当看到,这些问题的解决并不简单,要依靠国民正确的历史观念,专门的、细致的、分门别类的学术研究,以及政府和媒体的积极推进。

可以确信的是,中韩日三国开展文化对话与合作的话题十分丰富,有利于在文化领域创立和实施一种超越短期国家利益的共同文化发展战略。事实上,三

第八章 文化多样性、文化对话与文化现代化的当代选择

国在文化产业领域的合作已经展示了良好的成效和前景——自20世纪90年代以来,东北亚国家已经开始共同致力于挖掘东北亚文化传统的历史资源,拓展文化产业的合作,使三国的文化生产和消费已超出了民族国家的界限,区域内统一的文化市场正在形成之中,培育着东北亚人民共有的情感世界、心理活动和审美意识。基于中韩日三国文化产业领域的既有优势、合作基础和共同市场,以建设性的努力去构造一条共有的、成熟有序的大众文化生产与传播"链条",其市场前景和文化价值是难以想象的,也符合三国文化产业发展的共同利益:文化资本的积累单在某一国家内部进行,其过程会很漫长,必须通过文化产业的区域化合作实现积累,相互启发、共同推动,逐步使这一领域迸发出的社会、经济和文化效益达成共赢——面对西方文化产业的冲击,不扮演消极被动的角色,不丧失文化独创性,通过生产富有特色的、适应市场规则的大众文化产品而在全球化的大众文化中再现自己。在未来一段时期内,建设以良好的自由竞争促进机制和配额制等为基础的文化产品的共同保护机制,以及文化内容的联合生产机制,是三国政府和文化产业部门需要共同努力的主要方向。

"东北亚文化共同体"是一个共同的"文化想象"和文化工程。它的意义超越了地区,对整个世界的文化多样性和和平发展都有深远影响,需要抛弃没有意义的误读和偏见,用诚意消除争吵和矛盾。面向这一远景,需要中韩日三国共同扮演主要角色,共同承担光大东北亚文化的主要责任,共同参与对共有文化传统的厘定与诠释,使之切实地服务于三国及东亚其他国家文化空间的开拓,服务于培育和建立共同利益基础上的平等、合作、互利、互助的文化关系。正如朴炳奭指出的,在构建东北亚合作圈或共同体的努力和探讨过程中,若以一个国家或民族的文化作为手段或途径,很可能导致陈年旧账死灰复燃,使人怀疑背后另有目的,"东北亚共同体应排除强国的利己目的,使其发展为可以相互制约和均衡的较松散的合作共同体"①。魏波也有观点:"在平等对待他者中重构自我,在'和而不同''求同存异'的理念下扩大文化认同的交集,既是东亚各国社会文化转型的内在需求,也是建构'东亚共同体'理想模式的外在条件。"②总之,东北亚文化共同体的未来,在于各国对民族本位的克服和超越,哪一民族能生产出可以普惠于地区秩序和共同利益的想象,自觉推动不同文化之间的对话和整合,就该赢得其他民族的赞许和追随。

不应忽视,尽管东北亚三国有着漫长、密切的文化关系,但毕竟是不同国家,

---

① 〔韩〕朴炳奭:《构建东北亚共同体的方向》,《当代韩国》2012年第2期。
② 魏波:《在平等对待他者中构筑东亚共同体的认识基础》,《东北亚论坛》2010年第2期。

各有相对独立的文化内容。譬如,据考古发现,朝鲜半岛和日本均有丰富的石器时代文化遗存,表明两地的文化源流有着独特的根基。在接受由中国传入的汉字、儒学、佛教等文化元素之后,两地文化也衍生出一些鲜明的个性特征,如阪仓笃秀所说:东北亚其他国家并不是全盘吸收了中国文化,而是在保持固有传统的基础上,选择有益于自身发展的中国文化加以吸收,"日本是这样,朝鲜半岛也是如此"①。更为重要的是,三国在迈向现代化的过程中,形成了不同的文化发展模式,积累了面对西方文化的不同经验,在当代文化的诸多方面存在着显著差异和不同优势。由此而论,中韩日三国需要树立看待他国文化的正确心态,充分尊重各国文化特质的历史与未来。唯此,才能形成良性的文化互动和学习的环境。倘放弃这一努力,三国文化的未来将无从想象。

第三节 文化传统与现代化:本土的"焦虑"与选择

现代化是一个世界性的历史进程,西方文化的全球扩张成为一种普遍性力量,推动不同传统的社会共同走向现代社会的变迁。除了生产方式、经济形态、社会组织、政治制度等方面的转换,本地传统与现代性的冲突与矛盾也持续凸现,相互争夺着对社会大众的文化消费、生活方式和价值观的控制,也影响着不同人群的心态与选择。正像吉尔伯特·罗兹曼(Gilbert Rozman)指出的,"现代化是人类历史上最剧烈、最深远并且显然是无可避免的一场社会变革。是福是祸暂且不论,这些变革终究会波及与业已拥有现代化各种模式的国家有所接触的一切民族。现存社会模式无一例外地遭到破坏,现代化总是成为一种目标,尽管搞现代化的决心在程度上大小不一",总之,"任何一个民族无论如何也不会再退回到其与现代化相遇之前的状态"②。

近年来中国在经济领域的快速发展,并没有使国民的文化自信同步改善,当代中国文化的各个层面都存在着诸多焦虑,并因文化现代化的要求而面临各种艰难的思考,包括:如何厘定自身文化传统,理解和诠释本土价值系统、思想框架与话语体系?如何处理传统与现代化的关系、回应现代与后现代之间的张力所构成的困境?如何在传统与现代性之间找到恰当的结合点,实现本土与全球社会的进一步接近和融合?面对人类历史前进的方向,以及现代化指向的自由、平

---

① 〔日〕阪仓笃秀:《东亚共同体与日中关系的历史及未来》,程尼娜译,《史学集刊》2005年第2期。
② 〔美〕吉尔伯特·罗兹曼:《中国的现代化》,国家社科基金"比较现代化"课题组译,南京:江苏人民出版社2010年版,第3页。

第八章 文化多样性、文化对话与文化现代化的当代选择

等、理性的人类精神,中国文化的努力方向是什么?中国文化能否为人类"有德的生活"提供普遍的价值,或者说,中国文化现代化的世界意义究竟为何?

一、传统与现代性

传统即文化传统,是在文化发展过程中逐步形成和完善的观念、规范和认知的核心要素,编织了人们生活的背景,其中凝结着文化给予人们的生活方式与生存智慧,影响着文化中长期的、普遍起作用的生活方式和心理模式等。传统也是文化的集体意识和集体无意识,在文化体内部具有某种权威性和神圣性,爱德华·希尔斯(Edward Shils)将这种权威性和神圣性视为传统的"克里斯玛"(Charisma)特质;传统之所以成为传统,是因其具有"克里斯玛"特质——传统如果失去了这种特质,就失去了对人们的行为的规范作用和道德感召力,人们便不会为其献身或坚决捍卫它。

现代性是各种现代概念和现代化这一社会历史过程的总体性特征,主要有两个含义。一是启蒙时代以来新的世界体系中的社会结构与组织机制,包括世界性市场、民族国家的建立以及相应的现代组织和法律体系,导致了民族与民族之间、国家与国家之间绝对边界的生成。二是以理性原则建立的针对社会历史和人自身的反思性认知体系与文化观念,涉及大规模的知识创造和传播、各种学科和思想流派的持续产生,以及以人的价值为本位的自由、民主、平等、正义等观念。

传统与现代性彼此相对亦息息相关,均为现代化理论的核心范畴,也是各种有关现代化的议题争论的焦点所在。这是因为,人类社会物质与精神生活的全球化,使各个文化都面临同一个迫切的问题:如何在传统与现代性的抗争中找到自己的道路?山内昌之如此描述了全球化压力下的本土"焦虑":人们往往会"坚信自己生长的社会所具有的文明最具广泛性,在这一文明背景下所形成的世界观最普遍自然。但接触其他文明所引发的思考,往往使人们的这种确信发生动摇"①。

现代化理论的转向

不同时期的现代化理论及相关反思,提供了对传统和现代性的不同评估和选择。

作为现代化理论第一阶段的经典现代化理论,发端于20世纪50年代塔尔

---

① 〔日〕山内昌之:《"文明的对话"与21世纪的地球社会》,《世界经济与政治》2001年第1期。

科特·帕森斯(Talcott Parsons)提出的"结构—功能"(structural-functional)分析框架。其主要观点是:现代化体现了社会"结构—功能"的巨大变迁,源于新型经济、政治、文化要素的生成、发展及其对原有"结构—功能"的渗透、改造、替换,可被视为对社会范式的变革与适应性整合,现代社会因脱离传统社会而极化为传统社会的差异性对立。其核心假设有三:第一,传统与现代在基本制度与核心价值方面是两极对立的,传统社会落后的根本原因在其内部因素,特别是因封闭而缺乏现代化的动力;第二,现代化的核心内容具有普遍意义,尽管不同国家的现代化道路不一致,但现代化的基本内容与发展方向是趋同的;第三,全球现代化的形成机制是传播和扩散的,后续民族国家的现代化在相当程度上具有模仿性,意味着全面学习西方的自由市场理念、多元社会结构、法治国家、自治团体等,最终实现从"传统社会"向"现代社会"的转变。总之,在经典现代化理论看来,现代化意味着新文明的确立,因为现代化不仅冲击了其他地区的传统文明,也冲击了西方的传统文明,即"相对于西方传统而言,现代化也是一种异质,也是一种西化"①。这一理论使用的基本历史事实也大致如此:在早期现代化过程中,非西方国家被强制抛入新的文化参照系,为了重新"识别"自己,不可避免地按照西方标准对自己的传统进行了长期、彻底的"清算"。②

20世纪70年代兴起的后殖民主义话语等对早期现代化理论展开了批评,主要观点是:以西方国家的发展经历为基础形成的这种理论模式,不可能用以指导非西方国家的现代化实践。道理并不复杂:西方国家与非西方国家各自的现代化过程处于完全不同的外部环境,前者在世界体系中居于独立的、中心的地位,后者则长期处于依附的、外围的地位,现代化发展过程必有不同的模式、特点和结果。在这一时期,一些西方学者还批评了经典现代化理论所强调的"传统"与"现代"的对立,认为在许多社会中,传统与现代性是不可分离的,现代文化与传统文化是相互作用的关系,渗透于社会和政治结构之中,并在特定社会中制约着经济发展。其中,约瑟夫·古斯菲尔德(Joseph Gusfield)的观点较有代表性:传统与现代并不必然冲突,传统有可能成为意识形态和行为的准则,并赋予现代

---

① 钱乘旦等:《世界现代化进程》,南京大学出版社1999年版,第9页。
② 这里还需注意20世纪30年代西方文化社会学领域的一种观点:未来世界的重心不在亚洲国家,因为"它们的古老文化已经不再具有创造性,在很长时间里,它们也不会将自身发展起来的新的社会生活聚集同古老的社会生活聚集的留存部分结合起来,创造新东西。古老事物的消解程度和新事物的渗透程度都还不足以促使整个社会产生一种有创造性的新社会生活情感,使这种情感激发出一些有普遍意义的世界性重要创造"。参见〔德〕阿尔弗雷德·韦伯:《文化社会学视域中的文化史》,姚燕译,上海世纪出版集团2006年版,第393页。

第八章　文化多样性、文化对话与文化现代化的当代选择

社会合理性,现代化对传统观念有一定的依赖作用,并且经常需要传统观念的支持。① 沃尔夫冈·茨阿波夫(Wolfgang Zapf)还指出,无论是西方社会与非西方社会之间,还是这两类社会内部之间,都存在不同的发展路向,现代化研究不能专注于"已经特权化了的地区,而必须考虑到整个世界以及同整个世界相适应的各种体制"②。

20世纪70年代前后,一些非西方国家的现代化发展过程,特别是东亚部分国家和地区取得的成功,为现代化理论研究提供了新的经验,不再把传统和现代性当作是互不相容的对立两极,不再坚持认为西方国家已走过的现代化道路就是其他国家将要走的路——现代性不能被简单地视为"社会的理想模式",还存在着其他的发展路径和模式。这一时期的"新现代化理论"代表人物西里尔·布莱克(Cyril Black)有个基本观点:现代化作为社会变化的一种进程,不可避免地要和传统发生互动,与其说现代化应与传统决裂,还不如说传统应在科技进步的条件下对现代社会做出功能上的适应,为此,"新现代化理论"的首要任务是从各种社会内部的文化传统本身出发,加强对文化传统的研究。③ 其他领域的学者也有类似的思考,克莱德·克拉克洪(Clyde Kluckhohn)就说:"一个社会要想从以往的文化中完全解放出来是根本不可想象的,离开文化传统的基础而求变、求新,其结果必然招致失败。"④

20世纪80年代之后,在"新现代化理论"等理论主张的影响下,西方学界逐步认识到,现代化是传统的制度和观念在功能上对现代性的要求不断适应的过程,破坏传统不仅未必意味着现代性的必然实现,甚至会损害到现代化的过程本身。丹尼尔·贝尔指出,"传统在保障文化的生命力方面是不可缺少的,它使记忆连贯,告诉人们先人们是如何处理同样的生存困境的"⑤。爱德华·希尔斯在1981年出版的《论传统》(Tradition)中提出了一个重要的疑问:谁能创造出完全当代的文化和完全当代的制度?要知道大量信仰过去被拥护,现在仍然被拥护;许多行为规范过去被奉行,现在仍然被奉行。非西方国家知识界对传统与现代

---

① Joseph Gusfield, "Tradition and Modernity," The American Journal of Sociology, Vol. 72, No. 4, 1967, pp. 351—362.
② 〔美〕沃尔夫冈·茨阿波夫、李鹏程:《现代化理论与社会发展的不同路向》,《国外社会科学》1997年第4期。
③ 杨豫:"译者前言",〔美〕西里尔·布莱克:《比较现代化》,杨豫译,上海译文出版社1996年版,第4页。
④ Clyde Kluckhohn, Culture and Behavior, Glencoe, IL: The Free Press, 1962, p.76.
⑤ 〔美〕丹尼尔·贝尔:《资本主义文化矛盾》,赵一凡等译,北京:生活·读书·新知三联书店1989年版,"1978年再版前言",第24页。

性的态度也日趋理性:现代化是一个层次上递进的实践和认识过程,现代化模式也不止一种,各国必须寻找适合自己的方式;现代性本身是由植根于各种传统中的文化形态规定的,不论是西方还是非西方,都能从传统中找到贡献于现代性的某些资源。华人思想界也逐步凝聚了一种共识:每一民族的传统都有其特殊的"现代化"问题,而现代化本身并不能以西方文化为价值依归,离开了"传统"这一主体,"现代化"根本无所附丽。杜维明则用"原初纽带"的概念来谈传统,"我们不想,也没有任何必要去放弃我们的原初纽带而成为全球公民。……我们的原初纽带也使我们的日常生存具有意义。虽然我们从来没有被它们所固定和限制,但我们的原初纽带已造就了我们的心理—文化世界的深层构造"①。他认为,经济全球化表面上看是一种均质化的权力,对经济全球化会毁灭个体、群体和国家灵魂的担忧弥漫于世界各地,"在全球化进程中,我们必须认真对待原初纽带的韧性。与这些原初纽带同在,不管是作为有力资源还是被动限制,都必将有利于人类的繁荣昌盛。充分认识到个人身份的固定性,如要积极加入到全球化趋势中来,就需要制定合理的、切实可行的、明智的文化政策"②。

亨廷顿也注意到非西方国家对"西方化"(westernization)态度的转变:"原先,西方化和现代化关联,非西方社会吸收了西方文化相当多的因素,并在走向现代化中取得了缓慢的进展。然而,当现代化进度加快时,西方化的比率下降了,本土文化获得了复兴。于是进一步的现代化改变了西方社会和非西方社会之间的文化均势,加强了对本土文化的信奉","在变化的早期阶段,西方化促进了现代化。在后期阶段,现代化以两种方式促进了非西方化和本土文化的复兴。在社会层面上,现代化提高了社会的总体经济、军事和政治实力,鼓励这个社会的人民具有对自己文化的信心,从而成为文化的伸张者"③。

传统与中国

中国文化传统由多种文化要素交融渗透、历经世代积淀和选择而成,是传播广泛、体系完整的文化遗产。中国历史上虽有兴衰更替,但文化脉络之续相继延贯一气,在这个过程中,由多元一体民族结构造就的"中华共同体"意义上的文化传统,持续培育了中华民族的精神状态和道德品性,亦使中国社会的文明水平在相当长时期居于东亚和世界的领先位置。

---

① 〔美〕杜维明:《文化多元、文化间对话与和谐》,《中外法学》2010 年第 3 期。
② 同上。
③ 〔美〕塞缪尔·亨廷顿:《文化的冲突与世界秩序的重建》,周琪等译,北京:新华出版社 1998 年版,第 67—68 页。

第八章 文化多样性、文化对话与文化现代化的当代选择

不过,近代以来西方文化主宰性的影响力及政治、经济、军事上的优越性,决定了中国社会的现代化从一开始就要面对自身传统与现代性的紧张关系,在激进与保守、自由与守旧、传统与现代的文化观念之间,一直持续发生着激烈的论辩。以严复的"师夷长技以制夷"为起点,到梁启超等人提出文化融合理论即创建"新文化系统"调和东西诸要素,学衡派吴宓等倡导在"倡明国粹"的基础上"融化新知"作为建构新文化的最有效途径,陈独秀等早期共产党人用马克思主义解决中国问题的转向,以及梁漱溟提出"文化多元论"以反对"全盘西化"的文化一元论,等等,都反映了中国社会对这一问题的集体焦虑。①

中华人民共和国成立后,中国一度放弃了进入西方国家建构的现代世界体系的选择,社会文化因受意识形态影响走向高度一元化,文化心态与社会结构失衡,传统则不断边缘化甚至面临断裂局面,不可避免地造成了文化精神的褊狭、极端。受此影响,在改革开放三十多年后,中国社会对西方的向往与提防的矛盾继续存在,面对国际社会的自卑与自大心理也时隐时现。与此同时,21世纪的中国也与其他非西方国家一样,面临着西方文化全球传播的挑战,现代性、后现代性特别是消费主义文化意识形态共同主导着对中国社会的文化和精神体系的整体改造,也导致包括知识精英在内的社会整体的精神迷失和对文化选择的焦虑。

与百多年前相比,中国面临的选择并没有发生根本改变:拒绝现代性和现代文化,无从接近世界文明的进步;放弃接续传统的努力,更无从认同本土的文明主体。近年来,在中国国内的学术讨论中,一些学者承继了近代以来严复、胡适、陈序经等自由主义对待传统的态度,抱持激进的反传统和全盘西化的主张,力图在西方现代性框架内重建中国文化,但由于没有提出与中国的社会现实和中国问题结合的思路,这种"全盘西化观"仍缺乏充分的说服力。与自由主义阵营相对的文化保守主义阵营相对强大,呼吁传统的价值但不墨守成规,把传统与现代性的关系看成是相辅相成、相互推进的对立统一体。其中,牟宗三强调:中国文化的核心内容是儒家,中国人实现现代化的唯一途径是运用正确方法挖掘儒家思想的精髓,因为"儒家与现代化并不冲突,儒家不是消极地去'适应''凑合'现

---

① 受白璧德新人文主义的影响,学衡派吴宓等认为,对中国古典文化的传承应立足于开放的、世界性的观念。一方面,要肯定中国古典文化中不为时世所限的永恒价值,新文学、新文化建设应在激活、传承这些优秀文化遗产的基础上进行;另一方面,也要看到中国文化之缺陷,寻求革新之路。至于如何看待西方文化,学衡派提出了两个标准:一是引入的文化主体须有正当价值,二是被引入的学说必须适用于中国,须与中国固有的文化精神不相背驰,或为中国文化精神所缺乏,而可取长补短者,抑或能除中国之弊并有助于革新改进。在促进中西文化融合的方式上,则必须摒除那些"根据西洋特殊之历史、民族、风俗、习尚成为解决一时问题的方式",追求具有普遍性、永久性价值的西方文化,以促进中国传统的发扬光大。

代化,它更要在此中积极地负起责任"①。同属这一阵营的杜维明认为:现代化是多元的,传统与现代不能被理解为单线的进程,应当正确把握传统和现代、东方文化和西方文化、大众文化和精英文化、全球化和地域化之间相互影响的互动关系,而不能用现代化去否认传统。在儒家文化和中国文化的发展问题上,杜维明一方面希望儒家文化能秉承"沟通理性"的原则,另一方面也希望实现中国文化的现代化和世界化。②

依据格尔茨的"地方性知识"观念,文化是具有多样性的特殊意义系统,对不同文化的生活事实而言,最直接的生活秩序仍是由地方性的传统决定的。近年来,越来越多的中国学者将之与后现代主义对宏大叙事的批判、后殖民主义对西方文化霸权的批判结合起来,认为"地方性知识"不但有理由与长期被奉为圭臬的西方知识系统平起平坐,对提升人类认识的潜力亦有着不可替代的优势。进一步说,即使是在现代化的生活中,人们需要的道德生活、精神生活和心灵对话,也首先是由本地传统承担的,传统作为"地方性知识"携带的道德和情感内容的持久约束力,不能被忽视和轻易放弃。更重要的是,传统之于中国的地位和影响,不能简单地等同于其他任何国家和民族的情形,中国传统的价值、作用和意义恰恰体现在这种不同之中——与其他主要国家相较,中国传统有着更为久远的传承历史和鲜明的演进逻辑,长期作为中华民族绵延至今的"精神链条",一旦断裂到不能修复的地步,必然会使中国的整个文明系统面临解构的危局。倘如此,这一巨变带来的震荡、苦难乃至成本都无法想象。③

不能忽视的是,虽经波折起伏,但对现代性的追求一直是近代以来中国文化的基本思想主题,当代中国社会也已基本具备了现代文化的价值取向与思想框架,特别是在知识精英的引领下,中国传统中并未得到突显的理性精神在近现代文化中得到了重要的发展,一代代知识精英着力发掘的传统资源,也自觉不自觉地与科学、民主等现代精神相联系,至少是不明确反对现代文化的优秀成分。与现代精神背道而驰的某些传统内容,则在不同时期都被忽略、批判或鲜有提倡。李翔海就此指出,"在基本价值取向上中国文化已基本完成了由前现代向现代的转化,科学、民主、自由等现代精神已内化为中国文化的内在要求"。他还强调了一个重要的问题:后现代主义的兴起及其现实影响,使中国文化在当代的境遇异常复杂——当中国文化还没有全面享受到现代化成就的时候,西方则

---

① 牟宗三、郑家栋:《道德理想主义的重建》,北京:中国广播电视出版社1992年版,第4页。
② 〔美〕杜维明:《为儒学发展不懈陈词》,《读书》1995年第10期。
③ 孙英春:《中国文化现代化的三个维度》,《国际观察》2007年第5期。

第八章 文化多样性、文化对话与文化现代化的当代选择

已对现代化的弊病提出了全面而尖锐的批评,这就体现出了中国文化的当代发展与西方文化之间存在的时代性势差,"在西方文化发展历程中主要是以历时性的形态依次出现的前现代、现代与后现代文化现象,在当代中国则在相当程度上以共时性的形态被同时挤压在一个平面上。这就不能不使中国文化的未来发展面临着深刻的困境与严峻的挑战"[1]。

同样不能忽视的是,虽然整体上看中国传统的地位在现代化进程中出现了大规模后退,但这并不意味着它失去了在现实中的作用,尤其是遗留民间的世俗传统,虽已残缺不全,但也有着具有不同心态的大量守护者与保卫者。可以说,在不同的情境和不同的地域,传统与现代博弈的结果有赢有输,甚至相互融合、相互影响。这也正如雷蒙德·弗思说到的,传统的重要性不容忽视,有些地方的人和外来文化发生长期接触以后,生活方式和思想显然有了根本的改变,但"他们还会恢复古老的习惯,或是重新实行一些传统的习俗,把它们夹杂在新的生活方式中"[2]。1996年,通过对中国乡村社会现代化状况的田野考察,曹锦清即指出,中国社会面临的演变过程包括两个方面:一是观念的,即接受西学影响的知识分子以及普通百姓的观念演变;二是生活世界内实际发生的,包括城市与乡村、沿海与内地的演变。从知识分子的观念,以及城市和沿海地区的生活世界的角度来看,中国似乎已经"差不多现代化了",但从普通百姓的观念,以及落后的内地和乡村生活世界的角度来看,"中国离原初的出发点并无多远"[3]。

很多研究注意到:虽然中国社会自20世纪50年代以来在不同层面发生了重大变化,但人们的日常生活和人与人的交往方式,特别是广大乡村和中西部区域的社会关系和核心观念等没有发生结构性的变化,甚至在近年来出现了某种加速"回归"的趋势。鲍大可(Arthur Barnett)在1988年考察中国西部时就写道:西部是一个巨大的"新旧混合体","现代文明的影响正在逐步而稳固地渗透并改变以前不发达的地区",这里"的确在进行着一场翻天覆地的变革,但它仍旧被强有力的传统观念所束缚和影响着,我看到现代化的岛屿已深深地扎根于过去的基础。在大多数人的生活水平明显提高的同时,还有少部分人仍旧过着极为贫困的生活"[4]。马春华等在2010年的研究注意到:中国各地的家庭有着各自独特的价值观和生活方式,即使中国整体社会发展循着西方工业化和城市化的发展之路,中国不同地域的家庭变迁依然展现出自己独特的变迁路径和现代

---

[1] 李翔海:《中国文化现代化历程的哲学省思》,《中国社会科学》2002年第6期。
[2] 〔英〕雷蒙德·弗思:《人文类型》,费孝通译,北京:华夏出版社2002年版,第159页。
[3] 曹锦清:《黄河边的中国》,上海文艺出版社2000年版,第757、763、764页。
[4] 〔美〕鲍大可:《中国西部四十年》,孙英春等译,北京:东方出版社1998年版,第326、247页。

家庭模式,这是因为其受到社会整体变迁和传统共同的影响,是传统与现代博弈的结果。①

不同国家的现代化经验都已表明,破坏传统不仅未必意味着现代性的必然实现,还可能导致价值体制的解体和文化认同上的失落,并损害到现代化秩序建构的过程本身。更何况,20 世纪中期以来的中国实践也一再表明,大规模的、有效的社会和文化变革,不可能在与社会成员共同的文化取向——传统——发生根本冲突的方式下实现。不论是提升文化的竞争力与影响力,还是抵制西方中心主义与霸权主义的国际格局,以及回应现代性在中国引发的多种困境与问题,都需要让传统通过有效的集体努力而再现、复活,成为有效的"抵抗"形式,从容地融入与当代中国现代化进程相适应的文化价值体系。

文化现代化是一场庄严、神圣的运动,不只忠于中国的过去,更忠于中国的未来,不只在于解救中国传统面临的危亡,更在于把中国的历史文化推向更成熟的境地。② 基于百多年来的经验得失,光大中国传统需要面对中外文化的调和压力,也要面临中国社会内部不同政治与文化价值观的冲突,以及主流文化与亚文化之间的矛盾。由此来看儒家传统的现代转化,是一个复杂难解的问题。不能否认,儒家思想经历了各个时代的修正,可以被视为中华文化中具有主导意义的传统,支配着中华民族的基本文化心态和价值取向,也制约和影响着民众日常生活中各方面的世俗行为。从 20 世纪 70 年代延续至今的东亚现代化奇迹,就呈现了东亚儒家传统与现代化之间并存甚至是相辅相成的关系,也使更多的知识精英开始承认:儒家传统未必是中国现代化的根本障碍,现代化可以在不摧毁传统的情况下实现。在这个意义上,重新阐释和建构儒学,力求将中国文化的精神在世界范围加以弘扬,必然是中国在全球社会多元格局中寻求自身位置的重要方面,也堪为中国的知识精英与西方对话的主要文化资源。针对儒家思想中可以提升的具有根本和普遍意义的文化贡献,杜维明还有一个"理想化"的主张:对儒学的主要概念做一个转换,使其具有与其他文化的对话能力——为了精神的丰富和思想的强化,儒家之道必须流出中国或东亚的中文世界,实现与外来文化的会通,"接受更多的营养扶持"③。

当然,对儒学的当代价值要做出适当评估,不能过分拔高。不乏研究者指出,虽然儒学在道德哲学、人生哲学等方面颇有积蕴,但在对自然的探索、科学的

---

① 马春华、石金群等:《中国城市家庭变迁的趋势和最新发现》,《社会学研究》2011 年第 2 期。
② 金耀基:《从传统到现代》,北京:中国人民大学出版社 1999 年版,第 3 页。
③ 〔美〕杜维明:《东亚价值与多元现代性》,北京:中国社会科学出版社 2001 年版,第 214 页。

第八章 文化多样性、文化对话与文化现代化的当代选择

关注、客观的政治制度的建构、无限理想的追求,以及对超越而外在的神的敬畏和向往等方面,都不很突出。曹锦清还有一个尖锐的观点:"若要理解儒家传统的当代意义,不应从儒家经典的释读中去寻找,而应从近百年来,尤其是近50年来,进而言之,从近20年来中国的家与国的演变过程中去寻找。"[①]在他看来,中国的"家"与"国"皆处于变化之中,而随着伦理性的家与国向契约性的家与国的历史性演变,儒家的伦理核心将失去其现实意义。再者,面对历史教训和中西方的现实差距,不可过分看重儒家一门对建构现代中国文化的意义,中国传统自古多元一体,除儒学外,道家、佛学及不同族群的文化传统等都程度不同、角度不同地承载着中国传统,同样也是构建今天中国社会文化共同体的重要资源。总之,21世纪将是多种文化并茂的世纪,儒家文化既不会是全球的主宰文化,也不会是中国唯一主流的文化。

二、本土与全球社会

冷战结束以来,文化在国际关系中的作用愈加强化,文化具有的增强权力扩张合法性、道义性的作用受到不同行为体更多的重视。与此同时,以美国为主的西方文化加速扩散到其他文化中,使全球文化呈现出一种加速"同质化"的趋势,发挥着一系列广泛、深刻的文化影响,关联到不同文化传统的传承与发展,以及各个社会的稳定乃至社会制度的演变,并让各个文化共同面临着一个迫切的问题:如何在文化"同质化"的潮流中找到本土文化之路?

针对文化"同质化"趋势,包括一些西方国家在内的许多国家强调,应当把文化与国家主权和国家利益关联起来,在国家层面管理文化建设并调节本土文化参与全球化的进程,包括为保卫本土文化,强化一种应对全球社会变迁的"本土意识形态"。在这些努力之中,有法国强调的"文化例外"(Cultural Exception)、俄罗斯提倡的"俄罗斯精神"(Russian Spirit)、南非主张的"非洲复兴"(African Renaissance),以及新加坡和马来西亚等呼吁的"亚洲价值观"(Asian Values),也包括中国先后提出的"和谐社会"与"中国梦"等。其目标大致如彼得·伯杰(Peter Berger)所说,是在对以西方文化为代表的全球文化"欣然接受"和"拼力抵制"二者之间,寻求一种中间立场。[②]

基于现代化目标来审视本土传统,不能违背历史与社会的发展规律去阻止文化的发展变迁,否则必然会导致自由的丧失和文化的僵化。中国社会发展诸

---

① 曹锦清:《黄河边的中国》,上海文艺出版社2000年版,第757页。
② 潘一禾:《国家文化安全的"非传统"研究》,《文化艺术研究》2011年第2期。

方面面临的紧迫性,亦不允许超越历史阶段,背弃现代文化和全球社会的主要内容。毕竟,中国文化即便源远流长,也是"有高世之名,必有遗俗之累"。中国传统之所以在现代化、全球化时代遭遇破坏乃至中断,部分原因是它不能提供与现代世界相适应的价值资源与消费满足。西方文化之所以在近代以来"所向无敌",能够在政治经济实力的基点上成为引领全球的文化体系,一方面源自它与"坚船利炮"相伴而行的综合实力,另一方面源自它的"现代性"和文化对话策略,能够为全球社会不平衡的发展和不平衡的权力关系提供合法性,并且像一块磁石,吸引着所有社会"效仿"它的实践。更重要的是,面对多元的全球文化市场,西方文化将继续做出多样化的文化和商业设计,无论其他文化采取何种抵抗方式,都不可能脱离它的影响。

文化"同质化"?

1998年,联合国教科文组织首次发布的《世界文化报告》("World Culture Report")描述了全球范围的文化"同质化"趋势:文化的产业化加剧了交流的不平等,弱小国家和社会群体对自己文化的不安全感增强,文化多样性受到前所未有的威胁;在全球一体化的市场条件下,强势的经济集团和文化产业集团造成并维持着各国之间不平等的发展;文化传播方面日益加剧的不平等,使弱小国家和族群对自己文化的不安全感增强,保证本文化安全的问题成为中心任务,人们也在不断地表达对文化的价值观和文化认同丧失的担忧。

作为技术发展和全球市场机制的后果之一,文化"同质化"主要是以非西方文化与西方文化特别是美国文化的关系体现出来的。这是因为,半个多世纪以来,美国文化工业以商品逻辑建立了世界文化的标准,并导致其他文化对美国文化的认同、"崇拜"和依赖。[①] 对美国文化的"全球共享"也给西方世界带来了巨大压力,包括美国学者在内的许多西方学者并不讳言,美国文化的急剧扩张和对世界文化市场的恣意占领,不仅是一种经济行为,也是一种意识形态战略,即借此把美国的意识形态和文化观念推向全球。这最终势必会造成全球文化的"同质化",让生活在不同文化中的人们用同样的方式去看、去听、去思考,他们的意愿、思想、情绪、欲望被统统纳入同样的模式,其代价和后果就是:牺牲世界文化的丰富性和差异性。

阿芒·马特拉(Armande Mattelart)就此指出,自20世纪80年代开始,"跨国公司生产的文化商品在不同的国家、不同的领域都通行无阻,在不同社会群体不

[①] 孙英春:《大众文化:全球传播的范式》,北京:中国传媒大学出版社2005年版,第305—312页。

第八章 文化多样性、文化对话与文化现代化的当代选择

同文化层次的接受范围内成为一种消费"。这里的问题是,"民族文化产品和主导性文化产品之间存在着矛盾,而起支配作用、对人类影响最大的是美国产品",从这个角度上说,"文化问题成为一个经济问题,也可以说是一个政治问题了"①。赫伯特·席勒(Herbert Schiller)甚至有一个激烈的观点:美国的媒介管理者创造、筛选、精炼、主宰着我们的形象与资讯的流通,从而决定我们的信仰、态度——最后,还有我们的行为举止。

学界也不乏否定或质疑文化"同质化"的观点,主要依据是:"轴心时代"的文明积淀迄今仍主宰着各个文化区域,西方影响并不能把其他文化传统连根拔起,"同质化"文化也显然不能满足不同民众的文化需求,世界各地的生活方式和认同建构之间仍存在巨大差异。进一步说,不同文化区域对西方文化的接受是充满差异的,少数文化甚至采取了较为强硬的方式,除了重新确立和发现本土传统的特殊性,更多的是选择某种缓和的方式,包括赋予外来文化以一定的本土性格。换言之,全球化并不会使世界变得相同,差异、界限和冲突在全球化的过程中被放大而不是消解。概言之,全球化实质上创造了不同文化并存的"增量空间"。在这个空间中,不同文化的影响力和生存空间甚至得到了前所未有的扩张机遇——跨文化交往在时时激发各个文化内部的独创性表达,人们的本土意识被进一步强化而不是削弱。

在这些学者看来,某些"同质化"的观点否认了世界上任何地方的受众都具有领悟能力、批评精神和创造力,同时强调:所有的文化都需要外部思想的刺激,它们可以从西方文化中学习到许多东西——包括如何以"正确"的方式扩充自己的力量。阿尔温·托夫勒指出:全球化不等于同一化,人们看到的不是麦克卢汉预言的单个的地球村落,而是大量不同的地球村,"它们都被纳入新的传播系统,同时又努力保持或加强各自的文化、种族、国家或政治个性"②。通过对中国社会的观察,尼克·奈特(Nick Knight)还提出:与"同质化"趋势并行的还有文化"碎裂化"趋势——由于市场经济日趋多样化和细分,已形成有利于个体文化甚至特质文化生成的"地域",全球化在中国的文化影响及中国文化的商品化,并不必然意味着美国文化主导的全球统一文化将"淹没"中国文化。③

在"同质化"的命题上,还应重视戴维·赫尔德(David Held)的观点:考察文化全球化的影响是一件非常复杂和极其困难的事情,对于任何结论都应小心谨

---

① [法]阿芒·马特拉:《传播全球化思想的由来》,陈卫星译,《国际新闻界》2000年第4期。
② [美]阿尔温·托夫勒:《权力的变移》,周敦仁等译,成都:四川人民出版社1991年版,第318—319页。
③ [澳]尼克·奈特:《对全球化悖论的反思》,刘西安编译,《当代世界与社会主义》2007年第1期。

慎。不可否认,文化全球化正在改变各个文化得以生产以及再生产的环境和手段,但"文化全球化对民族文化的性质和功效产生的具体影响——对民族文化的要旨、价值和内容的影响——至今很难得到解释"①。从人类跨文化传播的历史线索来看,不同文化接触后,必然会处于连续的、程度不一的变化状态之中,但这与"同质化"是有差别的,不能混为一谈。譬如,当代阿拉伯文化就不仅仅是本土文化的总和,它在不同程度上受到了来自古希腊与罗马的文化、中世纪以及现代欧洲和当代美国文化的影响。但谁也不能说,阿拉伯世界就此失去了一套有特色的文化体系。陈庆德还强调:"人类的文化发展始终表现为一种沉积方式,任何新文化的发展都代替不了已存的文化要素,而只是成为人类发展的文化库存的一部分,并丰富这一永久的存积,以便使后来的人们能够从中汲取养分,用新的风格重塑自己的文明经验。"②

亨廷顿曾强调了人类文化史的这一特点:为加强和确保自身文化核心价值的延续,所有的文化都会借鉴其他文化,"中国吸收佛教是为了中国的目的和需要,中国的文化仍然是中国的","假如在未来某一天,中国确实引入了基督教,那么也只能指望它在与中国文化的主要要素相容的前提下被吸收和改造"③。同理,尽管全球化时代存在着文化"同质化"的现象,但并不意味着我们已经或即将拥有一个统一的、同质的"全球文化"。毕竟,许多文化体系的深层结构原本就是难以撼动的。约瑟夫·奈也注意到,虽然日本是在19世纪中叶就引入西方文化的第一个亚洲国家,但日本没有丧失自己的文化传统,倒是全球化使日本独特的文化愈加鲜明而突出了。奈还就此指出:尽管市场经济和全球化正在使中国发生变化,但50年以后,中国深深扎根于其中的独特文化会依然存在。

众多质疑"同质化"的学者持有一种比较普遍的观点:要将世界上千差万别的文化变成一种同质文化,抹杀每个个体的文化和民族认同,是十分困难甚至是不可能的。由此而言,全球性的文化将会出现,但它只能是一种"浮在表面的文化",本土文化将在深层次继续支配人们的生活。安东尼·史密斯指出,即使存在一种全球性文化,也只能是"一种不与特定时间或空间相联系、没有民族根源与民族裔的文化",这种"肤浅"的文化不可能取代民族文化,因为"它没有触动绝大多数民族成员的心弦,这些成员是按阶级、性别、地域、宗教和文化划分的习

---

① 〔英〕戴维·赫尔德等:《全球大变革》,杨雪冬等译,北京:社会科学文献出版社2001年版,第458页。
② 陈庆德:《人类经济发展中的民族同化与认同》,《民族研究》1995年第1期。
③ 〔美〕塞缪尔·亨廷顿:《文明的冲突与世界秩序的重建》,周琪等译,北京:新华出版社1998年版,第68页。

第八章 文化多样性、文化对话与文化现代化的当代选择

惯性共同体"①。马歇尔·萨林斯(Marshall Sahlins)认为:全球化使人们正在目睹一种大规模的结构转型进程,意味着将形成多元文化的世界文化体系,这是因为,从亚马逊热带雨林到马来西亚的人们,都在加强与外部世界接触的同时,自觉地展示着各自的文化特征。②

一些学者还提出,与文化"同质化"同时显现的,是一种"混杂化"趋势:现今世界在意识形态、民族、宗教和国内生活方面不仅更加多元化,而且更加分散——全球化带来的不过是"混杂文化的混杂化"。马丁·阿尔布劳(Martin Albrow)则指出了全球文化的另一种可能性,并对"混杂化"观点提出了质疑:"全球性恢复了文化的无边界性并且促进了文化表达方式的无限可更新性和无限多样性,而不是促进了同质化或杂交化","其结果是世界的多重化(multiplication)和多样化(diversification),而不是同质化或杂交化更好地表现了在全球化条件下占主导地位的文化关系形式"③。

文化现代化的观念与制度安排

就中国文化现代化的目标而言,全球化带来的社会和文化变迁压力,不可避免地要求建立一种全新的知识框架,用以客观认识中西方文化的位置和价值,重新理解本土与外部世界的复杂构造,用世界历史和人类共同体的视野,审视不同文化和国家及其社会发展的共存与互融。这是后发展国家面对全球现代性及社会变迁的合理反应,也是在文化领域更新制度安排的观念基础。无论如何,囿于一国的褊狭视角是无法理解外部世界的,最终会形成自我的褊狭想象。

社会文化变迁的终极力量来自内部的传统和历史逻辑。关于这一点,希尔斯有一个重要提示:起源于传统内部的变迁,并且是由接受它的人加以改变的,"才可能成为为文化现代化提供支持的坚实动力。因为这样一种变迁并不是由外部环境'强迫他们'做出的,而是他们自身与传统关系自然成长的结果"④。承前所论,面对全球社会变迁的大趋势,应审慎考量社会进步的成本与代价,循序渐进地建立一种合理宽松的结构,使传统能够最大程度地通过制度安排,"嵌入"(embedded)到社会生活的各个层面,帮助民众接受一种"活在传统中"的生

---

① 〔英〕安东尼·史密斯:《全球化时代的民族与民族主义》,龚维斌等译,北京:中央编译出版社2002年版,第20—25页。
② Marshall Sahlins, "Good Bye to Tristes Tropes," *Journal of Modern History*, Vol. 65, No. 1, 1988, pp.1—25.
③ 〔英〕马丁·阿尔布劳:《全球时代》,高湘泽等译,北京:商务印书馆2001年版,第227、236页。
④ 〔美〕爱德华·希尔斯:《论传统》,傅铿等译,上海人民出版社1991年版,第285—286页。

活方式。同时,积极推行有效的保护文化多样性政策,控制经济、社会快速发展对国内不同文化产生的"同质性"后果,最大限度地改善不同地域和少数族群日益衰颓的文化风貌。

这就意味着,中国的文化现代化要坚持走一条独特的道路,既非进一步的西方化,亦非对传统的全面回归和延续,而是要继续强调精神生活与文化意识的多元发展,使传统"嵌入"现代化的要素——这种"嵌入"的传统是为共享中国文化的不同人群留下一套观察世界的本土架构,帮助人们在承接内部传统的同时,并不限制对外部世界的认识。这也意味着要经历一种传统断裂之后的"再生产"过程,并不是继承现成之物,而是通过制度安排"生产"传统,并将当代社会理解传统的进展也纳入其中。这也正如伽达默尔所说的:每一时代都按照自己的方式去理解历史流传下来的传统——每一时代都对传统有一种实际的兴趣,并试图在传统中理解自身,"理解"不只是一种"复制工作","而始终是一种创造性的行为"①。

现代化是一个不断变革制度结构的过程,要依靠制度与体制的变革,以及加深社会与个体自由度的现代意识形态的建立,其思路和智慧在于不是单纯以"技术"方法来解决问题,也不仅仅是用"道德"的方法解决问题,而是二者的结合。化解以西方为模本的制度系统和地方性、民族性文化之间的冲突,就意味着迫切需要文化相关制度与体制的变革。这种制度变革关联到中国国家与社会关系的重构,需要结合对社会、文化发展的考察,以及对社会分层和社会结构变动等因素的关注,并与社会道德体系、社会控制机制和法治化进程等关联起来思考。

对于中国社会的现实而言,现代文化与国家之间的关系仍是一个相当新的事物。当代中国由现代化推动的社会转型,是一个繁复、交叉的过程,既有从传统向现代的转变,又有从现代向传统的转变,不仅经历着从前现代性到现代性的转变,而且经历着从旧式现代性到新型现代性的转变。这无疑是一场深刻的社会运动,中国的决策者和知识界需要戒急务实,以儒家"中道"观中的"执中守正""因时制宜"来面对现代性的观念和各种主张,把握传统的时代效力及转化契机。特别紧要的是,要从文化传统和现代文化中同时获得制衡的价值和伦理的资源,避免更进一步的社会分化和价值体系的断裂,避免全社会走向不可逆转的世俗化和低俗化。

---

① 〔德〕汉斯—格奥尔格·伽达默尔:《真理与方法》上册,洪汉鼎译,上海译文出版社1992年版,第380页。

第八章　文化多样性、文化对话与文化现代化的当代选择

面对冷峻的文化与社会发展的历史规律,这种制度变革的方向,自当要以事实、知识和开放的努力为依托,实施真正审慎和平稳的整体文化政策,以弥补政治和经济制度与社会秩序在规范多元文化方面的不足。这种制度变革也意味着,作为文化传统的中国与作为国家政治制度综合体的中国之间,需要达成进一步的一致,意味着中国政府有能力制定并调控影响当代文化品质与特性的各种政策,制止和禁止严重损害文化传统与文化多样性的种种做法。这种制度变革还意味着,在相当长的一个时间段里,要努力协调两种关系。第一是协调文化传统和多元发展的关系。中国社会的大规模变迁已带来不可逆转的观念和行为方式的多元化,简单的"西化"和"回到古代"都是空想,也无法为本土显现的"混合的""多面的"文化状况提供合适的"药方"。这种协调的努力还有一个重点,就是要处理好中国不同地域、族群和民间的"小传统",与代表国家意识形态、法律法规和精英文化的"大传统"之间的关系,其意义和价值,不仅在于对内部文化多样性的保护,也在于为中国文化的未来发展保留基础。第二就是平衡本土立场和全球社会的关系。现代化离不开文化间的开放与对话,中国文化现代化与软实力建设的前景,决定于是否能够为全球文化提供存在与发展的参照意义。中国文化要具备与世界文化发展趋势和变动相契合的能力,离不开在全球不同的文化系统中寻找有益的思想资源和价值共振。

就当下中国国情而言,需要真正深入地展开对当代生活方式、文化走向与价值体系的再思考,使国家意志和传统资源能通过有效的制度安排被动员起来。这并不是重提类似"中体西用"的折中方案,而是力求创造一种建立在中国多元传统的基础上、能有效回应时代和中国发展中的重大问题,也能反映和吸收人类共同价值与伦理的新的文化体系。① 20 世纪 80 年代,丹尼尔·贝尔基于西方尤其是美国经济、政治与文化领域的根本性冲突及社会结构与文化之间严重的断裂,提出社会"重新向某种宗教观念回归"来重建道德和文化的根基以及传统与现代的关联的设想。② 在今天看来,这类思路虽是西方文化语境中的个别构想,也有激发更为开放的理性思考的意义。

现代化不只是从西方到中国的旅行,也是从中国走向世界的远征。百多年来的中国历史表明,文化领域的每一次进步都来之不易。中国文化的未来局面是难以预设的,就当前的情势而言,仍需为这个走向世界的过程做好心态上的调适:中国文化还将经历一个漫长的过程,才能在全球文化体系中找到自己的真正位置。这需要时间来展现,更期待相关思考的时时推进。

---

① 详见本书第九章第三节的讨论。
② 〔美〕丹尼尔·贝尔:《资本主义文化矛盾》,赵一凡等译,北京:生活·读书·新知三联书店 1989 年版,"1978 年再版前言",第 197—226 页。

第九章
文化权力、国家形象与全球伦理

在本土与外部文化之间寻求可持续的平衡,探究共同发展与长久相处之道,是跨文化传播本土研究的主要诉求。世界文化格局的重构与再重构是历史发展的趋势,不同文化也应在新的环境中通过批判和融通而不断发展。不过,历史没有既定目标,世界会在交往中走向一体,也可能在冲突中分崩离析。在各种政治、经济、文化力量的影响下,全球社会的跨文化传播"生态危机"时隐时现,文化主权与文化霸权之争不断深入,强势文化与弱势文化、传统文化与现代文化、西方文化与东方文化之间的冲突也愈演愈烈。这些错综复杂的现象攸关人类命运,亦与跨文化传播本土研究的学术追问紧密关联。

文化帝国主义与文化霸权是在20世纪60年代西方学界开始出现的理论话语,与后殖民主义话语的兴起密切关联。今天的非西方国家仍需关注并延伸这些思考。殖民地与宗主国依存关系的丧失,没有真正改变世界秩序和不同文化间的固有格局,东西方关系仍被形形色色的西方文化霸权和殖民主义意识形态所左右。后殖民主义话语在后现代主义消解中心、消解权威、倡导多元文化研究的潮流中,从意识形态和文化政治批判入手,从边缘到中心对中心进行解构,剖析帝国主义的文化霸权,为后殖民"氛围"中人类文化的发展提供了新的视界,也为探寻东西方由"对抗"到"对话"的新型关系提供了某种新的思路。借用李金铨的观点:受萨义德鼓舞而发展的"后殖民"观点,可以构成跨文化传播研究的一个起点,有助于去芜存菁,以修正、发展、延伸,甚至淘汰文化与传播研究文献中的某些理论与概念。① 此外,就跨文化传播本土研究争取学术话语权的目标而言,萨义德、佳亚特里·斯皮瓦克(Gayatri Spivak)和霍米·巴巴等后殖民主义学者通过"非边缘化"和解构"中心"的努力走进国际学术"中心"的策略,也提供了积极的启示。

后殖民主义话语指出了东方主义的"陷阱",但没有提供超越东方主义的

---

① 李金铨:《在地经验,全球视野》,《开放时代》2014年第2期。

第九章 文化权力、国家形象与全球伦理

"图景"。毕竟,西方殖民体系已经终结,多极对立的世界格局也使西方中心主义日益式微,非西方国家在世界舞台上的作用逐步显著,并预示了一种多元共生的大趋势。基于学术警醒和文化自觉的立场,如何在后殖民主义话语的基础上培育一种超越主体立场的"跨文化的间性智慧",以他者文化为参照,思考中西文化互动对中国文化的影响,消除"生活世界"的"殖民化"和"独白"话语,同时,寻求人类社会发展中的某些普遍性问题的答案,是跨文化传播本土研究和理论建构的重要突破口。

国家形象的生成,基于人类认知的本能和交流的欲望,也折射出人类基本的价值取向和追寻美好生活的梦想。其他国家如何看待中国,中国如何看待和塑造自己,决定着中国乃至世界的命运。费正清曾指出,研究中国是美国学术界的重要使命,"中国在世界上的地位,特别是美国与中国的关系,与人类的生存关系密切……美国对中国的历史形象的看法,以及美国与中国的互动,亦会帮助或阻碍我们的生存"[①]。国家形象研究是一个综合的问题领域,需要不同人文社会学科的共同努力。对跨文化传播本土研究而言,系统梳理中国文化的历史过程、内外环境,探究西方有关中国形象的话语霸权,考察当代中国形象的生产与传播路径以及中国与外部世界之间跨文化传播的知识与策略等议题,是跨文化传播本土研究能够为这一领域提供知识贡献的主要方面。

跨文化传播已成为全球文化生态的表征,全球伦理则决定了全球社会中不同文化的视野和姿态,也决定了人类共同体的未来。要建设持久和平和共同繁荣的世界,必须要建立一种和谐相处、共同发展的全球治理长效机制,运用共同智慧和集体努力帮助不同文化进行自我治疗和自我更新。这个长效机制的观念基础,就是全球伦理。这里要强调的是,走向全球伦理并不为抹杀各国各民族的文化特性,而是建立人类文化共同体的真理意识和道德精神,推动人类社会向着和谐、进步与幸福的方向发展。每个有生命力的文化都应通过这一努力取长补短,及时吸收其他文化的营养。这同时也意味着,在迅速变迁的全球社会中,任何一方都需要建立开阔、综合的全球视域,用"世界历史"的观念和"人类共同体"的价值去审视不同文化的共存与互融,进一步地,以"正确的方式"寻求自身的位置。

跨文化传播本土研究要具有效力与价值,离不开研究者对人类交往和生活世界寄予的道德期望,以及对人类共有利益和共同价值的思考能力。通过对人

---

① John Fairbank, "The Assignment for the 70's," *The American Historical Review*, Vol. 74, No. 3, 1969, pp. 862-863.

类生存困境、发展模式的历史与现实的批判,理解和把握有关全球伦理、普遍价值、交往理性、跨文化理解和对话等思想主张,应当成为跨文化传播本土研究审思全球社会文化变迁的基本前提。对中国知识界而言,亦有必要回顾欧文·白璧德在20世纪早期倡导的"新人文主义"(New Humanism),崇尚人的道德想象和人文理性,在"一"(the one)与"多"(the many)、自然与人性、统一(unity)与多样(plurality)之间保持最佳的平衡①,把全人类共同创造的普遍性永久价值作为规范人性的基本立足点,同时,对东方经验特别是中国历史中的经验进行思想梳理和现代诠释,发掘其中对于全球伦理乃至全球思想文化的意义与贡献。

第一节 文化的权力关系与后殖民主义话语

沃勒斯坦说过:"文化是人们用来包装其政治—经济利益和动机以便表达它们,掩饰它们,在时空中扩大它们并牢记它们的领域。"② 20 世纪中叶以来,文化的独立与个性,文化作为民族、国家立身之本的意义,以及文化作为一种能够发挥深远影响的社会资源的价值,逐步得到世界各国的重视和运用。由于国际关系中文化因素的影响与制约功能日益凸现,文化的扩张与文化抗争已成为跨文化传播研究中不可忽视的基本语境,国际文化关系中的权力不平等(power inequality)乃至文化与传播秩序的重建,也随之成为跨文化传播研究的主题。

跨文化传播研究的兴起,与殖民、世界大战及战后改制、后殖民、现代性等近现代社会变迁有着深刻联系。深入体察后殖民主义话语对东方和西方之间殖民性文化关系的揭示,有助于后发展国家的知识界对现实语境做出再认识,切实地思索"非边缘化"和"重建中心"的可能与路径。同时也须清醒:"在全球语境下,本土利益与全球利益之间的斗争在任何意义上都不可能最终解决,甚至也不能完全得到解释。"③

一、文化的权力关系与秩序

文化帝国主义和文化霸权是不同知识领域考察东西方文化关系的关键词。这两种话语抑或理论的出现与发展,为考察文化的复杂内涵提供了可能,特别是

---

① 〔美〕欧文·白璧德:《文学与美国的大学》,张沛等译,北京大学出版社2004年版,第18—20页。
② 〔美〕伊曼纽尔·沃勒斯坦:《现代世界体系》第2卷,庞卓恒等译,北京:高等教育出版社1998年版,第68页。
③ 〔美〕斯图亚特·霍尔:《多元文化问题的三个层面与内在张力》,《江西社会科学》2007年第3期。

第九章 文化权力、国家形象与全球伦理

有助于辨析西方与东方文化之间复杂的支配、抵抗、同谋现象以及隐藏在各种表象背后的权力关系(power relations),同时,也为不同学科阐释西方文化的扩张和破坏性影响提供了重要的理论资源,以及有说服力的分析框架。

近代以来,西方文化凌驾于东方文化之上的权力关系或者说是支配关系和霸权关系,长期影响着世界历史的进程,也控制着人类文化地图的格局。自进入现代社会后,这种情形并没有本质的改变,只不过与早期帝国的侵略扩张相比,现代西方国家的帝国征服和霸权策略有一个明显的不同,就是让全世界都接受西方的"普遍"模式,认为全球社会中不同社会的发展、变迁都应按照这个模式的标准和规则运行。这里也折射了西方文化的一个历史性特征:"传教士"心态和"救世主"精神渗透到了社会生活的各个方面,认为有责任把自己的价值观、生活方式、政治制度传输给其他国家。詹姆斯·布劳特(James Blaut)就此指出,西方现代化理论的基本原则在于,"过去使欧洲具有优越性的因素现在可以传播出去,传播到欧洲世界以外,使那个世界或多或少地赶上来",而"欧洲过去的发展公式,到资本主义阶段并包括资本主义阶段,是非欧洲未来发展的唯一可行公式"[1]。

国际体系不仅仅是一种权力结构,也是一种文化结构,国家对外文化关系因此而具有两种性质不同又相互关联的属性:一方面,不同文化之间的交流和沟通,是"推动人类文明发展的一种十分重要的历史进程";另一方面,也是"国际政治中一国政府为达到其外交目的而运用的一种特殊政策工具"[2]。不仅如此,文化观念也在深刻地影响和支配着对外决策者的行为,并对国家的对外政策手段、方式和风格产生不同程度的影响,西方国家如此,非西方国家亦如此。20世纪中叶以来世界范围内发生的"反西方中心主义"思潮,就反映了非西方国家文化主权意识的觉醒与文化上的抗争,表明了人们在对现存世界文化、传播秩序的批判中探求新的文化途径的努力。汉斯·摩根索(Hans Morgenthau)就此指出:由于国家的最低利益表现为"领土、政治制度和文化完整",所以,对国家利益的界定和选择很难摆脱本土文化的影响,维护本民族统一、完整的文化正成为日益明确和突出的国家利益。[3]

在知识界对文化帝国主义和文化霸权这两种话语的诸多批评中,一个突出的意见是:片面地论述了西方文化占据强势地位的"外因",而忽略了后发展国

---

[1] 〔美〕詹姆斯·布劳特:《殖民者的世界模式》,谭荣根译,北京:社会科学文献出版社2002年版,第65—66页。
[2] 刘永涛:《文化与外交》,《复旦学报·社会科学版》2001年第3期。
[3] 〔美〕斯坦利·霍夫曼:《当代国际关系理论》,北京:中国社会科学出版社1990年版,第94页。

家的"内因",即忽略了非西方社会的政治制度、文化传统以及经济因素,忽略了其主观能动性和自身存在的问题,也忽略了西方文化具有积极影响的一面。更不能简单地把这些话语当作"狭隘"民族主义的"遮羞布""挡箭牌",否则,不利于理性和开放心态的形成,也不利于非西方文化的时代性构建。

文化帝国主义话语的当代意义

从20世纪60年代中后期开始,西方学术界开始出现文化帝国主义话语,主要用以解释西方国家与非西方国家之间的文化权力关系,批判西方国家特别是美国文化的全球扩散所造成的全球文化生产与流通过程中的不平等结构。

文化帝国主义话语的出现,主要有两个方面的思想根源。一是20世纪60年代以法兰克福学派为代表的激进知识分子对战后西方文化的全面反思,其核心观点是:自二战以来,西方大国特别是美国以批量生产的大众文化为载体,通过大众传媒在全球范围内广泛传播西方文化,其目的是对非西方国家进行文化和意识形态控制。二是20世纪50年代后期以威廉·威廉斯(William Williams)为代表的美国新左派史家对美国外交政策的全面批判,核心观点是:美国对外政策的本质是一种政治和经济帝国主义,追求的不是以领土掠夺和殖民征服为目标的传统殖民帝国,而是对其他国家进行经济和文化控制的"非正式帝国"(informal empire)。

在20世纪六七十年代,不同领域的学者对文化帝国主义的理解有着不同偏重。摩根索认为,文化帝国主义是"最微妙也最成功的帝国主义政策",其目标不应在于征服领土、控制经济,而是征服与控制人心,把"至尊地位"(supremacy)建立在比军事征服或经济主宰更为稳固的基础上。随后,在研究欧美与第三世界之间的文化传播问题时,赫伯特·席勒指出,"文化帝国主义的概念恰当地描述了一个社会被卷入现代世界体系的全过程,包括这个社会的权贵阶层是如何被吸引、挤压、推动,甚至是被贿赂而改变社会制度,去接受甚至是推广那些主导现代世界体系的价值观和结构"①。也是在这一时期,约翰·加尔通(Johan Galtung)在《帝国主义的结构理论》(*Structural Theory of Imperialism*)一书中提出了"有权力的中心国家"和"无权利的边缘国家"的概念,据此分离出五种"帝国主义"概念:政治帝国主义、经济帝国主义、军事帝国主义、传播帝国主义

---

① Herbert Schiller, *Communication and Cultural Domination*, White Plains, NY: International Arts and Sciences Press, 1976, pp.9-10. 在席勒众多针对文化帝国主义的著述和演讲中,对两种倾向提出了警告:一是在美国国内,私有势力对公共空间和公共体制的占领;二是在美国之外,特别是在第三世界国家中,美国公司垄断着文化生活。

第九章 文化权力、国家形象与全球伦理

和文化帝国主义。同时指出,帝国主义有三个发展阶段:一是殖民主义,即中心国家对边缘国家领土的直接占领;二是新殖民主义(neo-colonialism),即边缘国家获得了独立,但是中心国家和边缘国家的精英们仍然通过国际组织的活动,保持着"利益的和谐";三是新的新殖民主义(neo-neo-colonialism),它将发生在未来,当中心和边缘的精英们通过迅速的国际传播而合为一体之时。

不同学科领域陆续呈现的文化帝国主义话语,体现了研究者对西方文化的反省和批判,更是在综合经济、政治、文化等因素的基础上,对全球文化传播领域的不平衡现象的表述。一些研究明确地把媒介与文化帝国主义联系起来,批评矛头所指,是西方国家与非西方国家在文化上的控制与依附关系,以及西方国家的文化和意识形态控制所产生的文化后果——文化帝国主义有着既存的"传统"形式,还有基于现代体制的大众媒介、广告、世俗的表演家和知识分子在发挥作用。对此,萨义德有一句精到的评述:"帝国主义是建立与维持一个帝国的过程或策略。在我们的时代,直接的殖民主义已在很大程度上完结,然而我们将看到,帝国主义仍以其在政治、思想、经济与社会实际中的特有形式,在普通文化领域中徘徊。"[①]

对文化帝国主义的批评,也是对西方现代性的一种抨击——现代化造成了第三世界文化的流失,人们的生活秩序被打破,焦虑和悲叹在全社会弥漫不散。保罗·哈里森(Paul Harrison)在1980年出版的《第三世界》(Inside the Third World)一书中指出:文化帝国主义通过培植当地的买办,将某一社会集团的生活方式和价值观念作为标准而使人刻意效仿;西方国家通过教育、广告、传媒,在第三世界面前树立一个比照集团引诱意志薄弱者仿效,从而使之放弃本民族的文化传统,"第三世界一味追求西方的生活方式,已使争取发展的努力走上歧途,并且迅速地把传统文化中不管好的坏的一股脑儿摧毁了,就像把孩子和洗澡水一起泼掉一样",总之,"文化上的帝国主义不仅征服了受害者的肉体,还征服了他们的心灵,使他们沦为唯命是从的帮凶"[②]。

值得注意的是,从20世纪70年代开始,西方历史学界也开始运用文化帝国主义的概念来考察西方传教士对非西方世界异教徒的"文化教化"和传播宗主国文化实现"文化征服"的活动,呈现了帝国主义作为"一个多方面的文化进程"的本质。[③] 其中,小阿瑟·施莱辛格(Arthur Schlesinger, Jr.)就把19世纪的美

[①] Edward Said, *Culture and Imperialism*, New York, NY: Vintage, 1994, p.9.
[②] 〔英〕保罗·哈里森:《第三世界》,钟菲译,北京:新华出版社1984年版,第35—36页。
[③] 王晓德:《"文化帝国主义"命题源流考》,《学海》2009年第2期。

国海外传教使团视为一种文化帝国主义活动。在他看来,虽然传教士个体从不向受传国家行使经济或政治权力,但他们的行为反映出美国文化对其他文化"有目的的侵犯"。肯顿·克莱默(Kenton Clymer)的研究,也指出了传教士在美国征服和统治菲律宾的过程中无可替代的作用。他认为,美国在菲律宾的传教士"有助于在菲律宾和美国形成对菲律宾文化以及美国驻扎在该群岛的态度;他们偶然也帮助形成政策。他们促进菲律宾人顺从自己的新命运,成为政府的积极支持者,在这两方面都被认为是在履行'文明的使命'"。瑞安·邓克(Ryan Dunch)则考察了新教在中国传播的历史过程,就此分析了现代世界历史中西方传教运动对非西方国家的影响,同时指出:对西方传教运动进行全球比较的研究,有助于阐明现代文化全球化的进程。

20世纪90年代,约翰·汤林森概括了不同学者使用的四种文化帝国主义话语。一是等同于媒介帝国主义(media imperialism),即西方国家利用媒体霸权大量输出文化产品,把西方的生活方式和价值观强加给其他国家。二是将"文化帝国主义"作为一种民族主义话语,批评西方文化破坏了非西方国家的文化传统,削弱了这些国家的国民对本土文化的认同。三是指出消费主义的扩张及其对全球的主宰,导致了全球文化的"同质化"。四是对现代性的批判,指出西方国家把由技术、科学和理性主宰的意识形态、大众文化、城市化和民族国家等现代性当作全球文化发展的方向和唯一模式强加给整个世界,现代性的强力扩张就是一种文化帝国主义。总之,文化帝国主义所涉的是文化强国将文化产品通过种种手段强加于弱国之上,而弱国又无力抵抗的事实,其核心就是文化独立和文化主权问题,牵涉到抵抗外来影响、发展及保护本国文化的权利和能力。

汤林森还指明了文化帝国主义话语的当代意义:"虽然我们身处的世界已经改变,我们不再认为各个文化国度的差别可以简单地划分为'帝国主义'文化与'被支配、臣服'的文化,但是,以批判的角度论述文化帝国主义,仍然不失为正当的抗议之声。"①毕竟,20世纪70年代以来,世界已进入了一个由现代性催化的全球化时代,旧式的帝国主义体系已被全球资本主义体系替代,体现为国际金融、跨国公司的出现以及对文化体验与思维方式的扩展与重塑,文化帝国主义的语境也随之发生了巨大变动。汤林森就此断言,全球化将削弱所有民族国家的文化向心力,先前帝国主义时代的权势中心国家亦不能幸免,为了避免让"晚期现代性的景观"成为"文化宿命",我们需要做的是,"重新急遽而激进地就界定与实现人类文化目标的方式再作结构性重组。这个原则所隐喻的是,晚期现

---

① 〔英〕约翰·汤林森:《文化帝国主义》,冯建三译,上海人民出版社1999年版,第333页。

第九章 文化权力、国家形象与全球伦理

代性已经'自主化'的全球机构和制度必须予以解构"①。

文化霸权与"世界信息和传播新秩序"

文化霸权的概念来自安东尼·葛兰西(Antonio Gramsci)在20世纪20年代对个人和群体、乡村与城市、南方与北方、人民与知识分子之间从属状况的思考。在他看来,文化霸权以经验和意识的形式内在于社会思想中,是一种以掌握权力的社会群体为代表的意识形态。② 葛兰西的主要观点在于:与传统的"政治领导权"(political hegemony)相区别,统治阶级不是简单地"统治"一个社会,而是通过道德和知识的领导者积极引导这个社会,这就是文化霸权——统治阶级将对自己有利的价值观和信仰普遍推行给社会各阶级,不是通过强制性的暴力措施,而是依赖大多数社会成员的自愿认同来实现。

在葛兰西之后,文化霸权经由文化研究、后殖民主义等领域的学者的思考,完成了它在西方世界的"理论旅行",主要用于解释文化的性质和政治意义以及文化间的冲突,特别是文化强国与弱国之间、强势与弱势文化群体之间的权力关系。雷蒙·威廉斯指出,霸权超越了意识形态本身,而关联到权力和影响分配的"全部社会过程","涉及生活的全部:我们对能量的意识和分配,我们对自身和所处世界的变动的认知"③。萨义德则认为,文化霸权与文化帝国主义是相通的,两者往往被放在同等意义上使用——帝国主义就是到一块别人的土地上去定居并对那里进行控制,这种斗争是复杂的,因为它不仅涉及士兵与大炮,还涉及思想、形式、印象与想象,"无论帝国主义还是殖民主义都不是一种积累与获得的简单行为,支持,甚至推动它们的是一种深刻的意识形态结构,包括一些国家与人民要求、恳求被统治的思想以及附属于统治的各种知识形式"④。

非西方国家学者对文化霸权的理解吸收了文化研究和后殖民主义的思考,与葛兰西探讨的文化运作背后的权力关系有一定差异。一些研究还把文化霸权

---

① 〔英〕约翰·汤林森:《文化帝国主义》,冯建三译,上海人民出版社1999年版,第334页。
② 有批评者认为,葛兰西的文化霸权思想有拔高西方文化的倾向,这表明他对整个世界文化的偏见,比如在谈到西方文化对整个世界文化的"领导权"时,葛兰西说道:"即使人们承认其他各种文化在世界文明的等级制的统一过程中具有一种重要性和意义,它们也只在其变成欧洲文化的构成要素——就是说,就它们对欧洲思想进程做出贡献并被它所同化吸收而言——的范围内才具有一种普遍价值,欧洲文化是唯一的历史和具体的普遍文化。"参见〔意〕安东尼奥·葛兰西:《实践哲学》,徐崇温译,重庆出版社1993年版,第107页。
③ Raymond Williams, *Marxism and Culture*, Oxford, UK: Oxford University Press, 1977, pp.108-110.
④ 〔美〕爱德华·萨义德:《萨义德自选集》,谢少波等译,北京:中国社会科学出版社1999年版,第189页。

等同于文化帝国主义,把东西方文化交流视为西方对东方的"征服"——西方霸权主义和强权政治削弱其他国家的文化主权,最终将自身的国家利益凌驾于其他国家之上的历史过程,相应地,东方则成为一个丧失了传统根基、被剥夺了话语权的"沉默的他者"。自然而然地,文化霸权的概念便衍变为带有强烈政治立场与民族情感的主观批判。近年来在中国学界热烈讨论的文化霸权,亦可称"西方文化霸权",所指就是西方国家运用文化力量来影响和制约世界事务的战略谋划。就东西方文化碰撞的历史与现实而言,这种批判并不完全来自"误读"。

正如罗伯特·福特纳(Robert Fortner)所说,一个有文化依赖倾向的国家很难摆脱以美国为中心的国际文化工业进行的重大"霸权"活动。① 西方国家的"文化霸权"不只是一种主观层面的战略选择,也是一种客观层面的历史演进过程。自1492年哥伦布"发现"美洲大陆以来,西方文化一直在世界史上占据主要地位。在长达数百年的全球扩张过程中,西方列强在美洲、非洲和亚洲的大部分地区建立起殖民地,西方的生活方式、宗教、教育和技术等也随之来到这些国家,使殖民地人民完全被陌生的西方文化所包围,或先或后、或深或浅地处在西方文化的影响之中,难以自拔。如艾勒克·博埃默(Elleke Boehmer)所说:"毋庸置疑,帝国是要通过军事冲突、通过空前的民族迁徙和对财富的探求等强力而得以形成的。但同时也不可忘记,西班牙、葡萄牙以及稍后形成的荷兰、英国和法国的霸权,也是通过无以数计的文化形式,通过文化象征层面的炫耀和展示,才得到肯定、认可和合法化的。"②虽然非西方的本土文化从未停止抵抗,但无力改变本土社会文化逐渐西化的趋势。早在19世纪后期,福泽谕吉论及日本的发展道路时,就无奈地说:"现在世界各国,即使处于野蛮状态或是还处于半开化地位,如果要使本国文明进步,就必须以欧洲文明为目标,确定它为一切议论的标准。"③

在全球交往的视域下,文化霸权理论反映了东西方关系面临的一个重大问题:传统的殖民时代似已过去,但世界远未摆脱殖民关系,在世界政治、经济、文化等各个领域的交往关系中,西方世界仍然处于中心、主导的位置,非西方国家则处于边缘、被决定的位置。这里还需留意萨义德的观点:针对帝国主义"枷锁"对思想和人类关系的影响,我们必须保持一种开放并积极参与的姿态,因为

---

① 〔美〕罗伯特·福特纳:《国际传播》,刘利群译,北京:华夏出版社2000年版,第44页。
② 〔英〕艾勒克·博埃默:《殖民与后殖民文学》,盛宁等译,沈阳:辽宁教育出版社1987年版,第14页。
③ 〔日〕福泽谕吉:《文明论概略》,北京编译社译,北京:商务印书馆1982年版,第11页。

"这一斗争无论是在'西方'还是在'东方'都一直没有停止过"①。亨廷顿也曾有描述：作为西方权力扩大、部署和影响的结果，西方文化已经传播到世界的大部分地区，"西方的力量和文化与所有其他文明的力量和文化之间的关系就成为文明世界最为普遍的特征"②。作为不平衡和不平等的全球信息和传播秩序的必然后果，非西方国家文化被不断边缘化，并面临文化自主性乃至国家主权流失的危险。

20世纪70年代兴起的第三世界国家针对"世界信息和传播新秩序"的斗争，就是这种矛盾集中的反映。以美国为首的少数西方国家坚持认为，建立新的世界信息和传播秩序是以牺牲"信息自由流通"为前提的。发展中国家尤其是不结盟运动国家则认为，发展中国家不是反对信息自由流通，而是反对国际信息和传播领域里不均衡的"单向传播"的不合理局面。此外，关于"自由传播信息"和国家主权原则的关系，较为普遍的一种意见是：国家主权原则是现代国际法的一条重要原则，也是国际法的基础，并不存在毫无限制的"自由传播信息"的国际法原则。虽则如此，发展中国家的一切努力均遭到以美国为首的西方国家及其商业媒介的强烈反对，因而，建立"世界信息和传播新秩序"作为国际舞台上的争论议题逐渐进入低潮，演变为一场长期的、复杂的争论——就近期情势而言，每一次争论的结果都是西方势力和影响实现进一步的扩展。不过，发展中国家并未放弃努力，关注的问题也在发生变化，包括：如何通过国际传播及相关技术来推动国内社会和文化的发展；如何在全球社会难以逆转的发展趋势下保护文化多样性；等等。毋庸置疑，非西方社会将会越来越努力地伸张自己的文化价值，同时进一步地拒绝那些由西方强加给它们的文化价值。就此而言，面对以信息跨界流动为内在需求的全球化浪潮，跨文化传播本土研究当如何自处并寻找到新的平衡点——既遵从历史发展的逻辑，又确保信息主权不受他国的践踏，是一个需要继续思考的重大课题。

关于文化霸权，跨文化传播研究关注的问题还在于：文化霸权不仅存在于国家之间，同样存在于不同群体、族群以及政府与公民之间。国家之间的文化霸权威胁的主要是主权国家的权力基础，但国内的文化霸权挤压的是某些群体、族群的文化乃至基本民众的权利和自由。鉴于不同文化的历史与现实差异甚多，这一议题尤其期待不同国家的本土研究者专门的思考。

---

① 〔美〕爱德华·萨义德：《东方学》，王宇根译，北京：生活·读书·新知三联书店1999年版，第454页。

② 〔美〕塞缪尔·亨廷顿：《文明的冲突与世界秩序的重建》，周琪等译，北京：新华出版社1998年版，第199页。

文化外交及对软实力理论的"反思"

近代以来,许多国家特别是西方国家开始利用文化手段推行本国的战略和政策,在很大程度上促进了各个国家、人民和政府之间的相互理解,文化日益成为地区、国家和国际事务中越来越有影响的力量,并逐步成为国际关系、国际安全、世界经济乃至国内政治等领域的重要研究视角。路易·多洛(Louis Dollot)在20世纪60年代就指出,国际文化关系是相对于政治、经济和军事关系的"第四个维度",文化规范着国家在外交决策中可选择的范围,并对解决国际问题具有决定性的作用。进入21世纪以来,文化因素在国际关系中的作用更趋强化,究其根源,主要是和平发展的世界潮流不断挑战政治和军事高压的合法性,文化恰恰具有增强权力扩张合法性、道义性的作用——国家的对外战略目标已无法单纯地依靠政治、军事等"硬实力"来实现,这就使文化在国家权力斗争中的作用不断强化,并使文化领域的扩张、争夺和渗透构成了国际交往活动的一个重要特征。

文化外交(cultural diplomacy)以主权国家或非政府组织为主体,是在一定的对外文化政策和目标的指导下,以教育文化领域的项目交流、人员往来、艺术表演展示以及文化产品贸易等文化手段,寻求国家政治、经济利益和国家影响的交往活动,旨在通过文化领域的对话与合作,实现国家与民众之间的相互理解和信任,为国际秩序建构提供文化、知识和心理的支撑,以维护国家形象和国家长远利益。入江昭(Akira Iriye)还有解释:文化外交"通过思想和人员的交流、学术合作或者其他有益于推动国家间相互理解的努力,承担国与国和人民与人民互相联系的各种任务,可称之为文化国际主义(cultural internationalism)"[①]。

文化外交是一种特殊形式的跨文化传播,是国家间的跨文化交往发展到一定阶段的政治化产物,也是外交活动和国家间的理解走向成熟的标志。在宽泛的意义上,西汉张骞的西域凿空、明朝郑和船队的"七下西洋",以及中世纪以降的欧洲传教士海外传教等,均属文化外交的早期形态。文化外交也不同于一般意义的跨文化传播,它着重突出了国家在国际文化关系中所起的作用,对国际关系、世界和平和人类自身发展具有特殊的作用。文化外交与公共外交也有区别:公共外交的重点是向别国公众解释本国政府的政策以实现政府的短期目标,功利性强,注重价值取向灌输,追求对他国民众全方位、彻底的心理和思想上的控

---

① Akira Iriye, *Cultural Internationalism and World Order*, Baltimore, MD: Johns Hopkins University Press, 1997, p.3.

第九章　文化权力、国家形象与全球伦理

制;文化外交突出合作、相互理解和互惠,注意对方的需要和期望,通常没有明确的政策目标,而是意在推动国家和人民之间的长期信任。

正如研究者概括的,文化外交之目标在于:"通过文化要素的影响,使他国民众对本国的人民、文化和政策产生积极的看法,加强国家间的合作,改变目标国家的政策或政策环境。"① 胡文涛还就文化外交与文化关系的差异做了辨析:"文化外交源于文化关系,但同时又高于文化关系。文化外交具有化解误解、增进互信和维护国家安全的功能,具有明显的战略意图和政治动机,因此文化外交具有'高级政治'(high politics)的价值。文化外交客观上要求组织者、实施者从战略和国家整体利益的高度,制定政策、实施项目和评估效果。所以文化外交的政治价值高于文化关系,它注重政治导向、政府决策地位以及其他非政府组织参与者对政府的服从和协助。"②

自近代以来,一些西方国家就注重利用文化手段推行本国的战略和政策。其中,法国是近代以来大国文化外交的开拓者,19世纪普法战争失败后,法国就开始通过法语联盟(Alliance Française)对外推广法国语言文学,目的是"借此修复被击碎的国家威信",至今,在海外推广法国文化仍为法兰西文化外交的重要组成。20世纪之前,英帝国覆盖了全球近四分之一的地区,英国文化亦随英国炮舰在广大殖民地被广泛传播。不过,直到"一战"结束,英国政府才开始意识到文化关系在维持英帝国的影响力方面的重要性,在1920年成立了"英国海外共同体外交委员会"(The Foreign Office Committee on British Communities Abroad),开始制定具体的对外文化政策,并在随后的20世纪30年代,以民间组织的名义建立了英国文化委员会(British Council),专门承担对外传播英国语言、文化等工作。至1993年,英国颁布了名为《创造性的未来》("A Creative Future")的报告,以官方文件的形式颁布了国家文化政策,明确了增进世界对英国的广泛了解、扩大英国海外影响的文化外交目标。美国在1938年设立的"文化关系处"(Division of Cultural Relations),标志着美国文化外交的正式开始。1942年,拉尔夫·特纳(Ralph Turner)向美国国务院提交了一份关于对外文化关系的"特纳备忘录",明确提出了"文化外交"理念,强调美国的对外文化工作必须根据国家需要,与其他领域的外交政策保持一致。二战结束后,美国文化外交继续服务于美国外交"遏制"政策,成为美国对外战略的重点,在"赢得人心和思想"

---

① Michael Waller, ed., *Strategic Influence*, Washington, DC: Institute of World Politics Press, 2009, p.77.

② 胡文涛:《解读文化外交》,《外交评论》2007年第3期。

(to win heart and mind)的冷战中,为美国立下了汗马功劳。

面对西方国家在文化外交领域的既有经验,非西方国家应努力做出相应的观念和政策调整,总结西方各国文化外交的思想基础和历史经验,理解文化外交与国际新秩序建构的关系,积极开展符合国情及外交目标的文化外交活动。同时也须清楚,文化外交的基础是文化本身乃至人类精神,应寻求不同于传统权力政治理论的逻辑,依靠多种社会力量,以"超越文明的冲突"作为长远的历史使命和价值追求目标。

软实力的概念来自约瑟夫·奈(Joseph Nye)的贡献。1990年,基于冷战时期的美国经验,约瑟夫·奈撰文把综合国力划分为硬实力(hard power)和软实力(soft power)。硬实力是强制性权力,包括基本资源、军事资源、经济资源和科技资源等,以军事实力和经济实力为典型;软实力则是一种同化性权力,主要指"一种常常源于文化和价值观念并在大多情况下被忽略的吸引力",包括有吸引力的文化、政治价值观和政治制度以及被视为合法的或有道义威信的政策等。在奈看来,"如果一个国家代表着其他国家所期望信奉的价值观念,则其领导潮流的成本就会降低"[①]。他还强调,文化、意识形态和国际制度是软实力的核心要素,一个国家战略意图的实现,有赖于一个国家通过观念的吸引力或确定政治议程来塑造他者倾向的能力,即让他人做你想要他们去做的事情。在这个意义上,软实力也是一种间接能力或"罗织"能力(co-optive power)。

约瑟夫·奈的软实力理论在全球得到广泛回应,但其中亦不乏质疑之声。持认同观点的学者认为,美国的软实力未曾衰落,尤其是在美国经济前景尚未明朗、难以维系强有力的军事统治的全球网络联盟中,软实力帮助美国赢得了更多信徒。相较之下,持质疑观点的学者阵容更为强大,主要是认为软实力并不必然增强世界对美国的热爱,软实力是双面的,有积极的一面也有消极的一面——在国际事务中,过多的硬实力带来的不是服从而是抵抗,软实力的滥用也会扭曲心灵,招致怨恨和愤怒。其中,尼尔·弗格森(Niall Ferguson)强调了软实力的虚伪,认为"软实力实际上只是带着天鹅绒手套的一只铁掌而已"[②];尼尔·罗森道夫(Neal Rosendorf)指出,美国文化对世界的吸引力是一种可以利用的"软实力",也是一种支持美国国家安全战略的方式。不过,当其他国家看到美国在不断地、竭尽全力地推进军事和经济进程时,"好莱坞所树立的乐观、迷人、幽默的美国形象将会被一个傲慢甚至危险的帝国主义强权的形象所取代"。在这种情

[①] [美]约瑟夫·奈:《硬权力与软权力》,门洪华译,北京大学出版社2005年版,第6—7页。
[②] [美]奈尔·弗格森:《巨人》,李承恩译,上海:华东师范大学出版社2007年版,第21页。

形下,软实力"不幸将会被不受控制的"硬实力所支配,"它不会被看作无害的娱乐和消费主义,也不会被看作是对普通国际消费者的温和劝说,而是披着羊皮的强权"①。一些学者还认为,多数时候软实力和硬实力是不可兼得的,而当软实力失效时,更需要军事等硬实力有所作为。再者,尽管人们难以忽视软实力的影响,但又难以对其进行量化分析、诠释和判断。在国际交往中,亦很难确定在一国目标的达成过程中,究竟是硬实力还是软实力起了主要作用。

约瑟夫·奈提出的软实力概念,持续引发了中国知识界和政府部门的关注,对软实力的重要性的讨论亦从学术领域进入社会实践,并"借用既有文化资源与意识形态,赋予了软实力迥然不同的诠释"②,贯彻在中国的对外和对内文化政策中,一方面努力寻求发展中国家的支持,一方面以意识形态和商业并重的方式提升与文化相关的国家利益。就对外实践而言,中国选择的方式如时殷弘所说,是"在绝大部分时间和绝大部分方面压倒性地依靠和平的国际交往,依靠广义的'软权势',特别是和平贸易、国际协商和'微笑外交'",特点在于"非暴力伤害性、渐进累积性、广泛弥漫性以及很大程度的互利性,这样的力量是最不易阻挡、最少引发强烈阻力、成本最小和在后果方面相对最可接受的"③。在内部实践方面,主要是通过国家决策者的自觉选择,运用大力发展文化产业等手段,期待文化产生影响力,进而发挥软实力的功用。2011年以来,中国政府还做出了"文化强国"的战略安排,试图通过加大对文化产业的投入、培育有实力有竞争力的文化产业、发展文化创意等新兴文化产业,推动文化产品直接进入国际文化市场。此举与其他国家的不同之处,还在于把软实力建设作为国家经济转型升级的重要组成,期待就此落实文化与经济社会发展的平衡关系。总之,针对软实力的讨论在中国各个领域不断深入,热情和信心也在不同人群中消长。

2004年,奈在《软实力》(Soft Power)一书中对此前的观点做了补充和扩展:软实力是一种通过吸引力而非威逼利诱即可达到目的的能力。这里所说的吸引力源于三个方面:一是一国的文化,其作为一国综合实力的体现,在能够对他国产生吸引力和感召力时生效;二是政治价值观,体现在社会制度、法律、人权、分配等方面,当该国在国内外均能真正践行这些价值时则可生效;三是外交政策,

---

① 〔美〕约瑟夫·奈等主编:《全球化世界的治理》,王勇等译,北京:世界知识出版社2003年版,第128页。
② 石之瑜、邵轩磊:《全球"自"理》,门洪华主编:《中国战略报告》第1辑,北京:人民出版社2013年版,第87页。
③ 时殷弘:《成就与挑战》,《当代世界与社会主义》2008年第2期。

当被视为具有合法性和道德威信时生效。① 2009 年,奈还两次撰文阐述了"巧实力"(smart power)的内涵,并认为软实力有时不能单独奏效,强调在信息时代将硬实力与软实力结合运用的重要性。② 以奈不断更新的解读为基础,一些中国学者提出了"文化软实力"的概念,将之描述为一国的传统文化和现代文化共同具有的、体现鲜明的民族精神特质的精神魅力和影响力,涉及政治制度和价值体系、科技与教育的实力、文化遗产和文化产品、国民素质与道德水准,也包括知识、体制的创造力和决策、外交等方面的智慧与实践等因素。在这些学者看来,文化软实力是一国参与国际竞争的手段和工具,包含着国家的主流意识形态和基本价值取向,必然以潜移默化的方式体现出独具特色的"征服"意味,并以其特定的精神魅力而为这样的民族国家参与国际竞争服务。③

这里要强调的是,对处于现代化进程中的非西方国家而言,西方有关软实力乃至世界秩序的话语,对应的是其特有的政治制度和文化形态,需要清醒面对和运用,审慎分析各自的软实力建设语境。对中国来说,则应根据国家的整体战略设计,以及有利于国情和长远利益的文化价值取向与衡量标准,形成独立可行的理论话语,特别是要契合复兴中国文化的对内对外的实际目标,而不是以吸引力和影响力为主要目标。就近一个时期的国情而言,中国应优先重视和解决国内经济、社会、教育和文化等领域的问题,而不应过多关注自身在全球社会的软实力表现。这里主要有两方面的原因:第一,作为"地方性知识"的中国文化,要成为真正具有全球性影响力的"全球化知识",尚需要长期的努力。第二,对中国社会的文化建设来说,文化不仅仅是一种软力量,也是一种基于个人和群体实际生活感受的现实选择,与每一个国民的切身利益、个人追求、生活方式有着千丝万缕的联系,而不仅仅意味着追求国家的财富和影响力。

不能回避的事实是,中国近年来做出的有关发展文化软实力的战略安排落实在不同层面后,也与社会发展的其他领域一样,显现了一定程度的发展主义的冲动。2012 年,孙英春撰文表达了知识界较为普遍的担忧:文化产业的发展是一个逐步的、个体积累的过程,需要超越短视和功利,也呼唤包容和多元。进一步说,文化软实力的昂扬与衰微,与一个时代社会整体的精神品位和现实追求有着直接的关系,文化产业规模持续大幅提升的数据,并不意味着中国文化在国际社会中影响力的真实提高。④ 特别是,单一追求文化产业的扩张和消费文化的

---

① Joseph Nye Jr., *Soft Power*, New York, NY: Public Affairs, 2004, p.25.
② Joseph Nye Jr., "Get Smart," *Foreign Affairs*, Vol.88, No.4, 2009, p.160.
③ 霍桂桓:《文化软实力的哲学反思》,《学术研究》2011 年第 3 期。
④ 孙英春:《文化繁荣的基础是包容》,《学习时报》2012 年 5 月 18 日。

生产,可能会使本土文化传统遭到文化商品化新一轮的影响,各种文化主张也会加入不同的政治和利益团队,引发持久的"思想内战"。关于这一点,特别需要重视齐格蒙特·鲍曼的警示:作为文化完全由市场导引的后果,文化会逐渐地从属于消费社会的生产、再生产机能,"生产、再生产出来的与其说是顺从而听话的国家臣民,不如说是灵巧而热心的消费者"①。

还要看到,中国作为并不富裕的大国,在近年来承担了大量的国际援助义务,自身发展给世界提供了重要机遇,但也改变了世界的权力和利益分配格局。不可避免地,中国虽在一些发展中国家获得赞誉,但同样面临道德感召力不足的状况,而在一些西方国家,中国的形象与影响则持续处于下行状态。种种事例还表明,作为一个历史传统和现实情况都极为复杂的大国,单纯依靠国家行为提升文化软实力有诸多不利之处,缺乏可操作空间,也缺乏说服力,甚至容易被误读为具有隐蔽的霸权目的。正如石之瑜指出的,"中国软实力的强弱之分,在于能否经由社会关系的培养与无私的政策妥协,使他国即使与中国的生活、语言、价值迥异,都无须感到相互威胁,而能和平共处"②。

对任何一个国家而言,软实力建设面临的真正考验是对自身的态度。国际社会中主要国家的软实力此消彼长,亦要平静看待。2013年9月,李克强在"夏季达沃斯"论坛开幕式致辞中的表态,或可被视为中国在软实力议题上的新起点:中国实现现代化还有漫长、艰辛的道路要走,中国承担的国际责任和义务只能与自己的发展水平相适应。

二、后殖民主义的"话语场"

后殖民主义作为一个巨大的"话语场"或"理论批评策略的集合体",主要目标在于:基于西方殖民主义的历史事实及后果,揭露文化表象之间不平等、不均衡的权力关系,特别是揭示与反思东西方文化关系中的后殖民性,力图解构西方话语霸权,重构全球化状态下西方与东方的关系,使非西方国家文化从边缘状态回归到应有位置,甚至成为新的"文化中心"。

后殖民主义话语发端于20世纪中后期殖民体系的瓦解之始,因20世纪70年代西方学术界的反霸权运动而日渐兴起。近二十多年来,凭借尖锐的政治性和文化批判特质,后殖民主义参与了文化霸权和强权政治、全球化与本土化、少

---

① 转引自〔日〕吉野耕作:《文化民族主义的社会学》,刘克申译,北京:商务印书馆2004年版,第217页。
② 石之瑜、邵轩磊:《全球"自"理》,门洪华主编:《中国战略报告》第1辑,北京:人民出版社2013年版,第69页。

数族群及女权主义、民族与文化认同等问题的讨论,成为一系列相关理论主张的策源地。这里要强调的是,后殖民主义不是某种僵化的理论体系,自诞生之初就不断变化,融合了解构主义、后现代主义、马克思主义、女性主义等主张,以适应不同的历史时刻、地理区域、文化身份、政治境况、从属关系和阅读实践。从整体上看,它把"被殖民"扩展为一种描述被压迫经验的普遍范畴,包括了所有非西方的人民,也包括女性、被压迫阶级、少数族裔等。

在后殖民主义视域下,任何一种西方的社会文化都是某种意识形态的表征,构建在西方叙事基础上的文化观念更使被殖民文化产生一种被强制建构的文化认同。如弗朗茨·法农(Frantz Fanon)在《黑皮肤,白面具》(*Black Skin, White Masks*)等著作中揭示的:殖民地文化使被殖民者丧失精神和意识的自我,文化的殖民则比外部殖民更持久,内植于一个社会的结构,还存于个体的社会心理结构当中,"殖民统治寻求的全部结果就是要让土著人相信殖民主义能带来光明,驱走黑暗。殖民主义自觉追求的效果就是让土著人这样想:假如殖民者离开这里,土著人立刻会跌回到野蛮、堕落和兽性的境地"①。借助福柯的话语与权力关系学说,后殖民主义认为,权力操控着知识生产,知识帮助权力加强社会控制。由此,"知识"被归结为话语与权力的较量,话语不但意味着一种言说方式,而且意味着对言说者地位和权力的隐蔽性认同。基于这些理解,后殖民主义试图解构这一建构在不平等话语基础上的"权力—知识体系",否认一切主导叙述(master-narratives),认为一切主导叙事都是西方中心主义的,同时把现代性、民族国家、知识生产和欧美的文化霸权都纳入自己的批评视野。正如萨义德所说:"米歇尔·福柯所描述的话语观念对我们确认东方学的身份很有用。我的意思是,如果不将东方学作为一种话语来考察的话,我们就不可能很好地理解这一具有庞大体系的学科,而在后启蒙时期,欧洲文化正是通过这一学科以政治的、社会学的、军事的、意识形态的、科学的以及想象的方式来处理——甚至创造——东方的。"②

借助后殖民主义的批评视域,姜飞提出一个观点:早期的跨文化传播学正是从西方中心主义出发,"研究如何使西方的殖民主义政策在东方得以顺利推行的学科",这是西方学术思想和文化发展内部的一种"内省、扩张和战略"。在他看来,殖民主义已将世界各个角落共同的进化机制打破,"白人至上论""欧洲中

---

① 转引自罗钢、刘象愚:《后殖民主义文化理论》,北京:中国社会科学出版社1999年版,第279页。
② 〔美〕爱德华·萨义德:《东方学》,王宇根译,北京:生活·读书·新知三联书店1999年版,第4—5页。

心主义""美国主义"主导着后殖民时代的文化传播和进化,后殖民时代上演的是"西方主流意识形态主导下的文化皮影戏","不管殖民主义话语穿上什么样的衣服,试图扮演什么样的角色,启蒙也好、解放也好,其实质是一种不平等意义上的跨文化传播,更确切的说法是跨文化的殖民,或直接说就是文化的殖民主义历程"①。姜飞就此强调说:后殖民理论既是跨文化传播的语境,又是最切实可行的分析途径——殖民主义基调上的跨文化传播,是一种武力威胁前提下的跨文化圈层的文化扩张和征服、非文化融合的文化植入、非互利前提下的单方面文化增殖。在这个意义上,跨文化传播学发展的合适方向,应当是对殖民主义时期以来的奠基于西方人类学的思维方式进行批判,使人类文化的发展重新回归到自我积淀机制和跨文化传播双重作用、协调互动的轨道上来。②

从萨义德到霍米·巴巴

萨义德是后殖民主义理论的代表人物。他从葛兰西和福柯等有关权力、组织、控制、霸权的理论中得到启发,通过对东方主义的描述及批判,引发了影响深远的后殖民批评浪潮。20世纪70年代末期,以《东方主义》的出版为标志,萨义德的批判锋芒直指西方文化霸权与强权政治,认为全球化的后殖民状态是一个"持续的帝国主义结构的时代",西方的文化霸权替代了以往对第三世界经济、政治和军事的直接控制。这里的"东方主义",原是西方学界研究东方各国历史、文学、文化等学科的总称,但在萨义德看来,它是西方人藐视东方、虚构东方文化的一种带有偏见的认识体系,塑造了低劣、被动、堕落、邪恶的东方形象,是"对有关东方的观点进行权威裁断",通过"对东方进行描述、教授、殖民、统治等方式来处理东方的一种机制",是"西方用以控制、重建和君临东方的一种方式"。③萨义德一再强调,这种"东方主义"是与西方中心主义相伴而生的意识形态,曾为西方的殖民扩张奠定基础、铺平道路,并在西方社会的知识、制度和政治经济政策中长期存在,任何关于东方的写作、思想和行动,都不能不考虑这种"东方主义"强加给思想和行动的局限。

萨义德将研究触角指向历来被西方主流学术界所忽视,并且被故意边缘化了的一个领地:东方或第三世界。通过对19世纪欧洲学术的文本分析,他把西方社会的"东方主义"话语概括为三个类型:自由与奴役的话语;进步与停滞的

---

① 姜飞:《跨文化传播的后殖民语境》,《新闻与传播研究》2004年第1期。
② 同上。
③ 〔美〕爱德华·萨义德:《东方学》,王宇根译,北京:生活·读书·新知三联书店1999年版,第4页。

话语;理性与感性的话语。在萨义德看来,西方"东方主义"的思维模式是二元对立的——东方与西方、文明与野蛮、殖民者与被殖民者,西方文化处于一种中心地位,西方的叙事话语占据着某种主导地位,"西方与东方之间存在着一种权力关系,支配关系,霸权关系"①。所谓"东方",不过是西方人"凭空创造出来的"符号,欧洲人不可能创造一个真实的地理上的东方,东方只存在于他们的描述中,存在于他们的话语和知识中,即"将理性与独立的进步人眼中看似奇异、神秘、落后、依赖等与现代价值迥异的气质,通通归诸东方,东方所隐喻的就是落后与特殊的对象,如此反衬出观看者的先进与普遍"②。萨义德由此指出了一个重要的现象:东方殖民地人民的自我认同和民族认同是在反抗殖民活动的过程中被建构的,但被殖民者的"自我"所参照的蓝本却主要是殖民者提供的,这种文化霸权在殖民活动结束之后仍然滞留在人们心中,这是被殖民者重建民族认同的最大困境。他还指出:欧洲小说中"想象的地理和历史"有助于把附近和遥远地区之间的差异加以戏剧化而强化对自身的感觉,并成为殖民地人民用来确认自己身份和历史存在的方式。③

针对由"东方主义"识别出的西方学术的"二分想象",萨义德在《文化与帝国主义》(Culture and Imperialism)中提出了一个重要观点:东方学者需要有一套为"人文主义"研究所用的新颖范式。萨义德所建议的主要是"对比法"———一种在各层次上所用的灵活的、折中的方法,强调不同文化之间的联系而不是差异,同时,避免将任何一种"专门、单独的知识"作为指导理论,而是从许多著作中汲取养分,包括女性主义、后结构主义和马克思主义等。在解构主义特别是雅克·德里达(Jacques Derrida)对中心、权威解构的影响下,萨义德还提出了"向内航行"(the voyage in)的策略,以消解殖民者与被殖民者之间的二元对立矛盾。这里的"向内航行",是强调有意识地进入西方话语,通过与之融合的方式逐渐将其改变,最后使其承认被边缘化、被压抑或者被忘却的"历史",打破殖民主义、帝国主义不变的、一元的等级制度。④ 在阐释这种抵抗策略时,萨义德着重指出:对东方学者而言,这种"向内航行"有着很大的可能性,因为无论主流话语的意识形态和社会制度的霸权多么强大,总有一些社会经历是无法被完全覆盖

---

① [美]爱德华·萨义德:《东方学》,王宇根译,北京:生活·读书·新知三联书店1999年版,第8页。
② 石之瑜、谢明珊:《西方不在西边》,《开放时代》2008年第1期。
③ [美]爱德华·萨义德:《文化与帝国主义》,李琨译,北京:生活·读书·新知三联书店2003年版,"前言",第1页。
④ Edward Said, *Culture and Imperialism*, London, UK: Chatto & Windus, 1993, p.258.

和控制的。况且,人是具有主动性和能动性的,这就使被殖民者"逆写"(rewrite)文化帝国成为可能。

萨义德、斯皮瓦克和霍米·巴巴是后殖民理论的主要阐释者,一起被誉为后殖民理论的"圣三位一体"。三人的主要观点和研究兴趣虽有不同,但都认为殖民主义被掩盖在种族和文化的优越感及文化霸权中,是为现代帝国主义和资本主义经济利益服务的文化心理和政治压迫模式。斯皮瓦克早年是德里达的解构主义理论在北美最重要的翻译阐释者,之后以女权主义批评家的身份活跃在文学界和批评界,是一位有着独特批评个性和理论风格的后殖民理论批评家,关注贫穷、歧视、战争、迁徙、女性、奴役等文化现象,对西方的强权政治和人文主义都有深刻的理解。她的著作《在他者的世界里》(*In Other Worlds*)、《后殖民理性批判》(*A Critique of Postcolonial Reason*)等,主要是用当代西方主流文化与文学理论批评话语挑战传统西方中心主义,尤其是挑战传统西方中心主义对第三世界的殖民意识以及西方文学与文化意识形态的影响。

相比萨义德和斯皮瓦克,霍米·巴巴的研究为理解全球化时代文化对话的复杂性提供了一种思路,有利于理解在全球化过程中不同文化的互动中,特别是在异质文化之间的互动中,思想、理论、话语是怎样被建构的和怎样运行的,代表了当代后殖民主义理论批评发展的最新阶段,即全球化时代的后殖民批评。巴巴的代表作是《国族与叙事》(*Nation and Narration*)、《文化的定位》(*The Location of Culture*)等。王宁对他的评价是:创造性地将马克思主义和后结构主义理论糅为一体并运用批评实践,发展了一种颇具挑战性和解构性的后殖民文化研究和文化批判风格,影响了当今全球性后殖民语境下的民族和文化认同研究,提出了第三世界批评家进入学术主流并发出自己声音的具体策略。[①]

针对文化表象之间不平等、不均衡的权力关系,巴巴的第一个理论贡献是提出了"模拟"(mimicry)的概念。"模拟"指的是被殖民者对殖民者的一种复制,但这种复制与对象并不完全一致,内含嘲弄和变形。巴巴对"模仿"(mimesis)与"模拟"两个概念作了区分,认为前者的特征是同源系统内的表现,后者的目的则在于产生出某种居于与"原体"相似和不似之间的"他体"——这种"他体"既带有"被殖民"的痕迹,又与本土文化话语糅为一体,很大程度上基于被殖民者对殖民地文化有意识的、带有创造性的误读。[②] 巴巴认为,"模拟"体现了殖民者与被殖民者之间的关系,"模拟"从表面上看是对殖民话语的尊重,但代表的

---

① 王宁:《叙述、文化定位和身份认同》,《外国文学》2002 年第 6 期。
② Homi Bhabha, *The Location of Culture*, New York, NY: Routledge, 1994, pp. 85-92.

是讽刺性的妥协——在殖民国家的人们模拟"他者"的过程中,总是会加入一些与他们的利益一致的成分,让殖民者真实的形象变得模糊和不明显。"模拟"的实质,是对殖民者的自恋和权威的戏弄,"模拟不仅仅通过差异和欲望的重复滑落破坏了自恋的权威,它还是一种殖民性的定位过程,是一种在被阻断的话语中跨类别的和具有差异性的知识"[1]。

巴巴还指出,"模拟"与"矛盾"(ambivalence)的状况关联,即殖民者对被殖民者施行的文化侵略、文化霸权是一个充满"矛盾"的过程。一方面,殖民话语鼓励被殖民者"接近"自己的文化,另一方面却用种族差异和劣等性概念对这种"接近"进行否定和抵制,这就造成了被殖民者对殖民文化讽刺性的"模拟"——被殖民者通过挪用、改写殖民者的文化,生产出某种杂糅的"他体"文化,与殖民地文化"几乎相同却又不完全一样","就像是战争中使用的伪装",在保护自己的同时也策略性地实现了反叛的目的。[2] 总之,在"模拟"的过程中,殖民话语不是绝对的权威,被殖民者也不完全处于被动状态,两者之间始终存在"矛盾",总会出现对抗和抵制的可能性。

"混杂"理论(hybridity)是巴巴的第二个理论贡献,它不止是一种反本质主义的文化批判策略,对国际学界对文化认同和少数族裔的研究也影响深远。"混杂"理论来自巴巴对"模拟"的思考,指明了殖民者与被殖民者之间"你中有我""我中有你"的混杂状态,而不像其他研究通常将殖民主义与反殖民主义的对立作为自己的理论前提和出发立场,即"从殖民话语的内部对其实行压迫,使之带有杂质进而变得不纯,最后其防御机制彻底崩溃,对殖民主义霸权的批判和颠覆也就得以实现"[3]。在思考民族主义和第三世界对西方文化的对抗心理时,巴巴强调对立之间的交融与渗透,认为文化发展常产生于"模拟"和"混杂"之中,被殖民者虽然反对殖民统治,但在文化上不断地向西方学习,而东西方文化之间的"混杂"也有助于消解不同文化的对立。巴巴还指出,"混杂"的话语动摇了殖民话语的稳定性,"以混乱和分裂的混杂文本出现于殖民话语之中,以惊人的种族、性别、文化等力量扰乱了殖民话语的权威表现"[4]。

"混杂"理论还有一个提示:文化认同并不是先天给定和不可更改的事实,"殖民者"与"被殖民者"也不是相互分离且一成不变的两种存在,二者是相互依存且不断转化的,这种不断的"混杂"制约着文化的形成与发展。霍米·巴巴还

---

[1] Homi Bhabha, *The Location of Culture*, New York, NY: Routledge, 1994, p.90.
[2] Ibid., pp.85-86.
[3] 王宁:《叙述、文化定位和身份认同》,《外国文学》2002年第6期。
[4] Homi Bhabha, *The Location of Culture*, New York, NY: Routledge, 1994, p.113.

立足于第三世界反对文化霸权的立场,提出要运用"混杂"文化消解殖民社会固有的"中心—边缘"结构。他认为,只有在"混杂"的视野中,才能理解不同文化相互交融的现象,"他者"从来都不在"我们"之外而存在,而是在"我们"之间,文化之间的"界限"恰恰是交融和发展的起点。在这个意义上,"混杂"理论对殖民和被殖民之间互相依存关系的揭示,并不是突出文化之间的对立和差异,而是强调各自的主体性,在差异之上实现文化的和平共存。

巴巴的第三个贡献是提出了"第三空间"理论(third space theory),旨在消解自我与他者的二元对立,彰显文化的异质性。巴巴反对理解东西方文化关系的传统范式中二元对立的方法论,认为二元对立的两极之间存在着"第三空间"——经由两个或更多的个体与文化互动而发展的区域。巴巴认为,"第三空间"是一个非此非彼的空间,是连接"高贵/低贱""白人/黑人""西方/东方""文明/野蛮""我们/他们"等的区域。在他看来,在文化交往中保持各自文化的纯粹性是不可能的,"第三空间"的存在是文化差异得以表达的前提。在这个空间里,如果两种文化抛弃不平等的权力地位的影响,可以实现一种对矛盾冲突的理想化解,最终产生一个和谐、统一、公平的"他者"。

运用"第三空间"的立场,巴巴还对法农的一个重要论断提出了质疑——法农在分析黑人与白人的关系时指出,从心理上看,黑人只有两种选择:"成为白人"或者"消失"。巴巴则认为,还存在着介于两者之间的模棱两可的、伪装的、"模拟"的"第三空间"。这也是巴巴的《文化的定位》一书的核心主张:"文化定位"既不是定位在后殖民地国家的普遍性上,也不是完全定位在被殖民地国家的差异性上,而是定位于两种文化之间的"第三空间"。

对后殖民主义的"批判"

20世纪80年代之后,后殖民主义成为诸多文化论题的主要思考工具,以其鲜明的政治性和文化批评色彩,用于解读帝国主义的殖民主义传统、第三世界的文化抵抗,剖析全球化与文化认同,以及种族、阶级、性别的关系等问题,其学术影响也跨越了哲学、历史、人类学、艺术史和文化研究等学科。

这一理论话语也不断面临一些学者提出的深刻质疑。正如周宁指出的,后殖民主义揭示了西方全球性扩张的一个精神侧面,即霸道的、褊狭的、傲慢的沙文主义与种族主义态度,却遮蔽了另一个精神侧面,即谦逊的、开放的、反思的相对主义与怀疑主义态度,"后殖民主义文化批判关注的是不同文化的关系中的陷害与屈辱、冲突与危险的一面,它提供了批判后殖民主义文化的进路,却没有指出超越后殖民主义文化的出路,没有指出一种交往理性、对话精神的可见性前景与可能性方向"①。萨义德、斯皮瓦克和巴巴等的学术研究,也被认为仅仅注重纸上的文本再现,缺乏社会研究和历史研究的科学性,论述方式程式化,拒斥总体叙事,过度强调异质性、差异性,等等。贝尼塔·帕里(Benita Parry)就指出,后殖民主义话语仍局限在西方学术和知识的体系内,也是西方中心论的一种表现。在帕里看来,霍米·巴巴等学者的观点远不够"坚定"(tight),且容易让人产生误解,如果不去分析殖民地特殊的历史矛盾与社会冲突,重建被殖民地文化只是一种"自恋的"空话,根本无法抗拒强大的西方殖民权威。②

很多研究指出,西方历史上的"东方主义"多面而复杂,并不是单一的知识体系,既有肯定的、乌托邦式的"东方主义",也有否定的、意识形态性的"东方主义"。萨义德等学者的后殖民主义话语,关注的是后者,即西方如何构筑低劣的、被动的、堕落的、邪恶的东方形象,使东方成为西方观念与权力的"他者"。这一视域显然遮蔽了西方对东方的另一种知识与想象。在西方历史上,仰慕、憧憬东方甚至将东方想象成幸福与智慧乐园的"东方主义"由来已久,古希腊的东方传说与基督教的人间乐园神话、中世纪晚期西方传说中的"长老约翰的国土"(Land of Prester John)、马可·波罗等旅行者描述的东方"人间乐园",以及文艺复兴时代的大中华帝国形象、孟德斯鸠的《波斯人信札》(Persian Letters)等,都体现了这种"东方主义"的传统,历史悠久、影响深远,展示了西方在面对东方世界时始终存在的开放与包容,以及自我怀疑与批判的文化精神。周宁就此指出,肯定的、乌托邦式的东方主义是西方现代性精神的一部分,与现代理性深刻的怀疑精神、危机意识相关,这便是西方"东方主义"想象的二元性——在抵御扩张的年代里,东方是西方仰慕与向往的异域;西方开始扩张之后,东方在现实中成为西方殖民掠夺的对象,但在想象中仍可以成为社会文化的"乌托邦",这是一种特殊的文化心态,包含浪漫情怀、好奇心理、自我怀疑精神与内在危机感。总之,相比后殖民主义的批判话语,两种"东方主义"如何体现西方文化扩张性格的内在张力与活力、多样性与复杂性,才是我们在现代化语境中真正值得反思、借鉴的。③

许多研究者还指出,与后殖民主义的"东方主义"相对,东方也有较为完整

---

① 周宁:《走向"间性哲学"的跨文化研究》,《社会科学辑刊》2007年第10期。
② Benita Parry, "Problems in Current Theories of Colonial Discourse," in Bill Ashcroft ed., *The Post-colonial Studies Reader*, New York, NY: Routledge, 1995, pp. 36-44.
③ 周宁:《另一种东方主义》,《厦门大学学报·哲学社会科学版》2004年第6期;周宁:《走向"间性哲学"的跨文化研究》,《社会科学辑刊》2007年第10期。

的"西方主义"(Occidentalism)话语。这也是一套虚构与言说"他者"的话语,内含强烈的反西方意识形态和"敌我"意识在内,其虚构的"西方"特征包括:贪婪、纵欲、拜金主义、背信弃义、冷漠强权等。作为东方对西方的想象、话语体系和意识形态,"西方主义"也是东方误解、歪曲西方的文化传统的表现,其观念基础可追溯到古波斯、古希腊、古罗马的战争时代,中世纪伊斯兰国家与基督教国家的冲突时代。自近代以来,随着西方冲击与压力的加强,东方国家的民族主义与本土主义抵抗的情绪越发激烈,"西方主义"的极端化表现也层出不穷。周宁认为,由于受到这种"西方主义"观念的影响,在自发认同"东方"的文化系统中,后殖民主义往往成为民族主义激情的隐喻,从而培育了"一种文化自守与封闭、对立与敌视的民族主义情绪"①。

  至于后殖民主义在中国本土的具体运用,更须经过审慎的考量,应避免误读和误用。在地理学意义上看萨义德的"东方",主要是指伊斯兰世界所在之处,而非中国、印度或日本所在的"远东"。因地域和民族的差异,简单移植后殖民理论不免会导致某些认识误区的产生。马克·波斯特还有一个观点:非西方世界的人口大量生活在西方世界,催生了多元文化和移民文化的理论,而这并不是现今才有的现象——犹太人和穆斯林在西方推动全球化之前就在欧洲居住,华人移民遍及整个亚洲,在全球化最早期阶段非洲人就被非自愿地运往西方,所以"后殖民理论不必费力去探讨这种混合的状况"②。还要看到,帝国主义在中国的殖民方式与殖民事实与其在其他东方国家的做法有许多差别,后殖民主义所涉的许多事实并未在中国出现,如果将之等同于一种民族主义话语,也无疑会强化既有的"中国/西方"二元对立的话语模式。阿里夫·德里克(Arif Dirlik)就此指出,萨义德所谓"东方主义"的最大问题在于,只从二元对立的角度看待东西方关系,没有看到东方人对于所谓"东方主义"的影响,更没有看清东西方之间复杂互动的历史过程。德里克运用了一个"接触区域"(contact area)的概念,以表明"东方主义"是在西方人来到东方,或是东方人进入西方这样的区域里产生的:一方面,西方的东方主义者在知识和感情上受到东方的影响,其思想中被注入了东方因素,逐渐与西方社会有了距离;另一方面,"东方主义"的传播并非仅为西方人之赐,在"接触区域"受到西方影响的东方人在其中的贡献不能忽视。德里克还谈道,耶稣教士进入中国以后,他们的看法就在一定程度上影响了中国人对于自己的定位,进入 20 世纪之后,中国人很明显地开始按照西方的东方学,

---

 ① 周宁:《另一种东方主义》,《厦门大学学报·哲学社会科学版》2004 年第 6 期。
 ② 〔美〕马克·波斯特:《全球传播时代的后殖民理论》,《世界电影》2008 年第 3 期。

特别是民族主义进行历史形象的自我描绘,即"将中国看作是儒教、专制主义、官僚主义、家庭主义以及具有种族特性的"①。总之,在德里克看来,"接触区域"不仅仅是一个殖民支配和控制的领域,也是一个交流的领域——在"接触区域"之内,支配性的西方文化会受到东方文化不自觉的影响,被支配的东方文化也可以在不同程度上决定自己对西方文化的吸收。

人类社会已经进入全球性的社会、文化变迁时期,东西方的对峙与对立已有转变为新的对话和互动关系的可能。为超越"东方主义"与"西方主义"二元对立的模式,有必要通过反思与批判、启蒙与解放,使人类从被它们共同奴役的境况里解脱出来。正如王宁所说,东方应该是东方人的东方,它的存在并非依赖于西方人怎么看,也就是说,应该按照东方人固有的价值观念来评价和描述东方及东方学或"东方主义",即在对东方进行评价和描述时,也应该像西方人评价和描述西方及其文化那样,立足于自身的东方视角,唯此,才可能得到正确的、不带偏见的东方概念,"任何戴上后殖民主义有色眼镜观察到的'东方'或'东方主义'只能使人误入歧途"②。王岳川也指出:"必须打破二元对峙的东西方理论,以一种深宏的全球历史性发展眼光看待人类文化的总体格局,从而使'世界性'消弭民族性和现代性、西方中心和东方中心的二元对立,解除一方压倒或取代另一方的紧张关系,倡导东西方之间的真实对话,以更开放的心态、多元并存的态度、共生互补的策略面对东方和西方的文化差异。"③

在自己学术生涯的晚期,萨义德也认识到:后殖民时期东西方的公开冲突已转变为一种隐晦的交流和对话,而"无视或低估西方人和东方人的共同经历,无视或低估不同文化源流之间的相互依存,就等于忽视19世纪世界历史的核心。殖民者和被殖民者正是在这种相互依存中,通过谋划或对抗性的地理学、叙事和历史叙述而形成同舟共济而又彼此排斥的关系"④。萨义德还强调:包括当代美国和现代阿拉伯世界在内,"一切文化都你中有我,我中有你,没有任何一种文化是孤立单纯的,所有的文化都是杂交性的,混成的,内部千差万别"⑤。

---

① Arif Dirlik, *The Postcolonial Aura*, Boulder, CO: Westview, 1997, pp.114-118;赵稀方:《后殖民批判》,《批判与再造》(台北)2007年11月。
② 王宁:《东方主义、后殖民主义和文化霸权主义批判》,《北京大学学报·哲学社会科学版》1995年第2期。
③ 王岳川:《后殖民主义与新历史主义文论》,济南:山东教育出版社1999年版,第2页。
④ 〔美〕爱德华·萨义德:《萨义德自选集》,谢少波等译,北京:中国社会科学出版社1999年版,第173—174页。
⑤ 同上书,第179页。

第二节 国家形象的文化建构

国家形象是特定国家的历史和现状、国家行为、国家的各项活动及其外部影响在国际社会和内部公众心目中产生的印象、认知和评价。对于不同国家的公众而言，获得这些印象、认知和评价，便于他们理解复杂的国际社会，做出自己的各种选择。对于国家而言，国家形象是国家软、硬实力在全球场域下的整体呈现，是全球社会中公共信息传播和国家对外交往实践综合作用的结果。有意识地建构本国形象以及解构他国形象，正被越来越多的国家视为进行权力和利益博弈的途径。

对中国而言，国家形象已成为国家利益的重要内容，建构与大国地位相适应的国家形象，既是现代化进程的题中应有之义，也是决定和平发展道路的根本性问题，"把这个问题解决好了，那么许多困惑和难题都可以迎刃而解"[1]。对跨文化传播的本土研究而言，参与国家形象研究也是这一领域参与社会实践的重要途径。要做好这项工作，离不开考察中国形象的历史衍变，离不开考察那些影响或塑造中国形象的西方自我想象，以及对社会发展道路、国家文化战略和全球伦理等议题的深刻反思。

一、中国形象的衍变

国家形象是不同评价主体根据各自的知识、经验和观念进行评价的结果。由于受到社会环境、生活方式、认知结构等条件的制约，即使是面对同一国家，在不同评价主体眼中也会呈现出迥然有别的国家形象。国家形象也是一种具有内在一致性与延续性的文化定势，不同评价主体的眼睛里不免"嵌着自身历史文化的瞳孔"，难以厘清知识与想象、真实与虚构的关系，其结果就是，"任何一种形象都从未完全取代过另一种形象。它们总是共存于我们的心目中，一经周围环境的启发便会显现出来，毫无陈旧之感，它们还随时出现在大量文献的字里行间，在每个历史时期均因循环往复的感受而变得充实和独特"[2]。

中国是东亚乃至亚洲历史上最先进、强大的国家，也是积淀和内容最为丰富的文化体。保罗·肯尼迪(Paul Kennedy)即有评价："在近代以前时期的所有文

---

[1] 〔美〕乔舒亚·雷默：《淡色中国》，〔美〕乔舒亚·雷默等：《中国形象》，沈晓雷译，北京：社科文献出版社2006年版，第10页。
[2] 〔美〕哈罗德·伊萨克斯：《美国的中国形象》，于殿利等译，北京：时事出版社1999年版，第6、78页。

明中,没有一个国家的文明比中国文明更发达,更先进。"①罗兹曼也有相似看法:"在世界历史的大部分时间里,中国一向是整个东亚社会的文化巨人,其所扮演的角色,集西方人在文化上无限景仰的古希腊、古罗马和作为现代欧洲文明中心而备受倾慕的法兰西于一身。悠悠两千载,中国人表明自己拥有程度极高且造诣极深的多样化文化价值,拥有控制、协调和管理幅员辽阔而人口众多的国家的能力,拥有有效地把技术开发应用于生产的扩大并管理数倍于19世纪欧洲国家人口的组织天才。中国人过去的生活标准是其他民族根本无法比拟的。"②

13世纪晚期《马可·波罗游记》的出版,是遥远的欧洲及其他国家视野中中国国家形象生成的起点。此书不仅创造了西方集体记忆中有关中国的最早的清晰形象,还引发了西方国家探寻东方宝藏的狂热。西班牙的胡安·德·门多萨(Fray de Mendoza)神父在1585年出版的《大中华帝国志》(*Historia del Gran Reino de la China*),是有关中国自然环境、历史、风俗、礼仪、宗教以及政治等方面最全面、详尽的百科全书,塑造了完整、优越的中国形象,一个富有智慧和道德的邦域,为此后弥漫欧洲数世纪的"中国崇拜"提供了知识与价值的起点。该书一经问世,立刻在欧洲引起轰动,仅十多年间就先后被译成拉丁文、意大利文、英文、法文、德文等多种文字,发行46版,盛况空前,后世西方汉学界的评价是:"门多萨的著作触及了古老中国的生活本质,为欧洲知识界提供了有关中国及其制度的丰富知识。"至中世纪晚期,对中国社会的政治开明、宗教宽容的"文化乌托邦"想象,还激发了西方社会被基督教文化压抑的世俗欲望,并在一定程度上启发了文艺复兴和早期的启蒙运动。

17世纪中期到18世纪中期,与中国朝贡体系下的东方诸国相似的是,欧洲各国出现了泛中国崇拜的思潮——"中国风"(Chinoiserie)。从孔子的道德哲学、中华帝国的悠久历史到瓷器、丝织品、茶叶、漆器,以及中国工艺的装饰风格、园林艺术、诗歌与戏剧,都成为人们谈论的话题、模仿的对象与创造的灵感,总之,"在欧洲社会面前,中国形象为他们展示了梦寐以求的幸福生活"③。以伏尔泰和莱布尼茨等为代表,欧洲知识界不仅宣扬中国哲学思想、文学艺术、社会风尚等,还援引中国经验去批判欧洲的宗教狂热和政治制度,主张欧洲应以中国为榜样。正如莱布尼茨所说:"鉴于我们道德败坏的现实,我认为,由中国派教士

---

① 〔美〕保罗·肯尼迪:《大国的兴衰》,陈景彪等译,北京:国际文化出版公司2006年版,第4—6页。
② 〔美〕吉尔伯特·罗兹曼:《中国的现代化》,国家社科基金"比较现代化"课题组译,南京:江苏人民出版社2010年版,第15页。
③ 周宁:《西方的中国形象史》,《东南学术》2005年第1期。

第九章 文化权力、国家形象与全球伦理

来教我们自然神学的运用与实践,就像我们派教士去教他们启蒙的神学那样。"①亨利·博岱(Henri Baudet)对此有分析说:将异域理想化为人间乐园,是西方文化的独特之处,"在西方的政治制度、军事力量、经济势力相对世界其他地方已有明显优势,西方扩张已近凯旋的时刻,西方文化中仍有对域外的美好向往"②。

18世纪后期,随着启蒙运动的深入,欧洲思想家们已不满足于文艺复兴运动所祈求的君主专制的理想,而趋向崇尚理性和"天赋人权"的观念。同时,随着科技的进步和工业革命的演进,西方中心主义的观念伴随着西方国家的全球扩张迅速膨胀,开始摆脱中世纪以来对东方国家的崇拜。自然而然地,中国迅速变成了陈旧、落伍和抵制文明的"妖魔",一个被专制、迷信束缚而不能在科学、艺术与精神的进步上有所成就的国家。周宁认为:西方创造这样的中国形象,目的在于肯定启蒙主义的进步观念,肯定文艺复兴以来的西方逐渐形成的现代文明,"对这种新生文明的认同,必须同时建构一个时间与空间上的他者,一个停滞的中国的异域形象,西方人不仅在进行西方现代文化的自我认同,也在构筑以西方为中心的观念中的世界秩序"③。特别是鸦片战争之后,中国文化的内核日渐被"稀释"和碎片化,中国人和中国形象也演化为"牺牲品和臣民、可以获取利润的源泉、蔑视和可怜的对象"④。由此为始,中国不仅进入了由西方列强确立的政治、经济的世界秩序,也进入了一个由西方中心主义掌控的文化的世界秩序,西方的中国形象也进入了最黑暗的时期。正是从这个时期开始,一些种族主义者对华人的侮辱性称呼开始在西方社会广泛传播,包括"Chink""Mongolian""Coolie""Chow""Chinee"等。这里需要注意的,还有何伟亚的一项研究:北京在1860年和1900年两次遭到劫掠,与西方列强把中国表述为非文明国家大有关系——只是在义和团运动后,迫于与大清帝国贸易往来的需要,西方列强不得不按照自己的利益诉求塑造中国形象,中国皇室的形象也一度由"野蛮"变成了

---

① 安文铸等编译:《莱布尼茨和中国》,福州:福建人民出版社1993年版,第108页。
② Henri Baudet, *Paradise on Earth*, New Haven, CT: Yale University Press, 1965, pp.54-75.
③ 周宁:《停滞/进步》,《书屋》2001年第10期。针对当时中国的困境,康有为在《上清帝第五书》中叹息:"夫自东师辱后,泰西蔑视,以野蛮待我,以愚顽鄙我。昔视我为半教之国者,今等我于非洲黑奴矣。昔憎我为倨傲自尊者,今则侮我为聋瞽蠢冥矣。"梁启超的《少年中国说》也疾呼:"我中国其果老大矣乎?是今日全地球之一大问题也。如其老大也,则是中国为过去之国,即地球上昔有此国,而今渐渐以灭,他日之命运殆将尽也。"
④〔美〕哈罗德·伊萨克斯:《美国的中国形象》,于殿利等译,北京:时事出版社1999年版,第126页。

"文明"。①

20世纪30年代之后,由于中国社会的现代化变迁和举世瞩目的抗战行为,国际社会中的中国形象迅速变化,并导致美国政府制定了积极的援华政策。不过,从1949年开始,由于冷战开启的错综复杂的国际环境,中西方之间的"大门"迅速关闭,直接的交流几乎在一瞬间被隔断。在许多西方国家的想象中,"红色中国"成为一个威胁着现实世界的"专制国度",几乎是一个被专制奴役、被饥饿困扰的人间魔窟,中国形象逐渐变得"遥远、奇特、黯淡"。不过,也是从1949年开始,由于逐步显现的国家建设成就,以及反对帝国主义和殖民主义的政治主张,新中国仍然赢得了第三世界国家以及部分西方国家的尊重,在这些国家眼中,"红色中国"在一定程度上变成了"美好新世界",甚至是某种社会改造的"乌托邦"。

改革开放特别是20世纪90年代之后,中国恢复了与西方社会的全面交往,并通过快速的经济发展逐步获得了与之平等对话的地位。不过,西方社会一直在利用有关中国的负面议题,持续建构有关中国形象的负面定势。受此影响,即使是在北京奥运会之后,国际社会中的中国形象也并没有得到根本性扭转,反而呈现出更为诡谲复杂的情势。2009年,皮尤研究中心(Pew Research Center)在25个国家和地区进行的调查显示:认为中国具有正面影响的国家从2008年的45%下降到39%,认为中国具有负面影响的国家从2008年的33%上升至40%。结合其他调查来看,近期内欧洲国家对中国的看法变得消极,如法国、德国、意大利和西班牙等,美国比较稳定,加纳、尼日利亚、中美洲、智利、墨西哥、印度和俄罗斯等对中国的态度保持积极。究其原因,经济利益的角逐、国际权力的分配、历史文化的积淀等因素错综复杂,难以厘清。

中国形象在国际社会的衍变,映射出世界历史进程中权力与话语格局的变动态势,中国形象的浮沉摇摆及其在幻象与真实之间的置换,也凸显出中国与外部世界之间的现实关系的整体变动趋势。② 周宁还指出,西方的中国形象包含着对中西关系的焦虑与期望,当然更多的是对西方文化自我认同的隐喻性表达,将概念、思想、神话和幻象融合在一起,由此构成西方文化自身投射的"他者"空

---

① James Hevia, "Making China 'Perfectly Equal'," *Journal of Historical Sociology*, 1990, Vol. 3, No. 4, pp. 379-400.

② 1998年,孙英春撰文指出:美国人眼中的中国由美国国内政治和态度的变化所塑造,并非源于中国的现实变化,有时把中国看作"极其纯朴、理想化的国度",有时却"把极端否定和充满敌意的观点加诸中国之上",包括美国学者在内,对中国的情况有较多描摩和臆测的成分,因这些误读和曲解造成的后果,对中美两国乃至整个世界的影响十分巨大。参见孙英春:《一个美国学者眼中的中国西部变迁》,《中国研究》(香港)1998年春季号。

第九章 文化权力、国家形象与全球伦理

间,"西方的中国形象在每一个时代的特殊的表现背后,都有一个既定的原型,这个原型就是关于他者的、东方主义式的想象。这个原型在西方文化历史中积淀而成,为每一时代西方的中国形象的生成、传播提供期待视野、结构符码与解读的语境"①。这里也不能忽视,自近代以来,其他非西方国家与中国一起沦为西方现代性世界秩序的边缘之国,其后果如萨义德所说:欧洲殖民者在表述殖民地国家和东方文化时,一直用一整套傲慢的语言来影响和控制被表述对象,其所谓"东方"不过是"在西方人居高临下的巡视中被创造出的产物"②。长期以来,西方国家之外的其他国家之间的形象认知,均是在西方国家主导的思想框架和话语格局中进行的,其中自觉或不自觉地渗透着西方话语的影响,难于形成表述彼此的客观立场,以及独立的书写、教育、传播的知识体系,至今不变。

作为一种混杂着知识和想象、真实与虚构的认知体系,中国形象一直受到太多因素的制约,其中不仅包含着国际社会特别是西方国家对中国的想象、期待和需要,还将国家利益和地缘政治上的较量、意识形态的分歧、文化差异导致的定势与偏见等因素杂糅在一起。周宁就此指出,现代性赋予了西方社会一种居于知识与价值制高点的霸权优势,"变化的是中国形象的特征,不变的是构筑中国形象的、存在于西方现代性内在逻辑中的、具有历史连续性活力的话语构成原则",不可避免地,中国形象作为西方现代文化的"他者"镜像,可以是理想化的、表现欲望与向往、表现自我否定与自我超越的"乌托邦",也可能是丑恶的、表现恐惧与排斥、满足自我确认与自我巩固的需求的意识形态。总之,表面上全球化的中国形象网络,已被西方的"中国形象程序"所操纵。③

中国形象的衍变历程,反映了形象建构由他者主导的基本特征和后果。虽然不同时期、不同国家及不同文本塑造的中国形象大相径庭,但这些形象一直相互参照、彼此引证,已形成具有内在一致性与延续性的文化定势,其真实性固然不能简单否定,但个中有意或无意的变形、扭曲更不能忽视。进入20世纪后期以来,国际社会对中国的了解虽已逐渐深化,西方中心主义的思想基础也在文化多样性和文化相对主义浪潮的冲击下有所削弱,不过,伴随着国际格局和自身利益的变动,对中国形象"酒浇块垒强赋词"的现象必然会时隐时现。

---

① 周宁:《中国异托邦》,《书屋》2004年第2期。
② [美]爱德华·萨义德:《东方学》,王宇根译,北京:生活·读书·新知三联书店1999年版,第135页。
③ 周宁:《跨文化形象学》,《厦门大学学报·哲学社会科学版》2008年第6期。

二、文化形象的定位

国家形象是多层次的,可呈现为文化形象、政治形象、经济形象、外交形象等。其中,文化形象是国家形象的重要构成,它既是对文化传统的保护和传承,文化创新力、文化生活质量、文化内容和文化结构、文化制度和文化观念的集中体现,也表征着国民素质、国民性格和精神风貌,还是判断国家的国际影响力和美誉度的重要标尺。

进入 21 世纪以来,支持中国国家形象向好的主要因素是中国经济的发展强势,但面向未来,应做好以文化话语为重心的准备,调整、强化中国文化形象的整体性建设。这是因为,全球范围内国家形象建构的重心已从冷战时期的政治话语、经济全球化高潮期的经济话语转向文化话语。据中国人民大学公共传播研究所的调查,自 1978 年改革开放至今,在海外意见领袖的印象中,中国国家形象是由"经济牌"支撑的,"经济迅猛发展"是目前中国留给海外意见领袖的主要印象(64.2%)。[1] 这一结论客观反映了中国以经济建设为中心的国策对于国家形象的积极影响,同时也意味着:虽然西方社会感受到中国经济崛起的力量,但没有真切体会到中国文化的影响。

进入 21 世纪后,中国形象进入了一个震荡调整的时期,呈现出多向度、复杂化的特征。以文化话语为重心进行国家形象建构,有益于通过创造共同话语空间来调节各种争论,减少经济、政治和意识形态领域的分歧的消极影响。中国形象在国际社会的种种境遇也提醒我们:国家形象应当是多层次的展现,否则很难摆脱被扭曲、误读的困局。更为重要的是,国家形象建构必须走上主动建构的道路——主动建构的形象更利于提供多样化的文本,能更好地抵制其他国家的解构企图。

中国文化形象的建构,关系到中国在全球社会的多元空间中明确文化身份、寻求文化地位的诸多努力的成效,也是中国在社会、经济发展中亟须同步进行的战略平衡行为。以积极主动的姿态去推进文化形象建构,首先要考虑的问题包括:什么样的形象有利于中国发展?中国希望国际社会看到和接受什么样的中国文化?如何使这种形象得到国际社会的认可并产生预期效果?这些问题中最为重要的,就是将什么样的中国文化展示在世界面前。文化有过去的形象,有现在的形象,也有未来的形象,三者共同构成了认知和想象的序列。在和平与发展成为时代主题的前提下,中国文化形象的建构与传播以及外界对中国形象的认

---

[1] 李童:《海外中国形象面临三重困境》,《国际先驱导报》2009 年 2 月 4 日。

第九章　文化权力、国家形象与全球伦理

知与评价,也与三个具有全局性影响的问题相关:中国对传统的态度、当代文化的建设取向、未来文化的发展方向以及对世界的贡献。由此而言,中国文化形象的定位应当是"传统中国""现代中国"与"未来中国"三种形象的综合,其"理想模式"可概括为:一个历史悠久、为世界文明做出重要贡献的国家;一个处于现代化进程中的多元发展的国家;一个融入世界文化体系、有能力承担特殊责任的国家。把握好这三个层次的定位,有益于理性的自我审视,也有益于实践层面的突破。

第一,关于"传统中国"的形象建构,最紧要的是使本土文化传统通过有效的集体努力和制度安排而再现、复活,融入与当代中国现代化进程相适应的价值体系。

如前所述,文化传统是解释一个国家和民族的文化的依据,也是国家和民族自尊自信的精神寄托。以传统为根基去建构中国形象,可以在跨文化的公共空间中清醒地整理中国丰富的文化资源,找回失落的文化信心,并为中国的现代化进程提供价值支撑。"传统中国"形象建构的意义还在于,将传统作为"现代中国"形象建构的思想资源,才可能真实地追问、培育和弘扬适应现代社会的新的文化本位和民族精神,焕发中华民族的凝聚力、意志力和生命力。

毋庸讳言,自19世纪中期以来,"传统中国"的形象不但在西方社会经历了大起大落的转折,在本土也变得非常模糊、不确定并让人产生错觉。在21世纪的今天,中国社会面临的历史性转型和西方文化的渗透,更是动摇着人们对传统的心态,让人们摇摆于自信与自卑、躁动与谨慎之间。其后果之一,就是人们没有勇气去深度挖掘传统的生命力,而是有意无意地迎合一些西方人意料之中、期待之中的古老、陈旧、落后、神秘、充满异国情调的"中国想象",中国文化也就成了由功夫、京剧、瓷器、风水、烹饪、孔子、兵马俑等符号组成的简单系统,整个世界甚至一些国人对"传统中国"的认知,都受到这个系统的影响,并使"传统中国"形象始终身陷"古老""陈旧"的"乡土社会"的窠臼。必须清楚的是,中国的传统远不止于此,还包括思想、制度、道德、价值观、审美等丰富的内涵。在这个意义上,"传统中国"形象建构的主要任务,就是重新探索、解释和恢复历尽千年仍具有生命力的中国传统,并找回国人遗失已久的文化自信。做不到这一点,所谓的"传统中国"的形象必然是单薄无力的,只能成为"一时的迷恋,一种风尚,一种短促的好奇劲儿,而没有留下真正深刻的印迹"[①]。

---

① 〔法〕亨利·柯蒂埃:《18世纪法国视野里的中国》,唐玉清译,上海书店出版社2006年版,第1页。

第二,在"现代中国"的形象建构方面,应注重推动当代文化创新和提升文化生活质量,努力改善全体国民的共有文化生态,进一步地,培育现代化进程所需的当代文化精神。

关于"现代中国"形象的重要性,乔舒亚·雷默(Joshua Ramo)有一个看法:"世界知道中国有多古老,无须再去强调。真正需要的是以简单的方式去了解今天的中国正在发生什么。"① "现代中国"形象的建构,必得接近当代中国的文化和社会生活,契合中国文化可持续发展的现实需要,还要有能力接受国际社会的检验,以获得真实的理解、信任和尊重。针对当前中国社会面临的工具理性的膨胀、价值理想的迷失、伦理道德的失落、对文化选择的迷惑等重大社会与文化问题的挑战,这一工作的要点在于:开展对于社会生活方式、文化走向与价值体系的再思考,找准社会、经济发展的节奏和文化建设的重心,恢复精神生活在社会生活中的应有地位。这既是建构"现代中国"形象的重要任务,也是文化和公共政策的基本取向。

大众文化是塑造"现代中国"形象的重要领域,也是中国参与全球文化"角力"的重要领域。20世纪90年代以来,在全球文化形态中占据主导地位的大众文化不仅成为全球文化消费的主要内容,也全面参与了对全球文化的构造以及全球社会的变迁过程。我们眼中逐渐清晰的一幅图景是:大众文化建立了新的文化资本及其运作方式,丰富着文化景观和不同社会中各种群体的生活方式。可以说,大众文化的存在已经成为当代社会体系、生活实践甚至制度建构的重要方面,不仅影响着全球文化传播的范围、内容和速度,更成为全球文化的主要内容乃至文化变迁的强大推动力。不过,当前中国的文化产业还处在"破茧而出"的早期阶段,在大众文化领域还没有形成享誉世界的文化品牌——虽然带有"中国制造"的标签的产品遍及世界,但中国大众文化的吸引力与美国、欧洲乃至日韩仍不可同日而语。当前,面对全球社会文化资本的博弈和竞争局面,中国应当正确理解大众文化生产与传播的规律,参照其他国家的得失,通过合理的文化战略,更好地动员各种资源,为大众文化的健康、可持续发展提供助力,使之成为发挥积极的社会和文化影响的有效途径。

第三,对"未来中国"的形象的建构,重点是对中国文化的理念和价值做出整体性调整,寻求中国文化与其他文化在价值、情感、审美和伦理层面的共振,以及中国文化为人类共同利益做出贡献的路径,逐步确立中国与外部世界积极互动的"文化生态平衡",进一步地,以可持续的方式寻求国际社会对中国的信任,

---

① 〔美〕乔舒亚·雷默等:《中国形象》,沈晓雷译,北京:社科文献出版社2006年版,第41页。

积累全球公众对中国的理解。

国家形象的产生基于认知的本能和交流的欲望,也折射出人类追寻美好生活的需要,尤其是对于大国而言,只有能够为全球文化提供存在与发展的参照,国家形象的建构才有了真实的意义。由此而言,中国文化要提升自身的美誉度和影响力,必须融入全球社会的共同价值体系,在言论和观念方面与其他文化展开广泛的、深入的交流。

在全球化推动下的相互依存时代,文化领域的竞争的标准在于:文化领域的成就和价值可以为人类社会的进步做出多少贡献、在全球治理中承担多少责任,以及是否有能力去占据国际社会的道德高地、能否激发全球范围内普遍参与的力量。要达到这些标准,离不开对于传统的整理和发现,也依赖于当代文化建设,以及中国与全球共同的信仰与价值体系的融合。这里最重要的工作是,立足现代化的需求以及人类文化发展的整体趋势,建立面对本地和世界的多重文化参照维度,提炼自身文化中那些具有改变人类生活的积极意义的文化要素,进一步地,推动这些要素的现代化和世界化。

三、文化形象的对外传播

国家形象的文化建构,涉及两个方面的内容:一是文化形象自身的建构;二是如何长期、有效地实现文化形象的对外传播。这是因为,文化形象存在于实践和文本之中,也存在于国家的对内对外传播机制之中,更无法脱离国际传媒环境的影响。这里还有两个需要明确的观念:第一,文化资源无论多么丰富,都不会自动转化为预期的国家形象,传播力缺失、战略布局失当都会对国家形象的建构产生直接影响;第二,国家形象产生于国际社会各个主体间的互动关系之中,任何国家都不存在单一或纯粹的形象,任何国家形象的建构也都不是在单一主体之内完成的,需要经历主体之间复杂传播的长期过程,更无法脱离全球社会提供的整体语境。

文化形象的对外传播过程,也是文化形象的外部建构过程,其效果不仅决定于国家的整体传播能力,也受制于国内各个阶层的话语能力。自新中国成立以来,中国一直致力于塑造良好的国家形象,但与国际社会建构的中国形象之间一直有较大差距。即使是改革开放以来,中国对外传播的实践和成效,也没有跟上综合国力和社会发展的步伐。这里的重要原因之一,就是中国对外传播工作长期采取政府主导的"外宣"模式,许多工作还比较单一和粗放,难以适应当今世界的价值多元化、传播渠道多极化、传播方式多样化的局面,反而在国际社会强化着"神秘""不确定""难以信任"的印象。

文化领域的实践离不开学习借鉴,闭门造车不可能有所作为。就国际经验而言,西方主要国家对外传播的共同特点是:立足本国国情,对文化形象的树立有明确的定位和目标,从国家发展战略的高度来进行长期规划,精心协调与整合各种传播渠道,重视发挥来自民间的智慧和资本的力量。从美国的对外关系实践来看,美国文化形象的全球传播依赖于自身坚定的文化传统观念、清醒的跨文化传播思路和明确的目标指向,通过借助全球化的驱动力,基于现代社会共有的知识起点、思想过程和价值意义来突破不同民族国家的文化和意识形态屏障,并通过多样化的大众文化和公共外交等手段,建立了在全球范围内传播美国形象的对话平台。

1948年,美国政府就颁布了有关对外宣传与意识形态工作的《美国信息与教育交流法案》("US Information and Educational Exchange Act")[1],指明了美国开展对外信息与传播活动的目标:"使其他国家更好地理解美国,增加美国人民和其他国家人民之间的相互理解","与其他国家合作,进行人员、知识和技能的交流,提供技术和其他服务,并就教育、艺术和科技领域的发展进行交流"。就文化领域的立法而言,1791年通过的《美国宪法第一修正案》就明确指出:不得剥夺言论或新闻出版自由;1965年,美国政府出台了《国家艺术与人文事业基金法案》("National Foundation on the Arts and the Humanities Act"),创立国家艺术基金会与国家人文基金会,保证了文化艺术领域的资金投入;1994年,美国制定了《乌拉圭回合协议法》("Uruguay Round Agreements Act"),使美国的知识产权法律系统更臻完善;1996年出台了《电信法案》("Telecommunications Act"),削弱了政府管制限度并促进了市场竞争,以保持和增强美国传媒企业在全球范围的竞争力,"让任何人都可以进入任何传播行业——让任何传播行业都能够在任何市场展开竞争"。这些举措对美国文化与信息产业的发展影响深远,也成为促动美国文化形象构建与传播的系统保障。

二战结束以来,美国政府一直将美国文化的对外传播与其海外利益密切关联,建立全球传播的"帝国网络"是被长期纳入美国国家战略体系的重要议程。正如赫伯特·席勒指出的,美国强大的传播系统构筑了一个"帝国网络",这一网络具有强大的技术、经济实力,并构成了一个"权力金字塔",美国处于占主导地位的"塔尖",塔底则遍布着经济上落后的众多新兴独立国家。[2] 2000年7月,

---

[1] 又名"史密斯—蒙特法案"("Smith-Mundt Act")。
[2] Herbert Schiller, *Mass Communications and American Empire*, Boston, MA: Beacon Press, 1971, p. 8.

第九章 文化权力、国家形象与全球伦理

美国国家利益委员会(The Commission on America's National Interests)发布的《美国国家利益》("America's National Interests")报告中,所强调的"重要的美国国家利益"就包括:促进西半球的民主、繁荣和稳定;在战略意义重大的国家中推动多元化、自由和民主;保持全球信息传播中的领先地位,确保美国价值观主动影响其他国家的文化;促进民主制度在世界范围的发展。"9·11"事件后,美国政府成立了白宫联合信息中心(Coalition Information Center),作为专门负责反恐宣传的应急部门。2002 年秋,美国政府成立了国际传播办公室(Office of Global Communications),主要任务就是解决"世界憎恨美国"的问题,为赢得世界的好感而努力公关。为了对伊斯兰世界中的美国形象进行重新定位,美国加强了电视和广播在中东地区"舆论战"中的议程设置功能,并建立萨瓦电台(Radio Sawa)取代美国之音的阿拉伯语广播,与半岛电视台等开展宣传竞争。2002 年萨瓦电台开播,凭借美国和阿拉伯通俗音乐与新闻报道滚动播出的形式,迅速吸引了埃及、约旦、卡塔尔、科威特和阿联酋等国的大批年轻听众。

美国对外传播体系的主要特色还在于,重视发挥来自民间的智慧和资本的力量。《美国信息与教育交流法案》就强调,要最大限度地发挥民间组织的作用,只要民间组织能做好的活动,政府部门就不应介入。在半个多世纪以来的对外传播实践中,美国政府与各类民间智库、基金会在经费提供、政策制定甚至人事任命等方面都有密切的合作关系。美国政府在对外决策中往往委托民间智库进行调研并提交政策建议,规模庞大的各类民间基金会在对外交流项目中的投入也成为美国对外传播体系的主要资本力量。据近年的统计,美国对外文化交流项目的经费投入主要源自 6 万多家与美国政府"价值观一致"的民间基金会,资金总规模超过 1600 亿美元,仅福特基金会就在全球范围内资助了 9000 多家机构。总之,学术界、志愿者组织、基金会、私人企业、行业协会等在美国的对外文化传播中发挥着不可替代的作用。[①]

鉴于西方国家的经验和全球信息传播的格局,中国对外文化传播面临的使命是:清醒、自觉地面向全球社会,聚合社会各层次的力量,加强对外传播体系建设,以中国文化的世界化为目标,谋求长期的、可持续的结构性影响。参照美国等西方国家的实践,面对"传统中国""现代中国"与"未来中国"三个层次的形象的整体传播目标,需要政府和社会各个方面共同努力,建立多层次的国家形象传播体系,传播真实的、丰富的、可信的中国形象。这就意味着两个方面的努力:

[①] 孙英春:《美国文化形象的建构与传播》,关世杰主编:《跨文化交流与国际传播研究》第 1 辑,北京:中国社会科学出版社 2011 年版,第 134 页。

一方面，政府是国家形象对外传播的主导者，有必要革新观念，重构对外传播的整体战略和主流话语体系，同时统筹协调，整合、优化公共资源；另一方面，为民间团体和社会组织的"文化冲动"开辟自我表述的空间，提供更多的对外文化传播渠道，同时，加强对相关基金会、智库以及非政府组织的建设，加大对相关学术研究的有效投入等，逐步积累民间参与的力量和贡献。这里还需深刻体会詹姆斯·亨特（James Hunter）的观点：文化战争和军事战争一样，要在战略、组织、资源的实际问题上决一胜负，"战略最好、组织最有成效、能够得到资源的派系自然占有上风，也很可能得到最后的胜利"[1]。

在日益全球化的世界中，文化形象对于国家利益和国际关系格局的影响越来越突出，忽视文化建设和文化竞争，任何国家都不能成为真正有影响力的国家。对于中国而言，文化形象乃至国家形象的建设，是这个古老文化和伟大民族合情合理的追求，也是一个世界大国的文化元气和综合实力的彰显，必须要理直气壮，也必须以理性、深沉的努力为后盾。随着经济的腾飞和国力的强盛，中国的国际地位正在发生着历史性改变，特别是中西文化之间已出现了"攻守易形"的变动趋势，为文化形象的建构与传播提供了重要的机遇——以怎样的形象来面对当今的世界，已成为中国"复兴"路上面对的重要考验。但必须看到，国家形象是国家的政治、经济、社会、文化等各方面的发展的实际展现，并不能仅仅依靠技术层面的公共关系、媒体包装或"形象工程"，也不能过度依赖技术硬件、发行量、产业规模等指标。文化形象尤其如此——文化领域的实践从来是"润物细无声"的长期过程，一旦与短期或功利性目标相关，便会有揠苗助长、竭泽而渔的风险，至少是从近代以来，中国在这方面吃的苦头已经不少。面对国家形象的起起落落，以及国际社会时时袭来的各种批评、偏见乃至赞誉，中国需要冷静、耐心，也需要摈弃浅薄、褊狭、武断。同时需要抱持两个认识：第一，全球化时代的国家文化形象是复杂、多样的，不能仅依靠政府的单一声音去表达，不能忽视国民和其他文化人群共同参与的力量；第二，文化形象是文化和社会建设的延伸和必然结果，不能忽视核心价值体系的建设，以及政治、经济、社会制度的完善。

必须强调的是，对任何一个国家而言，为了外在世界眼前的评介而放弃自己的长远利益，并不符合国家形象建构的主旨。就国家形象建构的最高目标来说，对内在于国民的福祉，对外在于寻求信任、理解与尊重，其根本还在于前者。这也意味着，促进社会的公平正义，改善全体国民的共有文化生态，既是中国社会

---

[1] 〔美〕詹姆斯·亨特：《文化战争》，安荻等译，北京：中国社会科学出版社2000年版，第69页。

发展和文化建设的主要任务,也是中国国家形象建构的根本目标。

第三节　跨文化传播的伦理空间

人类的共同本性、生活实践和跨文化传播活动,决定了共有伦理存在的必然性,也预示着人类不同文化达成更多伦理共识的可能性。当前,在形形色色全球性问题的冲击下,不同国家和文化之间合作解决自身以及全球性问题的责任意识日益加强,建立和完善全球治理领域的各种制度安排也在对全球伦理的内涵提出新的要求。通过共有伦理来约束和调节全球交往的模式,使之进一步超越宗教信仰、意识形态和单一文化价值的禁锢,成为一种关系到全球秩序和人类共同体利益的国际机制建设的观念基础。

全球伦理建构是一个贯通人类思想史的重大议题,在今天的时代承接这一思考,仍需要重新定义人类的基本价值,剖析不同文化交往的历史过程和伦理空间的变动,还需要从本土文化中寻找和检验那些能够进入本地和全球社会日常生活的伦理内容,去逐步消解妨碍全球伦理达成的强硬主张,以应对不断变化、影响全球的复杂局面,赢得不同文化以及人类共同体的未来。

一、走向全球伦理

全球伦理是一种以人类公共理性和共享的价值秩序为基础,以人类基本道德生活,特别是以有关人类基本生存和发展的淑世道德问题为基本主题的整合性伦理理念。[①] 众所周知,伦理是人与人交往和有效合作的先决条件,也是社会系统的秩序和均衡得到维系的前提。社会交往的全球化不可避免地催生了新的全球秩序,亦决定了不同文化人群共同生活空间的扩大和共同生活实践的一致化趋势。在这个意义上,全球伦理也是一种跨越人群、文化、地域的各类行为体的共有规范、有约束力的价值观和不可取消的行为标准。

日益严峻的全球性问题以及不断增多的人类共同利益,是全球伦理问题受到更多关注的大背景,其中折射出不同文化、社会变迁中道德重建的紧迫性,也使建立全球社会共有的伦理准则,成为不同文化、社会必得面对的努力。虽然今天仍难于对全球化做出利弊得失的判断,但全球性问题带来的各种挑战已无法回避,核武器乃至核能源危险、气候异常、人口爆炸与流动、资源匮乏、贫富差距、环境污染、恐怖主义、食品安全等,不仅超出了区域的范围,也严重威胁到全人类

---

① 万俊人:《寻求普世伦理》,北京:商务印书馆2001年版,第29页。

的共同利益。尤其是,伴随着西方现代文化的全球扩散,全球社会面临着重大的现代性挑战和可持续发展的诸多困境:工业化对生态系统的大规模破坏,商业化对精神生活的深层次侵蚀,民主化过程中的独断专行,工具理性对价值理性的无情蔑视等。有良知的学者和政治家们都越来越深刻地认识到,现代社会已陷入了一场深刻的危机,这一危机既是整个人类现代性危机的集中反映,也将极大地影响人类的未来。埃德加·莫兰(Edgar Morin)认为,西方现代文化的福祉正好包藏了它的祸根,个人主义的膨胀加深了以自我为中心的闭锁与孤独,盲目的经济发展导致了人类道德和心理的迟钝,科学技术在促进了社会进步的同时,也在造成新的不平等,给人类带来了紧张、危害乃至死亡。① 鲍曼指出:"高度的文明"与"高度的野蛮"是相通的和难以区分的——科学培育出的理性计算精神是冷冰冰的、斤斤计较的,自我膨胀的技术以道德中立的外观加速推动着人类的自我毁灭,社会管理也日益趋向于非人性化的工程化控制。总之,"现代文明的高度发展超越了人所能调控的范围,导向高度的野蛮"②,"人类行为可能结果的规模已经超出了行为者的道德想象力"③。萨义德则直言:"我们不应该假装认为和谐的世界模式已经具备。谁要是仍然以为和平地与社会共处的思想很有市场,那也同样是不诚实的。"④

各种全球性问题在不同程度上、以不同的方式纠缠着现代人的价值判断,现有的各种伦理观念——无论是西方的还是东方的,无论是宗教的还是世俗的,都显然无法单独满足这个时代的实践需要。1992 年,联合国教科文组织发表了题为《我们的创造性的多样性》("Our Creative Diversity")的报告,第一章题为"建立一套新的全球伦理",其中指出,"自从人类脱离茹毛饮血的时代,不同人类群体之间从未停止过发明、创新、制度经验和知识的交流。正是通过不同文化之间的交流与合作,人类社会才得以不断发展前进。因此,在一套全球伦理的框架下进行对话,达成一系列新的社会政治共识,促进文化繁荣,对于人类社会的未来发展极为重要",总之,人类寻找和制定一套被人们普遍认同的伦理价值和道德规范势在必行。⑤ 1993 年,全球宗教界领袖与孔汉思(Hans Kung)等神学家和学者在美国共同发表的《走向全球伦理宣言》("Declaration towards A Global Eth-

---

① 转引自乐黛云:《西方的文化反思与东方转向》,《群言》2004 年第 5 期。
② 〔波兰〕齐格蒙特·鲍曼:《现代性与大屠杀》,杨渝东等译,南京:译林出版社 2002 年版,封底页。
③ 〔波兰〕齐格蒙特·鲍曼:《后现代伦理学》,张成岗译,南京:江苏人民出版社 2002 年版,第 255 页。
④ 赵汀阳:《"天下体系"》,《世界哲学》2003 年第 5 期。
⑤ 联合国教科文组织、世界文化与发展委员会:《文化多样性与人类全面发展》,张玉国译,广州:广东人民出版社 2006 年版,第 2—5 页。

ic")指出:"若无一种伦理方面的基本共识,任何社会迟早都会受到混乱或专制的威胁。若无一种全球性的伦理,就不可能有更美好的全球性秩序。"针对当代世界的现状,该宣言表述了四项"不可取消的规则":珍重生命,致力于发展非暴力与敬重生命的文化;正直公平,致力于发展团结与公平的经济秩序;言行诚实,致力于营造宽容的文化与诚实的生活;相敬互爱,致力于维护男女平等与伙伴关系的文化。宣言进一步提出:对于一切生活领域,对于家庭、社会、种族、国家和各种宗教,存在着一种不可少的、无条件的标准,这就是全球伦理,即"关于一些有约束力的价值观、不可或缺的标准以及根本的道德态度的一种最低限度的基本共识",遵守这种全球伦理,就是要"致力于相互理解,投身于有益社会、培养和平、善待自然的生活方式"①。

《走向全球伦理宣言》的呼吁在全球范围内得到了积极回应。1997年,由数十名政治家和领导人起草、联合国大会发布的《人类责任宣言》("Universal Declaration of Human Responsibilities")进一步指出,片面坚持权力可能招致冲突、分裂和无数争执,蔑视人类义务又会导致违法和无序,求得全球性的解决办法又只能依靠所有文化和社会共同推崇的理念、价值和规范,"只有借助适用于任何个体、机构的一致价值与规范,人类追求进步和改善的愿望才能取得成果"。

全球伦理问题的凸现也是一体多元世界发展的必然结果,是由人类思想从封闭走向开放、从低级走向高级的发展过程决定的。就全球伦理的历史渊源来看,希腊化罗马时期斯多亚派提出的"世界主义"(cosmopolitanism)、近代空想社会主义者设想的"道德乌托邦"、欧洲启蒙运动追求的普遍理性主义伦理等具有人类共同体意识的重要思想,不仅对人类社会和文化发展产生过积极的作用,也是今天讨论和建构全球伦理的观念基础。再如,在西方思想史上,柏拉图最早提出:人类的生活是以德性为中心的,"个人要是没有丝毫勇气、丝毫节制、丝毫正义、丝毫明哲(智慧),世人决不称他为有福(快乐)的人"②。受到这一思想传统的影响,18世纪鼓吹自由市场经济的亚当·斯密,也认为对普遍道德规范的遵守是一种责任,是人类社会存在的基础,他甚至警告说:"如果它们没有深入人心,我们的社会就会在瞬间崩溃。"③19世纪的康德还预言了这样的前景:"人类的普遍意志是善的,但其实现却困难重重,因为目的的达到不是由单个人的自由协调,而只有通过存在于世界主义地结合起来的类(一个从恶不断地进步到善,

---

① 〔德〕孔汉思等:《全球伦理》,何光沪译,成都:四川人民出版社1997年版,第12、171页。
② 亚里士多德:《政治学》,吴寿彭译,北京:商务印书馆1997年版,第340页。
③ 〔英〕亚当·斯密:《道德情操论》,韩巍译,北京:西苑出版社2005年版,第151页。

在阻力之下奋力向上的理性生物的类)的系统之中,并走向这个系统的地球公民的进步组织,才能够有希望。"①

全球社会是一个确立和追求公共伦理的各类行为体共生共存的领域,这里不应歧视和排斥任何成员,也不允许任何行为体无视他者的存在去制造对抗、冲突或不正当竞争。玛格丽特·米德曾说,人类社会已经形成了一个互相联系、互相依赖的社会,"这种社会就像所有互相联系的系统那样,牵一发而动全身",一个群体、一个国家,甚至一个个人的行动无视全体的需要时,都会危及这个整体,"让每一个人都听,同时也要听每一个人在说什么,这就是我们这个充满危险的,但有潜在自愈力的世界的希望"②。保罗·谢弗也指出,面对人类共同体的未来,意味着"世界上所有文化结合在一起来改善环境条件、人类状况和所有人类大家庭成员的生活质量",意味着"大量的更多不同文化间的相互作用、跨文化交融和理解以及在世界上所有各种各样的文化和人们之间的交流"③。就此而言,全球伦理的意义事实上超越了孔汉思所说的"必需的、最低限度的共同价值规则和基本态度",而是关系到全球秩序和人类共同体利益的国际机制建设,关乎不同文化都必须自觉承担的义务和责任。这也意味着,促进不同文化道德体系之间的理解与融合,建设一种与多元而富有理性、自由而有秩序的现代文明相适应的交往伦理,是当前全球社会中跨文化传播最为重视的伦理要求。跨文化传播涉及不同文化、民族和社会之间纷繁复杂的社会关系和社会交往,面对的是不同群体及其成员对社会行为的不同预期,以及不同的价值观、文化精神和生活理想等,交往实现的重要前提之一,即是以具有普遍意义的共有伦理充当不同行为体之间关系的"润滑剂",以界定和规范新的社会行为和社会关系,其中也包含不同交往主体对彼此复杂的文化体系的深刻理解。

自早期历史以来,人类的交往一直受到文化、民族和国家间的政治经济关系

---

① 〔德〕伊曼努尔·康德:《实用人类学》,邓晓芒译,重庆出版社2005年版,第276页。中国思想传统中也有相似的伦理主张。春秋周王朝的史伯提出:"和实生物,同则不继。以他平他谓之和,故能丰长而物归之。若以同裨同,尽乃弃矣。"孔子指出:"大道之行也,天下为公。选贤与能,讲信修睦。故人不独亲其亲,不独子其子。使老有所终,壮有所用,幼有所长。……是故谋闭而不兴,盗窃乱贼而不作。故外户而不闭。是谓大同。"至11世纪,范仲淹提出了"先天下之忧而忧,后天下之乐而乐"的主张。到16世纪初,王阳明写道:"视天下犹一家,中国犹一人焉。若夫间形骸而分尔我者,小人矣。大人之能以天地万物为一体者,非意之也,其心之仁本若是,其与天地万物而为一也。"不过,与西方逐步走向公共伦理的路径相较,中国传统中这种"天下为公"的主张,反映的是社会精英和知识分子的感性意愿,只是一种与普罗大众共命运的高尚理想,并没有进入公共生活领域,至今不变。
② 〔美〕玛格丽特·米德:《代沟》,曾胡译,北京:光明日报出版社1988年版,第148—152页。
③ 〔加〕保罗·谢弗:《文化引导未来》,许春山等译,北京:社会科学文献出版社2008年版,第239页。

的影响,利益、价值观和意识形态等各种因素都会留下深刻的印迹,尤其是,当跨文化传播领域成为世界政治、经济、文化诸体系争霸场所的时候,"受到干扰的跨文化传播过程常常表现为拥有优势政治、经济地位与传播手段的文化体系进行全球扩张的过程,跨文化传播的伦理性也因此受到巨大挑战"①。近一个时期以来,跨文化传播中的伦理失范现象愈加明显。一方面,物质财富的增长并未消除贫困,技术进步并不能遏制不同社会的非理性行为,民族、地区、宗教和文化之间的冲突、暴力与恐怖活动在不断升温;另一方面,文化"同质化"的趋势难以逆转,许多文化的内核面临被击碎的危险,民族国家之间的文化和政治、经济冲突不断加剧,时时存在着爆发的危险。在这个意义上,亨廷顿所说的话并非危言耸听:"在世界范围内,文明似乎在许多方面正在让位于野蛮状态,它导致了一个前所未有的现象,一个全球的黑暗时代也许正在降临人类。"②

避免对抗冲突、寻求和谐共处,是跨文化传播始终面临的任务。在人类社会全球化与人类文明全球化的趋势下,人类在一个共有的伦理体系下进行对话,为谋取各自利益和解决共同问题交换各自的观念与思想,并对不同社会的规范进行相应的内部整合。阿兰·图雷纳(Alain Touraine)说道:在未来的国际社会,"世界各民族都有一个根本关心之处,那就是把历史的经验加以重新组合而生的全人类的共同命运,这种关心自然会使它们趋于一致"③。概言之,来自不同文化的人们需要建立一个互容互惠的文化世界,搭建一个共同的对话、沟通平台,同时,运用理性和道德预见自己的社会责任,以保全这个文化世界的结构、秩序和各个行为体的基本利益。援用大卫·卡尔(David Kale)的观点,在人类共同精神的基础上,可以建立"跨文化传播中的全球化道德规范代码"。在他看来,来自所有文化的人们都共有一种人类精神,"正是这种精神使我们人类具有最重要的价值。正是从这种精神中,人们发展了决定正确和错误的能力,决定如何使生活有意义,使生活尽可能地变得最好",其中最为根本的,就是"维护人类精神的价值和尊严"④。

二、全球伦理的三个层次

不同层次的跨文化传播为创建人类文明的新秩序提供了场景和前提条件,

---

① 单波、王金礼:《跨文化传播的文化伦理》,《新闻与传播研究》2005 年第 1 期。
② 〔美〕塞缪尔·亨廷顿:《文明的冲突与世界秩序的重建》,周琪等译,北京:新华出版社 1998 年版,第 372 页。
③ 转引自郑晓云:《文化认同与文化变迁》,北京:中国社会科学出版社 1993 年版,第 249 页。
④ 转引自〔美〕拉里·萨默瓦等:《文化模式与传播方式》,麻争旗等译,北京广播学院出版社 2003 年版,第 504 页。

也构成了对全球伦理进行认知、理解和界定的空间。承前所论,跨文化传播大致纳入了三个层次或空间的传播活动:第一,个体的、日常生活层面的跨文化人际传播;第二,人类不同文化区域内部的交往,包括文化体内部进行交往与互动的过程与影响,以及由这一过程决定的区域文化融合与变迁;第三,不同文化、民族和国家之间的交往。与之相应,全球社会中跨文化传播的伦理空间也可分为三个层次,均涉及对人类生存价值和生存方式的定义,以及对自我、文化乃至全球社会的塑造。①

第一,个体的、不同社会群体之间的交往层面的伦理。这一层面的交往伦理是全球伦理建设的基础,现代社会让任何人都无法单独生存,人们必须以正确的方式去面对彼此间的利益冲突与观念差异,实现个体之间及不同群体之间的有效传播和平等对话。人类不分肤色、文化、民族和国家,都有着共同的起源和相同本性,任何人都不应该因为性别、种族、文化、宗教、意识形态、国家等原因而被歧视。这也决定了这一层次的伦理首先重视的是每个人都应享有的最基本、不受侵犯的权利和自由,以及必须承担的对他人、社会的义务和责任。

第二,不同文化共同体内部或文化区域内部交往的伦理。这一层面的共同体和文化的伦理有着丰富的本土基础,存在于自身文化传统设定的语境和集体记忆之中,其中不乏积极的、具有全球性意义的伦理思想,能够在某些方面弥补西方伦理的缺失。正如宁骚所说,"佛教、犹太教、基督教、印度教、锡克教、道教和伊斯兰教等,都在人类与环境和社会的和谐、家庭的重要性、精神引导的意义、生活的目标和意义等方面,具有某些相同的观点。至于各个文化体系的其他组成部分,彼此相通和相同之处就更多。因此,各种文化体系都具有相互渗透和吸收的特性,不同的文化可以相互融会贯通和分享价值观念,可以形成共同的利益和抱负"②。在这个意义上,复兴、弘扬非西方文化传统中的本土伦理,能够作为一个潜在的力量源泉,可以影响各个区域文化共同体的建构和制度安排,同时成为指导共同体和区域内部文化关系的最基本的准则。但就全球伦理建构本身遇到的种种阻碍来看,最为突出的,就是不同文化共同体对全球伦理的态度,特别是对处于相对弱势地位的非西方文化的排斥和抵制。与这种排斥和抵制同时存在的,是许多文化和社会自觉或不自觉地把西方伦理当作衡量进步与落后的标准,并据此对自身的文化和伦理传统进行改造、批判甚至是颠覆。作为其后果之一,非西方文化各个区域内部的对话,以及东西方文化之间的交往,难以比拟西

---

① 孙英春:《跨文化传播的伦理空间》,《浙江学刊》2011年第4期。
② 宁骚:《民族与国家》,北京大学出版社1995年版,第211页。

方文化共同体内部的平等、理性和富有效率。

第三,全球社会不同文化共同体之间或文化区域之间的交往伦理。这一层次的伦理建构是以前两个层次的伦理为基础的,寄寓在各类行为体相互对话、彼此学习的过程中,以及各自对变化语境中共同责任和命运的理解。其要旨在于,把握人类基本的、共同的要求,确立人类的共同标准,特别是建立具体、有效的全球治理合作机制,在实践上共同承担认识世界和改造世界的职责。哈贝马斯即指出:不同的文化类型"应超越各自传统和生活形式的基本价值的局限,作为平等的对话伙伴相互尊重","以便共同探讨与人类和世界的未来有关的重大问题,寻找解决问题的途径。这应当作为国际交往的伦理原则得到普遍遵守"①。

事实上,自二战结束以来,由于跨越国界的社会、政治和经济活动日益频繁,各种行为体之间通过长期的交往实践,已在一些具体的实践领域形成了适宜的交往与合作规则,为多元国际主体加强交流、增进了解、协商对话提供了前提,也为全球伦理建构及其在全球领域发挥作用提供了重要借鉴。譬如,就生态、环境领域的全球合作来看,自20世纪60年代起,国际社会开始确立全球性的环境意识,动员全人类来面对各种自然灾害和环境问题。1972年《联合国人类环境会议宣言》("Declaration of United Nations Conference on Human Environment")的问世,标志着人类第一次在全球意义上形成保护环境及人类未来的共识和基本伦理。宣言呼吁,全人类都要关心制定一种有关"世界是一个处在时空中的整体"的伦理远景规划,"为了在自然界获得自由,人类必须运用知识,同自然取得协调,以便建设更良好的环境。为当代和子孙后代保护好环境已成为人类的迫切目标。这同和平、经济和社会的发展目标完全一致"。1982年联合国大会通过的《世界自然宪章》("World Charter for Nature"),则是人类首次为保护自然建立的一部全球性法典,目的是加强国际合作,统一人们对大自然的认识和协调人类的行动,同时也阐述了人类开发、利用及保护大自然应遵循的基本伦理。

21世纪为不同文化共同展现了充满挑战和不确定性的新时代,各种行为体相互依赖和相互竞争的局面日益复杂,全球伦理的建构任重而道远。建立一种有利于全球秩序和人类共同体利益的国际机制——"一个能使得所有的国家、文化和民族保持它们独特的个性,并在真正平等和共同合作的基础上一起工作的世界体系"②,依赖于人类社会从"非我族类,其心必异"到"和谐共生"的历史

---

① 〔德〕尤尔根·哈贝马斯等:《作为未来的过去》,章国锋译,杭州:浙江大学出版社2001年版,第215页。
② 〔加〕保罗·谢弗:《文化引导未来》,许春山等译,北京:社会科学文献出版社2008年版,第239页。

性进步,依赖于不同个体、群体的互助合作与和谐发展,以及不同文化的核心价值与人类共存之间的平衡,也依赖于全球意识观照下的文化多元发展的新局面。跨文化传播作为构建人类共有伦理的重要途径,意味着不同文化必须共同营造一个全球公共领域内的伦理空间,去建立共有的观念、规范和标准。不过,由于受到人类关系中的权力因素、话语方式、文化的不可通约性、民族主义等因素的影响,这一过程必定任重而道远。

正如保罗·谢弗指出的,"异中求同是人类所面临的最大挑战之一,正如它是多文化和多种族社会面临的巨大挑战之一",因为"没有特定的相似之处就没有联合,因为实现和保持联合是通过接受将民族、国家和文化连接在一起的共享价值和纽带来实现的。同样,如果不保存某些不同就没有多样性,因为太多的相似和相同能磨灭使民族、国家和文化具有独特创造性的火花。在全球的基础上取得一致性的关键是创造世界文化联合体。这个联合体能使得异中求同活生生地存在而不只是陈词滥调,因此打开了通往国际关系新纪元的通道"[1]。

三、本土文化的伦理主张

全球伦理来自不同文化本土的伦理共识和经验积累,本土伦理是全球伦理的基础和存在语境。全球伦理不可能取消本土伦理,否则就意味着对话的终结;本土伦理也不应对抗全球伦理,否则就等于进步的终结。寻求人类合作的空间和全球伦理的价值,并不为抹杀不同文化的特性和差异,而是相反,"差异有助于形成一个安全、稳定的新文明"[2]。

全球化和本土化是当今世界相互冲突又同时并存的基本潮流,造成了全球社会内部的种种矛盾和张力,一方面有益于不同文化通过对话积累有关全球伦理的共识和实践经验,另一方面,不同文化的民族主义和文化中心主义等思潮起伏难平,使国际社会有关全球伦理的价值与可能性的讨论面临着重重挑战。由此而言,服务于建设人类共有伦理体系的目标,必得遵循开放、多元、民族性与普遍性结合的原则,基于人类共同利益来处理人与外部世界的关系,以多元并存的态度、共存互补的行为策略,尊重各个文化、民族的观念和立场,理解不同主体各自遵从的伦理要求。至为重要的是,不可贬低、忽略和损害任一文化、民族的基本特征和独立选择。

---

[1] 〔加〕保罗·谢弗:《文化引导未来》,许春山等译,北京:社会科学文献出版社 2008 年版,第 239 页。

[2] Alvin and Heidi Toffler, *Creating A New Civilization*, New York, NY: Macmillan, 1995, p.72.

第九章 文化权力、国家形象与全球伦理

全球社会的文化现代化道路有一个根本目标,就是维护人类共有利益,弘扬人类共有精神,使整个世界的物质和精神生活的良性互动成为人类生活的主题。梅光迪在1917年发表的《我们这一代的任务》中指出,"我们今天所要的是世界性观念,能够不仅与任一时代的精神相合,而且与一切时代的精神相合。我们必须理解,拥有通过时间考验的一切真善美的东西,然后才能应付当前与未来的生活"①。2010年,杜赞奇提出了"赋予生活以一种超越性的理想"的伦理思路:当代人类社会可持续性之危机的爆发,归根结底是因为人们过于现实且功利地专注于人之自身,遗忘了人在天地之中应有的超越性之追求与责任,"只有认识到人类理性与世俗道德之限度,才能看到其超越性之潜能",这也是人类生活得以持续的关键所在。② 由此来看,中国文化传统能否实现传承与复兴,也取决于能否为全球伦理乃至人类文化共同体的建设做出贡献,能否把全球社会的普遍精神转化为中华民族的行为准则和价值目标。

不乏研究指出:中国传统中有着丰富的伦理主张,且具备可靠的兼容性和适应力,对世界各国面临的现代性困境亦有意义。譬如,"天人合一""天下为公""先天下之忧而忧,后天下之乐而乐"等,有助于化解人类与自然、个人与社会、自我与他人、肉体与心灵以及不同文明之间的紧张。在探讨儒教伦理与现代化的关联时,很多学者认可这个事实:整个儒教思想体系对东亚的历史进步起到了重要作用,礼、义、仁、智、信、忠、孝、和等基本的儒家伦理主张帮助东亚社会创造了高度的传统文明,也使之能够适应现代社会的发展。③ 一些学者还强调:儒学对人际道德情感的重视,儒家对人的存在意义的价值关怀,儒家教义对人的生活方式和社会责任的要求等,均有独特的意义,有助于抑制工具理性的过度膨胀,可以为困惑和迷乱中的现代人提供某种清醒剂,对于克服后工业社会的精神空虚和信仰危机有普遍价值。尤其是,儒家思想提出了一整套伦理道德范畴,既在整体的社会秩序层面规范了人际关系,也确立了个体道德生活的根本原则,这对于当代社会伦理乃至全球伦理的构造,都具有特殊的借鉴价值。杜维明等着重指出,儒教伦理在现代化过程中发生了积极的变化,"现代儒教伦理"的特点是强调勤奋、敬业、个人对组织的忠诚、和谐、奉献和责任等,比之西方的新教伦理更适于伦理经济的增长。进一步说,儒家传统中由来已久的"圆而神的智慧"

---

① 转引自乐黛云:《世界文化语境中的学衡派》,《中国现代文学研究丛刊》2005年第3期。
② 〔美〕杜赞奇:《超越性之危机与可持续性》,陈波等译,西南民族大学西南民族研究院:《他山通讯》2010年第11辑。
③ Gilbert Rozman, "The Confucius Faces of Capitalism," in Mark Borthwiek, ed., *Pacific Century*, Boulder, CO: Westview, 1992, pp.310-318.

"温润而恻怛或悲悯之情"以及"天下一家"的精神所具有的和平秉性和道德理性,是其他文化包括西方文化需要补足和学习的。罗兹曼就此认为,在全球化时代,"作为一种与众不同的社会实践和具有竞争力的认同的综合,儒家思想有了继续生存的空间或机会"①。

必须强调,与世界其他主要社会、文化相比,当前中国社会的伦理建设有着显著不同的难度。随着市场经济对中国社会的全面渗透,剧烈的社会分化进程导致各类社会问题不断复杂化,以传统伦理为主的非正式社会控制机制持续失效,社会分化加速、社会冲突增加、人与人的关系疏远,承担社会治理功能的各种社会规范和伦理观念都在发生着难以逆转的变动。如何从本土文化传统和其他社会中寻找伦理重构的参照系,保护中国社会赖以稳定存续的伦理底线,拒绝功利主义、实用主义、社会达尔文主义、消费主义等思潮对公平、正义乃至人性的排斥,协调物质文明、精神文明与政治文明之间的关系,维护社会资源分配的公共性与利益调整的平衡,调整对外交往、拓展海外利益的过程中与国际社会的关系等,是中国社会和文化建设必须长期面对的论题。

尤其要重视的是,今天的中国是世界上人口最多的无神论国家,当代伦理建设的阻碍不仅来自社会急速转型带来的诸多压力,缺乏信仰支撑也是重要原因。承前所述,在世界主要文化传统中,宗教曾经发挥着伦理体系的主要功能,直到今天,宗教仍是包括西方社会在内的不同社会伦理体系的核心,有效规范和引导着人们的社会活动和交往行为。面对中国社会伦理建设的目标,如何使用和发展恰当的、理性的信仰资源,必定是一个十分重要的议题。就此而言,2014 年 3 月,习近平在中法建交 50 周年纪念大会上的讲话可谓意味深长:"在中国文化复兴的征程上,中国佛教可谓天降大任,任重道远。"

事实上,中国文化传统中有关信仰的内容是丰富的,并在中华文化的延续和发展中发挥了重要的作用,这一宝贵资源应在当代社会的公共生活中得到健康的继承。譬如,佛教的"四谛""八正道""十二缘起"等基本教义原本包含丰富的伦理内容,传入中国后,与中国传统伦理不断融合,形成了有本土特色的中国佛教伦理体系,包括善恶观、佛性论、业报轮回和善恶报应等学说,以及平等、克己、慈悲利他等观念,构成了一个完整的、开放的伦理系统,曾经是"东亚文化圈"内部交往伦理的重要组成,也无疑具备与世界其他文化进行伦理对话的内涵。很多学者还指出,儒家思想就是传统社会中一种具有信仰特征的伦理体系,

---

① Gilbert Rozman, "Can Confucianism Survive in an Age of Universalism and Globalization?" *Pacific Affairs*, Vol. 75, No. 1, 2002, pp. 11-28.

第九章 文化权力、国家形象与全球伦理

不仅为个体存在提供了具有宗教特征的"终极关怀"(ultimate concern),还对社会体系的运行发挥着"正人心、齐风俗"的作用,具备了爱德华·泰勒所说的宗教的各种功能:"一方面的任务,是教人认识自己,认识世界,认识他的周围以及渗透于全部现实之中的可畏而无际的力量;另一方面的任务,是指导并支持人去完成生活所加于他的职责。"①

中国走入现代化的脚步并不从容,经历了百多年的传统伦理体系瓦解、当代道德信仰滑坡的过程。② 在伦理失范的环境下深入现代化进程,不仅会严重制约中华民族的复兴,也会影响到人类的集体命运,必得真实地面对伦理困境,在社会运行所涉的不同领域做出可靠的安排。

值得欣慰的是,中国社会各界已经在广泛地展开对于生活方式、文化走向与价值体系的梳理、探究。中国近年来的"国学热"就表明了本土传统坚实的民众基础,很多民众都意识到:应从传统出发,恢复精神生活在中国人生活中的地位,特别是要重视德性、伦理,重视人生的意义和理想,克服这个时代带来的精神空虚和信仰危机。可以相信的是,传统意义上的中国文化是具有强大思想能力和强烈伦理诉求的文化,在弥合理性思维与精神信仰、物质追求与审美情趣、自然科学与人文关怀之间的裂断,弘扬人类精神,促进生活方式的多元化发展,以及适应多元文化共存方面,有着独特的优势。③ 这些优势或说是文化资源,都与前述三个层次的伦理建构密切相关,也是中国文化能够为全球伦理的建构做出贡献,以及保障中国在国际社会可持续发挥影响力的重要基础。恰当挖掘和运用这些资源,也是中国社会发展和文化建设的一项根本任务。无论如何,亲近人类文明的共同伦理和普遍精神,并不会断送中国的文化传统,两者之间原本就有着千丝万缕的联系。早在 20 世纪初,白璧德就指出:西方和东方的文化传统在人文方面尤能互为表里,形成我们可谓之集成的智慧的东西。在他看来,能够用以规范人性的必得是全人类共同创造的普遍性永久价值,从世界文化会通的高度来看,中国的道德哲学可与西方的伦理学说"合并讲授"、相提并论——孔子的"克己复礼为仁"和自亚里士多德及其他希腊哲人以降的西方人文主义者是一致的,佛教与基督教也是如此,作为"今日社会之纲维"和"实在影响于人生行为者","佛教之正宗与基督教,若合符节焉"。④

对全球伦理进行深入思考,有赖于宽容、开放的社会文化环境和学术机制。

---

① 〔英〕爱德华·泰勒:《人类学》,连树声译,桂林:广西师范大学出版社 2005 年版,第 347 页。
② 唐小兵:《文化大国的价值焦虑》,《南风窗》2009 年第 26 期。
③ 乐黛云:《美国梦·欧洲梦·中国梦》,《社会科学》2007 年第 9 期。
④ 转引自胡先骕:《白璧德中西人文教育说》,《学衡》1922 年第 2 期。

在不同文化、不同人群中培育相应的知识、观念和行动,则是全球伦理至为重要的实践取向。许烺光曾说:"要塑造明天的世界,无论是善的还是恶的,都要借助于每个民族自知的程度和他们彼此了解的程度,以及他们应付从过去承续至今的负担和机遇的方式。"① 针对这样的目标,跨文化传播研究必得扎根本土、面向世界,重视各个文化的历史、现实、特质和选择,以不断更新的知识生产机制去书写本地及全球社会的文化事实,为攸关"人类共同体"集体命运的重大命题提供解释,以指导各种行为体的行为和策略,缓解乃至消解由文化差异、文化冲突乃至文化融合给世界造成的消极影响。进一步地,维护人类文化的价值和尊严,推动人类跨越文化边界的沟通和"自我拯救"。

---

① 许烺光:《美国人与中国人》,北京:华夏出版社1989年版,"导论",第13页。

后记

本书写作的基础,是笔者2008年在北京大学出版社出版的《跨文化传播学导论》。与前书的努力一样,是继续在不同领域的知识积累和实践中,梳理、提炼出理解跨文化传播现象、开展跨文化传播研究应予关注的概念、理论、观念和问题,完善一种开放的、符合本土特点和时代要求的知识框架。

跨文化传播研究关注的议题包罗万象,中国社会对外对内的跨文化传播环境和面临的挑战更是波谲云诡,很多问题并无旁例可循,与之相应的学术思考,自然应是贴切和独立的。研究者对自身与社会现实的距离,以及观察历史与现实的角度、途径等,也要有时时体察的觉悟。尤其重要的是,跨文化传播研究面对的是充满意义和变动的人的世界,要求研究者能够超越跨文化传播学乃至传播学的传统界限,及时把握本土及外部社会和文化情势的万千变化,在更广阔的领域寻找问题、答案乃至恰当的策略,以专业主义的精神和行动来履行自己的社会责任。

跨文化传播学与人类的命运与进步密切相关,必得直视人类不同文化的历史和现实,尊重多元的话语和不同的社会实践,才可能持续地获得前进的动力。本书的努力亦在于此,即把各方知识汇聚在一个相对完整的框架内,使之形成一种相互补充、印证、延伸的结构性关系,让跨文化传播研究涉及的各种观念、理论和事实,能够在这一框架和言说方式中得到较为全面的展现。必须坦承,虽然笔者付出了极大努力,但由于这一工作的艰难、繁复,以及所受到的时间、资料尤其是学术能力的限制,本书难免疏漏和错讹,希望得到读者和方家的谅解。

写作本书期间,笔者有过一次重病经历,在北京数家医院皆被医生严重误诊,几乎因此身陷不测,也使笔者的生活、调研和写作颇为苦累。经过此事,笔者深刻体认到:作为人文社科工作者,倘看不到自身知识和心智的局限,不能以客观、敬畏、真诚的心态去面对学术和现实世界,其罪过于庸医!也因为这个原因,本书即将付梓之时,笔者既心中忐忑,也更加期待指正的意见。

在进入这一领域和写作本书的十数年中,笔者一直得到父母家人和诸多好友的支持,谨致谢忱!感谢北京大学龚文庠教授、关世杰教授,中国传媒大学陈卫星教授,浙江社会科学院任宜敏教授,国际关系学院郭小聪教授等,他们是笔者走上学术道路的引路人。国内外众多学者的论著对笔者启发甚多,始终是笔者深入这门学科的重要支撑,一并真诚致谢!

感谢北京大学出版社社科编辑部周丽锦副主任的长期关注,她对笔者的充分信任是本书顺利呈现的重要前提。这里还应说明,本书是笔者主持的教育部人文社会科学规划基金项目"跨文化传播前沿理论的本土化研究"(项目编号:09YJA860023)的主要成果之一,感谢这一项目的支持。孙春霞、曹进、王祎、张剑姝、沈妍蓉等是该项目的主要参与者,在此也谨表谢意。

特别要感谢已故北京大学资深教授赵宝煦先生。

1996年,因共同译介美国学者鲍大可教授的《中国西部四十年》等机缘,我与赵先生结为忘年之交,此后十六年,交谊不曾中断。我对人生磨砺的理解、对学术价值的体认,我从编辑工作走向教研岗位的人生转折等,都在很大程度上接受了赵先生的影响。多年来,赵先生书赠的两幅字,一直挂在我的书房。一幅是他在20世纪70年代下放时的词作《临江仙》:"风起云飞明月夜,蛙鸣水涨湖边。荷花菱叶抚八弦。怜君清兴好,我亦梦魂牵。忍教壮怀随鬓老,心潮百尺狂澜。秋江风浪险千般。但酬革命愿,未解避惊弦。"一幅是赵先生专为我抄录的杜诗一句:"好雨知时节,当春乃发生。"长夜漫漫、心浮气躁时,这两幅字让我冷静,也会在心里激起阵阵热流。我渐渐明白,在学者的生命旅程中,不免承受逆流击水之艰难,但总要留下心血浇筑的著述言说、薪火相传的人间情谊和百川赴海的天下关怀。

孙英春

2014年7月于北京